E-Learning in Hochschulen und Bildungszentren

Von
Dieter Euler/Sabine Seufert (Hrsg.)

Aus der Buchreihe:
E-Learning in Wissenschaft und Praxis, Band I

Oldenbourg Verlag München Wien

Prof. Dr. Dieter Euler ist Professor für Wirtschaftspädagogik und Bildungsmanagement an der Universität St. Gallen und wissenschaftlicher Leiter des mit Unterstützung der Gebert Rüf Stiftung gegründeten Swiss Centre for Innovations in Learning (SCIL) am Institut für Wirtschaftspädagogik an der Universität St. Gallen.
Dr. Sabine Seufert ist vollamtliche Dozentin und Geschäftsführerin des Swiss Centre for Innovations in Learning (SCIL).
Das Swiss Centre for Innovations in Learning (SCIL) fördert den didaktisch sinnvollen Einsatz von neuen Technologien in Hochschulen und Bildungsorganisationen. SCIL bietet Beratung, Coaching, Seminare und Forschung an, um Innovationen in der Aus- und Weiterbildung zu begleiten und deren Qualität in der Weiterentwicklung zu fördern. Das Zentrum wurde im März 2003 gegründet. Es wird für fünf Jahre von der Gebert Rüf Stiftung anschubfinanziert.

Bibliografische Information Der Deutschen Bibliothek

Die Deutsche Bibliothek verzeichnet diese Publikation in der Deutschen Nationalbibliografie; detaillierte bibliografische Daten sind im Internet über <http://dnb.ddb.de> abrufbar.

© 2005 Oldenbourg Wissenschaftsverlag GmbH
Rosenheimer Straße 145, D-81671 München
Telefon: (089) 45051-0
www.oldenbourg-verlag.de

Das Werk einschließlich aller Abbildungen ist urheberrechtlich geschützt. Jede Verwertung außerhalb der Grenzen des Urheberrechtsgesetzes ist ohne Zustimmung des Verlages unzulässig und strafbar. Das gilt insbesondere für Vervielfältigungen, Übersetzungen, Mikroverfilmungen und die Einspeicherung und Bearbeitung in elektronischen Systemen.

Lektorat: Margit Roth
Herstellung: Rainer Hartl
Umschlagkonzeption: Kraxenberger Kommunikationshaus, München
Gedruckt auf säure- und chlorfreiem Papier
Druck: Grafik + Druck, München
Bindung: R. Oldenbourg Graphische Betriebe Binderei GmbH

ISBN 3-486-20008-9

Inhaltsverzeichnis

Erster Teil
Einleitung

Dieter Euler – Sabine Seufert
Von der Pionierphase zur nachhaltigen Implementierung –
Facetten und Zusammenhänge einer pädagogischen Innovation 1

Zweiter Teil
Fokus: Strategieentwicklung

Benedetto Lepori
eLearning and the future of the Swiss Higher Education System 25

Urs Gröhbiel
Gestaltung einer Hochschulstrategie zur Einführung des E-Learning 43

Sabine Seufert – Franziska Zellweger
Gestaltung von Geschäfts- und Kooperationsmodellen für E-Learning an Hochschulen 61

Gerhard Zimmer
Gestaltung einer Strategie zum Aufbau virtueller Studienangebote 87

Dritter Teil
Fokus: Implementierung – Rahmenbedingungen

Olaf Zawacki-Richter
Organisationsstrukturen für E-Learning-Support: Eine Analyse aus internationaler Sicht .. 105

Christian Sengstag – Stefan Schmuki-Schuler
Gestaltung von Supportstrukturen und E-Learning-Kompetenzzentren für Hochschulen ... 121

Claudia Engel – Reinhold Steinbeck
Accelerating Innovations in Teaching and Learning 137

Markus Wirth
Gestaltung transparenter Prozessdefinitionen zur nachhaltigen Implementierung von E-Learning: Erfahrungen an der Universität St. Gallen 149

Dieter Euler
Gestaltung der Kompetenzentwicklung von E-Learning-Promotoren 169

Martina Dittler – Gudrun Bachmann
Gestaltung von E-Learning-Portalen als integraler Bestandteil der Hochschulentwicklung 187

Vierter Teil
Fokus: Implementierung – Lernumgebung

Ingrid Schönwald
Gestaltung des E-Learning-Projektmanagements an Hochschulen 207

Dieter Euler
Didaktische Gestaltung von E-Learning-unterstützten Lernumgebungen 225

Jasmina Hasanbegovic
Kategorisierungen als Ausgangspunkt der Gestaltung innovativer E-Learning-Szenarien .. 243

Dietmar Treichel
Handlungsorientierung im E-Learning 263

Margarete Boos – Oliver Rack
Gestaltung netzbasierter Kollaboration: Arbeiten und Lernen in Gruppen 281

Daniel K. Schneider
Gestaltung kollektiver und kooperativer Lernumgebungen 299

Sabine Seufert
Gestaltung virtueller Lerngemeinschaften 315

Michael Kerres – Ilke Nübel – Wanda Grabe
Gestaltung der Online-Betreuung für E-Learning 335

Gabi Reinmann
Gestaltung von E-Learning-Umgebungen unter emotionalen Gesichtspunkten 351

Markus Wirth
Die Lehr-Lern-Kultur als Ausgangspunkt und Gestaltungsfeld nachhaltiger
E-Learning-Implementierungen 373

Fünfter Teil
Fokus: Implementierung – Technologie Fundierung

Christoph Meier
Gestaltungsfelder und Perspektiven für mobiles Lernen in der Hochschule 405

Rolf Brugger
Auswahl und Betrieb von Lernplattformen 423

Joachim von Kiedrowski – Matthias Kunkel
Gestaltung von Lernplattformen als Open-Source-Software am Beispiel
der Plattform ILIAS 439

Jan M. Pawlowski
E-Learning Standards: Chancen und Potenziale für die Hochschule der Zukunft 453

Sechster Teil
Fokus: Kontinuierliche Qualitätsentwicklung

Rolf Schulmeister
Kriterien didaktischer Qualität im E-Learning zur Sicherung der Akzeptanz
und Nachhaltigkeit 473

Damian Miller – Jürgen Oelkers
Gestaltung der Evaluation von E-Learning-Projekten 493

Dieter Euler – Sabine Seufert – Markus Wirth
Gestaltung des Qualitätsmanagements zur Zertifizierung von E-Learning-Programmen 513

Siebter Teil
Fokus: Gestaltung von Veränderungen

Erich Behrendt
E-Learning an Hochschulen: Keine Chance! 529

Sabine Seufert
Gestaltung von Veränderungen: Förderung der Innovationsbereitschaft durch
„Change-Management-Akteure".. 541

Dieter Euler
Gestaltung der Implementierung von E-Learning-Innovationen: Förderung
der Innovationsbereichtschaft von Lehrenden und Lernenden als zentrale
Akteure der Implementierung 561

Dieter Euler – Sabine Seufert

Von der Pionierphase zur nachhaltigen Implementierung – Facetten und Zusammenhänge einer pädagogischen Innovation

Abstract

Wie kann E-Learning – bislang noch eine Innovation – eine den Potenzialen angemessene Implementierung und Ausbreitung an Hochschulen und Bildungszentren erfahren? Dieser Leitfrage ist dieses Buch gewidmet. Der erfolgreiche Einsatz und die Akzeptanz von E-Learning hängt nicht nur vom didaktischen Design und von der Wahl der geeigneten Lernplattform ab. Das Besondere an diesem Buch ist daher der umfassende Ansatz, E-Learning als Innovation zu betrachten, woraus sich übergreifende Herausforderungen an die Implementierung ergeben. Zur thematischen Einordnung der Beiträge wird zunächst ein Bezugsrahmen für die nachhaltige Implementierung von E-Learning vorgestellt. Die einzelnen Buchbeiträge beziehen sich auf verschiedene Strategie- und Implementierungsfelder des Bezugsrahmens, so dass dieser als „roter Faden" dem Buch zugrunde liegt.

Die Autoren

Prof. Dr. Dieter Euler ist seit Oktober 2000 Inhaber des Lehrstuhls für „Wirtschaftspädagogik und Bildungsmanagement" und wissenschaftlicher Leiter des Swiss Centre for Innovations in Learning (SCIL) am Institut für Wirtschaftspädagogik an der Universität St. Gallen. Zuvor war er an der Universität Potsdam (1994–1995) und an der Universität Erlangen-Nürnberg (1995–2000) tätig. Neben dem „E-Learning" beschäftigt er sich u.a. innerhalb eines mehrjährigen Forschungsprogramms mit Fragen der „Förderung von Sozialkompetenzen". Er ist an der Universität St. Gallen verantwortlich für die Entwicklung eines eigenständigen Studienbereichs „Selbststudium", der mit einem Gesamtumfang von 25 % des Curriculums neue Formen des kooperativen Selbstlernen mit Unterstützung durch die Neuen Medien einführt.

Dr. Sabine Seufert ist Geschäftsführerin des Swiss Centre for Innovations in Learning (SCIL) am Institut für Wirtschaftspädagogik und vollamtliche Dozentin an der Universität St. Gallen. Sie studierte Wirtschaftspädagogik an der Universität Erlangen-Nürnberg und promovierte danach an der Universität Münster (Dr. rer. pol. 1996). Im Anschluss absolvierte sie ihr Referendariat an kaufmännischen berufsbildenden Schulen in Bayern. Von 1997 bis 1999 war sie als Mitbegründerin und Projektleiterin des Learning Center am Institut für Informationsmanagement an der Universität St. Gallen tätig. 1999 bis 2002 war sie MBA Studienleiterin und Projektleiterin E-Learning am Institut für Medien- und Kommunikationsmanagement der Universität St. Gallen.

Dieter Euler – Sabine Seufert

Von der Pionierphase zur nachhaltigen Implementierung – Facetten und Zusammenhänge einer pädagogischen Innovation

1. Einleitung 4
2. E-Learning als pädagogische Innovation an Hochschulen und Bildungszentren 4
3. Bezugsrahmen zur Implementierung von E-Learning-Innovationen 7
   - 3.1 Überblick 7
   - 3.2 Strategieentwicklung 9
   - 3.3 Dimensionen der Implementierung von E-Learning 11
     - 3.3.1 Didaktische Dimension 11
     - 3.3.2 Ökonomische Dimension 12
     - 3.3.3 Technologische Dimension 13
     - 3.3.4 Organisatorische Dimension 13
     - 3.3.5 Sozio-kulturelle Dimension 14
4. Gestaltung von E-Learning auf mehreren Implementierungsebenen 15
   - 4.1 Überblick 15
   - 4.2 Organisationsweite Implementierung von E-Learning 16
   - 4.3 Implementierung einzelner E-Learning-Kurse 19
5. Einordnung der Buchbeiträge 21
   - Literatur 23

1. Einleitung

E-Learning befindet sich derzeit in einem Übergang von einer Pionier- und Experimentierphase zur nachhaltigen Implementierung. Heute ist die vor zwei Jahren entbrannte Euphorie – wie bei jedem „E-Thema" – einer gewissen Ernüchterung gewichen (Kerres, 2001). Die Branche befindet sich immer noch im Entwicklungsstadium. Zwischenzeitlich haben sich mehrere (teilweise überzogene) Erwartungen an E-Learning als illusionär herausgestellt hinsichtlich Kosten-, Zeiteinsparungen oder höherer Effektivität und Spaßfaktor (Reinmann-Rothmeier, 2003).

E-Learning ist bei weitem noch nicht in den Alltag der Hochschullehre eingezogen und für viele Dozierende nach wie vor etwas Neues. Dies stimmt insbesondere sehr bedenklich, da große Fördersummen für den Einsatz von E-Learning in Hochschulen ausgegeben wurden. Wie kann E-Learning – bislang noch eine Innovation – eine den Potenzialen angemessene Implementierung und Ausbreitung an Hochschulen und Bildungszentren erfahren?

Dieser Leitfrage ist dieses Buch gewidmet. Der erfolgreiche Einsatz und die Akzeptanz von E-Learning hängt nicht nur vom didaktischen Design und von der Wahl der geeigneten Lernplattform ab. Das Besondere an diesem Buch ist daher der umfassende Ansatz, E-Learning als Innovation zu betrachten, woraus sich übergreifende Herausforderungen an die Implementierung ergeben. So sind beispielsweise neben Strategieentwicklung, didaktischen und technologischen Implementierungsfragen auch Themen zur Qualitätsentwicklung sowie zur Gestaltung von Veränderungen eingebunden. Dabei wird der Anspruch erhoben, aus den bislang gemachten Erfahrungen zu resümieren sowie konkrete Gestaltungsaspekte zu liefern. Zur thematischen Einordnung der Beiträge stellen wir zunächst einen Bezugsrahmen für die nachhaltige Implementierung von E-Learning vor. Die einzelnen Buchbeiträge beziehen sich auf verschiedene Strategie- und Implementierungsfelder des Bezugsrahmens, so dass dieser als „roter Faden" dem Buch zugrunde liegt.

2. E-Learning als pädagogische Innovation an Hochschulen und Bildungszentren

In der heutigen Fachdiskussion über die methodische Nutzung von Informations- und Kommunikationstechnologien dominiert (noch) der Begriff „E-Learning". Nichts ist leichter, als sich im Feld des E-Learning schwierig auszudrücken. Daher soll das Begriffsverständnis nicht über technische Details, sondern aus einer pädagogischen Anwendungsperspektive aufgebaut werden. E-Learning bedeutet dabei zunächst, dass sich der Lernende zur Unterstützung seines Lernens zwei neuer Komponenten bedienen kann:

- Als multimedial aufbereitete Lerngegenstände stehen unterschiedliche Varianten von *E-Medien* zur Verfügung, die häufig auch miteinander verknüpft sind. Als „klassische" Varianten einer Lehrsoftware sind Tutorials, Drill-and-Practice- sowie Simulationsprogramme zu nennen. Dazu treten audio-visuell aufbereitete Fallstudien sowie elektronische Bücher, Informationsbanken oder Zeitschriften. Informationssoftware stellt elektronisch gespeicherte Informationen zur Verfügung, die i. d. R. zwar nicht originär für das Lehren und Lernen generiert wurden, gleichwohl aber sinnvoll in Lehr-Lernprozesse integriert werden können.

- Telekommunikationsnetze ermöglichen Formen des E-Learning, die wir als *E-Communication* bezeichnen wollen. Sie ermöglichen zum einen den schnellen Zugriff auf räumlich entfernt liegende Lehr- und Informationssoftware und zum anderen schaffen sie die Grundlage, um sich mit anderen Personen etwa über E-Mail, Diskussionsforen oder so genannten virtuellen Klassenzimmern über eine räumliche Distanz im Kontext des Lehrens und Lernens auszutauschen.

Die Bereitstellung der E-Medien sowie der Austausch über das Netz erfolgt mit Hilfe einer so genannten Lernplattform. Über eine *Lernplattform* kann der Studierende auf Studieninhalte zugreifen bzw. eine virtuelle Kommunikation mit anderen Studierenden sowie Dozierenden aufnehmen.

Die Gestaltung einer *Lernumgebung* stellt die technologische Lernplattform in einen didaktischen Anwendungszusammenhang und liefert somit den methodischen Entscheidungsrahmen für E-Learning. Bestandteil einer Lernumgebung können dabei neben E-Medien ebenso traditionelle Medien (z.B. Overheadfolien, Arbeitsblätter) sein (so genannte hybride Lernumgebungen) sowie sozial-kommunikative Aktionsformen, die in Präsenzveranstaltungen stattfinden. Mittlerweile hat sich für eine derartige Mischung von Medien und Methoden auch der Begriff des „Blended Learning" etabliert.

Dabei kann der Einsatz von Bildungstechnologien bereits auf eine lange Tradition zurückblicken. Mit der zunehmenden Bedeutung der Internettechnologien in den 90er Jahren sind die Förderprogramme und Pilotprojekte für den Einsatz Neuer Medien in der Hochschullehre explosionsartig angestiegen. Daher ist die Frage berechtigt: „Handelt es sich bei E-Learning überhaupt noch um eine Innovation im Bildungsbereich?"

Innovationen weisen vielseitige Facetten auf und sind nur schwer in einer einzigen Definition abzubilden. Am geeignetsten erscheint die Vorgehensweise, den Begriff „Innovation" durch eine Vielzahl von interpretationsfähigen Dimensionen zu beschreiben, auch wenn der Begriff dadurch nur relativ unscharf erfasst werden kann (Hauschildt, 1993). Zur Beantwortung der Frage „was ist innovativ?" erscheinen im Hinblick auf einen konkreten Anwendungsfall vier Perspektiven dienlich:

- *Inhaltliche Perspektive*: Zentrale Fragen sind dabei: Was ist neu? Welche Veränderungen löst die Innovation aus? Sind es neue Lernplattformen, so dass wir vor allem technologische Innovationen zu verweisen haben? Oder sind vielmehr auch neue Lehr- und Lernformen entstanden? Liefern diese neuen Lehrmethoden didaktisch revolutionäres Wissen, eine eigene „E-Learning-Didaktik" oder vielmehr Wissen, das sich additiv in bestehende didaktische Konzepte integrieren lässt? Oder sollten nicht auch Sozial- und

Strukturinnovationen Berücksichtigung finden, z.B. in Form von Anreiz- und Supportstrukturen für die Implementierung von E-Learning. Probleme in der Praxis entstehen derzeit häufig dadurch, das jedoch gerade diese Rahmenbedingungen noch nicht vorhanden sind, die vorherrschenden Strukturen und Kulturen nicht zur Integration von E-Learning passen – E-Learning nach wie vor ein Fremdkörper bleibt.

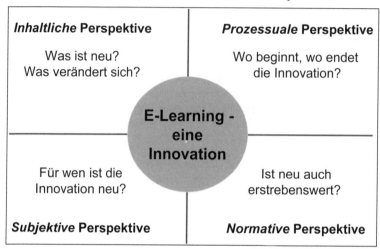

Abbildung 1: Perspektiven zur Definition von E-Learning als Innovation

- *Subjektive Perspektive:* Die Vergabe des Prädikates „innovativ" ist abhängig vom Standpunkt des Betrachters: „Für wen bedeutet es neu?" Eine organisationsbezogene Sichtweise vertritt den Standpunkt, dass alle diejenigen Produkte, Methoden und Verfahren als innovativ gekennzeichnet werden können, die innerhalb einer Organisation erstmalig eingeführt und von entsprechenden Entscheidungsträgern als innovativ wahrgenommen werden (Kühner, 1990). So kann beispielsweise der Einsatz eines Diskussionsforums im Rahmen einer Lehrverstaltung für den Dozierenden eine völlig neue Herausforderung darstellen. Für den erfahrenen E-Learning-Experten handelt es sich hingegen um eine eingespielte Methode ohne Innovationsgrad.

- *Prozessuale Perspektive:* Innovationen haben einen prozessualen Charakter: „Wo beginnt, wo endet die Innovation?" „Welche Innovationsphasen und -prozesse können gestaltet werden?" Diese Dimension nimmt die Implementierungsperspektive von E-Learning ein. Derzeit stehen wir hier vor dem Problem der Nachhaltigkeit: zu Beginn von E-Learning-Initiativen war häufig die Unterstützung der Hochschulleitung vorhanden. Diese haben sich jedoch teilweise als Lippenbekenntnisse herausgestellt oder die Hochschulleitung hat mittlerweile gewechselt, neue Ansprechpartner im Amt müssen von neuem überzeugt werden. Viele Förderprogramme laufen aus und die Frage nach der Finanzierung ist häufig nicht gelöst. Die Überführung in Routineprozesse, die Integration und Einbettung in vorhandene Strukturen und Arbeits- und Lernkulturen konnte meist nicht erzielt werden. E-Learning ist längst noch nicht Alltag in der Hochschullehre, sondern ist nach wie vor ein Innovations- und Veränderungsprojekt.

- *Normative Perspektive:* Die Bewertung der Innovation steht hierbei im Vordergrund mit der Frage: „Ist neu auch erstrebenswert?" Ein einheitliches Zielsystem ist ein wesentlicher Erfolgsfaktor für die Implementation einer Innovation. In der Praxis liegt jedoch häufig kein Konsens über die erwünschten Zielsetzungen und Wirkungen von E-Learning vor. An Hochschulen dominieren derzeit dezentrale Bottom-up-Ansätze, indem einzelne E-Learning-Projekte auf dem Engagement und Enthusiasmus einzelner initiiert und umgesetzt werden. Die Ausrichtung an einer Strategie fehlt jedoch häufig bislang und strategische Potenziale werden somit nicht ausgeschöpft.

Somit kann das Fazit gezogen werden, dass es sich bei E-Learning immer noch um eine Bildungsinnovation handelt, auch wenn sich einzelne Bildungsorganisationen in verschiedenen Entwicklungsstufen der Innovations- und Diffusionsprozesse befinden mögen. Wie kann E-Learning aus dieser Pilotphase in eine nachhaltige Einbindung in die Hochschullehre überführt werden? Dazu soll zunächst ein Bezugsrahmen zur nachhaltigen Implementierung von E-Learning-Innovationen vorgestellt werden.

3. Bezugsrahmen zur Implementierung von E-Learning-Innovationen

3.1 Überblick

Die Implementierungsaktivitäten im Rahmen der E-Learning-Projekte in den Hochschulen folgen dem Postulat, die neuen technologischen Potenziale für eine Qualitätsverbesserung der Lehre zu nutzen (Euler, 2003a). Dabei wird zumeist mit einem unbestimmten Qualitätsbegriff gearbeitet. Es entstehen zumeist Lernumgebungen, in denen die bestehende Lehre angereichert oder ergänzt wird. Dabei dominiert die Ausrichtung an alten Zielen, die nunmehr mit neuen Methoden verfolgt werden. E-Learning ist jedoch ein Instrument, nicht das Ziel der Entwicklung von Bildungsangeboten. Der strategisch sinnvolle Einsatz von E-Learning an Hochschulen erfordert daher zunächst eine Reflexion und Bestimmung der Ziele, bevor darauf ausgerichtete Methoden und Instrumente entwickelt werden können.

Der vorliegende Bezugsrahmen zur nachhaltigen Implementierung von E-Learning ist in die Strategieentwicklung und in fünf Dimensionen der Implementierung untergliedert. Die Strategieentwicklung bestimmt daher die Zielsetzung und somit auch die Maßstäbe zur Beurteilung der Faktoren zur nachhaltigen Implementierung.

Die Ergebnisse einer Delphi-Studie (Seufert & Euler, 2004) verdeutlichen drei zentrale Entwicklungslinien, die für die nachhaltige Implementierung von E-Learning in Bildungsinstitutionen bedeutsam sind:

- *Gestaltung der Integration:* Ein integrativer Implementationsansatz, der an strategischen Zielen der Bildungsorganisation ausgerichtet sein sollte, umfasst beispielsweise die Einbettung von E-Learning in vorhandene Curricula, die Integration in vorhandene Infra-

und Supportstrukturen sowie in bestehende Maßnahmen zur Kompetenzentwicklung der Lehrenden. In einem solchen Rahmen würde E-Learning nicht mehr isoliert betrachtet, sondern wäre in die vorhandenen Strukturen und Kulturen eingebunden.

- *Gestaltung von Veränderungen:* Häufig sind vorhandene Strukturen und Kulturen noch nicht kompatibel, um die Potenziale von E-Learning auszuschöpfen. Vor diesem Hintergrund ist es erforderlich, durch Ansätze eines Change Management eine Passung zwischen innovativen E-Learning-Konzepten und den strukturellen und kulturellen Rahmenbedingungen in einer Bildungsinstitution herbeizuführen.

- *Kontinuierliche Qualitätsentwicklung*: Schließlich erscheint die Weiterführung von Evaluationsaktivitäten in Konzepte der Qualitätsentwicklung als zukunftsweisend für den nachhaltigen Einsatz von E-Learning.

Abbildung 2: Bezugsrahmen: „Nachhaltigkeit von E-Learning-Innovationen"

Diese drei Entwicklungslinien sind übergreifend bei der Umsetzung einer Strategie in Hochschulen und Bildungsorganisationen zu beachten.

3.2 Strategieentwicklung

Im Rahmen der Strategieentwicklung sind grundsätzlich zwei Ausrichtungen zu unterscheiden, um strategische Vorteile durch den Einsatz von E-Learning erzielen zu können:

- *Innenorientierung:* E-Learning als Instrument zur Verbesserung der Qualität der Hochschullehre.
- *Außenorientierung:* E-Learning als Option zur Erreichung neuer Zielgruppen und neuer Bildungsangebote (Marktperspektive).

Diese beiden strategischen Ausrichtungen können in Übereinstimmung gebracht werden mit Strategietypen aus der Organisationsforschung. Eine weithin akzeptierte umweltbezogene Strategietypologie haben die US-Wissenschaftler Miles und Snow (1978) entwickelt. Die Formulierung der Strategietypen beinhaltet dabei vor allem eine Grundhaltung gegenüber der Dynamik der Umwelt. Folgende Strategietypen lassen sich unterscheiden, wobei drei der vier identifizierten Typen ein konsistentes Anpassungsverhalten an ihre Umwelt aufweisen:

1. Die „*Prospector-Strategie*", die eine ständige Suche nach Geschäftschancen beinhaltet, Umweltdynamik erhöht und damit Reaktionsnotwendigkeiten für die Konkurrenz schafft. Dieser Strategietyp wird auch als Innovationsorientierung bezeichnet. Hier liegt eine starke Außenorientierung vor:

    - Ansprache neuer Zielgruppen und neuer Bildungsangebote durch den Einsatz von E-Learning (besonders im Weiterbildungsbereich), Profilierung der Hochschule durch E-Learning-Angebote, höhere Attraktivität für internationale Studierende durch zunehmende Globalisierung und Individualisierung;
    - Schaffung neuer Bildungsangebote auch im bestehenden Kontext, wie z.B. teilweise räumlich und zeitlich flexible Veranstaltungen.

2. Die „*Defender-Strategie*" konzentriert sich eher auf Kernbereiche und verringert Umweltdynamik durch den Aufbau stabiler Beziehungen zu den Geschäftspartnern. Dieser Strategietyp kann auch als Stabilitätsorientierung bezeichnet werden und nimmt eine Innenorientierung ein. Ansatzpunkte sind beispielsweise:

    - Verbesserung der Qualität der Hochschullehre;
    - Berücksichtigung der Interessen und Bedürfnisse bestehender Stakeholder: Studierende, künftige Arbeitgeber, Gesellschaft etc., z.B. Förderung neuer Lehr- und Lernkulturen, Förderung der Selbstlern-Kompetenzen, Zurverfügungstellung von Wissen für die lokale Öffentlichkeit der Universität;
    - Intensivierung bestehender Kontakte und Gründung strategischer Allianzen, z.B. zur gemeinsamen Produktion von E-Learning-Modulen.

3. Die „*Analyzer Strategie*", die sich der Umweltdynamik anpasst, indem sie Innovationen selektiert und adaptiert. Dies ist eine Mischform zwischen Stabilitäts- und Innovationsorientierung bzw. auch Innen- und Außenorientierung. Dieser Strategietyp wird auch Flexibilitätsorientierung oder flexible Adaptionsstrategie genannt: Stabilität wird im

Kernbereich angestrebt, eine Außenorientierung dagegen nur in einzelnen, ausgewählten Bereichen in dynamischeren Feldern (z.B. in Angeboten im Weiterbildungsbereich).

4. Die „*Reactor Strategie*", bei der Unternehmen auf Umweltveränderungen erst bei hoher Reaktionsdringlichkeit, aber ohne erkennbare strategische Konzeption reagieren. Hierbei handelt es sich eigentlich um keine Strategie im engeren Sinne.

Eine weitere Strategietypologie im Umfeld von E-Learning liefert Collis und van der Wende (2002), welche die Erzielung zweier Flexibilitätsgrade als Unterscheidungskriterium heranziehen. Collis und van der Wende (2002) unterscheiden dabei vier Strategietypen:

1. „*Back to the Basics*": diese ist mit der „Defender-Strategie" und der Innenorientierung bzw. auch Stabilitätsorientierung gleichzusetzen. Die Qualitätsverbesserung steht im Vordergrund, die Konzentration auf Kernbereiche, um bestehenden Stakeholdern mit den vorhandenen Ressourcen attraktive Bildungsangebote zu offerieren.

2. „*Stretching the Mould*": gleichzusetzen mit der Analyzer- oder auch Flexibilitätsstrategie. Flexibilisierung findet statt durch die Öffnung des Curriculums. Somit kann eine (partielle) Außenorientierung durch eine personale Flexibilisierung erzielt werden (Ansprache neuer Zielgruppen durch individualisierte Bildungsangebote).

3. „*Global Campus*": ebenfalls kongruent mit der „Analyzer-Strategie" bzw. Flexibilitätsstrategie. Jedoch wird eine partielle Außenorientierung dadurch erzielt, dass bestimmte Bildungsangebote einer Globalisierung folgen und neue Zielgruppen durch die räumliche und zeitliche Flexibilisierung angesprochen werden können.

4. „*New Economy*": Dieser Strategietyp entspricht einer Außen- bzw. Innovationsorientierung und ist somit der Prospector Strategie gleichzusetzen. Sowohl durch Individualisierung als auch durch Globalisierung sollen neue Bildungsangebote entstehen, welche zusätzliche Zielgruppen auf dem Bildungsmarkt anziehen.

Eine Synthese aus den beschriebenen Strategietypologien stellt die Abbildung 3 auf der folgenden Seite dar.

In einer internationalen Vergleichsstudie befragten Collis und van der Wende 693 Verantwortliche aus 174 Hochschulen in 7 Ländern (2002). Die Untersuchung belegt, dass der Strategietyp „Stretching the Mould" dominiert und sich die meisten Hochschulen derzeit im Übergang von einer Phase des „Bottom-up-Experimentierens" hin zu einer Phase des hochschulweiten Einsatzes von E-Learning-Innovationen bewegen. Collis und van der Wende stellen darüber hinaus drei Entwicklungsstufen fest: Viele Hochschulen befinden sich derzeit in einer ersten Phase, in der sie die Einrichtung *technologischer* Infrastrukturen auf hochschulweiter Ebene fokussieren. Allerdings sind zahlreiche Hochschulen in eine zweite Phase eingetreten, in der sie den *pädagogisch* sinnvollen Einsatz von E-Learning anstreben. Auf einer dritten Stufe schließlich rückt für die Hochschulen die *strategische* Ausrichtung von E-Learning zur Realisierung von Wettbewerbsvorteilen ins Blickfeld. Die Ergebnisse dieser Studie dokumentieren, dass eine derart proaktive Strategiegestaltung an den meisten Hochschulen bislang noch nicht explizit in Betracht gezogen worden ist.

Von der Pionierphase zur nachhaltigen Implementierung

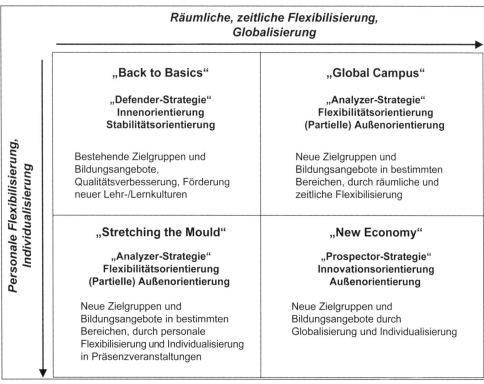

Abbildung 3: Strategietypen für den Einsatz von E-Learning-Innovationen in Anlehnung an Collis und van der Wende (2002)

3.3 Dimensionen der Implementierung von E-Learning

3.3.1 Didaktische Dimension

Im Mittelpunkt der Implementierungsaktivitäten steht die *didaktische* Dimension. Letztlich müssen sich E-Learning-Konzepte an der Frage messen lassen, inwieweit sie die ausgewiesenen fachlichen und überfachlichen Lernziele erreichen, und dies zudem besser als dies mit weniger aufwändigen Lernszenarien möglich wäre.

In diesem Rahmen sind drei wesentliche Implementationsfelder zu unterscheiden (Euler, 2003a):

1. Gestaltung von *E-Medien* (z.B. CBT (computer-based Training) oder WBT (web-based Training), interaktive Simulationen);
2. Gestaltung von Lernphasen mit Hilfe von Formen der *E-Communication* (z.B. E-Tutoring, virtuelle Seminare, moderierte Diskussionsforen);

3. *Gesamtdidaktisches Design* von Kursen oder Bildungsprogrammen (z.B. Lehrveranstaltung über ein Semester) unter Verwendung von E-Medien und/oder Varianten der E-Communication.

Konzepte des E-Learning werden sich auf Dauer nur dann bewähren, wenn sie einen *didaktischen Mehrwert* aufzeigen. Häufig ist nicht erkennbar, wie der Mehrwert der neu entstandenen Lernumgebungen begründet wird. Dies hat z. T. mit den unscharfen Zielbezügen zu tun, darüber hinaus fällt es aber generell schwer, Kriterien für eine qualitativ hochwertige Lernumgebung zu folgen. Zudem macht sich das in der empirischen Didaktik virulente „Technologiedefizit" verstärkt in diesem Zusammenhang bemerkbar. So ist beispielsweise in sozialen Kontexten, die durch häufig sich verändernde technologische Komponenten getragen werden, das Problem des „moving target" bedeutsam: Sobald ein bestimmter Wirkungszusammenhang herausgearbeitet werden konnte, ist das Bezugsobjekt schon veraltet, weil sich die Technologie verändert hat. Empirische Studien haben demnach ihre Grenzen, da die Wirkungsvariablen trotz des Einsatzes von aufwändigen statistischen Verfahren nur zum Teil kontrolliert werden können und die Generalisierbarkeit der Befunde fraglich ist. Nicht zuletzt ist es problematisch zu sehen, von welcher Referenzgröße beim „didaktischen Mehrwert" (im Vergleich zu welcher Lehr-/Lernmethode?) ausgegangen werden sollte.

Um diesen Kernbereich der Didaktik herum sind vier relevante Dimensionen gruppiert, die ebenfalls ausgeprägten Nachhaltigkeits- und Qualitätskriterien genügen müssen – sie werden in den nachfolgenden Abschnitten näher erläutert.

3.3.2 Ökonomische Dimension

Die *ökonomische Dimension* greift die Frage nach einem effektiven und effizienten Ressourceneinsatz auf. Werden ökonomische Gestaltungsaspekte außer Acht gelassen, besteht die Gefahr, dass qualitativ ansprechende, finanziell auf Dauer aber nicht tragbare Lernumgebungen entstehen.

Unter Ressourcen sind Finanzmittel, Kompetenzen (Know How) und verfügbare Zeit zu verstehen. Ob die Ressourcen auch effektiv eingesetzt werden, zeigt der Zielerreichungsgrad und die Qualität des erreichten Ergebnisses. Grundsätzlicher betrachtet ist für eine Institution die Frage zu klären, welcher ökonomische Mehrwert mit der Einführung von E-Learning erzielt werden soll, der den Einsatz der Ressourcen rechtfertigt. Dabei steht die Ressourceneffizienz im Vordergrund, d.h. stehen die Kosten und der Zeitaufwand im Verhältnis zum Nutzen, zu den Mehrwerten, von E-Learning? Die Beurteilung der Qualität der Ergebnisse, inwieweit die gesteckten Ziele erreicht wurden, steht für die Ressourceneffektivität.

Konkret stellt sich im Rahmen der ökonomischen Implementierungsdimension beispielsweise die Frage nach der dauerhaften Finanzierung einer Basisinfrastruktur (z.B. Technik, Personal). Langfristig ist die Finanzierung über das normale Haushaltsbudget der Hochschule zu gewährleisten (interne Finanzierungsstrategie, z.B. Förderung von Projekten über so genannte Innovationsfonds) oder es ergibt sich ein Markt, auf dem sich Hochschulen zusätzliche Einnahmequellen mit E-Learning erschließen können. Dabei stellt sich die Frage, ob für einen nachhaltigen Einsatz von E-Learning tragfähige Geschäfts- und Kooperationsmodelle gefunden und etabliert werden können.

3.3.3 Technologische Dimension

Die *technologische Dimension* fokussiert die Frage der Bereitstellung einer problemgerechten technischen Funktionalität. Die für die Umsetzung der medienunterstützten Lernumgebungen benötigten Funktionen sollen in einer stabilen und möglichst bedienerfreundlichen Form verfügbar sein. Die Stabilität der technischen Infrastruktur ist eine notwendige Grundanforderung für die Diffusion von E-Learning-Aktivitäten.

Nach dem Akzeptanzmodell von Davis, das im angloamerikanischen Raum weit verbreitet ist (Simon, 2001), hängt die Nutzer-Akzeptanz einer IT-Lösung von dem wahrgenommenen Nutzen des IT-Systems („perceived usefulness") und der wahrgenommenen Einfachheit der Bedienung („perceived ease-of-use") ab, wobei Usability-Kriterien eine zentrale Rolle spielen. Die Stabilität, allgemeingültige Kriterien zu definieren, ist sehr schwierig, da dies vom Kontext als auch von den Zielgruppen abhängt.

Die Sicherstellung der Fortführung und Wiederverwendung einer technologischen E-Learning-Applikation bezieht sich vor allem auf Integrationskriterien, welche auf eine Wartungsfreundlichkeit und technologische Standardisierung abzielen. Technologische Standards können in mehrfacher Hinsicht Berücksichtigung finden:

- Zunächst stellt sich die Frage von „make or buy", ob für E-Learning-Plattformen eher Standard-Plattformen gegenüber Eigenentwicklungen zu favorisieren sind.
- Die Frage nach einer einheitlichen Plattform für die Hochschule ist darüber hinaus im Rahmen der IT-Strategie zu stellen. Größere Universitäten fahren z. T eine Portfolio-Strategie, bei der wenige Plattformen verschiedene Grundtypen an E-Learning-Technologien abbilden. Somit kann einerseits der Vielfalt unterschiedlicher Lernkulturen besser Rechnung getragen werden und andererseits wird somit die Abhängigkeit von einem Technologie-Anbieter verringert.
- Letztlich ist die Diskussion um die Anwendung von Metadaten anzuführen. Dieses Thema ist eng verknüpft mit der inhaltlichen Modularisierung von Lernobjekten (nicht nur technologische, sondern auch inhaltliche Standards). Mit Standards, wie z.B. SCORM, soll die Portabilität und der Austausch von Inhalten zwischen verschiedenen Plattformen ermöglicht werden.

Die Standardisierungsdiskussion spiegelt das Spannungsfeld zwischen Vereinheitlichung, um die Wartung und Austauschmöglichkeiten für Inhalte zu schaffen, und Offenheit für kreative Vielfalt in der didaktischen Umsetzung wieder.

3.3.4 Organisatorische Dimension

Die *organisatorische Dimension* zielt auf die Gestaltung der Strukturen und Prozesse in Bildungsorganisationen. Wie kann die erforderliche Infrastruktur in der Hochschule organisatorisch verankert werden? Wie können die Abläufe transparent, aber auch flexibel definiert werden? Wie sollen Beratungs- und Qualifizierungsprozesse, Erfahrungsaustausch und Wissensmanagement, Kommunikationspolitik, Qualitätsmanagement u.a. auf eine stabile Grundlage gestellt werden?

Um die Basis für eine nachhaltige Implementierung von E-Learning zu schaffen, sind Organisationsstrukturen auf innovationsfördernde Rahmenbedingungen auszurichten. Als Anknüpfungspunkt dient jenes organisationstheoretische Paradigma, das Organisationen als offene soziale Systeme begreift, die der Intention nach rational gestaltet sind, um bestimmte Ziele zu erreichen (Kieser & Kubicek, 1983). Mit fünf Strukturparametern lässt sich die formale Organisationsstruktur hinsichtlich einer hohen Leistungs- und Innovationsfähigkeit analysieren. Diese Strukturmerkmale gehen ursprünglich auf das Modell von Hage und Aiken (1970) zurück und sind mittlerweile von einigen Autoren modifiziert worden (beispielsweise Grochla, 1978, Kieser & Kubicek, 1983). Die von Hage und Aiken (1970) ermittelten innovationsrelevanten Strukturdimensionen Zentralisierung, Spezialisierung, Formalisierung und Anreizstrukturen können um die Kommunikationspolitik der Bildungsorganisationen erweitert werden. So kann ein internes Bildungsmarketing dabei unterstützen, Ziele und Nutzen des E-Learning zu kommunizieren und Anreize zur Teilnahme zu schaffen, wie beispielsweise die Ergebnisse der COGNOS/INNOtec-Studie[1] zur Akzeptanzerhebung von E-Learning belegen.

Wie kann eine innovationsfreundliche Organisationsstruktur flexibel und offen für Neues gestaltet werden? Und wie können gleichzeitig Strukturen und Prozesse auf Effizienz in der Durchführung ausgerichtet sein? Diese Fragestellungen verdeutlichen das zugrundeliegende „organisatorische Dilemma" zwischen Flexibilität einerseits und Effizienz in der Durchführung andererseits.

Das Spannungsverhältnis kann durch die Einbeziehung einer zeitlichen Perspektive aufgelöst werden. Demnach sollten Organisationen in der Anfangsphase offen, ungebunden und relativ frei von formalen Regeln sein. Dieser organisatorischen Struktur steht eine stärker regulierte Gestaltung in der Durchsetzungsphase gegenüber (Shepard, 1971).

3.3.5 Sozio-kulturelle Dimension

Die Flexibilität und Effizienz formaler Organisationsstrukturen alleine sind nicht ausreichend, um die kulturellen Veränderungen, die der Einsatz von E-Learning und Selbstlernformen mit sich führen, zu bewältigen. Die *sozio-kulturelle Dimension* nimmt die Herausforderung auf, dass die Integration neuer Medien in eine tradierte Praxis wie etwa der Hochschullehre mit der Veränderung von Gewohnheiten und Einstellungen verbunden ist. Als übergreifendes Ziel steht somit die Erhöhung der Innovationsbereitschaft der Beteiligten im

---

[1] Ziel der von der COGNOS und INNOtec (Institut für Innovationsforschung, Technologiemanagement und Entrepreneurship an der Universität München) durchgeführten Studie ist es, die Akzeptanz von E-Learning im Bereich Software-/Produktetraining zu erheben, analysiert sind 661 Unternehmen, www.innotec.de /forschung/e-learning_Akzeptanz.htm.

Vordergrund: Wie können die Einstellungen der Akteure bzw. Innovationsbeteiligten verändert werden und wie können sie dazu bewogen werden, dauerhaft Innovations- und Diffusionsprozesse aus eigener Kraft in Gang zu setzen?

So erfordert die Umsetzung medienunterstützter Lernumgebungen vielerorts die Entwicklung von Lern- und Lehrkulturen, die mit der bestehenden didaktischen Praxis in Konflikt stehen können. Varianten des selbst gesteuerten Lernens sowie Lehrformen, die den Lehrenden weniger als Informationsvermittler, sondern primär als Katalysator und Moderator von Lernprozessen verstehen, ergänzt durch die Anforderung, sich auf ungewohnte Medien einzulassen, lösen häufig Zurückhaltung oder gar Ablehnung aus, denen durch Ansätze eines Change-Managements begegnet werden kann.

Demnach reicht es nicht, einzelne E-Learning-Projekte als eine singuläre Innovation in eine Hochschule einzuführen, die losgelöst oder gar im Widerspruch zur dominierenden Lehr-Lernkultur besteht. Vielmehr sollten solche innovativen Lernumgebungen als Beispiel und Auslöser für die generelle Veränderung einer erstrebenswerten Lehr-Lernkultur wirken und die Fähigkeit zur selbstgesteuerten Weiterentwicklung des erreichten Innovationsgrades stärken. Diese kulturelle Dimension lenkt den Blick auf einen Bereich, der schwer zu fassen, gleichwohl aber von zentraler Bedeutung für den Verlauf von Veränderungsprozessen ist (Euler, 2003b).

4. Gestaltung von E-Learning auf mehreren Implementierungsebenen

4.1 Überblick

Aus den vorangegangenen Überlegungen wird ersichtlich, dass sich Innovationsprojekte für die Implementierung von E-Learning auf zwei verschiedenen Ebenen betrachten lassen:

- *Hochschulweites Innovationsprojekt:* Die strategische Umsetzung erfordert hochschulweite Aktivitäten, wie beispielsweise die Schaffung von Supportstrukturen, strategiebezogene Koordination und Evaluation und die Gestaltung notwendiger Veränderungen. Verantwortlich für die Implementierung sind maßgeblich Fach-, Prozess- und Machtpromotoren, wie z.B. die Hochschulleitung.
- *Umsetzung einzelner E-Learning-Projekte*: Zentralen Handlungsbereich stellt die Gestaltung des Innovationsprozesses einzelner Projekte in den Fachbereichen bzw. an den Lehrstühlen, wie z.B. die Entwicklung von E-Learning-Kursen, selbst dar. Damit Innovationsprojekte ihre geplanten Wirkungen entfalten können, sind geeignete Maßnahmen für eine erfolgversprechende Implementierung zu berücksichtigen.

Die nachfolgende Abbildung zeigt einen Überblick über den erweiterten, theoretischen Bezugsrahmen zur Nachhaltigkeit von E-Learning-Innovationen:

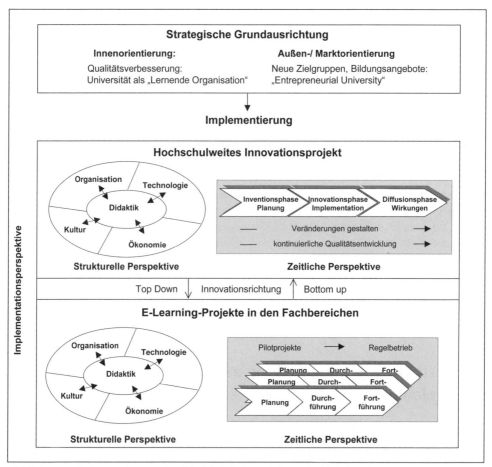

Abbildung 4: Bezugsrahmen „Nachhaltigkeit von E-Learning-Innovationen"

„Top-down"- und „Bottom-up"-Strategie ist das gängige Gegensatzpaar, um die Ausgangspunkte der Innovation und die Ausbreitung innerhalb der Organisation zu charakterisieren. Bislang folgten die Entwicklungen in der Regel einer dezentralen Bottom-up-Strategie, die Anbindung an eine bestehende oder die parallele Entwicklung einer neuen Strategie war zumeist nur rudimentär erkennbar. Die Kombination aus Top-down- und Bottom-up-Strategien scheint hierbei eine erstrebenswerte Weiterentwicklung zu sein.

4.2 Organisationsweite Implementierung von E-Learning

Die hochschulweite Einführung und Ausbreitung von E-Learning als Bildungsinnovation betrachtet den Innovationsprozess in einem zeitlichen Ablauf (prozessuale Perspektive). Dynamische Innovationsmodelle liefern Ansätze für die Gestaltung der einzelnen Phasen des Innovationsprozesses (im Unterschied zu den statischen Innovationsmodellen, die Typologien zur Bestimmung der Innovationsart zur Verfügung stellen).² Ein Innovationsprozess lässt sich folglich idealtypisch in mehrere Schritte unterteilen. Während einige Phasenmodelle einen stärkeren Schwerpunkt auf die Forschung und die Entwicklung von Erfindungen legen, soll für die vorliegende Arbeit ein weniger komplexer Ansatz Verwendung finden:

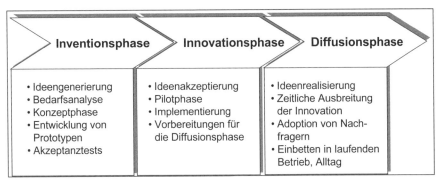

Abbildung 5: Phasen des Innovationsprozesses

In der Literatur ist häufig die Einteilung in die folgenden drei Phasen des Innovationsprozesses anzutreffen:[3]

- *Inventionsphase*: diese Phase verkörpert die konzeptionelle Ideengenerierung und kann darüber hinaus Machbarkeitsstudien, Bedarfsanalysen, Akzeptanztests, Entwicklung von Prototypen (z.B. für Lernsoftware, Lernumgebungen) umfassen.

- *Innovationsphase*: die Invention (das Konzept, evtl. auch der Prototyp) wird bis zur Marktreife bzw. bis zur innerbetrieblichen Akzeptanz weiterentwickelt. Daher wird dieses Stadium häufig auch als Phase der Ideenakzeptierung bezeichnet. Sie ist besonders kritisch, da hier die Implementierung im Vordergrund steht. Ferner müssen notwendige strukturelle Voraussetzungen für die anschließende Diffusionsphase geschaffen werden, wie beispielsweise die Kompetenzentwicklung der Dozierenden, Aufbau von Support- und Betreuungsstrukturen.

- *Diffusionsphase:* in der dritten Phase wird die zeitliche Verbreitung der Innovation – und somit die Ideenrealisierung auf breiter Front – angestrebt. Die Diffusion ist eng mit der Adoption von Nachfragern verbunden. Die interpersonale Diffusion setzt sich aus der intrapersonalen Adoption einzelner Individuen zusammen, d. h. die Aggregation der individuellen Kauf- bzw. im Falle von E-Learning Nutzerentscheidungen (Adoptionen) determiniert im Zeitablauf den Diffusionsprozess (Schmidt, 2001). Nach Rogers be-

---

[2] Dynamische Innovationsmodelle sind beispielsweise das „Utterback-Abernathy Dynamic Model of Innovation", das die Diffusion von Innovationen mit dem Konzept des „dominanten Designs" zu erklären versucht (Abernathy & Utterback, 1978) sowie das „Tushman-Rosenkopf Technology Life Cycle Model", nach dem die notwendigen Kompetenzen einer Organisation dem Lebenszyklus von Systemtechnologien anzupassen seien (Afuah, 1998).

[3] Zu den Phasen des Innovationsprozesses vgl. ausführlich Michel, 1987, S. 11, Thom, 1992, S. 9, Widmer, 1986, S. 17 und Witte, 1973, S. 2.

zeichnet Diffusion „... the process by which an innovation is communicated through certain channels over time among the members of a social system (1995)." Insofern ist diese Phase für die vorliegende Arbeit in Bezug auf die nachhaltige Implementierung von E-Learning-Innovationen von besonderer Relevanz.

Wie bereits in Abschnitt 3.1 erläutert wurde, sind neben einem integrativen Implementationsansatz die Gestaltung von Veränderungen und die kontinuierliche Qualitätsentwicklung zentrale Entwicklungslinien für die Umsetzung einer Hochschulstrategie hinsichtlich des Einsatzes von E-Learning. Die nachfolgende Tabelle gibt einen beispielhaften Überblick über Maßnahmen dieser drei Entwicklungslinien in einem zeitlichen Ablauf:

Integrationsprozesse: Einführung und Verankerung		
Inventionsphase	*Innovationsphase*	*Diffusionsphase*
– Bedarfsanalyse: Einbindung der Stakeholder – Strategieentwicklung, Ideengenerierung – Konzeptphase, Leitbild der Hochschullehre – Planung der Nachhaltigkeit (z.B. Strategische Mittelallokation, didaktische, technologische Standards etc.)	– Ideenakzeptierung – Implementierung: „Leuchttürme" – Hochschulweite Projektkoordination – Vorbereitungen für die Diffusionsphase: Bereitstellung von Infrastrukturen, Supportstrukturen	– Ideenrealisierung: Umsetzung zahlreicher E-Learning-Initiativen – Zeitliche Ausbreitung der Innovation, niedrigschwellige Lernumgebungen, „Leuchttürme" – Einbetten in laufenden Betrieb: Integration von E-Learning in den Hochschulalltag
Veränderungsprozesse: Innovationen begleiten → Veränderung		
„Unfreezing", „Auftauen"	*„Moving", Verändern*	*„Refreezing", Verfestigen*
– Akzeptanztests, „Auftauen" der dominanten Verhaltensmuster – Motivation für Veränderung wecken, Einsicht fördern durch exzellente Promotoren – Vermindern der retardierenden Kräfte	– Innovation erproben – Ausschau halten nach neuen, geeigneten Verhaltensformen – Maßnahmen zur Akzeptanzförderung, Anreizstrukturen schaffen	– Erreichen hoher Entwicklungsstufen der Betroffenheit – Stabilisierung von Verhaltensänderungen – Hohe Umsetzungsqualität
Kontinuierliche Qualitätsentwicklung: Innovationen begleiten → Qualität		
Konzeption	*Implementierung*	*Weiterentwicklung*
– Entwicklung Qualitätsmanagement-System, ausgerichtet an der Strategie der Hochschule – Integration in die Evaluation der Hochschullehre	– Anwendung des Qualitätsmanagement-Systems: Systematische Durchführung (formativer) Projektevaluationen – Berücksichtigung umfassender Qualitätskriterien	– Kontinuierliche Weiterentwicklung des Qualitätsmanagement-Systems – Etablierung von Qualitätsstandards, Dokumentation und Kommunikation von „Best Practices"

Tabelle 1: Hochschulweite Implementierung von E-Learning im zeitlichen Ablauf

In diesem Zusammenhang stellt sich abschließend die Frage nach der grundsätzlichen Gestaltbarkeit der Ausbreitung einer Innovation und dem damit einhergehenden Wandel. Da die Innovations- und Veränderungsprozesse von sehr vielen Faktoren abhängig sind, wie beispielsweise auch von nicht-intendierten Ereignissen, muss davon ausgegangen werden, dass

Diffusions- und Veränderungsprozesse nur bis zu einem gewissen Grad steuer- und bewusst gestaltbar sind.

4.3 Implementierung einzelner E-Learning-Kurse

Die Ansätze und Überlegungen in den Hochschulen sind derzeit überwiegend von dezentralen Bottom-up-Strategien geprägt. Zahlreiche E-Learning-Pilotprojekte sind entstanden, die sich auf den Enthusiasmus und das Engagement ihrer Initiatoren stützen konnten. Die Anbindung an eine bestehende oder die parallele Entwicklung einer neuen Strategie war zumeist nur rudimentär erkennbar (Euler, 2003a). Für die Erzielung der Nachhaltigkeit von E-Learning ist eine strategische Verankerung in der Hochschule jedoch zunehmend bedeutsamer.

Bottom-up-Entwicklungen können jedoch durchaus hilfreich sein, da dezentrale Kräfte für die weitere Diffusion von E-Learning ebenfalls notwendig sind. Daher erscheint eine ausgewogene Balance zwischen Top-down- und Bottom-up-Strategien eine vielversprechende Variante zu sein. Beispielsweise sollten hochschulweite Qualitätsstandards Top-down von der Hochschulleitung bzw. zumindest von den verschiedenen Fakultäten vorgegeben werden, wohingegen dezentrale Kräfte in Form von Positivbeispielen zur Nachahmung genutzt werden könnten.

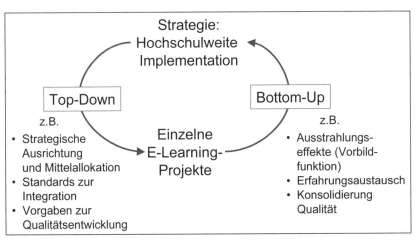

Abbildung 6: Zusammenhang: Top-Down- und Bottom-Up-Strategie

Die zeitliche Perspektive lenkt den Blick auf das Projektmanagement zur Umsetzung einzelner E-Learning-Initiativen. Dabei können wiederum die drei Entwicklungslinien (Integrative Implementierung, Gestaltung von Veränderung und Qualitätsentwicklung) parallel verfolgt werden. Die nachfolgende Tabelle veranschaulicht zentrale Aktivitäten in den einzelnen Implementierungsphasen eines E-Learning-Projektes.

E-Learning-Projektmanagement zur integrativen Implementierung		
Planung	*Implementierung*	*Fortführung*
– Bedarfsanalyse: Einbindung der Stakeholder – Konzeptphase: Didaktisches Konzept und didaktischer Mehrwert – Entwicklung von Prototypen – Berücksichtigung strategischer Standards zur Integration des Projektes (z.B. technische Standards der Lernplattform, Einbindung in Curricula etc.)	– Konzeptumsetzung – Pilotphase, Leuchttürme und Experimentierfelder – Durchführung von E-Learning-Kursen im Echteinsatz (auch sog. „niedrigschwellige" Lernumgebungen) – Vorbereitungen für die Fortführungsphase	– Nachhaltigkeit durch Integration: didaktisch, technologisch, organisatorisch, ökonomisch, sozio-kulturell – Nachhaltigkeit durch Transfer: Wiederverwendbarkeit, Übertragbarkeit von Ergebnissen (E-Learning-Modulen, abhängig von E-Learning-Applikation)
Veränderungsprozesse: Innovationen begleiten → Veränderung		
„Unfreezing", „Auftauen"	*„Moving", Verändern*	*„Refreezing", Verfestigen*
– Akzeptanztests – Kommunikation relativer Vorteile des Projektes – Je nach Vorkenntnissen: akzeptable Komplexität wählen, Kompatibilität zu vorhandenen Strukturen und Kulturen beachten	– Maßnahmen zur Akzeptanzgewinnung: z.B. Kompetenzentwicklung, Coaching, – E-Learning-Kurs (einzelne Elemente) erproben, Test kleiner Schritte (v.a. bei Novizen)	– Wissensaustausch, Vorteile des Projektes kommunizieren – Stabilisierung von Verhaltensänderungen – Hohe Umsetzungsqualität
Kontinuierliche Qualitätsentwicklung: → Qualität		
Konzeption	*Implementierung*	*Weiterentwicklung*
– Einplanung der Vorgaben zur Qualitätsentwicklung	– Anwendung des Qualitätsmanagement-Systems: Systematische Durchführung (formativer) Projektevaluationen	– Verbesserungsmaßnahmen durch formative Evaluation, – Dokumentation und Kommunikation der Projektergebnisse, „Lessons learned"

Tabelle 2: Nachhaltige Implementierung von E-Learning-Projekten

Der Begriff „Projekt" terminiert per Definition einen konkreten Zeitpunkt für den Beginn sowie für das Projektende. Dennoch ist das Ende eines Projektes schwieriger zu definieren, da die etablierten Strukturen auch dann noch weiterwirken können, wenn das Projekt bereits organisatorisch aufgelöst wurde. Unstrittig ist lediglich, dass das Ende eines Projektes nicht identisch ist mit dem Auslaufen von Fördermitteln. Dieser Zeitpunkt markiert vielmehr den Übergang des Projekts in eine besonders kritische Lebensphase (Stockmann, 1992). Erst jetzt zeigt sich, ob ein E-Learning-Projekt in der Hochschullehre mit Hilfe der getroffenen Maßnahmen abgesichert werden konnte.

5. Einordnung der Buchbeiträge

Der vorgestellte Bezugsrahmen bildet den roten Faden für das Konzept des Buches. Die einzelnen Buchbeiträge können schwerpunktartig den verschiedenen Strategie- und Implementierungsbereichen zugeordnet werden. Dem Leser dient zu Beginn eines jeden Buchbeitrages eine Überblicksgrafik zur Orientierung, um die visuelle Einordnung in den Bezugsrahmen zu veranschaulichen. Darüber hinaus sind die Buchbeiträge thematisch in mehrere Fokusbereiche unterteilt, wie nachfolgend erläutert wird.

Fokus: *Strategieentwicklung*
Im Bereich Strategieentwicklung nimmt *Lepori* zunächst eine nationale Perspektive ein, da er strategische Überlegungen diskutiert, welche die Potenziale von E-Learning für die schweizerische Hochschullandschaft aufzeigen. *Groehbiel* erläutert den Prozess der Strategieentwicklung zur Einführung von E-Learning und veranschaulicht diesen anhand des Fallbeispiels der Fachhochschule Beider Basel. Eine Außen- bzw. Marktperspektive für die Entwicklung einer Strategie nehmen *Seufert* und *Zellweger* ein, da sie auf Geschäfts- und Kooperationsmodelle für Hochschulen und Bildungsorganisation eingehen, die mittlerweile in der Bildungslandschaft entstanden sind. Die Innenperspektive vertritt *Zimmer* in seinem Beitrag, indem er umfassende Gestaltungsaspekte zur Strategieentwicklung beim Aufbau virtueller Studienangebote vorstellt und anhand des Fallbeispiels der Virtuellen Fachhochschule verdeutlicht.

Fokus: *Implementierung – Rahmenbedingungen*
Die Schaffung notwendiger Rahmenbedingungen diskutiert zunächst *Zawacki*, wobei er Gestaltungsaspekte von Organisationsstrukturen für einen E-Learning-Support darstellt. Eine Einzelbetrachtung liefern *Sengstag* und *Schmucki* anhand der E-Learning-Supportstrukturen an der ETH in Zürich. Eine internationale Fallstudie beschreiben *Steinbeck* und *Engel*, da sie auf Rahmenbedingungen an der Stanford University eingehen, um pädagogische Innovationen zu ermöglichen. Darüber hinaus sind transparente Prozesse zu definieren, um eine notwendige Effizienz für die weitere Ausbreitung von E-Learning zu schaffen. Auf diesen Gestaltungsaspekt geht *Wirth* in seinem Beitrag ein.

Neben der Gestaltung flexibler und effizienter Strukturen und Prozesse sind darüber hinaus die Kompetenzen der Lehrenden entscheidend. Auf die Gestaltung von Maßnahmen zur Kompetenzentwicklung von Dozierenden bezieht sich der Beitrag von *Euler*. Einen integrativen Ansatz stellt das Fallbeispiel der Universität Basel vor, wobei *Bachmann* und *Dittler* das E-Learning-Portal für die Zielgruppe der Dozierenden als integralen Bestandteil der Hochschulentwicklung konzipieren.

Fokus: *Implementierung – Lernumgebungen*
Zunächst beleuchtet *Schönwald* mit ihrem Beitrag zum Projektmanagement die Umsetzungsperspektive einzelner E-Learning-Projekte, wobei sie vor allem auf ökonomische und organisatorische Fragestellungen zum Projektaufbau und -ablauf eingeht. Im Anschluss daran knüpfen Beiträge mit dem Fokus auf didaktische Gestaltungsaspekte an.

Einen konzeptionellen Rahmen für die didaktische Gestaltung von Lernumgebungen gibt *Euler*. Einen Vergleich bestehender Kategorisierungen für die Gestaltung von E-Learning-Szenarien stellt *Hasanbegovic* zur Verfügung. *Treichel* nimmt ebenfalls einen didaktischen Blickwinkel ein und stellt den Zusammenhang zwischen E-Learning und Handlungsorientierung her. *Boos* und *Rack* zeigen Gestaltungsmöglichkeiten der netzbasierten Kollaboration im E-Learning auf, wobei sie insbesondere auf die Bedingungen für erfolgreiches, kollaboratives Lernen im Netz eingehen. Die Gestaltung kollektiver und kooperativer Lernumgebungen fokussiert *Schneider*, wobei er auch technologische Optionen für die Gestaltung kollektiver Lernszenarien diskutiert. Kollaboratives Lernen als instruktionales Rahmenkonzept greift *Seufert* in ihrem Beitrag über virtuelle Lerngemeinschaften auf. Mit der an Bedeutung gewonnenen Online-Betreuung im E-Learning beschäftigt sich der Beitrag von *Kerres*, *Nübel* und *Grabe*, wobei auch organisatorische Fragestellungen eine Rolle spielen.

Zur methodischen Gestaltung von Lernumgebungen treten darüber hinaus kulturelle Fragestellungen immer stärker in den Vordergrund. Emotionale Gestaltungsaspekte betont Reinmann-Rothmeier in ihrem Beitrag zur Gestaltung von E-Learning-Umgebungen. Als Ausgangspunkt der Gestaltung zieht *Wirth* eine anzustrebende Lehr-Lernkultur heran.

Fokus: *Implementierung – Technologische Fundierung*
Ob mobile Endgeräte neue Potenziale für E-Learning – auf dem Weg zum M-Learning – liefern, wird von *Meier* untersucht. Somit wird im Rahmen der Implementierung von Lernumgebungen der Übergang von didaktischen zu stärker technologisch-geprägten Fragestellungen vollzogen.

Für die Auswahl und den Betrieb von Lernplattformen gibt *Brugger* maßgebliche Entscheidungsempfehlungen. Als Alternative zu einer Standard-Plattform verdeutlichen *Kiedrowski* und *Kunkel* die Potenziale von Open Source Entwicklungen anhand des Fallbeispiel ILIAS an der Universität Köln. *Pawlowski* gibt einen Überblick über derzeitige E-Learning-Standards und beurteilt deren Nutzen in der Anwendung. Somit schlägt er mit seinem Beitrag auch die Brücke zur Qualitätssicherung.

Fokus: *Kontinuierliche Qualitätsentwicklung*
Schulmeister diskutiert objektivistische Kriterien zur Beurteilung der didaktischen Qualität von E-Learning-Angeboten. Die Vorgehensweise zur formativen Evaluation von E-Learning-Projekten erläutern *Miller* und *Oelkers*, wobei sie ihre Erfahrungen aus dem Swiss Virtual Campus einfließen lassen. Einen Überblick über Qualitätsmanagement-Systeme geben *Euler*, *Seufert* und *Wirth*, um anschließend anhand eines neuen E-Learning-Zertifizierungprogrammes das Konzept der kontinuierlichen Qualitätsentwicklung zu veranschaulichen.

Fokus: *Gestaltung von Veränderungen*
Im letzten Bereich stehen Gestaltungsaspekte für Veränderungsprozesse zur Förderung der Innovationsbereitschaft im Fokus. *Behrendt* fordert in seinem Beitrag, E-Learning vielmehr als Prozessinnovation anstatt als Produktinnovation zu betrachten und diskutiert daher Gestaltungsaspekte des Change Managements für den sinnvollen Einsatz von E-Learning. Im Rahmen von Change Management-Aktivitäten geht *Seufert* detaillierter auf innovationsförderliche Akteure und Rollen ein, wie beispielsweise das Promotorenmodell oder das Konzept

der „Change Facilitator Teams". Zum Abschluss stellt *Euler* einen umfassenden E-Learning-Implementationsansatz vor, wobei er diesen als einen kontinuierlichen Verbesserungsprozess versteht. Dabei legt er den Schwerpunkt auf die Lehrenden und Lernenden als die zentralen Akteure der Implementierung, um konkrete Maßnahmen für Veränderungsprozesse möglichst passend – in Abhängigkeit der Vorbedingungen und der Bereitschaft von Lehrenden und Lernenden zur Nutzung von E-Learning-Innovationen – einsetzen zu können.

Literatur

ABERNATHY, W. J. & UTTERBACK, J. M. (1978). Patterns of Industrial Innovation. *Technology Review*, 80 (7), 40–47.

AFUAH, A. (1998). *Innovation Management. Strategies, Implementation and Profits*. New York, Oxford: Oxford University Press.

ALBACH, H. (1970). Informationsgewinnung durch strukturierte Gruppenbefragung. *Zeitschrift für Betriebswirtschaft*, Ergänzungsheft, 11–26.

COLLIS, B. & VAN DER WENDE, M. (2002). *Models of Technology and Change in Higher Education*. Report of the Center for Higher Education Policy Studies, Twente: University of Twente.

EULER, D. (2003a). eLearning zwischen Qualitätserwartung und Rentabilitätsdruck. *Kongressdokumentation des 1. SCIL Kongresses an der Universität St. Gallen*. St. Gallen: Swiss Centre for Innovations in Learning.

EULER, D. (2003b). Reformen erfordern Vertrauen und Kooperation – über notwendige Fundamente von pädagogischen Innovationen. *Zeitschrift für Betriebs- und Wirtschaftspädagogik*, 09, Editorial.

GROCHLA, E. (1978). *Einführung in die Organisationstheorie*. Stuttgart: Poeschel.

HAGE, J. & AIKEN, M. (1970). *Social Change in Complex Organizations*. New York: Wiley.

HAUSCHILDT, J. (1993). *Innovationsmanagement*. München: Vahlen.

KERRES, M. (2001). Von der Pionierleistung in den Alltag. Nachhaltige Implementierung mediengestützter Lehre. *Wissenschaftsmanagement. Zeitschrift für Innovation*, 5, 17–20.

KIESER, A. & KUBICEK, H. (1983). *Organisation* (2. überarb. Aufl.). Berlin et al.: Springer.

KÜHNER, M. (1990). *Die Gestaltung des Innovationsmanagements: Drei grundlegende Ansätze*. St. Gallen: Dissertation, Universität St. Gallen.

MICHEL, K. (1987). *Technologie im strategischen Management*. Berlin et al.: Springer.

MILES, R. E. & SNOW, C. C. (1978). *Organizational Strategy, Structure and Process*. New York et al.: McGraw Hill.

REINMANN-ROTHMEIER, G. (2003). *Didaktische Innovation durch Blended Learning. Leitlinien anhand eines Beispiels aus der Hochschule.* Bern et al.: Hans Huber.

ROGERS, E. M. (1995). *Diffusion of Innovations* (4th ed.). New York, London: Free Press.

SEUFERT, S. & EULER, D. (2003). *Nachhaltigkeit von eLearning-Innovationen. Ergebnisse einer Expertenbefragung.* SCIL-Arbeitsbericht 1 des Swiss Centre for Innovations in Learning. St. Gallen: Institut für Wirtschaftspädagogik.

SEUFERT, S. & EULER, D. (2004). *Nachhaltigkeit von eLearning-Innovationen. Ergebnisse einer Delphi-Studie.* SCIL-Arbeitsbericht 2 des Swiss Centre for Innovations in Learning. St. Gallen: Institut für Wirtschaftspädagogik.

SIMON, B. (2001). *E-Learning an Hochschulen: Gestaltungsräume und Erfolgsfaktoren von Wissensmedien.* Köln: Eul.

SHEPARD, H. A. (1971). Innovationshemmende und innovationsfördernde Organisationen. *Gruppendynamik*, 4, 375–384.

STOCKMANN, R. (1996). *Die Wirksamkeit der Entwicklungshilfe. Eine Evaluation der Nachhaltigkeit von Programmen und Projekten der Berufsbildung.* Opladen: Westdeutscher Verlag.

THOM, N. (1992). *Innovationsmanagement.* Die Orientierung, Nr. 100. Bern: Hanstein.

WIDMER, A. (1986). *Innovationsmanagement in Banken.* St. Gallen: Dissertation, Universität St. Gallen.

WITTE, E. (1973). *Organisation für Innovationsentscheidungen. Das Promotoren-Modell.* Göttingen: Schwartz.

Benedetto Lepori

eLearning and the future of the Swiss Higher Education System

Abstract

In this article we examine how eLearning is being adopted in the Swiss higher education system and how this development is determined by the existing institutional and normative structures. This allows us to explain the specific features of eLearning in Switzerland and, in particular, the organization of the Swiss Virtual Campus program, as well as the orientation of eLearning towards blended learning and on the campus students. Next, we show that this model doesn't allow fully exploiting the potential of eLearning and we identify some promising application domains.

The Author

Benedetto Lepori was born in Lugano in 1965. He obtained his university degree in mathematical physics at the University of Rome in 1988.

Since 1988 he has worked as political consultant and in the management and administration of research in Switzerland. He was national expert at the European Commission for the FAST program (Forecasting and Assessment in Science and Technology) in 1994; he has worked also for the Swiss Science Council as an expert in the field of Technology Assessment, being project leader of the assessment of new swiss telecommunications act. Since 1997 he is responsible for the Research office of the Università della Svizzera italiana, where he is in charge of the promotion and overall coordination of research activities. Since 2001, Benedetto Lepori manages the Educational Management in the Swiss Virtual Campus mandate, aiming at investigating the institutional and organizational conditions for a sustainable development of eLearning in Switzerland. He is also preparing a PhD on the Swiss research policy and research funding.

The author wishes to thank Lorenzo Cantoni, Sibilla Rezzonico and Chiara Succi for their useful comments, as well as for working together in the Educational Management mandate (www.edum.ch); he thanks also the Swiss Virtual Campus for funding the mandate.

All on-line references have been checked on October 20, 2003.

Benedetto Lepori

eLearning and the future of the Swiss Higher Education System

1. Introduction 28
2. A framework for analysis 28
   2.1 eLearning 28
   2.2 Higher education 29
   2.3 An actor-centered model 29
   2.4 eLearning and higher education 31
3. eLearning and higher education in Switzerland 32
   3.1 Features of the Swiss Higher Education System 32
   3.2 Recent developments 33
   3.3 A model for eLearning in Switzerland 34
4. Opportunities and structural choices 36
   4.1 Supporting diffusion 36
   4.2 Flexibility of educational offer 36
   4.3 Access to higher education 37
   4.4 Saving small disciplines 37
5. Conclusions 38
   References 39

1. Introduction

This article deals with the impact of eLearning on the Swiss higher education system. The issue is of course difficult, since the introduction of eLearning is only one of the change factors in the higher education system (De Boer et al., 2002) and its adoption will depend very much on how institutions will respond to these changes. Designing future scenarios is thus almost like making guesswork, which could at most help to show different possible alternatives (see Coimbra group, The HECTIC report).

The main hypothesis of this contribution is that the way eLearning is adopted is largely constrained by the existing normative and institutional structures but that, even in these structures, the actors involved – in particular the governing bodies of universities and departments – have the possibility to design more effective strategies to adopt eLearning than is the case today. For this reason, our objective is not to design possible (or even wished) futures, but to identify how eLearning could be adopted given the organization of the Swiss higher education system and to indicate the choices available to different actors, as well as their implications for the future.

The article is divided in four sections. Firstly, we define a framework to examine the relationships between the organization of higher education and eLearning. Secondly, we present how eLearning is adopted in the Swiss universities. The third section proposes a series of alternatives to eLearning and examines their conditions for success. We conclude by coming back to the question if (and under which conditions) eLearning will be a major change factor in the Swiss higher education system.

2. A framework for analysis

The aim of this section is to define a model of higher education system to deal with the implications of eLearning and to specify this model in the Swiss case. However, we need firstly to better define both eLearning and higher education.

2.1 eLearning

eLearning is defined by the European Commission as "the use of new multimedia technologies and the Internet to improve the quality of learning by facilitating access to resources and services as well as remote exchanges and collaborations" (CEC, 2001: 2). This definition is very broad, since it includes the delivery of courses via Internet, but also the set-up of support materials for presence courses or the use of simulations to enhance class teaching. For example, Tony Bates classifies these activities on a continuum between face-to-face teaching and fully on-line learning (Bates, 2001). However, we keep a distinction between eLearning and the diffusion of ICT in educational activities: thus, the use of desktop tools like Powerpoint is not eLearning and also we don't include the use of e-mail for communication, even if it might have very important implications for education.

Of course, given this definition, it is almost a truism to say that higher education institutions will adopt eLearning; the issue is which applications they will introduce, at which scale and with which consequences for their activities.

2.2   Higher education

Secondly, we delimitate more precisely the higher education system. At the most general level, the UNESCO International Standard Classification of Education (UNESCO, 1997) divides the whole tertiary education sectors in two domains, which correspond to the more general-oriented education (ISCED 5A) and to education aiming directly professional activity (5B). The first one can be considered roughly speaking as the higher education sector; however, terminology and division between the two domains differ between countries and comparable institutions in different countries might belong or not to higher education (see www.eurydice.org for comparisons between European countries).

In Switzerland, the higher education sector (ISCED 5A) is composed by ten cantonal universities, ruled by cantonal laws, by the two federal institutes of technology (FIT), which are under the Confederation, and by seven universities of applied sciences (UAS). In this contribution, we focus on issues for universities and FIT, since UAS are partially different (being oriented towards professional training and applied research).

However, tertiary education comprises also a large professional training domain (ISCED 5B), composed by more than 300 institutions both public and private, which deliver certificates of professional capability (for a review of Swiss tertiary education see Confédération Suisse 2002). This is important since there might be strong interaction between higher education and professional education especially in continuing education and eLearning might well change the division of work between the two domains.

2.3   An actor-centered model

We describe the tertiary education system as composed by different actors including political authorities, educational establishments, professors, and students. They are linked by a set of relationships, including hierarchical dependence, funding mechanisms, delivery of educational activities; however, they have some capacity to pursue their own strategy, following specific objectives and norms. For example, students can choose between educational institutions, while professors develop their career path independently from departments. Also, most higher education institutions are not simply administrative units ruled by the state, but define themselves to some extent their mission. Thus, an actor-centered approach is well suited to study the impact of eLearning on higher education since this sector is characterized by a large autonomy from state regulations.

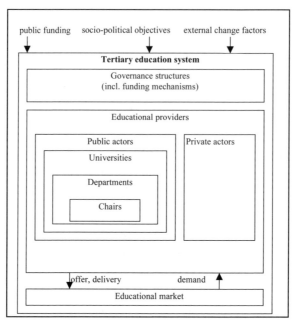

Figure 1: A model of the higher education system

We distinguish three main areas (see Figure 1):

- the governance structures, i.e. the organizations and rules which help to regulate the system; these include political bodies for the coordination of higher education (like the Swiss University Conference), accreditation bodies and rules and funding bodies and mechanisms. These structures establish the framework of action for the educational providers;

- the *educational providers*, i.e. the institutions (public and private) offering tertiary education: higher education institutions (like universities), but also providers of tertiary professional and continuing education;

- the *educational market*, composed by people accessing tertiary education: university students, but also working people following some tertiary education. This market is linked to the educational offer, since some offers exist only if there is sufficient demand, while in absence of a suitable offer demand is only potential.

The system is largely financed by the State and thus has to respond to general socio-political objectives, like granting access to tertiary education or preparing skilled personnel for the economy. Other factors like demographic and social development, as well as technological development impact also on it. Finally, in tertiary education there are important international elements: competition from providers in other countries is present in some segments, while recognition of diplomas between countries is essential; finally, at the European level, the harmonization of curricula (through the Bologna process) and the international mobility of students are becoming more important than in the past.

Concerning universities there are two important features:

- Firstly, most universities, especially in Europe, cannot be considered as unitary actors, since the central institutions are quite weak and the departments and the professors have considerable autonomy. Comparative higher education studies have shown that universities differ considerably concerning their internal structure (see for example Clark 1983) and this has an impact on eLearning: for instance, designing eLearning strategies at university levels might be more feasible in the American context than in Europe.

- Secondly, universities are not educational institutions only, but deserve also a research function, as well as a service function to the local society and economy. The way research and education are articulated differs widely between national systems; while the Humboldtian model, where research and higher education are integrated into the same institution, holds place in countries like Germany and Switzerland, the two functions are largely separated in countries like France, UK and the USA (Clark, 1995; Schimank and Winnes, 2000). This is relevant since universities considering their primary task research and graduate education will consider eLearning differently than pure educational institutions.

2.4 eLearning and higher education

According to this model, there are different actors that might promote the use of eLearning in higher education, each following different objectives: political authorities wishing to enlarge access to higher education through distance learning; educational providers wishing to access new markets or to improve the quality of education for their actual students; university professors wishing to experiment new teaching methods or simply to get additional resources for their activity.

Moreover, these strategies are based only to a limited extent on a rational evaluation of the advantages of eLearning; factors like the imitation of the choices of other organizations ("institutional isomorphism"; DiMaggio and Powell, 1983), the quest for other objectives (like getting more funding or prestige), the decision-making procedures, and timing issues strongly influence this process. The rationality of the actor's behavior is strongly influenced by ambiguity and uncertainty on the goals of the action, by existing belief systems and by organization routines (Simon, 1982; March and Olsen, 1989). This means that the development of eLearning is not the result of a "rational" and centrally-planned strategy, but rather of a set of (only loosely coordinated) actions of different actors, which behave according to some "local" rationality bounded by their institutional and normative context.

For the study of the adoption of eLearning this means that firstly we have to carefully consider the influence of the organization of each national higher education system and, secondly, that we can understand this process only in an historical perspective, since earlier choices might strongly limit the scope of available alternatives ("path dependence").

3. eLearning and higher education in Switzerland

We now examine the development of eLearning in the Swiss high education. We firstly discuss some features of the Swiss system; then we review recent developments in this domain; finally we conclude with some remarks on the role of eLearning in Swiss higher education.

3.1 Features of the Swiss Higher Education System

For a complete analysis of the organization of the Swiss Higher Education system we refer to the bibliography (see in particular CDIP, 2001; Confédération Suisse, 2002; Perellon et Leresche, 1999; Perellon, 2001); it is, however, important to discuss some features important for eLearning, i.e. the organization of the tertiary education; the governance structures of higher education and the mission and organization of the universities.

1. Firstly, in Switzerland the tertiary education system is divided into a higher education and a professional education domain (Confédération Suisse, 2002), the two filières being separated already at the secondary level. In fact, if measured with the number of diplomas the professional sector is larger than the higher education sector. This means that higher education is given a rather restricted mission (first education of highly-skilled people as well as researchers), while basic training for all other people should be given in the professional sector. Thus universal access to higher education has not been until now an important issue in Switzerland and life-long learning should be principally a task of professional training rather than of universities (the situation is different for the UAS). This explains partially why distance universities like the Fernuniversität Hagen don't exist in Switzerland.

2. Secondly, competence for higher education is divided between the Confederation and the Cantons, while central coordinating bodies are quite weak. Only with the reform of the university act in 2000 the Swiss University Conference has been given some planning and coordinating capability (Perellon et Leresche, 1999; Perellon, 2001). This means also that national rules for the organization of curricula, university diplomas and university careers are lacking; mobility of students across regions is also limited. Thus, the capability of central authorities to steer the system and to promote coordinated solutions is limited. In fact, only the Bologna reform will impose from Europe some harmonization of curricula structures in Swiss universities.

3. Thirdly, all Swiss universities conceive themselves as research institutions, where education is closely linked to research and physical proximity between teacher and student is very important. Large numbers of students are considered problematic, as well as curric-

ula directed to external students; market orientation is also weak (except for postgraduate training and for UAS). Professors are also more interested in research and academic publications rather than in innovation in education.

4. Fourthly, central authorities in Swiss universities are comparatively weak (with the partial exception of the FIT) and power on academic matters (including nomination of professors and content of teaching) is still by the professors or by collegial organisms (Grin et al., 2002). Only recently universities have been given a greater autonomy from the cantonal administrations and are beginning to develop some planning (Perellon et Leresche, 1999). Also, departments are normally managed collegially and thus development of curricula is largely given by the addition of interests of chairs rather than by a coherent educational planning.

3.2 Recent developments

The recent development of eLearning in Switzerland can be understood largely as a consequence of the previous remarks.

At the national level, the discussion on eLearning began at the mid '90 inside the Swiss University Conference and led to the launch of the Swiss Virtual Campus (SVC; www.virtualcampus.ch) program in 1999 (CUS, 1997; Conseil federal, 1998). The SVC was inserted in the program to renew the Swiss higher education system promoted by state secretary Kleiber: eLearning should help to keep the quality of education despite increasing numbers of students and limited financial resources; moreover, it aimed at reinforcing the cooperation between universities. The idea of a "virtual university" was adapted to this context: the SVC would produce on-line courses, followed by students in different Swiss universities, thus helping also to reduce costs through scale effects. The program has financed 50 projects aiming at developing a single eLearning course realized by consortia of Swiss university professors. Our analysis of these projects shows that most of them have produced collections of resources, which will be used largely *à la carte* by each professor (Lepori and Rezzonico, 2003); in most cases presence teaching will be only slightly reduced.

Some universities have also launched support actions to eLearning prior to the SVC (for example Fribourg and the FIT in Zurich; Levrat, 2003); but this move has strongly accelerated in the last 3–4 years; a recent review shows that almost all Swiss universities will have until 2004 a central unit supporting the development of eLearning activities (Lepori and Succi, 2003). However, the approach is mostly reactive and there is a lack of strategic planning: what universities do is largely to answer to needs of projects (mostly financed by the SVC) and individual professors; they also conceive eLearning as a support and an addition to presence teaching rather than an opportunity to develop new offers or to renew the existing curricula. This corresponds to the overall situation in Europe (Collis and van der Wende, 2002), where, however, it is possible to identify some institutions, which are more innovative (Lepori, Cantoni, and Succi, 2003).

Departments seem to be the actor least involved in eLearning and this is a central preoccupation for the future of SVC projects; there are, however, a few exceptions like the Faculty of

Theology in Geneva (offering the only distance education curriculum in Switzerland; http://www.unige.ch/theologie/distance/index.htm) and the Abteilung für Unterrichts-Medien (AUM; http://www.aum.iawf.unibe.ch) of the Department of Medicine of the University of Berne, which is a large centre producing multimedia materials and eLearning courses for medicine.

As a consequence, most of the development of eLearning takes place in individual projects; SVC projects are very large, while locally-funded projects are much smaller. These projects show a large diversity in the use of eLearning, including also different technical solutions (only St. Gallen has made the choice of an unitary platform for the university). The projects are strongly bound to the initiative of the concerned professor(s) and have a large component of experimentation.

The SVC consolidation program, approved by the Parliament in October 2003 (CUS, 2002; Conseil federal, 2002), tries to correct some of these difficulties concentrating funding and competences in the university support centres and funding smaller projects.

3.3 A model for eLearning in Switzerland

We can now sketch some features of the adoption of eLearning in Switzerland. Firstly, eLearning is seen as a tool for improving the quality of learning in existing universities for their campus students. There is little interest for opening to new publics (with some exceptions for the continuing education, especially for the UAS). We could say that the development of eLearning in Switzerland has been captured by the university system, both at the normative and at the institutional level (since the SVC program is managed by Swiss University Conference and by the Rector's Conference of Swiss Universities). Of course, these actors have no interest in creating a specific institution for eLearning (like a virtual university), which would compete with them for public funding; moreover, attracting new students is not a priority for universities, which are anyway confronted with growing numbers and which adhere to the ideal of a research university.

Secondly, given the weakness of the central bodies in Swiss higher education, a national program for eLearning has little possibility to impose a strategy on the individual universities and thus must take the form of an impulse program, funding projects and other measures in all universities. At the same time, we could show that universities and departments had until now little strategic capacity and that in most cases eLearning has been a rather marginal issue. Thus the starting point for an impulse program was to fund individual professors to develop eLearning courses. Given this engagement, universities are progressively providing the necessary infrastructure through the creation of support centers.

We can then represent the whole process as in Figure 2. The national level promotes the development of eLearning through the funding of individual projects. These projects address themselves to the universities for additional funding and in some cases for support (especially at the technical level). These needs and the normative pressure coming from the national level push some universities to create support centers for eLearning; imitation between universities accelerates this process, so that at the end of 2003 all universities will have a support center. At the same time the projects address themselves to the departments to get funding and to be integrated into regular curricula.

This process can be seen as a quite efficient way to quickly develop eLearning in the Swiss higher education system through a mix of incentives (supplementary funding) and normative pressure ("all universities should be active"). In this way, it was possible to mobilize a large number of professors, most the universities and, in some cases, the departments.

However, if considered from a system perspective, this model shows some quite problematic features. Firstly, eLearning is becoming an additional activity domain for universities requiring the creation of new structures and for professors, who develop new educational materials and experiments; this entails of course additional costs, which should be funded by the state. For example SVC projects will probably bring about additional costs even in their use and maintenance phase. This of course raises some doubts on the sustainability of the process and entails the risk that many of these experiences will stop when public funding stops.

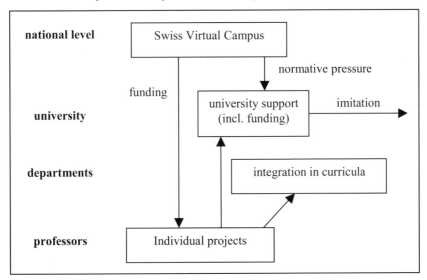

Figure 2:   Development of eLearning in Switzerland

Moreover, it seems that, being captured by the university normative system, this development takes too little into account some general political objectives (like widening the access to higher education or favoring life-long learning) and the needs of the students and especially of those categories of students, which are not at the university to do research. For them a greater flexibility in learning could be more important than advanced learning and good lecture notes better than complex websites with contents.

4. Opportunities and structural choices

The discussion of the preceding section is helpful in understanding how institutional constraints shape the way eLearning is integrated in the higher education system. It shows, however, the risks of this situation: since the rationality of each actor is limited and localized, there is no guarantee that the adoption of eLearning will bring benefits to all actors involved and will improve the overall performance of the system. In our opinion, this shows that some strategic planning, ensuring coordination between the actors and conformity to general objectives is necessary; however, it cannot be based on general arguments, but rather on specific objectives and applications, which can be shared by the involved actors. In this section, we contribute to this reflection by showing possible applications of eLearning which, according to our work on the Swiss Virtual Campus, are suited to the Swiss situation (see Lepori and Succi, 2003 for more details).

4.1 Supporting diffusion

There is little doubt that educational technologies will anyway diffuse in universities as support to presence teaching. However, how diffusion theories show (Rogers, 1995), this process will be quite uneven and thus there is a risk that it widens the quality gap between professors experimenting new teaching methods and the others. Moreover, there is no guarantee that this adoption really improves the quality of learning or the learning conditions of students. Thus, there is a series of actions universities and departments could take to help this process:

- promoting the diffusion of eLearning thanks systematic information, normative pressure and small subsidies;
- giving very basic support both at the technical and pedagogical level;
- consulting the students and ensuring feedback to the professors;
- setting up quality assurance procedures specific to eLearning.

Since this strategy should progressively cover the whole university, it should be minimal: for example a simple platform for putting information on the course (see the case of the University Autonoma of Barcelona; www.uab.es/interactiva/default.htm) is preferable to a high-end solution. Also, financing many small-scale experiences is better in this perspective than a few large projects.

4.2 Flexibility of educational offer

Many studies show that the rationale for switching (at least partially) to (asynchronous) online learning is in most cases not to overcome distance, but to have more flexibility to coordinate study with work or family (Bates, 2001). This is relevant for Switzerland, since according to the Federal Office of Statistics 40% of the Swiss students are working (Office federal de la statistique, 1998).

However, flexibility is more an issue of intelligent organization of curricula than of using high-end technology; reducing presence hours in a single course do hardly bring benefits. This means that, at least in domains where students don't participate regularly in the lectures, it could be interesting to organize teaching differently, for example asking students to come to the university only two weeks a month, giving them tools for autonomous study or communication.

This example shows that the choice of the right educational level (the curriculum instead of the course) is essential to get benefits from eLearning; it shows also how representations far from reality (the campus student always present to the lectures) can distort decisions: for students that don't come to lectures reducing presence courses can hardly be a loss of quality.

4.3 Access to higher education

We noticed that widening access to higher education seems not to be an issue in Switzerland. However, this might change rapidly: The Bologna reform might well make access to the labor market more depending on a university degree (at least at the bachelor level). Moreover, all studies foresee a large demand for life-long training at the higher education level.

The issue is of course a political one, but is also relevant for universities. If they decide to concentrate only on research and campus students, it might well be that in future they cover only a small portion of tertiary education and thus their standing and funding might be in danger. Moreover, this strategy could be feasible only for some universities and disciplines, which have sufficient critical mass. Some universities could be too small to keep up with large research universities and thus might have to choose to deserve different functions (differentiation of universities is a trend foreseen by most of the higher education studies; De Boer et al., 2002). This does not mean that Swiss universities have to reorient themselves today; but they should consider also a scenario where public authorities ask them to widen their public and could consider making some experiences with eLearning for external publics.

4.4 Saving small disciplines

Statistical data show that students are very unevenly divided between disciplines; while in disciplines like psychology, sociology and history there are more than one hundred students for each professor (OFES, 2002), numbers are much smaller in disciplines like theology, literature, archeology, musicology or in exact sciences like chemistry or physics. Moreover, these disciplines are present in many Swiss universities.

It seems that in the future Swiss universities will be faced with difficult choices: either to concentrate small disciplines in a few large universities or to develop new organization forms. eLearning could help in this direction, since it is feasible to design hybrid courses, which are shared between different universities and where the professor is present in each university only for a limited period. Of course, this requires institutional building to allow universities to share courses, students and professors; it requires also overcoming barriers and oppositions between them. However, in a long term perspective, this could be the only alternative to closing down some curricula. An option could also be to open curricula to students which cannot get to the university; the theology curriculum in Geneva can exist only because, alongside with the few presence students, there are students following the distance curriculum.

This example shows that what is required is not usually high-end technology, but building suitable institutions to deal with different forms of curricula and of cooperation between universities.

5. Conclusions

Our main conclusion is that one should avoid a too normative approach on the introduction of eLearning and on its consequences on the Swiss higher education system. It is easy to design *general* arguments on the possible uses and advantages of eLearning for higher education; it is also easy to point to the new needs for education (widening access to higher education and retraining people during their career).

However, the actors in the higher education system – from the professors to the university directions to the national higher education institutions – decide and behave in a normative and institutional context, which largely limits their scope of action; moreover, unlike the freaks of ICT, they have normally more urgent issues than eLearning, like managing and funding large institutions, coordinating a very complex university system, pursuing their academic careers.

Then what is necessary is to design possible applications of eLearning, which bring measurable advantages to society, but are compatible with the objectives of the involved actors (like professors or departments); for example, asking a professor teaching since 30 years to change to distance education could be impossible, but supporting him to put the hand-outs of the course in a good form on the Web would be more easy. Asking a university rooted in Humboldtian paradigm to change to a distance university is unrealistic, but showing how to transform in a hybrid mode some curricula to get enough students could be acceptable.

We think that the great technological and pedagogical competence on eLearning, which has been developed in the last years in Swiss universities should be completed with this more strategic and institutional intelligence. And we hope that this contribution can help to move in this direction.

References

BATES, T. (2001). *National strategies for e-learning in post-secondary education and training,* International Institute for Educational Planning, UNESCO, Paris (online http://www.awt.nl/nl/pdf/as28.pdf).

BRAUN, D. & MERRIEN, F.-X. (1999). *Towards a New Model of Governance for Universities? A Comparative View*, London, Jessica Kingsley.

CDIP (2001). *Schweizer Beitrag für die Datenbank «Eurybase – the Information Database on Education Systems in Europe»*, online http://www.cdip.ch/f/BildungswesenCH/framesets/mainEurydice_f.html.

CEC (2001). *Communication from the Commission to the council and the European Parliament, The eLearning Action Plan: Designing tomorrow's education, COM(2001)172*, Brussels, 28.3.2001 (available online http://europa.eu.int/comm/education/eLearning/index.html).

CLARK, B. R. (1983). *The Higher Education System. Academic Organization in Cross-National Perspective*, University of California Press, Berkeley.

CLARK, B. R. (1995). *Places of Inquiry. Research and Advanced Education in Modern Universities*, University of California Press, Berkeley.

COIMBRA GROUP, *European Union Policies and Strategic Change for eLearning in Universities* (The HECTIC report; online http://www.flp.ed.ac.uk/HECTIC/HECTICREPORT.PDF).

COLLIS, B. & VAN DER WENDE, M. (2002). *Models of technology and Change in Higher Education, CHEPS*, Twente (online http://www.utwente.nl/cheps/documenten/ictrapport.pdf).

CONFÉDÉRATION SUISSE (2002). *La politique de l'éducation tertiaire suisse. Rapport national de la Suisse.*

CONFÉRENCE DES RECTEURS DES UNIVERSITÉS SUISSES (2002). *Renforcement de la formation universitaire – renouvellement de l'enseignement, Planification stratégique des universités suisses pour 2004–2007*, Berne 2002 (online http://www.crus.ch/docs/planung/plancrus-f.pdf).

CONSEIL FÉDÉRAL (1998). *Message concernant l'encouragement de la formation, de la recherche et de la technologie pour la période 2000–2003*, Berne.

CONSEIL FÉDÉRAL (2002). *Message concernant l'encouragement de la formation, de la recherche et de la technologie pour la période 2004–2007*, Berne.

CUS (1997). *Création d'un Campus Virtuel Suisse, Rapport du Groupe d'experts «Formation universitaire et nouvelles technologies» de la Commission de Planification Universitaire*, Berne (online http://www.edutech.ch/edutech/publications/rapport_final_f_f.asp).

CUS (2002). *Campus virtuel suisse – Programme de consolidation visant à renouveler l'enseignement et l'étude (2004–2007)*, Berne 2002 (online http://www.cus.ch/Fr/F_Projekte/F_Projekte_Campus/S_projets_campus_2004.html).

DE BOER, H., HUISMAN, J., KLEMPERER, A., VAN DER MEULEN, B., NEAVE, G., THEISENS, H. & VAN DER WENDE, M. (2002). *Academia in the 21st Century. An analysis of trends and perspectives in higher education and research*, Advisory Concil for Science and Technology Policy (AWT), Den Haag (online http://www.awt.nl/nl/pdf/as28.pdf).

DIMAGGIO, P. & POWELL, W. (1983). The Iron Cage Revisited: Institutional Isomorphism and Collective Rationality in Organisational Fields, *American Socialogical Review*, 48: 147–160.

EDUM (2003). *How to realise and to manage an eLearning activity*, EDUM handbook, Lugano.

GRIN, F., HARAYAMA, Y. & WEBER, L. (2002). *Responsiveness, responsibility and accountability: an evaluation of university governance in Switzerland*, BBW, Bern.

LEPORI, B., CANTONI, L. & SUCCI, C. (2003). The introduction of eLearning in European universities: models and strategies, in: Kerres M., Voss B. (Hrsg.), *Digitaler Campus. Vom Medienprojekt zum Nachhaltigen Medieneinsatz in der Hochschule*, Waxmann, Münster.

LEPORI, B. & REZZONICO, S. (2003). Models of eLearning: the case of the Swiss Virtual Campus, in: Jutz C., Flückiger F. & Wäfler K., *5th International Conference on New Educational Environments*, Lucerne, May 2003.

LEPORI, B. & SUCCI, C. (2003). *eLearning in Higher Education. Prospects for Swiss Universities*, EDUM report, Lugano.

LEVRAT, B. (2003). Survey of ICT in Swiss Higher Education, in: van der Wende, M. and van de Ven, M. (2003), 233–247.

MARCH, J. G. & OLSEN, J. P. (1989). *Rediscovering Institutional. The Organizational Basis of Politics*, New York, Free Press.

OFES (2002). *Comment promouvoir les sciences humaines et sociales?*, Berne.

OFFICE FEDERAL DE LA STATISTIQUE (1998). *Situation sociale des étudiants*, Neuchâtel.

PERELLON, J.-F. (2001). *The Governance of Higher Education in a Federal Country. The Case of Switzerland, Tertiary Education and Management*, 7(2), 211–224.

PERELLON, J.-F. & LERESCHE, J-PH. (1999). Co-ordinating the impossible? Current changes of governance patterns in Swiss university policy, in: Braun and Merrien (1999), 119–140.

ROGERS, E. (1995). *The diffusion of innovations*, New York Press.

SCHIMANK, U. & WINNES, M. (2000). Beyond Humboldt? The relationship between teaching and research in European university systems, *Science and Public Policy*, 27 (6), 397–408.

SIMON, H. (1982). *Models of bounded rationality*, The MIT Press.

UNESCO (1997). *International Standard Classification of Education ISCED 1997.*

VAN DER WENDE, M. & VAN DE VEN, M. (2003). *The use of ICT in Higher Education. A mirror of Europe*, Utrecht, LEMMA Publishers.

Urs Gröhbiel

Gestaltung einer Hochschulstrategie zur Einführung des E-Learning

Abstract

Nachdem in der ersten Phase des Swiss Virtual Campus relativ großzügig Mittel für die Entwicklung von E-Learning bereitgestellt worden sind, müssen Schweizer Hochschulen in den kommenden Jahren schnelle und nachhaltige Ergebnisse erzielen. Gleichzeitig müssen sie Veränderungen im dynamischen gesellschaftlichen und technischen Umfeld miteinbeziehen.

Mit Hilfe des strategischen Managements kann diese Herausforderung bewältigt werden. Erfahrungen der Fachhochschule beider Basel zeigen, dass durch den Einsatz von Methoden und Instrumenten dieses bewährten Managementansatzes ein effektiver und effizienter Einsatz des E-Learning unterstützt werden kann.

Die Erfahrungen mit der systematischen Einführung von E-Learning ermutigen zu einer vertieften fachlichen Auseinandersetzung mit dem strategischen Management, zum Austausch von Erfahrungen zwischen Hochschulen sowie zur gemeinsamen Entwicklung von Strategien auf regionaler und nationaler Ebene.

Der Autor

Urs Gröhbiel ist Dozent für Informationsmanagement und E-Learning an der Fachhochschule beider Basel (FHBB), Departement Wirtschaft. Er ist Geschäftsführer der edunovum gmbh, e-learning management und consulting. (www.edunovum.ch)

Urs Gröhbiel hat in den vergangenen vier Jahren zahlreiche E-Learning-Konzeptionen entwickelt und E-Learning-Projekte geleitet, begleitet oder evaluiert. Er unterstützt heute Hochschulen, öffentliche Institutionen und Unternehmen bei der Konzeption und beim Einsatz neuer Lerntechnologien (u.a. Eidgenössische Technische Hochschule ETH Zürich, Bundesamt für Berufsbildung und Technologie BBT, UBS).

In der angewandten Forschung setzt er sich mit aktuellen Fragen der strategischen Planung und Kontrolle sowie der Qualitätssicherung von E-Learning auseinander.

(FHBB Fachhochschule beider Basel, Nordwestschweiz, Peter Merian-Strasse 86, CH-4002 Basel, www.dwi.fhbb.ch/e-learning, urs.groehbiel@fhbb.ch; Kontakt für Rückfragen und Postadresse: Hasenrainstrasse 29, 4102 Binningen, Tel. 061 303 82 05, 078 843 53 81, urs.groehbiel@fhbb.ch)

Urs Gröhbiel

Gestaltung einer Hochschulstrategie zur Einführung des E-Learning

1. Innovationen in einem dynamischen Umfeld 46
   1.1 Bedarf nach gezielter und flexibler Entwicklung 46
   1.2 Strategische Planung und Kontrolle 47
2. Strategieentwicklung an Hochschulen 49
   2.1 Was soll in einer Strategie beschrieben werden? 49
       2.1.1 Der Blick in die Institution hinein 49
       2.1.2 Der Blick auf die Umwelt 51
   2.2 Wie entwickle ich eine Strategie? 52
       2.2.1 Ein einfaches Entwicklungsmodell 52
       2.2.2 Situationsanalyse 52
       2.2.3 Strategieentwicklung 53
       2.2.4 Strategieumsetzung 54
       2.2.5 Strategische Kontrolle 54
3. Strategieentwicklung an der Fachhochschule beider Basel 54
   3.1 Ziel des Fallbeispiels 54
   3.2 Ausgangslage: Auftrag und Commitment 55
   3.3 Schlanke Projektorganisation 55
   3.4 Zweijähriger Entwicklungs- und Evaluationsprozess 55
   3.5 Ergebnisse 56
       3.5.1 Ein Konzept 56
       3.5.2 Zehn Kurse 56
       3.5.3 „E-Services": 60% Support 56
       3.5.4 Netzwerk 57
       3.5.5 Sechs Evaluationen 57
       3.5.6 Neue Fokussierung 57
4. Lessons learned 57
5. Fazit und Ausblick 58
   Literatur 59

1. Innovationen in einem dynamischen Umfeld

1.1 Bedarf nach gezielter und flexibler Entwicklung

Die Entwicklung und der Einsatz von E-Learning an Hochschulen findet in einem dynamischen Umfeld statt.

Der Anteil der intensiven Internetnutzung ist zwischen 1997 und 2001 von 6.8% auf 37.4% der Bevölkerung gestiegen (vgl. Huber et al., 2002, S. 61). Der Anteil der 15–19-jährigen routinierten Internetnutzer/-innen mit einer höheren Bildung lag 2001 sogar bei 59.7%. Aufgrund dieser Datenlage kann erwartet werden, dass die kommende Studierendengeneration anders mit dem Internet umgehen wird als ihre Vorgänger. Der Anteil der Personen, welche Erfahrung bei der Benutzung einer Suchmaschine, beim Herunterladen von Programmen oder beim Chatten mitbringen, steigt ständig.

Wir wissen heute noch nicht, wie die neuen (Lern-)Technologien in fünf oder zehn Jahren genutzt werden. Auf jeden Fall kann – oder muss – davon ausgegangen werden, dass Informations- und Kommunikationstechnologien das gesellschaftliche Leben hinsichtlich Kommunikation, Transaktionsabwicklung und Lernen nachhaltig verändern werden. Umgekehrt werden Änderungen in der Wahrnehmung und im Verhalten der Bevölkerung weitere technologische Entwicklungen fördern. Durch ein auf diese Weise funktionierendes weitverzweigtes Geflecht unterschiedlichster Wechselwirkungen werden Funktionen neuer Lerntechnologien sowie Rahmenbedingungen bezüglich der Technologienutzung in Hochschulen in den kommenden 5–10 Jahren voraussichtlich maßgeblich verändert.

Der Markt für Lernmanagementsysteme (LMS) ist noch jung und wird von einer Vielzahl von meist kleinen Anbietern bearbeitet. Einheitliche Standards, welche den Wechsel von einem System aufs andere vereinfachen können, setzen sich erst langsam durch. Welcher Anbieter in den nächsten Jahren welchen Konkurrenten aufkauft, welche Allianzen eingegangen werden, welche Produkte und Standards sich durchsetzen und welche sterben werden, kann heute noch niemand sagen. Es ist aber zu erwarten, dass in den nächsten zehn Jahren zahlreiche Produkte aus diesem Markt ausscheiden werden. Dies zum Teil mit der Folge, dass elektronische Unterrichtsmaterialien, welche mit viel Geld und Mühe entwickelt worden sind, verloren gehen.

Die beiden Beispiele zeigen, dass es bei der Einführung des E-Learning nicht nur darum geht, eine vorgegebene neue Technologie auf die Anforderungen der Bildung anzuwenden. Eine Vielzahl gesellschaftlicher, wirtschaftlicher, erziehungswissenschaftlicher und organisatorischer Entwicklungen müssen antizipiert, bei der Planung miteinbezogen und mitgestaltet werden (vgl. Gröhbiel, 2001, S. 100ff).

Kaum eine Schweizer Hochschule kann sich dieser Aufgabe in Ruhe annehmen: Während der Aufwand für die Umstellung auf das Bachelor/Master-System steigt und die Konkurrenz von ausländischen und privaten Bildungsanbietern schärfer wird, flattern Hochschulverantwortlichen Budgetkürzungen ins Haus.

Die Schweizer Hochschulen stehen bei der Entwicklung von E-Learning deshalb heute vor einer zweifachen Herausforderung: Erstens müssen sie durch einen effektiven und effizienten Ressourceneinsatz die Nutzenpotenziale der neuen Lerntechnologien gezielt ausschöpfen. Der Technologie-Einsatz muss eine schnelle und nachhaltige Wirkung erzielen. Lange Umwege sind nicht mehr finanzierbar. Zweitens müssen die Hochschulen aber auch flexibel bleiben: gesellschaftliche und technische Veränderungen müssen laufend miteinbezogen, die daraus resultierenden Chancen ausgewertet und Gefahren abgewendet werden.

1.2 Strategische Planung und Kontrolle

Unter dem Begriff „Strategisches Management" werden seit den sechziger Jahren von Wirtschaftsunternehmen und später auch von Nonprofit-Organisationen Planungsinstrumente eingesetzt, welche helfen sollen, genau diese Herausforderungen zu bewältigen. Beispiele solcher Instrumente sind die SWOT Analyse oder verschiedene Portfoliomethoden (vgl. Kreikebaum, 1997, S. 97ff). Diese werden von Organisationen eingesetzt, um ihre Ziele auch in einem unsicheren und dynamischen Umfeld erreichen zu können.

Diese Grundintention ist durch Carl von Clausewitz schon Ende des 19. Jahrhunderts plastisch beschrieben worden, allerdings in einem etwas anderen Zusammenhang:

„Die Strategie … muss dem ganzen kriegerischen Akt ein Ziel setzen …, d.h. sie entwirft einen Kriegsplan, und an dieses Ziel knüpft sie die Reihe der Handlungen an, welche zu demselben führen sollen, d.h. sie macht die Entwürfe zu den einzelnen Feldzügen und ordnet in diesen die einzelnen Gefechte an. Da sich alle diese Dinge meistens nur nach Voraussetzungen bestimmen lassen, die nicht alle zutreffen …, so folgt von selbst, dass die Strategie mit ins Feld ziehen muss, um das Einzelne an Ort und Stelle anzuordnen und für das Ganze die Modifikationen zu treffen, die unaufhörlich erforderlich werden." (vgl. Clausewitz, 1994, S. 345)

Was hat die Kriegsführung des 19. Jahrhunderts mit modernem Hochschulmanagement zu tun? Sehr viel. Die kurze Beschreibung Clausewitz' beschreibt die Eigenschaften einer Strategie, welche auch auf Fragen der Hochschulen anwendbar sind:

1. Zielorientierung
   Auch wenn die Intentionen der Hochschulen grundsätzlich nicht kriegerisch sind, so müssen diese doch Klarheit über die Ziele des Technologieeinsatzes gewinnen. In der strategischen Planung sind Zielvorstellungen der Organisation Ausgangspunkt für jede Entwicklung. Sie geben eine Orientierungshilfe bei der Analyse der Ausgangslage.

2. Handlungsorientierung
   Die Strategie beschreibt konkrete Handlungsentwürfe. Die „Entwürfe von einzelnen Feldzügen" können im Fall der E-Learning-Entwicklung beispielsweise die Beschreibung möglicher Verhaltensweisen gegenüber Software- oder Bildungsanbietern sein (Diese

operieren in einem hart umkämpften Markt mit durchaus kriegerischen Merkmalen ...).
Sie zeigen, welche Handlungsalternativen einer Institution helfen, ihre Ziele zu erreichen.

3. Situationsabhängigkeit
Die Handlungsentwürfe werden nicht als starre Vorgaben verstanden. Vielmehr muss die Strategie „mit ins Feld ziehen", d.h. versuchen, die Handlungen laufend den gegebenen Umständen so anzupassen, dass die Ziele der Organisation möglichst gut erreicht werden.

Drei weitere Punkte von Clausewitz, welche in dem kurzen Text nicht erwähnt werden, sind:

1. Langfristigkeit
Es geht darum, am Ende den Sieg zu erringen. Es nützt nichts, „eine Schlacht zu gewinnen aber den Krieg zu verlieren". Übersetzt ins E-Learning-Vokabular könnte dies heißen: Ein erfolgreiches Projekt mit „interaktiven Animationen" und einem herrlichen User-Interface ist kein Garant für einen langfristig nutzbringenden Einsatz des Produkts oder gar der neuen Lerntechnologien im Allgemeinen.

2. Globale Ausrichtung
Die Strategie fokussiert nicht auf einzelne „Elitekämpfer" sondern berücksichtigt das ganze Heer (griech.: „stratos"). Genauso muss eine E-Learning-Strategie alle Bereiche, sprich alle Anspruchsgruppen und Tätigkeitsbereiche, einer Institution berücksichtigen. Beispiele dazu: Der Einsatz verschiedenster Fachleute wie beispielsweise Informatiker und Didaktiker muss gleichermaßen berücksichtigt werden. Ebenso die Entwicklung verschiedener Technologien wie beispielsweise Java-Applets oder Lernmanagementsystemen.

3. Überprüfung der Ziele: Sieg oder Niederlage?
Die Ziele, welche im Rahmen der Strategie-Entwicklung formuliert werden, müssen in regelmäßigen Abständen überprüft werden. Schlussendlich geht es darum, diese Ziele zu erreichen.

Strategien werden in der Regel mit Hilfe von „Strategiepapieren" zusammengefasst und den Mitarbeitenden einer Organisation kommuniziert. Diese Dokumente sind – obwohl zwar in der Regel am besten sichtbar – keine repräsentative Darstellung der Strategie. Soll eine Strategie wirklich umgesetzt werden und Wirkung erzeugen, so muss sie „in den Köpfen der Mitarbeitenden" sein. Dazu ist es unerlässlich, dass Strategien „mit ins Feld ziehen", d.h. in Schulungen erarbeitet, in der Budgetierung, der Organisation und Führung berücksichtigt und von den Mitarbeitenden im Arbeitsalltag angewandt werden.

Mit dieser Beschreibung soll dem Missverständnis vorgebeugt werden, dass es sich bei Strategien um „Dokumente mit abstrakten Schönwetter-Parolen" handle. Die Dokumentation einer Strategie auf Papier mag ein gutes Hilfsmittel sein, um diese zu beschreiben, mehr nicht. Viel wichtiger ist, dass Entscheidungs- und Leistungsträger gemeinsam eine Strategie entwickeln und in der Gestaltung der Organisation und des Leistungsangebots umsetzen. Die Anforderungen an die Entwicklung, Umsetzung und Kontrolle von Strategien sind entsprechend hoch.

2. Strategieentwicklung an Hochschulen

2.1 Was soll in einer Strategie beschrieben werden?

E-Learning-Strategien beziehen sich vereinfacht gesagt auf zwei Gestaltungsfelder: Der Blick in die Organisation hinein soll die Frage klären, welche „strategischen Geschäftseinheiten" in Zukunft wie gestaltet werden. Oder anders gefragt: Wer setzt welche Kernkompetenzen zur Erbringung der Leistung ein? Welche Kernkompetenzen sollen ausgebaut werden?

Der Blick auf die Umwelt richtet sich auf die „strategischen Geschäftsfelder". Gegenüber welchen Zielgruppen sollen welche Leistungen erbracht werden? (vgl. Ulrich & Fluri, 1995, S. 125). Wie reagiert die Institution auf Veränderungen der Umweltbedingungen? Oder – in der Terminologie Clausewitz' gefragt – wo finden die Schlachten statt?

Diese Fragen werden von jeder Institution entsprechend ihrer spezifischen Absichten und Ziele unterschiedlich beantwortet. Die folgende Aufzählung soll dazu dienen, die beiden oben genannten grundlegenden Perspektiven zu konkretisieren.

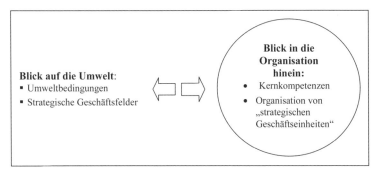

Abbildung 1: Zwei grundlegende Perspektiven der Strategie-Entwicklung

2.1.1 Der Blick in die Institution hinein

Primäre Aktivitäten („Kerngeschäft" der Hochschule)

- Lehre/Lernen
    - Welche Kompetenzen sind im Bereich des didaktischen Designs, der Unterrichtsorganisation und des Einsatzes neuer Lerntechnologien vorhanden?
    - Welche Methoden, Medien, Organisations- und Sozialformen sollen durch neue Lerntechnologien unterstützt werden? Wer soll dies tun?

- Forschung
    - In welchen Forschungsbereichen verfügt die Institution über besondere Sach- und Methodenkenntnisse? Welche Erkenntnisse aus der angewandten Forschung haben Potenziale für Entwicklung.
    - Welche Forschungsgebiete sollen in Zukunft näher untersucht, welche Prototypen weiterentwickelt werden? Wie wird diese Forschung organisiert?
- Dienstleistungen
    - Welche der eingesetzten Technologien können Dienstleistungen an Dritte unterstützen? Welche Erkenntnisse aus der E-Learning-Forschung und -Entwicklung an Dritte weitergegeben, d.h. „vermarktet" werden?
    - Wer soll welche Technologien für die Unterstützung und Vermarktung von Dienstleistungen einsetzen?

Unterstützende Aktivitäten

- Infrastruktur
    - Welche Räume, Hardware und Netzwerke unterstützen Formen des E-Learning. Z.B.: Wird das Hosting von Lernmanagementsystemen selbst geleistet oder extern vergeben (outsourcing)?
- Servicetechnologien
    - Welche Technologien werden mit Erfolg eingesetzt? Werden diese zentral oder dezentral geführt? Welche Applikationen werden unterstützt? (technischer Support) Inwieweit werden Applikationen der Administration mit Lernmanagementsystemen verknüpft?
- Personalwirtschaft
    - Welche Kompetenzen bestehen in der Rekrutierung und Begleitung von Fachpersonal im Bereich E-Learning?
    - Wie soll Wissen akquiriert, systematisch weiterentwickelt und dokumentiert werden?
- Dienstleistungsstellen (Hochschuldidaktik, Rechtsdienste etc.)
    - Über welche Kompetenzen verfügen die Dienstleistungsstellen?
    - Wie werden diese organisiert? (Wie sind sie vernetzt?)
- PR
    - Welche Kompetenzen bestehen, um durch E-Learning-Lösungen die Attraktivität der Institution zu erhöhen? (ausländische Doktorierende oder Studierende, Gymnasialabgänger etc.)
    - Wie soll PR eingesetzt werden, um E-Learning als Verkaufsvorteil umzusetzen?

Die hier genannten Inhalte können durch Instrumente wie Benchmarking, die GAP-Analyse, Erfahrungskurvenanalyse, das PIMS-Programm, die Wertkettenanalyse oder die Stärken/

Schwächen-Analyse erhoben werden. (vgl. Kreikebaum, 1997, S. 97–142; Ulrich, 1999, S. 119ff).

2.1.2 Der Blick auf die Umwelt

- Zielgruppen
    - Welche Anspruchsgruppen hat die Organisation? (z.B. Studierende, ausländische Doktorierende etc. – vgl. Grundlagenartikel von Freeman & Reed, 1983)
    - Welche Ziele verfolgt die Institution bezüglich der einzelnen Anspruchsgruppen?
- Kooperationen und Konkurrenten
    - Welches sind unsere wichtigsten Konkurrenten? Mit wem könnten wir Partnerschaften eingehen? (z.B. internationale Online-Angebote, lokale Privatanbieter etc.)
    - Wie verhalten wir uns gegenüber Konkurrenten? Mit wem gehen wir in welchen Bereichen Kooperationen ein?
- Lieferanten
    - Welches sind die wichtigsten Lieferanten der Institution?
    - Wie verhalten wir uns gegenüber diesen? (z.B. Vermeiden von Abhängigkeiten, Vernetzung verbessern. Konkrete Fragen: Wie wollen wir uns gegenüber Anbietern von Lernmanagementsystemen verhalten? Gegenüber externen Entwicklungsfirmen? Gegenüber Projektmitarbeitenden?)
- Gesetzliche Rahmenbedingungen
    - Wie gehen wir mit dem Copyright von Unterrichtsmaterialien um, welche nicht bei uns erzeugt werden? Wie sichern wir uns gegen Urheberrechtsklagen ab?
    - Wie regeln wir das Copyright bei eigenen Produktionen? Stellen wir diese im Internet der Öffentlichkeit zur Verfügung? Wie werden die Rechte zwischen Dozierenden und der Institution geregelt?
- Ökonomische Rahmenbedingungen
    - Welches sind die ökonomischen Restriktionen der Entwicklung und des Betriebs von E-Learning? (z.B. Produktions- und Betriebskosten)
    - Welche Budgets werden für welche Leistungen vorgesehen? Welche Resultate werden erwartet? (Kosten/Nutzen-Verhältnis)
- Technologische Rahmenbedingungen
    - Welche technologischen Entwicklungen sind sichtbar? Welche werden erwartet?
    - Welche technologischen Entwicklungen sollen in Zukunft genutzt und vorangetrieben werden?
- Soziokulturelle Rahmenbedingungen
    - Welche Trends erwarten wir hinsichtlich des Verhaltens unserer Zielgruppen?

Die hier genannten Inhalte können durch Instrumente wie die Portfolioanalyse, die Szenario-Analyse, das Umwelt-Radar, die Delphi-Methode, die Branchenstrukturanalyse oder die Konkurrenzanalyse erhoben werden (vgl. Kreikebaum, 1997, S. 97–142).

Selbst diese stark vereinfachte Aufzählung lässt erkennen, dass die Formulierung einer Strategie eine komplexe und anspruchsvolle Aufgabe ist. Mit der Formulierung von ein paar Wunschvorstellungen auf einem A4-Blatt hat dies offensichtlich nichts zu tun. Vielmehr müssen zahlreiche Faktoren systematisch analysiert werden, welche die langfristige Gestaltung von E-Learning und die damit verbundenen Ziele beeinflussen.

Wie kann vermieden werden, dass wichtige Fragen vergessen werden? In einem nächsten Schritt soll ein Verfahren skizziert werden, welches helfen kann, diese Komplexität zu bewältigen.

2.2 Wie entwickle ich eine Strategie?

2.2.1 Ein einfaches Entwicklungsmodell

Die folgende idealtypische Beschreibung einer Strategie-Entwicklung unterscheidet folgende Phasen (vgl. Ulrich & Fluri, 1995, S. 116–131; Kreikebaum, 1997, S. 37–93):

- Situationsanalyse
- Strategieentwicklung
- Strategieumsetzung
- Strategische Kontrolle

Abbildung 2: Phasen der strategischen Planung (nach Ulrich & Fluri, 1995)

2.2.2 Situationsanalyse

Grundlage für die Situationsanalyse sind die „langfristigen Absichten" einer Organisation (Kreikebaum, 1997, S. 38 und 57): Was will die Hochschule bewirken? Welches sind Ihre Grundsätze? Aus dieser Optik werden in einem ersten Schritt die Umwelt und die eigene Organisation beleuchtet. Anhand der „SWOT-Analyse" sollen hier mögliche Fragen einer Situationsanalyse exemplarisch dargestellt werden. Je nach Fragestellung muss diese durch andere Methoden ergänzt oder ersetzt werden.

Die SWOT-Analyse unterscheidet folgende vier Analyseobjekte:

- **Strength/Stärken:** In welchen Bereichen verfügen wir über Expertenwissen und Erfahrungen (z.B. Informatik, Didaktik, Psychologie, Management etc.) sowie Ressourcen? (Infrastruktur IT und Gebäude, Software etc.)
- **Weakness/Schwächen:** In welchen Bereichen fehlen uns Know-how und Mittel, um unsere Absichten aus eigener Kraft zu verwirklichen?
- **Opportunities/Chancen:** Welche Trends eröffnen neue Chancen für die Institution? (Zunahme der berufsbegleitenden Weiterbildung, zunehmende Nachfrage nach Online-Kursen aufgrund zunehmender Vertrautheit mit neuen Technologien, Internationalisierung der Bildungsangebote etc.) (vgl. Encarnacao et al., 2000; Collis, 2003).
- **Threats/Gefahren:** Welche Trends können für unsere Institution gefährlich werden? (Sterben von Lernmanagementsystemen, Veränderungen von Standards, aggressive ausländische Bildungsanbieter in unseren Marktsegmenten etc.).

Die Situationsanalyse legt die Grundlage für die Identifikation strategischer Schlüsselfaktoren. Diese zeichnen sich dadurch aus, dass sie einen markanten Einfluss auf die Tätigkeit und Wirksamkeit der Organisation haben. Mögliche Fragestellungen in diesem Zusammenhang wären: Welche zu erwartenden Außeneinflüsse (Gefahren) treffen uns besonders hart, da wir in diesem Bereich zu wenig Know-how oder Ressourcen haben? Unter welchen der identifizierten Umweltbedingungen (Chancen) können wir unsere Stärken besonders gut ausspielen?

2.2.3 Strategieentwicklung

In der eigentlichen Strategieentwicklung werden die strategischen Erfolgspotenziale der Organisation identifiziert.

Dies ist ein kreativer Prozess, welcher das Ziel hat, anhand strategischer Geschäftseinheiten und Geschäftsfelder mögliche Strategien zu beschreiben.

Drei Schritte können dabei unterschieden werden:

- **Strategische Ziele festlegen:** Welche Ziele sollen angesichts der in der Situationsanalyse identifizierten Entwicklungen angestrebt werden, damit die Organisation ihren Zweck resp. ihre Mission erfüllen kann?
- **Strategien festlegen:** Welche Maßnahmen und Handlungsalternativen unterstützen die Erreichung der Ziele? Dieser Schritt kann als der kreative Kern der Strategie-Entwicklung bezeichnet werden. Hier geht es in der Regel darum, unkonventionelle Ideen zu spinnen und innovative Maßnahmen zu beschreiben. Dabei können verschiedene, auch widersprüchliche Strategievarianten formuliert werden.
- **Selektion einer Strategie:** Die Strategievarianten werden zum Schluss verglichen. Dabei kann z.B. überprüft werden, wie gut eine Variante den Unternehmenszweck unterstützt (Konsistenztest), ob sie verständlich formuliert und machbar ist (Kompetenztest) und welcher Ressourceneinsatz welchen erwarteten Wirkungen gegenübersteht (Funktionstest). Andere Methoden zur Selektion von Strategien sind der „Analytical Hierarchy Process" oder Nutzwertmodelle (vgl. Meffert, 1994, S. 201ff).

2.2.4 Strategieumsetzung

Zur Realisierung der angestrebten strategischen Erfolgspotenziale werden ...

- Teilstrategien für die Funktionsbereiche der Organisation abgeleitet (z.B. für den technologischen E-Learning Support, für die Öffentlichkeitsarbeit etc.)
- die Ressourcen im Rahmen der Budgetierung auf die strategischen Ziele ausgerichtet
- Anpassungen in der Organisation und Führungskonzeption vorgenommen (z.B. durch die Gründung, Schließung oder Zusammenlegung von Organisationseinheiten)
- alle Beteiligten informiert und ausgebildet (z.B. durch Strategiepapiere oder im Rahmen von Strategieworkshops) und
- Aktionspläne als Vorgabe für die operative Planung entwickelt.

2.2.5 Strategische Kontrolle

Da vor dem Hintergrund des einleitend beschriebenen dynamischen Umfelds jederzeit damit gerechnet werden muss, dass grundlegende Änderungen bei den Umwelteinflüssen eintreten, müssen die Einflussfaktoren und die Ergebnisse der eingeschlagenen Strategie regelmässig kontrolliert werden.

In der vergangenheitsbezogenen Ergebnis-Kontrolle werden Indikatoren für das Erreichen der Zielgruppen in den strategischen Geschäftseinheiten und Geschäftsfeldern (vgl. Kap. 2.2.2) ständig überwacht. Abweichungen vom Soll können beispielsweise Hinweise auf Problemfelder geben, welche bei der Strategieentwicklung nicht erkannt worden sind.

Mit der zukunftsgerichteten Prämissen-Kontrolle wird untersucht, ob sich die der Strategie zu Grunde liegenden Schlüsselfaktoren verändern. Je nach Bedeutung solcher Veränderungen müssen Korrekturen in der ursprünglich formulierten Strategie vorgenommen werden.

3. Strategieentwicklung an der Fachhochschule beider Basel

3.1 Ziel des Fallbeispiels

In diesem Kapitel wird die Entwicklung und Evaluation einer Strategie am Departement Wirtschaft der Fachhochschule beider Basel (FHBB) beschrieben. Die Entwicklung begann im August 2001 und erstreckte sich über etwa sechs Monate. Die Ergebnisse der im Rahmen der Strategie ergriffenen Maßnahmen wurden ein Jahr nach in Kraft treten der Strategie evaluiert.

Mit der Darstellung dieses praktischen Beispiels werden folgende Ziele angestrebt:

- Erstens soll gezeigt werden, wie in der Hochschule mit verhältnismäßig wenig Ressourcen die Gestaltung von E-Learning von Grund auf systematisch entwickelt werden kann.
- Zweitens sollen positive Resultate aber auch konkrete Probleme eines solchen Unterfangens kritisch reflektiert werden.

3.2 Ausgangslage: Auftrag und Commitment

Ausgangspunkt für die Strategie-Entwicklung war der Entscheid der Departementsleitung, eine moderne weborientierte IT-Infrastruktur aufzubauen. Diese sollte als Basis für den Aufbau eines zukunftsgerichteten Informations- und Kommunikationssystems dienen, die Standorte eines trinationalen Studiengangs vernetzen sowie eine Plattform für die Einführung von E-Learning-Modulen bilden.

Für die Einführung von E-Learning wurde in den ersten 12 Monaten von der Departementsleitung 40 Stellenprozente investiert. Kosten für Lizenzen, Software und Infrastruktur wurden nur in einem marginalen Umfang vorgesehen. Während dieses Jahres sollten eine E-Learning Strategie entwickelt und erste Pilotprogramme umgesetzt werden. Nach einem Jahr wurde der Support auf 60 Stellenprozente erweitert (20% Dozent, 40% Assistenz).

3.3 Schlanke Projektorganisation

Ein Dozent wurde beauftragt, der Departementsleitung ein E-Learning-Konzept zu unterbreiten und einen Pilot-Lehrgang umzusetzen.

Der Dozent initiierte eine ad-hoc E-Learning-Gruppe, welche durch die Departementsleitung bestätigt wurde. Sie setzte sich aus zwei Studentinnen, einem Mitglied der Departementsleitung, vier Dozierenden, dem Didaktikbeauftragten, dem Leiter des technischen Supports und dem E-Learning-Beauftragten zusammen.

3.4 Zweijähriger Entwicklungs- und Evaluationsprozess

Im Rahmen der Situationsanalyse wurden alle Studierenden je einer Klasse des berufsbegleitenden und des Vollzeit-Studiums zu Erwartungen, Befürchtungen und Nutzungsvoraussetzungen befragt (vgl. Gröhbiel, 2002a). Der E-Learning-Beauftragte führte zudem offene, strukturierte Interviews mit Vertreterinnen und Vertretern folgender Anspruchsgruppen: Departementsleitung, Dozierende (Fachbetreuer und -koordinatoren sowie Fachbereichsleiter), didaktischer Support, technischer Support sowie Verantwortlicher für die technische Infrastruktur.

Auf Grundlage dieser Analyse wurden verschiedene Schlüsselfaktoren identifiziert und mehrere Strategievarianten in einem Konzeptentwurf festgehalten.

Diese Strategievarianten wurden in der ad-hoc E-Learning-Gruppe diskutiert. Während in einer ersten Sitzung eine Bewertung der grob formulierten Strategievarianten im Vordergrund stand, wurde in der zweiten Sitzung die Konzeption der Umsetzung der bevorzugten Varianten diskutiert und festgelegt.

Das Ergebnis dieses Prozesses wurde schließlich der Departementsleitung vorgelegt, welche das Konzept mit geringfügigen Anpassungen in Kraft setzte. Das definitive Konzept wurde in einem für alle Dozierenden (mit einem Pensum von über 50%) obligatorischen Weiterbildungsworkshop und in persönlichen Gesprächen mit Kooperationspartnern präsentiert und diskutiert.

Zur Umsetzung der Strategie wurde das Pensum des E-Learning-Beauftragten von 40% auf 20% reduziert und ein Assistent zu 40% angestellt. Diese beiden Personen unterstützen Dozierende bei der Entwicklung von E-Learning-Modulen und experimentieren selbst mit – für das Departement neuen – Formen des E-Learning.

Der Support bietet flankierend allen Dozierenden, welche erste Schritte mit E-Learning wagen, seit der Lancierung der neuen Strategie die Durchführung einer Evaluation der Pilotmodule an.

3.5 Ergebnisse

3.5.1 Ein Konzept

Das E-Learning-Konzept beschreibt, durch welche E-Learning-Teilstrategien welcher Nutzen am Departement angestrebt werden soll. Die drei Stoßrichtungen „Lancierung von Pilotprojekten", „On-the-job Qualifizierung der Dozierenden" und „Kooperation mit anderen Institutionen" werden auf etwa 20 Seiten grob beschrieben (vgl. Gröhbiel, 2002a).

3.5.2 Zehn Kurse

Nach dem Einführungsworkshop bekundeten mehrere Dozierende Interesse an einer niederschwelligen E-Learning-Einführung. Insgesamt wurden innerhalb eines Jahres von etwa 30 Personen zehn neue E-Learning-Module mit unterschiedlichem Umfang und unterschiedlichen E-Learning-Formen realisiert und im Unterricht eingesetzt.

3.5.3 „E-Services": 60% Support

Die Realisierung wurde durch die an Hochschulen üblichen Supportleistungen flankiert und unterstützt: Erstellung elektronischer Unterrichtsunterlagen, Einführung und Betreuung in die Nutzung einer Lernplattform, informelle Schulung und Austausch („Open house" während Mittagszeit), individuelle on-the-job Schulung, Workshops, Konzeption von E-Learning-Modulen in Ergänzung zum Präsenzunterricht sowie Informationsdienst („Newsletter").

3.5.4 Netzwerk

Der interne Support wurde durch zahlreiche Kontakte mit Partnerinstitutionen und übergeordneten Körperschaften ergänzt. Dabei spielten der Informationsaustausch, die Projektfinanzierung, die Vermittlung externer Schulungen sowie die gemeinsame Bearbeitung von Aufgaben eine wichtige Rolle.

3.5.5 Sechs Evaluationen

Sechs der zehn neu lancierten Projekte wurden im Rahmen einer systematischen Evaluation ausgewertet. Dazu wurden alle beteiligten Studierenden befragt. Mit drei der Dozierenden wurde ein offenes strukturiertes Gruppeninterview durchgeführt. Auf der Grundlage dieser Evaluationen konnten die Maßnahmen des ersten Jahres der Realisierung der E-Learning Strategie systematisch ausgewertet werden.

3.5.6 Neue Fokussierung

Auf der Grundlage der Ergebnisse aus den Evaluationen wurden im Sommer 2003 in einem die Strategie und Konzeption ergänzenden Dokument neue Schwerpunkte festgelegt. Aufbauend auf den drei im Konzept festgelegten Strategien wurde der breitflächige Aufbau einer „INFO-Struktur" für Studierende und Dozierende ins Auge gefasst (vgl. Gröhbiel und Lanz, 2003).

4. Lessons learned

Mit der Beschreibung einiger „Lektionen, welche wir gelernt haben" sollen subjektive Wahrnehmungen dokumentiert werden, welche auf persönlichen Erfahrungen der an der Strategie Beteiligten und Rückmeldungen aus dem Umfeld der FHBB aufbauen. Damit wird an dieser Stelle nicht der Versuch unternommen, das hier beschriebene Vorgehen systematisch zu evaluieren. Ein solches Ziel in dieser Form zu verfolgen wäre mit erheblichen methodischen Problemen behaftet. Die folgenden „Lernsätze" sollen vielmehr als Diskussionsbeitrag für den Austausch zwischen Hochschulen dienen, welche sich mit strategischen Fragen des E-Learning auseinandersetzen.

1. **„Top-down"-Ansatz: Commitment von oben.** Ohne die „Top-down"-Unterstützung der Departementsleitung wäre die oben beschriebene Entwicklung nicht möglich gewesen. Die markantesten Kennzeichen des „Top-down"-Ansatzes waren: Erstens die Erteilung eines klaren Auftrags der Departementsleitung an einen Dozenten zur Entwicklung einer Strategie. Zweitens der Ressourceneinsatz für Strategieentwicklung und kontinuierlichen Support. Drittens die Kommunikation des Konzepts in einem obligatorischen Workshop.
2. **„Bottom-up"-Ansatz: Zuhören und Handlungsspielraum geben.** Zahlreiche positive Feedbacks bestätigten aber auch die gleichzeitig gewählte „Bottom-up"-Entwicklung,

welche auf mehreren Ebenen und in verschiedenen Phasen (vgl. unten) erfolgte: Durch die Befragung mehrerer Anspruchsgruppen konnten Informationsgrundlagen „von der Basis" gewonnen werden. Der Einberufung einer breit abgestützten ad-hoc Gruppe kann eine motivierende und qualifizierende Wirkung zugeschrieben werden. Mehrere der involvierten Dozierenden engagierten sich später in Projekten und stellten fest, dass die Diskussionen sie auch inhaltlich dem E-Learning näher gebracht hatten. Die freiwilligen informellen Mittagsveranstaltungen sind ebenfalls ein Ausdruck des „Bottom-up"-Ansatzes. Hier tauschen 8 bis 15 Dozierende Erfahrungen und Know-how aus.

3. **Kombinierte Strategie.** In diesem Sinne kann von einem „**down–up**"-**Ansatz** gesprochen werden. Die Departementsleitung hat sich klar zur Entwicklung von E-Learning bekannt, hat aber den Dozierenden gleichzeitig einen breiten Gestaltungsraum für die Formulierung eigener Ideen, Interessen und Vorgehensweisen offen gelassen. Dieser Ansatz kann gut auf die Voraussetzungen an Hochschulen angewandt werden.

4. **Lebensnotwendiges Netzwerk für kleine Player.** Ohne die finanziellen und fachlichen Ressourcen der Partner, des „forum new learning" sowie des Swiss Virtual Campus hätte die Strategie nicht die oben beschriebene Wirkung entfalten können. Das Departement Wirtschaft kann mit seinen maximal 600 Studierenden viele Leistungen (Produktion, angewandte Forschung, Schulung etc.) niemals zu einem tragbaren Preis-Qualitäts-Verhältnis anbieten.

5. **Die interne und externe Vernetzung** wurde durch die mit dem Start der Strategieentwicklung eingesetzte offene Diskussion und Dokumentation von strategischen Plänen gefördert. Es wurde dadurch allen Beteiligten deutlich, dass E-Learning nicht Sache des Einzelnen ist, sondern nur in Kooperation mit Partnern erfolgreich sein kann – sei es im Rahmen des eigenen Pilotprojekts, einer Zusammenarbeit mit einer anderen Hochschule oder beim Bezug von Supportleistungen.

6. **Die Dokumentation der Strategie in einem „E-Learning-Konzept"** ist bei internen und externen Kooperationspartnern positiv aufgenommen worden. Durch die Darstellung der Stoßrichtung und Ressourcen des Departements Wirtschaft werden Verhandlungen bezüglich einer allfälligen Zusammenarbeit mit anderen Institutionen erleichtert.

7. **Systematische Evaluation: Wertvolle Informationen für die Weiterentwicklung.** Die systematische Evaluation von sechs Projekten lieferte wertvolle Informationen – auch nach mehreren Jahren Erfahrung in zahlreichen Projekten befördern Evaluationen immer wieder kleine Missverständnisse im Zusammenhang mit dem Nutzungsverhalten der Studierenden ans Tageslicht.

5. Fazit und Ausblick

Das strategische Management bietet Hochschulen Instrumente an, um die Komplexität der Entwicklung und des Einsatzes neuer Lerntechnologien bewältigen oder zumindest reduzieren zu können. Die Erfahrungen mit einer systematischen Einführung des E-Learning am

Departement Wirtschaft der FHBB zeigen, dass dieses Vorgehen einer Hochschule helfen kann, effektive und effiziente Einsatzformen des E-Learning zu realisieren.

Aufgrund dieser Erfahrungen kann geschlossen werden, dass die Gestaltung einer Hochschulstrategie zur Einführung des E-Learning nicht ein optionales „Nice to have" ist, sondern unentbehrliche Grundlage für eine nachhaltige Entwicklung sein muss. Auch Hochschulen, welche bereits über ein vielfältiges E-Learning-Angebot verfügen, können sich die hier beschriebenen Methoden und Instrumente im Rahmen ihres Strebens nach einer nachhaltigen Entwicklung des E-Learning zu Nutze machen.

Wenn Hochschulen den Ruf nach „nachhaltigem" E-Learning ernst nehmen wollen, so kommen sie nicht um die Diskussion von E-Learning-Strategien herum. Dieser Managementansatz eignet sich grundsätzlich sehr gut, um operative Arbeit auf langfristige Ziele auszurichten. Die dabei zu bewältigende Komplexität ist allerdings beachtlich. Deshalb müssen Fachleute auf lokaler, regionaler und nationaler Ebene zusammenarbeiten, welche das ebenso vielfältige wie anspruchsvolle Instrumentarium des strategischen Managements fachgerecht einsetzen können. Es gibt viele Ansätze für eine solche Zusammenarbeit, sei es im Rahmen von Partnerschaften zwischen Hochschulen, des Swiss Virtual Campus, E-Learning-Tagungen mit betriebswirtschaftlichem Fokus.

Hoffnung des Autors ist, dass mit diesem kurzen Bericht die Diskussion strategischer Fragen und die Vernetzung von Fachleuten angeregt werden kann.

Literatur

BATES, A.W. (2000). *Managing Technological Change*, San Francisco: Jossey-Bass.

CLAUSEWITZ, C. VON (1991). *Vom Kriege*, 4. Aufl. Ullstein, Frankfurt a.M. 1994.

COLLIS, B. (2003). From implementation to strategy: Options for change in universities involving e-learning?, in: *Shaping Innovations – e-Learning as a catalyst for a new teaching and learning culture?*, Tagung des Swiss Centre of Innovations in Learning (SCIL), 8./9. Oktober 2003, St. Gallen.

ENCARNACAO, J., LEIDHOLD, W. & REUTER, A. (2000). *Scenario: University in the year 2005*, Report of the Expert Commission, „Improving Higher Education through New Technologies" funded by the Bertelsmann Foundation and the Heinz Nixdorf Foundation, München.

FREEMAN, E. & REED, D. (1983). Stockholders and Stakeholders: A New Perspective on Corporate Governance, in: *California Management Review*, Vol. XXV, No. 3, Spring 1983.

GRÖHBIEL, U. (1996). *Möglichkeiten der Antizipation des sozialen Wandels durch Wirtschaftsunternehmen. Unveröffentlichte Lizentiatsarbeit*, Universität Basel, Basel.

GRÖHBIEL, U. (2002). E-Learning auf strategische Ziele ausrichten: Von der Pionierphase zum systematischen Einsatz von E-Learning, in: Bachmann Gudrun, Haefeli Odette, Kindt Michael (Hrsg.): *Campus 2002*, Münster: Waxmann Verlag.

GRÖHBIEL, U. (2002A). *E-Learning Konzept des Departements Wirtschaft. Fachhochschule beider Basel*, Basel. (http://dwi.fhbb.ch/wiba/wiba.nsf/pages/e-learning-studienpublikationen, Zugriff am 20. Oktober 2003).

GRÖHBIEL, U. & LANZ, J. (2003). *E-Learning am Departement Wirtschaft der Fachhochschule beider Basel, Nordwestschweiz. E-Learning-Konzept: Evaluation und Perspektiven* (http://dwi.fhbb.ch/wiba/wiba.nsf/pages/e-learning-studien-publikationen, Zugriff am 12. Nov. 2003).

HUBER, M. ET AL. (2002). *Informationsgesellschaft Schweiz. Standortbestimmung und Perspektiven*, Reihe: Statistik der Schweiz, Bundesamt für Statistik, Neuchâtel.

KREIKEBAUM, H. (1997). *Strategische Unternehmensplanung*, Stuttgart Berlin Köln: W. Kohlhammer.

MEFFERT, H. (1994). *Marketing Management*, Wiesbaden: Gabler Verlag.

OGBURN, W. (1933). *The Influence of Invention and Discovery. In Recent Social Trends in the United States: Report of the President's Research Committee on Social Trends*, New York: MacGraw-Hill.

ULRICH, P. & FLURI, E. (1995). *Management*, Bern: Haupt.

Sabine Seufert – Franziska Zellweger

Gestaltung von Geschäfts- und Kooperationsmodellen für E-Learning an Hochschulen

Abstract

Die Diskussion um E-Learning-Geschäftsmodelle an Hochschulen erfolgt im Anschluss an eine Phase geprägt von zahlreichen Experimenten und ist zentral, um längerfristig das Potential der Informationstechnologie für die Hochschullehre nutzbar zu machen. Nach einer Definition des Geschäftsmodellbegriffs werden vier unterschiedliche Geschäftsmodelle vorgestellt, jeweils durch ein Fallbeispiel illustriert und die Potentiale und Grenzen des jeweiligen Modells für die „traditionelle" Hochschule aufgezeigt. Besonderes Gewicht wird darüber hinaus auf Kooperationsmodelle gelegt, da Kooperationen als Erfolgskriterium tragfähiger E-Learning-Geschäftsmodelle große Bedeutung zukommt. Das Geschäftsmodelldenken beleuchtet verstärkt die betriebswirtschaftliche Perspektive, eine Perspektive, die im zunehmenden kompetitiven Bildungsmarkt nicht weiter vernachlässigt werden kann. Sie erfasst jedoch nur teilweise die Komplexität, in welcher universitäre Entscheidungsfindung stattfindet, weshalb gleichzeitig auch ein grundsätzlicher Diskurs über die Rolle der Hochschule im heutigen gesellschaftlichen Umfeld stattfinden sollte.

Die Autoren

Dr. Sabine Seufert ist Geschäftsführerin des Swiss Centre for Innovations in Learning (SCIL) am Institut für Wirtschaftspädagogik und vollamtliche Dozentin an der Universität St. Gallen. Sie studierte Wirtschaftspädagogik an der Universität Erlangen-Nürnberg und promovierte danach an der Universität Münster (Dr. rer. pol. 1996). Im Anschluss absolvierte sie ihr Referendariat an kaufmännischen berufsbildenden Schulen in Bayern. Von 1997 bis 1999 war sie als Mitbegründerin und Projektleiterin des Learning Center am Institut für Informationsmanagement an der Universität St. Gallen tätig. 1999 bis 2002 war sie MBA Studienleiterin und Projektleiterin E-Learning am Institut für Medien- und Kommunikationsmanagement der Universität St. Gallen.

Franziska Zellweger ist seit 2002 Doktorandin bei Dieter Euler am Institut für Wirtschaftspädagogik der Universität St. Gallen. Sie absolvierte von 1997–2001 das Studium der Wirtschaftspädagogik ebenfalls an der Universität St. Gallen. Im Rahmen ihrer Dissertation verbrachte sie 12 Monate (2003/04) am Center for Educational Computing Initiatives des Massachusetts Institute of Technology in Cambridge, USA, um an Fallbeispielen zu untersuchen, wie Amerikanische Forschungsuniversitäten E-Learning in strategischer Hinsicht angehen. Ein Schwerpunkt liegt insbesondere auf der Ausgestaltung der Supportstrukturen. Zur Zeit arbeitet Franziska Zellweger am Institut für Wirtschaftspädagogik an diversen E-Learning-Projekten mit.

Sabine Seufert – Franziska Zellweger

Gestaltung von Geschäfts- und Kooperationsmodellen für E-Learning an Hochschulen

1.	Einführung	64
2.	Definition „Geschäftsmodell"	65
3.	Der Geschäftsmodellbegriff auf Hochschulen angewandt	66
	3.1 Nutzen des Geschäftsmodelldenkens	66
	3.2 Elemente des Geschäftsmodells	67
4.	E-Learning-Geschäftsmodelle – Beispiele	70
	4.1 Virtual University	71
	4.2 Uni interactive	73
	4.3 Broker Modell	75
	4.4 Corporate University	78
5.	Kooperationsmodelle	80
	5.1 Kooperation von Bildungsinstitutionen	80
	5.2 Public-private Partnership	81
6.	Grenzen des „Geschäftsmodell-Denkens" für Bildungsinstitutionen	83
	Literatur	83

1. Einführung

E-Learning-Geschäftsmodelle sind nicht nur in Unternehmen ein hochaktuelles Thema, sondern auch für die Anwendung an Hochschulen in der Diskussion. Dies wird vor allem damit begründet, dass die Versuchsphase mit E-Learning nicht mehr lange währen kann, sondern früher oder später strategische Ansätze gefunden werden sollten, wie der Einsatz von neuen Medien zur Erfüllung der Mission einer Bildungsinstitution beitragen kann. Die Kosten der notwendigen Technologie sind zu teuer, als dass jedes Institut oder Departement eine eigene Architektur aufbauen könnte. Zudem scheinen Möglichkeiten vorhanden zu sein, um sich durch E-Learning auf einem Bildungsmarkt zu differenzieren, in welchem sich die Universitäten immer stärker einem internationalen Wettbewerb ausgesetzt sehen. Eine reaktive Strategie – bislang die favorisierte Strategie an Hochschulen (Collis & van der Wende, 2003) – kann diese Potenziale kaum ausschöpfen.

Der Begriff Geschäftsmodell („Business Model") stammt ursprünglich aus der E-Business-Praxis bzw. auch Literatur. Unter diesem Schlagwort wurden Ende der 90er Jahre strategische Ansätze von Unternehmen diskutiert, welche das Internet als zentralen Pfeiler in ihrer Strategie verankern. Geschäftsmodelle von Amazon oder eBay haben Geschäftslogiken ganzer Branchen auf den Kopf gestellt. Verschiedentlich wurde E-Learning ein ähnliches Potenzial zugesagt (Wang, 2002).

Die Erwartungen sind nach unzählbaren mehr oder weniger erfolgreichen Pilotprojekten realistischer geworden. Das rasche Wachstum, das E-Learning in den USA vor allem in der Erwachsenenbildung zu verzeichnen hat, ist im deutschsprachigen Europa nicht eingetroffen (Wang, 2002; Neubauer, 2002).

Zur Zeit häufen sich im deutschsprachigen Raum Berichte mit der Botschaft, dass E-Learning nicht rasch zu grundsätzlichen Veränderungen im Hochschulmarkt führen wird und das Thema nur von mäßiger Relevanz sei (Groebner, 2003). Armstrong stimmt zu, dass die Entstehung neuer Bildungsinstitutionen, welche einer Marktlogik folgen, die Amerikanischen Forschungsuniversitäten nicht so rasch aus dem Gleichgewicht bringen werden. Er warnt hingegen vor einem sehr grundsätzlichen Paradigmenwechsel, der die Fundamente der Forschungsuniversität längerfristig zu erschüttern vermag (Armstrong, 2002). For-profit-Institutionen wie die University of Phoenix stellen eine zunehmend sichtbare Alternative zur Messung des Erfolgs von Bildungsleistungen zur Verfügung. Deren Curriculum ist in verstärktem Maße auf die konkrete Arbeitssituation ausgerichtet. Life-long-learning wird interpretiert als die Pflege einer längerfristigen Kundenbeziehung. Lernende belegen dann Kurse, wenn ein konkretes Bedürfnis besteht. Dies steht im krassen Gegensatz zu dem Bildungsideal einer „Liberal Arts Ausbildung", dem sich traditionelle Universitäten verpflichten. Zudem wird das Aufgabenspektrum eines traditionellen Dozierenden komplett auf den Kopf gestellt. So erfolgt die Kurserstellung nach neuen Gesetzen. Dazu wird ein Expertenteam zusammengestellt, welches mit einem substantiellen Budget (1 Million US Dollar ist nicht außergewöhnlich) qualitativ hoch stehenden Kursinhalt entwickelt. Der eigentliche Kurs wird meist von Teilzeit-Dozierenden unterrichtet. Dabei handelt es sich um ein höchst skalierbares Modell. Diese Mechanismen haben heute keinen direkten Einfluss auf die Forschungsuniversität, da diese Institutionen dem etablierten Qualitätsideal (noch) nicht entsprechen. Durch die ausschließliche Konzentration auf die Aus- und Weiterbildung, insbesondere auf lukrative Programme (z.B. MBA), kann es diesen For-profit-Institutionen jedoch gelingen, wichtige Ressourcen aus den Forschungsuniversitäten abzuführen. Ein Paradigmenwechsel von so grundsätzlicher Art dürfte längerfristig das komplexe Gebilde einer Forschungsuniversität destabilisieren (Armstrong, 2002).

Eine solche Entwicklung ist im deutschsprachigen Raum trotz der Entstehung von weltweit operierenden Megauniversitäten noch nicht absehbar. Die Autoren sind dennoch der Überzeugung, dass es sich lohnt, anhand von Fallbeispielen zu untersuchen, welche Chancen und Gefahren sich aus den bestehenden Geschäftsmodellen ableiten lassen und wo Potenziale und Grenzen des Denkens in Geschäftsmodellen bestehen. Dies soll Bildungsinstitution anregen, abgestimmt auf die eigenen Potenziale und das jeweilige Umfeld, ein erfolgreiches Geschäftsmodell zu formulieren.

Dieser Beitrag klärt zuerst den Begriff des Geschäftsmodells und erläutert darauf folgend die Anwendung der einzelnen Komponenten auf Bildungsinstitutionen. Danach werden fünf Fallbeispiele beschrieben und daraus Erkenntnisse für hiesige Universitäten reflektiert. Zuletzt werden aber auch die Grenzen eines stark betriebswirtschaftlich orientierten Ansatzes des Geschäftsmodells für Institutionen aufgezeigt, welche sich traditionell primär an den längerfristigen (Bildungs-)Bedürfnissen der Gesellschaft orientieren als an der unmittelbaren Profitmöglichkeit.

2. Definition „Geschäftsmodell"

Der Geschäftsmodellbegriff wird sehr unterschiedlich verwendet und eine einheitliche Definition ist in der Literatur nicht vorzufinden. Herrschende Meinung ist, dass ein Geschäftsmodell die Wertschöpfung einer Geschäftseinheit durch den Einbezug des Internets erklären soll. Dafür reichen nach Amit und Zott (2001) bisherige Ansätze der Managementtheorie nicht aus, weshalb ein neuer Erklärungsansatz nötig wird.

Uneinig sind sich die Autoren, welche Komponenten zur Beschreibung eines Geschäftsmodells herangezogen werden sollen. Während Timmers (1998) ein Geschäftsmodell durch die drei zentralen Pfeiler Geschäftsarchitektur, potenzieller Nutzen und Ertragsquellen abbildet, fassen Osterwalder und Pingneur (2002) das Geschäftsmodell auf einer deutlich weniger abstrakten Ebene als Verbindungsstück zwischen der Strategie und den operativen Geschäftsprozessen auf. Durch eine Synthese verschiedener Geschäftsmodellbegriffe entwickeln Bieger und Rüegg-Stürm (2002) ebenfalls einen weiter gefassten Begriff, der neben dem Leistungs-, Kommunikations-, Kooperations- und Koordinationskonzept auch die Kompetenzkonfiguration und die Organisationsform beinhaltet.

Eine angemessene Definition ist abhängig vom Ziel, das durch die Beschreibung von Geschäftsmodellen erreicht werden soll. Für Hochschulen steht das Verstehen der relevanten Veränderungen im Bildungsmarkt durch E-Learning im Vordergrund, um den Einfluss eines zukünftigen Geschäftsmodells mit den relevanten Anspruchsgruppen abzustimmen und davon ausgehend Veränderungen im Sinne einer proaktiven Strategieentwicklung innerhalb einer Bildungsinstitution zu steuern. Nicht zuletzt soll auch der Erfolg des Geschäftsmodells messbar werden.

Im Folgenden wird deshalb ein Geschäftsmodellbegriff verwendet, der diese wichtigen strategischen Fragen beinhaltet und gleichzeitig Flexibilität für eine breit angelegte Diskussion zulässt. Deshalb wird der Definition von Chesborough (2000) gefolgt, welche die Beschreibung der folgenden sechs Elemente vorschlägt:

a) Der Wertbeitrag des Leistungssystems für Kunden.

b) Das Marktsegment.

c) Die Struktur der Wertschöpfungskette.

d) Die Kostenstruktur und das Gewinnpotenzial.

e) Mögliche Partner und Konkurrenten (Marktumfeld).

f) Die Nachhaltigkeit eines Geschäftsmodells, das einen längerfristigen Wettbewerbsvorteil gegenüber Konkurrenten verschafft.

3. Der Geschäftsmodellbegriff auf Hochschulen angewandt

3.1 Nutzen des Geschäftsmodelldenkens

Die Frage nach dem Nutzen eines solchen Geschäftsmodelldenkens ist berechtigt. Grundsätzliche Fragen über die zukünftige Orientierung einer Bildungsinstitution und deren eigentlicher Sinn und Zweck müssen aus unterschiedlichsten Perspektiven analysiert und diskutiert werden. Das Geschäftsmodelldenken beleuchtet dabei verstärkt die betriebswirtschaftliche Perspektive. Auch wenn dies nicht die einzige oder dominierende Sichtweise sein soll, so ist es eine Tatsache, dass sich ein internationaler Bildungsmarkt entwickelt, dessen Gesetze von Bildungsinstitutionen nicht ignoriert werden können.

Der Geschäftsmodellbegriff stellt eine Art analytisches Raster für die Strategieentwicklung dar, welches das Identifizieren und das Verständnis der relevanten betriebswirtschaftlichen Elemente unterstützt (Bieger, Rüegg-Stürm, 2002). Zusätzlich ermöglicht ein strukturiertes Vorgehen das kreative Denken in Alternativen und erleichtert durch die gemeinsame Sprache das Kommunizieren und Teilen zentraler Gedanken (Osterwalder, Pigneur, 2002).

3.2 Elemente des Geschäftsmodells

Nachfolgend werden die sechs Elemente der dem Artikel zugrunde liegenden Definition eines Geschäftsmodells diskutiert:

a) Wertbeitrag

Der zentralste Punkt eines Geschäftsmodells ist das Schaffen eines Wertbeitrages, der einen deutlichen Mehrwert für die angestrebte Zielgruppe darstellt. Dies kann in unterschiedlichster Weise gelingen. Kommerzielle E-Learning-Anbieter schaffen häufig einen Wertbeitrag durch die Erhöhung des Zugangs zu Lernangeboten und der Flexibilität durch Distance Learning. Die Fernlehre hat im europäischen Kontext gesehen eine geringere Verbreitung als in anderen Teilen der Welt, weshalb „traditionelle" Universitäten vermehrt die Qualitätssteigerung des Lernprozesses durch den Einbezug neuer Medien anstreben (Lepori, 2003). In der betrieblichen Bildung ist auch die mögliche Kosteneinsparung ein wichtiger Faktor für die Promotion des elektronisch unterstützten Lernens.

Ein zusätzlicher Wertbeitrag kann aber auch durch unkonventionelle Modelle entstehen, die nicht zum herkömmlichen Kerngeschäft einer Hochschule gehören. Durch die Analyse der eigenen Stärken und Schwächen und einer genauen Betrachtung des spezifischen Umfelds einer Hochschule muss jede Institution ein eigenes Angebot schaffen, das einen relevanten Wertbeitrag vermittelt.

b) Marktsegment

Mit E-Learning-Angeboten können unterschiedliche Zielgruppen angesprochen werden. Oblinger (2000) unterscheidet dabei ausgehend vom amerikanischen Kontext sieben Lernergruppen, wobei die Folgenden das Wachstum von E-Learning-Bildungsangeboten am stärksten beeinflussen:

1. *„Professional enhancement Learners"* streben durch Weiterbildungsmaßnahmen die Förderung ihrer Karriere an und kommen i.d.R. selber für die Kosten auf. Dies ist vor allem in ökonomisch schwierigen Zeiten ein boomendes Geschäft (die Erfahrungen sind hierbei in Europa, insbesondere im deutschsprachigen Raum, jedoch eher andere).

2. *„Corporate Learners"* verfolgen ebenfalls das Ziel der Karriereförderung in Abstimmung mit den Zielen der Unternehmen. Sie werden aber im Gegensatz zur ersten Kategorie von Unternehmen finanziell unterstützt.

3. *„College experience Learners"* umfassen das traditionelle Segment der 20–26-Jährigen, die eine Erstausbildung absolvieren.

4. Vor allem im amerikanischen Kontext sorgen *„Degree completion adult Learners"* für das Entstehen komplett neuer Bildungsinstitutionen (z.B. komplette Online-Universitäten). Diese Studierenden führen ihre Ausbildung im Erwachsenenalter weiter, mit dem Ziel einen Abschluss zu erlangen.

Im Weiteren erwähnt Oblinger „Life-fulfillment Learners", welche sich aus privatem Interesse weiterbilden, den „Pre-college learner", der sich für den Start an der Universität positioniert und „Test-prep learners", welche sich auf die wachsende Zahl von Standardtests vorbereiten (z. B. GMAT, TOEFL).

Diese sieben Gruppen sind für deutschsprachige Institutionen von unterschiedlicher Relevanz, sie sollen aber dazu beitragen, über den traditionellen „College learner" hinauszudenken und neue Lernergruppen durch das Schaffen eines überzeugenden Wertbeitrags zu erschließen. Die Wahl der Zielgruppe ist aber nicht zuletzt auch eine normative Frage.

c) Wertschöpfungskette skizzieren

Das ökonomische Konzept der Wertschöpfungskette hatte in der Vergangenheit wenig Relevanz für Universitäten, da diese in der Regel das ganze Repertoire an Kernaktivitäten (z.B. Curriculumentwicklung, Kursdurchführung) und viele Zusatzaktivitäten (z.B. technischer Support, Verlag), welche im Zusammenhang mit der Erstellung von Lernangeboten entstehen, ausführten. Die Kernaktivitäten sind modellhaft in Abbildung 1 dargestellt, wobei im Einzelfall die Reihenfolge, die Benennung und die Auswahl an Aktivitäten abweichen kann.

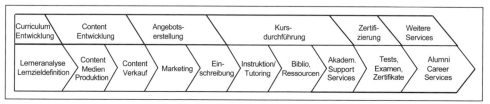

Abbildung 1: Modell einer Wertschöpfungskette einer Bildungsinstitution

Die Selbstverständlichkeit einer umfassenden Wertschöpfungskette wird seit einiger Zeit durch kommerzielle Bildungsanbieter, welche sich auf einzelne oder eine spezifische Kombination von Elementen der Wertschöpfungskette konzentrieren, in Frage gestellt.

Wenn sich eine Bildungsinstitution Gedanken macht, wie sie ein erfolgreiches E-Learning-Geschäftsmodell etablieren kann, ist die kritische Untersuchung der bestehenden Wertschöpfungskette ein wichtiges Element. Dabei geht es darum, sich der eigenen Stärken bewusst zu werden und dementsprechend eine kreative Konfiguration der Wertschöpfungskette zu realisieren, welche für die gewählte Lernergruppe einen echten Mehrwert darstellt. Dies kann bedeuten, dass gewisse Aktivitäten ausgelagert oder in Kooperation mit einem Partner erstellt werden. Keinesfalls muss dies jedoch zwingend zu einer Aufbrechung der Wertschöpfungskette führen.

d) Kosten und Ertragsmodelle

Der Erfolg eines E-Learning-Geschäftsmodells wird auch in Bildungsinstitutionen häufig am finanziellen Erfolg gemessen, weshalb genaue Kenntnisse über eine veränderte Kostenstruktur und Ertragsmöglichkeiten nötig sind. Unterschiedlichste Ertragsmodelle existieren mittlerweile, welche nachfolgend kurz erläutert werden:

1. Der Lerner erwirbt die *Mitgliedschaft* („Subscription") einer Institution und bezahlt dafür einen fixen Betrag, unabhängig von der Intensität der Beanspruchung des Lernangebots und den verfügbaren Serviceleistungen (Mitgliedsmodell).

2. Auf dem Bildungsmarkt ist die Erhebung von *Kursgebühren* ein gängiges Erlösmodell. Dies kann derart gestaltet sein, dass Gebühren nur beim tatsächlichen Gebrauch („Pay per Use") anfallen (z. B. Aufruf von E-Learning-Modulen, Anmeldung zu bestimmten Kursen, Gebühren nur bei Teilnahme). Bei Hoppe und Breitner (2003) wird diese Variante auch als „Abonnentenmodell" bezeichnet, da Beiträge für einzelne explizit angeforderte Leistungen erhoben werden. Jedoch impliziert die Bezeichnung „Abonnement" eine Regelmäßigkeit, die nicht notwendigerweise gegeben sein muss.

3. Das „*Verkaufsmodell*" erzielt Erlöse mit dem Verkauf von E-Learning-Produkten und/ oder Serviceleistungen. Es kann sich dabei einerseits um „off-the-shelf"-Produkte handeln, die auf festgelegten Listenpreisen basieren. Andererseits können Erlöse auch in Form individueller Kontrakte erzielt werden, wenn auf firmenspezifische Bedürfnisse zugeschnittene E-Learning-Kurse oder auch -Inhalte entwickelt werden. Darüber hinaus ist zwischen einer einmaligen Verkaufssumme und einem Lizenzpreis für die Nutzung (abhängig meist von der Anwenderzahl) zu differenzieren.

4. Das „*Brokerage- oder auch Provisionenmodell*" generiert Erlöse in der Vermittlung von Geschäftspartnern. Einige E-Learning-Portale sind entstanden, die sich auf das Marketing und die Vermittlung von E-Learning-Kursen konzentrieren. Hochschulen erstatten an diesen Broker eine Gebühr für die Registrierung eigener Kurse. Ähnlich sind auch Provisionszahlungen für die Vermittlung von Inhalten beispielsweise an Firmenkunden zu betrachten.

5. *Sponsoring- und Werbungsmodelle* schöpfen indirekte Erlösquellen aus, indem beispielsweise Werbeflächen auf Internetseiten angeboten werden. Dieses Modell hat sich jedoch in den letzten Jahren als nicht erfolgversprechend gezeigt, die Attraktivität hat zwischenzeitlich stark nachgelassen und die Erlösmargen sind sehr gering. Daher ist dieses Modell derzeit kaum als zukunftsträchtig einzuschätzen.

Von Hoope und Breitner (2003) wird darüber hinaus das „Kundendatenverkaufsmodell" erläutert, das im E-Business-Umfeld neu entstanden ist. Bei diesem Modell werden Erlöse über den Verkauf gesammelter Kundendaten bzw. Kundenprofile erzielt. Dies auf Hochschulen zu übertragen, wird von den Autoren aus rechtlichen und ethischen Gründen jedoch eher kritisch betrachtet. Diese Entwicklungen zeigen somit die Grenzen von Geschäftsmodellen auf, welche eine normative Betrachtung erforderlich macht.

Auch die Kostenstruktur einer Bildungsorganisation verändert sich durch E-Learning. Nicht nur Infrastrukturkosten, sondern auch die notwendigen Supportstrukturen beanspruchen Ressourcen von schwierig abzuschätzender Höhe. Dabei gilt es nicht nur eine Anschubfinanzierung für ein E-Learning-Geschäftsmodell aufzubringen, sondern auch die langfristige Finanzierung sicherzustellen. Eine Daumenregel in der Informatik besagt, dass mindestens 10 % der Entwicklungskosten als Wartungskosten anfallen, um ein Projekt aufrecht zu erhalten. Häufig wird auch der Betreuungsaufwand, der durch neue pädagogische Modelle anfällt, massiv unterschätzt[1].

---

[1] Diese Erfahrungen sind im Rahmen einer Expertenbefragung belegt worden (Seufert & Euler, 2003).

e) Beschreibung des Marktumfeldes

Universitäten befinden sich heute in einem sich wandelnden Umfeld, das von verstärktem Wettbewerb zwischen den traditionellen Bildungsinstitutionen, unter anderem als Folge der Bolognadeklaration, aber auch durch das Aufkommen neuer professioneller Bildungsanbieter und der Nähe zu kommerziellen Partnern geprägt ist. Aufgrund der großen Unsicherheit über das Bild der zukünftigen Bildungslandschaft ist es wichtig, sich des eigenen Umfelds bewusst zu sein, aktuelle und potenzielle Konkurrenzangebote wie auch mögliche Partnerschaften mit anderen Universitäten oder kommerziellen Anbietern zu analysieren und zu prüfen.

f) Nachhaltigkeit des Geschäftsmodells

Das Geschäftsmodell soll längerfristig einen Wertbeitrag leisten und nicht einfach zu imitieren oder zu ersetzen sein.[2] Dies bedingt, dass sich eine Bildungsinstitution der eigenen Kernkompetenzen bewusst wird und diese längerfristig entwickelt. Ein nachhaltiger Bestand erfordert eine sinnvolle Integration von E-Learning in das Hochschulsystem und verlangt insbesondere eine gewisse Offenheit des Modells, das Weiterentwicklungen bzw. kontinuierliche Anpassungen an Umweltveränderungen zulässt (Seufert & Euler, 2003). Die zentrale Frage, die sich dabei stellt, ist, ob das Geschäftsmodell tragfähig ist und langfristig strategische Wettbewerbsvorteile für eine Hochschule erzielt werden können.

Die Beschreibung eines Geschäftsmodells anhand der sechs Kernelemente verdeutlicht, dass vielfältige Arten von Geschäftsmodellen denkbar sind. Im Folgenden wollen wir uns auf einige typische Fälle beschränken, die im Hochschulbereich mittlerweile entstanden sind und zur Analyse herangezogen werden können.

4. E-Learning-Geschäftsmodelle – Beispiele

Im diesem Abschnitt werden Fallbeispiele von E-Learning-Geschäftsmodellen präsentiert. Dabei wird versucht diese in generische Typen zu klassifizieren. Hauptkriterien für die Auswahl der Fälle sind einerseits die Verbreitung auf dem internationalen Bildungsmarkt und der Innovationsgrad des Modells. Dabei ist es das Ziel, ein breites Spektrum von Möglichkeiten abzudecken, um das Denken in Alternativen zu ermöglichen. Die „Amerikalastigkeit" der Auswahl hat einerseits pragmatische Gründe (Zugang zu Informationen), aber vor allem sind die Autoren auch davon überzeugt, dass es sich lohnt, Modelle zu studieren, welche sich über längere Zeit zu etablieren vermochten und deren Erfahrungen wertvolle Hinweise liefern können. Analytisch lassen sich zunächst vier grobe Kategorien von E-Learning-Geschäftsmodellen für Hochschulen unterscheiden:

a) Bei „*Virtuellen Universitäten*" handelt es sich um Bildungsinstitutionen, deren Hauptgeschäft die Fernlehre darstellt. Das Lehren und Lernen findet mehrheitlich virtuell via

---

[2] Einen Überblick über nachhaltige Geschäftsmodelle für den E-Learning-Sektor liefern Hoppe & Breitner, 2004.

Internet statt. Virtuelle Universitäten sind meist entweder neu gegründete Institutionen oder aus traditionellen Korrespondenzuniversitäten entstanden. Diese Institutionen haben das Potenzial, die bisherige Logik von Hochschulausbildung zu revolutionieren. Deshalb lohnt es sich, sich mit deren Eigenheiten auseinanderzusetzen.

b) Das Kürzel „*Uni interactive*" beschreibt ein Modell, indem eine Universität eine neue, meist profitorientierte Einheit bildet, um Bildungsangebote via Internet an neue Kundengruppen zu vermarkten (z. B. Executive Education).

c) Die vielfältigste Kategorie ist das „*Brokermodell*". Das Spektrum reicht von „Community-Angeboten", die beispielsweise den Austausch von Lehr-/Lernmaterialien über eine Internet-Plattform zur Verfügung stellen (vgl. die Plattform „Merlot"), bis hin zu Portalen, die Kurse von verschiedenen Hochschulanbietern vertreiben. Die Rolle einer Universität konzentriert sich dabei meist auf jene des Content Providers, der Kursinhalte liefert, ggf. auch aufbereitet und unterrichtet. Die Kernkompetenzen eines Brokers beziehen sich auf die restlichen Aktivitäten der Wertschöpfungskette, vor allem auf administrative Prozesse, technischen Support oder Marketing, um Lerner entsprechend ihren Bedürfnissen mit passenden Lernangeboten zusammenzuführen.

d) *Corporate Universities* sind Initiativen von Großunternehmen, welche durch die Erstellung von Bildungsangeboten und dazugehöriger Zertifizierung den Lernbedarf eines Unternehmens ähnlich einer Universität abdecken. Dieses Modell ist insofern relevant, als dass es für traditionelle Universitäten sowohl neue Optionen in Form von Kooperationen als auch wachsende Konkurrenz auf dem Weiterbildungsmarkt bedeutet.

Im Folgenden sollen diese auf dem Bildungsmarkt neu entstandenen Geschäftsmodelle ausführlicher anhand von Fallbeispielen diskutiert werden.

4.1 Virtual University

Die Fernlehre hat sich seit den 70er Jahren vor allem auch unter dem Label Open University weltweit ausgebreitet. Mit Aufkommen des Internets Mitte der 90er Jahre hat sich eine Form der Fernlehre etabliert, welche eine virtuelle Lernumgebung bereitstellt. Im europäischen Raum ist die Open University in Großbritannien eine der ältesten, die ihr Studienangebot unbegrenzt einer breiten Masse an Studierenden, die nicht vor Ort residieren müssen, anbietet (Peters, 1983).

Fallstudie Capella University (www.capella.edu)

Die Capella University wurde 1993 als reine Online-Universität (for-profit) mit dem Ziel gegründet, für Erwachsene zeitlich und örtlich flexible Lernumgebungen anzubieten, die es erlauben, weiterhin einer Beschäftigung nachzugehen oder Familienpflichten nachzukommen. Die administrativen Aktivitäten der Universität werden aus Minneapolis, MN gesteuert, während die Dozierenden und Studierenden aus allen Teilen der USA stammen. Die Institution bietet akademische Abschlüsse (Bachelor, Master und PhD) in verschiedenen Kerndisziplinen (Business, Technology, Education, Psychology, Human Services) an.

Außer für spezielle Programme auf der Doktoratsstufe sehen die Programme keine Präsenzphasen vor, sondern operieren vollständig virtuell. Dabei wird stark von Diskussionsforen zur Kommunikation und einer Auswahl traditioneller (v.a. Bücher) und digitaler Medien Gebrauch gemacht.

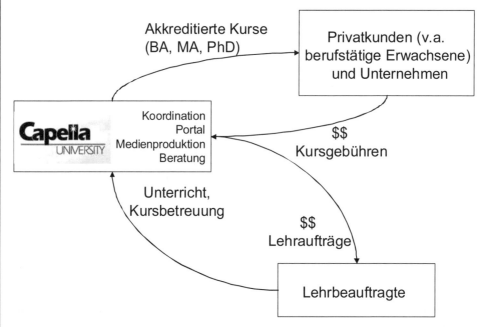

Abbildung 2: Geschäftsmodell der Capella University

Weitere Beispiele für virtuelle Universitäten sind die Open Universities (non profit), welche angeführt durch das Beispiel der Open University in Großbritannien starke Verbreitung gefunden hat. In den USA sind es vor allem die For-profit-Unternehmen wie DeVry, Jones International University, Walden University und nicht zu vergessen die University of Phoenix, eine der ältesten virtuellen Universitäten, welche erfolgreich auf dem internationalen Bildungsmarkt tätig ist. Diese Institutionen haben sich nachhaltig etabliert und sind aus dem Bildungsmarkt nicht mehr wegzudenken.

Ein ähnlicher Boom wie in den USA konnte im Bereich der Erwachsenenbildung im deutschsprachigen Europa nicht festgestellt werden. Es stellt sich die Frage, inwiefern das Modell der virtuellen Universität für hiesige Institutionen von Relevanz ist?

Dazu wird auf die einführenden Bemerkungen verwiesen, wo dargelegt wurde, wie virtuelle Universitäten die Geschäftslogik grundsätzlich in Frage stellen und eine neue Wertstruktur vorschlagen, welche längerfristig auch Konsequenzen für traditionelle Universitäten haben könnte. Es ist wichtig, die Entwicklungen in diesem Bereich zu verfolgen und frühzeitig eine grundsätzliche Diskussion über die Werte und die Zukunft einer Hochschule in Gang zu setzen.

Virtuelle Universitäten fordern die grundlegenden Werte einer traditionellen Hochschule heraus. E-Learning bietet insbesondere das Potenzial, höchst skalierbare Lernumgebungen zu entwickeln. Dies bedeutet, dass plötzlich neue und substantielle Lernergruppen Zugang zu einer universitären Ausbildung erhalten können. Dies wird insbesondere durch das Modell der Open University proklamiert, welche keine Eintrittskriterien erhebt (Boyd-Barrett, 2002). Damit einher geht aber vor allem im Bereich von Undergraduate Education die verstärkte „Kommoditisierung" der Lerninhalte. So wird häufig die Inhaltserstellung von der eigentlichen Vermittlung des Inhalts getrennt und durch verschiedene Personen ausgeführt. Kann Ausbildung ein Massengeschäft sein oder bleiben wichtige Werte auf der Strecke?

Universitäten sollten sich zudem die Frage stellen, wer im deutschsprachigen Raum von der zeitlichen und örtlichen Flexibilität profitieren würde? Durchaus besteht die Möglichkeit, dass sich durch die Umsetzung der Bolognadeklaration und die Fragmentierung des Universitätsabschlusses neue Lernbiographien entwickeln, durch welche virtuelle Angebote an Attraktivität gewinnen.

Eine weitere Herausforderung stellt die zukünftige Rolle einer Universität im Bereich des lebenslangen Lernens dar. Bisher haben sich Hochschulen nur marginal mit der Weiterbildung ihrer Alumni und anderen Anspruchsgruppen befasst. Ist die Hochschule für die Erneuerung und Erweiterung der Kompetenzen von Erwerbspersonen zuständig?

4.2 Uni interactive

Mitte der 90er Jahre haben verschiedene Amerikanische Eliteuniversitäten einen For-profit-Spin-off gegründet, um durch den Vertrieb von E-Learning-Kursen eine zusätzliche Einnahmequelle zu generieren.

Fallstudie eCornell (www.ecornell.com)

eCornell wurde im Jahre 2000 als For-profit-Unternehmen, das vollständig im Besitze der renommierten Cornell University ist, mit dem Ziel gegründet, die bisherigen Distance Learning-Aktivitäten im Bereich Executive und Professional Education auszubauen.

Die ersten Kurse stammten von zwei Professional Schools der Cornell University (School of Industrial and Labor Relations und School of Hotel Administration) und wurden im Juni 2001 lanciert. Das Zielpublikum sind in erster Linie „Business Professionals", welche ihre Karriere fördern möchten, und seit kurzem auch Geschäftskunden, welche ihre Mitarbeiter durch eCornell ausbilden lassen möchten. Der Corporate Education Sektor ist jedoch hart umkämpft, weshalb es schwierig erscheint, dort Fuß zu fassen.

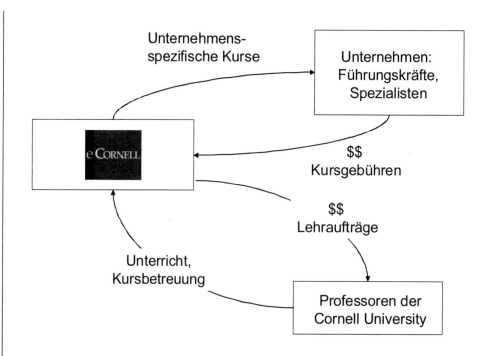

Abbildung 3: Geschäftsmodell von eCornell

eCornell profiliert sich vor allem durch die Marke, welche nicht nur für Topinhalte, sondern auch für exzellenten Unterricht steht. Kursinhalte werden durch ein Team von Professoren entwickelt. Diese werden durch die eigenen Techniker relativ aufwändig multimedial aufbereitet. Dadurch wird auf Kooperationen weitgehend verzichtet. Die Kurse werden durch Tutoren betreut, welche direkt durch die Professoren, welche den Kursinhalt erstellen, ausgesucht werden. Diese Tutoren verwenden etwa 30 Stunden pro Woche, um die Studierenden zu unterstützen. Meist werden Studierende, welche etwa zur gleichen Zeit einen Kurs beginnen, in Gruppen von etwa 6 Leuten durch den Kurs geführt, um auch die Interaktion zwischen den Lernern zu fördern.

Im Jahre 2002 waren etwa 400 Studierende pro Monat in eCornell-Kurse eingeschrieben, wobei ein Kurs rund 1000 US Dollar kostete. Der CEO von eCornell erwartete, im Frühjahr 2004 erstmals schwarze Zahlen zu schreiben.[3] Auch in diesem Beispiel erweist sich die Realisierung des Geschäftsmodells als schwierig. eCornell hat von einer Spende von 12 Millionen US-Dollar als Anschubfinanzierung profitiert. Der längerfristige Erfolg von eCornell hängt davon ab, ob es gelingen wird, das Programm auszubauen (Steele, 2003).

---

[3] Gemäß einer Pressemitteilung von Februar 2004 wurden aufgrund der unter den Erwartungen liegenden Ertragslage die Organisation restrukturiert und verkleinert (Cornell University (2004, Feb. 19): eCornell restructures its organization. Cornell News http://www.news.cornell.edu/releases/Feb04/eCornell.restructures.lgk.html).

Zahlreiche Universitäten (z.B. Harvard interactive, Babson interactive) haben Ende der 90er Jahre Spin-offs gegründet, um für die kostspielige Lancierung von Online-Programmen geeignete Rahmenbedingungen zu schaffen. Die meisten kämpfen damit, die Gewinnzone zu erreichen. Ein prominentes gescheitertes Beispiel ist Fathom, das als For-profit-Spin-Off durch die renommierte Columbia University gegründet wurde und weitere Topschulen verpflichten konnte. Seit April 2003 sind die Aktivitäten von Fathom eingestellt und die Kurse als Gratisarchiv zugänglich (www.fathom.com). Dabei folgt Fathom dem Schicksal zahlreicher anderer Hochschulinitiativen. Diese Entwicklungen sind durchaus vergleichbar mit der generellen Ernüchterungswelle im E-Business-Umfeld. Es gilt abzuwarten, ob es eCornell gelingt, den längerfristigen Bestand der online Aktivitäten zu sichern.

Was lässt sich daraus für die deutschsprachige Hochschule ableiten? Zum einen ist festzustellen, dass die Kosten, um sich in diesem Feld zu etablieren, beträchtlich sind. Zum anderen ist im lukrativen Corporate Markt der Wettbewerb sehr intensiv. Bislang sind Geschäftsmodelle gescheitert, die sich auf den Privatkunden-Markt konzentriert haben (z.B. Fathcom), und auch eCornell richtet sich zukünftig verstärkt auf Geschäftskunden aus. Daher ist zu vermuten, dass die Zahlungsbereitschaft von Privatkunden für universitäre Online-Angebote (noch?) relativ gering sein dürfte. Ob sich hier das Kundenverhalten künftig ändern wird und somit einige Geschäftsmodelle u.U. einfach zu früh auf dem Markt aufgetaucht sind, ist offen.

Vielerorts sprießen jedoch weit weniger aufwändige und somit auch tragfähige Modelle aus dem Boden. Vor allem kleine Universitäten experimentieren innerhalb der bestehenden finanziellen Ressourcen mit der Erweiterung spezialisierter Kurse in den virtuellen Raum. So verfolgt beispielsweise das Worcester Polytechnic Institute die Absicht, für das kleine hoch spezialisierte Programm für Fire Protection Engineers eine größere „Kundschaft" zu gewinnen[4]. Eine sinnvolle Integration in die bisherigen Tätigkeiten der Universität ist dabei eine Herausforderung.

4.3 Broker Modell

Ein verbreitetes Modell, das neue Formen von Bildungsinstitutionen hervorbringt, sind so genannte Bildungsbroker. Dabei treten Brokermodelle in unterschiedlichsten Formen mit unterschiedlichsten Zielen auf. Gemeinsam ist allen Modellen der Aufbau einer koordinierenden Instanz, welche die teilnehmenden Institutionen als Content-Provider einerseits und die interessierten Lerner andererseits unterstützt, um einen optimalen Match zu erzielen.

Verschieden ist hingegen die Zielgruppe, der Umfang des Bildungsangebots, das vermittelt wird, das Kooperationsmodell (wer erstellt die Inhalte) und die zusätzlichen Services, welche der Broker zur Verfügung stellt. Im Folgenden werden zwei Modelle dargestellt, welche die Breite des Brokermodells verdeutlichen.

---

[4] Distance Learning am Worcester Politechnic Institute: http://www.wpi.edu/Academics/ADLN/

Fallstudie Massachusetts Colleges Online – Beispiel eines Kursbrokers
(www.mco.mass.edu)

Massachusetts Colleges Online (MCO) ist ein Konsortium von 15 staatlichen Community und 9 State Colleges im amerikanischen Bundesstaat Massachusetts. Die typischen Lerner von Community Colleges sind traditionelle 18–22-Jährige und vor allem berufstätige Erwachsene.

MCO wurde im Jahre 2001 gegründet mit dem Ziel, einerseits den Studierenden der 16 Colleges einen flexibleren Zugang zu einer größeren Auswahl von Kursen zu verschaffen und andererseits die Nutzung der verfügbaren Online-Ressourcen verteilt über die einzelnen Colleges besser zu nutzen. Verschiedene der Colleges hatten bereits vor der Gründung von MCO Online-Kurse im Programm. Gemäß David Kelley, Executive Director von MCO, hat die Gründung von MCO die teilnehmenden Institutionen angeregt, verstärkt über eigene Aktivitäten und den Wert von E-Learning für die eigene Institution nachzudenken.

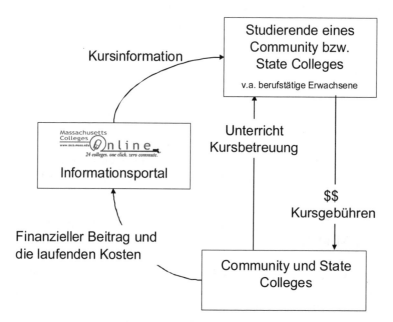

Abbildung 4: Geschäftsmodell des Konsortiums Massachusetts Colleges Online

Dieses Modell beseitigt vor allem für berufstätige Erziehende über 25 Jahren Hindernisse und ermöglicht es ihnen, durch zeitlich und örtlich flexible Modelle eine Ausbildung zu absolvieren. Die Aktivitäten von MCO umfassen das zur Verfügung Stellen eines einheitlichen Portals (single point of access), einer einheitlichen Marketingstrategie und von Vermittlungsdiensten. Studierende suchen auf der MCO Homepage geeignete Kurse und werden für die Registration direkt zur Webseite des gewählten Colleges geleitet. Die Studiengebühr, welche mit 123 Dollar weit unter den üblichen Kosten von For-profit-Anbietern liegt, wird dadurch ebenfalls direkt an das entsprechende College entrichtet. Die Aktivitäten von MCO werden durch Direktbeiträge der einzelnen Colleges finanziert. Dieses Finanzierungsmodell wird jedoch zur Zeit überarbeitet.

MCO kooperiert im Weiteren mit Umass Online, dem Online-Arm der ebenfalls staatlich finanzierten University of Massachusetts. Umass Online stellt die technische Unterstützung zur Verfügung und hostet die Server von MCO. Im Weiteren arbeitet MCO mit High Schools zusammen, deren Schüler so genannte „Honor Courses" bei MCO belegen können. Aufgrund der vergleichsweise tiefen Kosten für einen Online-Kurs sieht sich MCO wenig Konkurrenz ausgesetzt. Auch wenn Überschneidungen mit Umass Online bestehen, erstreckt sich das Einzugsgebiet von Umass Online weit über die Grenze des Bundesstaates hinaus, wohingegen sich MCO auf Massachusetts beschränkt.

Dieses Modell zeigt auf, wie Universitäten durch eine Beteiligung in einem Konsortium die bestehenden Ressourcen einem größeren Publikum zugänglich machen können und durch die intensivere Nutzung der Lernmaterialien auch die Möglichkeit haben, aufwändigere Projekte zu realisieren.

Die Brokerrolle kann dabei ganz unterschiedlich gestaltet werden. Häufig wird diese durch ein For-profit-Unternehmen wahrgenommen, welches die Bildungsleistung mit zusätzlichen Services über die reine Vermittlungsrolle erweitert. Ein revolutionäres Unterfangen, das am anderen Ende des Spektrums liegt, jedoch auch stark mit den tiefen Studierendenzahlen kämpft, ist die von den Governors zahlreicher Staaten im Westen der USA ins Leben gerufene Western Governor University (Kinser, 2003). Die Studierenden schreiben sich direkt bei dieser akkreditierten und zur Zertifizierung berechtigten Universität ein.

Grundsätzlich kann das Brokermodell ein relativ sanfter Einstieg in die Welt der virtuellen Ausbildung darstellen. Kooperationsmodelle stellen jedoch auch immer ein gewisses Risiko dar, da eine Universität keine Kontrolle über die Qualität der Angebote der anderen Konsortiumsmitglieder hat. Zudem stellt die Abstimmung der Lehrpläne eine Herausforderung dar. Trim (2003) stellt dazu fest, dass die Kultur einer Institution einen Schlüsselfaktor für die Auswahl von Partnerinstitutionen darstellt. Insbesondere bei der Kollaboration mit profitorientierten Unternehmen stoßen häufig stark unterschiedliche Kulturen aufeinander. In jedem Fall entstehen Partnerschaften nicht über Nacht, weshalb Trim eine strategische Planung in Bezug auf allfällige Zusammenarbeiten vorschlägt.

Fallstudie Merlot – Beispiel eines reinen Content Brokers (www.merlot.org)

Merlot ist eine Best Practice Sammlung von Lernmaterialien, die über mehr als 10.000 Einheiten verfügt, welche primär dem Austausch von Ideen und Ressourcen zwischen Lehrenden dient. Dabei handelt es sich nicht nur um eine Datenbank, sondern vielmehr um eine aktive Community mit über 16.000 Mitgliedern. Der eigentliche Wertbeitrag ensteht in diesem Modell durch den Peer Review Prozess dieser elektronischen Materialien. Einerseits erleichtert dieser die Suche nach qualitativ hochstehenden Lernmodulen, andererseits steigert ein solcher Prozess das Ansehen solcher Materialien und ermöglicht eine Berücksichtigung dieser „Publikationen" im Promotionsprozess.

Merlot wurde 1997 durch das California State University Center for Distributed Learning ins Leben gerufen und wurde 1998 als Best Practice Initative ausgezeichnet. Dies hat zur Zusammenarbeit mit staatlichen Universitätssystemen vier weiterer Staaten geführt, die über 100 Institutionen repräsentieren. 1999 haben die Mitglieder dieses informellen Konsortiums beschlossen, Gelder zur Entwicklung der Merlot Software zur Verfügung zu stellen. Ein Jahr später beauftragten und finanzierten diese Professoren, um Evaluationsstandards und einen Peer Review Prozess für Online-Lehr- und -Lernmaterialien. Kurz später wurden weitere Institutionen eingeladen, sich im Konsortium zu engagieren.

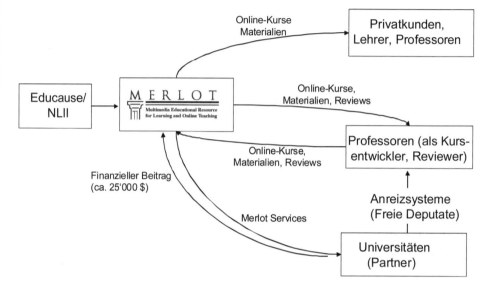

Abbildung 5: Geschäftsmodell von Merlot

Gemäß Martin Koning Bastiaan, Director of Technology, ist Merlot seit 2001 im Prozess sich zu einer Non-profit-Organisation zu entwickeln.

Merlot übernimmt als Content-Broker ganz andere Funktionen als ein Kursbroker und bedient andere Zielgruppen. Universitäten bringen sich meist als Mitglied in diesem Konsortium ein, als Erlösmodell liegt somit derzeit ein Mitgliedsmodell vor. Dabei ist der Aufwand für die einzelne Institution relativ gering. Die Schwierigkeit solcher Modelle besteht meist in der längerfristigen Finanzierung und im Aufbau geeigneter Anreizstrukturen, die das längerfristige Bestehen sichern. Daher gibt es Versuche auf institutioneller Ebene, Anreize in Form von Freisemestern oder Reduktion der Lehrdeputate von Professoren für sehr gut evaluierte Kurse bzw. Materialien zu setzen.

4.4 Corporate University

Bei Corporate Universities (CUs) handelt es sich um unternehmenseigene Akademien, die sich neben der Vermittlung von fachlichen Inhalten an den strategischen und kulturellen Herausforderungen des Unternehmens orientieren. Corporate Universities sind zunächst im amerikanischen Umfeld entstanden und sind dort seit langem eine etablierte Institution. Die erste CU wurde bereits 1955 mit der Gründung von General Electric's Crotonville (Meister, 1998) ins Leben gerufen. Sie wurden frühzeitig geschaffen, um den Bedarf von Unternehmen an gezielter Weiterbildung zu befriedigen. Frühzeitig sind sie darüber hinaus schon als Instrument der Strategieumsetzung erkannt und genutzt worden. Erst Ende der 80er Jahre haben die Neugründungen von Corporate Universities kontinuierlich zugenommen. Im deutschsprachigen Raum verfügen mittlerweile vorwiegend größere Unternehmen über eine Corporate University. Die DaimlerChrysler University, Deutsche Bank University, Bertelsmann University oder die Lufthansa University sind Beispiele für die ersten Gründungen in Deutschland.

Fallstudie Motorola University (http://mu.motorola.com)

Als ein „Best Practice"-Beispiel wird häufig die Motorola University genannt (Aubrey, 1999; Brockhaus et al., 2000). Die Motorola University wurde 1981 gegründet und als ein „Center for strategic thinking and a major catalyst for change" gestaltet (Aubrey, 1999). Gegenwärtig hat Motorola ca. 130.000 Mitarbeiter, die mit Kunden und Lieferanten auf fünf Kontinenten interagieren und allesamt Anwender der Motorola University sind. Motorola möchte eine strategische Kompetenz des Unternehmens aufbauen, die Lernstrategien, hohe Kundenzufriedenheit sowie Qualitätssicherung, effiziente Verhandlungen und Kommunikation mit internen und externen Stakeholdern einschließt.

Die Unterrichtsmethoden rangieren von traditionellen Face-to-Face-Veranstaltungen in Klassenzimmern, durchgeführt von professionellen Dozierenden, realitätsnahen Kursarbeiten, die von Linienmanagern entwickelt wurden bis hin zu „Learning on the job concepts" von Mitarbeitern, die ihren Kollegen essentielle Job Skills beibringen. Zentral ist die technologiebasierte Lernumgebung, die verschiedene Medien wie beispielsweise CD-ROMs, webbasierte Medien sowie Videos umfasst. Dieses System wird unterstützt durch ein Learning Management System in Form eines web-basierten Trainingsadministrationssystems (TAS).

Trotz des Begriffes „University" liegt der Fokus der Bildung bei Motorola nicht auf einer fundamentalen Grundausbildung, sondern konzentriert sich auf für das Unternehmen zentrale Kursprogramme. Ein „Best Practice"-Beispiel im Curriculum ist Motorolas innovatives Leadership Entwicklungsprogramm „China Accelerated Management Program (CAMP)", bei dem Lernen immer geknüpft ist an ein reales Geschäftsereignis und Falldiskussionen sowie aktionsbasierte Übungen umfasst. Ein starkes Commitment vom Top-Management war hierfür die Voraussetzung von Anfang an. So hat die Motorola University ein eigenes Board of Trustees, dem auch der CEO angehört (Aubrey, 1999). Dies scheint ein wichtiges Erfolgskriterium zu sein.

CUs sind besonders in Branchen anzutreffen, die sich durch eine hohe E-Learning-Affinität auszeichnen, wie beispielsweise die IT- und Telekommunikationsbranche. Langfristig erfolgreiche Corporate Universities haben die Bedeutung von Allianzen mit „traditionellen" Universitäten erkannt, wobei die Rolle von Universitäten in Abhängigkeit von der strategischen Ausrichtung der CU gesehen werden sollte (Meister, 1998). Die Zusammenarbeit zwischen CU und „traditioneller" Universität kann sich dabei auf mehrere Felder erstrecken:

- Maßgeschneiderte Executive Seminare, die in das Curriculum der CU (meist Top-Management Lesson) eingebunden werden (v. a. internationale Business Schools mit hoher Reputation),
- Standardkurse bzw. Integration von Hochschulreferenten oder entwickelten Studienmaterialien,
- Kooperative Veranstaltungen, wie beispielsweise Konferenzen, Kommunikationsforen etc.,
- Unterstützung bei der Curriculumentwicklung,
- Qualitätssicherung und Zertifizierung: Vergabe von akademischen Credits bis hin zu akademischen Studienabschlüssen.

5. Kooperationsmodelle

In diesem Kapitel wird das Element der Partnerschaft mit anderen Bildungsinstitutionen oder Businesspartnern etwas genauer unter die Lupe genommen, da wie die in Kapitel 4 erläuterten Modelle die Bedeutung von Kooperationen als Erfolgskriterium tragfähiger E-Learning-Geschäftsmodelle belegen. Allerdings zählen Kooperationen nicht gerade zu den Stärken von Hochschulen. In Anbetracht der zu realisierenden Potenziale durch Partnerschaften und Allianzen ist eine erfolgreiche Kooperation im Zusammenhang mit E-Learning-Initiativen ein wichtiger Aspekt. Laut Trim (2003) können Universitäten durch Kooperationen ihre Reichweite erhöhen, neue Einkommensquellen generieren und zur Unabhängigkeit der Institution im sich verändernden Bildungsmarkt beitragen.

5.1 Kooperation von Bildungsinstitutionen

Das Bilden von Allianzen und Kooperationen zwischen Bildungsinstitutionen wird vermehrt auch in der Literatur als strategisches Thema behandelt, wie eine Publikation über Allianzen zwischen Business Schools unterstreicht (Baden-Fuller & Ang, 2001). Zu unterscheiden sind Kooperationen mit dem Ziel, neue Lernangebote zu schaffen, also Allianzen, die erst durch E-Learning möglich werden von Kooperationen, welche das Ziel haben, komplementäre Kompetenzen für die Wertschöpfungskette E-Learning-gestützter Bildungsangebote zusammen zu führen.

Das Massachusetts Institute of Technology in Cambridge, Massachusetts ist eine Institution, welche seit den 80er Jahren intensiv auf diesem Gebiet forscht und dies sehr häufig auch in Zusammenarbeit mit akademischen Partnern. Anbei werden drei verschiedene Formen der Kooperation beispielhaft dargestellt:

a) VaNTH Engineering Research Center[5]
VaNTH steht für die Partner Vanderbilt, Texas, Northwestern, Harvard/MIT, welche gemeinsam effektive Lehrmaterialien im Bereich Bioengineering für alle Ausbildungsstufen entwickeln, um die Qualität der Ausbildung zu fördern. Dazu werden Spezialisten der beteiligten Universitäten aus Pädagogik, Evaluation, Lerntechnologien und verschiedener Bereiche von Bio-Engineering in Projektteams organisiert.

b) Dot LRN[6]
Die MIT Sloan School of Management hat ein Open Source Learning Management System entwickelt, dessen Source Code auch anderen Universitäten zugänglich gemacht wurde und heute von einer Anzahl Hochschulen weltweit genutzt wird. Die Zusammenarbeit kann als eine „Community of Practice" beschrieben werden, welche sich über Fragestellungen zur Software austauscht und die gemeinsame Weiterentwicklung vorantreibt.
Bei der Entwicklung technischer Lösungen scheinen Kooperationsmodelle zwischen Hochschulen prädestiniert zu sein. Für viele Institutionen ist die Möglichkeit, die Software an die eigenen Gegebenheiten einer Institution anzupassen (Customizing) neben der Unabhängigkeit eines Software-Anbieters einer der Hauptgründe, um auf eine kommerzielle Lösung zu verzichten und eine Open Source Lösung zu wählen.

c) MIT-Singapore Alliance[7]
Anders als die ersten beiden Formen der Kollaboration stellt sich die MIT-Singapore Alliance dar, deren umfassendes Ziel die Stärkung der Qualität des Bildungstandorts Singapur durch die Partnerschaft mit dem MIT ist. Kernpfeiler sind dabei gemeinsame Forschungsprojekte und Ausbildungsprogramme. Die Vorlesungen der Programme werden von Professoren in Singapur und in Cambridge gehalten und durch synchrone Kommunikationstechnologien gleichzeitig durch Studierende der beiden Standorte besucht. Ein weiteres Ziel besteht nicht zuletzt auch darin, Erfahrungen im Bereich Distance Learning zu sammeln und Forschung zu betreiben. In diesem Beispiel ist E-Learning nicht der Hauptfokus, sondern Grundlage für eine neue Form der Zusammenarbeit. Dieses Beispiel verdeutlicht die Globalisierungsstrategie des MIT.

5.2 Public-private Partnership

Die Zusammenarbeit zwischen akademischen und For-profit-Partnern gewinnt zunehmend an Bedeutung. Baer klassifiziert die Kooperationsformen entlang eines Kontinuums von Aufgaben (Baer, 2002). Wie in Abbildung 5 dargestellt, unterscheiden sich diese durch die Aufgabenteilung zwischen den beiden Partnern.

---

[5] Website von VaNTH http://www.vanth.org/

[6] Website von dot LRN http://dotlrn.mit.edu/

[7] Website der MIT-Singapur Alliance http://web.mit.edu/sma/

	Verantwortung	
Funktion	*Akademischer Partner*	*For-Profit-Partner*
Technologie		XX
Administrative Dienstleistung	x	XX
Marketing und Promotion	S	S
Inhaltsentwicklung	XX	x
Instruktion	XX	
Zertifizierung	XX	
Qualitätsmanagement	XX	

Key: XX = Primäre Verantwortung, S = (shared) geteilte Verantwortung, x = sekundäre Verantwortung

Abbildung 5: Der For-profit-Partner als Lieferant von Technologie, administrativen Dienstleistungen und Marketing.[8]

Im einfachsten Modell übernimmt der For-profit-Partner die traditionelle Rolle des Technologieverkäufers. So verfügen heute die meisten Universitäten über ein kommerzielles Learning Management System. Im extremsten Fall übernimmt der For-profit-Partner alle Funktionen. Dabei teilen die beiden Partner die Verantwortung für die Inhaltserstellung und -vermittlung.

Ganz anders gestaltet sich die Umsetzung eines Modells, in dem der For-profit-Partner stärker involviert ist und die Hauptverantwortlichkeit der Aktivitäten bis zur Inhaltsentwicklung trägt. In einem solchen Modell liefern Professoren ihre Inhalte, währenddessen der For-profit-Partner ein Produktionsteam zusammenstellt, das die aufwändige, multimediale Aufbereitung der Materialien vornimmt. In dieser Weise hat das Babson College[9] zusammen mit dem For-profit-Partner Cenquest[10] ein MBA im Auftrag von Intel entwickelt. Cenquest ist ein Unternehmen, das sich auf die Beratung von Unternehmen hinsichtlich der geeigneten Ausbildung ihrer Mitarbeiter an Universitäten (Managed Education) spezialisiert.

Partnerschaften mit For-profit-Unternehmen sind heute nicht mehr selten. Vor allem Softwarehersteller ergänzen das Kompetenzportfolio einer (nicht-technisch ausgerichteten) Universität. Kooperationen mit For-profit-Partnern sind in vielerlei Hinsicht jedoch auch nicht unproblematisch. Die grundlegenden Werte, Ziele und Strukturen der beiden Partner sind sehr verschieden. So funktionieren denn auch Entscheidungsprozesse und Arbeitspraktiken in der akademischen Welt grundlegend anders als in „gewöhnlichen" Unternehmen wie Hanft (2000) in ihrer Analyse zur Reformierbarkeit von Hochschulen nach betriebswirtschaftlichen Prinzipien feststellt.

---

[8] In Anlehnung an Baer, 2002, S. 174.

[9] Website Intel MBA des Babson Colleges: http://www3.babson.edu/MBA/programs/Intel-MBA/

[10] Website Cenquest http://www.cenquest.com/

6. Grenzen des „Geschäftsmodell-Denkens" für Bildungsinstitutionen

Die Diskussion um E-Learning-Geschäftsmodelle ist relativ stark geprägt durch die Suche nach neuen Einnahmequellen. Kröpelin (2003) spricht von einer kritischen Masse, die erreicht werden muss, um Investitionen in E-Learning zu rechtfertigen. Diese kann erreicht werden durch die Kooperation mit anderen Bildungsinstitutionen oder der Erschließung neuer Märkte. Dabei steht die Angebotserstellung für den Weiterbildungsmarkt und den Unternehmensbereich derzeit im Vordergrund.

Nicht zuletzt anlässlich dieser Entwicklung reflektiert Bok (2003) über die Gefahren der Kommerzialisierung im Hochschulbereich und kommt zum Schluss, dass sich Universitäten zunehmend verlockender Möglichkeiten ausgesetzt sehen, zusätzliche Einnahmequellen zu schaffen. Dies muss nicht zwingend negativ sein, er warnt jedoch vor der Gefahr, durch kurzsichtiges, profitorientiertes Handeln, Werte zu opfern, die für die langfristige Glaubwürdigkeit und den Bestand einer Universität zentral sind (Bok, 2003, 185ff.).

Das Denken in Geschäftsmodellen bringt betriebswirtschaftliche Konzepte in strategische Entscheidungsprozesse an Universitäten ein, die viel zu lange vernachlässigt oder gar ignoriert wurden. Eine Hochschule muss sich stärker als Element eines Bildungsmarktes verstehen, was die proaktive Strategieentwicklung erforderlich macht.

Die Definition dieser neuen Rolle soll aber nicht nur nach betriebswirtschaftlichen Kriterien erfolgen. Zuerst muss sich eine Bildungsinstitution der bedeutsamen gesellschaftlichen Rolle bewusst werden und im Dialog mit den verschiedenen Anspruchsgruppen die zentralen Wertmaßstäbe festlegen, nach denen die Aktivitäten einer Bildungsinstitution ausgerichtet werden sollen. Erst innerhalb dieser Grenzen entsteht Handlungsspielraum für die Gestaltung von E-Learning-Geschäftsmodellen.

Literatur

AMIT, R. & ZOTT, C. (2001). Value Creation in e-business. *Strategic Management Journal*, 22, 493–520.

ARMSTRONG, L. (2002). A new game in town. Competitive higher education in American research universities. In: W. H. DUTTON & B. D. LOADER (Eds.), *Digital academe: the new media and institutions of higher education and learning* (pp. 87–115). London, New York: Routledge.

AUBREY, B. (1999). Best Practices in Corporate Universities. In: NEUMANN, R., & VOLLATH, J. (Eds.), *Corporate University. Strategische Unternehmensentwicklung durch maßgeschneidertes Lernen*, Ahrendt et al.: A&O des Wissens, 33–55.

BADEN-FULLER, C. & ANG, S. H. (2001). Building Reputations: The Role of Alliances in the European Business School Scene. *Long range planning, 33*(6), 741–755.

BIEGER, T. & RÜEGG-STÜRM, J. (2002). Net Economy – Die Bedeutung der Gestaltung von Beziehungskonfigurationen. In: T. BIEGER, N. BICKHOFF, R. CASPERS, D. ZU KNYPHAUSEN-AUFSESS & K. REDING (Eds.), *Zukünftige Geschäftsmodelle. Konzept und Anwendung in der Netzökonomie* (pp. 15–33). Berlin: Springer Verlag.

BOK, D. (2003). *Universities in the Marketplace. The Commercialization of Higher Education.* Princeton, NJ: Princeton University Press.

BOYD-BARRETT, O. (2002). Distance education provision by universities. How institutional contexts affect choices. In: W. H. DUTTON & B. D. LOADER (Eds.), *Digital academe: the new media and institutions of higher education and learning* (pp. 185–205). London, New York: Routledge.

BROCKHAUS, M., EMRICH, M. & MEI-POCHTLER, A. (2000). Hochschulentwicklung durch neue Medien – Best-Practice-Projekte im internationalen Vergleich. In: BERTELSMANN (Eds.), *Online Studium*, 137–158.

CHESBROUGH, H. W. & ROSENBLOOM, R. S. (2000). *The Role of the Business Model in Capturing Value from Innovation: Evidence from Xerox Corporation's Technology Spinoff Companies* (Working Paper No. 01-002). Boston: Harvard Business School.

COLLIS, B. & VAN DER WENDE, M. (2002). *Models of Technology and Change in Higher Education.* Report of the Center for Higher Education Policy Studies, Twente: University of Twente.

GROEBNER, V. (2003, 28. Okt.). *Kauf mich! Studieren in der Zukunft: Der digitale Campus und das „E-Learning" übers Netz werden die Zukunft bestimmen.* Gefunden am 29. Okt., 2003, unter http://www.sueddeutsche.de/jobkarriere/berufstudium/artikel/426/20406/

HANFT, A. (2000). Sind Hochschulen reform(un)fähig? Eine organisationstheoretische Analyse. In: A. HANFT (Ed.), *Hochschulen managen? Zur Reformierbarkeit der Hochschulen nach Managementprinzipien.* (pp. 3–24). Neuwied: Luchterhand.

HOPPE, G. & BREITNER, H. (2003). *Classification and Sustainability Analysis of E-Learning Applications.* IWI Discussion Paper Series No. 2, Hannover: Universität Hannover.

HOPPE, G. & BREITNER, H. (2004). *Sustainable Business Models for E-Learning.* IWI Discussion Paper Series No. 7, Hannover: Universität Hannover.

KINSER, K. (2003). Taking WGU Seriously: Implications of the Western Governors University. *Innovative Higher Education, 26*(3), 161–173.

KRÖPELIN, P. (2003). Mit Geschäftsmodellen für E-Learning den dauerhaften Projekterfolg sicherstellen. In: A. HOHENSTEIN & K. WILBERS (Eds.), *Handbuch E-Learning.* Deutscher Wirtschaftsdienst.

LEPORI, B. & SUCCI, C. (2003). *eLearning in higher education. Perspectives for Swiss universities.* (2nd Report of the Educational Management in the Swiss Virtual Campus Mandate (EDUM)). Lugano: Universita della Svizzera Italiana, Instituto communicazione e formazione.

MEISTER, J. C. (1998*). Corporate Universities. Lessons in Building a World-Class Work Force*, New York et al.: McGraw-Hill.

NEUBAUER, J. (2002, 19. März). Funkstille beim elektronischen Lernen. Wege aus der Wachstumsfalle. *Neue Zürcher Zeitung (NZZ)*, S. 81.

OBLINGER, D. & KIDWELL, J. (2000). Distance Learning. Are We Being Realistic? *Educause Review, 2000* (Mai/Juni), 30–39.

OSTERWALDER, A. & PIGNEUR, Y. (2002). *An E-Business Model Ontology for Modeling e-Business*. Paper presented at the 15th Bled Electronic commerce Conference. e-Reality: Constructing the e-Economy, Bled, Slovenia.

PETERS, O. (1983). Distance Education and Industrial Production: A Comparative Interpretation in Outline. In: D. SEWART; D. KEEGAN & A. HOLMBERG (Eds.), *Distance Education: International Perspectives*, London and New York: Croom Helm Routledge, pp. 95–113.

SEUFERT, S. & EULER, D. (2003). *Nachhaltigkeit von eLearning-Innovationen. Ergebnisse einer Expertenbefragung*. SCIL-Arbeitsbericht 1 des Swiss Centre for Innovations in Learning St. Gallen: Institut für Wirtschaftspädagogik.

STEELE, B. (2003, 23. Jan.). *eCornell is slowly growing, selling CU quality to its corporate clients*. Gefunden am 28. Okt., 2003, unter
http://www.news.cornell.edu/Chronicle/03/1.23.03/eCornell.html

TIMMERS, P. (1998). Business Models for Electronic Markets. *International Journal on Electronic Markets, 8*(2), 3–8.

TRIM, P. R. J. (2003). Strategic Marketing for Further and Higher Educational Institutions: Partnership Arrangements and Centers of Entrepreneurship. *The International Journal of Educational Management, 17*(2), 59–70.

WANG, E. (2002). Die Zukunft ist nicht mehr, was sie war – Ein Rückblick auf die Vorhersagen zur Entwicklung des Corporate E-Learning-Markts in den USA und Deutschland. In: K. WILBERS & A. HOHENSTEIN (Eds.), *Handbuch E-Learning. Expertenwissen aus Wissenschaft und Praxis*. Köln: Fachverlag Deutscher Wirtschaftsdienst.

Gerhard Zimmer

Gestaltung einer Strategie zum Aufbau virtueller Studienangebote

Abstract

Die großen Erwartungen an das E-Learning in der Hochschullehre sind an der Intention einer „Industrialisierung" von Bildungsprozessen gescheitert. Erst die Beachtung der konstituierenden Bedingungen von Bildungsprozessen führt zur Nachhaltigkeit virtueller Studienangebote. Im Folgenden wird ausgehend von den Erfahrungen in der „Virtuellen Fachhochschule" dargelegt, wie Hochschulen auf der Grundlage der Nachhaltigkeitsfaktoren von Bildungsprozessen erfolgreichere Strategien für die Konzeptualisierung und Implementierung virtueller Studienangebote im grundständigen Studium und im Kontaktstudium entwickeln können.

Der Autor

Gerhard Zimmer: Univ.-Prof. Dr. phil. habil., Dipl.-Psych. und Ing. (grad.), geb. 1943

Seit 1996 Inhaber der Professur für Berufs- und Betriebspädagogik im Fachbereich Pädagogik der Helmut-Schmidt-Universität, Universität der Bundeswehr, Hamburg. Bis 1996 Leiter der Abteilung „Fernunterricht und offenes Lernen" im Bundesinstitut für Berufsbildung in Berlin.

Arbeitsgebiete: Gestaltung und Evaluation von E-Learning in der beruflichen Bildung, im Hochschulstudium und in der wissenschaftlichen Weiterbildung; Theorie, Didaktik und Methodik der Berufsbildung; informationstechnische Prozesse und Kompetenzentwicklung, betriebliche Arbeits- und Lernkultur; Nachqualifizierung arbeitsloser Erwachsener.

Zahlreiche Veröffentlichungen und Vorträge; Mitarbeit in deutschen und europäischen Gremien zu Innovationen in der Berufs- und Hochschulbildung; Lehraufträge an Universitäten in Berlin, Bielefeld, Kassel und Wien; Forschungsaufenthalte in der Volksrepublik China, in Finnland und den Niederlanden; Bearbeitung einer Reihe großer Drittmittelprojekte.

Informationen: http://www.unibw-hamburg.de/PWEB/paebbp/default.html

Gerhard Zimmer

Gestaltung einer Strategie zum Aufbau virtueller Studienangebote

1.	Enttäuschte Erwartungen – neue Hoffnungen	90
2.	Zentrale Nachhaltigkeitsfaktoren virtueller Studienangebote	92
	2.1 Gestaltung einer aufgabenorientierten Studiendidaktik	92
	2.2 Organisation virtueller Studiengemeinschaften	93
	2.3 Konzeption der pädagogischen Infrastruktur	93
	2.4 Produktion virtueller Studienangebote	94
	2.5 Reorganisation der Studienstruktur	95
3.	Entwicklung einer Fachbereichs- und Universitätsstrategie	96
4.	Entwicklung einer hochschulübergreifenden Strategie	98
5.	Praxisbeispiel: Virtuelle Fachhochschule	99
	5.1 Nachhaltigkeit durch Hochschulverbund	99
	5.2 Nachhaltigkeit durch Angebote in der Weiterbildung	101
6.	Online-Weiterbildungs-Agentur für Kontaktstudium	102
	Literatur	103

1. Enttäuschte Erwartungen – neue Hoffnungen

In zahlreichen Veröffentlichungen und Diskussionen wird immer deutlicher beklagt, dass die Mitte der 90er Jahre mit viel Euphorie gehegten Erwartungen einer raschen Entwicklung und Akzeptanz virtueller Studienangebote bis hin zur Virtualisierung ganzer Hochschulen überaus deutlich enttäuscht wurden (vgl. Uhl, 2003, S. 43ff.). Somit steht die Nachhaltigkeit virtueller Studienangebote noch aus. Offensichtlich waren die Erwartungen zu sehr an der technischen Machbarkeit und der mittelfristigen Erzielung ökonomischer Gewinne orientiert, während die Einbettung virtueller Studienangebote in Bildungsprozesse und deren didaktische Gestaltung weitgehend unbeachtet blieben. „Die Masse der Lernangebote im Netz, ob Programme oder Texte, werden einfach additiv zur herkömmlichen Lehre eingeführt und richten sich in der Regel nach altbekannten Lernkonzepten, häufig behaviouristischer Provenienz. Schon die Softwaretechnik kann mehr als heute realisiert wird, aber erst recht die Didaktik. Noch ist die Präsenzausbildung der virtuellen Ausbildung in der Regel überlegen." (Schulmeister, 2001, S. 363). Er fordert daher eine Korrektur falscher Einschätzungen.

Den gescheiterten Konzepten liegt die Vorstellung einer „Industrialisierung" von Bildungsprozessen zugrunde, nämlich bisher personale pädagogische Handlungen durch programmierte Bildungsmedien zu ersetzen. Die unverzagt Engagierten sehen seit einiger Zeit den Weg aus der Krise im „Blended Learning", also in der Entwicklung virtueller Module mit generalisierten Lerninhalten zur Kombination mit Präsenzanteilen. Dabei übersehen sie, dass generalisierte Lerninhalte nur dann von den Lernenden als bedeutsame erkannt und nachhaltig gelernt werden, wenn sie eng mit dem eigentlichen Lerngegenstand verflochten sind. Insofern folgt auch das „Blended Learning" der Vorstellung einer Industrialisierung von Lernprozessen, nur dass es diese abschnittsweise realisieren möchte. Jedoch sind alle Versuche einer informationstechnisch basierten Industrialisierung von Bildungsprozessen zum Scheitern verurteilt, weil trotz der Erfahrung bisheriger bildungstechnologischer Misserfolge nicht berücksichtigt wird, dass der Diskurs für Bildungsprozesse konstitutiv ist und dieser sich prinzipiell nicht „industrialisieren" lässt. Der Erfolg virtueller Studienangebote ist vielmehr in einer virtuellen Umstrukturierung des Studiums zu suchen, die grundlegend von den konstituierenden Faktoren eines Bildungsprozesses ausgeht. Bildungsprozesse sind immer subjektiv begründete Prozesse des Lernens im gesellschaftlichen Kontext mit anderen Menschen, z.B. Lehrenden, Experten, Lernenden (Holzkamp, 1993; Zimmer, 2004).

Den politischen Gremien, die über die Einführung virtueller Studienangebote entscheiden, ist die Kostenreduktion wichtig. Die Erwartung richtet sich dabei auf die wiederholte Nutzung von Material bei gleichzeitigem Anstieg der Studierendenzahl. Angestrebt wird eine Kostenführerschaftsstrategie virtueller Hochschulen und damit ein zunehmender Ersatz von Präsenzhochschulen. Zweifellos eine Erwartung, die eine revolutionäre Umwälzung des gesamten Bildungssektors bedeutet. Zunächst ist zu prüfen, ob überhaupt Kostenvorteile gegenüber dem Präsenzstudium erreichbar erscheinen und durch welche Strategien eventuell Kostenvorteile erreicht werden könnten. Die Zweifelhaftigkeit dieser Strategie zeigt das Beispiel

„Virtuelle Fachhochschule": Die Produktion eines virtuellen Studienmoduls im Umfang von 4 Semesterwochenstunden kostet ca. 200.000 Euro; die Pflege und Wartung kostet jährlich etwa 50.000 Euro (Uhl, 2003, S. 169). Dies ist knapp kalkuliert, denn die Kostenschätzung der Hochschulrektorenkonferenz (HRK, 2003) liegt deutlich höher: „Allein für die Inhaltsentwicklung eines multimedialen Web-Kurses werden gegenwärtig pro Semesterwochenstunde je nach Fach und Aufwand zusätzlich Beträge zwischen 30.000 € und 100.000 € aufgewandt. Hinzu kommen die Kosten für die Kursabwicklung, für die tutorielle Betreuung und die laufende Pflege des Kursmaterials. Dieser Aufwand ist höchstens für wenige, über längere Zeit stabile und für viele Nutzer einsetzbare Inhalte zu rechtfertigen." Für die Virtuelle Fachhochschule bedeutet dies, dass ein Kostenvorteil erst beginnt, wenn für ein Studienmodul etwa 7.000–8.000 Studierende eingeschrieben sind; darin sind die Produktionskosten der Erstentwicklung noch nicht enthalten. Auch sind darin noch keine Kosten für eine Differenzierung der Studieninhalte enthalten, die bei dieser sehr großen Studierendenzahl aber dringend notwendig wäre, um Anforderungen des Arbeitsmarktes und individuellen Studieninteressen Rechnung zu tragen.

Die hohen Fixkosten durch eine Erschließung des Weiterbildungsmarktes zum Teil wieder herein zu bekommen, ist nicht realistisch. Denn dort trifft das Angebot von Studienmodulen mit allen Merkmalen hochschulischer Aufbereitung von Lerninhalten auf eine hochdifferenzierte und passgenaue Nachfrage in der betrieblichen, aber auch in der individuellen Weiterbildung. Eher würde ein Angebot im weiterführenden Kontaktstudium in Frage kommen, weil die Opportunitätskosten von berufstätigen Studierenden (Lohnausfall, Reisekosten, Mehrverpflegungsaufwand) entfallen. Jedoch sind in diesem Weiterbildungssektor kaum sehr große Teilnahmezahlen pro Studienmodul zu erreichen.

Eine Kostenführerschaftsstrategie wird auf absehbare Zeit keinen Erfolg bringen. Dagegen sind Differenzierungsstrategien aussichtsreicher. Denn Differenzierungsstrategien zielen nicht auf Kostenvorteile, sondern auf neue Produkteigenschaften mit neuen Nutzungspotenzialen, die von den Studierenden nachgefragt werden. In Anlehnung an Uhl (2003, S. 175–191) sind mehrere Differenzierungsstrategien unterscheidbar:

- Eine Strategie *räumlicher Reichweitenerhöhung* durch virtuelle Parallelangebote für Studierende, die selten zum Campus kommen können.
- Eine Strategie *sozialer Reichweitenerhöhung* beispielsweise durch Studieninhalte mit einem hohen Allgemeinheitsgrad, die von unterschiedlichen Zielgruppen nachgefragt werden.
- Eine Strategie zur *Kompensation von Knappheit* beispielsweise von fehlenden Praktikums- oder Laborplätzen oder zur Simulation komplexer Prozesse oder Entscheidungen.
- Eine Strategie zur *Differenzierung von Studienangeboten* im weiterführenden Studium, um den Erwerb individueller Kompetenzprofile zu ermöglichen.
- Eine Strategie der *Einrichtung virtueller Gemeinschaften,* um durch die Ermöglichung eines aufgabenorientierten Dialogs den Erfolg von Bildungsprozessen zu fördern.

Die Entwicklung einer geeigneten Differenzierungsstrategie ist von den institutionellen Gegebenheiten und einer empirisch fundierten Einschätzung der Realisierbarkeit möglicher Differenzierungen abhängig.

2. Zentrale Nachhaltigkeitsfaktoren virtueller Studienangebote

Im Folgenden sollen die zentralen Nachhaltigkeitsfaktoren beschrieben werden, die für alle Differenzierungsstrategien virtueller Studienangebote und für die Förderstrategien der Fachbereiche und Hochschulleitungen grundlegend sind (vgl. Seufert/Euler, 2003; Uhl, 2003).

2.1 Gestaltung einer aufgabenorientierten Studiendidaktik

Virtuelle Studienangebote bedürfen einer grundlegend anderen Didaktik als Präsenzveranstaltungen, weil das pädagogische Verhältnis zwischen Lehrenden und Lernenden nicht mehr unvermittelt, sondern durch Computer und Internet technisch vermittelt hergestellt wird. Dies ermöglicht den Lehrenden, die Inhalte medial zu präsentieren, und den Studierenden, die Inhalte kooperativ und selbst organisiert zu erarbeiten, wobei die Lehrenden oder die von ihnen angeleiteten Mentoren den Lernprozess moderierend und beratend begleiten. Damit die sich auf der Basis der medialen Vermittlung herausbildenden neuen Arbeitsweisen, die örtlich getrennt und meist asynchron und mithin ohne direkten wechselseitigen Bezug selbstständig vollzogen werden, optimal entfalten können, müssen komplexere Studienaufgaben formuliert oder vereinbart werden. Diese Studienaufgaben vermitteln das pädagogische Verhältnis zwischen Lehrenden und Lernenden in Zielen, Inhalten und Vorgehenswegen.

Diesen neuen didaktischen Anforderungen entspricht das Konzept der aufgabenorientierten Didaktik (Zimmer, 1998, 2003, 2004). Dieses Konzept bietet zugleich die Chance, dass die Lehrenden mit aktiver Beteiligung der Studierenden aus den aktuellen Problemen und Aufgaben in Wissenschaft und Praxis gemeinsam die relevanten Studienaufgaben ausgliedern können. Flexible und jederzeit änderbare Generalisierungen grundlegender Lerninhalte sind diesen Studienaufgaben zweckbezogen untergeordnet. Diese aufgabenorientierte didaktische Vorgehensweise bedeutet für das virtuelle Studium einen Gewinn an Qualität, Effizienz und Praxisbezug, und damit die Chance zu einer breiten Kompetenzentwicklung. Indem die studentischen Arbeitsergebnisse präsentiert und zur Diskussion gestellt werden, wird nicht nur das selbst organisierte Studieren, sondern auch die Kommunikation und Kooperation sowie die Zielfindung und Handlungsoptimierung gefördert.

2.2 Organisation virtueller Studiengemeinschaften

Studieren ist nicht nur ein formeller, didaktisch und methodisch gestalteter Prozess, sondern immer auch ein informeller Prozess, der vor, nach und neben den formalisierten Lehrveranstaltungen stattfindet. Traditionell geschieht dies in oder vor den Hochschulen vor Beginn oder nach Beendigung von Lehrveranstaltungen oder an anderen Treffpunkten, z.B. in der Mensa, der Cafeteria, der U-Bahn oder zu Hause. Diese informellen Prozesse sind für die subjektiven Bildungsprozesse sehr wichtig. Sie dienen der Kommunikation von Erfahrungen im Studium und bei Prüfungen, von Ratschlägen und Hinweisen, von Einschätzungen und Orientierungen, von Informationen und Hilfen untereinander. Sie helfen bei der Reflexion der Anforderungen und erwarteten Leistungen, um mehr Transparenz zu gewinnen, eine bessere Orientierung für die eigenen Studieninteressen zu finden, was die Herausbildung persönlicher Entwicklungsbahnen für die individuellen Kompetenzprofile fördert.

Im Gegensatz zum formellen Studium findet das informelle Studium traditionell nicht in festen Organisationsformen statt. Viel mehr „organisieren" sich die Studierenden meist zufällig und spontan, wobei sich daraus durchaus Studiengemeinschaften ergeben können. Diese informellen Studiengemeinschaften sind ein nicht zu unterschätzender Nachhaltigkeitsfaktor in traditionell organisierten Bildungsprozessen. Mit der Virtualisierung des Studiums und damit der Auflösung der Kopräsenz der Studierenden verschwinden alle wesentlichen traditionellen Gelegenheiten zur spontanen Bildung von Studiengemeinschaften. Allerdings eröffnet das Internet neben der Virtualisierung des formellen Studiums zugleich auch neue Möglichkeiten für die Bildung virtueller Studiengemeinschaften (vgl. Arnold, 2003).

Deren Bildung setzt jedoch eine entsprechende telematische Infrastruktur und moderierte Organisation der gemeinschaftlichen Studienaktivitäten voraus: z.B. in Form offener Diskussionsforen, loser Netzwerke von Teilnehmern oder geschlossener Interessengruppen. Die Mitgliedschaftsregelungen werden ebenso wie die Ziele, Inhalte, Arbeitsmethoden und Kommunikationsformen in kooperativer Selbstbestimmung festgelegt. Die Orts- und Zeitunabhängigkeit der Zusammenarbeit macht eine Moderation und ggf. auch Aufgabenteilung notwendig. Lehrende können die Bildung virtueller Studiengemeinschaften anregen, dürfen sie aber nicht selber anleiten. Sie müssen nur dafür Sorge tragen, dass Abteilungen im Lernraum eingerichtet werden, die nur den Studierenden zugänglich sind.

2.3 Konzeption der pädagogischen Infrastruktur

Technische Grundvoraussetzung virtueller Studienangebote ist eine stabile und leistungsfähige informations- und kommunikationstechnische Infrastruktur, deren Aufbau und Betrieb am besten durch das Rechenzentrum der Hochschule gewährleistet werden kann. Insbesondere muss sich das Rechenzentrum auch um die Sicherheit im Netz kümmern, der bislang oft noch zu wenig Aufmerksamkeit geschenkt wird. Auch die Auswahl und Pflege des Lernraumes, also der Schnittstelle zum Nutzer virtueller Studienangebote, sollte vom Rechenzentrum in Zusammenarbeit mit den Fachbereichen erfolgen. Von zentraler Bedeutung sind dabei die Funktionalitäten des Lernraumes, der zumindest neben dem zentralen Arbeitsbereich benutzerfreundliche Funktionen in den Abteilungen Angebot & Auskunft, Planung & Verwaltung, Mediathek & Ergebnisse, Schnittstelle zu Anwendungssoftware, Kommunikation & Kooperation sowie Prüfung & Evaluation haben sollte (Zimmer, 2000; Zimmer, 2003, S. 12ff.).

Für das Einstellen und die Pflege der Inhalte im Lernraum müssen mindestens zwei Hochschulbereiche zuständig sein: zum einen der Fachbereich bei allen Informationen zu Studien- und Prüfungsordnungen sowie zu Lehrenden und Lehrveranstaltungen, ebenso für die Studienberatung sowie für ein Forum für studentische Fragen und Hinweise. Zum anderen muss jeder Lehrstuhl bzw. jede Fächergruppe seine virtuellen Studienangebote einstellen und pflegen. Insbesondere müssen sie auch ihre Studierenden betreuen, also z.B. die eingeschriebenen Teilnehmer verwalten, Veranstaltungskalender pflegen, Informationen verteilen, aufgabenbezogene Studienberatung leisten, studentische Arbeitsergebnisse verteilen und kommentieren. Diese aufwendigen Aufgaben können nicht vom Lehrenden selbst übernommen werden. Vielmehr müssen sie sich auf ihre inhaltlichen Kernaufgaben als Autoren und Dozenten konzentrieren, während die Mentoren als „Lehrassistenten" sich um die laufende Betreuung der virtuell Studierenden und der aufgabenbezogen arbeitenden Studiengruppen kümmern. Für ein gutes Funktionieren der computer- und internetbasierten pädagogischen Infrastruktur ist es notwendig, ein oder mehrere „E-Teams" für Technik, Produktion, Pflege, Beratung, Schulung, Qualitätssicherung, Rechtsfragen etc. einzurichten.

2.4 Produktion virtueller Studienangebote

Die Konzeption und Herstellung von Medien für virtuelle Studienangebote kann nur als ein arbeitsteiliger Prozess organisiert werden, in dem aufgrund des Primats der Studieninhalte vor ihren medialen und interaktiven Präsentationsformen notwendigerweise die Lehrenden die zentrale Rolle spielen müssen. Sie müssen die Ziele, Inhalte und Methoden der Studienangebote konzipieren, die sie mit den Studierenden reflektieren und präzisieren, um abgegrenzte Studienaufgaben aus dem reflektierten Problemfeld zur Bearbeitung in Studiengruppen auszugliedern. Diese Konzepte können bereits in einfachen medialen Formen, z.B. in Form von Texten, Folien, Bildern, Videos, präsentiert und zur Diskussion gestellt werden, wobei die Diskussion über die Vorschläge und die Ausgliederung von Studienaufgaben über die Kommunikationsfunktionen im Lernraum online oder in einer Präsenzveranstaltung geführt werden kann. Hierfür brauchen die Lehrenden zunächst nur Kompetenzen für die Nutzung der Lernraumfunktionen und von Standard-Office-Software.

Für die Medienproduktion, die sie nicht selbst machen können, benötigen sie die Unterstützung von Medienautoren, Mediendesignern und Medienprogrammierern. Damit sie jedoch die Inhalte für die Medienproduktion angemessen aufbereiten können, müssen sie dennoch einiges Wissen über deren Arbeit und deren Anforderungen an sie, die Inhaltslieferanten, besitzen (vgl. Glowalla/Grob/Thome, 2000, S. 72). Bei der späteren Anpassung und Ergänzung produzierter Medien wäre es vorteilhaft, wenn dies die Lehrenden selbstständig tun könnten. Dies erfordert jedoch, dass die entwickelten Medien so programmiert werden, dass dies auch möglich ist.

Die Kompetenzen zur Mediennutzung und die Kenntnisse über die Medienproduktion erwerben die Lehrenden am besten in der Form kooperativer Zusammenarbeit in Produktionsteams. Diese Produktionsteams sollten vorzugsweise in Medienzentren angesiedelt sein. Dabei sollten zumindest die Arbeitsplätze der Mediendesigner und Medienprogrammierer im Medienzentrum lokalisiert sein, damit zwischen ihnen eine Abstimmung über einzuhaltende Standards und ein laufender Erfahrungsaustausch stattfinden kann. Die Medienautoren müssen sowohl mit den Lehrenden wie mit den Mediendesignern und Medienprogrammierern intensiv kooperieren. Dazu müssen sie sowohl Kenntnisse in der jeweiligen Fachdisziplin als auch im Design und der Programmierung der Medien haben. Ihren Arbeitsplatz können sie je nach Arbeitsschwerpunkten im Medienzentrum oder beim Lehrstuhl einrichten.

Soll die Medienproduktion insgesamt an Externe vergeben werden, ist möglicherweise mit einigen Erschwernissen zu rechnen. So ist die in den meisten Produktionen erforderliche laufende Kooperation mit den Lehrenden durch die räumliche Entfernung erheblich erschwert. Zudem birgt die externe Produktion die Gefahr differenter Entwicklungen im Mediendesign der verschiedenen virtuellen Studienangebote. Andererseits können bei Externen möglicherweise aufwendigere Entwicklungsumgebungen und dementsprechend qualifiziertere Kompetenzprofile genutzt werden. Daher wird jeweils im konkreten Fall zu entscheiden sein, ob eine Vergabe an Externe oder eine Produktion im eigenen Medienzentrum erfolgen soll.

2.5 Reorganisation der Studienstruktur

Mit der aufgabenorientierten didaktischen Gestaltung virtueller Studienangebote soll eine Anonymisierung der pädagogischen Verhältnisse verhindert werden. Denn eine solche würde die erwünschten Bildungsprozesse sehr behindern, weil sie den notwendigen Diskurs als Grundlage jeglicher Bildung erheblich erschwert oder gar unmöglich macht. Die Aufgabenorientierung, die eine größere Selbstorganisation des Studiums in kooperativ arbeitenden Studiengruppen fördert, soll gerade eine intensivere inhaltliche Zusammenarbeit – online und offline – ermöglichen. In einem Hochschulstudium geht es nicht um den Erwerb einer Enzyklopädie des Wissens in einer Fachdisziplin oder in einem Praxisfeld, sondern um den Erwerb wissenschaftlich fundierter Handlungskompetenzen. Dafür ist zweifellos allgemeines wissenschaftliches Grundwissen erforderlich, damit die wachsende Teilhabe an Wissenschaft und Praxis überhaupt gelingen kann. Entscheidend ist jedoch das durch die Lehrenden angeleitete und unterstützte Hineinarbeiten in die aktuellen Problematiken in Wissenschaft und Praxis, um sich die erforderlichen Handlungskompetenzen zu ihrer Lösung zu erarbeiten. Um die Entwicklung von Kompetenzprofilen in einem virtuellen Hochschulstudium zu ermöglichen, ist eine Modularisierung nach inhaltlich gegliederten Studienabschnitten und Studiendifferenzierungen mit der Präsentation und Diskussion studentischer Arbeitsergebnisse jeweils am Ende eines Studienmoduls sinnvoll. Unter studentischen Arbeitsergebnissen sind dabei nicht Testergebnisse, sondern Problemlösungen von vereinbarten Studienaufgaben zu verstehen.

Den Lehrenden fällt dabei die Aufgabe zu, nicht nur diese Studienmodule inhaltlich und didaktisch zu konzipieren und laufend zu aktualisieren, sondern mehr noch die Studierenden, vermittelt über die Mentoren, in ihrem zunehmend kooperativ selbst organisierten Studium inhaltlich zu unterstützen. Den Mentoren kommt hierbei eine Vermittlungsfunktion zu. Sie geben sowohl den Studierenden inhaltliche Hilfestellungen bei der Bearbeitung der Studienaufgaben als auch den Lehrenden bzw. Autoren und Dozenten Rückmeldungen über die Schwierigkeiten und Erfolge der Studierenden. Dafür ist vor allem die Herausbildung und Vereinbarung eines neuen Zeitmanagements des Lehrens, Vermittelns und Lernens im Studienverlauf und in den einzelnen Studienmodulen wichtig. Der Erfolg der Reorganisation der Studienstruktur als Nachhaltigkeitsfaktor wird somit auch entscheidend hervorgebracht durch die Entwicklung einer angemessenen virtuellen Lehr- und Lernkultur (vgl. Zimmer, 2001).

3. Entwicklung einer Fachbereichs- und Universitätsstrategie

Wenn die Fachbereichs- und Hochschulleitungen keine Strategie für die Implementation der Projektergebnisse und deren Ausdehnung auf weitere Studienangebote entwickeln, enden die meisten Projekte mit dem Auslaufen der Förderung. Diese strategische Passivität ist auch den Unsicherheiten und Befürchtungen geschuldet, die aufgrund der noch nicht abschätzbaren Folgen der Virtualisierung des hochschulischen Lehrbetriebs entstehen. Die Virtualisierung wird eine tief greifende Reorganisation der Hochschulen in der Lehre, in der Integration von Lehre und Forschung und in den Personalstrukturen zur Folge haben. Das ist keine einfach zu bewältigende Aufgabe, aber leichter ist eine wirksame Umstellung des Studiums auf virtuelle Studienangebote nicht zu haben. Sicher wird es für eine mehrjährige Übergangsphase noch notwendig sein, über eine ausgelaufene Projektförderung hinaus zusätzliche Sach- und Personalmittel dafür zweckgebunden bereitzustellen. Aber welche Elemente muss eine erfolgreiche Strategie der Implementierung virtueller Studienangebote enthalten?

Für die Aufteilung zweckgebundener Sach- und Personalmittel ist es sinnvoll, entsprechende Anreizstrukturen zu schaffen. Das heißt, nicht nur Mittel für die Entwicklung, Durchführung und Pflege virtueller Studienmodule zu vergeben, sondern in der Berechnung des Lehrdeputats auch die erheblichen neuen zeitlichen Belastungen, die durch die mediengerechte Aufbereitung der Lehrinhalte, die Kooperation bei der Medienproduktion und die asynchrone Kommunikation mit den Beteiligten entstehen, zu berücksichtigen. Wobei für die Durchführung aufgabenorientierter virtueller Lehrveranstaltungen mit einem geringeren Aufwand zu rechnen sein dürfte, weil diese wesentlich von den Mentoren geleistet wird. Für die absehbaren Mehrbelastungen und möglichen Entlastungen gibt es noch keine gesicherten Werte, jedoch werden über einige Jahre hinweg aufgrund der noch vorhandenen vielen Unwägbarkeiten die Belastungen deutlich größer und die Einsparungen geringer sein als später im Regelbetrieb zu erwarten sein dürfte. Eine eher großzügige Berücksichtigung des erforderlichen Aufwands ist für das Engagement der Lehrenden von nicht zu unterschätzender Bedeutung, wie Erfahrungen in Hochschulprojekten, auch in der Virtuellen Fachhochschule, zeigen.

Über die Schaffung dieser Anreizstrukturen hinaus muss durch Offenheit der Entwicklungen und des Erfolgs virtueller Studienangebote die Akzeptanz in den Fachbereichen und der Hochschule insgesamt gefördert werden. Beides, Offenheit und Anreizstrukturen, sind wichtige Voraussetzungen für das Entstehen von Institutskooperationen der Lehrenden, um virtuelle Studienangebote für komplette Studiengänge zu entwickeln. Institutskooperationen, Anreizstrukturen und Offenheit bleiben jedoch wirkungslos, wenn nicht die Organisations- und Personalstrukturen den neuen Anforderungen entsprechend angepasst werden. Dies erfordert erstens die Einrichtung eines leistungsfähigen Medienzentrums neben dem Rechenzentrum mit Mediendesignern und Medienprogrammierern. Zweitens erfordert dies die Schaffung von Stellen für Medienautoren im Medienzentrum oder bei den Lehrstühlen bzw. in den Instituten sowie die Schaffung von Stellen für Mentoren bei den Lehrstühlen. Medienautoren und Mentoren müssen auf jeden Fall im Fachgebiet wissenschaftlich qualifiziert sein. Diese Stellen können auch als Qualifizierungsstellen ausgelegt werden, vergleichbar den Stellen für Wissenschaftliche Mitarbeiter.

Sicherlich ist ein stufenweises Vorgehen bei der Virtualisierung des Studiums sinnvoll, weil auf jeden Fall noch Erfahrungen gesammelt und bewertet sowie Konzepte und Modelle korrigiert und weiterentwickelt werden müssen. Wenig sinnvoll erscheint es, Präsenzveranstaltungen einfach durch virtuelle Ergänzungen anzureichern, wenn zuvor keine explizite Differenzierungsstrategie (siehe oben) entwickelt wurde, weil diese Ergänzungen, wie Erfahrungen zeigen (vgl. Uhl, 2003, S. 53ff.), immer der Gefahr ausgesetzt sind, dass sie den Charakter des Nichterforderlichen behalten. Erfolgversprechender für das Sammeln von Erfahrungen scheint es dagegen zu sein, ganze Abschnitte von Lehrveranstaltungen komplett in virtuelle Studienangebote zu transformieren. Dadurch können in allen substanziellen Aspekten Erfahrungen gesammelt und bewertet werden. Basiseinheiten zum Erwerb von Grundlagen sind darin zu integrieren. Auf der Grundlage einzelner, aber im ersten Durchgang bewährter virtueller Studienangebote, können weitere virtuelle Studienangebote bis hin zu kompletten Studiengängen abschnittsweise entwickelt werden. Dabei sollte immer eine begleitende Evaluation durchgeführt werden, die die Erfolgsfaktoren und Hemmnisse untersucht und entsprechende Gestaltungsoptionen vorschlägt. Diese Evaluation sollte von den Lehrstühlen selbst durchgeführt werden, weil dafür eine ständige Beobachtung und Erhebung notwendig ist. Da noch keine allgemein gültigen Qualitätsmaßstäbe für virtuelle Studienangebote existieren, muss bei der begleitenden Evaluation vor allem mit qualitativen Methoden gearbeitet werden.

Bei der Entwicklung einer Fachbereichs- und Hochschulstrategie ist auch zu prüfen, ob nicht auch hochschulübergreifende Kooperationen bei der Erstellung virtueller Studienangebote möglich sind, um Kompetenzen zusammenzuführen, arbeitsteilig zu produzieren und dadurch Kosten zu sparen. Da Hochschullehrer meist allein stehende Vertreter einer Fachdisziplin mit eigenen wissenschaftlichen Schwerpunkten innerhalb von Instituten und Fachbereichen sind, was die notwendige Entwicklungskooperation im eigenen Institut oder Fachbereich erschweren könnte, bietet es sich durchaus an, hochschulübergreifende Kooperationen auf Lehrstuhlebene bzw. Fachebene ins Auge zu fassen. Allerdings ist dabei zu bedenken, dass die einzelnen Hochschulen durchaus eigene Fach- und Organisationskulturen herausgebildet haben, die für eine erfolgreiche Kooperation unbedingt vorher zu klären und in Vereinbarungen zu berücksichtigen sind. Auch ist zu bedenken, dass bei hochschulübergreifenden Kooperationen der Zeitaufwand für die Koordination der Arbeiten stark ansteigt.

Bei allen Überlegungen bezüglich der Entwicklung einer Fachbereichs- oder Universitätsstrategie sind immer auch die besonderen Differenzierungsmerkmale bzw. Vorteile der geplanten virtuellen Studienangebote gegenüber den bisherigen Präsenzangeboten herauszuarbeiten. Denn erst auf ihrer Grundlage werden die oben genannten Nachhaltigkeitsfaktoren ihre Wirksamkeit entfalten können.

4. Entwicklung einer hochschulübergreifenden Strategie

Die Entwicklung einer hochschulübergreifenden Strategie ist aufgrund der unterschiedlichen institutionellen Kulturen keineswegs einfach und unproblematisch, obwohl sie unter Kostengesichtspunkten durchaus wünschenswert ist. Sie muss vor allem, wenn auch mit Unterstützung der beteiligten Hochschulleitungen, von den Trägern der Hochschullehre, also den Lehrstuhlinhabern gewollt und getragen werden. Um dies zu erreichen, ist zugleich in jeder beteiligten Hochschule eine Fachbereichs- und Hochschulstrategie zu entwickeln, die die erforderlichen Anreizstrukturen sicherstellt.

Eine hochschulübergreifende Strategie wird nur dann erfolgreich sein, wenn unterschiedliche Verwendungsweisen, Anpassungen und Ergänzungen der gemeinsam produzierten virtuellen Studienangebote entsprechend den spezifischen Bedürfnissen und Vorstellungen der jeweiligen Fachvertreter in den beteiligten Hochschulen möglich ist. Den beteiligten Hochschulen muss es weiterhin möglich sein, ihre hochschulspezifischen Studienprofile beibehalten und im zukünftigen Wettbewerb um Studenten weiterentwickeln zu können. Dies ist eine Voraussetzung der Akzeptanz hochschulübergreifender Medienentwicklungen. Die aufgabenorientierte Gestaltung der Studienangebote, für deren Bearbeitung eine Reihe wählbarer Medienbausteine bereitgestellt und neu erstellt werden, ermöglicht gerade die gewünschten hochschulspezifischen Profilbildungen. Darüber hinaus können insbesondere Basis-Module zum Erwerb von Grundwissen, die in aufgabenorientierte Studienmodule integriert werden, vergleichbar der Integration von Lehrbüchern in Präsenzveranstaltungen, zwecks Kostenreduktion und Qualitätssicherung sehr vorteilhaft hochschulübergreifend entwickelt und hergestellt werden. Allerdings ist es notwendig, durch geeignete Formen der Arbeitsteilung und geeignete Instrumente der Planung und Koordination in den zu bildenden virtuellen Organisationsnetzwerken den notwendigen Kooperations- und Abstimmungsaufwand zwischen den beteiligten Hochschulen, also zwischen den Lehrstühlen und Medienzentren, effizient bewältigen zu können.

Eine andere Ebene einer hochschulübergreifenden Strategie zur Etablierung virtueller Studienangebote wäre die Immatrikulation der Studierenden an allen Partnerhochschulen mit wechselseitiger Anerkennung von Studienleistungen. Diese Strategieebene hätte den großen Vorteil, dass die Entwicklung und Betreuung einzelner Studienmodule an einer Partnerhochschule konzentriert werden könnten; die jeweils vorhandenen Kompetenzen und Ressourcen könnten dadurch erheblich effizienter genutzt werden. Solange jedoch Zwischen- und Abschlussprüfungen immer nur an einer Hochschule abgelegt werden können, dürfte dieser Form hochschulübergreifender Kooperation kaum Erfolg beschieden sein. Ändern könnte sich dies allerdings bald, wenn die Studiengänge modularisiert und das European Creditpoint Transfer System eingeführt sind.

Es bietet sich dafür auch die Gründung einer Studienagentur an, die die hochschulübergreifende Entwicklung, Akkreditierung und Nutzung virtueller Studienmodule koordiniert, wobei die Partnerhochschulen die Studienmodule jeweils in ihre hochschultypischen Studienangebote einbauen. Gleichwohl erfordert dies Änderungen in den jeweiligen Studien- und Prüfungsordnungen zur wechselseitigen Anerkennung von Studienleistungen. Durch eine bundesweite oder europaweite Mehrfachnutzung kann eher ein ausreichender Kostendeckungsbeitrag erzielt werden als dies regionale Verbünde zu erreichen vermögen.

Ausdrücklich ist noch darauf hinzuweisen, dass bei hochschulübergreifenden Strategien der Entwicklung und Nutzung virtueller Studienmodule – wie auch bei Fachbereichs- und Universitätsstrategien – der Erwerb der Nutzungs- und Änderungsrechte an den erstellten virtuellen Studienmodulen vertraglicher Regelungen mit den Autoren, Designern und Programmierern auf gesetzlicher Grundlage bedarf. Dazu gehören in erster Linie das Urheberrecht, aber auch z.B. die Haftung für Informationen im Internet, das Telekommunikations- und Multimediarecht, rechtliche Regelungen bei E-Commerce und anderes mehr (siehe u.a. Auer-Reinsdorff/Brandenburg, 2003; Hamann/Weidert, 2001; Manssen; Stadler, 2002).

5. Praxisbeispiel: Virtuelle Fachhochschule

5.1 Nachhaltigkeit durch Hochschulverbund

Im Bundesleitprojekt „Virtuelle Fachhochschule für Technik, Informatik und Wirtschaft" wurde am 30. April 2001 ein Kooperationsverbund von den sieben Fachhochschulen Brandenburg, Braunschweig/Wolfenbüttel, Bremerhaven, Lübeck, Oldenburg/Friesland/Wilhelmshaven, Stralsund und der Technischen Fachhochschule Berlin für die dauerhafte Einrichtung der im Leitprojekt entwickelten Studienangebote gegründet. „Der Verbund hat im hochschulrechtlichen Sinne keine Rechtspersönlichkeit, er ist also keine selbstständige Hochschule. Für administrative Aufgaben wie Information, Koordinierung und Leistungsverrechnung bedient er sich eines zentralen Servicebüros. Der Vorsitz fällt im turnusmäßigen Wechsel einer der Verbundhochschulen zu." (Siegl, 2002, S. 70) Die Studienzulassung, die Prüfungsdurchführung und die Studienabschlüsse verbleiben bei den jeweiligen Verbundhochschulen. Dennoch erfordert die gemeinsame Nutzung der entwickelten virtuellen Studienangebote nicht nur eine Einigung auf gemeinsame Studien- und Prüfungsordnungen, sondern auch eine Einigung auf gemeinsame, zumindest aber auf kompatible curriculare Inhalte, was nach Grundgesetz, Art. 5, Abs. 3 (Freiheit von Forschung und Lehre), nur auf freiwilliger Basis möglich ist. Zudem hat sich gezeigt, dass die Studierenden Flexibilität in der Bewerbung, der Zulassung, der Aufnahmekapazität und der Prüfung fordern und zudem die Immatrikulation über das Internet vornehmen möchten. Diese studentischen Erwartungen sprengen nicht nur den Rahmen der traditionellen Studienorganisation, sondern auch alle längerfristigen Planungen der dafür erforderlichen personellen Kapazitäten (ebd., S. 71).

Wie oben bereits diskutiert, braucht es bei virtuellen Studienangeboten zusätzliche Personalkapazitäten an Mentoren und entsprechende Deputatanrechnungen bei den beteiligten Professoren. Dazu sind aber etliche Fachhochschulen aufgrund der öffentlichen Sparhaushalte gar nicht in der Lage. Das größte Problem der Nachhaltigkeit des Bundesleitprojekts besteht daher in der Vorhaltung und Finanzierung der notwendigen Ressourcen für den Dauerbetrieb der entwickelten virtuellen Studienangebote, wobei die jährlichen Pflegekosten zur Aktualisierung der Studienmodule noch gar nicht berücksichtigt sind (ebd., S. 73). Zur Sicherung eines dauerhaften Betriebs wären Änderungen in der Personalstruktur und in der Kostenstruktur notwendig, die aber aufgrund der Sparhaushalte nicht realisiert werden können. Insofern bleibt noch zu hoffen, dass die Nachhaltigkeit der Ergebnisse demnächst doch noch erreicht werden kann.

Ein erhebliches, aber nach einigen Verhandlungen vertraglich gelöstes Problem war die Übertragung der Nutzungs- und Verwertungsrechte sowie der Bearbeitungsrechte der entwickelten Studienmodule an die jeweiligen Hochschulen. Das Urheberrecht und die Verantwortung für die Inhalte bleiben gesetzlich selbstverständlich bei den Autoren und Konzeptionisten. Das bedeutet, dass die inhaltliche Integrität der geschaffenen Werke auch dann gewahrt bleiben muss, wenn spätere aktualisierende Bearbeitungen nicht mehr von den eigentlichen Urhebern durchgeführt werden können oder diese – aus welchen Gründen auch immer – eine Bearbeitung nicht mehr vornehmen können oder wollen.

Ein weiteres Problem stellt ein Angebot der entwickelten Studienmodule in der Weiterbildung dar, wenn damit Einnahmen erzielt werden und somit möglicherweise Honorarzahlungen an die Urheber zu leisten sind. Hinzu kommt die Einholung und Vergütung von Rechten Dritter bei der Verwendung von Fremdmaterialien, die anders als bei der Verwendung wissenschaftlicher Literatur in Präsenzveranstaltungen nicht einfach in größerem Umfang in die eigenen Studienmodule eingebaut und mit diesen möglicherweise gegen Geld verkauft werden können. Die Verwendung wissenschaftlicher Zitate bleibt davon selbstverständlich unberührt.

Viele rechtliche Fragen wurden erst im Laufe der Entwicklung der virtuellen Studienmodule als relevante erkannt und bedurften nachträglicher Verhandlungen. Da inzwischen Multimediarecht und Urheberrecht den neuen Gegebenheiten entsprechend weiter entwickelt worden sind, haben es neue Projekte erheblich einfacher und können die erforderlichen vertraglichen Regelungen bereits vor Projektbeginn treffen.

Zur Nachhaltigkeit haben die mehrfach durchgeführten formativen und summativen Evaluationen ebenso wie die Schulungen der Mentoren und die Verfahren der Qualitätssicherung bei den entwickelten Studienmodulen wesentlich beigetragen.

5.2 Nachhaltigkeit durch Angebote in der Weiterbildung

Eine Online-Weiterbildungs-Agentur für Kontaktstudien und zertifizierte wissenschaftliche Weiterbildung mit Service-Leistungen für die anbietenden Hochschulen und die betrieblichen und privaten Nachfrager sollte bereits nach zwei Jahren arbeitsfähig sein. Dies stellte sich als nicht machbar heraus. Zum einen, weil so schnell keine vermarktungsfähigen Module entwickelt werden konnten wie ursprünglich geplant und die Weiterbildungsnachfrage auch nicht so bereitwillig und rasch auf neue multimediale Angebote umschwenkte, wie dies in der Euphorie der 90er Jahre noch geglaubt wurde. Zum anderen konnten sich die kooperierenden Fachhochschulen nicht darauf einigen, zumindest über die fünfjährige Laufzeit des Leitprojektes eine weitere Kostendeckung der Agentur zu übernehmen, bis mit wachsender Vermarktung der entwickelten Studienmodule die erzielten Einnahmen die Kostendeckungshöhe erreicht haben würden.

Die intensiven zweijährigen Entwicklungsarbeiten der Online-Weiterbildungs-Agentur ergaben, dass eine solche Agentur auf dem gegenwärtigen Entwicklungsstand virtueller Studienangebote und in der aktuellen Situation in der Weiterbildung noch mit ungelösten Problemen beladen und mittelfristig noch Pilotcharakter haben wird (vgl. Nisius/Laudahn, 2000, S. 82–87). Lebenslange wissenschaftliche Weiterbildung und Kontaktstudium werden zwar seit langem gefordert und breit diskutiert, aber beide sind noch keine gewichtigen Bestandteile der „Wissensgesellschaft" und des Wissensmanagements in Unternehmen geworden. Die Akzeptanz und Verbreitung von E-Learning in Großunternehmen wächst nur langsam (vgl. MMB/PSEPHOS, 2001); in Klein- und Mittelunternehmen sowie bei privaten Nachfragern ist die Akzeptanz und Verbreitung noch geringer. Die Entwicklung allgemein zugänglicher Weiterbildungsangebote mit E-Learning wird auch dadurch erschwert, dass Großunternehmen in der Regel die E-Learning-Angebote nur für den eigenen Weiterbildungsbedarf entwickeln und daher außerbetriebliche Angebote aufgrund der betriebsspezifischen Themen nicht nachfragen. Für Angebote beruflicher Weiterbildung und für Kontaktstudien dürften daher am ehesten private Nachfrager gewonnen werden können.

Die privaten Nachfrager werden sich nicht nur E-Learning-Module von einer Datenbank herunterladen wollen, sondern werden auch Beratungs- und Mentorenleistungen brauchen und darüber hinaus gelegentlich auch den Kontakt zu Experten für einen inhaltlichen Diskurs benötigen. Sie werden zudem an Praxisorientierung und Aufgabenorientierung der virtuellen Weiterbildungsangebote interessiert sein und Hilfen für selbst organisiertes Lernen erwarten (Nisius/Laudahn, 2000, S. 83); darüber hinaus dürften sie an einer moderierten Community of Practice (vgl. Arnold, 2003) zur Unterstützung ihres selbst organisierten Lernens interessiert sein. Dafür bietet das entwickelte Konzept einer Online-Weiterbildungs-Agentur ein wegweisendes Geschäftsmodell für Hochschulen.

6. Online-Weiterbildungs-Agentur für Kontaktstudium

Da die Hochschulen zum einen in ihren Strukturen und Kulturen sehr unterschiedlich sind und – obwohl öffentliche Einrichtungen – durchaus in Konkurrenz zueinander stehen, sie zum anderen traditionell Lehre für das Erststudium anbieten, und dies seit einigen Jahren unter wachsenden finanziellen Einsparungen, ist der Aufbau eines Studienangebotes in der wissenschaftlichen Weiterbildung per E-Learning mit erheblichen Problemen behaftet. Drei Strategien sind aufgrund unserer Untersuchungsergebnisse (Nisius/Laudahn, 2000) denkbar:

Erstens: Jede Hochschule bietet die von ihr für das Erststudium entwickelten virtuellen Studienmodule auch im Kontaktstudium an. Da diese Studienmodule aufgrund der anderen Lernvoraussetzungen durch Berufs- und Lebenserfahrungen meistens nicht in allen Aspekten den Weiterbildungsinteressen entsprechen dürften, sind Anpassungen und Erweiterungen durch die Medienproduzenten der jeweiligen Hochschule notwendig. Um für die möglichen virtuellen Kontaktstudienangebote aus den Fachbereichen den Weiterbildungsmarkt zu erschließen, wird es vorteilhaft sein, hierfür eine hochschuleigene kleine Online-Weiterbildungs-Agentur einzurichten. Da auch die angepassten und erweiterten virtuellen Studienangebote in der wissenschaftlichen Weiterbildung sicher nicht ohne mentorielle Betreuung und den Diskurs mit den Lehrenden akzeptiert werden, müssen auch hier vergleichbare Anreizstrukturen für das Engagement im Kontaktstudium geschaffen werden. Diese können in der Bereitstellung von Ressourcen für die Anpassungen und Erweiterungen sowie in der Anrechnung auf das Lehrdeputat oder einer zusätzlichen Honorierung bestehen. Möglich erscheint jedoch auch eine Teilnahme der Kontaktstudienteilnehmer an den grundständigen virtuellen Studienangeboten, z.B. im Gasthörerstatus, mit Regelungen für die Zertifizierung des Teilnahmeerfolgs. Dies hätte den Vorteil, dass in die Studiengruppe aufgabenbezogen aktuelle Erfahrungen eingebracht werden, die wichtige Anregungen für das weitere Studium und auch für die Lehre geben können. Diese Generationen übergreifende virtuelle Studiengruppen könnten somit für die Entwicklung praxisorientierter Kompetenzprofile sehr vorteilhaft sein.

Zweitens: Hochschulen können eine Kooperation eingehen, um ihre jeweils entwickelten und für das Kontaktstudium angepassten und erweiterten virtuellen Studienangebote zu kompletten Kontaktstudienangeboten mit zertifiziertem Abschluss zusammenzustellen. Aufgrund der unterschiedlichen Strukturen und Kulturen und der Konkurrenz der Hochschulen ist es aus gemachten Erfahrungen (vgl. Nisius/Laudahn, 2000, S. 82f.) unbedingt ratsam, die einzubringenden Leistungen sowie die Verteilung der Kosten und Erträge (z.B. der erhobenen Teilnahmegebühren) vertraglich zu regeln. Sollte dies nicht einvernehmlich und verlässlich zu erreichen sein, ist es besser, die Kooperation auf die Abstimmung der jeweiligen Angebotsschwerpunkte der Kooperationspartner zu beschränken. Für die Nachfrager hätte dies den Vorteil, ein virtuelles Kontaktstudienangebot für ein breiteres Themenspektrum zu haben. Für die kooperierenden Hochschulen hätte dies den Vorteil einer allgemein steigenden Nachfrage nach virtuellen Studienangeboten. Die Konkurrenz um die Teilnehmerzahlen würde sich auch qualitätssteigernd auswirken. Offen bleibt dabei, wie und durch wen übergreifend Kontaktstudienabschlüsse zertifiziert werden können oder ob es bei einem Zertifikat für jede erfolgreiche Kursteilnahme durch die jeweils anbietende Hochschule bleibt, was eher einen chaotischen Eindruck, beispielsweise in einer Bewerbung bei einem Unternehmen, erzeugt.

Drittens: Hochschulen können per Kooperationsvertrag eine eigenständig arbeitende Online-Weiterbildungs-Agentur gründen. Dies hätte zweifellos den Vorteil, dass diese Agentur den Weiterbildungsmarkt erheblich engagierter und umfassender erschließen könnte als dies die begrenzten Ressourcen einer Hochschule erlauben. Zudem hätte dies den Vorteil, dass die Weiterbildungsteilnehmer mit nur einem Anbieter zu tun haben. Zudem können alle virtuellen Studienangebote unter einer einheitlichen telematischen Infrastruktur angeboten werden, sodass die Teilnehmer nicht mit den unterschiedlichen von den Hochschulen jeweils bevorzugten Benutzeroberflächen konfrontiert sind, was die Benutzung und Akzeptanz deutlich erschwert. Allerdings zwingt dies die Kooperationspartner dazu, vereinbarte gemeinsame Standards der Entwicklung, Anpassung, Erweiterung und Produktion der virtuellen Kontaktstudienangebote strikt einzuhalten. Dies findet aufgrund der unterschiedlichen Wertschätzung der verschiedenen Funktionalitäten der Entwicklungssoftware und des ausgewählten Lernraumes sicherlich nicht immer die ungeteilte Zustimmung aller Kooperationspartner. Vorteil dieser Strategie ist jedoch, neben den Vorteilen für die Kontaktstudienteilnehmer, dass die Agentur für die mentorielle Betreuung und den Fachdiskurs mit den Mentoren und Lehrenden Nebentätigkeitsverträge abschließen kann, sodass seitens der Hochschulen keine eigenen Anreizstrukturen für die Tätigkeiten in der wissenschaftlichen Weiterbildung geschaffen werden müssen.

Literatur

ARNOLD, P. (2003). *Kooperatives Lernen im Internet. Qualitative Analyse einer Community of Practice im Fernstudium.* Münster: Waxmann Verlag

AUER-REINSDORFF, A. & BRANDENBURG, A. (2003). *Urheberrecht und Multimedia. Eine praxisorientierte Einführung.* Berlin: Erich Schmidt Verlag

GLOWALLA, U., GROB, H. L. & THOME, R. (2000). Qualitätssicherung interaktiver Studienangebote. In: Bertelsmann Stiftung, Heinz Nixdorf Stiftung (Hrsg.): *Studium online. Hochschulentwicklung durch neue Medien.* Gütersloh: Verlag Bertelsmann Stiftung, S. 51–73

HAMANN, C. & WEIDERT, S. (2001). *E-Commerce und Recht. Ein Leitfaden für Unternehmen.* Berlin: Erich Schmidt Verlag

HOLZKAMP, K. (1993). *Lernen. Subjektwissenschaftliche Grundlegung.* Frankfurt/New York: Campus Verlag

HRK (HOCHSCHULREKTORENKONFERENZ) (2003). *Entwurf einer Entschließung „Zum Stand der Neuen Medien in der Hochschullehre".* Bonn 09.01.2003

MANSSEN, G. (HRSG.). *Telekommunikations- und Multimediarecht.* Loseblattkommentar. Berlin: Erich Schmidt Verlag

MMB/PSEPHOS (2001). *eLearning zwischen Euphorie und Ernüchterung. Eine Bestandsaufnahme zum eLearning in deutschen Großunternehmen*, Zusammenfassung der Studienergebnisse vom 28.11.2001. Essen: Michel Medienforschung und Beratung/Institut für Wahlforschung und Sozialwissenschaft

NISIUS, H. & LAUDAHN, A. (2000). *Online-Weiterbildungs-Agentur*. Abschlußbericht des Arbeitspaketes 1-2: Online-Weiterbildungs-Agentur im Bundesleitprojekt „Virtuelle Fachhochschule für Technik, Informatik und Wirtschaft". Hamburg: Universität der Bundeswehr Hamburg, Professur für Berufs- und Betriebspädagogik

SCHULMEISTER, R. (2001). *Virtuelle Universität – Virtuelles Lernen*. München: Oldenbourg Verlag

SEUFERT, S. & EULER, D. (2003). *Nachhaltigkeit von eLearning-Innovationen*. Universität St. Gallen, SCIL-Arbeitsbericht 1

SIEGL, E. (2002). Die Virtuelle Fachhochschule – vom Leitprojekt zum realen Studienbetrieb im Hochschulverbund. In: Bachmann, G./Haefli, O./Kindt, M. (Hrsg.): *Campus 2002. Die Virtuelle Hochschule in der Konsolidierungsphase*. Münster: Waxmann Verlag S. 68–78

STADLER, T. (2002). *Haftung für Informationen im Internet*. Berlin: Erich Schmidt Verlag

UHL, V. (2003). *Virtuelle Hochschulen auf dem Bildungsmarkt. Strategische Positionierung unter Berücksichtigung der Situation in Deutschland, Österreich und England*. Wiesbaden: Deutscher Universitäts-Verlag

ZIMMER, G. (1998). Aufgabenorientierte Didaktik. Entwurf einer Didaktik für die Entwicklung vollständiger Handlungskompetenzen in der Berufsbildung. In: Markert, W. (Hrsg.): *Berufs- und Erwachsenenbildung zwischen Markt und Subjektentwicklung*. Baltmannsweiler: Schneider Verlag Hohengehren, S. 125–167

ZIMMER, G. (2000). Konzeptualisierung der Pädagogischen Infrastruktur für die telematischen Lehr- und Lernformen an der „Virtuellen Fachhochschule". In: de Cuvry, A./Haeberlin, F./Michl, W./Breß, H. (Hrsg.): *Erlebnis Erwachsenenbildung. Zur Aktualität handlungsorientierter Pädagogik*. Neuwied: Luchterhand Verlag, S. 98–109

ZIMMER, G. (2001). Ausblick: Perspektiven der Entwicklung der telematischen Lernkultur. In: Arnold, P. (Hrsg.): *Didaktik und Methodik telematischen Lehrens und Lernens. Lernräume, Lernszenarien, Lernmedien. State-of-the-Art und Handreichung*. Münster: Waxmann Verlag, S. 126–146

ZIMMER, G. (2003). Aufgabenorientierte Didaktik des E-Learning. In: Hohenstein, A./Wilbers, K. (Hrsg.): *Handbuch E-Learning*. Köln: Fachverlag Deutscher Wirtschaftsdienst 2003 (Loseblattwerk), Beitrag 4.15, S. 1–14

ZIMMER, G. (2004). Aufgabenorientierung: Grundkategorie zur Gestaltung expansiven Lernens. In: Faulstich, P./Ludwig, J. (Hrsg.): *Expansives Lernen*. Baltmannsweiler: Schneider Verlag Hohengehren (im Druck)

Olaf Zawacki-Richter

Organisationsstrukturen für E-Learning-Support: Eine Analyse aus internationaler Sicht

Abstract

Im internationalen Vergleich ist festzustellen, dass E-Learning in anderen Ländern bereits wesentlich stärker in die Hochschullehre integriert ist als in Deutschland. Im folgenden Artikel wird die These vertreten, dass ein stärkerer Bezug zur Theorie und Praxis des Fernstudiums hilfreich bei der Entwicklung des Online-Lernens und -Lehrens ist. Insbesondere wird auf den Support für Lehrende (Online Faculty Support) und den arbeitsteiligen Prozess des Instructional Design eingegangen. Hierfür sind die notwendigen institutionellen Rahmenbedingungen zu schaffen; es muss aber auch ein Wandel der Einstellungen und des Selbstverständnisses der Lehrenden bewirkt werden. Aus einer Analyse bestehender Hemmnisse werden Maßnahmen und Strategien des Support sowie mögliche Anreize zur Nutzung neuer Medien in der Lehre abgeleitet. Vor dem Hintergrund verschiedener Beispiele werden mögliche Varianten der Organisation medienbezogener Supportstrukturen diskutiert.

Der Autor

Dr. Olaf Zawacki-Richter hat an der Fakultät für Erziehungs- und Bildungswissenschaften der Carl von Ossietzky Universität Oldenburg zum Thema „Support im Online-Studium – Die Entstehung eines neuen pädagogischen Aktivitätsfeldes" promoviert. Von 1999 bis 2003 war er wissenschaftlicher Mitarbeiter am Fernstudienzentrum der Universität Oldenburg. Im September 2003 wechselte Dr. Zawacki-Richter als Projektleiter zur Bankakademie e. V. in Frankfurt am Main, einer privaten Fernstudieninstitution mit ca. 15.000 Studierenden.

An der Universität Oldenburg ist er Mitglied der Arbeitsstelle Fernstudienforschung und beteiligt sich an der Entwicklung des Internetgestützten MBA in Educational Management des Arbeitsbereichs Weiterbildung. Darüber hinaus ist Dr. Zawacki-Richter Lehrbeauftragter im Master of Distance Education, einem gemeinsamen Online-Studiengang des University of Maryland University College (UMUC) und der Universität Oldenburg.

Olaf Zawacki-Richter

Organisationsstrukturen für E-Learning-Support: Eine Analyse aus internationaler Sicht

1. Einführung 108
2. Zum Verhältnis von E-Learning und Distance Learning 109
   - 2.1 Formen des E-Learning-Support 110
   - 2.2 Arbeitsteilung im Instructional Design Prozess 111
3. Online Faculty Support 112
   - 3.1 Hemmnisse und mögliche Anreize 112
   - 3.2 Organisationsstrukturen für E-Learning-Support 115
4. Zusammenfassung 118
   - Literatur 118

1. Einführung

Auch wenn die Prognosen aus der Zeit des Internetbooms zu hoch gegriffen waren (vgl. z. B. Urdan & Weggen, 2000), so ist doch E-Learning ein überproportional wachsendes Feld im Markt für „Education and Training" und auch im Bereich der Hochschulen (Hasebrook, Herrmann & Rudolph, 2003). Die steigende Nachfrage nach Bildung in der Form des Online-Lernens lässt sich am Beispiel des amerikanischen University of Maryland University College (UMUC) illustrieren: Noch 1995 waren nur 1.000 von 30.000 Studierenden dieser Universität Fernstudierende, die hauptsächlich mit print-basierten Studienmaterialien lernten. 1994 wurden die ersten Kurse über das Internet angeboten und mit weltweit 110 Teilnehmern durchgeführt (Allen, 2001). Am Ende des Jahres 2002 gab es 534 Online-Kurse und über 87.000 Online-Kursbelegungen bei mehr als 80.000 eingeschriebenen Studierenden (Porto, Hannah & Aje, 2003).

Die deutschen Hochschulen sind jedoch nicht so erfolgreich. Im internationalen Vergleich ist festzustellen, dass der Abstand Deutschlands bezüglich der Online-Kursangebote zu Universitäten in den USA, in Kanada, Australien und Großbritannien aber auch gegenüber Ländern wie Südafrika und Indien groß ist. Ungefähr 96 % aller reinen Online-Kurse, d.h. Kurse ohne verpflichtende Präsenzphasen, werden in diesen Ländern angeboten[1]. Obwohl deutschsprachige Kurse in der genannten Datenbank mit Sicherheit nicht vollständig erfasst sind und auch reine Online-Kurse nicht das Ziel von Präsenzuniversitäten im Rahmen von grundständigen Studiengängen sind, so wird doch der allgemeine Trend deutlich.

Im folgenden Artikel sollen die Probleme und Hemmnisse bei der Implementation von E-Learning aus internationaler Sicht beleuchtet werden, um so von bestehenden Erfahrungen, Strategien und Praktiken bei deren Überwindung zu profitieren. Dabei werden Erkenntnisse aus einer Fallstudie über Supportstrukturen zur Förderung von E-Learning an einer südafrikanischen Universität eingebracht (vgl. Zawacki, 2002).[2]

---

[1] Quelle: TeleCampus Online Course Directory: eine kanadische Datenbank, in der Informationen zu 66.107 Online-Kursen aus 36 Ländern und 1952 Institutionen gespeichert sind (Stand: März 2002), http://www.telecampus.edu (Zugriff am 05.01.2003).

[2] Die Ausführungen basieren auf Arbeiten von Zawacki-Richter, die 2004 im StudienVerlag in Innsbruck veröffentlicht werden: „Support im Online Studium: Die Entstehung eines neuen pädagogischen Aktivitätsfeldes".

2. Zum Verhältnis von E-Learning und Distance Learning

Es besteht – so die Eingangsthese – ein enger Zusammenhang zwischen E-Learning und Distance Learning (vgl. Zawacki, 2001). Mit E-Learning ist allgemein das Lernen mit elektronischen Medien, d.h. über das Internet, aber auch mittels Fernsehen und Radio, Audio- und Videokassetten und CD-ROM gemeint. E-Learning ist also enger definiert als Fernstudium bzw. Fernunterricht (*distance learning, distance education*), wo auch print-basierte Studienmaterialien und Korrespondenzkommunikation zur Unterstützung des Lehr-/Lernprozesses eingesetzt werden. Distance Learning ist als Oberbegriff für medienvermitteltes Lernen zu verstehen. E-Learning kann folglich mit Distance Learning gleichgesetzt werden, nicht jedoch umgekehrt (Rosenberg, 2001).

Im Verhältnis zu anderen Ländern ist der Stellenwert des Fernstudiums in Deutschland geringer, da Deutschland über ein dichtes Netz von Präsenzuniversitäten mit breitem Angebot verfügt. Gerade die traditionellen Präsenzuniversitäten haben jedoch mit enormen Schwierigkeiten zu kämpfen, die einer Innovation der Lehre entgegenwirken. Blustain, Goldstein & Lozier (1999) nennen eine Reihe von didaktischen, ökonomischen und infrastrukturellen Hemmnissen, die uns im Folgenden weiter beschäftigen werden.

Aufgrund der strukturellen Ähnlichkeit des E-Learning mit dem Fernstudium befinden sich die Institutionen des Fernstudiums in einer günstigen Ausgangslage: „Die Lehrenden und Lernenden an Fernuniversitäten verfügen nämlich über Einstellungen, Strategien und Erfahrungen, die die erforderlich werdenden Wandlungsprozesse von vornherein begünstigen und erleichtern. Hinzu treten vorteilhafte institutionelle Gegebenheiten, weil an Fernuniversitäten nicht nur der gesamte Lehrkörper, sondern auch die gesamte Verwaltung, ein aufwendiges komplexes organisatorisch-technisches ‚Betriebssystem' und vielfältige Betreuungsmaßnahmen ausschließlich auf die Lernbedürfnisse von Fernstudierenden abgestellt sind. Insgesamt ist das Lernen im Fernstudium dem Lernen in virtuellen Räumen strukturell auffallend affin" (Peters, 2002, S. 261 f.).

Alle Länder, die zur Zeit führend im Bereich des E-Learning sind, verfügen über eine lange Fernstudientradition. Z. B. wurde in Südafrika von den Engländern bereits 1875 die University of South Africa (UNISA) in Pretoria, die erste dezidierte Fernuniversität der Welt, gegründet. In diesen Ländern gehört das medienvermittelte Fernstudium zum Mainstream des Bildungswesens. Erkenntnisse der Fernstudiendidaktik und Strategien der Fernstudiensysteme finden hier stärker Eingang auch an Präsenzuniversitäten, während in Deutschland ein mangelnder Bezug zur Theorie und Praxis des Fernstudiums festzustellen ist.

Das Beispiel der University of Pretoria wurde von Zawacki-Richter (2004) für eine Studie über E-Learning Supportstrukturen gewählt, weil hier das Lernen und Lehren mit neuen Medien mit beeindruckender Konsequenz und großem Erfolg vorangetrieben wurde. Besonders interessant ist, dass die University of Pretoria keine Fernuniversität, sondern die größte und älteste Präsenzuniversität Südafrikas mit ca. 28.000 Studierenden auf dem Campus ist. Erst 1995 nach dem Ende der Apartheid wurde damit begonnen, Fernstudium in traditioneller Form, d. h. mit gedruckten Studienmaterialien, für Lehrerfortbildungsprogramme anzubieten. Mit den ca. 25.000 hinzugekommenen Fernstudierenden konnten die Studierendenzahlen nahezu verdoppelt werden. Im November 1997 wurde ein Kompetenzzentrum zur Förderung von „Flexible Learning" gegründet: das Department for Telematic Learning and Education Innovation (TLEI). Seit 1998 wurden mit Unterstützung dieser Einrichtung über 60 Studiengänge in eine Onlineform umgewandelt oder neu entwickelt. Hinzu kommen ca. 375 weitere web-basierte Kurse und 34 Multimediaprojekte, in denen vor allem interaktive CD-ROMs entwickelt werden. Über 60 Mitarbeiter arbeiten an der strategischen und produktorientierten Entwicklung des E-Learning.

Auch in der Literatur wird die University of Pretoria als herausragendes Beispiel für die erfolgreiche Implementation von E-Learning hervorgehoben (Naidoo & Schutte, 1999).

Die für die Fernuniversitäten günstigen Faktoren wurden von Zawacki-Richter (2004) anhand von 14 Punkten herausgearbeitet. Die beiden wichtigsten sind:

- der Support der Studierenden und Lehrenden auf akademischer als auch auf administrativ-institutioneller Ebene (*student & faculty support*) und
- der arbeitsteilige Prozess der Entwicklung von Studienmaterialien im Rahmen des E-Learning-Projektmanagement (*instructional design*).

Gerade hier liegen jedoch auch die Schwächen der Präsenzuniversitäten in Deutschland.

2.1 Formen des E-Learning-Support

Der Begriff „Support" wird für mehrere didaktische Aktivitäten verwendet, z. B. das Beraten, Betreuen, Unterstützen, Helfen, Ermutigen, Befähigen, Orientieren sowie das Begleiten von Lernenden. Für einen solchen Oberbegriff gibt es im Deutschen keine Entsprechung. Zudem wird dieser Begriff in der englischsprachigen Fachliteratur, auf die wir uns in vielfältiger Weise beziehen müssen, seit Jahrzehnten weltweit für die systematische Betreuung von Fernstudierenden benutzt und seit einigen Jahren durchgehend auf die Betreuung von Online-Lernenden übertragen.

Maßnahmen des Support sind in der pädagogischen Praxis traditionell schon immer mit dem Lernen und Lehren verwoben (Betreuung, Fürsorge, Beratung). Während diese Maßnahmen relativ isoliert ergriffen wurden, entsteht durch die Entwicklung des E-Learning ein neuer Bereich pädagogisch-didaktischer Aktivität, in dem mehrere dieser Aktivitäten und neue Betreuungsformen aufeinander bezogen und gebündelt werden (Zawacki-Richter, 2004).

Aufgrund der komplexen didaktischen, organisatorischen und technischen Anforderungen des E-Learning bedarf es systematischer Strategien, die auf Prinzipien der Arbeitsteilung und Spezialisierung beruhen, wie sie schon seit langem in Fernstudiensystemen praktiziert werden (vgl. Moore & Kearsley, 1996; Rumble, 1997). Support Systeme werden erst durch Prozesse der Arbeitsteilung ermöglicht, weil sich Mitarbeiter dadurch professionell auf den Support von Studierenden und Lehrenden spezialisieren können. Brindley & Paul (1996) heben Student Support Systeme als eine der wichtigsten Entwicklungen im Fernstudium hervor: „The lesson from open universities in particular is the importance of planning and integrating support services from the outset into the overall design of the institution" (S. 49). Aber auch Schulmeister (2001) als ein Vertreter der Präsenzuniversitäten sieht Betreuung als „Erfolgskriterium" (S. 93) für erfolgreiches Online-Lernen und als „die wichtigste Variable der virtuellen Lehre" (S. 161).

Das Verständnis von Support muss über die mikrostrukturelle Handlungsebene des Lernens und Lehrens hinaus erweitert werden. Es sind günstigere administrativ-institutionelle Rahmenbedingungen zur Förderung und Entwicklung des E-Learning zu schaffen. Während die Maßnahmen in der traditionellen pädagogischen und didaktischen Praxis typischer Weise personengebunden waren, sind sie nach dem erweiterten Verständnis von Support auch institutionsbestimmt. Zu den organisatorischen Elementen des Support zählt insbesondere die Unterstützung der Lehrenden bei der Entwicklung von Medienprojekten. „Faculty Support" (Brindley, Zawacki & Roberts, 2003) steht daher im weiteren Verlauf dieses Artikels im Mittelpunkt.

Maßnahmen der Qualitätssicherung und Evaluation dienen der Gewährleistung eines qualitativ hochwertigen Support. Die amerikanischen Akkreditierungsgesellschaften haben Studien in Auftrag gegeben, in denen Student Support und Faculty Support weiten Raum einnehmen. Die Qualitätskriterien der Western Cooperative for Educational Telecommunications (WCET, 2001) gelten derzeit in den USA als Standard. Sie wurden in die Empfehlungen des Council for Higher Education Accreditation für amerikanische Online- und Fernstudiengänge übernommen (CHEA, 2002). Auf administrativ-institutioneller Ebene sind diese Empfehlungen sehr detailliert ausgestaltet.

2.2 Arbeitsteilung im Instructional Design Prozess

Das mediendidaktische Design, die Entwicklung und Distribution von Studienmaterialien und Online-Kursen sowie die Unterhaltung der erforderlichen technischen und administrativen Infrastruktur kann ein einzelner Fachbereich oder gar ein einzelner Hochschullehrer unmöglich alleine bewältigen. Bates (2000) bezeichnet vereinzelte Medienprojekte außerhalb eines universitären Gesamtkonzepts als „lone ranger approach" (S. 59 ff.). Diese Entwicklung hat häufig zu einer wahren Blüte verschiedener digitaler Lernumgebungen an ein und derselben Universität geführt. Eine nachhaltige Verankerung des E-Learning lässt sich jedoch nur in einem systemischen und arbeitsteiligen Prozess (*team/systems approach*) verwirklichen. Hier wird eine Verschiebung von Verantwortlichkeiten und Funktionen deutlich. Insbesondere für internationale Fernuniversitäten, die den Instructional Design Prozess anwenden (vgl. Romiszowski, 1981, 1986; Schreiber, 1998), ist diese Rollenverteilung nicht neu, sondern gängige Praxis.

Aber gerade in den arbeitsteiligen Prozessen in Medienprojekten liegt das Problem: Kerres (2001a) spricht in diesem Zusammenhang auch von der „(In-)Kompatibilität" von mediengestützer Lehre und Hochschulstrukturen: „Hochschullehre ist – besonders in Deutschland – weithin geprägt von der Idee der Autonomie der einzelnen Lehrkraft: Sie legt die Lehrinhalte und -ziele in ihrem Lehrgebiet im Wesentlichen fest, sie wählt eine didaktisch-methodische Form der Aufbereitung und Präsentation, definiert die Prüfungsgebiete und -modalitäten und ist bislang auch für die Evaluation und Weiterentwicklung der eigenen Aktivitäten in der Lehre verantwortlich [...]. Dies alles erscheint Hochschullehrenden, die einen Großteil ihrer beruflichen Biografic im System Hochschule verbracht haben, als weitgehend selbstverständlich und manche reagieren empfindlich auf Veränderungen" (S. 294).

3. Online Faculty Support

Ohne die Akzeptanz und Mitwirkung der Lehrenden lässt sich eine Modernisierung der Lehre mit neuen Medien aber nicht umsetzen: „Because of the central role that faculty members play in the work of universities and colleges, any change, especially in core activities such as teaching and research, is completely dependent on their support. Presidents may dream visions, and vice presidents may design plans, and deans and department heads may try to implement them, but without the support of faculty members nothing will change" (Bates, 2000, S. 95). Die Schaffung geeigneter institutioneller Rahmenbedingungen und ein Angebot von Beratung und Betreuung für Hochschullehrende sind Voraussetzung für ihr Engagement im Innovationsprozess.

3.1 Hemmnisse und mögliche Anreize

Eine Reihe von Hemmnissen, die auf Seiten der Lehrenden gegen die Einführung des Online-Lernens und -Lehrens wirken, wird u.a. von Naidu (2003) genannt. Gründe für Widerstände liegen einerseits in ungünstigen institutionellen Rahmenbedingungen und andererseits in den persönlichen Einstellungen und im Selbstverständnis der Lehrenden.

Nach der „Innovation Adoption Curve" (Rogers, 1995), die die Diffusion von Innovationen und ihre Annahme über die Zeit darstellt, können wir die Pioniere des Online-Lernens und -Lehrens als „innovators" oder „early adopters" bezeichnen. Es wird immer eine Gruppe von Lehrenden geben, die innovationsresistent sind („leggards"). Die Herausforderung liegt darin, die Mehrheit der Lehrenden („early majority" und „late majority") für neue Formen des Lehrens aufzuschließen.

Die zentralen Aufgaben der Universitäten sind Forschung und Lehre. In den meisten Fällen wird jedoch die Bedeutung der Forschung stärker gewichtet, wenn es um die akademische Reputation der Institution und der Lehrenden geht. Dies wird insbesondere deutlich bei der Bewertung akademischer Leistungen des wissenschaftlichen Personals bei der Berufung auf unbefristete Professuren. Hier finden die Publikation von Forschungsergebnissen, Beiträge zu Fachtagungen und die Einwerbung von Drittmitteln stärkere Beachtung als innovative Lehre. Dies führt dazu, dass jüngere wissenschaftliche Mitarbeiter und Assistenten sich genauso verhalten wie ihre älteren Kollegen und Vorgesetzten, obwohl sie häufig bereits über Kompetenzen im Umgang mit den neuen Informations- und Kommunikationstechnologien verfügen (Bates, 2000, S. 96).

In der gegenwärtigen Praxis ergibt sich die Lehre *en passant* aus der Forschung. Sie wird nicht selten als notwendiges Übel wahrgenommen, in das so wenig Zeit wie möglich investiert wird, um nicht von der „wichtigeren" Forschungsarbeit abgehalten zu werden (ebd., S. 98). Zur Änderung dieses Verhaltens müsste ein Gleichgewicht zwischen Forschung und Lehre bei der Bewertung des akademischen Personals hergestellt werden, damit sich junge Wissenschaftler auch über innovative Lehre bei der Besetzung von Stellen auf dem Weg zur Professur profilieren können.

In einer Fallstudie beschäftigt sich Ellis (2000) mit Hemmnissen, die gegen die Beteiligung von Lehrenden am „World Campus" – dem Online-Zweig der Pennsylvania State University (Penn State) in den USA – stehen. Auf der Grundlage von Interviews mit Lehrenden, Dekanen und Mitgliedern der Universitätsleitung kommt sie zu folgendem Ergebnis: „The study identified four major barriers to faculty participation: release time needed for faculty to develop courses for the campus; lack of promotion and tenure process to reward additional teaching such as World Campus teaching; money to pay for time and equipment needed in the up-front development of World Campus courses; and lack of any incentives or rewards for participating in World Campus teaching" (S. 235 f.).

Auch an der University of Pretoria wird die höhere Arbeitsbelastung als ein wesentlicher Hinderungsgrund genannt. 60 % bis 70 % der Arbeitszeit eines wissenschaftlichen Mitarbeiters wird von der Lehre eingenommen, ohne dass dies im Verhältnis angemessen gewürdigt wird. Dagegen wurde vor vier Jahren die Arbeit des akademischen Personals noch zu 80 % nach *research outputs* bewertet. Entsprechend gering war die Motivation, mehr Zeit in die Lehre zu investieren. Heute sind es 65 %, und angestrebt ist ein ausgewogenes Verhältnis von Forschung und Lehre. In nächster Zeit soll ein „Performance Management System" eingerichtet werden, in das auch Bewertungen der Studierenden und die Nutzung neuer Medien als Kriterien eingehen.

In Deutschland liegen die Gründe für eine ablehnende Haltung der Lehrenden tiefer. Hierfür sind nicht nur die äußeren Rahmenbedingungen, sondern insbesondere die persönlichen Einstellungen und das Selbstverständnis der Lehrenden verantwortlich (Peters, 1997). Die Forderung nach einer Anpassung des Studiums an die besonderen Anforderungen von Fernstudierenden bzw. online Lernenden hat eine besondere Brisanz, da sie von den meisten Hochschullehrenden abgelehnt wird. Diese Einstellung hängt mit der akademischen Sozialisation an Präsenzuniversitäten zusammen: „Das Primat der Wissenschaftlichkeit wurde internalisiert und hat bei den Hochschullehrern eine Einstellung erzeugt, nach der es nur eine wissenschaftliche Lehre gibt, die aus der jeweiligen Forschung erwächst. Diese Lehre müsse schon aus Prinzip für alle Studierenden die gleiche sein. Und: Die Rezeption dieser Lehre und die Aneignung des entsprechenden Wissens ist ihrer Meinung nach Sache der Studierenden. Das heißt: Propädeutika haben einen geringen Stellenwert, Lernhilfen werden nicht gegeben, Konzessionen nicht gemacht" (ebd., S. 29).

Ein Wandel des Lehrverhaltens lässt sich nicht einfach von oben verordnen und auch nicht alleine durch extrinsische Anreize erreichen. Es sind meist die didaktisch engagierten und intrinsisch motivierten Lehrenden, die von den Möglichkeiten der neuen Medien fasziniert sind und als Pioniere begonnen haben, sie in ihren Lehrveranstaltungen zu nutzen. Lonsdale (1993) hat im Rahmen einer motivationspsychologischen Studie festgestellt, dass gerade im akademischen Bereich die intrinsische Motivation eine wesentlich größere Rolle spielt als extrinsische Anreize.

Der Zusammenhang zwischen der Beteiligung an der Lehre mit neuen Medien und institutionellen Anreizsystemen wurde von Wolcott & Betts (1999) näher untersucht. Die Ergebnisse decken sich mit Lonsdale (1993), denn die fünf am häufigsten genannten Gründe zum Engagement der Lehrenden sind intrinsisch motiviert: „the ability to reach new audiences that cannot attend classes on campus; the opportunity to develop new ideas; a personal motivation to use technology; an intellectual challenge; and overall job satisfaction" (Wolcott & Betts, 1999, Abs. 13).

Obwohl die Bedeutung intrinsischer Motivation offensichtlich ist, setzen Universitäten traditionell auf extrinsische Faktoren (Lonsdale, 1993). Diese Haltung wird auch durch die Meinungen der von Wolcott & Betts befragten Dekane deutlich, die glauben, die Lehrenden hauptsächlich durch extrinsische Anreize zur Nutzung neuer Medien bewegen zu können: „monetary support for participation (e.g., stipend, overload); personal motivation to use technology; increase in salary; credit toward tenure and promotion; and release time" (ebd.: Abs. 45). Genau wie in der Fallstudie von Ellis (2000) kommen auch Wolcott & Betts (1999) zu dem Ergebnis, dass die erhöhte Arbeitsbelastung und mangelnde Zeit das größte Hindernis darstellen. Daher sind auch extrinsische Anreizsysteme mit Entlastungsstunden oder finanziellen Mitteln zur Beschäftigung von mehr Personal notwendig und sinnvoll.

Online Faculty Support muss also von oben her (*top-down*) die nötigen institutionell-infrastrukturellen Voraussetzungen und Anreizsysteme schaffen. Ein Wandel des Lehrverhaltens und der Lehrformen lässt sich jedoch nur über die intrinsische Motivation der Lehrenden erreichen. Dies ist eine langsame Entwicklung, die nur von unten her wirken kann (*bottom-up*). Häufig sind die Lehrenden fasziniert von den Möglichkeiten des Online-Lernens und Lehrens, sobald sie erste eigene positive Erfahrungen gemacht haben. Solche Beispiele gibt es mittlerweile an fast jeder Universität. Sie können genutzt werden, um das Interesse bei anderen Lehrenden zu wecken. Nach Bates (2000) lernen Professoren lieber von Kollegen (*peer-to-peer*) und anhand von Erfolgsbeispielen (*best practice*) als durch allgemeine Schulungen, die ohne direkten Fachbezug von einer zentralen Dienstleistungseinrichtung durchgeführt werden.

An der University of Pretoria wird ein sehr interessanter *Bottom-up*-Ansatz zur Innovation der Lehre verfolgt. Für die neun Fachbereiche der Universität wurde jeweils ein „Educational Consultant" mit dem entsprechenden fachlichen Hintergrund, langjähriger Lehrerfahrung und besonderen didaktischen Qualifikationen eingestellt. Diese Berater arbeiten sehr eng mit den Fachbereichen zusammen. Im „Instructional Design Toolkit" der University of Pretoria sind die einzelnen Aufgaben der „Educational Consultants" wie folgt definiert (UP, 2002): „Their services include: collaborate on education philosophy and learning models (macro design); provide assistance with the development of outcomes based curricula […]; guide and support the lecturer in redesigning the content and structure of courses within a flexible learning environment; advise on teaching and learning strategies; advise on the design and development of assessment strategies and learning activities; advise on the design of learning materials that optimise learner interaction and engagement therewith; advise on techniques to enhance online communication between learners and facilitator and between learners; provide relevant resources on teaching and learning theories, techniques and strategies" (S. 8).

Der entscheidende Vorteil der Berater liegt darin, dass sie über denselben fachlichen Hintergrund der Lehrenden verfügen, was zu einer hohen Akzeptanz im Fachbereich führt. Schließlich ist die fachwissenschaftliche Kompetenz eine wesentliche Voraussetzung zur Entwicklung fachdidaktischer Phantasie: „Mediendidaktische Expertise ist ohne die Schnittstelle zur fachdidaktischen Expertise ‚hilflos' – Die Mediendidaktik kann zwar die spezifischen Möglichkeiten der Medien aufzeigen, ohne die notwendigen Sachkenntnisse lassen sich jedoch keine angemessenen Lernangebote entwickeln" (Kerres, 2001b, S. 294). Die „Educational Consultants" bilden also eine Schnittstelle zwischen didaktischer Konzeption und medientechnischer Umsetzung. Es entsteht ein neues Berufsbild.

3.2 Organisationsstrukturen für E-Learning-Support

Die Maßnahmen des Support sind nachhaltig in universitäre Organisationsstrukturen einzubetten. Kerres (2001b) schlägt unter Berücksichtigung der speziellen Rahmenbedingungen, Anforderungen und Zielsetzungen einer Hochschule eine Reorganisation vorhandener Strukturen vor, die bereits mit Medien befasst sind (z. B. an Instituten, Rechen-, Medien-, Weiterbildungs-, Transfer- und hochschuldidaktischen Zentren, Bibliotheken etc.). Zur systematischen Integration von Medien in der Lehre sind demnach die folgenden Varianten der Organisation medienbezogener Dienstleistungen möglich (ebd., S. 43):

1. *Schaffung einer neuen Einrichtung in der Hochschule.* Als Schnittstelle zu anderen zentralen Einrichtungen würde diese Einheit Dienstleistungen für die Konzeption, Produktion und Durchführung mediengestützer Lehre vorhalten oder koordinieren. Sie wäre Ansprechpartner für Projekte, die in den Fachbereichen initiiert werden.

2. *Konsequente Koordination der Arbeit zentraler Einrichtungen.* Diese Strategie setzt auf die systematische Koordination vorhandener Serviceeinrichtungen, um deren Zusammenarbeit zu optimieren. Der Erfolg einer solchen Koordinierungsstelle hängt jedoch in großem Maße von dem externen Druck auf die beteiligten Einheiten ab.

3. *Zusammenlegung von Einrichtungen (Zentraler Medienservice).* Aufgrund der Digitalisierung der Medien wachsen die Aufgaben verschiedener Medienstellen immer mehr zusammen. Eine Zusammenlegung dieser Einrichtung wäre oft sinnvoll, um Synergieeffekte zu erzielen, ist aber wegen der enormen Persistenz personaler Strukturen nur mit starker Unterstützung der Hochschulleitung durchsetzbar.

4. *Verlagerung nach außen (Outsourcing).* Unter Umständen könnten Dienstleistungen externer Anbieter günstiger und qualitativ besser sein als dies über interne Einrichtungen möglich wäre. Hiervon könnten Dienstleistungen betroffen sein, die nicht das Kerngeschäft der Lehre betreffen, z. B. der technische Betrieb und Support einer Lernplattform, um einen Service auch an den späten Abendstunden und am Wochenende sicherzustellen.

5. *Aufbau von (hochschulübergreifenden) Kompetenzzentren.* Diese Organisationsform ist eine teilweise Verlagerung nach außen, indem sich mehrere Hochschulen ein gemeinsames Kompetenzzentrum teilen.

6. *Aufbau eines koordinierten hochschulinternen Netzwerkes (Dezentralisierung).* Alternativ zu Dienstleistungen durch zentrale Einrichtungen könnten Kompetenzen auch an dezentralen Einrichtungen wie Instituten oder Lehrstühlen angesiedelt werden, die fallweise in Projekte eingebunden werden. Wichtig ist, dass diese Kräfte durch eine Stelle organisiert werden. Der Koordinierungsbedarf wäre sehr hoch.

Die Reorganisation vorhandener Einrichtungen erweist sich oft als schwierig. Vor allem wenn mit vorhandenem Personal operiert werden muss, ergeben sich erhebliche strukturelle Probleme. Daher ist die Gründung neuer Einheiten erfolgversprechend. Der mühsame Weg der personellen Reorganisation ist aber sicherlich nicht zu vermeiden. Meist fehlt jedoch die Bereitschaft zur Bereitstellung oder Umverteilung ausreichender finanzieller Mittel. Die 60 Mitarbeiter des TLEI an der University of Pretoria wurden in einem „matrix approach" auch aus bestehenden Einrichtungen zusammengezogen. Die verfügbaren Haushaltsmittel betrugen im Jahr 2002 ca. 18,5 Millionen Rand, was einem Anteil von gut einem Prozent am Gesamtbudget der Universität entspricht. In der Summe sind nicht nur die Kosten für das Personal und Sachmittel, sondern auch so genannte „seed funds" enthalten, die als Anschubfinanzierung für Medienprojekte vom TLEI an Fachbereiche vergeben werden. Das Beispiel zeigt, dass sich große Fortschritte bereits mit einem geringen Teil des Gesamtbudgets erreichen lassen. In Anbetracht der Tatsache, dass es sich bei der erfolgreichen Arbeit dieses E-Learning-Kompetenzzentrums um eine zentrale Aufgabe der Universität handelt, ist die Höhe der jährlichen Investition sicherlich nicht zu hoch gegriffen.

Die Koordination bereits mit Medien befasster Einrichtungen kann nur funktionieren, wenn sie äußerst konsequent umgesetzt wird. Die Ansiedlung von Dienstleistungen an dezentralen Einrichtungen ist sehr wahrscheinlich aufgrund des enormen Koordinierungsbedarfs unrealistisch. Für Dienstleistungen, die eindeutig nicht zum Kerngeschäft der Universität gehören, insbesondere im Bereich des technischen Support, ist eine Vergabe nach außen (Outsourcing) sinnvoll. Von der Möglichkeit des ASP (Application Service Providing) wird leider viel zu wenig Gebrauch gemacht.

Zur systematischen Integration des E-Learning müssen sicherlich mehrere Strategien parallel verfolgt werden (*bottom-up* und *top-down*). Eine nicht zu unterschätzende Komponente des Innovationsmanagements ist die personelle: „Eine Lösung, bei der Aufgaben lediglich zusammengelegt, umbenannt oder verlagert werden, ist nicht hinreichend. Es geht vielmehr um andere Inhalte und ein anderes Selbstverständnis der Dienstleistungsanbieter, die Aufgaben und Prozesse sind neu zu strukturieren und es sind andere Qualifikationen bei den Mitarbeitenden und Führungskräften gefragt" (Kerres, 2001b, S. 44).

Trotz aller Schwierigkeiten lassen sich bereits einige Initiativen und Beispiele für die vorgeschlagenen Varianten in Deutschland finden:

- An der Universität Frankfurt am Main wurde ein neues „Kompetenzzentrum für neue Medien in der Lehre" eingerichtet[3] (Bremer, 2002), das für die mediendidaktische Qualifizierung und Beratung sowie für den technischen Support bei der Erstellung von Online-Kursen und der Nutzung der Internet-basierten Lernumgebung WebCT verantwortlich ist.

- An der Universität Oldenburg wird auf vorhandenen Einrichtungen aufgebaut, die bereits mit Medien befasst sind, z. B. die Bibliothek, das Hochschulrechenzentrum, das Fernstudienzentrum und das Didaktische Zentrum. Es wurde eine „Koordinationsstelle neue Medien in der Lehre" gegründet, die bis zum Sommer 2003 die Kompetenzen dieser Einrichtungen erfassen und bündeln sollte.[4] Diese sind nun in einem Dienstleistungskatalog strukturiert dargestellt. Eine weitere Entwicklung innerhalb der Universität Oldenburg ist die Gründung des „Center for Distributed eLearning" (CDL), das fachübergreifend Projekte initiiert und organisiert. Die interdisziplinäre Projektarbeit wird von Lehrenden aus den Fächern Pädagogik, Sozialwissenschaften, Wirtschafts- und Rechtswissenschaften, Mathematik und Informatik unterstützt. Die vordringliche Aufgabe des CDL besteht in der Bündelung der verschiedenen Kompetenzen der unterschiedlichen Disziplinen in den Bereichen Bildungsmanagement, Wissensmanagement, Internet Communities, Multimedia-Produktion, Content Engineering und Systementwicklung[5].

- Die TU Darmstadt hat ihren E-Learning-Support nach außen verlegt und wird von einem externen Kompetenzzentrum unterstützt: durch das Hessische Telemedia Technologie Kompetenz-Center (HTTC)[6], das die didaktische und planerische Beratung, das Projektmanagement, die medientechnische Umsetzung und Produktion (Audio, Video, Grafik, Animation etc.) sowie die Beratung und Begleitung bei der Durchführung Internet-basierter Studienangebote übernimmt. Das HTTC zeichnet sich aber auch durch eigene Forschungsprojekte zur Weiterentwicklung der technologischen Grundlagen für mediales Lernen und Lehren und schließlich auch durch die Organisation und Durchführung von Workshops und Weiterbildungsveranstaltungen für Lehrende aus (Conzelmann, Haidvogl, Offenbartl, Steinmetz & Wolf, 2002).

- VIAonline[7] ist ein Beispiel für ein hochschulübergreifendes Kompetenzzentrum. Das verteilte Kompetenzzentrum für Online Distance Learning der Universitäten Hildesheim, Lüneburg und Oldenburg profitiert von der fernstudiendidaktischen und medientechnischen Erfahrung, die seine Mitglieder in Online-Studiengänge an den beteiligten Universitäten (Feeken, Kleinschmidt & Zawacki, 2002) und auch in Projekte der betrieblichen Weiterbildung einbringen können. VIAonline zeigt auch, dass sich hochschulübergreifende Strukturen nicht nur für Ballungsräume anbieten (vgl. Kerres, 2001b), da die Standorte der Mitglieder des Kompetenzzentrums durch die Nutzung von

---

[3] http://www.rz.uni-frankfurt.de/neue_medien/ (Zugriff am 09.01.2004)
[4] http://www.uni-oldenburg.de/multimedia/ (Zugriff am 09.01.2004)
[5] http://www.cdl-oldenburg.de/cdl/ (Zugriff am 09.01.2004)
[6] http://www.httc.de/ (Zugriff am 09.01.2004)
[7] http://www.via-on-line.de (Zugriff am 09.01.2004)

Videokonferenzen und virtuellen Teamräumen bei der Koordination der Zusammenarbeit eine untergeordnete Rolle spielen.

4. Zusammenfassung

Wenn E-Learning in der Breite in die Hochschullehre integriert werden soll, ist ein struktureller Wandel der Bildungsinstitutionen unumgänglich. Koordinierte Supportstrukturen zur nachhaltigen Förderung des E-Learning sind bisher an deutschen Universitäten nur rudimentär entwickelt. Beim Aufbau solcher Systeme sollten die didaktischen, ökonomischen und technischen Erfahrungen und Strategien, die sich in Fernstudiensystemen entwickelt haben, stärkere Beachtung erfahren, um zu vermeiden, dass „das Rad neu erfunden wird".

Die Entwicklung und Förderung des Online-Lernens und -Lehrens lässt sich nur durch eine Supportstrategie umsetzen, die sowohl von oben als auch von unten her wirkt. Sie ist unabdingbarer Bestandteil des Innovationsmanagements. Nur durch einen konsequenten Top-down-Ansatz lassen sich die erforderlichen institutionellen Rahmenbedingungen schaffen. Das Beispiel der University of Pretoria zeigt, dass sich große Fortschritte bereits mit einem geringen Teil des Gesamtbudgets (< 2 %) erreichen lassen. Ein langsamer Wandel der allgemeinen Servicekultur, der Einstellungen und des Selbstverständnisses der Lehrenden ist allerdings nur durch eine behutsame Bottom-up-Strategie mit Anreizen und persönlicher Beratung zu erreichen. Lehrende können durch fachlich und didaktisch kompetente Partner für die Nutzung neuer Medien aufgeschlossen werden.

Literatur

ALLEN, N. H. (2001). Lessons learned on the road to the virtual university. *Continuing Higher Education Review, 65*, 60–73.

BATES, A. W. (2000). *Managing technological change – Strategies for college and university leaders*. San Fransisco: Jossey Bass.

BLUSTAIN, H., GOLDSTEIN, P. & LOZIER, G. (1999). Assessing the new competitive landscape. In: R. Katz (Ed.), *Dancing with the devil* (S. 51–72). San Francisco: Jossey-Bass.

BREMER, C. (2002). Qualifizierung zum eProf? Medienkompetenz und Qualifizierungsstrategien für Hochschullehrende. In: G. Bachmann & O. Haefeli & M. Kindt (Hrsg.), *Campus 2002 – Die virtuelle Hochschule in der Konsolidierungsphase* (Bd. 18, S. 123–135). Münster: Waxmann.

BRINDLEY, J. E. & PAUL, R. (1996). Lessons from distance education for the university of the future. In: R. Mills & T. A. (Hrsg.), *Supporting the learner in open and distance learning* (S. 43–55). London: Pitman Publishing.

BRINDLEY, J. E., ZAWACKI, O. & ROBERTS, J. (2003). Support services for online faculty: The provider's and the users' perspectives. In: U. Bernath & E. Rubin (Hrsg.), *Reflections on teaching and learning in an online master program – A case study* (S. 137–165). Oldenburg: Bibliotheks- und Informationssystem der Universität Oldenburg.

CHEA. (2002). *Accreditation and assuring quality in distance learning*. Washington: Council for Higher Education Accreditation.

CONZELMANN, T., HEIDVOGL, A., OFFENBARTL, S., STEINMETZ, R. & WOLF, K. D. (2002). Online-Tutorium „Internationale Zivilgesellschaft": Erweiterte Medienkompetenzen der Lehrenden durch externen Telemedia-Support. In: U. Bernath (Ed.), *Online Tutorien – Beiträge zum Spezialkongress „Distance Learning" der AG-F im Rahmen der LearnTec 2002* (S. 77–89). Oldenburg: Bibliotheks- und Informationssystem der Universität Oldenburg.

ELLIS, E. M. (2000). Faculty participation in the Pennsylvania State University World Campus: Identifying barriers to success. *Open Learning, 15*(3), 233–242.

FEEKEN, H., KLEINSCHMIDT, A. & ZAWACKI, O. (2002). Das Konzept der Online-Betreuung im Projekt „Ökonomische Bildung online". In: G. Bachmann & O. Haefeli & M. Kindt (Hrsg.), *Campus 2002 – Die virtuelle Hochschule in der Konsolidierungsphase* (Bd. 18, S. 345–355). Münster: Waxmann.

HASEBROOK, J., HERRMANN, W. & RUDOLPH, D. (2003). *Perspectives for European e-learning businesses: markets, technologies and strategies* (Bd. 47). Luxemburg: CEDEFOP Office for Official Publications of the European Communities.

KERRES, M. (2001a). Zur (In-) Kompatibilität mediengestützter Lehre und Hochschulstrukturen. In: E. Wagner & M. Kindt (Hrsg.), *Medien in der Wissenschaft: Virtueller Campus, Szenarien – Strategien – Studium* (Bd. 14, S. 293–302). Münster: Waxmann.

KERRES, M. (2001b). Neue Medien in der Lehre: Von der Projektförderung zur systematischen Integration. *Das Hochschulwesen – Forum für Hochschulforschung, -praxis und -politik, 49*(2), 38–45.

LONSDALE, A. (1993). Changes in incentives, rewards and sanctions. *Higher Education Management, 5*, 223–235.

MOORE, M. G. & KEARSLEY, G. (1996). *Distance education: A systems view*. Wadsworth: Belmont.

NAIDOO, V. & SCHUTTE, C. (1999). Virtual Institutions on the African Continent. In: G. Farrel (Ed.), *The Development of Virtual Education: A global perspective* (S. 89–124). Vancouver, Canada: The Commonwealth of Learning.

NAIDU, S. (2003). Designing instruction for e-learning environments. In: M. G. Moore & W. G. Anderson (Hrsg.), *Handbook of distance education* (S. 349–365). Mahwah, NJ: Lawrence Erlbaum Associates.

PETERS, O. (1997). *Didaktik des Fernstudiums – Erfahrungen und Diskussionsstand in nationaler und internationaler Sicht*. Neuwied, Kriftel, Berlin: Luchterhand.

PETERS, O. (2002). Lernen mit Neuen Medien im Fernstudium. In: E. Bloh & B. Lehmann (Hrsg.), *Online-Pädagogik* (S. 257–283). Hohengehren: Schneider-Verlag.

PORTO, S., HANNAH, C. & AJE, J. (2003). *Course development management – What's in the pipeline?* Paper presented at the 88th UCEA conference, Chicago.

ROGERS, E. (1995). *Diffusion of innovations.* New York: Free Press.

ROMISZOWSKI, A. J. (1981). *Designing Instructional Systems – Decision making in course planning and curriculum design.* London: Kogan Page.

ROMISZOWSKI, A. J. (1986). *Developing auto-instructional material – from programmed texts to CAL and interacitve video.* London: Kogan Page.

ROSENBERG, M. J. (2001). *E-Learning: Strategies for delivering knowledge in the digital age.* New York: McGraw-Hill.

RUMBLE, G. (1997). *The costs and economics of open and distance learning.* London: Kogan Page.

SCHREIBER, D. A. (1998). Instructional design of distance training. In: D. A. Schreiber & Z. L. Berge (Hrsg.), *Distance training – how innovative organizations are using technology to maximize learnign and meet business objectives* (S. 37–65). San Francisco: Jossey-Bass.

SCHULMEISTER, R. (2001). *Virtuelle Universität, Virtuelles Lernen.* München, Wien: Oldenbourg Verlag.

UP. (2002). *Instructional Design Toolkit.* Pretoria: University of Pretoria: Department of Telematic Learning and Education Innovation, E-Education Division.

URDAN T. A. & WEGGEN, C. C. (2000). *Corporate e-Learning: Exploring a new frontier.* WR Hambrecht + CO Equity Research.

WCET. (2001). *Best practices for electronically offered degree and certificate programs.* Western Cooperative for Educational Telecommunications.

WOLCOTT, L. L. & BETTS, K. S. (1999). What's in it for me? Incentives for faculty participation in distance education. *Journal of Distance Education/Revue de l'enseignement à distance, 14*(2).

ZAWACKI, O. (2001). Zum Verhältnis von Online-Lehre und Fernstudium. In: E. Wagner & M. Kindt (Hrsg.), *Medien in der Wissenschaft: Virtueller Campus, Szenarien – Strategien – Studium* (Bd. 14, S. 411–419). Münster: Waxmann.

ZAWACKI, O. (2002). Organisationsstrukturen für E-Learning Support an der University of Pretoria. In: G. Bachmann & O. Haefeli & M. Kindt (Hrsg.), *Campus 2002 – Die virtuelle Hochschule in der Konsolidierungsphase* (Bd. 18, S. 112–121). Münster: Waxmann.

ZAWACKI-RICHTER, O. (2004). *Support im Online Studium – Die Entstehung eines neuen pädagogischen Aktivitätsfeldes.* Innsbruck: StudienVerlag. Im Druck.

Christian Sengstag – Stefan Schmuki-Schuler

Gestaltung von Supportstrukturen und E-Learning-Kompetenzzentren für Hochschulen

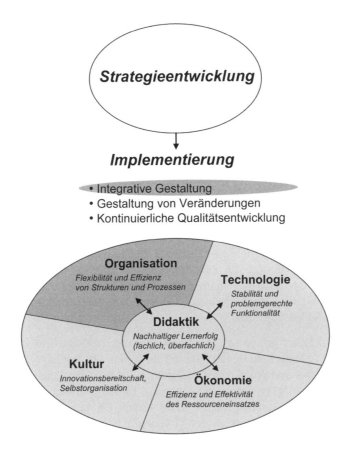

Abstract

Der folgende Artikel beschreibt die erfolgreiche Gestaltung von Supportstrukturen und einem E-Learning-Kompetenzzentrum aus der Sicht einer technischen Hochschule, der ETH Zürich. Ohne Vorgabe in Form einer Top-down-Strategie, jedoch unter konsequenter Berücksichtigung von Freiwilligkeit wurden die Bedürfnisse interessierter Dozierender erhoben und ein entsprechendes Angebot gestaltet, so dass diese optimale Unterstützung bei der Einführung von Informations- und Kommunikationstechnologien (ICT) im Unterricht angeboten werden konnte. Dank Projektberatung durch das Kompetenzzentrum NET, dank komfortabler Ausstattung und kompetenter Betreuung von Unterrichtsräumen für mediengestützten Unterricht, dank Hosting und Support ausgewählter Lernplattformen, einem breiten Kursangebot, Kolloquien und Tagungen und dank Fördergeldern konnte an der ETH eine beachtenswerte E-Learning-Kultur entstehen.

Die Autoren

Christian Sengstag, PD Dr. Phil II, leitet seit 2001 das NET – Network for Educational Technology der ETH Zürich. Als diplomierter Mikrobiologe hat er 1984 auf dem Gebiet der molekularen Bakteriengenetik bei Prof. Werner Arber am Biozentrum Basel promoviert. 1994 erhielt er mit seiner Habilitation die Venia Legendi auf dem Gebiet der Genetik. Im Jahr 1999 zog er sich aus der aktiven Forschungstätigkeit zurück und er wandte sich seinem zweiten Interessengebiet, der Didaktik, zu. Als Projektleiter im Didaktikzentrum der ETH Zürich entwickelte er didaktische Weiterbildungen für Dozentinnen und Dozenten, wie auch für Doktoranden. Als zentraler wissenschaftlicher Dienst unterstützt das NET den didaktisch sinnvollen Einsatz neuer Lerntechnologien mit den drei Bereichen „Web-basierte Lernplattformen", „Teleteaching/Videoconferencing" und „Audi-/Videoproduktion/Video Streaming".

Stefan Schmuki-Schuler, lic. phil. I., Pädagoge, ist seit 1993 an der Eidgenössischen Technischen Hochschule ETH Zürich als wissenschaftlicher Mitarbeiter und Projektleiter am Zentrum für Weiterbildung tätig. Seit 1995 beschäftigt er sich intensiv mit dem Einsatz von neuen Medien in der Lehre. Zusammen mit Dr. Hans Hänni, Dr. Leonhard Lutz und Daniel Künzle gehört er zu den Gründern des NET. In der Funktion als Vizeleiter war er maßgeblich am Auf- und Ausbau des NET beteiligt. Er leitet den Bereich Teleteaching/Videoconferencing/
Medienzentrum-Medienräume der ETH. Eine seiner Aufgaben ist die Bereitstellung der notwendigen Infrastruktur für den medienintensiven Unterricht.

Christian Sengstag – Stefan Schmuki-Schuler

Gestaltung von Supportstrukturen und E-Learning-Kompetenzzentren für Hochschulen

1. Verordnet oder freiwillig? 124
2. Grundsätzliche Überlegungen beim Einführen von E-Learning an der ETH 125
3. Gründung des NET – Network for Educational Technology 127
   3.1 Informationsvermittlung 127
   3.2 Medienzentrum/Medienräume 128
   3.3 Teleteaching/Videoconferencing 129
   3.4 Web-basierte Lernumgebungen und Groupware 130
   3.5 Ausbildungsangebot 131
4. E-Learning-Zertifikat der Zürcher Hochschulen 132
5. Multi-Media im E-Learning 132
6. Finanzielle Förderung von E-Learning 133
7. Vernetzung 133
8. Organisation des NET und Einbettung in die ETH 134
9. Schlussbetrachtung 134

Seit Mitte der Neunzigerjahre sind die Informations- und Kommunikationstechnologien (ICT) kontinuierlich in unsere tertiäre – und zum Teil auch sekundäre – Ausbildung vorgedrungen. Teilweise war dieser Prozess von an Euphorie grenzenden Prophezeiungen begleitet, die den Eindruck erweckten, in ein paar Jahren würden Hörsäle und Seminarräume überflüssig, da das Lernen ausschließlich am Computer stattfinden werde, und das mit höherer Effizienz, Effektivität und erst recht noch mit Spaß. Solchen Trends gegenüber eher skeptisch eingestellte Gegner und Gegnerinnen glaubten hingegen an ein abruptes Ende des neuen Zaubers, auf das man bloß noch ein paar Jahre warten müsste. Wie das oft der Fall ist, liegt die Wirklichkeit dazwischen und durch eine gesunde Mischung von klassischem Unterricht und Einsatz neuer Technologie wurde tatsächlich mancherorts ein wertvoller Gewinn für die Lehre erzielt. Heute sprechen wir von „Blended Learning", wenn sich Phasen von klassischem Unterricht mit Phasen der ICT-Nutzung abwechseln.

Was braucht es, um an einer Hochschule den sinnvollen Einsatz neuer Lerntechnologien zu fördern, damit durch diese die Lehre weiter verbessert wird? Gibt es dafür eine Zauberformel oder sind wir dem Schicksal ähnlich ausgeliefert wie dem Wetter? Wie kann der Prozess von der klassischen Präsenzveranstaltung hin zu einer ICT-unterstützten Lehre gefördert werden? Wie lässt sich eine möglichst hohe Akzeptanz der involvierten Dozierenden erreichen, von denen – nota bene – ein nicht zu vernachlässigender Mehraufwand erwartet wird? Wie lässt sich Qualität sichern und gewonnenes Know-how verbreiten?

Der folgende Artikel soll diese Fragen aus der Sicht einer technischen Hochschule, der ETH Zürich, angehen und die Veränderungsprozesse beschreiben, welche seit 1996 erfolgt sind. Es soll damit *eine* der Möglichkeiten dargelegt werden, wie neue Lerntechnologien – heute unter dem Begriff E-Learning bekannt – an einer Hochschule eingeführt werden können. Der Artikel erhebt keinen Anspruch darauf, Patentrezepte bekannt zu geben, sondern beschreibt einen möglichen Vorgang, der allerdings von Erfolg gekrönt war.

1. Verordnet oder freiwillig?

Bei der Einführung von E-Learning stellt sich die grundsätzliche Frage: soll E-Learning forciert und damit möglichst rasch und flächendeckend eingeführt werden, oder soll eher mit Anreizen gearbeitet werden, so dass dem Prinzip der Freiwilligkeit folgend E-Learning langsam aber stetig in die Hochschullehre Einzug findet. Anders gesagt, soll eine klar kommunizierte Top-down-Strategie zur Anwendung kommen, in der die Einführung von E-Learning per Dekret verordnet wird, oder soll mit einer Bottom-up-Strategie den involvierten Anspruchsgruppen möglichst viel Entscheidungskompetenz eingeräumt werden. Um diese Fragen zu beantworten, bedarf es zunächst einer Klärung von Ziel und Zweck der Einführung von E-Learning.

Eine Top-down-Strategie ist immer dann gefragt, wenn E-Learning möglichst rasch und flächendeckend implementiert werden soll, so dass Probleme mit unterschiedlicher Software und Hardware von vornherein ausgeschlossen werden. Bei einer Top-down-Strategie fällt die notwendige Schulung der involvierten Personen möglichst einheitlich aus. Die Studierenden als Endbenutzer brauchen sich vermutlich nur mit einem einzigen System vertraut zu machen, ohne dass ihnen Zeit für die Auseinandersetzung mit dem eigentlichen Lernstoff abhanden kommt.

Eine Bottom-up-Strategie bietet sich jedoch dann an, wenn die benötigte Zeit zur Einführung von E-Learning nicht allzu stark im Vordergrund steht, wenn man sich nicht zu früh auf einen Standard festlegen möchte und dadurch das Risiko vermindert, sich für ein Softwareprodukt zu entscheiden, das in absehbarer Zeit anderen Entwicklungen unterlegen sein wird. E-Learning soll auch nicht bloß als Mittel zum Zweck des studentischen Lernens, sondern auch als Objekt des Kompetenzerwerbs erachtet werden, das selbst zum Forschungsgegenstand werden kann. Ferner bietet sich eine Bottom-up-Strategie dann an, wenn man an ein größeres Return-on-Investment bei Freiwilligkeit als bei verordneter Einführung von E-Learning glaubt.

Im Falle der ETH fiel die Entscheidung schon vor Jahren für den zweiten Weg – die Bottom-up-Strategie. Es wurde ganz klar auf Freiwilligkeit gesetzt und versucht, den Prozess durch Unterstützung interessierter Dozierender einzuleiten, so dass daraus resultierende einzelne Leuchtturmprojekte auf andere Dozierende eine stimulierende Wirkung ausübten. Der Prozess begann unter äußerst bescheidenen finanziellen Rahmenbedingungen. Aufgrund erster Erfolge gewann E-Learning über die folgenden Jahre laufend stärkeres Gewicht, was von einer kontinuierlichen Zunahme der finanziellen Unterstützung begleitet wurde.

In diesem Artikel soll in keiner Weise das ETH Modell als das einzig selig machende dargestellt werden. Dennoch soll sein Erfolg nicht unterschlagen, sondern das Modell als möglicher Ideengenerator hier im Detail erläutert werden.

Der Vollständigkeit halber soll erwähnt werden, dass die Einführung von E-Learning in einzelnen Bereichen der ETH auch durch äußeren Druck geschieht, bspw. wenn es gilt, sehr viele Studierende mit beschränkten personellen Ressourcen und/oder engen zeitlichen Vorgaben mit bestimmten und limitierten Wissensinhalten zu bedienen.

2. Grundsätzliche Überlegungen beim Einführen von E-Learning an der ETH

Je enger begrenzt die Fachrichtung der betroffenen Institution ist, desto einfacher lässt sich ein standardisiertes Vorgehen realisieren. So ist es bestimmt einfacher, die Bedürfnisse bezüglich E-Learning an einer medizinischen Fakultät unter einen Hut zu bringen, als E-Learning an einer gesamten Universität einzuführen, wo zwischen verschiedenen Disziplinen wie Theologie, Ingenieurwissenschaften, Mathematik, Philosophie und Ökonomie ganz unterschiedliche Kulturen herrschen. Bei der ETH war dieses Problem insofern abgefedert, als dass die Studienfächer mehrheitlich auf Architektur, Ingenieur- sowie Naturwissenschaften begrenzt sind. Dennoch geschah die Einführung von E-Learning in einem multidisziplinären Rahmen.

Als grundsätzliche Fragen stellten sich:

- wie lässt sich bestehendes Know-how im ICT-Bereich für E-Learning nutzen?
- wie lassen sich allfällige Dozierende identifizieren, die bereits schon ICT in ihrer Lehre einsetzen?
- wie lassen sich klassisch unterrichtende Dozierende dazu motivieren, Zeit zu investieren, um in ihrer Lehre den ICT-Einsatz auszuprobieren?
- wie lässt sich ein Anreiz schaffen zur Belohnung der dafür geopferten Zeit?
- wie können von einzelnen Dozierenden gemachte Erfahrungen kommuniziert werden?
- wie kann dazu beigetragen werden, dass der ICT-Einsatz didaktisch sinnvoll erfolgt und für die Studierenden daraus ein tatsächlicher Gewinn resultiert?
- welche Ansätze können für eine Qualitätssicherung einzelner E-Learning-Aktivitäten verwendet werden?
- wie kann gesichert werden, dass E-Learning nachhaltig betrieben wird und nicht nach einer kurzen Hip-Phase wieder von der Oberfläche verschwindet?

Ohne den Anspruch erheben zu wollen, ehemalige Überlegungen hier genau und umfassend wieder zu geben, soll doch im Folgenden versucht werden, die damalige Grundhaltung der Entscheidungsträger den fünf Dimensionen nach Seufert und Euler (2003) zuzuordnen.

Im Falle der ETH stand die *ökonomische Dimension* zu keiner Zeit im Vordergrund. Die ETH verstand und versteht sich primär als Präsenzuniversität und eine allfällige Kommerzialisierung durch den Verkauf von ICT-basierten Fernlernkursen war kaum ein Thema. Ferner wurde bezweifelt, ob der ICT-Einsatz für die involvierten Dozierenden jemals zu einer Kosten- und Zeitersparnis in der Lehre führen würde. Kosten- und Zeitersparnis war deshalb auch kein prioritäres Ziel.

Ähnlich verhält es sich mit der *organisatorisch-administrativen Dimension*. Zwar drängten sich organisatorische Änderungen und Anpassungen über die Jahre auf und diese wurden auch umgesetzt, Veränderungen dieser Art waren jedoch nie Ziel sondern immer nur Mittel zum Erreichen des Ziels.

Anders verhält es sich hingegen mit der *pädagogisch-didaktischen Dimension*. Diese hatte von Beginn weg einen hohen Stellenwert, war es doch das ausgesprochene Ziel, ICT zum Zweck der Optimierung des Lehr- und Lernprozesses einzusetzen. Es war auch in Zeiten der Euphorie immer die vorherrschende Meinung, dass nur dann eine solche Zusatzinvestition gerechtfertigt sei. Ebenso spielte die *sozio-kulturelle Dimension* eine große Rolle, war es doch eines der Ziele, auf Ebene der Studierenden eine neue Lernkultur zu schaffen, wie auch auf Ebene der Dozierenden den interdisziplinären Wissensaustausch zu fördern.

Als letzte Dimension ist die *technische* zu erwähnen, die insofern selbstredend eine Rolle spielte, als dass die ETH eine technische Hochschule ist. Trotzdem herrschte eine gesunde

Skepsis gegenüber dem Einsatz von neuen Medien in der Lehre. Die vorhandenen technischen Mittel sollten pädagogisch und didaktisch möglichst sinnvoll eingesetzt werden. Man war sich jedoch bewusst, dass nicht alles, was technisch möglich ist, einen effektiven Mehrwert bringt, sofern die anderen oben genannten Dimensionen berücksichtigt werden sollten.

3. Gründung des NET – Network for Educational Technology

Es ist ein paar wenigen, initiativen Personen sowie einem für das Vorhaben günstigen Umfeld zu verdanken, dass im Jahr 1996 an der ETH das NET – Network for Educational Technology – als eine Initiative des Didaktikzentrums (DiZ) und des Zentrums für Weiterbildung (ZfW) gegründet wurde. Von Beginn weg verstand sich das NET als Netzwerk und Kompetenzzentrum, dessen Aufgabe es war, aktuelle ICT-Entwicklungen, welche für die Lehre von Bedeutung sein könnten, bekannt zu machen und Hilfe für die Vernetzung interessierter Dozierender zu bieten. Im Weiteren sollten diejenigen Dienstleistungsstellen, der Mittelbau und die Angestellten der ETH, die sich mit ICT beschäftigen, miteinander vernetzt werden. Hauptziel war es, dass von den bereits vorhandenen Kompetenzen und Erfahrungen möglichst viele Dozierende profitieren können. Dadurch konnten die vorhandenen Dienstleistungen besser genutzt und die knappen Ressourcen gezielter eingesetzt werden. Weil das NET zu Beginn über praktisch keine eigenen Mittel verfügte, konnte nur dank dieser Strategie „Synergien dank Vernetzung" überhaupt etwas bewirkt werden. Eine wichtige Aufgabe war die Identifizierung der Bedürfnisse der Dozierenden und weiterer Engagierter. Diese Bedürfnisse mussten für die entsprechenden Verantwortlichen, für die Schulleitung und bei den zuständigen Dienstleistungsstellen formuliert bzw. beantragt werden.

3.1 Informationsvermittlung

Als weiteres Ziel des NET stand von Anfang an die Informationsvermittlung im Zentrum. Das NET versuchte, die Funktion einer Informationsdrehscheibe einzunehmen, ein Ziel, das auf zwei Wegen angestrebt wurde. Zum einen wurde die NET-Website (www.net.ethz.ch) sukzessive aufgebaut. Diese Website hat den Anspruch, laufend aktualisierte Informationen zum ICT-Einsatz in der Lehre zu vermitteln. Zum anderen wurde eine jährlich stattfindende, große Tagung geplant, die guten Beispielen aus der Schweiz und dem nahen Ausland eine interessante Plattform zur Präsentation bot. Im Herbst 2003 wurde bereits die achte NET-Tagung durchgeführt, und es ist nach wie vor kein Problem, dafür ausgezeichnete Referierende und ein interessiertes Publikum zu gewinnen. Im Gegensatz zu vielen anderen Tagungen gibt es bei der NET-Tagung kein *Call for Proposals*, sondern Referierende werden jeweils vom Programmkomitee ausgewählt und angefragt.

Im Rahmen einer Umfrage kamen bereits 1996 rund 80 E-Learning-Projekte an der ETH Zürich zusammen. Dies löste rundum einiges Erstaunen aus, wussten doch die wenigsten

Beteiligten voneinander. Ziel des NET war es, die Interessierten zu vernetzen und die Projekte mittels einer Plattform einem größeren Kreis bekannt zu machen. Dies wurde mit einer Projektdatenbank erreicht, die relevante Informationen zu einzelnen Projekten mit einer Suchfunktion zugänglich machte. Da die Halbwertszeit der Aktualität von Informationen erstaunlich klein war, wurde schließlich eine komplett neue Datenbank – ETH online – implementiert, welche unter www.ethonline.ethz.ch ausschließlich Projekte auflistet, die in der Lehre gegenwärtig aktiv sind.

Ein ähnliches Ziel verfolgt das vom NET betriebene BSCW-Diskussionsforum (www.bscw-forum.ethz.ch). Dieses Forum dient dem Ideen-Austausch von Dozierenden, welche das Softwaretool BSCW (siehe weiter unten) in ihrer Lehre einsetzen. Neben der Möglichkeit zur Diskussion einzelner mediendidaktischer und weiterer Fragen sind im Forum Fallbeispiele beschrieben und es werden regelmäßig Chat-Sessions zu ausgewählten Aspekten von BSCW durchgeführt.

Neben dem Unterhalt von Datenbanken, Foren sowie dem Durchführen der NET-Tagungen richtet sich das NET auch regelmäßig an Novizen auf dem Gebiet des E-Learning. In einer Infoveranstaltung, welche regelmäßig gemeinsam mit dem E-Learning-Center der Universität Zürich durchgeführt wird, können E-Learning-Unerfahrene aus ETH und Universität Zürich das Supportangebot der beiden Zentren erfahren und eine erste Kontaktaufnahme pflegen.

Seit dem Jahr 2001 besteht zudem ein institutionalisierter Austausch von Dozierenden, die E-Learning einsetzen. Mit dem zweistündigen Kolloquium *Forum Neue Bildungsmedien* (FNB) wurde vom NET und dem Filep Team (siehe unten) eine Möglichkeit zur ausgiebigen Diskussion gesammelter Erfahrungen ins Leben gerufen. Eine eigens dafür eingerichtete Website (www.fnb.ethz.ch) informiert über das aktuelle Programm und bietet auch die Möglichkeit zum Download der vorgeführten Präsentationen. Das FNB wird alternierend mit dem ICT-Forum des E-Learning-Centers der Universität durchgeführt.

Auf Initiative des NET werden seit 2000 im Rahmen des Europäischen Kongresses für Bildungs- und Informationstechnologien Learntec in Karlsruhe repräsentative ICT-Projekte der Schweizer Hochschulen vorgestellt. Inzwischen hat der Swiss Virtual Campus (SVC) die Organisation der Ausstellung übernommen. Diese Plattform erlaubte es nicht nur, ICT-Projekte aus der Schweiz einem internationalen Publikum vorzustellen, sondern förderte die Kooperation zwischen den verschiedenen Aktivitäten der Schweizer Universitäten.

3.2 Medienzentrum/Medienräume

Von den Dozierenden wurde bereits bei der Gründung des NET das Bedürfnis nach speziell mit neuer Lerntechnologie eingerichteten Hörsälen, Seminarräumen und Computer-Kursräumen geäußert. Die Gründe waren einerseits der enorme Vorbereitungsaufwand, verbunden mit der Pannenanfälligkeit der ad hoc aufgebauten Infrastruktur, anderseits das Bedürfnis nach einer sehr guten zentralen Infrastruktur mit einer professionellen Betreuung. Außerdem gibt es ökonomische Gründe, eine aufwändige spezielle Einrichtung nicht dezentral und mehrfach zu betreiben. Die aufgeführten Punkte treffen speziell auf die nachfolgend beschriebene Teleteaching-Dienstleistung zu. Das NET hat die Aufgabe übernommen, neue Technologien zu evaluieren und zu testen. In einem weiteren Schritt konnten interessierte Dozierende diese Tools und Geräte in den Räumen des NET in einer realen Unterrichtssituation einsetzen und Erfahrungen sammeln. Manchmal haben in der Folge Dozierende die erprobte Infrastruktur bspw. Präsentations-Geräte und kleine Videokonferenzsysteme für ihr Institut angeschafft, v.a. wenn der regelmäßige Einsatz vorgesehen war.

In einer ersten Phase wurden im ETH-Zentrum im Hauptgebäude ein Medienzentrum mit Teleteaching-Hörsaal, Videokonferenz-Seminarraum, Computer-Kursraum und Audio/Video-Studio aufgebaut. In einer weiteren Phase wurde auf dem Campus Hönggerberg eine ähnliche Infrastruktur eingerichtet. Inzwischen ist ein Kompetenzzentrum entstanden, dessen Dienstleistungen von vielen Dozierenden der ETH und Uni Zürich sowie auswärtigen Kunden sehr geschätzt und regelmäßig genutzt wird.

Das NET wird regelmäßig von ETH-internen Stellen beigezogen, wenn es darum geht, bei Um- und Neubauten die Bedürfnisse der Lehre, speziell der mit ICT unterstützten Lehre zu berücksichtigen. Aber auch andere Schulen, Institutionen und Firmen lassen sich gerne inspirieren und beraten und die Infrastruktur zeigen.

3.3 Teleteaching/Videoconferencing

Eines der bestehenden Projekte, welches für die Lehre großes Potenzial besaß, war das in der Elektrotechnik entwickelte Projekt *Telepoly*, welches den synchronen Austausch von Lehrveranstaltungen mit der EPFL gestattete. Da die betreffende Forschungsgruppe zwar großes Interesse an der Entwicklung von *Telepoly* aufbrachte, für das Aufrechterhalten eines regulären Dienstleistungsangebots aber weniger in Frage kam, konnte das NET in die Lücke springen, den *Telepoly*-Betrieb übernehmen und weiter entwickeln. Dieser Service wird von ausgewählten Dozierenden rege genutzt. Telepoly ist ein qualitativ hoch stehendes mehrpunktfähiges Teleteachingsystem, das die praktisch verzögerungsfreie Übermittlung von mehreren Video- und Audioströmen, Video in TV-Qualität, Audio in CD-Qualität über das Internet erlaubt.

Etwas später kam das Videoconferencing hinzu, eine Dienstleistung, die nicht auf die Lehre beschränkt ist, sondern u.a. für internationale Projekte, Meetings, Konferenzen und Prüfungen genutzt und geschätzt wird.

Dieser Service ist inzwischen zu einem campusweiten System ausgebaut worden. Es steht nun für alle ETH-Angehörigen ein einfach zu benutzender, Netzwerk basierender Video Conferencing Service zur Verfügung. Neben den bereits erwähnten Hörsaal- und Großgruppen-Systemen können nun Kleingruppen-Systeme aus dem Ausleih-Pool in beliebigen Räumlichkeiten eingesetzt werden. Mit jedem persönlichen Arbeitsrechner, welcher mit der entsprechenden Soft- und Hardware ausgerüstet ist, können in Eigenregie über eine zentrale Infrastruktur sowohl mit ETH-internen als auch externen Partnern IP- und ISDN-basierte Videokonferenzen geschaltet werden. Auch Mehrpunkt-Konferenzen und Document- und

Application-Sharing sind selbstverständlich geworden. Mit diesem Service ist eine Videokonferenz nicht mehr viel aufwändiger als eine Telefonkonferenz.

Der im Bereich des Teleteaching/Videoconferencing erzielte Erfolg kam unter anderem dadurch zustande, dass das NET von Anfang an eng mit verschiedenen Bereichen der Informatikdienste zusammengearbeitet hat, so dass Kompetenzen aus den diversen Bereichen vereint werden konnten.

3.4 Web-basierte Lernumgebungen und Groupware

Zu den Anfangszeiten des E-Learning, als das NET frisch ins ETH-Leben eintrat, bestanden erste weltweite Erfahrungen mit Web-basierten Lernplattformen. Von den damaligen Mitgliedern des NET wurden diese Softwaretools als zukunftsträchtig erachtet. Deshalb wurde eine sorgfältige Evaluation bestehender Tools in Angriff genommen. Wie das bei Software-Neuentwicklungen oft der Fall ist, waren diese Lernplattformen in ihrer Funktionalität – im Vergleich zu heute – noch recht bescheiden und es stand immer die Frage im Raum, ob die ETH nicht eine Eigenentwicklung in Angriff nehmen sollte. Für solch ein Vorhaben sprach, dass mit einer Eigenentwicklung Rücksicht auf genau diejenigen Wünsche genommen werden könnte, die Dozierende im Umfeld unserer Technischen Hochschule haben. Gegen eine Eigenentwicklung sprach hingegen der enorme Aufwand, der nicht nur beim Aufbau einer eigenen Lernplattform entstand, sondern auch bei deren Betrieb und vor allem bei der laufenden Weiterentwicklung.

Obwohl bis dato von einzelnen Dozierenden immer wieder der Wunsch geäußert wird, die ETH sollte sich auf einen Standard festlegen und eine bestimmte Lernplattform unterstützen, war dieser Wunsch nie mehrheitsfähig und es wurde immer versucht, größtmögliche Freiheit beizubehalten.

Aufgrund einer sorgfältigen Evaluation kommerziell erhältlicher Produkte fiel die Entscheidung auf drei Lernplattformen, WebCT, Webclass in a Box und TopClass, welche in der Folge auf Servern des NET installiert und Dozierenden zur Benutzung angeboten wurden. Später kam das kollaborative Arbeitswerkzeug BSCW dazu, sowie die einfache, aber in ihrer Funktionalität stark eingeschränkte Lernplattform Metacollege.

Die vom NET verfolgte Strategie bestand immer darin, interessierten Dozierenden möglichst viel an technischer Arbeit abzunehmen, so dass diese ihre kostbare Zeit darauf verwenden konnten, die Lernplattform als Hülse mit ihren Lerninhalten zu füllen. Da jedoch eine E-Learning-Umgebung nicht darin bestehen kann, dass bloß Unterlagen über das Web verfügbar gemacht werden, wurde großes Gewicht auf beraterische Aktivitäten gelegt. Zweimal jährlich wurde via interne ETH-Zeitschrift auf das Angebot des NET aufmerksam gemacht, und interessierte Dozierende, die sich auf den Aufruf meldeten, erhielten eine Initialberatung. Sofern sich diese Dozierenden auf ein E-Learning-Projekt einließen, wurde in einer gemeinsamen Projektvereinbarung schriftlich festgehalten, welche Leistungen vom NET erbracht würden und was in der Verantwortung der einzelnen Dozierenden lag.

Mit einer kontinuierlichen Zunahme an Projekten nahm auch der Bedarf an Support zu. In der Folge wurde deshalb im NET eine Supportgruppe aufgebaut, deren Hilfe bei technischen Problemen in Anspruch genommen werden konnte. Für die Dozierenden waren die entsprechenden Leistungen kostenlos, ebenso wurden die nötigen Software-Lizenzgebühren direkt vom NET bezahlt. Aufgrund steigender Lizenzgebühren, mangelnder Weiterentwicklung des Produkts und aufgrund mangelnden Interesses im andern Fall konnten mit der Zeit die Lernplattformen TopClass, Webclass in a Box und Metacollege nicht weiter unterstützt werden. Dies war abgesehen vom Mehraufwand bei der Migration nicht weiter problematisch, deckten doch die Funktionalitäten von WebCT all diejenigen der anderen Produkte vollends ab.

Wie bisher sind Dozierende der ETH darin frei, eine Lernplattform ihrer Wahl zu benützen, operative Unterstützung kann das NET aus Ressourcengründen jedoch nur für WebCT und BSCW bieten. Dieser Service kann auch von der Universität Zürich genutzt werden. Einige Dozierende der ETH benutzen im Gegenzug die Lernplattform OLAT der Universität Zürich.

3.5 Ausbildungsangebot

Lerneffizienter Einsatz von E-Learning ist ohne eine robuste didaktische Analyse nicht möglich. Zwar sind didaktische Fragen in den individuellen Beratungsgesprächen immer auch ein Thema, nur selten resultiert aber eine gute E-Learning-Umgebung ohne entsprechende Schulung.

Seit längerer Zeit bestand bereits ein Kursprogramm der Arbeitsstelle für Hochschuldidaktik (AfH) der Universität Zürich, ein Programm, das auch von der ETH finanziell mitgetragen wurde und zu dem folglich auch Dozierende der ETH gleichberechtigten Zugang hatten. Seit Herbst 2000 wird das Kursprogramm von ETH und Universität Zürich unter dem Namen *didactica* angeboten (www.didactica.ethz.ch). Neben den 1-2-tägigen Workshops zu Kommunikation und Interaktion im Unterricht werden auch regelmäßig Workshops zum Einsatz der neuen Medien angeboten. Dem Programmkomitee gehören Personen des NET und des Didaktikzentrums der ETH sowie des E-Learning-Centers und der AfH der Universität Zürich an. Das Kursprogramm wird den aktuellen Wünschen und Bedürfnissen der Teilnehmenden laufend angepasst. Seit Sommer 2003 bilden diese Kurse die Basis für das E-Learning-Zertifikat, das im Folgenden beschrieben wird.

Neben den Kursen im Rahmen des didactica-Programmes organisiert das NET regelmäßig weitere Veranstaltungen, wie Workshops, Programmschulungen, Produktedemonstrationen etc.

4. E-Learning-Zertifikat der Zürcher Hochschulen

Zur bestehenden intensiven Zusammenarbeit im Bereich E-Learning – wie auch in anderen Bereichen – von ETH und Universität Zürich gesellte sich im Herbst 2002 die Pädagogische Hochschule Zürich (PHZH). Die *didactica*-Kurse wurden gegenüber PHZH Dozierenden geöffnet und gemeinsam wurde ein Qualifizierungsprogramm aufgebaut, dessen erfolgreiche Absolvierung mit dem E-Learning-Zertifikat bescheinigt wird. Neben dem Besuch ausgewählter Kurse aus dem *didactica*-Programm sind die Teilnehmenden gehalten, sich zu einzelnen Kursen in einem online Forum auszutauschen und sie müssen einen Bericht über Planung und Umsetzung eines eigenen E-Learning-Projektes einreichen. Die Programmleitung, die sich aus Angehörigen der drei Institutionen zusammensetzt, begutachtet die Berichte. Das Zertifikat wird von den Prorektoren aller drei Hochschulen unterzeichnet.

Mit dem Zertifikat soll einerseits ein Anreiz geboten werden, sich mit dem Thema E-Learning vertieft auseinander zu setzen. Andererseits sollen damit auch die eigenen Kompetenzen sichtbarer gemacht und die Chancen beim Bewerben um eine Stelle im E-Learning-Bereich erhöht werden. Weitere Informationen zum E-Learning-Zertifikat sind unter www.net.ethz.ch/e-zertifikat zu finden.

5. Multi-Media im E-Learning

Wie namhafte Expertinnen und Experten immer wieder darauf hinweisen, eignet sich das Medium Web wenig zum Lesen von Texten. Sein Potenzial wird hingegen dann ausgeschöpft, wenn multimediale Sequenzen einbezogen werden. Schließlich spricht man ja auch nicht vom *Textschirm*, sondern vom *Bildschirm*. Dass die Herstellung multimedialer Lerninhalte und deren Verbreitung über das World Wide Web ein echtes Anliegen einiger Dozierender war, hat das NET bewogen, einen eigenen Multimedia-Bereich in enger Zusammenarbeit mit der Abteilung Multimediale Unterrichtstechnik (MMU) der Informatikdienste aufzubauen. Mit dem in der Folge eingerichteten digitalen Audio-/Video-Schnittstudio konnte eine Infrastruktur bereit gestellt werden, mit deren Hilfe sich kleinere professionelle Videoproduktionen wie Lehr-, Demonstrations- und Promotionsfilme herstellen lassen. Mit der vom NET initiierten Softwareentwicklung PLAY lassen sich zudem Videosequenzen mit Präsentationsfolien (PowerPoint) verknüpfen, so dass Veranstaltungen wie Tagungen oder Vorlesungen als on-demand-Videostream orts- und zeitunabhängig oder gar als live-rich-Mediastream über das Web verfolgt werden können. Mit weiterer finanzieller Hilfe durch das Projekt ETH World konnten betreute Videoschnittstationen angeschafft werden, die unter dem Namen Free Cutting den ETH-Angehörigen frei zugänglich sind. Sie können dort unter kundiger Betreuung selbst Audio-/Video-Produktionen herstellen und bearbeiten.

6. Finanzielle Förderung von E-Learning

Zu Beginn des NET entstanden die meisten E-Learning-Projekte dank Eigenleistung hoch motivierter Dozierender. Das NET hat dabei versucht, bestmögliche Unterstützung zu bieten. Personalressourcen zur Umsetzung eines E-Learning-Projektes mussten aber immer vom eigenen (z.B. Betriebs-)Kredit beglichen werden oder konnten teilweise nach aufwändiger Suche über andere Quellen finanziert werden. Dies hat sich im Jahr 2000 mit der Einführung des *Fonds Filep* drastisch geändert. Dieser Fonds zur Finanzierung lehrbezogener Projekte steht seither dem Rektor zur Förderung innovativer Projekte zur Verfügung. Anfängliche Fördermittel von Fr. 2 Mio. wurden jährlich um eine weitere Mio. aufgestockt, so dass heute jährlich 5 Mio. zur Verfügung stehen. Zwar können Filep Gelder auch für klassische Lehrprojekte ohne neue Technologien beantragt werden, die Erfahrung zeigt jedoch, dass die meisten eingereichten Anträge E-Learning-Sequenzen beinhalten.

Ähnlich zu den Forschungsanträgen werden auch Filep Anträge nach einem standardisierten Prozess behandelt. Je nach Höhe der beantragten Mittel werden zwei oder drei Gutachten eingeholt. Viel Wert wird bei der Begutachtung auf die didaktischen Modelle sowie auf die Art der geplanten Evaluation gelegt. Neben selbstverantwortlichem, selbstgesteuertem und problemorientiertem Lernen soll Filep auch den Lerntransfer fördern und forschendes Lernen begünstigen. Lebenslanges, inter- und transdisziplinäres, sowie teamorientiertes Lernen sind wichtige Zielsetzungen von Filep. Projekte sollen allfällig eingesetzte Technik adressatengerecht und lerneffizient benutzen und sie sollen zum Aufbau und zur Stärkung der Zusammenarbeit von Dozierenden in der Lehre führen. Projekte sollen realisierbar sein und die Frage der Nachhaltigkeit muss positiv beantwortet werden können. Filep wird als Anschubfinanzierung betrachtet, danach sollen Projekte im eigenen Grundauftrag weitergeführt werden können. Für die Antragserfassung, die online erfolgen muss, sowie zur Vermittlung relevanter Informationen unterhält das NET die Filep-Website (www.filep.ethz.ch). Beim Rektor der ETH liegt die Entscheidung über die Vergabe von Fördergeldern. Er lässt sich von der Studienkommission beraten, welche sich wiederum auf das Urteil der Gutachter sowie des Filep-Teams und des Filep-Ausschusses abstützt, zwei Gremien bestehend aus Mitgliedern des NET und des DiZ. Das Filep-Auswahlverfahren genießt einen guten Ruf, insofern als es nicht trivial ist, Fördermittel von Filep zu erhalten. Filep kennt auch ein Reporting mit Zwischen- und Schlussberichten und oftmals werden fehlende Angaben in Schlussberichten nachgefordert. Damit bringt Filep auch eine wichtige Qualitätskontrolle in den Prozess hinein.

7. Vernetzung

Ein wichtiger Erfolgsfaktor beim Aufbau einer E-Learning-Supportstruktur für Dozierende war und ist die Vernetzung. Ohne enge Zusammenarbeit mit den Informatikdiensten, den anderen Dienstleistungsstellen der ETH und dem Rektorat wäre es wohl kaum möglich gewesen, derart weit zu kommen. So konnten spezifische Bedürfnisse, die bspw. das Netzwerk betrafen, auf rasche und unkomplizierte Weise befriedigt und die ICT-Infrastruktur derart gestaltet werden, dass sie auch zum Wohle der Lehre eingerichtet wurde.

Gute Verbindungen bestanden auch von Anfang an mit Entscheidungsträgern von ETH World, einer Initiative zum Aufbau eines dritten, virtuellen Campus der ETH, welcher nicht nur die Lehre sondern auch Forschung, Dienstleistungen und Infrastruktur beinhaltet. Dabei spielte ETH World für das NET eine weit größere Rolle als die eines Geldgebers und gemeinsam versuchen ETH World und NET die E-Learning-Kultur an der ETH zu formen.

Selbstredend ist der Austausch mit anderen schweizerischen Universitäten. Seit der Gründung der ICT-Fachstelle (heute E-Learning Center) an der Universität Zürich sowie dem Learntecnet an der Universität Basel bestehen fruchtbare Zusammenarbeiten.

Enge Verbindungen bestehen zudem zu den weiteren ICT-Support-Centern an den anderen Universitäten und Fachhochschulen sowie dem Swiss Virtual Campus (SVC). Seit der Gründung des Swiss Centre for Innovations in Learning (SCIL) an der Universität St. Gallen beginnt sich ebenfalls ein wertvoller Austausch zu etablieren.

8. Organisation des NET und Einbettung in die ETH

Wie oben erwähnt, wurde das NET aus einer Initiative von DiZ und ZfW gegründet. Damit hatte das NET den Status eines Projekts mit einer definierten Laufzeit. Aufgrund des bisherigen Erfolges entschloss sich die ETH-Schulleitung im Jahr 2002, das NET auf eine solide Basis zu stellen, sprich die für einen längerfristigen Betrieb nötigen permanenten Stellen zu bewilligen. Im folgenden Jahr wurden in einer Reorganisation die bisher einzelnen Einheiten NET, DiZ, ZfW und ETH-Tools zusammengefasst und unter dem Namen ETH-Lehrzentrum als zentraler wissenschaftlicher Dienst weitergeführt. Dieser Zusammenschluss kann als logische Konsequenz davon bezeichnet werden, dass E-Learning und Didaktik eng zusammenhängen und dass beides auch in der Weiterbildung eine zentrale Rolle spielt.

9. Schlussbetrachtung

Dass E-Learning aus der modernen Hochschullehre nicht mehr weg zu denken ist, haben unterdessen wohl auch die ärgsten Kritiker eingestanden. Jedoch soll keineswegs der Anschein erweckt werden, exzellente Lehre sei nur mit Hilfe von E-Learning möglich. Dennoch ermöglicht E-Learning eine neue Dimension im Lernprozess dadurch, dass mit dem Medium Web Dinge sichtbar gemacht werden können, die mit einem statischen Medium, z.B. einem Lehrbuch, weniger erfolgreich vermittelt werden können. Durch Lernen mit und am Computer setzen sich Studierende mit derjenigen Situation auseinander, welche die meisten in ihrem späteren Berufsleben antreffen werden. Mit dem Computer lassen sich Informationen in Echtzeit beschaffen, Datenbanken können abgesucht werden, online Publikationen stehen sofort zur Verfügung und müssen nicht erst persönlich in einer Bibliothek abgeholt werden. Nicht zu entkräften ist hingegen die Gefahr der Informationsüberflutung oder Ablenkung durch Inhalte des Web, die um Größenordnungen attraktiver sind, als der gerade aktuelle Lernstoff. Nichtsdestotrotz sehen sich die Studierenden damit einer Realität ausgesetzt, welche auch später dieselbe sein wird. Ein wichtiges Lernziel könnte demnach auch der Umgang mit der Vielfalt an Informationen sein, ein Lernziel, das mit der einen oder anderen E-Learning-Umgebung erreicht werden kann, aber sicher nicht mit dem Lesen eines Lehrbuchs.

Das NET hat sich von Anfang an zum Ziel gesetzt, ohne strikte Vorgaben in Form einer Top-down-Strategie innovationswilligen Dozierenden bestmögliche Unterstützung beim Einsatz von E-Learning zu bieten. Mit dem strikten Prinzip der Freiwilligkeit konnte zwar nicht verhindert werden, dass einige Projekte fehlschlugen oder nur von kurzlebiger Natur waren. Diejenigen Dozierenden jedoch, die noch nach Jahren E-Learning einsetzen, tun dies mit nach wie vor hoher Motivation und, wie uns die Evaluationen bestätigen, dementsprechend auch mit großem Erfolg. Dies zeigt uns, dass sich der Einsatz gelohnt hat und dass sich an der ETH eine E-Learning-Kultur entwickeln konnte, welche sich darin äußert, dass E-Learning aus keinem anderen Grund eingesetzt wird, als den studentischen Lernprozess zu fördern. Damit lässt sich die Entwicklung von E-Learning an der ETH als Erfolgsgeschichte beschreiben. Es ist zu hoffen, dass dieses Beispiel Anregungen gibt und bei der einen oder anderen Entscheidung an anderen Institutionen etwas beitragen kann.

Claudia Engel – Reinhold Steinbeck

Accelerating Innovations in Teaching and Learning

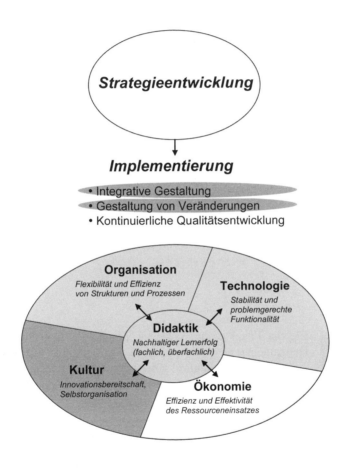

Abstract

Bringing innovations to life in everyday teaching and learning within a higher educational setting is one of the biggest current challenges in academic educational development (MacDonald and Wisdom, 2002). The complex, sometimes counterproductive, relationships between technological innovations, pedagogies, and stakeholders have given rise to a huge body of research and literature illustrating the multitude and diversity of approaches to this challenge. The approach presented here is the one taken at the Stanford Center for Innovations in Learning. For the purposes of this paper we define "innovation" as a continuous process, which is shared among the teaching/learning community and characterized by creating new practices of teaching and learning. Based on years of experiences in working with faculty on issues around technology and learning we came to distinguish two components that, brought together, can enable and enhance the effectiveness of innovative processes: the <u>environment</u> and the <u>facilitator</u>. The environment consists of the spatial, virtual, and physical conditions that provide a playground for instructor and students and allow them to design and experience learning and teaching in ways that differ from traditional instructional settings. The facilitator's role is to ensure the ongoing development and continuation of the process and to bridge and connect the different communities that contribute and form part of it. In this chapter, we will present as the enabling environment a new state-of-the-art learning space at Stanford University, Wallenberg Hall, which serves as a new center for digital media, learning, teaching, and scholarship. We use a graduate course in archeology as a case study to illustrate the opportunities and challenges of bringing students and faculty members into this technology-rich learning environment and reflect on the role of the Academic Technology Specialist as a facilitator in this process.

The Authors

Claudia Engel is the Academic Technology Specialist (ATS) for the Departments of Anthropological Sciences and Cultural and Social Anthropology at Stanford University. Her particular interest lies in the design of environments and practices to support collaboration in globally distributed, cross-cultural teams. She can be reached at cengel@stanford.edu.

Reinhold Steinbeck directs the International Programs of the Stanford Center for Innovations in Learning (SCIL). His recent research has focused on the design and evaluation of a comprehensive distance learning program between Stanford University and ten regional universities in Russia. He can be reached at steinbeck@stanford.edu.

The authors gratefully acknowledge Roy Pea, John Nash, Dan Gilbert, and Bob Smith for their contributions to this article.

Claudia Engel – Reinhold Steinbeck

Accelerating Innovations in Teaching and Learning

1. Enabling Component 1: Environment 140
   1.1 Wallenberg Hall – Bridging Multidisciplinary Research with Educational Practice 140
   1.2 High-Performance Learning Environments (HPLEs) 140
2. Enabling Component 2: Facilitator 142
   2.1 The Stanford Academic Technology Specialist Program 142
3. Case Study: A Graduate Course in Archaeology 143
   3.1 Instructional Approach 144
   3.2 Opportunities of Wallenberg Hall 144
   3.3 Role of the ATS 145
4. Putting it all Together: Accelerating Innovations 145
   4.1 Appropriation and Creativity 145
   4.2 Transformation of Practice 146
5. Conclusions 146
   References 147

1. Enabling Component 1: Environment

1.1 Wallenberg Hall – Bridging Multidisciplinary Research with Educational Practice

Wallenberg Hall is the home of the Stanford Center for Innovations in Learning (SCIL), an independent research lab that brings together faculty, scholars, and students in an effort to link scientific understanding with educational practice. Wallenberg Hall was designed to provide learning spaces for university classes and state-of-the-art facilities for research in learning, design and technology, and education. By exploring how technology and the learning spaces affect teaching and learning, Wallenberg Hall can serve as the conduit for a tide of new knowledge on teaching and learning that will travel from laboratory to the classroom and back again (fig. 1).

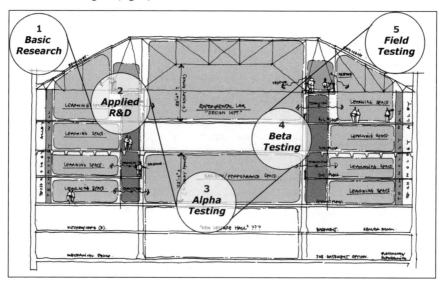

fig. 1: Wallenberg Hall as a "Live Laboratory" and "Incubator" for linking scientific research with educational practice, where research informs practice, and vice versa.

1.2 High-Performance Learning Environments (HPLEs)

Five state-of-the-art learning spaces occupy the first floor. There are four classrooms that will hold up to 30 students, as well as the Peter Wallenberg Learning Theater that can accommodate larger classes. These spaces can be used individually or in varying combinations to support a diverse array of learning activities. The main features of these High Performance Learning Environments were designed to support students and faculty members in their collaborative meaning-making activities and to help them visualize their thinking. The technologies used in the HPLEs are designed to facilitate students' abilities in working productively in learning teams and to provide more integral uses of capturing, annotating, presenting, and discussing learning processes (fig. 2).

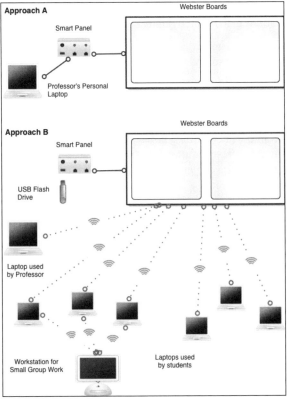

fig. 2: Approach A: In a traditional instructor-centered classroom, faculty connect with a wired computer through a smart panel to the Webster board to project their material.
Approach B: In the HPLE everyone is wirelessly connected to workstations, laptops, and the Webster board, thus decentralizing control and enabling sharing across and beyond the physical learning space.

Some of the innovations used extensively in these learning environments include:

- Lightweight, moveable tables that can be folded up easily and chairs that facilitate multiple modes of working together in a quickly configurable environment.

- Rear projection, large screens (Webster Boards[1]) that enable simple displays as well as more complex, interactive exercises engaging all students in the classroom.
- Flat-screen, mobile "collaboration stations" that enable students to work in small groups, to transfer documents seamlessly from their laptops, and to create, share, and edit work collaboratively.
- "iRoom" software which enables students to co-develop computer-based documents, models, or artifacts in real time from their respective devices without connecting to any complex operating systems. At the center of the iRoom software are two applications that support file sharing and shared control across the devices:
  1. "PointRight" allows users control of the large Webster Board displays and collaboration stations so that multiple students can work on a single document, presentation, or model.
  2. "MultiBrowse" enables file sharing through a Web browser across the HPLEs and lets a user select a computer or a Webster Board to which s/he wants to send a file.
- Lightweight, portable whiteboards (known as "huddleboards") that can be used for small group collaboration or presentations. Contents can be captured and converted to digital images using the CopyCam camera and then stored on the course web site or printed.

2. Enabling Component 2: Facilitator

2.1 The Stanford Academic Technology Specialist Program

The Academic Technology Specialist (ATS) Program at Stanford University was implemented in 1996 with the goal of providing academic technology support for faculty. It currently employs a total over 20 Academic Technology Specialists who work to improve teaching, learning, and research by implementing and developing new technologies. They provide faculty and staff with department-level consulting on the effective uses of information technology for education. In contrast to the traditional approach of a centralized "technology center", each ATS is placed within programs or departments in order to provide individualized, discipline-specific support. S/he is part of the culture and community of the department, and works to integrate technology projects into the academic agenda of the department and to develop individualized relationships with the faculty members.

ATSs typically have an advanced degree in an academic discipline as well as expertise in technology. Being a member of the academic as well as the ICT community, an ATS is in the unique position to bridge two traditionally separated and very different cultures, a factor

---

[1] Webster Boards (brand name) are commercially available touch-sensitive interactive whiteboards.

which constitutes an important prerequisite in the process of mutual transformation of pedagogy and technology.

Within their respective departments and programs, ATSs have the explicit mission of understanding the individual needs of faculty and their students and of exploring and expanding the potential of technology to serve as a tool for improving learning, teaching, and research. To this end, they actively cultivate partnerships with faculty, staff, students, libraries, outside vendors, scholarly organizations, and others interested in the intersection of technology and academic work. They participate in university-wide technology initiatives, engage in technology-oriented research, and openly pursue opportunities to expand and enhance their own understanding of pedagogy, curriculum design, and the beneficial relationships that can exist between technology and education.

The following case study describes an attempt to integrate faculty development, educational practice, and research on learning and technologies. It is a collaborative project between a professor of archeology in the Department of Anthropological Sciences and that department's ATS. It takes place in an HPLE in Wallenberg Hall (Engel and Rick, 2003).

3. Case Study: A Graduate Course in Archaeology

Two central features of many of the concepts and practices that come out of the learning sciences are the co-construction of meaning in a collaborative discourse, and making thinking visible through artifacts (Driscoll, 2002). New Information and Communication Technologies (ICT) have great potential to change the very nature of learning conversations by supporting artifact-based knowledge building using representational systems such as models or visualizations, by making artifacts jointly visible as the topic of discourse through large displays, by layering different forms of media (i.e., drawing/annotations on top of a web page screen), and by providing a rich history of representational systems. These innovations open the way toward entirely new kinds of thinking and reasoning, new representational forms, and new social practices.

The course presented here as an example is titled "Models and Imaging in Archaeological Computing." Its purpose is to provide students with hands-on experience in archaeological modeling and in the use of advanced computing technologies and software.

The idea of models is key to this course, models being representations of reality that usually have a claim to being understandable on a better or more practical level than the actual subject of study. Models are visual, and are a combination of objective evidence and interpretive overlay. Major learning goals for this course are the creation and manipulation of digital data models and a critical reflection on how to argue, test, and convince with digital archaeological artifacts.

3.1 Instructional Approach

The class was designed around the following learning strategies:

- *Connection to real-life situations*: Students worked on projects that covered the complete sequence of stages involved in archeological research, including the capturing of data "in the field", the visualization and modeling of an archaeological site, the representation of that site in appropriate formats, and the analysis of the outcomes. This approach provided a hands-on experience that was as close as possible to real-life archaeology research.

- *Collaborative exploration and data analysis*: In sharing and comparing their models and discussing different perspectives with their peers, students had the opportunity to develop critical thinking skills through the interpretation of artifacts and historical sites.

- *Creative visualization*: The mere process of creating models from the accumulated data can often lead to additional discoveries. Creating a representation using virtual reality can provoke new and interesting questions, which serve to guide future research.

3.2 Opportunities of Wallenberg Hall

While archeologists must learn to construct sites and artifacts in three dimensions, students usually do not practice the professional use of high-end digital archaeology technologies. The Wallenberg Hall HPLE provided an environment equipped with a rich set of resources that enabled students to have the unique opportunity to simulate a research project that is data- and computing-intensive, as well as prepare them for the complexity of their future work as archaeology researchers.

The space was designed to represent an "archaeology research station". Data were brought in by taking measurements of real spaces. Webster Board screens served as workspaces where students developed and shared their models and compared different data representations. The flexibility of the equipment allowed students to easily switch back and forth between small and large group activities.

This environment provided an ideal opportunity to support the core purpose of the class, namely, to work with archaeological evidence. As the faculty put it: "When we start putting digital programs, images, models together, we are actually making arguments. We are actually trying to say, 'This is what we think what things looked like in the past.' ... So, in a context like this [i.e., Wallenberg Hall], we can actually simulate the type of argument that would be appearing. ... We can take a time-out and say, 'Ok, now what are you really saying there? ... By moving through your model in this way, what are you trying to argue?'"

3.3 Role of the ATS

The role of the Academic Technology Specialist during the class can be summarized as "enabling" in the sense of providing basic support to run the class. This support includes training for the instructor and students; immediate troubleshooting of equipment; and acquisition, configuration, installation, and testing of hardware and software. However, in the case study course, she also provided guidance to the professor and students and generated experimental situations that potentially could lead to innovation. Examples of this include: the purposeful change of the initial room setup that forced the group to experiment with different configurations; continuous interaction and debriefing throughout the course with the instructor on events occurring in the class; and modeling the various uses of the equipment.

4. Putting it all Together: Accelerating Innovations

Based on our observations of the use of the HPLE during the course, the following factors appear to be crucial to the process of innovation.

4.1 Appropriation and Creativity

Even though we provided the instructor as well as the students with an introduction to the learning environment and its technologies, a certain amount of time is required (in our case, about three weeks) to adapt to the new environment. As the course progressed, the more traditional class structure started to break apart. Technology started to become more transparent. Engagement and interactivity increased. Students worked together and individually. When a problem surfaced, they regrouped and held discussions. They started to move around the space more often, and equipment and furniture was moved around more freely than in traditional settings.

More importantly, it also appeared as if students developed a greater sense of ownership of the learning environment over time. For example, students began to configure the look and feel of the desktops with background images they chose. The feeling of ownership probably evolved as they became more familiar with the equipment and as they increasingly put their own materials and files on "their" computers.

The sense of ownership, together with students' increased ability to use the equipment, eventually resulted in the creation of new ideas about how to use the technology. For example, students took advantage of the Webster Board and pens and invented a technique to digitize information from scanned maps.

4.2 Transformation of Practice

The technology environment that in its design is geared toward supporting collaboration, student interaction, and active involvement challenged the traditional (lecturing) teaching style of the faculty member. He became aware of the opportunities the environment provided, and, at the same time, students took a more active role in their learning. For example, at the beginning of the course, students opened up the laptops with the projects they had been working on, shared a particular problem on the big screen, and asked for advice. This change in instructor and student roles eventually led to changes in the way the class was taught. As the instructor pointed out to the ATS after class one day: "See, ... I can stop lecturing!"

5. Conclusions

From our experiences of following closely one particular graduate course in archeology as we explore the opportunities and challenges of bringing students and faculty members into a High Performance Learning Environment, we derive the following four lessons-learned:

1. It becomes evident that it is not sufficient to think of the technology itself as the innovation. This would ignore the fact that innovation is a process that occurs when new behaviors, practices, and ideas are created. Thus, innovation works through the users of the technology. We prefer to think of learning environments as "labs" where experiments take place and new ideas are created. As our experience from this and other classes illustrate, students and instructors start to invent new ways of using the equipment once they are exposed to this new learning environment.

2. Even though the question of the effect of new technologies and practices on learning is among those at the core of their adoption, collecting data that would address this question typically does not occur because of the time-consuming nature of such research. While the ATS did assume the responsibility for continuous reflection on classroom events, these efforts are limited mainly because of the lack of different perspectives. One of the interesting challenges ahead will be to move toward continuous, integrated assessment by all stakeholders. Such assessment should be an integral part of the teaching-learning practices, the technologies, and the environments to support this process (similar to the approach which has been proposed by action research; Zuber-Skerrit, 1991). Notable and promising progress has been made in this regard in Barrett's research about portfolios (2001).

3. Sharing information about the effects of certain practices enables instructors to make better-informed decisions about their technologies and teaching. Some of the existing possible approaches to sharing information include building a community of practitioners, insisting on the design of a reflective process (Sabelli and Dede, 2001), or recognizing the value of a scholarship of teaching and learning (McKinney, 2003,

Shulman, 1999). It is important to remember, however, that it is not sufficient to know "what works and what doesn't." "Recipes" need to go with a rationale, which includes information and a critical reflection about conditions and context. What doesn't work in one place could work under different circumstances, and it is important to understand the implications to really be able to learn from others' experiences.

4. Finally, we should mention that in our example the process of innovation is following an "incubator approach." We typically are working with a small number of innovators and early adopters (Rogers, 1995) among the faculty in an environment with ample resources and with extensive support and handholding. These pilot experiences are eventually meant to be transferred to a broader audience and to be disseminated more widely. However, this poses its own set of challenges not addressed in this chapter.

References

BARRETT, H. C. (2001). ICT Support for Electronic Portfolios and Alternative Assessment: The State of the Art. Published in the *Proceedings of the World Conference on Computers in Education*, Kluwer Publishers.

DRISCOLL, M. P. *How People Learn (and What Technology Might Have To Do with It)*. ERIC Digest. Available From: ERIC Clearinghouse on Information & Technology, Syracuse University, NY

ENGEL, C. & RICK, J. (2003). *Models and Imaging in Archaeological Computing*. Syllabus Conference 2003, Stanford CA.

MACDONALD, R. & WISDOM, J. (Eds.) (2002). *Academic and Educational Development: Research, Evaluation and Changing Practice in Higher Education*. London: Kogan Page.

MCKINNEY, K. (2003). The Scholarship of Teaching and Learning: Past Lessons, Current Challenges, and Future Visions. In: Catherine M. Wehlburg, Editor: *To Improve the Academy, Resources for Faculty, Instructional, and Organizational Development*, Vol 22. Anker Publishing Company, Bolton, Mass.

SABELLI, N., & DEDE, C. (2001). *Integrating Educational Research and Practice: Reconceptualizing Goals and Policies: "How to make what works, work for us?"*. http://www.virtual.gmu.edu/ss_research/cdpapers/policy.pdf

SHULMAN, L.S. (1999). *Visions of the possible: Models for campus support of the scholarship of teaching and learning*. Retrieved Nov 21, 2003, from http://www.carnegiefoundation.org/elibrary/docs/Visions.htm

ZUBER-SKERRITT, O. ED. (1991). *Action Research for Change and Development*. Avebury, UK

Markus Wirth

Gestaltung transparenter Prozessdefinitionen zur nachhaltigen Implementierung von E-Learning: Erfahrungen an der Universität St. Gallen

Abstract

Die Auswertung der existierenden Literatur zur nachhaltigen Integration von E-Learning greift erstaunlich selten und wenig engagiert die grundlegende Bedeutung der operativen Prozessneugestaltung auf. Verschiedene Erfahrungen zeigen jedoch, dass bei mediendidaktisch vorbildlich umgesetzten Inhalten grundlegende organisatorische Erneuerungsbedürfnisse den nachhaltigen Erfolg bedrohen. Gerade bei einer Implementationsstrategie, die E-Learning zugunsten der nachhaltigen institutionellen Verankerung tiefer in die Arbeitsabläufe der Universität einbetten will, stellt die Neudefinition der Ablauforganisation eine zentrale Herausforderung dar. Eine kritische Auseinandersetzung mit der Ausgangslage und ein pragmatisches Vorgehen zur Definition transparenter Prozesse gibt einen Überblick über diesen zentralen, aber oft vernachlässigten Implementationsaspekt.

Der Autor

Markus Wirth studierte an der Universität St. Gallen Wirtschaftspädagogik und schloss das Studium im Frühling 2001 als lic. oec. et dipl. Hdl. HSG ab. Seit Februar 2001 arbeitet er als wissenschaftlicher Mitarbeiter am Institut für Wirtschaftspädagogik an der Universität St. Gallen sowie als zertifizierter Berater bei IBM Business Consulting Services im Bereich Learning Solutions mit spezieller Fokussierung auf E-Learning-Lösungen und -Implementierungen. Diese für beide Seiten sehr fruchtbare Verbindung von Praxis und Theorie führte schließlich auch zu der sich momentan in Arbeit befindenden Dissertation im Bereich Qualitätsmanagement in Aus- und Weiterbildungsprogrammen.

Markus Wirth

Gestaltung transparenter Prozessdefinitionen zur nachhaltigen Implementierung von E-Learning: Erfahrungen an der Universität St. Gallen

1. Einleitung und Ziel dieses Beitrags 152
2. E-Learning-Auswirkungen auf Organisation und Prozesse 153
   - 2.1 Das Lehrstuhlprinzip 153
   - 2.2 Fehlende Prozessdokumentationen 155
   - 2.3 Projektbezogene Aspekte der Neudefinition von Struktur und Prozessen 156
   - 2.4 Datenredundanz 157
3. Vorgehen zur Prozessbeschreibung 158
   - 3.1 Schritt 1: Zentrale Rollen und Systemabgrenzung bestimmen 159
   - 3.2 Schritt 2: Prozesse entwerfen 160
   - 3.3 Schritt 3: Personen-System-Schnittstellen identifizieren 164
   - 3.4 Schritt 4: Prozesse strukturieren und validieren 165
4. Schlussfolgerungen und lessons learned 167
   - Literatur 168

1. Einleitung und Ziel dieses Beitrags

Der Grund für die zum Teil bemängelte Nachhaltigkeit hat aus der in diesem Beitrag im Vordergrund stehenden Prozesssicht nichts mit den Inhalten zu tun. Sinnvolle didaktische Konzepte mit lernzieladäquater und lernergerechter Qualität sowie entsprechende kulturelle Voraussetzungen bei den Anspruchsgruppen sind selbstredend zwingende Voraussetzungen für einen erfolgreichen und nachhaltigen E-Learning-Einsatz. Sie werden in diesem Beitrag nicht näher beleuchtet, sondern explizit vorausgesetzt. Blickt man etwas kritisch auf die letzten 5 – 10 Jahre Entwicklung des mediengestützten Unterrichts resp. E-Learning zurück, so haben sich in regelmäßigen Zyklen verschiedene E-Learning-Hoffnungsträger immer wieder abgelöst und doch nie zu einem durchschlagenden Erfolg geführt. So wurden unter anderem die übersteigerten Erwartungen in die Technologie mit pädagogisch wenig wirksamen und lernergonomisch wenig angepassten Inhalten und Lernplattformen enttäuscht. Die technisch und konzeptionell herausfordernde Integration von Lernen und Wissensmanagement endete bislang größtenteils in wenig genutzten elektronischen Datenfriedhöfen. Die erneute Hoffnung durch die dringend notwendige Fokussierung auf didaktische Problemfelder und pädagogische Potentiale wird aber genauso enttäuscht werden, falls der Pendelschlag dabei in gleicher Prononcierung auf der ausschließlich pädagogischen Seite hängen bleibt. Allgemein gesehen sind pädagogisch sinnvolle Arrangements, die aufgrund fehlender operativer Betreuung und finanzieller Planung nicht mindestens mittelfristig Bestand haben, genauso wenig erwünscht wie technisch einwandfreie, aber nicht lehr- und lernorientierte Lösungen. Ziel soll es sein, unter den gegebenen Rahmenbedingungen sinnvolle Lösungen zu erzielen. Es ist deshalb so schwierig, E-Learning nachhaltig zu implementieren, weil die notwendige simultane Orientierung an verschiedenen Rahmenbedingungen, Bedürfnissen und Vorstellungen eine sehr hohe Projektkomplexität bewirkt. Dennoch vermögen verschiedene aktuelle Projekte zum mediengestützten Lernen in diesem Sinne innovative und sinnvolle Wege des „neuen Lernens" in der Hochschule aufzuzeigen. Die auf die Projektphase folgende, dauerhafte Implementierung und nachhaltige Integration dieser neuen Konzepte und Ansätze ist jedoch oft selbst bei diesen Lösungen unbefriedigend gelöst (vgl. dazu auch Kerres, 2001, 1). Als zentraler Erklärungsstrang für die angestrebte, aber nicht eintretende Nachhaltigkeit können grundlegende organisatorische Erneuerungsbedürfnisse angeführt werden, die in E-Learning-Projekten und deren Evaluation oft kaum Berücksichtigung finden. Kerres stellt vor diesem Hintergrund die Frage, ob „die heutige Organisation der ‚Lehre' überhaupt mit innovativen Ansätzen mediengestützter Lehre vereinbar ist?" (Kerres, 2001, 1). Diese Frage wird insbesondere dann relevant, wenn es darum geht, innovative Projekte mediengestützter Lehre in den mittel- bis langfristigen operativen Betrieb zu überführen und institutionell zu verankern (vgl. dazu Seufert & Euler, 2003, 13). Verschiedene erfolgreiche und nachhaltige Implementationen haben gezeigt, dass die Anschlussfähigkeit neuer Medien in der Lehre kein grundsätzlich unüberwindbares Problem darstellt – dass jedoch Wege zur nachhaltigen Implementierung unterschiedlich gegangen werden. Entlang obiger Frage nach der Vereinbarkeit der existierenden Organisation mit den Herausforderungen des mediengestützten Lehrens und Lernens wird die Bedeutung der Definition und Dokumentation von

Arbeitsprozessen als wichtige Grundlage für den nachhaltigen operativen E-Learning-Einsatz entwickelt und reflektiert. Als Basis für die hier vorgenommenen Vorschläge und Konzepte und auch kritischen Reflektionen dienen die Erfahrungen aus der Implementierung der Lernplattform „StudyNet" an der Universität St. Gallen im Wintersemester 2001/2002.

2. E-Learning-Auswirkungen auf Organisation und Prozesse

Die Ausgangslage ist klar: Fälle, in denen virtuelle Universitäten und Hochschulen aus dem Nichts heraus neu konzipiert und geschaffen werden, lassen sich an einer Hand abzählen. Viel zahlreicher sind die Fälle, in denen E-Learning in bestehende Strukturen und Kulturen zu integrieren ist und somit nicht auf der grünen Wiese aufgesetzt werden kann. Die Verlockung für E-Learning-Implementationen ist deshalb groß, den politisch aufreibenden, ressourcenintensiven und risikobehafteten Weg der Integration zu umgehen, indem E-Learning-bezogene Insellösungen geschaffen werden, die kurzfristig aufgesetzt und durch die Isoliertheit von den existierenden Betriebsabläufen vorerst auch einfach zu betreuen sind. Verschiedene internationale Studien zeigen, dass ein solches Vorgehen nur zu langsamem und wenig grundlegendem Wandel führt (vgl. z.B. Collis & van der Wende, 2002, 61), da auf der traditionellen, lehrstuhlzentrierten Organisation (vgl. dazu Kerres, 2001) aufgesetzt wird und die Lösungen aufgrund mangelnder gegenseitiger Akzeptanz vielfach isoliert bleiben. Was aus Projektsicht dennoch verlockend erscheinen mag und es im verkürzten Sinne auch ist, kann aufgrund der gewünschten Auswirkungen nicht Ausgangspunkt der Strategie einer Universität resp. einer Hochschule sein, da mittel- bis langfristig aufgrund redundanter Arbeitsschritte, Systeme und organisationaler Lernprozesse unnötig viele finanzielle Mittel für den Unterhalt gebunden werden. Diese fehlen schließlich im besseren Fall wiederum bei der Weiterentwicklung, oder im schlechteren Fall sind die Projekte aus finanziellen Gründen nicht nachhaltig weiterführbar. Verschiedene Konsequenzen dieses Gedankens werden in der Folge bezogen auf das vorherrschende Lehrstuhlprinzip in der Organisation, in der vielfach fehlenden Prozessdokumentation, in der Projektorganisation als Veränderungsinitiator und schließlich in der Datenredundanz als oftmals vernachlässigter technischer Aspekt zu reflektieren sein.

2.1 Das Lehrstuhlprinzip

Bevor detailliertere Überlegungen zur Prozessbeschreibung und -dokumentation angestellt werden, soll als Grundlage für die nachfolgenden Ausführungen die universitätsbezogene, organisatorische und prozessuale Ausgangslage kurz reflektiert werden. Wie Kerres richtig anmerkt, steht im Mittelpunkt der Universitäts- und Hochschullehre die Lehrperson resp. der Dozent (Kerres, 2001). Über diese Rolle werden die Lerninhalte definiert, die Lehrveranstaltungen koordiniert und durchgeführt sowie die Lernfortschritte der Lernenden evaluiert. Schnittstellen zu anderen Einrichtungen und Dienstleistungen sind vorhanden, sie prägten aber den Prozess bislang relativ wenig (Kerres, 2001). Traditionell ist dadurch die Position der für Lehrveranstaltungen verantwortlichen Personen relativ autark und spielt deshalb auch eine ganz zentrale Rolle beim Entscheid über die Art und Weise, wie die Möglichkeiten des mediengestützten Lernens in die entsprechenden Veranstaltungen einfließen.

Wie Kerres weiter richtig beobachtet, gibt es insbesondere wenige prozessgefährdende Schnittstellen zu anderen Einrichtungen und Dienstleistungen (vgl. dazu Kerres, 2001). Diese lehrstuhlzentrierte Organisationsform mit sehr geringer Arbeitsteilung hat dadurch durchaus seine Vorteile: Schnelligkeit und Flexibilität schaffen die notwendigen Freiräume, um auch kurzfristig auf aktuelle wissenschaftliche Entwicklungen reagieren zu können. Gerade das ist bei Dozierenden eine geschätzte Prozesseigenschaft, auf die nur ungern verzichtet wird. Es ist eine verkürzte und deshalb falsche Sichtweise, aus der starken Abhängigkeit von den Fähigkeiten und der Motivation von Einzelpersonen qualitativ schlechte Ergebnisse schlussfolgern zu wollen. Brillante Ergebnisse von einzelnen Dozenten vermögen solche fehlgeleiteten Stimmen schnell zum Schweigen zu bringen. Zunehmend problematischer erscheint vielmehr das Entwicklungsrisiko, das derweil eingegangen wird. Was einst noch einen klaren linearen Prozess, bestehend aus der Definition von Fachinhalten und der Bestimmung der Lernziele, der Durchführung der Lehre und schließlich der Prüfung der Lernergebnisse, darstellte, wird zunehmend zu einem iterativen Produktentwicklungszyklus mit verschiedenen und ganz unterschiedlichen involvierten Rollen und Kompetenzträgern. Kerres spricht deshalb gar von einer Überforderung des Lehrstuhlprinzips (vgl. dazu Kerres, 2001, 5), sprich einer Überforderung der traditionellen Organisationsform der meisten Universitäten. Es ist deshalb nicht nur davon auszugehen, dass, wie Meister und Wedekind schreiben (vgl. Meister & Wedekind, 2003, 211), die durch elektronische Medien neu gestaltete Lehre zu neuen Formen der Arbeitsteilung und der Kooperation an den Hochschulen führen könnte, sondern es ist klar eine zwingende Schlussfolgerung und Konsequenz aus einer nachhaltigen E-Learning-Einführung.

Für viele Dozierende sind denn die ersten „E-Learning-Versuche" auch entsprechend enttäuschend: mit dem Hinweis auf die zu erwartenden Effizienzgewinne durch schnellere Aktualisierung der Lerninhalte und durch einfachere Kommunikation mit den Studierenden werden Erwartungshaltungen geweckt, die gerade in der Einführungsphase oft nicht erfüllt werden. „You have to know 95 percent of what you're going to do for the entire semester before it begins." (Sakurai, 2002, 30) Jenseits der exakten Prozentangaben stehen Aussagen wie diese dem traditionellen Flexibilitäts- und Improvisationsbedürfnis vieler Dozenten diametral entgegen. Mehr noch: komplexere Lerninhalts-Entwicklungen verlangen nach einer entsprechenden, zeitlich abgestimmten und geplanten Vorbereitung. Eine Vorbereitung, die explizite didaktische Überlegungen verlangt und ein rein fachwissenschaftliches Aufarbeiten der Inhalte als unzureichend erscheinen lässt. Der Wissenschafter, eigentlich der Sachexperte, wird so viel deutlicher als bis anhin zum Kursdesigner, zum Mediendidaktiker. „Unklar ist bislang indes, was die Hochschullehrenden selbst lernen und professionell beherrschen müssen und wobei sie auf Beratungs-, Produktions- und Serviceeinheiten zurückgreifen sollen" schreiben Meister und Wedekind (Meister & Wedekind, 2003, 212). Obschon diese Aussage eine gewisse Unsicherheit bzgl. der Rollenverteilung zum Ausdruck bringt, ist es ganz und gar unrealistisch, ja gerade unökonomisch, dass Dozenten den ganzen Medienproduktionsprozess in corpore abdecken resp. abdecken lernen. Vielmehr soll neben der fachlichen die didaktische Kompetenz, die eines grundlegenden Wandels der Lehrkonzepte im Rahmen einer Neuorientierung der institutionsspezifischen Lehr-Lern-Kultur bedarf, das zentrale Gestaltungsmittel der Dozenten sein.

Zentraler und kritischer Faktor bei der Einführung der dozentenbezogenen Prozesse stellte in St. Gallen neben der technischen Kompetenz der Anwender insbesondere der zeitlich-planende Aspekt dar. Viele Dozierende waren es gewohnt, ihre Lektionenplanung und inhaltliche Umsetzung bzw. Überarbeitung erst kurz vor Beginn des Semesters in Angriff zu nehmen. Abwesenheiten während der Semesterferien, Nichtverfügbarkeit der Assistenten aufgrund von Projekten und weitere stichhaltige Gründe erschwerten resp. verunmöglichten weitgehend eine einheitliche Planung, was schließlich immer wieder zu Ressourcenengpässen bei dem unterstützenden administrativen Personal zu Beginn des Semesters führte. Es waren mehrere Anläufe notwendig, um die Sensibilität für die neuen Zeitbedürfnisse zu schaffen, wobei die explizite Prozessorientierung der Inhaltsentwicklung mit entsprechenden Fristen und vordefinierten Phasen-Zeitbudgets von wertvoller Unterstützung war.

2.2 Fehlende Prozessdokumentationen

Eine weitere, aus der starken personen- und lehrstuhlorientierten Organisation resultierende Konsequenz ist die an Universitäten oftmals fehlende Dokumentation grundlegender Arbeitsprozesse. Langjährige Ausübung der Rollen und Tätigkeiten und relativ stabile Strukturen haben dies über Jahrzehnte hinweg in vielen Fällen gar nicht notwendig erscheinen lassen. Das Schmiermittel in solchen ohne grundlegenden und kurzfristigen Wandel meistens gut funktionierenden Abläufen ist das persönliche, informelle Netzwerk. Gerade bei der Einführung von E-Learning und einer Implementationsstrategie, die nicht nur auf der Oberfläche aufsetzt, sondern E-Learning zugunsten der nachhaltigen institutionellen Verankerung tiefer in die Arbeitsabläufe der Universität einbetten will, stellt diese Art der Ablauforganisation die Einführung vor grundlegende Probleme. Das Einführen neuer Arbeitsabläufe rund um die neue Lehre gleicht beim Fehlen existierender Dokumentationen dem Bauen auf sumpfigem Untergrund: es lassen sich kaum Anker festmachen und Fixpunkte definieren. Einen für die Veränderung notwendigen Hebel anzusetzen ist jedoch ohne verlässliche Fixierung nur auf ineffiziente und schließlich ineffektive Art und Weise möglich. So liegt es nahe, dass dazu überzugehen ist, bestehende Arbeitsabläufe zu dokumentieren und kritisch zu reflektieren, damit – um bei dieser Analogie zu bleiben – der Boden verfestigt werden kann. Nicht selten führen solche Überlegungen zum Aufdecken historisch entstandener Ineffizienzen, deren Beseitigung zwar im Hochschulinteresse liegen – jedoch die Kapazität und Zeitvorgaben eines einzelnen Projektes bei weitem übersteigen. Die Gefahr eines „scope creep" ist insbesondere hier latent vorhanden. Die Gefahr eines sich ungewollt und unbewusst ausdehnenden Projektzweckes wird dabei um so größer, je weniger über die existierenden Arbeitsabläufe bekannt ist und je suboptimaler diese gestaltet sind. Die Gefahr ist auch, dass eine E-Learning-Implementierung „unfreiwillig" zur Neudefinition existierender Arbeitsabläufe gezwungen wird, was vielfach weder finanziell noch zeitlich projektiert und budgetiert wurde. Ob denn die heutige am weitesten verbreitete projektorientierte Organisationsform dazu geeignet sei, Innovation nachhaltig zu verankern, wurde eingangs dieses Beitrages gefragt. Die Erfahrung, bezogen auf die Dokumentation der Prozesse, zeigt, dass Projekte zur Initiierung des Wandels durchaus geeignet sind. In der Regel orientieren sie sich aufgrund der Rahmenbedingungen an den bestehenden Strukturen und setzen damit auf dem etablierten „Lehrstuhlprinzip" auf. Eine effektive organisatorische und prozessuale Innovation ist daher lediglich aus einzelnen Projekten nicht zu erwarten. Wenn E-Learning wirklich nachhaltig in die Lehre integriert werden soll und dabei als integraler und nicht isolierter Bestandteil des Lehrens und Lernens verstanden wird, dann sind ganzheitlichere Maßnahmen zur Veränderung der organisationalen Rahmenbedingungen notwendig, die durch die Gesamtleitung der Institution unterstützt und gefördert werden müssen und durch ein einzelnes Projekt ohne entsprechende Zielvorgaben, Ressourcen- und Zeit-Budgets kaum leistbar sind.

2.3 Projektbezogene Aspekte der Neudefinition von Struktur und Prozessen

Wie jedes Projekt wird auch die Implementation einer Lernplattform als ein mehr oder weniger einmaliges, zeitlich beschränktes, projektmäßig organisiertes und auf ein konkretes Ziel ausgerichtetes Vorhaben gesehen (Gem. DIN 69 901, vgl. dazu auch Färber, 1997, 2). Leider enden mit diesem ex ante bestimmten Ende des Projektes auch die meisten diesbezüglichen Überlegungen und Evaluationen (vgl. dazu bspw. die Projektevaluationen von Doberkat et al., 2000). Um die Nachhaltigkeit der Implementation einer E-Learning-Plattform aber sichern zu können, muss die spezifische Projektorganisation in eine neu zu formierende oder bereits existierende Linienorganisation überführt werden. Neben der absolut zentralen Ressourcenfrage und damit verbunden der Frage der Finanzierung, spielen dabei ganz zentral auch die vorhandenen Fertigkeiten und Fähigkeiten sowie die Kompatibilität der neuen Prozesse mit den Prozessen des organisatorischen Umfeldes eine zentrale Rolle.

Es zeigte sich im Verlaufe der Implementierung von StudyNet an der Universität St. Gallen, dass die konsequente, mittel- bis langfristige Überführung in eine Linienorganisation jeweils nur funktionierte, wenn die Abläufe vorgängig klar definiert wurden. Zwar im genannten Beispiel quantitativ nicht explizit nachweisbar, aber qualitativ dennoch eindeutig feststellbar, geht der Betreuungs-, Support- und Unterhaltsaufwand darüber hinaus dank klarer Prozessbeschreibungen bereits mittelfristig zurück. In einzelnen Bereichen, in denen eine Prozessdefinition anfänglich versäumt wurde, wurden erwartungsgemäß immer mehr Personalressourcen gebunden und wichtigen weiteren Projektarbeiten entzogen. Der Grund für fehlende Prozesse und Prozessdokumentationen liegt klarerweise nicht darin, dass die Ressourcenbindung nicht intuitiv genug erfassbar gewesen wäre. Vielmehr standen jeweils die zur Verfügung stehende Zeit, Komplexität und Bestimmbarkeit der Abläufe in ungünstigem Verhältnis zueinander. Dadurch, dass Prozessdefinitionen gerade zu Beginn eine erhöhtere Durchdringung des Problems und intensivere politische Aushandlungsprozesse verlangen, aber erst mittel- bis langfristig entsprechende Erfolge zeigen, stehen die benötigten Ressourcen in Konkurrenz mit kurzfristig wichtigen technischen und inhaltlichen Entwicklungen.

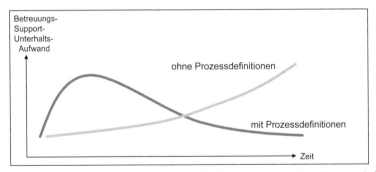

Abbildung 1: Beobachteter Arbeitsaufwand bei Abläufen mit und ohne Prozessdefinitionen

Bei der Beurteilung der Widerstände, die gegenüber den neudefinierten Prozessen zu erwarten sind, stellt die Anschlussfähigkeit der neuen Abläufe und Konzepte an den bislang gelebten Arbeitsalltag den zentralen Angelpunkt dar. Die Bereitschaft, sich mit neuen Arbeitsabläufen auseinander zu setzen, ist nicht bei allen Betroffenen gleich groß und deshalb erstaunt es kaum, dass die Erfahrungen gezeigt haben, dass unklar definierte und wenig konsensfähige Arbeitsabläufe bereits in der fragilen Anfangsphase empfindliche Betriebsstörungen bewirken können und damit natürlich die neugierigen, kritischen und z. T. euphorischen Benutzer bestätigen resp. ernüchtern. Ein zweites beobachtetes Phänomen ist das gehäufte Auftreten von Gerüchten als Ausdruck eines Informationsvakuums, von Unsicherheit und Ängsten. Es zeigte sich, dass diese Gerüchte vor allem in jenen Schnittstellenbereichen auftraten, deren Komplexität komplizierte und mehrschichtige Abläufe verlangten, was verständlicherweise für externe Benutzer oder Beobachter schwierig nachzuvollziehen ist. Gerade in solchen „gefährdeten" Bereichen ist deshalb eine transparente Prozessdokumentation von zentraler Bedeutung.

2.4 Datenredundanz

Ein weiteres grundlegendes Problem stellt die mehrfache Erfassung und Pflege von Daten jeglicher Art dar. Das sind einerseits personenbezogene Informationen von Dozenten und Studenten, aber auch curriculumsbezogene Koordinaten von Veranstaltungen und administrative Daten über Infrastrukturinformationen wie Raumbezeichnung, Ausstattung etc. Es ist dabei nicht die Menge der Daten, die die Verantwortlichen vor zentrale Herausforderungen stellt, sondern die traditionell gewachsene, mehrfache Erfassung und Pflege von Informationen in jeweils isolierten, autonomen und vielfach inkompatiblen Systemen. Redundanz bei den Arbeitsabläufen und Inkonsistenz innerhalb der Daten sind die Folge. Explizite, manuelle Datenabgleiche zwischen den Institutionen und überflüssige Neuerfassung von Daten sind an der Tagesordnung (vgl. dazu auch Veltmann, 2003, 1ff.). Oftmals stehen Verantwortliche von E-Learning-Projekten vor der Herausforderung, dass für die entsprechende Universität oder Hochschule gar keine Gesamtkonzepte für die Informationstechnologie-Architektur existieren, was oft mit der starken Heterogenität der Anforderungen der verschiedenen Institute und schließlich der Freiheit der Lehre erklärt wird. Dort, wo solche Insellösungen effektiv dazu dienen, ein spezifisches didaktisches und/oder forschungsbezogenes Problem besser lösen zu können, ist dies durchaus legitim – gerade wenn es aber nur um historisch gewachsene Strukturen und Arbeitsgewohnheiten geht, ist es aus der ökonomischen Prozesssicht nicht mehr tragbar und gefährdet die Nachhaltigkeit der gesamten Entwicklungen. Bereits mitgeschwungen hat in obigen Ausführungen die starke politische Nuancierung der angesprochenen Problematik, ohne dies im Folgenden angesichts der hier vorgenommenen Fokussierung auf Prozesse detailliert ausführen zu können. Es geht vielfach leider gar nicht um den Kern der Sache bezüglich einer Neugestaltung der Prozesse, sondern um historisch bedingte Ansprüche und Vorrechte, die man nicht bereit ist aufzugeben.

Aufgrund der oben ausgeführten eigenen Erfahrungen sowie in Übereinstimmung und ergänzend zu Kerres (Kerres, 2001) sollen hier einige für die folgenden Ausführungen grundlegende Konsequenzen stichwortartig festgehalten werden und als Ausgangspunkt für die weiteren Überlegungen dienen.

- Durch die auf Nachhaltigkeit ausgerichtete Einführung von E-Learning wird die Komplexität der Organisation erhöht, was klassische Arbeitsabläufe überfordert.
- Die Notwendigkeit arbeitsteiliger Prozesse wird dringlicher, sobald statt erfolgreichen Einzelfällen ein breiterer und deshalb für die Organisation nachhaltigerer E-Learning-Einsatz angestrebt werden soll.
- Die projektartige Organisation von Medienaktivitäten ist bezogen auf die Prozessfrage deshalb fraglich, weil sich kurzfristige Projektziele zu mittel- bis langfristigen Entwicklungsbedürfnissen der Universität konfliktär verhalten.
- Die Neudefinition von Prozessen ist eine politische Angelegenheit und kann sich deshalb nicht nur an Sachkriterien orientieren, sondern muss unbedingt Machtaspekte mit in die Überlegungen einbeziehen.

3. Vorgehen zur Prozessbeschreibung

Nachdem die Rahmenbedingungen der Prozess(neu)definitionen anhand einiger grundlegender Gedanken skizziert wurden, werden nachfolgend zentrale Aspekte und Erfahrungen mit der Formulierung, Definition und vielleicht gar Erfindung von Arbeitsabläufen reflektiert. Wie müssen Prozesse definiert werden, damit sie Mehrwert schaffen und die nachhaltige Implementierung unterstützen? Die nachfolgend beschriebenen und reflektierten Schritte basieren auf einer Verallgemeinerung des Vorgehens im Rahmen der Einführung einer campusweiten Lernplattform an der Universität St. Gallen. Die Ausführungen sollen weniger als empirisch gesicherte Grundlage gesehen werden, sondern als Inspiration verstanden vielmehr das Nachdenken über alternative Vorgehensweisen anregen.

3.1 Schritt 1: Zentrale Rollen und Systemabgrenzung bestimmen

Um dem oben beschriebenen „scope creep" entgegen zu wirken, sollte in einem ersten Schritt versucht werden, einerseits zentrale Rollen und Akteure explizit zu definieren und zentrale Prozesse, sprich Arbeitsabläufe zu definieren. Es empfiehlt sich, bei den zentralen Benutzergruppen des Systems zu beginnen. Als zentrale Benutzergruppen können jene Personen bezeichnet werden, für die das System primär entwickelt wird. Die Bedürfnisse dieser Gruppen sollen schließlich die Zielvorgaben für die zu formulierenden Prozesse darstellen. Gerade hier müssen die Ergebnisse von Vorabklärungen zu Anspruchsgruppenerwartungen einfließen.

Bei einer detaillierten Aufarbeitung der verschiedenen Rollen zeigt sich allein schon anhand der Anzahl auszufüllender und miteinander vernetzter Rollen die deutliche Komplexitätserhöhung gegenüber der klassischen Lehre. Folgende Rollen haben sich dabei als stabile Konzepte herauskristallisiert:

Lehrseitige Rollen

- **Dozent/Übungsleiter**: Definiert als Vortragender im Rahmen einer Veranstaltung, die auf Synchronität und Anwesenheit der Lerner angewiesen ist.
- **Fachexperte**: hier definiert als Forscher oder Experte mit relevantem Wissen in einem gewissen Gebiet.
- **Lehrveranstaltungsverantwortlicher**: Definiert als Dozent oder Assistent, der für die Durchführung einer Veranstaltung verantwortlich ist.
- **E-Tutor:** Definiert als synchroner oder asynchroner Betreuer und Mediator in einer – hier vorzugsweise – computergestützten Lernumgebung.
- **Autor**: Definiert als Produzent (didaktisch strukturierend) von (multimedialen) Lernarrangements.
- **Studiensekretär/Verantwortlicher Lehre**: Definiert als Verantwortlicher für die Zusammenstellung des gesamten Lernangebots.
- **Didaktische Beratung**: Definiert als didaktisch orientierter Spezialist für die Beratung der Verantwortlichen zur Gestaltung mediendidaktisch sinnvoller Lernszenarien und -arrangements.

Lernseitig Rollen

- **Lerner:** Definiert als Person, die innerhalb der gegebenen Vorgaben im Sinne des Arrangements mehrheitlich den Lernstoff erarbeitet und lernt

Administrative Rollen

- **Zentrales Sekretariat**: Definiert als Studenten-Anlaufstelle und Schnittstelle Administration – Studenten, insbesondere zur Studentenberatung.

- **Raumdisposition/Infrastrukturdisposition**: Definiert als Team, das die Einteilung der Räume und Verantwortlichen der einzelnen Kurse vornimmt und die Schnittstelle zu den Personalsystemen bildet.

- **Systemadministrator/Webmaster**: Definiert als IT-Spezialist mit Fokus auf die Systembetreuung und den Systemunterhalt.

- **Kursadministrator:** Definiert als Person, die Kurszuordnungen von Studierenden und Dozierenden überwacht und überprüft.

- **Hotline:** Definiert als Spezialisten, die den anderen System-Nutzern als primäre Ansprechstelle für verschiedene Fragen und über verschiedene Kanäle zur Verfügung stehen.

- **Medienentwicklung/AV-Produktion:** Definiert als Spezialisten, die zentral organisiert aufwendigere Medienentwicklung durchführen und koordinieren.

Allein schon diese kurze Übersicht zeigt die vielseitigen Rollen, die – man kann es sich lebhaft vorstellen – ganz unterschiedliche Prioritäten und Sichtweisen im Leistungserstellungsprozess der Universität vertreten. Ziel muss es sein, gerade die Lehrenden möglichst effizient und effektiv in den gesamten Produktionsprozess multimedialen Lernmaterials einzubinden (vgl. z. B. Geukes, 2000, 62ff.). Diese Effizienz und Effektivitätsanforderung impliziert, dass der Arbeitsprozess aufgebrochen und für die Beteiligung verschiedener Rollen geöffnet wird, wobei den Autoren angemessene Instrumente zur Formulierung und Umsetzung der didaktischen Vorstellungen sowie zur Darstellung ihres Wissens zur Verfügung gestellt werden müssen. In einem nächsten Schritt sind diese Anforderungen an die Prozesse zu definieren und umzusetzen.

3.2 Schritt 2: Prozesse entwerfen

Falls bereits Prozessdokumentationen existieren, beginnt die Definition der neuen Prozesse mit der Analyse des existierenden Materials. Falls nur implizite Abläufe in den Köpfen der verschiedenen Anspruchsgruppen existieren, was wie oben beschrieben leider häufig der Fall ist, lohnt es sich, die Zeit für die saubere Erfassung aufzuwenden, um damit eine argumentativ erfassbare Ausgangslage zu schaffen. Effiziente und effektive Prozesse zu entwerfen, bedarf danach einerseits einer genauen Kenntnis der Arbeitsabläufe und -weisen der Mitarbeiter, unterliegt jedoch auch einem kreativen Moment bei der Identifizierung und Neugestaltung zu optimierender Prozesse resp. Prozessteile. Prinzipiell lässt sich festhalten, dass dort, wo die Integration der Lernplattformen in die hochschulinternen Abläufe und ihr sicherer Betrieb garantiert werden muss, die Daueraufgaben an bestehende bzw. verbindlich zu schaffende Organisationseinheiten zu vergeben sind (vgl. dazu auch Meister & Wedekind, 2003, 220). Dies trägt der Beobachtung Rechnung, dass an wissenschaftlichen Instituten der Personalwechsel in der Regel zu hoch ist, als dass operative Aufgaben über längere Zeiträume hinweg in gleicher Qualität garantiert werden könnten. Zur Beschreibung und Dokumentation der einzelnen Prozesse empfiehlt es sich, ein Formular zu entwickeln, das die zentralen Informationen zusammenfasst und von einer zentralen Stelle verwaltet wird. Informationen, die bei der Definition von Prozessen reflektiert und dokumentiert werden sollten, sind abhängig vom im Schritt 1 definierten Umfang des Systems. In der Regel bietet folgende Übersicht ein gesättigtes Informationsangebot.

- **Prozessbezeichnung** — Eine eindeutige und intuitiv erschließbare Bezeichnung des Prozesses erleichtert durch eine klare Referenzierung die Kommunikation im und außerhalb des Projektes.

- **Ziele des Prozesses** — Welchem Zweck und Ziel dient der vorliegende Prozess. Möglichst pragmatische Aussagen verhelfen zu einem klaren Blick auf die zu lösenden Aufgaben.

- **Verantwortliche Rolle/Person für den Prozess** — Um die Verlässlichkeit der Prozesserfüllung zu erhöhen, sollte sich eine Rolle, resp. besser eine Person verantwortlich für die Ausführung resp. Aktualität des Prozesses zeichnen. Dies darf keinesfalls im Sinne einer Kontrollstelle verstanden werden, sondern dient in erster Linie der Möglichkeit, dass sich betroffene Personen bei Problemen oder Fragen an eine verantwortliche Person wenden können.

- **Start- und Endpunkt des Prozesses mit Fokus auf Inputs und Output** — Das Auflisten der Bedingungen und Kontrollfaktoren für den Prozess zeigt die zentrale Komplexität bei der Entwicklung der Prozesse auf. Falls notwendig, können durch logische Operatoren auch komplexere und nicht nur lineare Prozesse abgebildet werden.

- **Identifikation der beteiligten Rollen/Personen** — Die am Prozess mit einzelnen Aktivitäten beteiligten Personen sind entsprechend auszuweisen und in Verantwortlichkeiten einzuteilen. Es können dabei Aktivitätenkategorien zugewiesen werden, die Aussagen darüber machen, ob eine Rolle bei einer gewissen Aktivität aktiv selber ausführt (A), kontrolliert (K) oder andere Rollen informiert (I).

- **Systemunterstützung und Hilfsmittel** — Dort, wo Systemunterstützung und Hilfsmittel zur Verfügung stehen, sind diese zu deklarieren und einzelnen Subprozess-Schritten zuzuweisen und mit Input-Output-Beschreibungen zu versehen.

An der Universität St. Gallen wurden auf diese Weise verschiedene Prozesse definiert, was in nachfolgender Darstellung übersichtsartig dargestellt wird:

Schnittstellenprozesse	**Autorenprozesse**	Um einen möglichst effizienten Inhaltserstellungsprozess zu gewährleisten, wurden drei unterschiedliche Prozesse definiert und eingeführt. • Erstellen und Durchführen von Kursen mit medientechnisch niederschwelligen Inhalten • Erstellen und Durchführen von Kursen mit medial aufwendigeren Entwicklungen (Simulationen, Flash-Animation, Testfragen) • Erstellen und Durchführen von Kursen mit spezifischen multimedialen Inhalten (komplettes Web Based Training, Video/Audio, Planspiele und weitere mehr)
	Veranstaltungs-administration	• Veranstaltungs- und Kursmanagement • Benutzerverwaltung (Studenten und Dozenten) • Lerninhalts-Archivierung/Contentmanagement
	Studierendenprozesse	• Einschreibung • Prüfungsanmeldung • Kursbesuch und Abgabe von Arbeiten

Interaktionsprozesse	**Support- und Kommunikationsprozesse**	• Dozentenseitige Unterstützung
		  - Hotline (Telefon/E-Mail)
		  - Erfahrungsaustausch
		  - Frequently Asked Questions [FAQ]/Diskussionsforen
		
		• Studentenseitige Unterstützung.
		  - Hotline (E-Mail)
		  - Frequently Asked Questions [FAQ]/Diskussionsforen

Kompetenz-entwicklungsprozesse	Folgende Kompetenzentwicklungsprozesse wurden identifiziert, dokumentiert und implementiert:
	
	- Dozenten
	  - didaktische Beratung bei der Entwicklung von Lehr-Lern-Arrangements inkl. Debriefing nach Ende der Veranstaltung
	  - technisch-didaktische Schulung beim Umgang mit den Autorenwerkzeugen
	- Studierende
	  - Umgang mit den Tools
	  - Selbstlernen lernen (Veranstaltung)
	- Administration, Arbeitsabläufe und Systemwartung

Evaluationsprozesse	- Evaluation der Maßnahmen im Rahmen der Gesamtveranstaltungsevaluationen - Technische Auswertung der Kursnutzung

Die oben dargestellten Prozesse zeigen eine gezielte, E-Learning-spezifische Auswahl der gesamtuniversitären Prozesslandschaft an der Universität St. Gallen. Die aufgelisteten Prozesse stellen dabei schwergewichtig jene Abläufe dar, die in zentraler Weise durch die Einführung neuer Medien in der Lehre tangiert und verändert wurden. Obschon vielfach das Hauptaugenmerk auf den Schnittstellenprozessen liegt, ist für den Erfolg der mediengestützten Lehre eine hohe Qualität bei den Interaktionsprozessen von zentraler Bedeutung. Zwei aktuelle Studien führen die wichtige Rolle des Supports der Lehrenden und Lernenden (faculty support) bei der Implementierung von Online-Studiengängen detailliert aus. Die Western Cooperative for Educational Telecommunications (WCET) wurde vom Council of Regional Accrediting Commissions (C-RAC) in den USA beauftragt, Elemente für qualitativ hochwertige Online-Programme (online distance education) herauszuarbeiten (vgl. dazu WCET, 2001). Der Support der Lehrenden nimmt hier eine zentrale Stellung ein. In der gleichen zentralen Bedeutung wurde bereits ein Jahr zuvor „faculty support" in der Benchmarkstudie des Institute for Higher Education Policy (Phipps & Merisotis, 2000) als zentrales Erfolgskriterium identifiziert. Dieser zentrale Bedarf an Support-Dienstleistungen von Seiten der Lehrenden und der Lernenden verlangt klar nach professioneller, d.h. rascher, zuverlässiger und kompetenter Unterstützung, die an den wenigsten Universitäten und Hochschulen Realität sind und ein grundlegendes Überdenken der existierenden Servicestrukturen und -abläufe voraussetzt.

3.3 Schritt 3: Personen-System-Schnittstellen identifizieren

Gerade bei der Implementierung von E-Learning stellt die Nutzung des zugrunde liegenden Lern-Systems eine wesentliche Prozesskomponente dar. An welchen Stellen ein System gewisse Prozessschritte automatisieren resp. unterstützen soll, kann sinnvollerweise erst entschieden werden, nachdem die beteiligten Benutzer mit ihren Skills (Schritt 1) und die Komplexität des Prozesses (Schritt 2) bekannt sind. Die Erfahrungen an der Universität St. Gallen zeigen einmal mehr, dass vollautomatisierte Prozesse über heterogene Systeme hinweg sehr verletzlich sein können und gegenüber manuellen Arbeiten gewichtige Nachteile bzgl. der Transparenz aufweisen. Es zeigte sich, dass gerade die Zuordnung von Kursverantwortlichen, Assistenten und Autoren aufgrund der notwendigen Flexibilität seitens der Verantwortlichen nur sehr schwer durch einen zentralen und automatisierten Prozess abzudecken ist. Kurzfristige Personalfluktuationen und Ressourcenverschiebungen bei den Inhaltsverantwortlichen machten darüber hinaus eine dezentrale, manuelle Lösung notwendig und verlangten nach einer entsprechenden Nachjustierung der Abläufe. So werden im nachfolgenden Prozessbeispiel nur noch die definierten Haupt-Dozierenden automatisch über das System verwaltet – für die flexible Handhabung kurzfristiger Zuordnungen von zusätzlichen, inhaltlich involvierten Assistierenden wurden kürzere und kosteneffizientere Prozesse definiert.

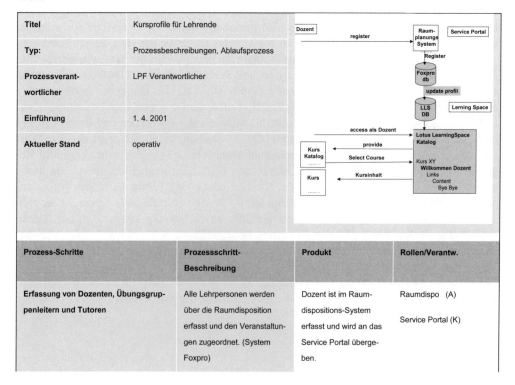

Titel	Kursprofile für Lehrende
Typ:	Prozessbeschreibungen, Ablaufprozess
Prozessverantwortlicher	LPF Verantwortlicher
Einführung	1. 4. 2001
Aktueller Stand	operativ

Prozess-Schritte	Prozessschritt-Beschreibung	Produkt	Rollen/Verantw.
Erfassung von Dozenten, Übungsgruppenleitern und Tutoren	Alle Lehrpersonen werden über die Raumdisposition erfasst und den Veranstaltungen zugeordnet. (System Foxpro)	Dozent ist im Raumdispositions-System erfasst und wird an das Service Portal übergeben.	Raumdispo (A) Service Portal (K)

Erfassung der Dozenten-Kurs-Zuordnung	Im Service Portal-System werden die Kurs-Dozenten-Zuordnungen übernommen (System Service Portal)	Vollständige, normalisierte Abbildung der Dozenten-Vorlesungsbeziehung.	Sekretariat (A) Service Portal (K)
Erfassung der Verantwortlichen-Kurs-Zuordnung	Im Service Portal-System werden die Kurs-Verantwortlichen-Zuordnungen übernommen. D. h. Dozenten können zu Kursen als Verantwortliche zugeordnet werden, damit Sie automatisch Zugriff auf ihre Kurse über die Lernplattform bekommen.	Vollständige, normalisierte Abbildung der Verantwortlichen-Vorlesungsbeziehung.	Sekretariat (A) Service Portal (K) LPF Verantw. (I)
Logische Übertragung der Kurszuordnung	Für reine Lehrverantwortung und für reine inhaltliche Verantwortung existieren 2 unterschiedliche Codes. Dozenten haben per definitionem die lehrende und inhaltliche Betreuung einer Veranstaltung inne und werden deshalb mit beiden Codes übergeben.	Ein traditioneller Dozent oder Übungsgruppenleiter wird mit Code 2 und 3 an die LPF übergeben. Ein Übungsgruppenleiter, der einfach auf die Vorlesung zugreifen möchte, hat für diese Veranstaltung nur die Rolle 3.	Service Portal, (A) LPF Verantw. (K)
Technische Übertragung der Kurszuordnung	Die Studierenden-Profile werden über das Java-Api an die HSG-Inter Datenbank übergeben	C_Profiles C_Journal C_Courses	Service Portal(A, I) LPF Verantw.(K)
...	...	...	...
...	...	...	...

Abbildung 2: Ausschnitt aus einer Dokumentation eines administrativen Sub-Prozesses

3.4 Schritt 4: Prozesse strukturieren und validieren

Nachdem zunächst auf die Identifizierung konkreter Prozesse fokussiert wurde, ist in einem nächsten Schritt die Strukturierung und Validierung der Prozesse von großer Bedeutung. Wie zu erwarten, zeigte sich, dass gerade bei der arbeitsteiligen Entwicklung von Prozessen die Gefahr groß ist, dass in unterschiedlichen Prozessen redundante und widersprüchliche Lösungen entstehen. Das Ergebnis war schließlich ein Schaubild, das die verschiedenen Rollen und die verschiedenen Prozessgruppen darstellt.

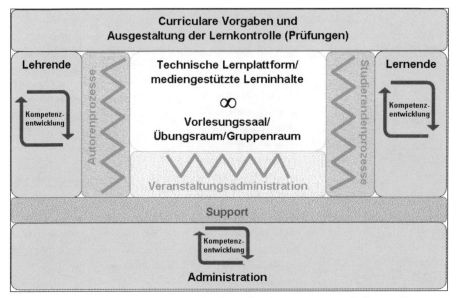

Abbildung 3: Prozessstruktur einer Lernplattform für das unterstützte Selbststudium

Es zeigte sich immer wieder, dass die wichtigsten Validitäts-Kriterien für die Prozesse die Umsetzbarkeit und Granularität der Prozessbeschreibung waren. Dort, wo Prozesse zu detailliert beschrieben wurden, fehlte die mangelnde Flexibilität, um auf Unvorhergesehenes reagieren zu können, und dort, wo zu wenig detailliert dokumentiert wurde, kamen entsprechende Nachfragen und Detaillierungsforderungen zurück ans Projektteam. Als Kriterien für das Abschätzen der angemessenen Granularität wurden in der Folge anschließende Kriterien entwickelt:

Für jeden Prozess wurde ein Gesamtverantwortlicher definiert, und die Arbeitsabläufe wurden von den betroffenen Rollen auf die Plausibilität hin geprüft und bestätigt.

- Der Prozess beinhaltet im Aktivitätenablauf sämtliche auszuführenden Aufgaben und ermöglicht es, klare Verantwortlichkeiten und Zielvorgaben zu definieren.

- Alle Anschlusspunkte von Systemunterstützungen an Prozessbeschreibungen sind integriert, und Input wie Output sind definiert.

- Jede der in Schritt 1 identifizierten Rollen sollte in mindestens einen Prozess eingebunden sein. Falls die eingangs definierten Akteure nicht berücksichtigt sind, ist es wahrscheinlich, dass gewisse Prozesse noch nicht definiert wurden.

- Jeder in Schritt 2 identifizierte und über Schritt 3 operationalisierte Prozess sollte mit mindestens einem Akteur aus Schritt 1 verbunden sein. Falls Prozesse ohne irgendwelche Akteure auskommen, so ist es wahrscheinlich, dass dieser Prozess außerhalb des Systems und des zugrunde liegenden Projektzieles liegt.

4. Schlussfolgerungen und lessons learned

Da die Wichtigkeit der Prozessdefinitionen bereits früh erkannt wurde, legte man begleitend zur softwaremäßigen Implementierung im Informatikbereich der Universität St. Gallen bereits großen Wert auf die Anpassung der organisatorischen Rahmenbedingungen und Grundlagen. Indem man vorerst auf eine neue E-Learning-Linienstelle verzichtete, wurde auf eine möglichst rasche und organische Integration der Aufgaben und Abläufe in die bestehende Informatik- und Lehr-Organisation hingearbeitet. Bereits in der Startphase des Projektes zur Implementierung von StudyNet wurden entsprechende organisatorische Entscheide getroffen, die auf die Umschulung von Personen sowie Neuanstellungen abstützte. Die große Zeitverzögerung bis zur effektiven organisatorischen Umsetzung und bis die neuen Prozesse effizient greifen konnten haben dabei eindrücklich gezeigt, dass die Verfügbarkeit der notwendigen Fertigkeiten und Fähigkeiten ein zentrales Problem darstellt und dahingehende Überlegungen nicht früh genug initialisiert werden können.

Die Zusammenarbeit mit einem externen Partner gestaltete sich deshalb einerseits als schwierig, aber gerade deshalb auch als erfolgreich, weil das Projekt sich gezwungen sah, längst fällige Überlegungen zu Prozessgestaltung, -dokumentation und Systemschnittstellen voranzutreiben. Um dabei die Nachhaltigkeit und Umsetzbarkeit gleichermaßen zu fördern, wurde auf die kontinuierliche Integration verschiedener Anspruchsgruppen in den Definitionsprozess großen Wert gelegt. Als absolute Key-Players wurden die verschiedenen Institute und die IT-Verantwortlichen involviert und im Sinne des Change Managements (vgl. dazu auch Doppler & Lauterburg, 1997, 78f.) an der Lösungsfindung beteiligt. Als zentrales Gestaltungselement, um die Transparenz der Prozesse zu erhöhen und um die Übergabe und Delegation an operative Organisationseinheiten überhaupt zu ermöglichen, kamen ausführliche Prozessdefinitionen zum Einsatz. Es zeigte sich bei der Formulierung und Anwendung dieser Prozesse auf ein Neues, wie z. B. zu komplexe Abläufe vereinfacht und durch Systeme unterstützt werden mussten oder gerade diametral entgegengesetzt, wie gewisse Prozesse im manuellen Modus doch effizienter erledigt werden können. Die Aufgabe des Prozessdesigns ist nach wie vor nicht abgeschlossen und wird die Universität noch während weiteren 1 bis 2 Jahren intensiv beschäftigen.

Die Tatsache, dass heute an der Universität St. Gallen trotzdem ein E-Learning-Team tätig ist, entkräftet obiges Argument nicht. Denn nur die erfolgreiche Integration einer Vielzahl organisatorischer und administrativer Abläufe macht es heute möglich, Unterhalt und Betrieb der notwendigen Infrastruktur mit rund 170 Stellenprozenten auf einem hohen Qualitätsniveau sicherzustellen. Somit ist auch Kerres' eingangs dieses Beitrags gestellte Frage nach der Kompatibilität der Organisation der Lehre mit innovativen Ansätzen der Lehre mit einem Ja zu beantworten. Das kritische Hinterfragen des Lehrstuhlprinzips hat aber gezeigt, dass dies wohl nicht die ideale Organisationsform für die Einführung mediengestützter Lehr-Lern-Arrangements ist – es wurde jedoch auch gezeigt, dass das Lehrstuhlprinzip kein grundlegendes Hindernis für transparente Prozessdefinitionen und die nachhaltige Erneuerung grundlegender Abläufe der Lehre ist.

Literatur

COLLIS, B. & VAN DER WENDE, M. (2002). *Models of Technology and Change In Higher Education: An international comparative survey on the current and future use of ICT in Higher Education.* Adresse: http://www.utwente.nl/cheps/documenten/ictrapport.pdf (Stand: 19.9.2003).

DOBERKAT, E.-E., ENGELS, G., GRAUER, M., GROB, H. L., KELTER, U., LEIDHOLD, W., ET AL. (2000). *Multimedia in der wirtschaftswissenschaftlichen Lehre: Erfahrungsbericht.* Hamburg, London, Münster: Lit.

DOPPLER, K. & LAUTERBURG, C. (1997). *Change Management den Unternehmenswandel gestalten.* Frankfurt a.M.: Campus.

FÄRBER, B. (1997). *Projektmanagement – Definition und Einführung.* Adresse: http://www.unibw-muenchen.de/campus/LRT11/aw/Def.ppt (Stand: 15.9.2002).

GEUKES, A. (2000). *Design und Produktion digitaler interaktiver Lektionen: Lernen mit Multimedia.* Adresse: http://archiv.ub.uni-bielefeld.de/disshabi/2001/0049.pdf (Stand: 19.9.2003).

KERRES, M. (2001). Medien und Hochschule: Strategien zur Erneuerung der Hochschullehre. In J. I. Ludwig & G. Stärk (Hrsg.), *Studieren mit Multimedia und Internet – Ende der traditionellen Hochschule oder Innovationsschub?* (Band 16). Münster: Waxmann.

MEISTER, D. M. & WEDEKIND, J. (2003). Lernplattformen im institutionellen Rahmen. In K. Bett & J. Wedekind (Hrsg.), *Lernplattformen in der Praxis* (Band 20, S. 210–222). Münster, New York: Waxmann.

PHIPPS, R. A. & MERISOTIS, J. (2000). *Quality On The Line. Benchmarks For Success In Internet-Based Distance Education.* Washington: The Institute For Higher Education Policy.

SAKURAI, J. M. (2002). Traditional vs. Online Degrees. *e-Learning*, 3(8), 28 – 31.

SEUFERT, S. & EULER, D. (2003). *Nachhaltigkeit von eLearning-Innovationen* (Band 1). St. Gallen: SCIL.

VELTMANN, C. (2003, 10.1.2003). *Hochschulinformationssysteme und eLearning Plattformen: Anforderungen, Realitäten und Möglichkeiten der Integration.* Adresse: http://www.inwida.uni-dortmund.de/forum2/veltmann.pdf (Stand: 17.9.2003).

WCET. (2001). *Best Practices for Electronically Offered Degree and Certificate Programs.* Adresse: http://www.wiche.edu/telecom/Article1.htm (Stand: 17.9.2003).

Dieter Euler

Gestaltung der Kompetenzentwicklung von E-Learning-Promotoren

Abstract

Was macht die Situation „E-Learning an Hochschulen" aus? Nimmt man eine enge Perspektive ein, so könnte man sich beispielsweise auf die technische oder didaktische Seite der Gestaltung begrenzen. Versteht man die Frage umfassender, so werden strategische, organisatorische, kulturelle und ökonomische Aspekte für Kompetenzprofile von E-Learning-Promotoren relevant. In diesem Beitrag wird eine Konzeption zur Kompetenzentwicklung von E-Learning-Promotoren vorgestellt, in der die Entwicklung einer E-Learning-Kompetenz auf einen umfassenden systemischen Rahmen mit unterschiedlichen Handlungsbereichen und darauf bezogenen Aufgabenprofilen bezogen wird. Anschließend werden einige Prinzipien für die methodische Gestaltung von Maßnahmen zur Kompetenzentwicklung skizziert.

Der Autor

Prof. Dr. Dieter Euler ist seit Oktober 2000 Inhaber des Lehrstuhls für „Wirtschaftspädagogik und Bildungsmanagement" und wissenschaftlicher Leiter des Swiss Centre for Innovations in Learning (SCIL) am Institut für Wirtschaftspädagogik an der Universität St. Gallen. Zuvor war er an der Universität Potsdam (1994–1995) und an der Universität Erlangen-Nürnberg (1995–2000) tätig. Neben dem „E-Learning" beschäftigt er sich u.a. innerhalb eines mehrjährigen Forschungsprogramms mit Fragen der „Förderung von Sozialkompetenzen". Er ist an der Universität St. Gallen verantwortlich für die Entwicklung eines eigenständigen Studienbereichs „Selbststudium", der mit einem Gesamtumfang von 25 % des Curriculums neue Formen des kooperativen Selbstlernens mit Unterstützung durch die Neuen Medien einführt.

Dieter Euler

Gestaltung der Kompetenzentwicklung von E-Learning-Promotoren

1.	Ausgangspunkte	172
2.	Bezugsrahmen: E-Learning an Hochschulen	174
3.	Differenzierungen: Aufgabenprofile und Inhalte für die Kompetenzentwicklung	176
	3.1 Kompetenzprofil „Strategieentwicklung"	177
	3.2 Kompetenzprofil „Entwicklung von E-Learning-unterstützten Lernumgebungen"	178
	3.3 Kompetenzprofil „Organisatorische Infrastrukturentwicklung"	181
	3.4 Kompetenzprofil „Technische Infrastrukturentwicklung"	182
	3.5 Kompetenzprofil „Kulturelle Infrastrukturentwicklung"	183
	3.6 Kompetenzprofil „Ressourcen- und Projektmanagement"	183
4.	Umsetzung: Prinzipien zur methodischen Gestaltung von Maßnahmen zur Kompetenzentwicklung	184
	Literatur	186

1. Ausgangspunkte

Es ist nahezu eine pädagogische Kalenderweisheit, dass die Qualität von Bildungsangeboten maßgeblich durch die didaktischen Kompetenzen des Lehrpersonals bestimmt wird. Dies gilt auch für die Umsetzung von E-Learning-unterstützten Lernumgebungen. Entsprechend finden sich zahlreiche Postulate, im Rahmen der Implementierung von E-Learning ein besonderes Augenmerk auf die Kompetenzentwicklung der Lehrenden zu werfen (vgl. BREMER, 2002, S. 125; RAUTENSTRAUCH, 2001, S. 18; ALBRECHT, 2002, S. 146). Von Ausnahmen abgesehen bleiben didaktische Konzepte zur Entwicklung einer E-Learning-Kompetenz *in der Literatur* zumeist auf einzelne Teilausschnitte des Gesamtfeldes begrenzt und erfassen lediglich spezifische Handlungsschwerpunkte bzw. Aufgabenprofile (z. B. SALMON, 2000; RAUTENSTRAUCH, 2001). Im Laufrad des Tagesgeschäfts *der Praxis* vollzieht sich die Kompetenzentwicklung zumeist pragmatisch und punktuell. So besteht häufig die Vorstellung, dass bestehende Handlungsroutinen (z.B. die Betreuung von Studierenden) einfach aus einem sozial-kommunikativen in einen technisch unterstützten Rahmen übertragen werden müssen. Die Spezifika der neuen Lernumgebungen werden ausgeblendet, die Potentiale entsprechend nur begrenzt genutzt. Wenn eine Kompetenzentwicklung geplant wird, dann zumeist im Sinne einer „Mikrowellenpädagogik", d.h. im Sinne einer kurzen Intensiveinwirkung.

An dieser Stelle setzen meine Überlegungen an. Es wird eine Konzeption vorgestellt, in der die Entwicklung einer E-Learning-Kompetenz auf einen umfassenden systemischen Rahmen mit unterschiedlichen Handlungsbereichen und darauf bezogenen Aufgabenprofilen bezogen wird. Anschließend werden einige Prinzipien für die methodische Gestaltung von Maßnahmen zur Kompetenzentwicklung skizziert.

Die Ausgangsfrage lautet: Welche Kompetenzen sollen von welchen Adressaten erworben werden? Die Bestimmung der notwendigen Kompetenzen zur Bewältigung bestimmter Praxisaufgaben gehört zum „Brot-und-Butter-Geschäft" eines jeden Pädagogen. Ob es um Lehrpläne für die Schule, Seminarkonzepte für die betriebliche Weiterbildung oder Studienpläne für die Hochschulen geht – die grundlegende Vorgehensweise ist ebenso einfach wie plausibel. Man schaue auf das Bezugssystem der Praxis, auf das eine Bildungsmaßnahme vorbereiten soll, identifiziere die dort geltenden Herausforderungen und leite die Kompetenzen ab, die zur Bewältigung der Herausforderungen von den verantwortlichen Akteuren eingebracht werden müssen. Oder in eine curriculumtheoretische Phasenfolge gefasst:

Situation → Herausforderungen → Kompetenzen.

Der Teufel steckt dann aber doch im Detail. Die Zustände in den drei Phasen sind nicht objektiv gegeben, sondern das Ergebnis definitorischer und damit normativer Entscheidungen. Bezogen auf den hier interessierenden Praxisbezug: Was macht die Situation „E-Learning an Hochschulen" aus? Nimmt man eine enge Perspektive ein, so könnte man sich beispielsweise auf die technische oder didaktische Seite der Gestaltung begrenzen. Versteht man die Frage umfassender, so würden strategische, organisatorische, kulturelle und ökonomische Aspekte hinzutreten. Aber auch die beiden nachfolgenden Phasen bis zur Kompetenzbestimmung beinhalten konstruktive Entscheidungen. Zwei Beispiele mögen die Überlegung veranschaulichen: Versteht man die Existenz einer stabilen Technik als ein wesentliches Situationsmerkmal der Gestaltung, so kann man die Realisierung als eine problemlose Gegebenheit oder aber als eine große Herausforderung für die Technikverantwortlichen sehen. Hält man im Rahmen eines E-Tutoring die Gestaltung der Beziehungsebene von Kommunikation für wesentlich, so kann man die Realisierung ebenfalls als nicht weiter problematisierungs-, oder aber als entwicklungsbedürftig aufnehmen. Nach welchen Kriterien treffe ich als Curriculumentwickler jedoch solche Entscheidungen? Vielleicht eklektizistisch durch eine pragmatisch angeleitete Orientierung an bestehenden Ausbildungsangeboten? Oder durch eine systematische Entscheidungsbildung auf der Grundlage von theoriegestützten Begründungen?

Die nachfolgenden Überlegungen stützen sich auf die folgenden Grundlagen:

- Ausgangspunkt für die Bestimmung des Situationsrahmens „E-Learning an Hochschulen" bilden zum einen die Erfahrungen, die seit 2000 im Rahmen der Implementierung eines mediengestützten Selbststudiums an der Universität St. Gallen gewonnen werden.[1] Zum anderen stütze ich mich auf die Ergebnisse einer Delphi-Studie von SEUFERT.[2]

- Innerhalb dieses Rahmens habe ich ausgewählte Konzepte ausgewertet, die sich auf die Entwicklung eines Qualitätsmanagements im Bereich des E-Learning beziehen (u. a. University of Warwick; Association of MBAs). Diese Konzepte erfordern streng genommen eine (theoriegeleitete, zumindest aber reflektierte bzw. begründete) Vorstellung darüber, was bezogen auf das Betrachtungsobjekt als „qualitativ hochwertig" gelten soll. Auch wenn die Begründungstiefe der bestehenden Konzepte häufig schnell erschöpft ist, so bieten sie doch Anregungen und Hinweise auf mögliche Herausforderungen.

- Analoges gilt für bestehende Konzepte zur Kompetenzentwicklung von E-Learning-Promotoren, auf die ich mich in einem dritten Strang beziehe. Neben einem Konzept von RAUTENSTRAUCH[3], das sich auf die in Interviews erhobenen Praxiserfahrungen von sechs Tele-Tutoren stützt, greife ich die einschlägigen Ausbildungsangebote von privaten und öffentlichen Bildungsdienstleistern auf.[4]

---

[1] Vgl. EULER & WILBERS, 2002.
[2] Vgl. SEUFERT & EULER, 2004.
[3] Vgl. RAUTENSTRAUCH, 2001.
[4] Ausgewertet wurden insgesamt 37 Marktangebote aus der Schweiz, Deutschland und Österreich. Sie zeichnen sich durch unterschiedliche inhaltliche Schwerpunkte, Zielgruppen, Zeitrahmen, Abschlüsse u.a. m. aus; vgl. SCHÖNWALD, 2003.

2. Bezugsrahmen: E-Learning an Hochschulen

Es wird davon ausgegangen, dass eine qualitativ hochwertige und nachhaltige Implementierung von E-Learning an Hochschulen die kompetente Gestaltung der folgenden Bereiche erfordert[5]:

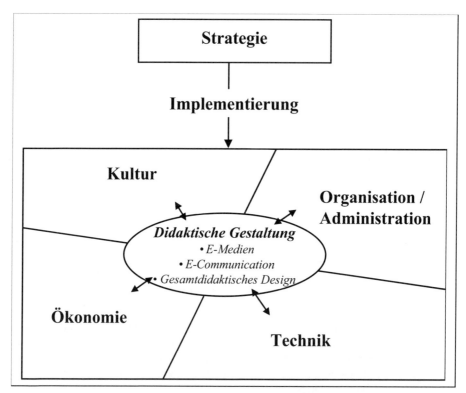

Abbildung 1: Dimensionen der Gestaltung von E-Learning-Anwendungen

Grundlegend ist die (Weiter-)Entwicklung einer *E-Learning-Strategie* zu leisten, die zum einen die einzelnen Implementierungsaktivitäten ausrichtet, zum anderen die Anbindung an die übergreifenden strategischen Festlegungen gewährleistet. So ist beispielsweise die Frage zu beantworten, welcher Mehrwert mit der Einführung von E-Learning erzielt werden soll (z. B. Erreichung neuer Zielgruppen; Qualitätsverbesserung der Lehre). Davon ausgehend stellen sich weitergehende Überlegungen, beispielsweise hinsichtlich der Finanzierungs-,

---

[5] Die nachfolgenden Ausführungen gehen von den institutionellen Bedingungen an einer Hochschule aus. Die Aussagen werden dabei in einem Allgemeinheitsgrad formuliert, der zum einen die Einbeziehung eines breiten Spektrums von unterschiedlichen Hochschulen erlaubt, zum anderen in vielen Punkten auch eine Übertragung auf die Bedingungen im Unternehmensbereich plausibel erscheinen lässt.

Kooperations- und Vermarktungsstrategien sowie der Gestaltung eines Qualitätsmanagements.

Im Mittelpunkt der Implementierung steht die *didaktische Dimension*. Letztlich müssen sich E-Learning-Konzepte an der Frage messen lassen, inwieweit sie die ausgewiesenen fachlichen und überfachlichen Lernziele erreichen, und dies zudem besser als es mit weniger aufwändigen Lernszenarien möglich wäre. In diesem Rahmen sind drei wesentliche Kompetenzbereiche zu unterscheiden: (1) Gestaltung von E-Medien bzw. Learningware (z.B. CBT, assignments, Simulationen); (2) Gestaltung von Lernphasen mit Hilfe von Formen der E-Communication (z.B. E-Tutoring, E-Moderating); (3) Gesamtdidaktisches Design von Kursen (z.B. Lehrveranstaltung über ein Semester) unter Verwendung von E-Medien und/oder Varianten der E-Communication. Es erscheint evident, dass die kompetente didaktische Gestaltung der einzelnen Bereiche an die Verfügbarkeit einer fundierten didaktischen Orientierungskompetenz gebunden ist.

Um diesen Kernbereich der Didaktik herum sind vier Unterstützungsdimensionen gruppiert, die ebenfalls ausgeprägte Kompetenzanforderungen begründen.

- Die ökonomische Dimension nimmt die Erfahrung auf, dass sich die Implementierung von E-Learning spätestens dann in der dünnen Luft begrenzter Ressourcen vollzieht, wenn die Phase von (öffentlich finanzierten) Pilotprojekten überwunden ist. Entsprechend stellt sich die Frage nach der dauerhaften Finanzierung einer Basisinfrastruktur (z. B. Technik, Personal). Daraus resultieren weitergehende Fragen der Ressourcenplanung und -kontrolle. Ferner fällt in diese Dimension die kompetente Gestaltung eines E-Learning-spezifischen Projektmanagements.

- Die organisatorisch-administrative Dimension beschreibt Kompetenzen, die auf die organisatorische Gestaltung der Strukturen und Prozesse zielen. Welche Unterstützungsangebote sollen die Einführung begleiten? Wie kann die erforderliche Infrastruktur in der Hochschule organisatorisch verankert werden? Wie können die Abläufe transparent, aber auch flexibel definiert werden? Wie sollen Beratungs- und Qualifizierungsprozesse, Kommunikationspolitik u. a. auf eine dauerhafte und stabile Grundlage gestellt werden?

- Die technische Dimension fokussiert die Aufgaben im Zusammenhang mit der Bereitstellung einer problemgerechten technischen Funktionalität. Darüber hinaus sind Kompetenzen angesprochen, die sich auf die medientechnische Produktion und Beurteilung von Lerninhalten beziehen (z. B Programmierung mit Autorentools; Web-Publishing; Usability-Beurteilung).

- Die kulturelle Dimension nimmt die Herausforderung auf, dass die Integration neuer Lernkonzepte in eine tradierte Praxis wie der Hochschullehre mit der Veränderung von Gewohnheiten und Einstellungen verbunden ist. So erfordert die Umsetzung medienunterstützter Lernumgebungen vielerorts die Entwicklung von Lern- und Lehrkulturen, die mit der bestehenden Praxis einer Hochschullehre in Konflikt stehen können. Während die Ausbildung entsprechender Lehrkompetenzen einen Teilbereich in der didaktischen Dimension darstellt, werden in der kulturellen Dimension jene Kompetenzen betont, die eine Gestaltung des Veränderungsprozesses betreffen (z. B Akzeptanzförderung, Innovations- und Change-Management, Förderung von Wissens- und Erfahrungsaustausch).

Der skizzierte Bezugsrahmen grenzt nicht nur potentielle Gestaltungsfelder für die Strategiebildung und Implementierung von E-Learning in der Hochschule ab, sondern er bildet zugleich den Ausgangspunkt zur Bestimmung von Aufgabenprofilen und Inhalten für die Kompetenzentwicklung.

3. Differenzierungen: Aufgabenprofile und Inhalte für die Kompetenzentwicklung

Ausgehend von dem Bezugsrahmen und der Skizzierung wesentlicher Herausforderungen können nunmehr Aufgabenprofile und darauf bezogene Kompetenzcluster bestimmt werden. Aus der Sicht einer konkreten Hochschule stehen diese Kompetenzcluster prinzipiell unter der Perspektive des „make-or-buy", d.h. sie können durch entsprechende Maßnahmen selbst oder durch die Inanspruchnahme externer Angebote entwickelt werden.

Die Zuordnung der Aufgaben wird in der Praxis flexibel erfolgen und ist abhängig von den bereits verfügbaren Kompetenzen sowie den bestehenden Organisationsstrukturen. So existieren etwa in vielen Hochschulen einzelne Personen bzw. Projektgruppen, die in ihrer Fachdisziplin spezifische Erfahrungen in der Umsetzung von E-Learning-Aktivitäten gewinnen konnten. In einigen Hochschulen wurden disziplinübergreifende Angebote aufgebaut, etwa im Rahmen von Rechen-, Medien- oder hochschuldidaktischen Zentren. Ein anderer Ansatz wird beispielsweise an der Universität Basel verfolgt, wo die bestehenden Informations-, Beratungs- und Qualifizierungsangebote zur Einführung von E-Learning in einem Netzwerk verbunden, koordiniert und durch weitere Angebote ergänzt werden.[6] Unabhängig von den organisatorischen Realisierungsvarianten ist zu fragen, welche Kompetenz- bzw. Aufgabenprofile für wesentlich gehalten und inwieweit die unterschiedlichen Kompetenzen in ein Gesamtkonzept integriert werden.

In Anlehnung an den skizzierten Bezugsrahmen sollen die folgenden Aufgaben- bzw. Kompetenzprofile unterschieden und im Hinblick auf die zentralen Inhalte erläutert werden.

---

[6] Vgl. BACHMANN u. a., 2002.

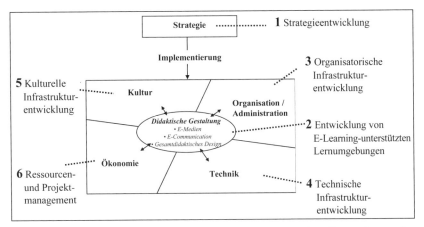

Abbildung 2: Aufgaben- und Kompetenzprofile als Grundlage für die Implementierung von E-Learning an Hochschulen

3.1 Kompetenzprofil „Strategieentwicklung"

In diesem Bereich ist die grundlegende Kompetenz gefordert, Prinzipien des strategischen Managements auf den besonderen Anwendungsfall des E-Learning zu transferieren. Dazu bedarf es eines differenzierten Verständnisses sowohl der Potentiale von E-Learning als auch der Bedingungen des avisierten Anwendungsfeldes, in dem die Potentiale zur Anwendung kommen sollen. Bezogen auf eine Hochschule sind dies die innerorganisatorischen Bedingungen in den Fachbereichen und Fakultäten, die Leitbilder und Ziele der Organisation, möglicherweise aber auch die Gegebenheiten auf den Märkten, die mit Hilfe von neuen Bildungsangeboten erschlossen werden könnten.

Das Profil des Strategieentwicklers kann durch folgende Kompetenzbereiche charakterisiert werden:

- Wissen und Verständnis über die didaktischen Potentiale, Anwendungsbeispiele und „good practices" im Hinblick auf E-Learning-gestützte Bildungskonzepte.

- Analyse und Beurteilung der innerorganisatorischen Bedingungen im Hinblick auf die Anschlussfähigkeit für die Entwicklung bzw. Anwendung von E-Learning-gestützten Bildungskonzepten.

- Analyse und Beurteilung der Erschließung von neuen Märkten und Zielgruppen für ein Arrangement von E-Learning-gestützten Bildungskonzepten.

- Entwicklung einer organisationskompatiblen Strategie für die (Weiter-)Entwicklung von E-Learning-gestützten Bildungskonzepten.

- Entwicklung von Finanzierungs-, Kooperations- und Vermarktungsstrategien zur nachhaltigen Implementierung von E-Learning-gestützten Bildungskonzepten.

- Entwicklung einer Strategie der kontinuierlichen Qualitätsverbesserung.

3.2 Kompetenzprofil „Entwicklung von E-Learning-unterstützten Lernumgebungen"

Die Bewältigung der didaktischen Gestaltungsanforderungen erfordert neben didaktischen Orientierungskompetenzen spezifische Kompetenzen in folgenden Bereichen:

- Gestaltung von E-Medien.
- Gestaltung der E-Communication in der Rolle eines E-Instructors, E-Tutors oder E-Moderators.
- Gestaltung des gesamtdidaktischen Designs für ein umfassenderes Bildungsangebot (z.B. Lehrveranstaltung über ein Semester).

Didaktische Orientierungskompetenzen

E-Learning kann als ein spezifischer methodischer Rahmen für die Gestaltung von Lehr-Lernprozessen verstanden werden. Didaktische Methoden sind jedoch kein Selbstzweck, sondern sie dienen der Erreichung bestimmter Lernziele unter den Lernvoraussetzungen der Zielgruppe. Insofern reicht es nicht, lediglich die Anwendungsformen einer didaktischen Methode wie E-Learning zu kennen, sondern die ziel- und zielgruppengerechte Anwendung der Methode erfordert ein Verständnis über wesentliche didaktische Gesamtzusammenhänge. Exemplarisch sollen die folgenden Bereiche hervorgehoben werden:

- Didaktische Paradigmata (z.B. Behaviorismus, Kognitivismus, Konstruktivismus) und Grundprinzipien (z.B. Problemorientierung, Handlungsorientierung) verstehen und auf E-Learning-unterstützte Lernumgebungen anwenden.
- Formen des selbstgesteuerten Lernens verstehen und als Lehrender fördern (u. a. Differenzierung von Selbstlernkompetenzen, Balance von Selbst- und Fremdsteuerung bestimmen, Lernschwierigkeiten und Unterstützungsbedarf des Lernenden erkennen, herausfordernde Lernaufgaben mit angemessenem Aufforderungscharakter konzipieren, Einsatz von Lernstrategien anleiten).
- Besonderheiten, didaktische Potentiale und Grenzen von E-Medien reflektieren.
- Besonderheiten, didaktische Potentiale und Schwierigkeiten von Formen der E-Communication (u.a. weblecture, E-Tutoring, Diskussionsforum, Chat-Austausch, CSCL/VC) reflektieren.
- Die Effektivität von E-Learning-gestützten Lernumgebungen im Hinblick auf gegebene Lernvoraussetzungen und angestrebte Lernziele reflektieren.

Entwicklung von E-Medien

E-Medien sind Repräsentationen des Lerninhaltes in digitaler Form. Als konkretes Produkt entstehen beispielsweise CBT- oder WBT-Lernprogramme, aber auch Hypermedia-Software, Simulationen, assignments oder webquests. Gelegentlich werden auch PowerPoint-Slides oder sogar elektronisch gespeicherte Texte in die Kategorie des E-Mediums gefasst.

Es ist evident, dass die erforderlichen didaktischen Kompetenzen von der Art des Mediums abhängen. So wird sich beispielsweise die mediendidaktische Kreativität bei der Entwicklung eines CBT auf die Gestaltung sinnvoller Visualisierungen und Interaktionen konzentrieren, während die Entwicklung einer offenen Hypermedia-Struktur oder Simulation darüber hinaus die Gestaltung einer zielgruppenangemessenen Navigation im Blick hat.

Die programmiertechnische Umsetzung von E-Medien mit Hilfe von Softwarewerkzeugen (z.B. Autorentools) ließe sich prinzipiell von ihrer Entwicklung trennen. Es wird von den jeweiligen Bedingungen abhängen, wie das Verhältnis von Entwicklung und Umsetzung gehandhabt wird.

Das Profil des Medienentwicklers und -produzenten kann durch die folgenden Kompetenzbereiche gekennzeichnet werden:

- E-Medien in Dramaturgie, Drehbuch und Design vorbereiten.
- Die Präsentations-, Motivations- und Interaktionskomponente von E-Medien nach mediendidaktischen und kognitionspsychologischen Kriterien gestalten.
- Assignments und Formen der Lernerfolgsprüfung nach testpsychologischen Kriterien gestalten.
- E-Medien unter Anwendung von Qualitätskriterien beurteilen.

Gestaltung der E-Communication

Die grundlegenden Gestaltungsformen einer E-Communication (E-Instruction, E-Tutoring und E-Moderation) korrespondieren zunächst mit den Aktionsformen eines Lehrenden in sozial-kommunikativen Lernumgebungen (Vortrag, Lehrgespräch und Gruppenmoderation).[7] Dennoch besitzt die Kommunikation über das Netz einige Besonderheiten[8] und begründet insofern spezifische Anforderungen. Beispielsweise besitzt die E-Communication eine andere Geschwindigkeit und Dynamik, der Gruppendruck und damit die Tendenzen zu einem konformen Verhalten sind häufig geringer ausgeprägt, die Bereitschaft zu direkten und statusungefilterten Aussagen ist höher; andererseits sind die non-verbalen Kommunikationsformen schwächer ausgeprägt, wodurch sich eine Verständigung auf der Beziehungsebene erschweren kann. SALMON weist darauf hin, dass sich die E-Communication im Rahmen einer E-Moderation in mehreren Phasen entwickelt. Im Einzelnen unterscheidet sie die folgenden Schritte[9]:

---

[7] Vgl. EULER & WILBERS, 2002, S. 11 ff.

[8] Vgl. PALLOFF & PRATT, 1999, sowie die Beiträge in HESSE & FRIEDRICH, 2001.

[9] In Anlehnung an SALMON, 2000, S. 26.

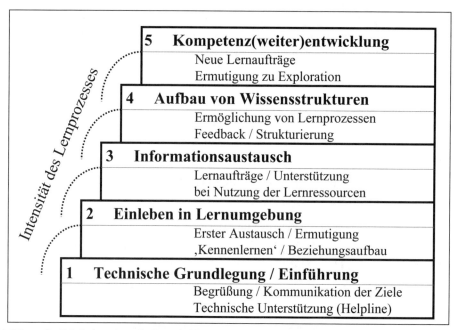

Abbildung 3: E-Moderation als Entwicklungsprozess

Wie die Abbildung verdeutlicht, ist jede Phase mit spezifischen Anforderungen an den E-Moderator verbunden. Um überhaupt in lernproduktive Sequenzen einmünden zu können, bedarf es einer „aufsuchenden Betreuung" der Lernenden durch den Moderator, d. h. die Lernenden müssen auf der emotionalen und der Beziehungsebene angesprochen, ermuntert und mit motivierenden Lernaufträgen an das telekommunikative Lernen herangeführt werden.

Vor diesem Hintergrund können die folgenden Kompetenzbereiche hervorgehoben werden:

- Kontakt zu den Lernenden herstellen; eine ermutigende und anregende Lernatmosphäre aufbauen; die Teambildung unterstützen; Beziehung zu den Lernenden respektvoll gestalten.

- Ein Gefühl der Verantwortlichkeit für die gemeinsamen Lernprozesse und den fairen Umgang miteinander fördern.

- Die E-Communication auf die existierenden Gegebenheiten innerhalb des Fünf-Phasen-Modells in der Gruppe abstimmen.[10]

- Äußerungen auf der Sachebene unter den Bedingungen eingeschränkter Kommunikationsformen (begrenzte nonverbale Kommunikation u. a.) artikulieren und interpretieren. Mitteilungen präzise und anschaulich ausdrücken.

---

[10] Vgl. SALMON, 2000, S. 115 ff.

- Denk- und diskussionsförderliche Moderationstechniken in der E-Communication einsetzen (z.B. Beiträge zusammenfassen, inhaltliche Verbindungen zwischen den Beiträgen der Lernenden herstellen, zur Einnahme von multiplen Perspektiven ermutigen, Beispiele zur Diskussion stellen, offene und geschlossene Fragetechniken verwenden, Beiträge hinterfragen und klären, neue Informationen einführen, gemeinsame und gegensätzliche Standpunkte herausarbeiten).[11]
- Feedback geben; prozessorientierte Lernhilfen im Sinne eines „scaffolding" einsetzen.
- Lernende aktivieren und zur Mitarbeit motivieren; Haltung des „much food for thought, little thought for food" erzeugen.[12]

Gestaltung des gesamtdidaktischen Designs

Neben der mikrodidaktischen Planung und Gestaltung bedarf es spezifischer Kompetenzen, die Ausprägungsformen von E-Medien und E-Communication in umfassende Lernumgebungen zu integrieren, die zudem im Rahmen eines Blended-Learning-Konzepts auch mit Phasen des Präsenzlernens verbunden werden können. Konkret geht es um die Planung von Lehrveranstaltungen, in denen unterschiedliche Komponenten zielbezogen zusammengeführt und in die zeitlich umfassendere Struktur eines Kurses oder gar eines Studienprogramms integriert werden.

Ein solches gesamtdidaktisches Design umfasst u. a. die folgenden Kompetenzbereiche:

- Klärung und Ausweisung der (fachlichen und überfachlichen) Lernziele.
- Bestimmung der Lernvoraussetzungen.
- Begründete Entscheidung über das lernpsychologische Paradigma und die darauf bezogenen Lehrstrategien (z.B. instruktions- vs. explorationsorientiert).
- Begründete Entscheidung über den Einsatz und die Sequenzierung von E-Medien, E-Communication und Präsenzphasen des Lernens.
- Auswahl und Beurteilung von fremdproduzierten Lernmedien als mögliche Komponenten des Lernprozesses.
- Entscheidung über die Art der Lernaufgaben und die Lernerfolgsprüfung.

3.3 Kompetenzprofil „Organisatorische Infrastrukturentwicklung"

In organisatorisch-administrativer Hinsicht sind zwei wesentliche Aufgaben zu bewältigen. Zum einen sind die administrativen Prozesse zu definieren, um einen transparenten und störungsfreien Ablauf des Regelbetriebs zu gewährleisten. Zum anderen ist eine bedarfsgerechte Unterstützungsstruktur aufzubauen und zu betreiben, deren Nutzung es den Anwendern er-

---

[11] Vgl. HARMS, 1998, S. 269.

[12] Vgl. SALMON, 2000, S. 138 ff.

laubt, sich auf die didaktische und fachliche Gestaltung von E-Learning-unterstützten Lernumgebungen zu konzentrieren.

Die Bewältigung dieser organisatorischen Aufgaben lässt die folgenden Kompetenzen als wesentlich erscheinen:

- Die Prozesse zur Administration von Regelabläufen (z. B. Kursprofile einrichten, anpassen und löschen; Verwaltung der verschiedenen Benutzergruppen) definieren und implementieren.
- Call-Handling und Bug-Reporting sicherstellen (u.a. Erfassen von Änderungswünschen, System-/Benutzungs-Monitoring).
- Den Aufbau und die Aufgaben von Unterstützungseinrichtungen bedarfsgerecht definieren und implementieren.[13]

3.4 Kompetenzprofil „Technische Infrastrukturentwicklung"

Neben der Bereitstellung einer stabilen und problemgerechten technischen Infrastruktur geht es in diesem Bereich um die technische Produktion und Beurteilung von digitalen Medien. Je nach Existenz und Profil der Unterstützungseinrichtung sind zudem Schulungs- und Beratungsaufgaben zu technischen Inhalten denkbar (z.B. Einführung von Benutzergruppen in die operative Anwendung des Learning-Management-Systems; Beratung bei technischen Schwierigkeiten; Behebung von technischen Problemen).

Grundlegend für die Bewältigung dieser Aufgaben sind technische Orientierungskompetenzen. Dabei geht es zum einen um Kenntnisse und Fertigkeiten im Hinblick auf die verfügbaren Hard- und Softwaretools, zum anderen um deren problembezogene Nutzung und Reflexion.

Im Überblick können die folgenden Kompetenzbereiche unterschieden werden:

- Grundlegende Architekturen einer technischen E-Learning-Infrastruktur im Sinne eines Struktur- und Orientierungswissens verstehen (u.a. Hardware, Learning-Management-System, Autorentools).
- Kriterien für die Auswahl von Learning-Management-Systemen verstehen.
- Verbreitete Komponenten der Hardware (u.a. PC, Drucker, Modem, Scanner, Webcam), Software (u.a. Betriebssysteme, Autorentools, Text- und Grafikprogramme, Kommunikationssoftware, Funktionalität der Lernplattform) und Netzwerke kennen und in ihrem Zusammenspiel verstehen.
- Kommunikationswerkzeuge wie E-Mail, Chatrooms, Diskussionsforen oder virtuelle Klassenzimmer einrichten und für eine bestimmte Lernumgebung konfigurieren.

---

[13] Zur Struktur und den Aufgaben von Unterstützungseinrichtungen, vgl. den Beitrag von EULER zur „Gestaltung der Implementierung von E-Learning-Innovationen" in diesem Band.

- Eine problemgerechte technische Infrastruktur für den Betrieb der E-Learning-gestützten Lernumgebungen aufbauen.
- Digitales Text-, Bild-, Audio- und Videomaterial sowie Animationen und Simulationen mit Hilfe geeigneter Software erstellen und in eine Applikation (on-/offline) einbinden.
- Beurteilung von E-Medien aufgrund von Usability-Kriterien.

3.5 Kompetenzprofil „Kulturelle Infrastrukturentwicklung"

In diesem Schwerpunkt geht es im Wesentlichen um die Gestaltung von Veränderungsprozessen. Im Einzelnen sind Konzepte und Instrumente zu planen und umzusetzen, die die Akzeptanz der Innovation fördern, den Wissens- und Erfahrungsaustausch unterstützen sowie insgesamt den Innovationsprozess beschleunigen.

Im Einzelnen sollen die folgenden Kompetenzbereiche hervorgehoben werden:

- Innovationen begleiten und Kommunikationsprozesse sozialkompetent steuern (u.a. Teamentwicklung, Moderation von Change-Prozessen, Beratung).
- Widerstände und Akzeptanzprobleme im Implementierungsprozess diagnostizieren.
- Wissens- bzw. Erfahrungsaustausch im Rahmen eines Wissensmanagements organisieren (z.B. Vernetzung der vorhandenen Ressourcen anstreben, Gründung von Netzwerken, Förderung von „peer-learning").
- Adressatenspezifisch Maßnahmen zur Förderung der Bereitschaft einer Auseinandersetzung mit den Innovationen entwickeln und erproben.

3.6 Kompetenzprofil „Ressourcen- und Projektmanagement"

In diesem Schwerpunkt stehen neben der Gestaltung eines E-Learning-spezifischen Projektmanagements Aufgaben der Planung und Kontrolle von Ressourcen im Vordergrund.

Im Einzelnen sollen die folgenden Kompetenzbereiche hervorgehoben werden:

- Hochschulweite Gesamtplanung für die Implementierung entwickeln (u.a. Prioritäten, Meilensteine, Ressourcen, Unterstützungsstrukturen, Verantwortlichkeiten).
- Maßnahmen des Bildungscontrollings anwenden.
- Professionelles Projektmanagement einführen bzw. unterstützen.

4. Umsetzung: Prinzipien zur methodischen Gestaltung von Maßnahmen zur Kompetenzentwicklung

Bevor in einer notgedrungen knappen Form auf die methodische Seite der Kompetenzentwicklung eingegangen wird, soll darauf hingewiesen werden, dass die Entwicklung und Implementierung von E-Learning-unterstützten Lernumgebungen nicht auf Maßnahmen der individuellen Kompetenzentwicklung reduziert werden kann. Vielmehr ist zu berücksichtigen, dass ergänzend dazu die Rahmenbedingungen durch entsprechende Anreize so ausgerichtet werden müssen, dass die Bereitschaft der Lehrenden zu einer Kompetenzerweiterung in diesem Bereich gefördert wird. Wenn ein Engagement in der Lehre etwa im Vergleich zu Forschungsleistungen nicht „belohnt" wird, dann ist zu erwarten, dass gut gemeinte Angebote ins Leere laufen.

Die Implementierung von E-Learning an Hochschulen ist kein vorgespurter Schienenweg, der nach einem exakten Fahrplan zu befahren ist. Es handelt sich eher um eine Reise auf unübersichtlichem Gelände, mit vielen Unwägbarkeiten, Hindernissen, aber auch neuen Möglichkeiten und überraschenden Perspektiven. Viele Einflussfaktoren wirken auf diesen Prozess ein, entsprechend erfordert seine Steuerung neben profundem Wissen und soliden Fertigkeiten auch Flexibilität und Kreativität.

Auch wenn dies für die verschiedenen Kompetenzprofile in unterschiedlichem Maße gilt, so ist die Kompetenzentwicklung vor diesem Hintergrund kein Ereignis in Form einer kurzfristigen Seminarmaßnahme, sondern ein Prozess. Im Folgenden sollen einige makro- und mikrodidaktischen Prinzipien für die methodische Gestaltung von Maßnahmen zur Kompetenzentwicklung skizziert werden.

In *makrodidaktischer Hinsicht* steht die Wahl bzw. Kombination der Lernorte im Vordergrund. In vielen Bildungsangeboten werden in der Regel seminaristische und Online-Lernphasen verbunden, vereinzelt bestehen die Angebote ausschließlich aus Online-Phasen. Neben diesen On- und Off-the-job-Komponenten sind so genannte Near-the-job-Phasen denkbar, in denen über Formen des Erfahrungsaustauschs, Communities-of-practice oder des Projektcoachings Erfahrungen reflektiert und neue Handlungsoptionen erschlossen werden. Wesentlich erscheinen in makrodidaktischer Hinsicht die folgenden Prinzipien:

- Die Kompetenzentwicklung sollte nicht als eine abgeschlossene, singuläre Maßnahme, sondern als transferorientierter Prozess angelegt werden, in der sich Reflexion und Aktion, Denken und Tun miteinander verbinden. Entsprechend ist die Gestaltung von Bildungsangeboten nicht als „Wissensmast", sondern handlungsorientiert anzulegen.

- Der Prozess der Kompetenzentwicklung vollzieht sich nicht nur vor, sondern auch während der praktischen Umsetzung. Neben umsetzungsvorbereitenden sind daher auch -begleitende Maßnahmen zu erwägen. Eine mögliche Realisationsform wäre die Umsetzung in Form einer Projektarbeit.

- Es ist anzustreben, die Kompetenzentwicklungsmaßnahmen mit einem Anreizsystem zu verbinden. Da Lehraktivitäten auf der akademischen Karriereleiter ganz unten rangieren, wäre zu erwägen, inwieweit die absolvierten Maßnahmen zertifiziert und insbesondere von den Nachwuchskräften im Rahmen zukünftiger Bewerbungen verwendet werden können.

In *mikrodidaktischer Hinsicht* ist die methodische Detailgestaltung zu reflektieren. Im Grundsatz sind Lernarrangements zu entwickeln, die für den Lernenden die drei Handlungsausrichtungen Erleben, Reflektieren und Erproben miteinander verzahnen. Mit anderen Worten: Lernprozesse sollten auf einer möglichst realitätsnahen Anschauungsgrundlage basieren, die Reflexionsprozesse impulsieren und zu eigenen Erprobungen führen.

Eine besondere Chance besteht darin, dass der Erwerb von E-Learning-Kompetenzen zumindest teilweise auch durch Methoden des E-Learning unterstützt werden kann. Methode und Inhalt lassen sich so miteinander verbinden, konkretes Erleben stützt den Aufbau und die Anwendung von Erfahrungen und Theorien. Dies erfordert, dass die Lernsituationen ganzheitlich ansetzen (z. B. technische und didaktische Dimensionen miteinander verbinden) und Möglichkeiten zur selbstorganisierten Umsetzung erlauben. Eine weitere Maxime besteht darin, dass die Teilnehmer in der Phase ihrer Kompetenzentwicklung mit denjenigen Erfahrungen konfrontiert werden, denen später die von ihnen angeleiteten Studierenden ausgesetzt sind. Im Überblick entsteht folgender Zusammenhang:

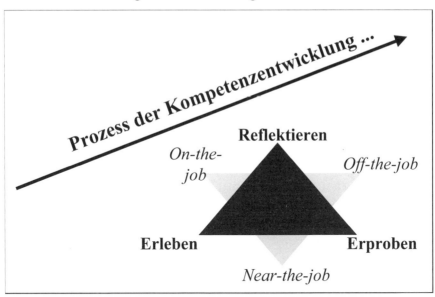

Abbildung 4: Methodische Gestaltung von Maßnahmen zur Kompetenzentwicklung

Bedenkt man, dass die wissenschaftlichen Mitarbeiter an einer Hochschule in der Regel nur befristet beschäftigt sind und der Transfer in der eigenen Organisationseinheit (z.B. Fakultät, Institut, Lehrstuhl) zumeist nur bedingt gelingt, dann offenbart sich die Kompetenzentwicklung als eine kontinuierliche Aufgabe. Insofern geht es nicht um letzte Antworten, sondern um das Anfangen.

It's simple, but it's not easy!

Literatur

ALBRECHT, R. (2002). Kompetenzentwicklungsstrategien für Hochschulen – Was Lehrende wirklich wissen müssen. In: G. Bachmann, O. Haefeli & M. Kindt (Hrsg.), *Campus 2002* (S. 143–156). Münster: Waxmann.

BACHMANN, G. u.a. (2002). Das Internetportal „LearnTechNet" der Universität Basel: Ein Online-Supportsystem für Hochschuldozierende im Rahmen der Integration von E-Learning in die Präsenzuniversität. In: G. Bachmann, O. Haefeli & M. Kindt (Hrsg.), *Campus 2002* (S. 87–97). Münster: Waxmann.

BREMER, C. (2002). Qualifizierung zum eProf? Medienkompetenz für Hochschullehrende und Qualifizierungsstrategien an Hochschulen. In: G. Bachmann, O. Haefeli & M. Kindt (Hrsg.), *Campus 2002* (S. 123–136). Münster: Waxmann.

EULER, D. & WILBERS, K. (2002). *Selbstlernen mit neuen Medien didaktisch gestalten.* Hochschuldidaktische Schriften Bd. 1. St. Gallen: Institut für Wirtschaftspädagogik.

HARMS, I. (1998). Computer-vermittelte Kommunikation im pädagogischen Kontext. In: Scheuermann, F., Schwab, F. & Augenstein, H. (Hrsg.), *Studieren und weiterbilden mit Multimedia: Perspektiven in der Fernlehre in der Aus- und Weiterbildung* (S. 252–278). Nürnberg: BW-Verlag.

HESSE, F. W. & FRIEDRICH, H. F. (2001) (Hrsg.). *Partizipation und Interaktion im virtuellen Seminar.* Münster u. a.: Waxmann.

HRK – HOCHSCHULREKTORENKONFERENZ (2003). *Zum Einsatz der neuen Medien in der Hochschullehre.* Entschließung des 199. Plenums vom 17./18.02.2002.

LEONARD, D. A. & DELACEY, B. J. (2001a). *Technology and Mediated Learning at HBS: Dispersed Learning in Executive Education.* Working Paper.

LEONARD, D. A. & DELACEY, B. J. (2001b). *Case Study on technology and distance in education at the Harvard Business Scholl.* Working Paper.

PALLOFF, R. M. & PRATT, K. (1999). *Building learning communities in cyberspace: effective strategies for the online classroom.* San Francisco: Jossey-Bass Publishers.

RAUTENSTRAUCH, C. (2001). *Tele-Tutoren.* Bielefeld: W. Bertelsmann.

SALMON, G. (2000). *E-Moderating.* London: Kogan Page.

SCHÖNWALD, I. (2003). *Marktanalyse „Kompetenzentwicklung".* Unveröffentlichtes Papier. Universität St. Gallen: Swiss Centre for Innovations in Learning.

SEUFERT, S. & EULER, D. (2004). *Nachhaltigkeit von eLearning-Innovationen. Ergebnisse einer Delphi-Studie.* SCIL-Arbeitsbericht 2 des Swiss Centre for Innovations in Learning. St. Gallen: Institut für Wirtschaftspädagogik.

Martina Dittler – Gudrun Bachmann

Gestaltung von E-Learning-Portalen als integraler Bestandteil der Hochschulentwicklung

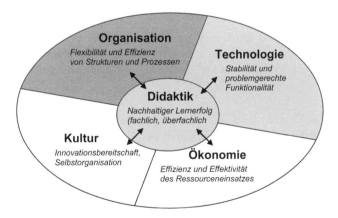

Abstract

Das LearnTechNet-Portal ist das E-Learning-Portal der Universität Basel. Es ist ein Angebot des LearnTechNet (LTN), Kompetenznetzwerk für E-Learning an der Universität Basel, welches die für die Entwicklung und den Einsatz von E-Learning-Angeboten benötigten Didaktik-, Medien- und Technologiekompetenzen verschiedener universitätsinterner Partnerinstitutionen zusammenführt und alle Fakultäten und Fachgebiete durch abgestimmte Informations-, Beratungs- und Fortbildungsangebote unterstützt. Die Partnerinstitutionen des LTN – Universitätsrechenzentrum, New Media Center, Ressort Lehre, Universitätsbibliothek und Lernzentren – präsentieren sich als „virtuelle" Organisation über dieses gemeinsame Internetportal. Dozierende der Universität Basel und andere Interessenten gelangen über das LTN-Portal einerseits zu den Dienstleistungen des LTN, andererseits werden sie im Sinne einer Anfangsberatung dabei unterstützt, ihre Anliegen in Bezug auf E-Learning aus didaktischer Perspektive anzugehen.

In diesem Beitrag wird aufgezeigt, wie die gesamtuniversitäre Strategie der Universität Basel für die Integration von E-Learning mit konkreten Maßnahmen umgesetzt und im LTN-Portal sichtbar gemacht wurde.

Die Autoren

Die Autorinnen leiten den Bereich E-Learning im Ressort Lehre der Universität Basel. Ihre Aufgaben liegen in der Information, Beratung und Schulung von Hochschuldozierenden.

Dr. Martina Dittler ist zuständig für die Projektbegleitung (Konzeption, Evaluation sowie curriculare Implementierung von E-Learning-Angeboten, Projektmanagement und Coaching). (E-Mail: martina.dittler@unibas.ch)

Dr. Gudrun Bachmann koordiniert das Kompetenznetzwerk LearnTechNet der Universität Basel und fördert die Vernetzung mit externen Partnern aus Hochschule und Wirtschaft. (E-Mail: gudrun.bachmann@unibas.ch)

Kontaktadresse: Universität Basel, Rektorat – Ressort Lehre, Petersgraben 35, 4003 Basel

Martina Dittler – Gudrun Bachmann

Gestaltung von E-Learning-Portalen als integraler Bestandteil der Hochschulentwicklung

1.	Einleitung	190
2.	Integration auf der strategischen Ebene	190
3.	Integration auf der methodisch-didaktischen Ebene	191
	3.1 Strategie, Leitgedanken und Konzept	191
	3.2 Struktur und Inhalte des LTN-Portals	193
4.	Organisationsentwicklung	193
	4.1 Strategiebildungsprozess und strukturelle Umsetzung	193
	4.1.1 Vorgehen	194
	4.1.2 Strukturen	194
	4.1.3 Aufgaben	195
	4.2 Struktur und Inhalte des LTN-Portals	197
5.	Personalentwicklung	197
	5.1 Integration von E-Learning in Fort- und Weiterbildungsangebote	197
	5.1.1 Integration in das hochschuldidaktische Programm	197
	5.1.2 Gezielte Aufbaukurse	199
	5.2 Struktur und Inhalte des LTN-Portals	200
6.	Didaktische Konzeption des LTN-Portals	201
7.	Zusammenfassung	203
	Literatur	204

1. Einleitung

Integration von E-Learning kann im Zusammenhang mit dem Aufbau eines Internetportals zweierlei bedeuten: erstens, die Integration von Supportangeboten im Sinne der Zusammenführung verschiedener Dienstleistungen wie Schulungs-, Beratungs- oder Informationsdiensten im Bereich Technik, Gestaltung und Didaktik auf einem Portal bzw. einer Website oder zweitens, die Integration neuer Lehr- und Lernformen im Sinne der Modernisierung der Lehre. In diesem Beitrag wird der Fokus auf Letzteres gelegt – d.h. auf die Hochschulentwicklung. Im Rahmen der Einführung von E-Learning in die Hochschule sind unterschiedliche Ebenen zu berücksichtigen:

- Methodisch-didaktische-Ebene:
  Welche Ziele werden aus methodisch-didaktischer Perspektive mit der Einführung von E-Learning verfolgt und wie wird dies im Rahmen eines umfassenden Konzeptes zur Erneuerung der Lehre verankert?
- Ebene der Organisation:
  Welche Supportstrukturen werden benötigt und wie bzw. wo werden diese in der bestehenden Organisation angesiedelt?
- Ebene der Personalentwicklung:
  Welche Qualifizierungsmaßnahmen müssen angeboten werden und wie können diese in das bestehende Fortbildungsangebot integriert werden?

Die skizzierten Ebenen sowie deren inhaltliche, strukturelle und didaktische Umsetzung im LTN-Portal werden im Folgenden näher ausgeführt.

2. Integration auf der strategischen Ebene

Die Grundlage für die Einführung von E-Learning an der Universität Basel sowie den Aufbau des LTN-Portals bildet der strategische Plan des Universitätsrates aus dem Jahr 1997, in welchem die Modernisierung und Qualitätssicherung der Lehre als Priorität der nächsten Jahre bestimmt wurden. Für die Umsetzung des strategischen Plans wurde im Rektorat ein Stabsbereich geschaffen: Das Ressort Lehre ist das Kompetenzzentrum der Universität Basel für die Bereiche Curriculaentwicklung, Hochschuldidaktik und E-Learning und damit beauftragt, auf Basis dieses strategischen Plans Modernisierungsprojekte zu planen und in Kooperation mit den Fakultäten umzusetzen.

Dies bedeutet, dass die eigentliche E-Learning-Strategie bereits in einem übergeordneten strategischen Rahmen definiert wurde und der Bereich E-Learning – neben der Curricula-Reform und dem Aufbau der Hochschuldidaktik – als integrativer Bestandteil des gesamtuniversitären Modernisierungsprozesses der Lehre gilt. Die Ansiedlung dieses Bereiches im Ressort Lehre hebt darüber hinaus die Einbettung in die Hochschullehre hervor und garantiert eine enge Kooperation mit den Bereichen „Hochschuldidaktik", „Curriculaentwicklung" und „Evaluation".

3. Integration auf der methodisch-didaktischen Ebene

3.1 Strategie, Leitgedanken und Konzept

Welche Funktion hat E-Learning im Rahmen der methodisch-didaktischen Modernisierung der Hochschullehre und was bedeutet in diesem Zusammenhang „Integration"?

Der Begriff „E-Learning" wird zur Bezeichnung von verschiedenen Lehr- und Lernformen sowie Veranstaltungsarten verwendet, die durch Informations- und Kommunikationstechnologien (IKT) unterstützt werden. Dies bedeutet, dass E-Learning nicht ausschließlich „virtuelles" Lehren und Lernen ist, sondern unterschiedliche methodisch-didaktische und organisatorische Nutzungsformen von IKT innerhalb und ergänzend zur Präsenzlehre umfasst. Auf Basis dieser Definition und dem strategischen Plan der Universität Basel für die Modernisierung der Lehre wurden für die Einführung von E-Learning folgende Leitgedanken formuliert:

- E-Learning wird in den gesamtuniversitären Modernisierungsprozess der Lehre integriert, also Hand in Hand mit anderen Modernisierungsmaßnahmen (z.B. Bologna-Prozess) eingeführt.
- E-Learning ist Teilbereich der Hochschuldidaktik. D.h., es werden nur Lehr-/Lernmaterialien mit didaktischem Mehrwert umgesetzt. Technische Möglichkeiten stehen nicht im Vordergrund.
- Die Universität Basel möchte die Präsenzlehre modernisieren. E-Learning wird nicht eingesetzt, um Präsenzveranstaltungen durch virtuelle Studiengänge zu ersetzen.

Ausgehend von diesen Leitgedanken wurde für die Einführung von E-Learning in der Hochschullehre eine Klassifizierung vorgenommen, die auf verschiedenen Lehr- und Lernszenarien beruht (Bachmann, G. & Dittler, M. (in Druck); Dittler & Bachmann, 2003; Bachmann et al., 2002; Arnold, 2001; Jechle, 2002; Schulmeister, 2001; Zentel et al., 2001).

In den „Basler E-Learning-Szenarien" wird zwischen drei verschiedenen Konzepten unterschieden, die im Folgenden kurz beschrieben werden (vgl. Abb. 1):

- **Anreicherungskonzept:** Zu diesem Konzept sind alle Präsenzveranstaltungen zu zählen, die mit multimedialen Elementen angereichert werden, um den Zugang der Lernenden zu Informationen zu unterstützen oder das Behalten von Informationen zu fördern. Lehrende können hier z.B. im Präsenzunterricht neben den üblichen Präsentationen auch

Animationen, Simulationen etc. zur Visualisierung einsetzen. Es können aber auch begleitend zu den Lehrveranstaltungen Lern- und Übungsmaterialien wie z.B. elektronische Skripten, interaktive Aufgaben und Übungen erstellt und auf Web-Seiten zur Verfügung gestellt werden.

- **Integratives Konzept:** Wenn E-Learning-Angebote nicht nur im Sinne der Anreicherung der Veranstaltung eingesetzt werden, sondern einen gleichwertigen Unterrichtsteil zum Präsenzunterricht darstellen, wird dies als Integratives Konzept bezeichnet. Ein wesentliches Merkmal des Integrativen Konzepts besteht darin, dass Präsenzanteil und Selbststudium am Computer gleichwertige ineinander verzahnte Unterrichtsteile bilden und in inhaltlicher sowie didaktischer Hinsicht aufeinander abgestimmt werden. Präsenz- und Distanzanteile übernehmen spezifische, aufeinander abgestimmte Aufgaben und stellen gleichwertige und ineinander verzahnte Lernmethoden dar, durch deren Verknüpfung ein optimales Lernergebnis erreicht werden soll. Daraus folgt, dass auch Präsenzanteile in ihrer bisherigen Gestaltung zwingendermaßen verändert werden müssen bzw. ein neues stimmiges Gesamtkonzept erstellt werden muss.

- **Konzept virtueller Lehre:** Dem traditionellen Präsenzunterricht steht theoretisch gesehen ein Unterricht gegenüber, der „rein virtuell" stattfindet. Doch selbst im Rahmen eines virtuellen Konzeptes werden Lehrveranstaltungen an Präsenzhochschulen meist durch wenige Präsenzphasen abgesichert (im Allgemeinen zu Beginn und am Ende).

Der Schwerpunkt an der Uni Basel liegt auf dem Integrativen Konzept, dem das größte Potential für die Verbesserung der Präsenzlehre zugeschrieben wird (vgl. Abb. 1: Basler E-Learning-Szenarien).

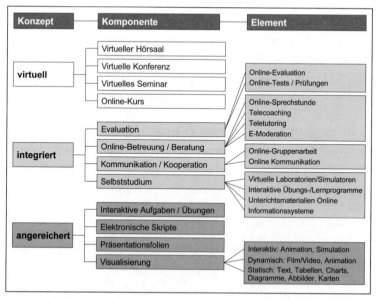

Abbildung 1: Basler E-Learning-Szenarien

Die in Abbildung 1 dargestellte Einteilung orientiert sich an den unterschiedlichen Organisationsformen der Hochschullehre und den unterschiedlichen Lehr- und Lernmethoden, bildet diese aber nicht „eins zu eins" ab. Ziel dieser Klassifizierung ist es vielmehr, die Leitgedanken der Universität Basel durch didaktische Szenarien praxisorientiert sichtbar zu machen, indem die Möglichkeiten von E-Learning an einer Präsenzuniversität möglichst umfassend und ohne Überschneidungen abgebildet werden und sich auf die konkreten Lehr-/Lernsituationen übertragen lassen. Die „Basler E-Learning-Szenarien" wurden im Zusammenhang mit der gesamtuniversitären Strategie sowie auf Basis universitätseigener Bedürfnisse definiert.

3.2 Struktur und Inhalte des LTN-Portals

Die methodisch-didaktische Ebene sowie die darauf basierenden Basler E-Learning-Szenarien werden im LTN-Portal durch einen problemorientierten Zugang umgesetzt, der sich den NutzerInnen von der Eingangsseite aus eröffnet (vgl. Abb. 5). Über diesen Zugang können die NutzerInnen ihr jeweiliges Anliegen mit Hilfe der beschriebenen didaktischen Einsatzszenarien präzisieren und werden dann zu den spezifisch benötigten Beratungsdiensten und Schulungsangeboten, zu ausgewählten Literaturtipps und Projektbeispielen sowie zu geeigneten technischen Tools geleitet (vgl. Abb. 6). Ziel dieses problemorientierten Zugangs ist es, dass Hochschuldozierende – auch im Zusammenhang mit E-Learning – auf Basis von pädagogisch-didaktischen Kriterien planen, anstatt primär technische Aspekte und Eigenschaften von Tools und Medien in den Vordergrund zu stellen.

4. Organisationsentwicklung

4.1 Strategiebildungsprozess und strukturelle Umsetzung

Bei der Einführung von E-Learning muss berücksichtigt werden, dass Konzeption, Produktion und Integration von E-Learning-Angeboten ein arbeitsteiliger Prozess ist, der neben dem reinen Fachwissen auch Kompetenzen in den Bereichen Technologie (Betreiben von Plattformen), Medienentwicklung (Software- und Design-Kenntnisse), Didaktik (Konzeption, Evaluation und Implementierung) erfordert (Kerres, 2001).

Sowohl für die professionelle Entwicklung neuer E-Learning-Angebote als auch für deren nachhaltigen Einsatz im Lehrbetrieb werden daher geeignete Supportstrukturen an den Hochschulen benötigt. An der Universität Basel übernimmt das LearnTechNet (LTN) als Kompetenznetzwerk für E-Learning diese Aufgaben.

4.1.1 Vorgehen

Die Maßnahmen zur Organisationsentwicklung an der Universität Basel im Rahmen des Aufbaus des LTN erfolgten in folgenden Schritten:

1. **Bedarfserhebung:** In einem ersten Schritt wurden die vorhandenen E-Learning-Projekte sowie der Unterstützungsbedarf an den Fakultäten und Instituten der Universität Basel erhoben.

2. **Analyse anderer Hochschulen:** Parallel zur Bedarfsanalyse wurden die Supportstrukturen und E-Learning-Strategien von drei unterschiedlichen amerikanischen Hochschulen analysiert, um aus den Erfahrungen der im Jahr 1999 im angelsächsischen Raum bereits sehr viel weiter vorgeschrittenen E-Learning-Strategien zu lernen und daran Maßnahmen für die Universität Basel abzuleiten. Auf Basis dieser Analyse wurde eine Matrix für die erforderlichen Supportstrukturen erstellt, welche die benötigten Schulungs- und Beratungsdienste sowie Infrastrukturanforderungen beinhaltet.

3. **Definition von Aufgaben und Ist-Analyse vorhandener Strukturen:** In einem dritten Schritt wurden auf Basis der Ergebnisse aus der Bedarfserhebung sowie anhand der erstellten Matrix in einer gesamtuniversitär abgestützten Arbeitsgruppe sämtliche benötigten Aufgabenbereiche für die Organisationsentwicklung definiert sowie bereits vorhandene geeignete universitäre Strukturen analysiert.

4.1.2 Strukturen

Aus dem beschriebenen Vorgehen resultierte schließlich der Plan für den Aufbau des LTN (vgl. Abb. 2). Dieser Plan beinhaltet den sukzessiven Aufbau in den Jahren 2001 bis 2004 und umfasst Teilbereiche bereits bestehender Institutionen, wie Universitätsrechenzentrum, Universitätsbibliothek, Videostudio, Ressort Lehre und Medizinisches Lernzentrum. Im LTN neu entstanden sind das Sprachenzentrum für Studierende aller Fachrichtungen sowie das New Media Center, das – unter Integration des bereits vorhandenen Videostudios – die Medienentwicklung unterstützt.

Alle LTN-Partnerinstitutionen sind zentral angesiedelt (Abb. 2). Koordiniert wird das Netzwerk durch ein Kooperationsgremium aus Vertretern der beteiligten Einrichtungen sowie Vertretern der Fachbereiche Informatik, Medienwissenschaften und Psychologie. Das Koordinationsgremium entspricht einer Expertengruppe für E-Learning. Koordiniert und aufgebaut wird das Netzwerk vom Ressort Lehre, den Vorsitz hat der Vize-Rektor Lehre.

Zusammenfassend ist festzuhalten, dass die Universität Basel im Gegensatz zu anderen Hochschulen kein zusätzliches Kompetenzzentrum aufbaut, sondern vorhandene Kernkompetenzen für die Entwicklung und Einführung von E-Learning vernetzt und erweitert. Mit dem Aufbau des LTN setzt die Universität Basel ihre Strategie für die Integration von E-Learning in die Präsenzuniversität als eine Maßnahme zur Modernisierung der Lehre um. Dies ist im Sinne einer Organisationsentwicklung zu verstehen, die gut funktionierende Ressourcen nutzen, stärken und mit neuen Strukturen und Abläufen vernetzen will.

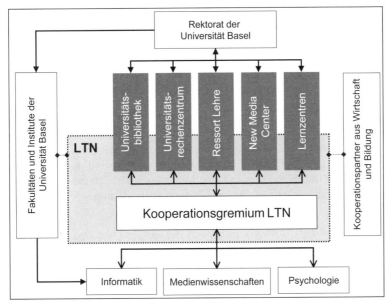

Abbildung 2: Organigramm des LTN

4.1.3 Aufgaben

Die Hauptaufgaben des LTN liegen in der Betreuung, Begleitung und Koordination von laufenden Projekten sowie in der Beratung für potentielle neue Projektvorhaben. Das LTN unterstützt die Projekte im Rahmen der Konzeption und Implementierung neuer Medien in die Lehre und fördert den universitätsinternen und -externen Wissenstransfer. Neben diesen Aufgaben und den daraus resultierenden laufenden Dienstleistungen führt das LTN zusätzlich eigene Projekte durch. Entsprechend der Ziele und Aufgaben des LTN bietet es in den Bereichen Projektmanagement, Didaktik, Evaluation, Implementierung, Medienentwicklung und Technik:

- Begleitung von E-Learning-Projekten durch **Beratung** und **Information**, mit dem Ziel der nachhaltigen Implementierung der entwickelten Lehr- und Lernmodule in die regulären Studiengänge.
- Professionalisierung und Qualifizierung der Hochschuldozierenden durch **Schulung**.
- Bereitstellung von **Infrastruktur** sowie Einführung von Technologien mit großem didaktischem Potential.
- Durchführung von Projekten in **Kooperation** mit externen Partnern anderer Hochschulen und/oder der Wirtschaft.

Die LTN-Partnerinstitutionen übernehmen dabei unterschiedliche Funktionen und sind entsprechend ihrer Zielgruppen – Dozierende bzw. Studierende – in zwei Kategorien eingeteilt: in die „Produzenten", welche die Dozierenden bei der Entwicklung von E-Learning-Angeboten unterstützen und die „Anbieter", die Infrastruktur und Angebote für das Lernen mit neuen Medien bereitstellen und die Studierenden dabei unterstützen.

Das Produktionsteam setzt sich aus dem Universitätsrechenzentrum (URZ), dem New Media Center (NMC) und dem Ressort Lehre zusammen. In diesen Institutionen wurden für den Bereich E-Learning neue Stellen geschaffen und Investitionsmittel für Infrastruktur bereitgestellt. Im LTN übernehmen sie folgende spezifischen Aufgaben:

- Universitätsrechenzentrum (URZ): Das URZ stellt die technischen Grundlagen für das gesamte LTN bereit. Es baut die Infrastruktur für die Entwicklung und Nutzung der neuen Lerntechnologien auf und führt neue Informations- und Kommunikationstechnologien ein. Das URZ bietet Beratung an und koordiniert interne Projekte mit externen Technologiepartnern (Outsourcing von Programmierleistungen, Schnittstellendefinition etc.).

- Das New Media Center (NMC) unterstützt die Institute und Projekte im gesamten Bereich der Medientechnologien: Von der Erstellung elektronischer Medien über die Einbindung in das multimediale Lehrangebot bis hin zur Bereitstellung der entsprechenden Infrastruktur. Es setzt sich aus den Teilbereichen Videoproduktion und Multimedia-Entwicklung zusammen.

- Das Ressort Lehre unterstützt den Einsatz der neuen Lerntechnologien im Rahmen der gesamtuniversitären Modernisierung der Lehre in konzeptionell-didaktischen Fragen. Mit dem Schwerpunkt auf Didaktik und in enger Zusammenarbeit mit den Fachstellen Hochschuldidaktik, Curriculaentwicklung und Evaluation werden die E-Learning-Projekte von der Konzeption über die Evaluation bis hin zur Implementierung gefördert und begleitet.

Die Universitätsbibliothek (UB) mit der virtuellen Bibliothek sowie zwei fachspezifische Lernzentren (Sprachenzentrum und Medizinisches Lernzentrum „BrainBox") haben im LTN die Rolle der Anbieter. Ziel dieser LTN-Partnerinstitutionen ist es, den Studierenden während der Selbstlernphasen mit dem Computer sowie beim kooperativen Lernen (Team-, Projektarbeit) eine optimale Lernumgebung bereitzustellen. Im LTN übernehmen sie folgende spezifische Aufgaben:

- Im Sprachenzentrum werden Material, Computersoftware und eine Bibliothek zum selbständigen Erlernen von Sprachen zur Verfügung gestellt sowie individuelle Lernberatung angeboten.

- Die BrainBox wurde im Rahmen der Studienreform Medizin eingerichtet und ist das Lernzentrum für neue Formen des Lehrens und Lernens in der Medizinausbildung. Die BrainBox bietet den Studierenden Raum für das Selbststudium am Computer sowie für Tutoriate.

- Die Universitätsbibliothek (UB) ist mit einer virtuellen Bibliothek Teil des LTN und stellt elektronische Fachliteratur bereit.

4.2 Struktur und Inhalte des LTN-Portals

Die Partnerinstitutionen des LTN präsentieren sich als „virtuelle" Organisation über das LTN-Portal. Ihre Dienstleistungen (Beratungs-, Schulungs-, und Informationsangebote sowie Infrastruktur) sind im LTN-Portal integriert und über den systematischen Zugang erreichbar (vgl. Abb. 5). NutzerInnen, die gezielt suchen möchten, gelangen somit über den systematischen Zugang direkt zu den gewünschten Informationen und Ansprechpartnern des LTN (vgl. Abb. 6).

5. Personalentwicklung

5.1 Integration von E-Learning in Fort- und Weiterbildungsangebote

Der integrative Ansatz für E-Learning wird auch im Rahmen von Qualifizierungsmaßnahmen verfolgt, um nicht nur die bereits für E-Learning motivierten Personen zu erreichen, sondern alle Dozierenden, die sich hochschuldidaktisch weiterbilden. E-Learning ist auf unterschiedlichen Ebenen in die Fort- und Weiterbildung an der Universität Basel integriert, um unterschiedliche Zielgruppen zu erreichen (vgl. Tabelle 1). Die verschiedenen Programme sind im Folgenden näher erläutert.

Zielgruppen:	Fortbildungsangebote:
Lehrende allgemein: ProfessorInnen, Lehrbeauftragte, Assistierende, TutorInnen etc.	**Sammelzertifikat Hochschuldidaktik** Beschreibung unter Punkt 5.1.1, Abb. 3
Lehrende mit Lehrerfahrung: ProfessorInnen, promovierte Dozierende.	**Dozierendenprogramm** Beschreibung unter Punkt 5.1.1, Abb. 4
ProjektmitarbeiterInnen: Personen, die in die Entwicklung von E-Learning-Angeboten involviert sind.	**Gezielte E-Learning-Kurse für E-Learning-Projekte (z.B. Internetrecht, Online-Betreuung etc.)** Beschreibung unter Punkt 5.2

Tabelle 1: Zielgruppen und hochschuldidakische Weiterbildungsangebote im Bereich E-Learning

5.1.1 Integration in das hochschuldidaktische Programm

Angeboten werden zwei unterschiedliche Arten von hochschuldidaktischer Fort- und Weiterbildung: das allgemeine Kursangebot der Hochschuldidaktik, das mit einem Sammelzertifikat abgeschlossen werden kann, sowie das Dozierendenprogramm, ein berufsbegleitender

Ausbildungsgang für promovierte Universitätsangehörige (ProfessorInnen, Habilitierende, Assistierende).

1. Das allgemeine Kursangebot der Hochschuldidaktik in Basel steht allen Lehrenden der Universität Basel (TutorInnen, Assistierenden, ProfessorInnen, Lehrbeauftragten) offen. Das Angebot der Didaktik-Kurse ist modular-curricular aufgebaut. Curricular bedeutet, dass alle Kurse zusammengenommen ein Didaktik-Curriculum ergeben. Das zugrundeliegende Curriculum umfasst einen Grundkursbereich und einen Wahlkursbereich, der auch den Bereich E-Learning einschließt. Zudem werden im Grundkursbereich künftig Kurse angeboten, die zu spezifischen didaktischen Fragestellungen wie z.B. Mediengestaltung oder Betreuung sowohl die traditionellen Methoden, als auch die Möglichkeiten der neuen Medien und die damit verbundenen Besonderheiten thematisieren und reflektieren.

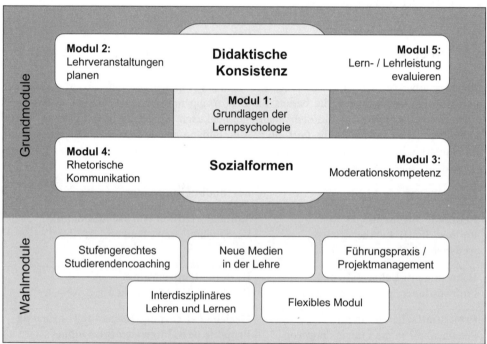

Abbildung 3: Curriculum für das Basler „Sammelzertifikat Hochschuldidaktik"

2. Das Dozierendenprogramm ist ein berufsbegleitender, geschlossener Ausbildungsgang für ProfessorInnen, Habilitierende und promovierte Lehrbeauftragte. Es handelt sich hierbei um Veranstaltungen im Klassenverband (max. 12 Teilnehmende). Das Programm, das einen einjährigen Kurszyklus (Oktober bis Juni) umfasst, entspricht dem für die Universität Basel erarbeiteten hochschuldidaktischen Curriculum, das auch dem modular aufgebauten Kursangebot Hochschuldidaktik zugrunde liegt. Beim Dozierendenprogramm ist das Modul „Neue Medien" fester Bestandteil (vgl. Abb. 4). Das Dozierendenprogramm schließt mit einem Zertifikat ab. Voraussetzungen für die Erlangung des Zertifikats sind (1) die aktive Teilnahme an allen Einzelveranstaltungen des Lehrgangs, (2) ein

Leistungsnachweis nach dem Portfolio-Prinzip sowie (3) der Nachweis über eine bestimmte Anzahl von Intervisionen (bei den Intervisionen bilden die TeilnehmerInnen Teams von zwei bis drei Personen, die gegenseitig ihre Lehrveranstaltungen besuchen).

Mit der curricularen Integration der Weiterqualifizierung im Bereich E-Learning in das allgemeine Hochschuldidaktikprogramm werden nicht nur Universitätsangehörige erreicht, die bereits E-Learning-Angebote einsetzen oder entwickeln, sondern auch Dozierende, die sich im Rahmen ihrer Laufbahn oder Habilitation hochschuldidaktisch weiterqualifizieren. Da an der Universität Basel die hochschuldidaktische Weiterqualifizierung zukünftig auch Teil der Habilitation sein wird, erreicht die Grundausbildung in E-Learning einen großen Teil der Dozierenden.

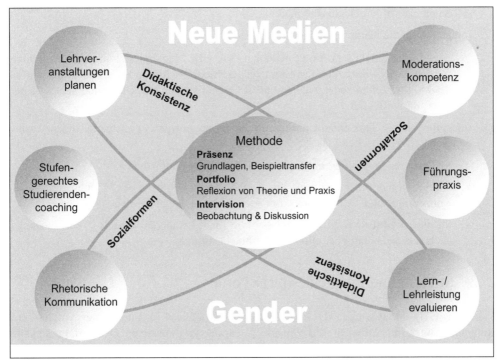

Abbildung 4: Curriculum des Basler Dozierendenprogramms

5.1.2 Gezielte Aufbaukurse

Für Dozierende und Universitätsangehörige, die konkret in die Entwicklung von E-Learning-Angeboten eingebunden sind, werden spezifische Aufbaukurse im Bereich Didaktik (z.B. Online-Betreuung), Projektmanagement, Medienentwicklung (z.B. Flash) oder Technologie (z.B. Web-CT oder BSCW) angeboten. Diese Kurse stellen – im Gegensatz zum oben vorgestellten Dozierendenprogramm oder Sammelzertifikat Hochschuldidaktik – kein laufendes Angebot dar, sondern werden je nach Bedarf und Entwicklungsstatus der Projekte angeboten.

Künftiges Ziel der Integration von E-Learning in das hochschuldidaktische Gesamtprogramm ist es, nicht nur separate Kurse zum Thema E-Learning anzubieten, sondern die Möglichkeiten von neuen Medien und IKT in jedes Modul zu integrieren (z.B. werden dann in den Kursmodulen „Kommunikation" und „Moderationskompetenz" die Eigenschaften und Besonderheiten computervermittelter Kommunikation behandelt und reflektiert).

Zusammenfassend kann die Integration von E-Learning-Themen in das hochschuldidaktische Programm auf drei Ebenen dargestellt werden:

1. Integration in das hochschuldidaktische Curriculum der Universität Basel.
   - Der Grundkurs E-Learning, der vom LTN angeboten wird, ist anrechenbar für das Sammelzertifikat Hochschuldidaktik.
2. Integration in die Kurse der didaktischen Grundmodule.
   - Spezifische didaktische Fragestellungen wie z.B. Mediengestaltung oder Betreuung werden sowohl bezüglich des Einsatzes traditioneller Methoden als auch hinsichtlich der Möglichkeiten neuer Medien und den damit verbundenen Besonderheiten thematisiert und reflektiert.
3. Integration in das Dozierendenprogramm, einem einjährigen berufsbegleitenden Ausbildungsgang in Hochschuldidaktik:
   - Im Dozierendenprogramm sind neue Medien Querschnittsthema.
   - Zwei Inputmodule thematisieren und reflektieren die Inhalte der Module „didaktische Konzeption" und „Moderationskompetenz" aus der Sicht der neuen Medien.
   - Für das Modul neue Medien muss – wie für die anderen Module – ein Leistungsnachweis nach dem Portfolioprinzip erbracht werden.

5.2 Struktur und Inhalte des LTN-Portals

Über das LTN-Portal werden die Dozierenden der Uni Basel im Sinne einer Anfangsberatung unterstützt, ihre Anliegen in Bezug auf E-Learning zu präzisieren. Das Portal unterstützt damit die Qualifizierung von Universitätsangehörigen in zweierlei Hinsicht. Es ist einerseits ein Online-Supportsystem für die Anfangsberatung, das die Nutzer über didaktische Szenarien gezielt zu den Angeboten führt, die sie für ihre spezifischen Anliegen benötigen. Damit lernen die Nutzer von Beginn an, E-Learning-Angebote anhand didaktischer Kriterien zu definieren und zu reflektieren. Andererseits orientiert sich auch das Fortbildungsangebot des LTN an den didaktischen Szenarien, die im Portal abgebildet sind. Die NutzerInnen können somit nicht nur vor, sondern auch während und nach den Kursen alle für sie relevanten Ressourcen, wie z.B. Literatur, Projektbeispiele oder Dienstleistungsangebote des LTN, für die Entwicklung von E-Learning-Angeboten auf dem LTN-Portal finden (vgl. Abb. 6).

6. Didaktische Konzeption des LTN-Portals

Das LTN-Portal ist das Schaufenster des LTN, das die benötigten Dienstleistungen für E-Learning überschaubar zugänglich macht, und das es den NutzerInnen gleichzeitig ermöglichen soll, eine didaktische Perspektive auf E-Learning einzunehmen. Darüber hinaus spiegelt es aber auch wesentliche strategische Aspekte wider, die für erfolgreiches E-Learning an Hochschulen unabdingbar sind: Das LTN-Portal orientiert sich an der gesamtuniversitären Strategie der Universität Basel im Bereich Hochschullehre und E-Learning.

Im LTN-Portal werden den NutzerInnen verschiedene Zugangsmöglichkeiten geboten (vgl. Abb. 5):

- **Systematischer Zugang:** NutzerInnen, die gezielt suchen möchten (z.B. nach Beratungs- und Schulungsangeboten, Infrastruktur etc.), gelangen über den systematischen Zugang direkt zu den gewünschten Informationen und Ansprechpartnern des LTN (blauer Pfad).

- **Problemorientierter Zugang:** Über den problemorientierten Zugang können die NutzerInnen ihr jeweiliges E-Learning-Anliegen mit Hilfe der unter Punkt 3 beschriebenen didaktischen Einsatzszenarien präzisieren und werden dann zu den spezifisch benötigten Beratungsdiensten und Schulungsangeboten, zu ausgewählten Literaturtipps und Projektbeispielen sowie zu geeigneten technischen Tools geleitet. Ziel dieses problemorientierten Zugangs ist es, dass Hochschuldozierende – auch im Zusammenhang mit E-Learning – auf Basis von pädagogisch-didaktischen Kriterien planen, anstatt primär technische Aspekte und Eigenschaften von Tools und Medien in den Vordergrund zu stellen.

- **Fallbasierter Zugang:** NutzerInnen können auch anhand konkreter Projektbeispiele die didaktischen Szenarien kennenlernen. Über den Zugang „Projekte" gelangen sie auf die Projektdatenbank der Uni Basel, die nach unterschiedlichen Kriterien durchsucht werden kann – z.B. auch nach den Basler E-Learning-Szenarien. Damit wird der methodisch-didaktische Ansatz auch durch konkrete Projektbeispiele sichtbar.

- **Situierter Zugang:** Von besonderer Bedeutung für eine nachhaltige Implementierung von E-Learning-Angeboten in die regulären Curricula ist es, dass die Rahmenbedingungen an der eigenen Hochschule berücksichtigt und die vorhandenen Ressourcen genutzt werden, damit der Transfer in die eigene Praxis gelingen kann. In diesem Sinne wird auf dem LTN-Portal nur auf Ressourcen wie Projektbeispiele, Literaturtipps, Fortbildungsangebote, Infrastruktur etc. hingewiesen, die an der Universität Basel vorhanden sind und angeboten werden. Damit werden dem Nutzer die benötigten lokalen Ressourcen für die Realisierung und den Einsatz von E-Learning-Angeboten zugänglich gemacht.

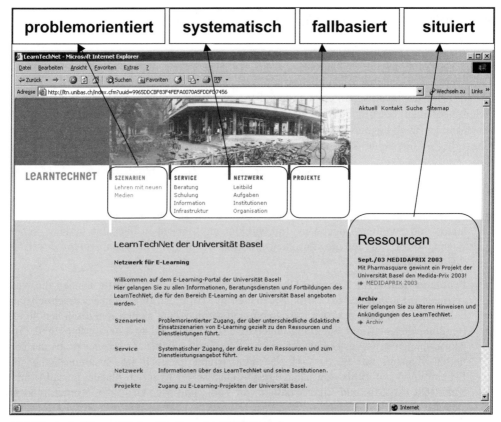

Abbildung 5: Die multiplen Zugänge im LTN-Portal

Zusätzlich sind die Zugänge (neben den eigentlichen Links) mittels einer Tipps- und Infobox fest miteinander verzahnt und aufeinander abgestimmt (vgl. Abb. 6): Gelangt ein Nutzer bspw. über den problemorientierten Zugang über „Online-Gruppenarbeit" zum Hinweis auf ein adäquates technisches Tool (z.B. ein Groupwaresystem), so wird er beim systematischen Zugang unter Infrastruktur beim entsprechenden Groupwaretool in der Tipps- und Infobox auf die entsprechenden Einsatz-Szenarien, in denen dieses Werkzeug didaktisch sinnvoll genutzt werden kann, hingewiesen. In beiden Fällen erhalten die NutzerInnen auch Hinweise auf Projektbeispiele an der Universität Basel.

Mit dieser Konzeption ist das LTN-Portal zum einen ein eigenständiges Online-Informations- und Supportsystem für die Dozierenden der Universität Basel. Es ist darüber hinaus aber auch integraler Bestandteil der Dienstleitungen des LTN. D.h., dass sich z.B. Beratung und Fortbildungsangebote an den didaktischen Szenarien, die im Portal abgebildet sind, orientieren. Mit diesem integrativem Ansatz soll unterschiedlichen Interessenten Rechnung getragen werden: So bevorzugt der eine z.B. über einen Workshop in das Thema E-Learning einzusteigen, eine andere möchte hingegen zuerst in einschlägiger Fachliteratur recherchieren, ein weiterer Nutzer setzt sich lieber direkt mit einem Projekt, das ein ähnliches Vorhaben bereits umgesetzt hat in Kontakt, und noch eine andere wendet sich am liebsten direkt an den entsprechenden Beratungsdienst.

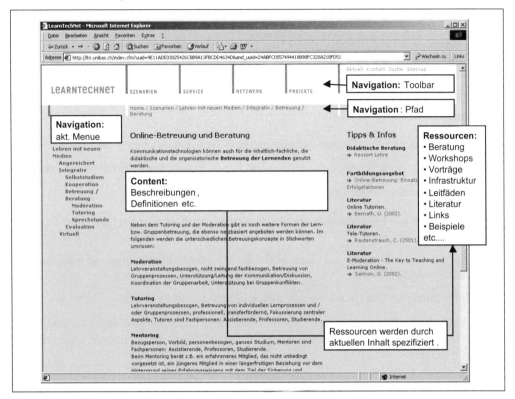

Abbildung 6: Struktur des LTN-Portals

7. Zusammenfassung

Zusammenfassend lässt sich festhalten, dass die Hauptmotivation für die Entwicklung und Umsetzung des LTN-Portals darin bestand, einen Beitrag zur Umsetzung der gesamtuniversitären Strategie der Universität Basel „Modernisierung der Hochschullehre" zu leisten. Dies umfasst die beschriebenen Ebenen „Strategie", „Didaktik", „Organisationsentwicklung" und „Personalentwicklung" und wird im LTN-Portal mit folgenden Maßnahmen umgesetzt:

Didaktik

- Umsetzung der Leitgedanken bei der Einführung von E-Learning im Sinne eines integralen Bestandteils der Hochschuldidaktik und der Modernisierung der Lehre.

- Sensibilisierung der Dozierenden für eine didaktisch motivierte Umsetzung von E-Learning-Angeboten mit Hilfe unterschiedlicher Zugänge.

Organisationsentwicklung

- Aufbau eines Schaufensters des LTN,
- Sichtbarmachen der Organisationsentwicklung,
- Bündelung und Koordination von Ressourcen.

Personalentwicklung

- Aufbau eines Online-Supportsystems im Sinne einer didaktischen Anfangsberatung,
- Vernetzung mit LTN-Dienstleistungen und Unterstützung des Transfers in die Praxis.

Mit den vorgestellten Maßnahmen:

- Integration von E-Learning in die Modernisierungsmaßnahmen der Lehre und die Hochschuldidaktik,
- Aufbau neuer Dienstleistungsangebote durch Ausbau, Vernetzung und Integration in bestehende Strukturen,
- Integration von Qualifikationsmaßnahmen in bestehende Angebote

Mit diesen Maßnahmen setzt die Universität Basel ihre E-Learning-Strategie im Sinne eines „Mainstreaming"-Ansatzes um und macht sie im LTN-Portal über multiple Zugänge ihren Kunden sichtbar.

Literatur

ARNOLD, P. (2001). *Didaktik und Methodik telematischen Lehrens und Lernens. Lernräume – Lernszenarien – Lernmedien.* Münster: Waxmann.

BACHMANN, G. & DITTLER, M. (IN DRUCK), Integration von E-Learning in die Hochschullehre: Umsetzung einer gesamtuniversitären Strategie am Beispiel des LearnTechNet (LTN) der Uni Basel. In: Pellert et al. (Hrsg.), *Handbuch Organisationsentwicklung.* Münster: Waxmann.

BACHMANN, G., DITTLER, M., LEHMANN, T., GLATZ, D. & RÖSEL, F. (2002). Das Internetportal „LearnTechNet" der Universität Basel: Ein Online-Supportsystem für Hochschuldozierende im Rahmen der Integration von E-Learning in die Präsenzuniversität. In: G. Bachmann, O. Häfeli & M. Kindt (Hrsg.), *Campus 2002: Die virtuelle Hochschule in der Konsolidierungsphase* (S. 87–97). Münster: Waxmann.

DITTLER, M. & BACHMANN, G. (2003). Entscheidungsprozesse und Begleitmaßnahmen bei der Auswahl und Einführung von Lernplattformen. In: K. Bett & J. Wedekind (Hrsg.), *Lernplattformen in der Praxis* (S. 175–192). Münster: Waxmann.

JECHLE, T. (2002). Tele-Lernen in der wissenschaftlichen Weiterbildung. In: U. Dittler (Hrsg.), *E-Learning. Erfolgsfaktoren und Einsatzkonzepte des Lernens mit interaktiven Medien* (S. 263–281). München: Oldenbourg.

KERRES, M. (2001). Zur (In-) Kompatibilität von mediengestützter Lehre und Hochschulstrukturen. In: E. Wagner & M. Kindt (Hrsg.), *Virtueller Campus. Szenarien – Strategien – Studium* (S. 293–302). Münster: Waxmann.

SCHULMEISTER, R. (2001). *Virtuelle Universität. Virtuelles Lernen*. München: Oldenbourg.

ZENTEL, P., CREß, U. & HESSE, F. W. (2001). Kommunikation im Spannungsfeld traditioneller und virtueller Universität. In E. Wagner & M. Kindt (Hrsg.), *Virtueller Campus. Szenarien – Strategien – Studium* (S. 420–428). Münster: Waxmann.

Ingrid Schönwald

Gestaltung des E-Learning-Projektmanagements an Hochschulen

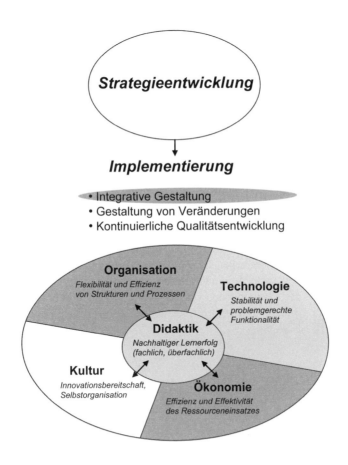

Abstract

In den letzten Jahren entstanden im Rahmen von Förderprogrammen zahlreiche E-Learning-Projekte an Hochschulen. Für viele Projekte bedeutete das Ende des Förderzeitraums jedoch auch das Projektende. Zunehmend wird daher die Frage nach der Sinnhaftigkeit und Nachhaltigkeit von Projektförderungen gestellt. Der folgende Artikel erkundet, inwieweit ein professionelles Projektmanagement zur Nachhaltigkeit von E-Learning-Innovationen in der Hochschullehre beitragen kann. Neben einem Überblick über die grundlegenden Aufgaben des Projektmanagements werden die besonderen Herausforderungen von E-Learning-Projekten an Hochschulen dargestellt.

Die Autorin

Ingrid Schönwald arbeitet seit April 2003 als wissenschaftliche Mitarbeiterin im Bereich Hochschulentwicklung und Projektmanagement am Swiss Centre for Innovations in Learning (SCIL) in St. Gallen.

Sie studierte Mathematik, Wirtschaftswissenschaften und Geographie an der Universität Erlangen-Nürnberg und absolvierte anschließend ein zweijähriges Referendariat an Gymnasien in Nürnberg und Ingolstadt.

Von 1999–2003 arbeitete sie als Beraterin bei Accenture in den Kompetenzbereichen Change Management und Human Performance. Sie begleitete Veränderungsprojekte bei Siemens, Vodafone, T-Online, der Postbank und der Landesbank Baden-Württemberg und war als interne Trainerin am Center for Professional Education, St. Charles, USA tätig.

Ingrid Schönwald

Gestaltung des E-Learning-Projektmanagements an Hochschulen

1. Ausgangslage 210
2. Nachhaltigkeit von Projekten als Quadratur des Kreises? 210
3. Grundlagen des Projektmanagements 211
   - 3.1 Auftragsklärung und Projektplanung 212
   - 3.2 Projektorganisation 215
   - 3.3 Projektsteuerung 217
     - 3.3.1 Projektfortschrittskontrolle 217
     - 3.3.2 Projektkommunikation und -dokumentation 218
     - 3.3.3 Projektabschluss 218
4. Hochschulspezifische Herausforderungen des Projektmanagements 219
   - 4.1 Unklarer Projektauftrag 219
   - 4.2 Projektorganisation versus Lehrstuhlprinzip 219
   - 4.3 Interdisziplinäre Projektarbeit 220
   - 4.4 Fehlende Anreizstrukturen zur Nachhaltigkeit 221
   - 4.5 Geringe Kooperationsbereitschaft zur Förderung der ökonomischen Nachhaltigkeit 221
5. Ausblick 222
   - Literatur 222

1. Ausgangslage

Eine Vielzahl von E-Learning-Projekten sind in den letzten Jahren an Hochschulen im deutschsprachigen Raum mit Enthusiasmus gestartet – und mit unterschiedlichem Erfolg beendet worden. Es gibt einige Vorzeigeprojekte, welche die Hoffnungen auf eine Innovation der Hochschullehre durch E-Learning bestärken, aber auch viele Projekte, deren Mehrwert nicht ersichtlich ist, sowie zahlreiche Projektruinen, welche auf verwaisten Webseiten dokumentiert sind.

Selbst zunächst erfolgreiche Projekte können oft nicht dauerhaft in den Lehrbetrieb integriert werden (Kerres, 2001, S. 293). Man kann angesichts dieser Entwicklung die provokante Frage stellen, wieso der Wandel hin zu einer mediengestützten Lehre überhaupt in Form von Projekten organisiert wird (Kerres, 2002, S. 60). Der folgende Artikel geht der Frage nach, wie die Nachhaltigkeit von E-Learning-Projekten durch ein professionelles Projektmanagement gefördert werden kann.

2. Nachhaltigkeit von Projekten als Quadratur des Kreises?

Wann ist ein E-Learning-Projekt nachhaltig? Da die Nachhaltigkeitsdiskussion bezüglich E-Learning an Hochschulen in vollem Gange ist, liegen inzwischen einige Operationalisierungen vor, von denen im Folgenden zwei Ansätze exemplarisch herausgegriffen werden:

„Nachhaltigkeit heisst Ergebnisse und Erkenntnisse während und nach der Programmlaufzeit in den beteiligten Institutionen und darüber hinaus in weiteren Institutionen zu nutzen" (Kruppa u.a., 2002, S. 7). Diese Arbeitsdefinition des BLK-Projekt SEMIK stellt die langfristige und organisationsübergreifende Nutzung als Nachhaltigkeitskriterium in den Vordergrund.

Seufert und Euler haben im Rahmen von Experteninterviews die Bedingungen für die Nachhaltigkeit von E-Learning-Innovationen untersucht. Sie definieren Nachhaltigkeit als „dauerhafte Implementierung und ökonomisch effiziente, pädagogisch wirksame, organisatorisch-administrativ effiziente, technologisch problemgerechte und stabile sowie sozio-kulturell adaptive Nutzbarmachung" (Seufert & Euler, 2003, S. 7). Dieser Ansatz bietet eine systemische, mehrdimensionale Sichtweise auf den Gestaltungsrahmen des Projektmanagements zur Förderung der nachhaltigen Wirkung von E-Learning-Innovationen.

Im Gegensatz zum langfristig ausgerichteten Nachhaltigkeitsziel sind Projekte jedoch durch eine begrenzte Zeitdauer gekennzeichnet: „Projekte sind Aufgaben, die neuartig sind, zeitlich begrenzt, komplex und die Beteiligung mehrerer Stellen erfordern." (Kraus & Westermann, 1995, S. 12).

Ist ein „nachhaltiges Projekt" damit ein Widerspruch per se? Die Beantwortung dieser Frage hängt vom jeweiligen Projektziel ab. Die Nachhaltigkeit eines Projekts beginnt bei der Projektidee und muss durch die Berücksichtigung der pädagogisch-didaktischen, ökonomischen, technischen, organisatorischen und kulturellen Gestaltungsfelder bei der Planung und Durchführung des Projekts gesichert werden. Ist das Projektziel z.B. die Erstellung einer Lernsoftware, wobei das Produkt und nicht dessen Einsatz den Hauptfokus bildet, so ist von Anfang an die Nachhaltigkeit des Projektergebnisses in Frage gestellt. Wenn jedoch der Nachhaltigkeitsanspruch bereits in den Projektzielen verankert wird, gehört es zu den Aufgaben des Projektmanagements, die Voraussetzungen für die nachhaltige Nutzung der Projektergebnisse zu schaffen.

3. Grundlagen des Projektmanagements

„Was ‚Projekte' sind, scheint in den Hochschulen heutzutage allbekannt und geläufig. Dennoch sind Kenntnisse eines professionellen Projektmanagements – also u.a. von Planungsmethoden, von sinnvollen Zielformulierungen, von produktiver Teamarbeit oder zielführenden Evaluationsmethoden – nur in Ausnahmefällen vorhanden" (Wagner, 2000, S. 397).

Während die meisten Innovationsvorhaben in Unternehmen durch ein professionelles Projektmanagement geplant und gesteuert werden, scheinen viele Projekte im Hochschulbereich ohne Projektmanagement auszukommen. Der Aufbau eines Projektmanagements wird von den Projektbeteiligten oft mit dem Einwand abgelehnt, dass dies den Aufwand nur unnötig aufblähe und die Flexibilität des Vorgehens einschränke. So werden die Aufgaben dem jeweiligen Fachbereich zugeordnet, der sich dann darum kümmern soll. In der Praxis werden diese Absprachen jedoch oft als unverbindlich angesehen. Zum einen hemmen hierarchische Strukturen schnelle Informations- und Entscheidungswege auf der Arbeitsebene und damit den Projektfortschritt. Zum anderen sind die Mitarbeiter durch das Tagesgeschäft meist so vereinnahmt, dass die Projektarbeit als „Zusatzarbeit" oft vernachlässigt wird. Am Ende wundert man sich dann über Termin- oder Kostenüberschreitungen im Projekt (Kraus & Westermann, 1995, S. 25).

Was ist Projektmanagement und wozu braucht man es? Die DIN-Norm 69 901 definiert Projektmanagement als die „Gesamtheit von Führungsaufgaben, -organisation, -techniken und -mitteln für die Abwicklung eines Projekts". Charakteristisch für die Arbeitsweise im Projektmanagement sind Ziel- und Ergebnisorientierung, Ganzheitlichkeit und flache Hierarchien (Kraus & Westermann, 1995, S. 23). Dies hat gegenüber der Regelorganisation die folgenden Vorteile:

- Verbesserung der Zusammenarbeit und bessere Nutzung der Energien für die Projektbearbeitung, die sonst durch Reibungsverluste in der Kommunikation verloren gehen.
- Ausrichtung der Projektressourcen auf die Projektziele
- Steuerung und Kontrolle der Umsetzung der Projektplanung

Das Projektmanagement hat dabei die folgenden Aufgaben zu bewältigen:

1. Auftragsklärung und Projektplanung
2. Projektorganisation
3. Projektsteuerung
4. Projektabschluss

3.1 Auftragsklärung und Projektplanung

„Kein Projekt ohne Auftrag" (Kraus & Westermann, 1995, S. 47). Der Projektauftrag legt den Handlungs- und Verantwortungsbereich des Auftragnehmers fest. Die zu erbringenden Leistungen des Auftraggebers (z.B. Bereitstellen von Infrastruktur) und des Auftragnehmers (z.B. Produktion von Medienelementen) sollten durch ein Pflichtenheft vertraglich geregelt werden.

Eng in Zusammenhang mit der Auftragsklärung steht die Projektplanung. Bei vielen Projektförderprogrammen bildet eine Planung sogar die Voraussetzung für die Bewilligung/Beauftragung des Projekts, z.B. wenn bei der Ausschreibung zusammen mit dem Projektantrag ein mehr oder weniger detaillierter Projektplan erforderlich ist. In der Planungsphase werden die Grundlagen für den nachhaltigen Projekterfolg gelegt, da durch eine realistische Planung voraussehbare spätere Probleme vermieden werden können. Die Gefahr bei komplexen Planungsaufgaben liegt jedoch darin, dass man sich leicht im Detail verliert, weswegen mehrere Planungsstufen empfohlen werden (Kraus & Westermann, 1995, S. 21f). Für die Planung von E-Learning-Projekten bieten sich folgende Planungsstufen an:

1. Zieldefinition
2. Analyse der Rahmenbedingungen
3. Aufgaben- und Ressourcenplanung
4. Zeitplanung, Festlegung der Meilensteine
5. Erstellung und Kommunikation des Projektplans

1. Planungsstufe: Zieldefinition
   Das Projektziel bildet die Basis des Projekts und gilt als Kriterium, an dem am Ende der Projekterfolg gemessen wird. Das Projektziel kann mehrere Zielkategorien enthalten. Zu vermeiden sind jedoch unrealistische oder konkurrierende Projektziele, da diese einen späteren Zielkonflikt in sich bergen.

2. Planungsstufe: Analyse der Rahmenbedingungen
   Durch die Analyse der pädagogischen, finanziellen, technischen, organisatorischen, kulturellen und personellen Rahmenbedingungen wird der Gestaltungsspielraum und das Aufgabenspektrum für die Realisierung des Projektziels erkundet. In diesem Zusammenhang empfiehlt sich auch die Durchführung einer Marktanalyse, um herauszufinden, ob

es schon bestehende Konzepte oder Ergebnisse an anderen Institutionen gibt, die übernommen werden können oder ob sich die Kooperation mit externen Partnern anbietet.

Die Analyse der Rahmenbedingungen bildet die Grundlage für die fundamentale Entscheidung bezüglich „Make" (Eigenproduktion), „Collaborate" (Gemeinschaftsproduktion) or „Buy" (externe Auftragsvergabe/Übernahme von bestehenden Konzepten) (Simon, 2001, S. 297).

3. Planungsstufe: Aufgaben- und Ressourcenplanung
Basierend auf den Zielsetzungen und Rahmenbedingungen des Projekts werden die zur Realisierung notwendigen Aufgaben analysiert und die dafür erforderlichen finanziellen, räumlichen, technischen und personellen Ressourcen identifiziert. Wichtig ist hier eine umfassende Berücksichtigung der Projektaufgaben. Oft werden wichtige Projektaufgaben, die nicht zum Kernprozess der Medienproduktion gehören (z.B. die Projektkommunikation und -dokumentation), in der Aufgaben- und Ressourcenplanung „vergessen".

4. Planungsstufe: Zeitplanung, Festlegung der Meilensteine
Der Ablauf eines Projektes erfolgt in mehreren Phasen, wobei jeweils in einer Phase die Voraussetzungen für die nächste Phase gelegt werden. In der Literatur finden sich unterschiedliche Phasenmodelle, von denen in Abbildung 1 exemplarisch vier Ansätze gegenübergestellt werden:

E-Learning-Projekt-Phasen	**Phasen der mediengestützten Lehre**	**Projektphasen beim Blended Learning**	**Projektphasen beim E-Learning**
(Tiemeyer, 2002)	(Kerres, 2002)	(Reinmann-Rothmeier u.a., 2003)	(Neubauer, 2002)
1. Planung 2. Konzept- und Designphase 3. Produktion der Medien 4. Einsatz (Pilot/Evaluation) 5. Change Management/Verstetigung der Ergebnisse	1. Analyse 2. Konzeption 3. Entwicklung 4. Durchführung 5. Evaluation	1. Planung 2. Konzeption/ Gestaltung 3. Durchführung und Qualitätsmanagement	1. Einstiegscheck 2. Bestandsaufnahme 3. Marktrecherche 4. Anbieterauswahl 5. Konzeptentwicklung 6. Pilotprojekt 7. Feinabstimmung 8. Realisierung 9. Umsetzung

Abbildung 1: Phasenmodelle von E-Learning-Entwicklungen

Welches Phasenmodell für ein Projekt geeignet ist, hängt vom jeweiligen Projektziel ab. Das Phasenmodell von Reinmann-Rothmeier bietet sich z.B. für eine konzeptionelle Kursentwicklung an, da dieser Ansatz die didaktische Konzeption und Gestaltung als zentrales Element sieht, wohingegen die Medienproduktion als Phase der technischen

Umsetzung der Konzeption fehlt. Für die Entwicklung einer Lernsoftware, z.B. einer computerbasierten Simulation für das Selbststudium, bietet sich dagegen etwa das Phasenmodell von Kerres an.

Das geplante Vorgehen sollte in einem Zeitplan fixiert werden. Um den Projektfortschritt später kontrollierbar zu machen, sind nachprüfbare Zwischenergebnisse (z.B. die Erstellung eines Prototyps) als „Meilensteine" festzulegen und in den Zeitplan zu integrieren.

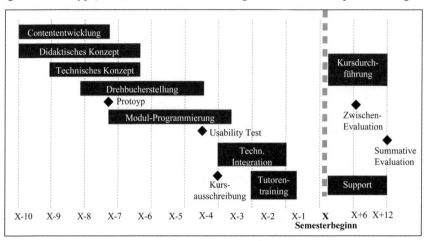

Abbildung 2: Beispiel für einen Projektzeitplan mit Meilensteinen

Bereits in der Planungsphase sollten Überlegungen hinsichtlich der Integration der Arbeitsergebnisse und Erfahrungen über das Projektende hinaus einfließen, wobei sowohl finanzielle, personelle als auch organisatorische Nachhaltigkeitsaspekte zu berücksichtigen sind. (Kruppa u.a., 2002, S. 8). Vor allem das Problem der Folgekosten sollte von Beginn an adressiert werden (Siegl, 2003, S. 28).

5. Planungsstufe: Erstellung und Kommunikation des Projektplans

„Krönender Abschluss der Planung ist ein ausführlicher, aber nicht rigider Projektplan" (Reinmann-Rothmeier u.a., 2003, S. 84). Der Detaillierungsgrad des Projektplans hängt vom Umfang und der Komplexität des Projekts ab und sollte die folgenden Elemente enthalten:

a) Basisdaten (z.B. Projektname, Projektziele, Lehr-Lernziele)

b) Projektorganisation

c) Aufgabenpakete und Verantwortlichkeiten

d) Ressourcenplanung (Budget- und Personalplanung, inkl. Planungsvorschau nach Projektende)

e) Zeitplan mit Meilensteinen

f) Evaluationskonzept

Der Projektplan ist der Fahrplan für den Projektablauf. Er sollte schriftlich formuliert und an alle Projektbeteiligten verteilt werden. Es bietet sich bei dieser Gelegenheit an, eine offizielle Team-Kick-off Veranstaltung mit allen Projektbeteiligten durchzuführen. Dabei können sich die Teammitglieder kennenlernen, der geplante Projektablauf besprochen, eventuelle Bedenken oder Unstimmigkeiten im Vorfeld aufgenommen werden und damit die Grundlage für eine konstruktive Teamzusammenarbeit gelegt werden.

3.2 Projektorganisation

Die Projektorganisation umfasst die Projektstrukturen und -prozesse. Der Umfang der Projektorganisation sollte in angemessenem Verhältnis zum Projektziel stehen. Eine Metapher soll dies verdeutlichen: Ein kleines Fischerboot (Mini-Projekt) ist anders zu steuern als eine Privatjacht (Midi-Projekt) oder ein Supertanker (Maxi-Projekt). Ein Supertanker benötigt eine arbeitsteilige, mehrköpfige Crew, während das Fischerboot von einem erfahrenen Bootsmann gesteuert werden kann (Zielasek, 1995, S. 14f).

Analog gibt es bei E-Learning-Projekten unterschiedliche Größenordnungen, wie es z.B. in den Lernszenarien des LearnTechNet der Universität Basel zum Ausdruck kommt:

- Anreicherungskonzept: Erstellung und Einsatz von Medien und multimedialer Elemente für die Vorlesung
- Integratives Konzept: Integration von Online-Angeboten in die Lehrveranstaltung
- Konzept virtueller Lehre: Konzeption einer virtuellen Lehr-/Lernumgebung

Während die Erstellung einzelner Medienelemente für eine Vorlesung ein relativ überschaubares Vorhaben darstellt, ist die Konzeption einer virtuellen Kursumgebung ein umfangreiches Projekt, das einen erheblichen Planungs- und Koordinationsaufwand erfordert.

Die Komplexität des Projekts bestimmt auch den Umfang und die Differenzierung der Projektaufgaben sowie die zur erfolgreichen Bewältigung dieser Aufgaben notwendigen Kompetenzen. Daraus lassen sich dann die Projektrollen und die Qualifikationsanforderungen an die Projektmitglieder ableiten.

Je nach Projektumfang und -komplexität ist es erforderlich, dass mehrere Rollen von einer Person wahrgenommen werden (Projekttyp „Fischerboot") oder eine Rolle auf mehrere Spezialisten aufgeteilt wird (Projekttyp „Supertanker").

Bei der Vergabe von Projektrollen an die Projektmitglieder ist der Grundsatz des Gleichgewichts zwischen Aufgaben, Verantwortung und Rechten zu beachten. Ein Projektmitarbeiter kann die Verantwortung für eine Aufgabe nur dann übernehmen, wenn er auch die entsprechenden Befugnisse dazu erhält. Werden bei der Übernahme von Aufgaben nicht die entsprechenden Rechte abgeklärt, sind spätere Konflikte vorprogrammiert (Kraus & Westermann, 1995, S. 31f).

Aufgaben	Kernkompetenzen	Rolle
Bereitstellung/Aufbereitung der Fachinhalte	Fachkompetenz	Fachautor
Erstellung des didaktischen Konzepts	Pädagogische Kompetenz Fachdidaktische Kenntnisse	Didaktischer Designer (in Abstimmung mit dem Fachautor)
Entwicklung der multimedialen Elemente	Erfahrung im Web-Design	Medien-Designer
Administration von Netzwerken und Lernplattformen	Kenntnisse in der Netzwerkadministration	Technischer Entwickler
Leitung des Kurses	Fachkompetenz Lehrkompetenz	Kursleiter
Betreuung der Lerngruppen	Kompetenz zur Leitung und Förderung von Lerngruppen	Tutor
Planung und Steuerung des Projekts	Planungskompetenz Steuerungskompetenz	Projektleiter
Kommunikation und Dokumentation	Kommunikationskompetenz	Wissensmanager
Formative und Summative Evaluation	Evaluationskompetenz	Peer Reviewer Evaluator

Abbildung 3: Definition von Rollenprofilen für ein E-Learning-Projekt

Der Projektleiter hat in der Projektorganisation eine zentrale Position, da er die Hauptverantwortung für die Erreichung der Projektziele trägt. Er ist sowohl Mitglied des Projektteams, nimmt aber gleichzeitig eine Führungsrolle ein.

Im Laufe eines Projekts treten unterschiedliche Anforderungen an einen Projektleiter, so dass er verschiedene Rollen übernehmen muss, z.B. als Stratege, Berater, Coach, Konfliktmanager, Analytiker, Moderator, Politiker, Teamentwickler usw. (Kraus & Westermann, 1995, S. 154ff).

Um diesen vielfältigen Rollenanforderungen gerecht zu werden, benötigt ein Projektleiter umfangreiche Kompetenzen (Lennertz, 2002, S. 318):

- Fachkompetenz (z.B. disziplinspezifisches, didaktisches und technologisches Orientierungswissen)

- Methodenkompetenz (z.B. Planungskompetenz, Präsentations- und Moderationskompetenz)
- Sozialkompetenz (z.B. Führungskompetenz, Teamkompetenz, Kritikfähigkeit, Motivationsfähigkeit)

Allerdings ist zu beachten, dass das Ansehen des Projektleiters neben seinen Fähigkeiten in erheblichem Maß durch seinen hierarchischen Status in der Hochschulorganisation bestimmt wird, was seinen Handlungsspielraum und damit den Projekterfolg wesentlich beeinflusst.

Bei der Auswahl der einzelnen Teammitglieder sind neben den fachlichen Kompetenzen, die Kommunikations- und Teamfähigkeit, Methodenkompetenz und Projekterfahrung wesentliche Kriterien. Bei der Zusammensetzung des Projektteams spielt zudem die „Teamchemie" eine wichtige Rolle.

3.3 Projektsteuerung

Aufgabe der Projektsteuerung ist es, die Erreichung des Projektziels sicherzustellen. Das Projektmanagement übernimmt dabei im übertragenen Sinn eine „Lotsenfunktion". Wichtige Instrumente bei der Steuerung eines Projekts sind die Projektfortschrittskontrolle sowie die Projektkommunikation und -dokumentation.

3.3.1 Projektfortschrittskontrolle

Am Anfang eines Projekts sind die Beteiligten oft sehr motiviert und engagiert – nach einiger Zeit wird das Engagement jedoch häufig durch andere Anforderungen des Alltagsgeschäfts verdrängt. Das Ziel liegt noch weit weg und die Projektarbeit wird nicht konsequent verfolgt – dadurch entstehen meist unnötige Zeitverzögerungen, die in der Regel zum Ende des Projekts nur mit Stress und großem Aufwand wieder aufgeholt werden können. Meilensteine erweisen sich hier als sinnvolles Instrument, um die Projektmitglieder zur kontinuierlichen Projektarbeit zu motivieren, den Projektfortschritt zu dokumentieren und mögliche Schwierigkeiten bei der Zielerreichung frühzeitig innerhalb des Projektteams und gegebenenfalls an den Auftraggeber zu adressieren, um ein späteres Scheitern des Projekts zu verhindern (Kraus & Westermann, 1995, S. 54ff).

Statusberichte sind ein weiteres hilfreiches Instrument, um den Projektfortschritt zu verfolgen. Der Statusbericht sollte in knapper, standardisierter Form die wichtigsten Informationen zum jeweiligen Aufgabenbereich enthalten und in regelmäßigen Abständen von den einzelnen Teilteams/Teammitgliedern an den Projektleiter geschickt werden, damit dieser einen Überblick über die Entwicklungen in den einzelnen Projektbereichen erhält und frühzeitig Problembereiche identifizieren kann.

3.3.2 Projektkommunikation und -dokumentation

„Eine der wichtigsten Voraussetzungen für erfolgreiche Projektarbeit ist eine gute Kommunikation – sowohl intern, d.h. innerhalb des Projektteams, als auch extern, d.h. nach außen. Ziel der Projektkommunikation ist, die für den Fortgang des Projekts relevanten Informationen zum richtigen Zeitpunkt in geeigneter Form an die richtige Stelle zu bringen und den Informationsfluss entsprechend zu organisieren" (Lennertz, 2002, S. 326f). Dazu gehören regelmäßige Projektbesprechungen, in denen die einzelnen Teammitglieder z.B. auf Basis ihrer Statusberichte einen Überblick über ihren Arbeitsfortschritt geben. Die Teammitglieder erhalten dadurch einen Überblick über die Herausforderungen und den Fortschritt des Gesamtprojekts, in das sie ihren eigenen Beitrag besser einordnen können. Ein Zitat aus einem Projektbericht spiegelt die Bedeutung von Teamsitzungen für den Projekterfolg wieder: „Ohne die regelmäßigen Teammeetings wäre das Projekt höchstwahrscheinlich schon in der Konzeptionsphase gescheitert" (Ramm & Manfred, 2001, S. 155). Neben den offiziellen Teammeetings sind informelle, persönliche Gespräche mit den Teammitgliedern eine gute Gelegenheit, um als Projektleiter die spezifischen Herausforderungen der Aufgabenbereiche kennenzulernen. Wichtige Projektinformationen sollten in einer Projektdatenbank dokumentiert werden, damit das erworbene Projektwissen während und nach dem Projektzeitraum dauerhaft verfügbar ist.

Neben der internen Projektkommunikation ist die Kommunikation nach außen ein wichtiges Gestaltungsfeld. Die Kommunikation nach außen, z.B. im Rahmen einer Projekt-Webseite, von Publikationen oder Vorträgen sollte genutzt werden, um das Projekt innerhalb der eigenen Institution und darüber hinaus bekannt zu machen und so ein Netzwerk aufzubauen, um z.B. weitere Kooperationspartner zu finden.

3.3.3 Projektabschluss

Ein Projekt ist durch ein definiertes Ende charakterisiert – in der Realität gibt es allerdings oft ein schleichendes Projektende.

Ziel des Projektabschlusses ist es, die Arbeitsergebnisse so zu dokumentieren, dass es der Regelorganisation möglich ist, die Projektergebnisse weiterzuentwickeln (Kruppa u.a., 2002). Dazu gehören folgende Schwerpunkte:

- Feststellung und Erledigung der noch im Projektrahmen notwendigen Arbeit („Offene Punkte"-Liste)
- Dokumentation der Projektarbeit (Abschlussbericht)
- Projektübergabe und Auflösung der Projektstruktur

Falls noch Projektarbeiten ausstehen, ist die Form eines Nachfolgeprojekts oder eine Phase der Nachbetreuung festzulegen. Ebenfalls in die Abschlussphase gehört eine Manöverkritik („Lessons Learned"), in welcher der Projektverlauf rekapituliert wird sowie positive und negative Entwicklungen identifiziert werden und diese Erkenntnisse als Input für kommende Projekte dokumentiert werden (Karnovsky, 2002, S. 89ff).

4. Hochschulspezifische Herausforderungen des Projektmanagements

Die bisherigen Ausführungen beruhen vor allem auf den Methoden und Erfahrungen des Projektmanagements aus dem unternehmerischen Umfeld. Diese lassen sich grundsätzlich auf das Hochschulumfeld übertragen und könnten dort zu einer effizienten und effektiven Projektdurchführung beitragen. Allerdings ist dabei zu berücksichtigen, dass sich die hochschulspezifischen Rahmenbedingungen in einigen Aspekten vom unternehmerischen Umfeld unterscheiden. Daher werden im Folgenden die spezifischen Herausforderungen von E-Learning-Projekten an Hochschulen dargestellt.

4.1 Unklarer Projektauftrag

Der Projektauftrag wird bei E-Learning-Projekten in Hochschulen meist nicht bindend festgelegt. Zwar werden bei öffentlichen oder hochschulinternen Projektausschreibungen von den Projektanträgen die Beschreibung der Projektziele sowie das geplante Vorgehen zur Erreichung dieser Ziele verlangt. Gerade bei öffentlichen Projektförderungen beschränkt sich der Geldgeber in seiner Rolle als Auftraggeber nach der Bewilligung des Projektantrags jedoch häufig auf die Bereitstellung der finanziellen Mittel. Meist ist diese Mittelfreigabe mit der Hoffnung verbunden, dass das Projekt die versprochenen Leistungen erbringt. Die Prüfung der Leistungserfüllung erfolgt häufig jedoch nur formell ohne bei der Verletzung der Leistungspflicht Konsequenzen zu ziehen, z.B. in Form einer Rückzahlung des Förderbetrags. Diese Förderpolitik ist mit die Ursache dafür, dass in einigen Projekten die Motivation für die zielgerichtete Umsetzung des Projekts nach dem Erhalt der Förderbewilligung beträchtlich sinkt und der Projektfortschritt über eine Konzeptphase mit ansatzweiser Umsetzung kaum hinauskommt, geschweige denn die Voraussetzungen für die nachhaltige Nutzung der Projektergebnisse gelegt werden.

Eine tranchenweise Auszahlung des Förderbetrags nach Erreichen der definierten Milestones könnte dieses Problem mindern. Dabei ist allerdings zu prüfen, inwieweit dieses strikte Vorgehen von intrinsisch motivierten Projektteams als unnötige „Gängelung" empfunden wird und damit kontraproduktiv wirkt und wie sich das Aufwand-/Ertragsverhältnis dieses Controllingansatzes gestaltet.

4.2 Projektorganisation versus Lehrstuhlprinzip

Die Projektorganisation besteht nicht unabhängig von den hierarchischen Universitätsstrukturen. Dieser Aspekt ist beim Aufbau des Projektteams, und vor allem bei der Wahl des Projektleiters zu beachten. Ein Lehrstuhlinhaber hätte es als Projektleiter aufgrund seiner Linienmacht am einfachsten, bestimmte Entscheidungen durchzusetzen, der Nachteil dabei ist jedoch, dass dieser meist nicht genügend Zeit hat, um die Projektleitungsaufgaben vollständig wahrzunehmen. Ein Mitarbeiter aus dem wissenschaftlichen Mittelbau kann dagegen zwar für die Aufgaben als Projektleiter meist einfacher freigestellt werden, allerdings besteht die Gefahr, dass er aufgrund seiner geringeren hierarchischen Autoritätsmacht Schwierigkeiten haben wird, bestimmte Ergebnisse durchzusetzen, welche für die Nachhaltigkeit des Projekts notwendig sind (Kraus & Westermann, 1995, S. 28f). Auch die Zusammenstellung des Projektteams ist für die Nachhaltigkeit des Projekts entscheidend. Viele Teams in geförderten Projekten bestehen vorwiegend aus Mitarbeitern mit befristeten wissenschaftlichen Stellen sowie studentischen Hilfskräften. Diese Lösung ist für das Projekt kurzfristig meist die kostengünstigste Variante. Nach Ende des Projekts findet jedoch dann ein immenser Verlust des im Projekts mühsam erworbenen Know-hows statt. Für die technische Wartung sowie inhaltliche und methodisch-didaktische Überarbeitung des Lernangebots, welche für die langfristige Nutzung erforderlich ist, fehlen dann die personellen Ressourcen (Kandzia, 2002, S. 55).

Ein interessantes Beispiel für eine integrierte Projektorganisation ist an der südafrikanischen Universität Pretoria zu finden, wo es für jedes Lehrprojekt sowohl einen Projektmanager als auch einen Projektleiter gibt. Der Projektmanager – ein erfahrener Instructional Designer der zentralen Supporteinrichtung TLEI – koordiniert die Arbeitsabläufe und die Kommunikation zwischen den Lehrenden und den Mitarbeitern aus den Supporteinrichtungen wie z. B. der Bibliothek. Der Projektleiter kommt hingegen aus dem jeweiligen Fachbereich und trägt die inhaltliche Verantwortung über das Projekt (Zawacki, 2002).

4.3 Interdisziplinäre Projektarbeit

E-Learning-Projekte erfordern ein ausgeprägtes interdisziplinäres Denken und Zusammenarbeiten. Zwar sind auch viele Forschungsprojekte interdisziplinär angelegt, aber ein Forschungsteam besteht meist aus Vertretern gleicher oder nahe stehender Fachdisziplinen, welche auf der Basis eines gemeinsamen Forschungsgegenstandes zusammen arbeiten. Im Rahmen eines E-Learning-Projekts sind jedoch Kompetenzen aus Disziplinen notwendig, denen sehr unterschiedliche Denkweisen, Lehrtraditionen und Arbeitsmethoden zu Grunde liegen, z.B. der disziplinspezifischen Fachwissenschaft, der Pädagogik, der Fachdidaktik, der Psychologie und der Informatik.

In der Projektrealität an Hochschulen findet man allerdings selten interdisziplinäre E-Learning-Teams vor, sondern häufig ein „Lone Ranger"-Modell, das aus einem Professor und evtl. seinem Assistenten besteht, welche neben der Erstellung der Fachinhalte und der didaktischen Gestaltung auch die technische Umsetzung übernehmen (Bates, 2000, S. 59). Während dieser Ansatz für eine anfängliche Experimentierphase geeignet ist, bietet es keine idealen Voraussetzungen, um didaktisch anspruchsvolle und nachhaltige Lernszenarien zu entwickeln: „Das Problem ist dabei, dass die erforderlichen Kompetenzen für die Fertigstellung eines hochwertigen Medienproduktes in der Regel so vielschichtig sind, dass sie selten in einer Person zusammenfallen. Die Aneignung aller notwendigen Teilkompetenzen ist für den Einzelnen unrealistisch bzw. mit einem im Grunde übertrieben hohen Zeitaufwand verbunden." (Kerres, 2002, S. 59f).

Zentrale oder fakultätsspezifische Supportstrukturen können einen wichtigen Beitrag zur Einbindung disziplinspezifischer Experten in E-Learning-Projekten leisten. Entscheidend ist jedoch die Bereitschaft der Projektmitglieder, die unterschiedlichen fachlichen, didaktischen und technischen Anforderungen an virtuelle Lernumgebungen anzuerkennen, sowie die Fähigkeit des Projektleiters diese Anforderungen zu integrieren, um einen nachhaltigen Projekterfolg zu sichern.

4.4 Fehlende Anreizstrukturen zur Nachhaltigkeit

Während ein Wissenschaftler ein Eigeninteresse an der Vermarktung der Ergebnisse seines Forschungsprojekts in Form von Publikationen in renommierten Fachzeitschriften hat, ist der Anreiz zur Verbreitung der Projektergebnisse aus Lehrprojekten gering. Zum einen fehlen die rechtlichen Rahmenbedingungen und die Kenntnisse, aber auch die Motivation, den breiten und nachhaltigen Einsatz der Projektergebnisse zu forcieren (Kerres, 2002, S. 61). Notwendig hierfür ist u.a. eine Regelung der Urheber- und Vermarktungsrechte an den Projektergebnissen, die sowohl dem Eigeninteresse der Projektbeteiligten als auch dem Interesse der Hochschule gerecht wird. Einige Hochschulen haben inzwischen Organisationseinheiten für die Vermarktung der E-Learning-Produkte geschaffen, wie die Multimedia Hochschulserver Berlin GmbH, deren Aufgabe es ist, die Lehrenden der Berliner Hochschulen bei der Produktion von hochwertigem multimedialem Bildungsmaterial finanziell und fachlich zu unterstützen, und im Gegenzug dafür die externen Vermarktungsrechte übernehmen.

4.5 Geringe Kooperationsbereitschaft zur Förderung der ökonomischen Nachhaltigkeit

Während im Unternehmensbereich E-Learning vorwiegend aus ökonomischen Effizienz- und Effektivitätsgründen eingesetzt wird und multimediale Lernmodule mit Standardinhalten für eine große Zahl an Anwendern entwickelt oder gekauft werden, haben die meisten E-Learning-Projekte an Hochschulen vor allem didaktische Zielsetzungen. So begrüßenswert diese Intention auch ist – leider werden viele Projekte jedoch mit ökonomischen Zwängen konfrontiert, sobald die öffentliche Projektförderung endet und kein Geld für die technische Wartung und inhaltliche Weiterentwicklung der Projektergebnisse bereitsteht.

Während einige E-Learning-Initiativen in Massenstudiengängen aufgrund der Skaleneffekte bei hohen Studierendenzahlen ökonomische Effizienzvorteile gegenüber traditionellen Lehrformen vorweisen können und damit dauerhaft finanzierbar sind, besitzen E-Learning-Projekte in Orchideenfächern kaum ökonomisches Einsparpotential. Auffällig ist jedoch die geringe Kooperationsbereitschaft vieler Lehrenden an Hochschulen zur Entwicklung finanziell tragbarer, qualitativ-hochwertiger multimedialer Lernmedien. Selbst für Standardinhalte, z.B. statistische Methoden für Sozialwissenschaftler gibt es bisher an fast jeder Universität mindestens eine Eigenproduktion – in unterschiedlichen didaktischen Qualitäten und fraglicher Nachhaltigkeit.

Ein Weg, die Nachhaltigkeit von „kleinen" Projekten zu sichern, wäre die Kooperation mit anderen öffentlichen oder privaten Institutionen, welche ebenfalls ein Interesse daran haben, das Projektergebnis weiterzuentwickeln und zu unterhalten. Damit könnte durch eine Zusammenführung des Expertenwissens und der finanziellen Ressourcen aus verschiedenen Institutionen eine Qualitätssteigerung erreicht werden, und durch eine breite organisationsübergreifende Anwenderbasis die Nachhaltigkeit gestärkt werden. Allerdings müsste dafür die Tendenz vieler Lehrstühle zur Profilbildung in der Lehre durch die Abgrenzung von anderen Lehransätzen überwunden werden (Kandzia, 2002, S. 53).

5. Ausblick

Inwieweit kann ein professionelles Projektmanagement zur Nachhaltigkeit von E-Learning-Projekten an Hochschulen beitragen? Der vorliegende Beitrag zeigt Gestaltungsfelder des Projektmanagements zur Förderung der Nachhaltigkeit auf. Dabei wird klar, dass die Nachhaltigkeitsfrage nicht erst am Ende des Förderungszeitraums, sondern bereits in der Planungsphase gestellt werden muss. Aufgabe des Projektmanagements ist es dann, durch eine zielgerichtete Steuerung der Projektaktivitäten die finanzielle, didaktische, technische organisatorische und kulturelle Integration des Projekts in den Hochschulalltag vorzubereiten. Allerdings sind auch die Rahmenbedingungen an Hochschulen so zu gestalten, dass diese die Nachhaltigkeit von Projekten ermöglichen und fördern.

Kompetenzentwicklungsangebote an Projektleiter hinsichtlich der Methoden und Werkzeuge des Projektmanagements könnten einen wichtigen Beitrag zur nachhaltigen Gestaltung von E-Learning-Projekten leisten. Hilfreich wäre auch ein stärkerer Austausch der zahlreichen bisherigen Projekterfahrungen in Form von „Lessons Learned" – allerdings nicht in Form von „politisch weichgespülten" Projektberichten (Euler & Wilbers, 2003, S. 9), sondern durch die Darstellung der tatsächlich gemachten Erfahrungen mit den spezifischen Schwierigkeiten und Stolperstellen im Projektverlauf, denn ohne diese lebt kein Projekt.

Literatur

BATES, A. W. (2000). *Managing technological change.* San Francisco: Jossey-Bass Publishers.

EULER, D. & WILBERS, K. (2003). *E-Learning an Hochschulen: An Beispielen Lernen.* IWP-HSG, Hochschuldidaktische Schriften, Band 5. St.Gallen: Institut für Wirtschaftspädagogik.

KANDZIA, P.-T. (2002). E-Learning an Hochschulen – Von Innovation und Frustration. In: G. Bachmann (Ed.), *Campus 2002. Die virtuelle Hochschule in der Konsolidierungsphase.* Medien in der Wissenschaft 18 (S. 50–58). Münster: Waxmann.

KARNOVSKY, H. (2002). *Grundlagen des Projektmanagements. Ein Leitfaden für die Projektpraxis*. Wien: Paul Bernecker Verlag.

KERRES, M. (2001). Zur (In-)Kompatibilität von mediengestützter Lehre und Hochschulstrukturen. In: E. Wagner (Ed.), *Virtueller Campus. Szenarien, Strategien, Studium*. Medien in der Wissenschaft 14 (S. 293–302). Münster München [u.a.]: Waxmann.

KERRES, M. (2002). Medien und Hochschule. Strategien zur Erneuerung der Hochschullehre. In: L. J. Issing (Ed.), *Studieren mit Multimedia und Internet. Ende der traditionellen Hochschule oder Innovationsschub?* (S. 57–70). Münster, München [u.a.]: Waxmann.

KRAUS, G. & WESTERMANN, R. (1995). *Projektmanagement mit System: Organisation, Methoden, Steuerung*. Wiesbaden: Gabler.

KRUPPA, K., MANDL, H. & HENSE, J. (2002). *Nachhaltigkeit von Modellversuchsprogrammen am Beispiel des BLK-Programms SEMIK*. München: Ludwig-Maximilians-Univ., Inst. für Pädagog. Psychologie und Empirische Pädagogik.

LENNERTZ, D. (2002). Projekt-Management. In: J.-P. Thommen (Ed.), *Management und Organisation: Konzepte, Instrumente, Umsetzung* (S. 307–348). Zürich: Versus.

NEUBAUER, J. (2002). Praxistraining eLearning. Retrieved 15.09.2003, from http://www.elearning-expo.de/head_navi/specials/0/Praxistraining_eLearning.pdf

RAMM, M. & MANFRED, S. (2001). Mathe Online: Von der Konzeption zum erfolgreichen Einsatz. In: E. Wagner (Ed.), *Virtueller Campus. Szenarien, Strategien, Studium*. Medien in der Wissenschaft 14 (S. 155–163). Münster, München [u.a.]: Waxmann.

REINMANN-ROTHMEIER, G., VOHLE, F., ADLER, F. & U.A. (2003). *Didaktische Innovation durch Blended Learning. Leitlinien anhand eines Beispiels aus der Hochschule* (1. ed.). Bern [u.a.]: Huber.

SEUFERT, S. & EULER, D. (2003). *Nachhaltigkeit von eLearning-Innovationen*. SCIL-Arbeitsbericht 1 des Swiss Centre for Innovations in Learning. St.Gallen: Institut für Wirtschaftspädagogik.

SIEGL, E. (2003). Das Bundesleitprojekt Virtuelle Fachhochschule und seine nachhaltige Implementierung in den Regelstudienbetrieb. In: B. Kleimann (Ed.), *Nachhaltigkeitsstrategien für E-Learning im Hochschulbereich*. Kurzinformation Hochschul-Informations-System (S. 27–29). Hannover: HIS.

SIMON, B. (2001). Erfolgsfaktoren Elektronischer Märkte im Hochschulsektor – Eine Studie im Rahmen des UNIVERSAL-Projektes. In: E. Wagner (Ed.), *Virtueller Campus. Szenarien, Strategien, Studium*. Medien in der Wissenschaft 14 (S. 393–401). Münster, München [u.a.]: Waxmann.

TIEMEYER, E. (2002). E-Learning Projekte erfolgreich managen. In: A. Hohenstein & K. Wilbers (Eds.), *Handbuch E-Learning. Expertenwissen aus Wissenschaft und Praxis*. Köln: Dt. Wirtschaftsdienst.

WAGNER, E. (2000). Innovationsinstrumente – oder: Wie kommen Hochschulen mit dem Einsatz der Neuen Medien in der Lehre wirklich voran? In: F. H. Scheuermann (Ed.),

Campus 2000 – Lernen in neuen Organisationsformen (S. 391–402). Münster: Waxmann Verlag.

ZAWACKI, O. (2002). Organisationsstrukturen für E-Learning Support an der University of Pretoria. In: G. Bachmann (Ed.), *Campus 2002 die virtuelle Hochschule in der Konsolidierungsphase*. Medien in der Wissenschaft 18 (S. 112–121). Münster: Waxmann.

ZIELASEK, G. (1995). *Projektmanagement*. Berlin u.a.: Springer-Verlag.

Dieter Euler

Didaktische Gestaltung von E-Learning-unterstützten Lernumgebungen

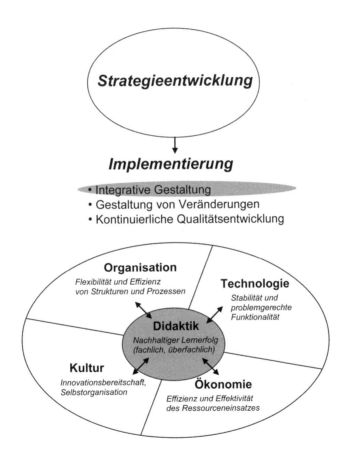

Abstract

Die didaktische Gestaltung wird weithin als ein zugleich entscheidender als auch kritischer Faktor für die Qualität und Akzeptanz von E-Learning beurteilt. Der Beitrag zeigt Gestaltungsfelder einer E-Learning-spezifischen Didaktik auf, die sich auf die Bewältigung von drei zentralen Anforderungen bezieht: (a) Didaktische Gestaltung von E-Medien („media design"); (b) Gestaltung von Formen der E-Communication in unterschiedlichen Rollen; (c) Didaktische Entwicklung von komplexeren Lernumgebungen mit unterschiedlichen Graden der E-Learning-Integration („instructional design"). Die Gestaltungsarbeiten werden dabei getragen durch eine grundlegende didaktische Kompetenz, die u.a. sicherstellen soll, dass die Einzelentscheidungen an orientierenden Leitbildern ausgerichtet werden und im Einklang stehen mit einschlägigen lerntheoretischen Grundlagen. Insofern geht die E-Learning-Didaktik über die allgemeine Didaktik hinaus, gleichzeitig ist sie aber auch in ihr aufgehoben.

Der Autor

Prof. Dr. Dieter Euler ist seit Oktober 2000 Inhaber des Lehrstuhls für „Wirtschaftspädagogik und Bildungsmanagement" und wissenschaftlicher Leiter des Swiss Centre for Innovations in Learning (SCIL) am Institut für Wirtschaftspädagogik an der Universität St. Gallen. Zuvor war er an der Universität Potsdam (1994–1995) und an der Universität Erlangen-Nürnberg (1995–2000) tätig. Neben dem „E-Learning" beschäftigt er sich u.a. innerhalb eines mehrjährigen Forschungsprogramms mit Fragen der „Förderung von Sozialkompetenzen". Er ist an der Universität St. Gallen verantwortlich für die Entwicklung eines eigenständigen Studienbereichs „Selbststudium", der mit einem Gesamtumfang von 25 % des Curriculums neue Formen des kooperativen Selbstlernens mit Unterstützung durch die Neuen Medien einführt.

Dieter Euler

Didaktische Gestaltung von E-Learning-unterstützten Lernumgebungen

1. Ausgangspunkte und Problemfokussierung 228
2. Gestaltungsgrundlagen: Lernverständnis und Leitbilder des Lernens 229
3. Gestaltungskomponenten: Bausteine von E-Learning-unterstützten Lernumgebungen 231
   - 3.1 Überblick 231
   - 3.2 E-Medien 232
   - 3.3 Formen der E-Communication 233
   - 3.4 Potentiale 235
4. Gestaltungsausprägungen: Verbindung der Bausteine zu Lernumgebungen 236
5. Abschluss 240
   - Literatur 241

1. Ausgangspunkte und Problemfokussierung

Die didaktische Gestaltung wird weithin als ein zugleich entscheidender als auch kritischer Faktor für die Qualität und Akzeptanz von E-Learning beurteilt. So berichtet beispielsweise der englische ECONOMIST, dass sich bislang die Erwartungen in die Profitabilität des E-Learning-Marktes aufgrund der unzulänglichen didaktischen Ausrichtung der Produkte nicht erfüllt hätten.[1] In diesem Zusammenhang wird darauf hingewiesen, dass sich so manche Versprechen im Hinblick auf die Leistungsfähigkeit von Bildungsmedien im Nachhinein als Versprecher erwiesen hatten. Und in der Tat erscheint dieses Argument empirisch gut gestützt: Ob die programmierte Unterweisung, das computerunterstützte Lernen oder die bisherigen Erfahrungen im Rahmen des E-Learning aufgenommen werden – immer wieder werden didaktische Potentiale beschworen, realisiert werden jedoch zumeist die ökonomisch rentablen, didaktisch aber anspruchslosen Lösungen. So ist es derzeit offen, ob wir eine Neuauflage dieser Erfahrung auf einem höheren technischen Niveau erleben bzw. inwieweit sich die Fehlentwicklungen der Vergangenheit wiederholen werden. Vor diesem Hintergrund soll im Folgenden untersucht werden, welche Herausforderungen im Rahmen der didaktischen Gestaltung von E-Learning-unterstützten Lernumgebungen zu bewältigen sind. Im Einzelnen werden drei Gestaltungsebenen unterschieden und im Detail diskutiert:

- Gestaltungsgrundlagen: Die didaktische Entwicklung von Lernumgebungen stützt sich auf ein als Paradigma beschreibbares Lernverständnis und daraus abgeleitete Leitbilder (Kapitel 2).

- Gestaltungskomponenten: Für die methodische Umsetzung von Lernumgebungen stehen unterschiedliche Bausteine zur Verfügung. Es wird dargelegt, dass E-Learning das bestehende Spektrum der Didaktik um einige spezifische Bausteine erweitert (Kapitel 3).

- Gestaltungsausprägungen: Als Ergebnis einer didaktischen Gestaltung entstehen E-Learning-unterstützte Lernumgebungen, die den Voraussetzungen der Lernenden gerecht werden und den Erwerb der angestrebten Handlungskompetenzen ermöglichen sollen (Kapitel 4).

---

[1] „To develop the market for e-learning requires a deeper understanding of the process of learning, of how pupils respond to ideas presented by a computer rather than by a teacher or a book." (THE ECONOMIST vom 17.2.2001, S. 85).

2. Gestaltungsgrundlagen: Lernverständnis und Leitbilder des Lernens

Befürworter und Kritiker von E-Learning führen häufig eine verdeckte Auseinandersetzung. Vordergründig streiten sie wortreich über die Möglichkeit der einen und die Unmöglichkeit der anderen Lehrmethode. Hintergründig unterscheiden sich die Standpunkte aber häufig in den jeweils verfolgten Leitbildern des Lernens. Im Kern können dabei zunächst drei Verständnisse unterschieden werden, die gelegentlich auch als lerntheoretische Paradigmata bezeichnet werden[2]:

- Das behavioristische Lernverständnis geht davon aus, dass ein erwünschtes Verhalten dann gelernt oder abgebaut wird, wenn das eigene Verhalten angenehme oder unangenehme Konsequenzen auslöst (Lernen am Erfolg). Entsprechend kann ein erwünschtes Verhalten durch unterschiedliche Formen von Belohnung oder Zwang aufgebaut sowie ein unerwünschtes Verhalten durch Belohnungsentzug oder Bestrafung abgebaut werden. Der Anwendungsprototyp dieses Lernverständnisses im Rahmen von E-Learning ist ein direktives Tutorial oder eine Drill-and-Practice-Learningware klassischer Provenienz. Dabei wird der Lernende sozusagen an einem „elektronischen Nasenring" durch ein hoch strukturiertes Programm gezogen und durch positive und negative Rückmeldungen „auf Kurs" gehalten.

- Das kognitivistische Lernverständnis geht davon aus, dass der Mensch seine Umwelt über den Aufbau von kognitiven Strukturen geistig repräsentiert (Lernen durch Einsicht). Er baut sich dabei ein Bild der Welt auf, wobei zumeist unterschieden wird zwischen einem Wissen über Sachverhalte, Handlungsabläufe und Problemlösungstechniken.
Der Anwendungsprototyp dieses Lernverständnisses im Rahmen von E-Learning ist die Simulation. Bei der so genannten Entscheidungssimulation ist das Modell eines realen oder fiktiven Systems (z.B. Unternehmung, Volkswirtschaft) abgebildet, in das der Lernende durch Veränderung der vorgegebenen Parameter eingreifen kann. Im Prozess der interaktiven Auseinandersetzung mit dem Modell soll der Lernende dessen Funktionsweise und Zusammenhänge erschließen.

- Das konstruktivistische Lernverständnis[3] geht davon aus, dass Lernen durch die Bewältigung von möglichst authentischen Problemstellungen getragen wird. Die Positionen

---

[2] Vgl. im Einzelnen EULER & HAHN, 2004.

[3] Obwohl der Konstruktivismus gelegentlich als ein gänzlich neues Paradigma in Lerntheorie und Didaktik propagiert wird, soll hier die These vertreten werden, dass es sich im Kern um eine Akzentuierung und Vertiefung bekannter Fragen und Konzepte handelt, wobei sich das vermeintlich Neue teilweise lediglich als eine neue Begrifflichkeit entpuppt. Der Konstruktivismus stellt insbesondere im Hinblick auf seine didaktische Anwendung keine geschlossene Theorie dar, sondern er erschließt sich aus einigen immer wieder zitierten Aufsätzen US-amerikanischer Herkunft, die einzelne Aspekte der Position akzentuieren. Bei diesen Ansätzen ließe sich zeigen, dass zumindest eine Vielzahl von ihnen bekannte didaktische Konzepte zusammenführen und begrifflich neu belegen.

unterscheiden sich dahingehend, welches Maß an instruktionaler Unterstützung den Lernenden bei der Bearbeitung dieser Probleme gegeben werden sollte. Unabhängig davon besteht die Vorstellung, dass die Entwicklung einer Problemlösung nicht als Abruf geschlossener Einheiten aus den kognitiven Strukturen stattfindet. Vielmehr muss das zur Problemlösung erforderliche Wissen durch die aktive Anpassung von bestehenden und durch die Erweiterung auf noch zu erschließende Strukturen konstruiert werden. Der Anwendungsprototyp dieses Lernverständnisses im Rahmen von E-Learning ist eine problembehaftige Hypermedia-Struktur oder eine multimedial präsentierte Fallstudie. Der Lernende hat dabei die Aufgabe, unter Zuhilfenahme von multimedialen Lernressourcen für sich eine passende Problemlösung zu konstruieren.

Die Paradigmata sind in gewissem Sinne Idealtypen des Lernens, die sich in der didaktischen Praxis in Grenzen miteinander verbinden können. Vor diesem Hintergrund erscheint ein Zwischenschritt erforderlich, um Lerntheorien und Gestaltungspraxis stringenter aufeinander zu beziehen. Die Verbindung kann über die Formulierung so genannter „Leitbilder" erfolgen. Leitbilder sind normative Orientierungen, die der Gestaltung einzelner didaktischer Entscheidungen eine Richtung verleihen können, die jedoch auf konkret sich stellende Situationen auszulegen sind. Beispiele für solche Leitbilder sind etwa das „Konzept einer aufgabenorientierten Didaktik"[4], das „Problem-based-learning"[5] oder das „kooperative Selbstlernen mit neuen Medien"[6].

Das letztgenannte Leitbild bildet den Bezugspunkt für eine neue Lehrform, die seit 2001 an der Universität St. Gallen verfolgt wird. Etwa ein Viertel des gesamten Curriculums verbringen die Studierenden nicht wie bis dato in Präsenzveranstaltungen mit den Dozierenden, sondern mit der selbstgesteuerten Erarbeitung und Vertiefung von Studieninhalten. Als „kooperatives Selbstlernen mit neuen Medien" werden all jene Formen des Lernens verstanden, die durch die Studierenden selbständig geplant und gestaltet werden und bei denen sich die Rolle der Lehrenden weitgehend auf die Bereitstellung von Medien, die Unterstützung bei auftretenden Fragen und die Rückmeldung auf erarbeitete Arbeitsergebnisse begrenzt. Viele Aufgaben- und Problemstellungen setzen darauf, dass die Lösungen in Lernteams erarbeitet und präsentiert werden. In ein Bild gekleidet: Die Studierenden sitzen nicht auf dem Beifahrer- oder gar Rücksitz und werden von einem erfahrenen Dozierenden durch die Studieninhalte geführt, sondern sie sitzen am Lenkrad, gelegentlich in Begleitung eines Tutors oder im Team mit anderen Studierenden. Die Hervorhebung als eigenständige Studienform verbindet sich mit dem Anspruch, in besonderer Weise Studienziele zu betonen und zu fördern, die in der traditionellen Universitätslehre nicht ausreichend gefördert werden (z.B. Entwicklung von Selbstlern- und Sozialkompetenzen). In diesem Sinne wird das kooperative Selbstlernen mit neuen Medien als ein Mittel, aber auch als ein Ziel des Studiums verstanden. Es dient als

---

[4] Vgl. den Beitrag von ZIMMER in diesem Band.

[5] Unter dem Terminus „Problem-based-learning" existiert in der angelsächsischen Welt eine eigene didaktische Tradition. Sie erfährt insbesondere in der Medizin und in den Rechtswissenschaften eine breite Anwendung, ist aber auch in anderen Disziplinen vertreten (vgl. die zahlreichen Anwendungsbeispiele in BOUD & FELETTI, 1997).

[6] Vgl. EULER & WILBERS, 2002, S. 5 ff.

Mittel zur kompetenten Auseinandersetzung mit den fachlichen Studieninhalten, zugleich ist der schrittweise Aufbau von Kompetenzen zum kooperativen Selbstlernen mit neuen Medien auch ein Ziel des Studierens.

3. Gestaltungskomponenten: Bausteine von E-Learning-unterstützten Lernumgebungen

3.1 Überblick

E-Learning wird nicht als eine Methode konzipiert, die völlig losgelöst von dem bestehenden Methodenrepertoire von Lehrpersonen gedacht wird. Vielmehr soll E-Learning anschlussfähig sein an die bestehenden methodischen Kenntnisse und Fertigkeiten der Lehrpersonen und als eine Erweiterung bestehender Lehrmethoden wahrgenommen werden. In der Didaktik werden Lernumgebungen zumeist über die Grundbausteine Aktions- und Sozialformen sowie Medien arrangiert. Durch den Einsatz von E-Medien bzw. learningware (z.B. Tutorial, Simulationssoftware, Webquest) entstehen neue Möglichkeiten der Veranschaulichung sowie der aktivierenden Auseinandersetzung des Lernenden mit Lerninhalten. Durch die Einbeziehung der Telekommunikation wird es möglich, räumlich entfernte Personen in den Lernprozess einzubeziehen. Dies führt zu telekommunikativ unterstützten Lernumgebungen, bei denen die Lernenden wiederum in unterschiedliche Sozialformen eingebettet und zudem ebenfalls durch Lehrende unterstützt werden können. Die Unterstützung durch die Lehrenden kann vor Ort oder über das Netz geschehen – im letztgenannten Fall entstehen neue Formen der Lehrunterstützung wie E-Instruktion, E-Tutoring sowie E-Moderation/E-Coaching. Im Überblick entsteht folgender „Baukasten":

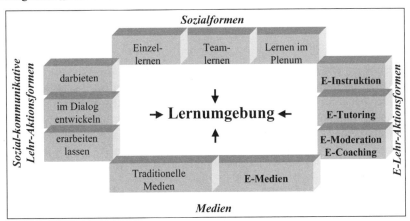

Abbildung 1: Bausteine zur Entwicklung von mediengestützten Lernumgebungen

3.2 E-Medien

Die neuen Bausteine sollen nunmehr etwas genauer betrachtet werden. Im Hinblick auf die *E-Medien* kann grob zwischen Präsentations- und Interaktionsmedien unterschieden werden.

Präsentationsmedien dienen der anschaulichen und verständlichen Darbietung von Lehrinhalten. Das Spektrum reicht von klassischen Printmedien (Lehrbuch, Skript u.ä.) bis zu audio-visuellen Medien, die über technische Unterstützungen bereitgestellt werden. Im Kontext von E-Learning stehen solche Medien im Vordergrund, die über Printmedien hinausgehen und weitergehende Möglichkeiten zur Veranschaulichung von Lerninhalten bieten. Im Einzelnen:

- Filmisch-authentische Darbietung einer Fallsituation (z.B. Aufriss einer Problemsituation in einer Unternehmung, spielerische Darbietung einer juristisch relevanten Fallsituation) bzw. von Fallbeispielen zur Illustration abstrakter Zusammenhänge (z.B. Unternehmenskultur).

- Lehrclips im Sinne der audio-visuellen Aufzeichnung einer Lehrsequenz (z. B. Zusammenfassung von zentralen Problemstellungen und Kernaussagen zu einem Lehrgebiet in einem Kurzvortrag oder einer Diskussionseinheit; Problematisierung von vermeintlich klaren Aussagen durch Einbringung einer anderen Perspektive auf den Inhalt; Erschließung von Schlüsselkonzepten im Interview; „dumme Fragen", die sich niemand zu stellen traut ...).

- Präsentationsfolien mit Animationselementen (z.B. PowerPoint-Sequenz mit schrittweiser Darbietung des sachlogischen Aufbaus einer Strukturgrafik, eines Argumentationsgangs, eines Rechenverfahrens u.a.).

- Hypertext als Einstieg oder Zusammenfassung einer Lehreinheit mit Verweisen auf Vertiefungen, visuelle Veranschaulichungen, Übungen u.a.

- Hinweise auf *aktuelle* wissenschaftliche Fachinformationen, insbesondere im Rahmen von Bibliothekskatalogen, Bibliographien, elektronischen Büchern und Fachzeitschriften sowie Volltextdatenbanken.

Interaktionsmedien erfüllen aus didaktischer Sicht prinzipiell die Funktionen, die in Kontaktveranstaltungen durch die Lehrenden wahrgenommen werden: Sie fordern und fördern die Lernenden dadurch, dass sie in einem höheren Maße die Lehrinhalte aktiv (v)erarbeiten, auf variierende Problemsituationen anwenden oder kritisch reflektieren müssen.[7] Im Kern kann die Aufforderung über die folgenden Komponenten („assignments") gestaltet werden:

- *Fragestellungen* zielen auf die Reproduktion und das Verstehen von Wissen.

---

[7] Der Begriff der „Interaktivität" bedarf in diesem Kontext einer Präzisierung, da er häufig missverstanden wird. Interaktivität liegt nicht schon dann vor, wenn per Knopfdruck eine Information abgerufen werden kann – hier handelt es sich vielmehr um die Selektion aus bestehenden Informationsbeständen. Wirkliche Interaktivität erfordert, dass sich zumindest partiell dynamische, ergebnisoffene Austauschprozesse entwickeln und nicht vorweg definierte, mechanistisch ablaufende Lernprozesse ausgelöst werden.

- *Aufgabenstellungen* zielen auf die Anwendung von Wissen, d.h. sie geben den Studierenden die Möglichkeit, abstrakte Fachinhalte auf konkrete Situationen anzuwenden.
- *Problemstellungen* zielen auf die Einbringung kreativer Elemente zur Lösung von Problemen; es werden kreative Ideen verlangt, da die Einbringung von bestehendem Wissen alleine zur Lösung des Problems nicht ausreicht.

Die Frage-, Aufgaben- und Problemstellungen können in unterschiedliche mediale Einheiten integriert werden. Hier einige Beispiele[8]:

- Selbst- bzw. fremdproduzierte Angebote an *Lernsoftware*: Tutorials, Drill-and-Practice-, Simulationsprogramme.
- *Arbeitsanaloge Lernaufgaben* konfrontieren den Lernenden mit einer praxisnahen Problemstellung und stellen einen Hintergrund an Lernressourcen zur Verfügung, die er während der Bearbeitung verwenden kann und über die er insgesamt die Lerninhalte erarbeitet.
- *Fallaufgaben* können unterschiedliche Anforderungen betonen: Die verbreitetste Form ist der *Problemlösungsfall* (case-problem-method), bei dem für eine im Fall „verpackte" Problemsituation eine Lösung erarbeitet werden soll. Andere Varianten sind u.a. der *Untersuchungsfall* (case-incident-method: es müssen die notwendigen Informationen zur Fallbearbeitung beschafft werden), der *Problemfindungsfall* (case-study-method: es müssen die verborgenen Problemstrukturen aus den umfangreichen Fallinformationen identifiziert werden), der *Beurteilungsfall* (stated-solution-method: es müssen vorgegebene Problemlösungen beurteilt, ggf. Alternativen entwickelt bzw. zwischen Alternativen Entscheidungen gefällt werden).
- *WebQuests* können als eine Sonderform der Fallaufgabe verstanden werden. Eine WebQuest besteht i.d.R. aus einer Einführungsinformation, einer anregenden Problemstellung, einer Beschreibung des Prozesses zur Erarbeitung einer Problemlösung und einer Auswahl geeigneter Informationsquellen, die zu einem hohen Anteil aus dem Web stammen.[9]
- *FAQ* im Rahmen eines Lehrgebietes.
- *Navigations-Hypertext* als Überblick über die zentralen Frage-, Aufgaben- und Problemstellungen eines Inhaltsbereiches und Rahmen für die selbstgesteuerte Wissenserarbeitung.

3.3 Formen der E-Communication

Analog zu den sozial-kommunikativen Lehr-Aktionsformen kann die Kommunikation zwischen Lehrenden und Lernenden auch über die Telekommunikationsnetze erfolgen (so ge-

---

[8] Vgl. im Einzelnen EULER, 2000.

[9] Vgl. ABPLANALP, 1999; SEUFERT, BACK & HÄUSLER, 2001, S. 120 ff.

nannte „E-Communication"). Im Einzelnen sollen die folgenden Formen unterschieden werden:

- E-Instruktion beschreibt eine Lernumgebung, in der ein Lehrender über das Netz Inhalte vermittelt. Wird beispielsweise ein Lehrvortrag synchron über das Netz übertragen, wobei ein Teil der Lernenden den Lehrenden vor Ort, ein anderer Teil ihn hingegen auf einem Bildschirm verfolgt, dann wird diese Lernumgebung für die räumlich entfernten Lernenden als Teleteaching bezeichnet.

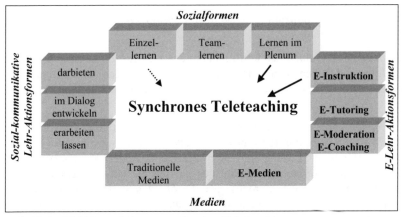

Abbildung 2: Beispiel E-Instruktion – synchrones Teleteaching

- E-Tutoring bezeichnet eine Lernumgebung, in der eine Lehrperson dann zur Verfügung steht, wenn die Lernenden im Prozess des selbstorganisierten Lernens mit Medien eine Lernhilfe bzw. eine Rückmeldung durch einen Lehrenden benötigen. Die Aktionen des Lehrenden konzentrieren sich dann beispielsweise auf die Bereitstellung von prozessbezogenen Lernhilfen. Das Lernen kann in die Sozialformen des Einzel- oder Teamlernens eingebettet sein.

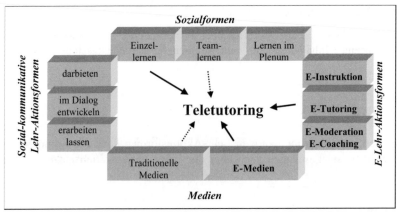

Abbildung 3: Beispiel E-Tutoring – Teletutoring

- E-Moderation bzw. E-Coaching bezieht sich auf Lernumgebungen, innerhalb derer die Lernenden über das Netz verbunden an einer Aufgaben- oder Problemstellung arbeiten. Der Lernprozess wird dabei von einem Lehrenden moderiert bzw. gecoacht. Diese Form des Lernens kann unterschiedliche Ausprägungen haben, verbreitete Formen sind etwa Chats, Diskussionsforen oder auch Varianten des computer-supported-cooperative-learning (CSCL).

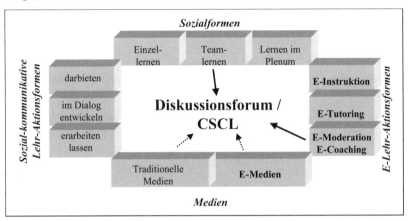

Abbildung 4: Beispiel E-Moderation/E-Coaching – CSCL und Diskussionsforen

3.4 Potentiale

Die didaktische Gestaltung von E-Learning-unterstützten Lernumgebungen steht letztlich vor der Frage, welcher Mehrwert im Vergleich zu „konventionellen" Lernumgebungen realisiert werden kann. Im Einzelnen geht es darum, einzelne der folgenden Potentiale zu nutzen:

- Möglichkeiten der *anschaulichen Präsentation* von Lerninhalten durch Integration von Film, Standbild, Animation, Ton und Text in einem einzigen Medium. Durch die Integration von Video- und Audiosequenzen können beispielsweise emotionale und affektive Aussagen besser transportiert werden, etwa bei der Darbietung von Fallstudienmaterial. Die Anschaulichkeit kann auch dadurch wachsen, dass die medialen Darstellungen durch den Lernenden unterbrochen oder wiederholt aufgerufen werden können.

- Neue Formen der *interaktiven Auseinandersetzung* mit den Lerninhalten (z.B. Navigations-Hypertext, Simulationsprogramme) ermöglichen eine hohe kognitive Verarbeitungsintensität beim Lernen.

- Die raum-/zeitunabhängige Bereitstellung von Lerninhalten (Learning-on-Demand) erlaubt eine *Individualisierung des Lernprozesses* (z.B. Ziel-/Inhaltsauswahl, Lerngeschwindigkeit, zeitliche und räumliche Lernorganisation).

- Für bestimmte Lernende können zusätzliche Möglichkeiten des Telelernens neue Möglichkeiten der Kontaktgestaltung mit den Mitlernenden oder auch dem Lehrenden darstellen. Die „*dosierte Anonymität*" beim Lernen (man ist allein, kann aber via Netz einen virtuellen Kontakt zu anderen Menschen aufnehmen) kann einen Anreiz zu Risiko und Experimentierfreude schaffen.

- Durch die Varianten des E-Learning ergeben sich neue Optionen, das Präsenzlernen für *anspruchsvolle Lernziele* zu nutzen, in denen der offene Diskurs mit Lehrenden und Mitlernenden gefordert ist.

- Die Einbettung der Lernprozesse in Teams und die Verbindung von virtuellen Phasen des Selbstlernens mit Phasen des Präsenzlernens begründet Potentiale zur *Förderung spezifischer Sozialkompetenzen*.

- Denkbar ist ferner, dass bestimmte *Zielgruppen* über das Netz (leichter) auf Lernressourcen zugreifen können, die ihnen beispielsweise aufgrund von Krankheit oder anderen *Handicaps* ansonsten verwehrt blieben.

- Die zeitnahe Bereitstellung von Lerninhalten über das Netz ermöglicht eine *höhere Aktualität* (bzw. schnellere und kostengünstigere Aktualisierung) der Lerninhalte.

4. Gestaltungsausprägungen: Verbindung der Bausteine zu Lernumgebungen

Das Bausteinmodell bringt bereits zum Ausdruck, dass die zentrale didaktische Aufgabe darin besteht, die Bausteine zu verbinden und Mörtel zwischen sie zu bringen. Dabei sind Lernumgebungen zu gestalten, die sowohl den angestrebten Lernzielen als auch den diagnostizierten Lernvoraussetzungen gerecht werden. In diesem Rahmen können ausschließlich E-Medien oder Varianten der E-Communication aufgenommen werden, oder es erfolgt eine Verbindung mit den „konventionellen" didaktischen Elementen (Verbindung von „clicks" und „bricks"). Entsprechend wäre E-Learning eine Anreicherung, eine Erweiterung oder ein Ersatz von bekannten Lernumgebungen. Im Einzelnen ließe sich das Spektrum einer niedrigen bis hohen Virtualisierung von Lehre aufspannen:

- Anreicherung der Lehre um den zeitlich begrenzten Einsatz von E-Medien (z. B. unter der Steuerung des Lehrenden wird in der Präsenzlehre eine Simulationssoftware eingesetzt).

- Erweiterung der Lehre um Formen der E-Communication oder zusätzliches Angebot von E-Medien (z.B. zwischen Lehrveranstaltungen wird ein ergänzendes Diskussionsforum angeboten; bestimmte Lerninhalte können über bereitgestellte E-Medien vertieft werden).

- Ersatz von Teilen der Lehre durch E-Medien oder Formen der E-Communication (z.B. Präsenzphasen umrahmen das E-Learning und bilden den geringeren Teil der Veranstaltung).

- Vollständige Durchführung der Lehre durch E-Learning (z.B. Kurs wird vollständig online durchgeführt).

Das Bausteinmodell kann vor diesem Hintergrund weiter detailliert und ausdifferenziert werden. Im Ergebnis entstehen spezifische Lehrsequenzen, die im Rahmen eines Kurses bzw. für eine umfassende Lehreinheit lernziel- und adressatengerecht arrangiert werden. Als zentrale Lehrsequenzen sind die folgenden hervorzuheben:

Präsenzlehre	Insbesondere: Lehrvortrag Lehrgespräch Moderierte Gruppen-/Partnerarbeit Unterstützte Einzelarbeit
Selbstgesteuertes Lernen mit traditionellen Medien	Insbesondere: Bearbeiten von Assignments
Synchrones Online-E-Learning	Insbesondere: Virtual Classrooms, web seminars, CSCL Chat-meetings Online-Coaching Conference Calls
Asynchrones E-Learning	Insbesondere: Web-/Computer Based Training Assessments/Tests Simulationen (Recorded) Web-Lectures Online Learning Communities/Diskussionsforen

Tabelle 1: Lehrsequenzen im Rahmen von E-Learning-unterstützten Lernumgebungen

Die Verbindung von präsenz- und E-Learning-unterstützten Lehrsequenzen wird auch als „Blended Learning" bezeichnet. Der Begriff ist zwar relativ jung, der zugrunde liegende Gedanke ist in der Didaktik jedoch nicht neu. So werden im Rahmen eines Methodenmixes schon immer unterschiedliche Lehrsequenzen miteinander verbunden, sowohl auf der Ebene des Medieneinsatzes als auch bei der Gestaltung von komplexen Lernumgebungen. E-Learning bietet in diesem Sinne eine Erweiterung der Möglichkeiten dadurch, dass mehr Komponenten miteinander „gemischt" werden können. Die Mischung kann dabei insbesondere die folgenden Ausprägungen bekommen[10]:

- Verbindung von Offline – Online-Learning.
- Verbindung von selbstgesteuertem Lernen mit synchronem E-Learning.
- Verbindung gelenkter mit offenen Lernformen.
- Verbindung von adressatenunspezifischen Selbstlernmaterialien mit spezifischen präsenz- und E-Learning-unterstützten Lehrsequenzen.

Im Folgenden soll an einem Umsetzungsbeispiel aus der Universitätslehre illustriert werden, wie sich die einzelnen Komponenten zu einer komplexen Lernumgebung verbinden lassen:

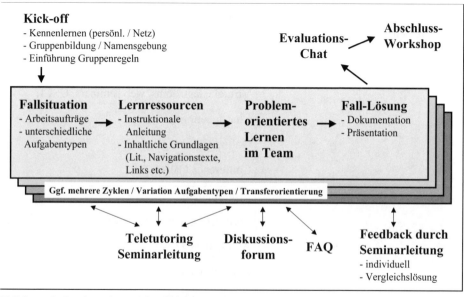

Abbildung 5: Design einer „Blended Learning"-Veranstaltung

Nach einer Kick-off-Veranstaltung, in der sich die Studierenden kennen lernen und mit einigen grundlegenden inhaltlichen und organisatorischen Rahmenvorgaben vertraut gemacht werden, besteht der Kern der Lehrveranstaltung in der Bearbeitung von Fallsituationen in Lernteams. Die Teams arbeiten selbstorganisiert mit Hilfe von bereitgestellten Lernressourcen, wobei die Studierenden neben den Face-to-face-Kontakten auch Phasen des Austauschs über das Netz (im Diskussionsforum) erleben. Der Wechsel von sozial- und telekommunikativen Kontakten bezieht sich auch auf den Austausch mit dem Lehrenden, der u. a. die Rollen des E-Tutors sowie des E-Moderators einnimmt.

---

[10] Vgl. SINGH, 2003, S. 53.

Das Beispiel macht deutlich, über welche Gestaltungskomponenten das Leitbild eines kooperativen Selbstlernens mit neuen Medien gefördert werden kann. Demnach kommt es bei der Gestaltung der Lernumgebungen wesentlich darauf an, das Lernen in teambezogene Sozialformen einzubetten und durch die Bereitstellung zielgruppenangemessener Problemstellungen die Lernprozesse hochgradig in die Eigenverantwortung der Studierenden zu legen. Der Lehrende kann in diesem Kontext unterschiedliche Rollen übernehmen:

- Er definiert den Rahmen für das Selbstlernen, gibt beispielsweise einen Überblick, klärt im Dialog Verständnisprobleme oder bietet ein Feedback auf die präsentierten Lernergebnisse der Studierenden.
- Er organisiert die (traditionellen und elektronischen) Medien, die als Lernressourcen das Selbstlernen unterstützen sollen. Dabei greift er auf verfügbare Medien zurück oder entwickelt eigene.
- Er steht in unterschiedlichen Rollen selbst als telekommunikative Lernunterstützung bereit.
- Er leitet die Reflexion der Teamentwicklungsprozesse an und trägt in diesem Zusammenhang mit dazu bei, dass neben dem Erwerb von Sach- und Lernkompetenzen auch soziale Handlungskompetenzen entwickelt werden können.

Didaktische Konzepte eines Selbstlernens sind häufig mit zwei Befürchtungen konfrontiert: (1) Das Lernen vollzieht sich isoliert und individualistisch. (2) Der Lehrende ist weitgehend überflüssig. Die Ausführungen zeigen, dass beiden Befürchtungen entgegengewirkt werden kann. So kann Selbstlernen in unterschiedlichen Sozialformen erfolgen, auch in Partner- und Teamstrukturen. Und der genaue Blick zeigt, dass Selbstlernen durchaus eine Unterstützung durch den Lehrenden benötigt. Dies betrifft die sozial-kommunikative Lehr-Aktionsform „erarbeiten lassen" ebenso wie die E-Lehr-Aktionsformen. Zugleich ist evident, dass von einem Lehrenden in einem solchen Rahmen Fähigkeiten erwartet werden, die das übliche Kompetenzprofil eines Dozierenden übersteigen[11].

Abschließend soll auf zwei grundlegende, in der Praxis jedoch häufig übersehene Aspekte hingewiesen werden, die sowohl die Qualität als auch die Wirkungserwartung im Hinblick auf eine gestaltete Lernumgebung beeinflussen:

- Methode folgt den Zielen: Je nachdem, auf welcher kognitiven Ebene Sachkompetenzen entwickelt werden sollen (z.B. Wissen verstehen, anwenden, kritisch reflektieren) und in welchem Maße zugleich Selbstlern- und Sozialkompetenzen angestrebt werden, sind spezifische präsenz- und E-Learning-unterstützte Lehrsequenzen prinzipiell geeignet bzw. zielgerecht auszuprägen. Sollen die Lernenden ein Grundlagenwissen über ein neues Fachgebiet erwerben, sollen sie verfügbares Wissen anwenden und austauschen, sollen sie eigene Werte und Einstellungen diskutieren, oder geht es nur darum, Informationen etwa zu einem Produkt zu aktualisieren? Die Frage nach den Zielen erlaubt es zudem, die in der E-Learning-Diskussion häufig verschwommene Grenze zwischen Lernen

---

[11] Vgl. hierzu den Beitrag von EULER zur „Gestaltung der Kompetenzentwicklung von E-Learning-Promotoren" in diesem Band.

und Informieren schärfer zu ziehen. So wird E-Learning als eine Form des „Beschleunigungsdenkens" im Rahmen einer „just-in-time"-Qualifizierung verstanden. Leitbild ist der Hochgeschwindigkeitsmensch, ständig auf der Überholspur und bestrebt, sein Wissen erst dann zu erwerben, wenn er es braucht. Hinter diesem Verständnis steht eine unzulässige Gleichsetzung von Lernen und Information. Während beispielsweise ein Anlageberater die aktuellen Börsenkurse oder Konditionen als Information nachschlagen kann, muss er für die kompetente Gestaltung einer Kundenberatung Fähigkeiten besitzen, die nicht im Schnelldurchgang erworben werden können. So benötigt er ein fundiertes Zusammenhangwissen über mögliche Anlagestrategien, soziale Kompetenzen im Hinblick auf das problemgerechte Ansprechen unterschiedlicher Kunden – und emotionale Kompetenzen, wenn er etwa aggressiv oder herablassend behandelt wird.

- Nicht alle Methoden sind für alle Lernenden gleichermaßen geeignet: Die skizzierten Formen eines E-Learning-unterstützten Lernens sprechen die Gewohnheiten und Präferenzen von Lernenden in unterschiedlicher Weise an. Für die einen bedeuten Formen des anonymen Einzellernens die Chance, mit Lerninhalten experimentell umzugehen und bei der Erprobung auch Fehler machen zu dürfen; für die anderen fehlen die sozialen Anreize. Direktive Medien geben dem einen Sicherheit, der andere fühlt sich eher gegängelt. Offene Medien stellen demgegenüber für einen eine Heraus-, für den anderen eine Überforderung dar. Diese „diversity of learners" bedeutet, dass E-Learning nicht als einzige Lehrform eingesetzt werden sollte. So wie man nach Erfindung des Autos auch nicht auf den Gedanken gekommen wäre, nicht mehr zu Fuß zu gehen, bedeutet der Einsatz von E-Learning nicht, die traditionellen Lehrmethoden aufzugeben.

5. Abschluss

Die skizzierten didaktischen Zusammenhänge können über die folgende Abbildung zusammengeführt werden:

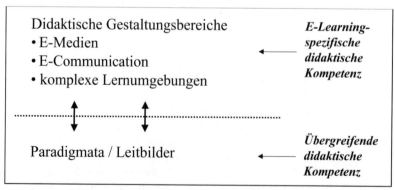

Abbildung 6: Zusammenhang der didaktischen Gestaltung von E-Learning-unterstützten Lernumgebungen

Die Abbildung macht deutlich, dass eine E-Learning-spezifische Didaktik sich auf die Bewältigung von drei zentralen Anforderungen bezieht: (a) Didaktische Gestaltung von E-Medien („media design"); (b) Gestaltung von Formen der E-Communication in unterschiedlichen Rollen; (c) Didaktische Entwicklung von komplexeren Lernumgebungen mit unterschiedlichen Graden der E-Learning-Integration („instructional design"). Die Gestaltungsarbeiten werden dabei getragen durch eine grundlegende didaktische Kompetenz, die u.a. sicherstellen soll, dass die Einzelentscheidungen an orientierenden Leitbildern ausgerichtet werden und im Einklang stehen mit einschlägigen lerntheoretischen Grundlagen. Insofern geht die E-Learning-Didaktik über die allgemeine Didaktik hinaus, gleichzeitig ist sie aber auch in ihr aufgehoben.

Literatur

ABPLANALP, C. S. (1999). WebQuests: Komplexe Lehr-Lern-Arrangements im Internet. In: *Schweizerische Zeitschrift für kaufmännische Berufsbildung*. Heft 5–6. S. 214–218.

ADLER, M. (2003). *Telekommunikatives Lernen in der beruflichen Bildung. Verlaufsuntersuchung eines Online-Kurses über ein Computer-Betriebssystem*. Dissertationsschrift. München: Technische Universität.

BOUD, D. & FELETTI, G. (ed.) (1997). *The Challenge of Problem-Based Learning*. Second Edition. London, Stirling: Kogan Page.

DILLENBOURG, P. (2002). Over-scripting CSCL: The risks of blending collaborative learning with instructional design. In: P. A. Kirschner (Ed.). *Three worlds of CSCL. Can we support CSCL*. Heerlen: Open Universiteit Nederland. S. 61–91.

DITTLER, U. (2003) Förderung von Softskills durch E-Learning. In: A. Hohenstein & K. Wilbers (Hrsg.). *Handbuch E-Learning*. Köln: Verlag Deutscher Wirtschaftsdienst. S. 4.4.1, S. 1–3.

EULER, D. & HAHN, A. (2004). *Wirtschaftsdidaktik*. Bern u. a.: UTB Haupt.

EULER, D. & WILBERS, K. (2002). *Selbstlernen mit neuen Medien didaktisch gestalten*. Hochschuldidaktische Schriften Bd. 1. St. Gallen: Institut für Wirtschaftspädagogik.

EULER, D. & WILBERS, K. (2003). *E-Learning an Hochschulen: An Beispielen lernen*. Hochschuldidaktische Schriften Bd. 5. St. Gallen: Institut für Wirtschaftspädagogik.

EULER, D. (2000): High Teach durch High Tech? – Überlegungen zur Neugestaltung der Universitätslehre mit Hilfe der neuen Medien. In: Scheffler, W./Voigt, K.-I. (Hrsg.). *Entwicklungsperspektiven im Electronic Business*, Wiesbaden 2000, S. 53–80.

EULER, D. (2003a). Virtuelles Lernen in Schule und Beruf – Konzepte und Erfahrungen aus deutscher Perspektive. In: F. Achtenhagen & E. G. John (Hrsg.). *Die Lehr-Lern-Perspektive*. Bielefeld: W. Bertelsmann. S. 297–323.

FISCHER, F. & MANDL, H. (2000). *Being there or being where? Videoconferencing and cooperative learning*, Forschungsbericht 122 des Lehrstuhls für Empirische Pädagogik und Pädagogische Psychologie. München.

HOHENSTEIN, A. & WILBERS, K. (Hrsg.) (2003). *Handbuch E-Learning*. Köln: Verlag Deutscher Wirtschaftsdienst.

MAYR, P. (1999). *Teleteaching in der universitären Lehre. Unveröffentlichte Diplomarbeit.* Universität Erlangen-Nürnberg.

PALLOFF, R. M. & PRATT, K. (1999). *Building Learning Communities in Cyberspace*. San Francisco: Jossey-Bass Publishers.

REINMANN-ROTHMEIER, G. & MANDL, H. (2001). *Virtuelle Seminare*. Bern u. a: Hans Huber.

SCHULMEISTER, R. (2001). *Virtuelle Universität – virtuelles Lernen*. München/Wien: Oldenbourg.

SEUFERT, S. & EULER, D. (2003). *Nachhaltigkeit von eLearning-Innovationen*. SCIL-Arbeitsbericht 1 des Swiss Centre for Innovations in Learning. St.Gallen: Institut für Wirtschaftspädagogik.

SEUFERT, S. & EULER, D. (2004). *Nachhaltigkeit von eLearning-Innovationen. Ergebnisse einer Delphi-Studie*. SCIL-Arbeitsbericht 2 des Swiss Centre for Innovations in Learning. St. Gallen: Institut für Wirtschaftspädagogik.

SEUFERT, S., BACK, A. & HÄUSLER, M. (2001*). E-Learning. Weiterbildung im Internet*. Kilchberg.

SINGH, H. (2003). Building Effective Blended Learning Programs. In *Educational Technology*. November-December. S. 51–54.

STENDER, J. & BRÖNNER, A. (2003). *Leitfaden E-Learning*. München: Verband der Bayerischen Metall- und Elektro-Industrie.

TENBERG, R. (2000). *Multimedia und Telekommunikation im beruflichen Unterricht – Theoretische Analyse und empirische Untersuchungen im gewerblich-technischen Berufsfeld.* Habilitationsschrift.

Jasmina Hasanbegovic

Kategorisierungen als Ausgangspunkt der Gestaltung innovativer E-Learning-Szenarien

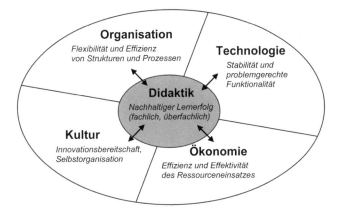

Abstract

Das Interesse an der Gestaltung neuer Lernumgebungen geht heute über die Grenzen des Fachpersonals von Förderprojekten hinaus und erweitert die Zielgruppe der Interessenten um Lehrverantwortliche, Tutoren und Entscheidungsträger der Hochschulen. Die Veranschaulichung dieser Gestaltung erfolgt über Szenarien, welche als in sich abgeschlossene Lernsequenzen die Aufbau- und Ablauforganisationspläne von konkreten Lernumgebungen darstellen. Hierbei existieren eine Reihe unterschiedlicher Kategorisierungen, welche in diesem Beitrag einer (didaktischen) Systematisierung unterzogen werden. Vor allem soll deren Funktionalität insbesondere für die Gestaltung und Implementation von innovativen und nachhaltigen E-Learning-Szenarien näher betrachtet werden.

Die Autorin

Jasmina Hasanbegovic studierte an der Universität Regensburg Diplom Pädagogik mit den Nebenfächern Soziologie und Psychologie, ergänzte ihre Ausbildung um den Magisterstudiengang der Informationswissenschaft. Als Forschungsassistentin war sie am Lehrstuhl für Wirtschaftsinformatik III an der Universität Regensburg beschäftigt. Seit Mai 2003 ist sie als wissenschaftliche Mitarbeiterin beim Swiss Centre for Innovations in Learning (SCIL) für den Kompetenzbereich Pädagogik zuständig. Ihre Forschungsschwerpunkte sind Learning Design, Kompetenzforschung und Lehr-Lernforschung.

Jasmina Hasanbegovic

Kategorisierungen als Ausgangspunkt der Gestaltung innovativer E-Learning-Szenarien

1.	Ausgangslage 246	
2.	Kurzbeschreibung des Gestaltungsobjektes E-Learning-Szenario 246	
3.	Didaktische Innovationspotentiale von E-Learning-Szenarien 247	
	3.1 Selbstgesteuertes Lernen 248	
	3.2 Kollaboratives und kooperatives Lernen 249	
4.	Kategorisierungen von E-Learning-Szenarien 250	
	4.1 Kategorisierung nach dem Virtualisierungsgrad 251	
	4.2 Kategorisierung nach Merkmalsdimensionen 253	
	4.3 Das Baukastensystem als Synthese von Merkmalsdimensionen..................... 255	
5.	Kategorisierungen für die Gestaltung von E-Learning-Szenarien............................. 257	
	Literatur.. 258	

1. Ausgangslage

Die meist projektartig durchgeführten E-Learning-Initiativen an Hochschulen bleiben oft einer Isolierung ausgesetzt, die eine Integration in den regulären Lehrbetrieb fast unmöglich macht. Spätestens am Finanzierungsende des Projektes stellt sich die Frage nach der langfristigen Implementierbarkeit (Euler and Seufert, 2003). Gleichzeitig gilt es, die Intransparenz der in den Projekten gewonnenen Erfahrungswerte für andere zu explizieren und weiterzugeben. Der Zugang zu den Erfahrungswerten bestehender oder abgeschlossener E-Learning-Initiativen wird durch die Projektcharakteristik informeller Wissensbestandteile erschwert. Ein Schritt zur Formalisierung und Systematisierung der gewonnenen Erfahrungswerte in E-Learning-Initiativen sind Kategorisierungen von möglichen Szenarien. Im Mittelpunkt dieser Ansätze stehen Begriffseinheiten, in denen wichtige Merkmals- und Vorstellungsdimensionen definiert werden. Welche Rolle diese Merkmalsdimensionen für die Gestaltung und Implementierung von E-Learning-Szenarien und deren didaktischen Innovationen haben, wird in diesem Artikel diskutiert.

2. Kurzbeschreibung des Gestaltungsobjektes E-Learning-Szenario

„Szenario" stammt ursprünglich aus der Filmindustrie und -wissenschaft und meint einen szenisch gegliederten Entwurf eines Films. Analog handelt es sich bei einem E-Learning-Szenario um einen szenisch gegliederten Entwurf einer mediengestützten Lernumgebung.

Eine Lernumgebung umfasst Lernmaterialien, Lernaufgaben und deren Gestaltung in einer Lernsituation, womit erwünschte Lernziele erreicht werden sollen. Als Arrangement von Unterrichtsmethoden und -techniken sowie Lernmaterialien und Medien verdeutlicht die Lernumgebung, dass es sich um eine aktuelle zeitliche, räumliche und soziale Lernsituation und deren kulturellen Kontext handelt (Siebert, 1996; Pawlowski, 2001; Straka and Macke, 2002). Eine genaue Unterscheidung der Begriffe Lernumgebung und Lernszenario wird in der Literatur nicht vorgenommen, oftmals werden sie gar als Synonyme betrachtet. Für folgenden Artikel wird der Begriff Lernszenario bevorzugt, der sich im Zuge von Einsatzformen für E-Learning etabliert. Lernszenarien legen die zeitlichen und organisatorischen Abläufe für eine konkrete mediengestützte Lernumgebung fest und beantworten Fragen bzgl. der Integration der Präsenzphasen (Zeitpunkt und Ort der Präsenz- und Telephasen) sowie der Organisation und Koordinierung synchroner und asynchroner Kommunikationsphasen (Arnold and Zimmer, 2001). Weiterhin sind die Bereitstellung der Studienmaterialien, die Organisation und Strukturierung der Aufgabenstellung und -bearbeitung und organisatorische Aspekte der Zugangsvoraussetzungen, Start- und Endtermine und Prüfungstermine von entscheidender Relevanz.

Der Komplexität der Szenariobestandteile wird durch Kategorisierungsversuche virtueller Lehre entgegengewirkt. Somit kann die Gestaltung mittels idealtypischer Lernumgebungen veranschaulicht und die Entscheidungsfindung der Dozierenden für die Gestaltungsmerkmale virtueller Lernumgebungen ermöglicht werden. Außerdem soll eine Grundlage für die Vergleichbarkeit von Lernumgebungen im Rahmen von Evaluationen möglich werden (Schulmeister, 2002a; Schulmeister, 2002b; Schulmeister, 2003). Der Versuch einer einheitlichen Standardisierung über Metadaten zeigt bspw. eine Reihe von Entwicklungen für die Beschreibung und Strukturierung einzelner E-Learning-Produkte und -Prozesse. Dabei zeigen bestehende Standards bei weitem noch nicht die Vereinheitlichung und Vereinfachung von Entwicklungs- und Anwendungsprozessen zum Zwecke der Wiederverwendbarkeit, Austauschbarkeit und Rekombinierbarkeit von E-Learning-Komponenten zwischen/für unterschiedliche Systeme (Pawlowski, 2001). Eine Formalisierung im Zuge einer Normierung wird somit schwer zu erreichen sein. Diese Diskussion soll in diesem Artikel nicht weiter ausgeführt werden, zeigt aber, dass es unmöglich ist, eine allgemeingültige Kategorisierung für die Beschreibung, Strukturierung und Evaluation von Lernumgebungen festzusetzen, also sowohl für die Rekonstruktion wie auch Neukonstruktion didaktischer Ereignisse.

Die Vielfalt existierender Klassifkationsschemata weist unterschiedliche Merkmalskriterien für die Beschreibung und Unterscheidung von E-Learning-Szenarien auf und ruft eher Verwirrung denn Strukturierung hervor. Je nach Ziel und Zweck müssen Merkmalskategorien offen und flexibel für situativ-kreative Ausprägungen bleiben. Gerade didaktische Innovationen von E-Learning-Szenarien erschweren aufgrund ihres hohen Komplexitätsgrades eine Formalisierung. Sie erfordern vielmehr einen kreativen Gestaltungsfreiraum, der die Einzigartigkeit jedes einzelnen E-Learning-Szenarios betont und somit eine Standardisierung unterbindet (Reinmann-Rothmeier, 2003a).

3. Didaktische Innovationspotentiale von E-Learning-Szenarien

Didaktische Innovationen beziehen sich auf Neuerungen der Organisation, der Inhalte und/oder Methoden des Lehrens, die den vorangegangenen Zustand der Kompetenzentwicklung merklich verändern und als Konsequenz auch einen Wandel der intendierten Bildungs- und Lernprozesse bewirken (Reinmann-Rothmeier, 2003a). E-Learning-Szenarien im engeren Sinne beziehen sich einerseits auf den Aufbau einer Lehr-/Lernsituation (Strukturmodell) oder auf die Schritte bzw. Phasen eines Lehr-/Lernprozesses (Prozess- bzw. Ablaufplan). Die Aufbau- Ablauforganisation eines innovativen E-Learning-Szenarios soll dabei dem Postulat selbstgesteuerten und/oder kollaborativen Lernens gerecht werden, indem neue Möglichkeiten der Verteilung von Lehr- und Lernprozessen zwischen der direkten Interaktion im Lehr-/Lerngeschehen und Phasen des eigenständigen Lernens an anderen Orten genutzt werden. Als innovativ werden Szenarien erst dann bezeichnet, wenn sie umgesetzt bzw. zielgerichtet durchgesetzt werden und sie sichtbar etwas verändern (Reinmann-Rothmeier, 2003a).

3.1 Selbstgesteuertes Lernen

Kommunikations- und Informationstechnologien werfen ein neues Licht auf selbstgesteuerte Lernprozesse. Doch ein Blick in die Hochschule lässt rasch bezweifeln, dass im Rahmen formeller, institutioneller und überwiegend fremdgesteuerter Lehr-/Lernprozesse mit vorgeschriebenen Lernzielen und Lerninhalten eine selbstgesteuerte Kompetenzentwicklung zu realisieren sei. So fordert das Konzept Lebenslanges Lernen nicht mehr das formalisierte und zertifizierbare Wissen, sondern anwendungsorientierte Fertigkeiten und Erfahrungswissen. Die oft bemängelte Kluft zwischen Wissen und Handeln resultiert aus der Lehre abstrakten, theoretischen Wissens, welches nicht in den Anwendungskontext transferiert werden kann. Das „paradox of learning now for later use" ist vor allem im Hochschulbereich anzutreffen, denn die Studiengänge stimmen keineswegs mit späteren Berufsfeldern und deren Anforderungen überein (vgl. Gräsel, 1992). Obwohl die Bildungsinstitution Hochschule größtenteils Lernziele mit von ihr vermittelten Operationen, Strategien und Kontrollprozessen wie Prüfungen und Zertifizierungen vorgibt, wird die Förderung der Kompetenz zum selbstgesteuerten Lernen zur Unterstützung des Wissenstransfers auch für die Domäne Hochschule zunehmend gefordert (Astleitner, 2002). Diesem Paradox wird nun mit dem Potential neuer Technologien für selbstgesteuertes Lernen begegnet.

Bei aller Vielzahl der Begriffsverwendungen (Weinert, 1982; Kraft, 2002) herrscht doch Einigkeit, dass es sich bei „Fremd" und „Selbst" nicht um eine Dichotomie, sondern um ein Kontinuum handelt (Euler and Wilbers, 2002; Reischmann, 2002). Demzufolge stellt sich nicht die Frage, selbstgesteuertes Lernen einzuführen, sondern, in welchem Umfang und in welcher Gestalt selbstgesteuertes Lernen in der Hochschule auftreten kann. Der Virtualisierungsgrad einer Lernumgebung darf dabei nicht proportional zur Selbststeuerung betrachtet werden. E-Learning-Szenarien entbinden Lehrende nicht von der Bereitstellung instruktionaler Unterstützung, im Gegenteil, die Lehrenden müssen die Rolle als Mentoren und Tutoren kennen lernen, virtuelle Hilfsmittel in Form von Texten, Lernprogrammen und Kommunikationswerkzeugen anwenden. (Schiefele and Pekrun, 1996). In virtuellen Lernumgebungen können Studierende jedoch gravierender und folgenreicher als in anderen Lernumgebungen mit entscheiden, ob, was, wann, wie und woraufhin gelernt wird.

Entsprechende Analysen des Zusammenhangs zwischen der Ausprägung selbstgesteuerten Lernens und der Bereitstellung virtueller Lernszenarien stehen jedoch noch aus. Mit selbstgesteuertem Lernen ist häufig die Vorstellung von einem gegenüber traditionellen Unterrichtsformen erhöhten Maß an Selbstbestimmung verknüpft. Studierende agieren selbstgesteuert, wenn Lernziele, Operationen, Strategien, Kontrollprozesse und deren Offenheit teilweise oder vollständig von ihnen selbst bestimmt werden (Erpenbeck and Sauer, 2001). Selbstgesteuert zu lernen wird nach Simons (1992) als das Ausmaß deklariert, in dem eine Person befähigt ist, das eigene Lernen ohne Hilfe anderer Instanzen zu steuern und zu kontrollieren.

Der Aspekt der Selbststeuerung wird also nicht nur auf die direkte Auseinandersetzung mit Inhalten und Zielen des Lernprozesses bezogen, sondern auch und vor allem auf die Lernorganisation und Lernkoordination. In diesen Bereichen ließen sich besonders klare Ansatzpunkte zur Förderung der Selbststeuerung identifizieren (Schreiber, 1998). Die Konstrukte Lernorganisation und Lernkoordination als zentrale Aspekte von Selbststeuerung verdeutlichen, dass beim selbstgesteuerten Lernen ein Zusammenhang zwischen der lernenden Person, der Situation, in der das Lernen stattfindet, und damit auch dem Kontext der Lernumgebung gestiftet wird (Salomon, 1996).

Der hier verdeckt skizzierte Paradigmenwechsel in der Lehr-/Lernforschung zeigt einen Wandel der Auffassung vom Lernen als Informationsverarbeitung mit mechanistischen Zügen hin zu einer Auffassung von Lernen als sozialer und individueller Prozess der Kompetenzentwicklung, der in der Hochschulpraxis leider noch selten Eingang findet (Reinmann-Rothmeier, 2003a).

3.2 Kollaboratives und kooperatives Lernen

Kooperatives Lernen bezeichnet Lernformen, bei denen Mitglieder einer Gruppe miteinander kommunizieren, gemeinsam Problemlösen und Wissen und Fertigkeiten aufbauen und verfestigen (vgl. Hesse et al., 2002). Während das Konzept der Kollaboration von einer Interaktion zwischen zwei oder mehreren Personen ausgeht, in der diese Personen gemeinsame neue mentale Strukturen in einem wechselseitigen Prozess entwickeln, entspricht das Konzept der Kooperation eher einer Arbeitsteilung in Form von unabhängigen Teilproblemlöseprozessen zwischen den Gruppenmitgliedern (Dillenbourg, Baker et al., 1996). Beide Formen verlangen neben der Aneignung und Anwendung von Sachwissen auch Sozial- und Lernkompetenz, um intensive Teamarbeit zwischen Lernenden und Lehrenden zu ermöglichen.

Ein Problem wird mit Hilfe der Telekommunikationsnetze über eine größere räumliche und zeitliche Distanz bearbeitet, wobei der Austausch asynchron oder synchron erfolgen kann. Als Grundlage dient eine komplexe Lernaufgabe wie beispielsweise eine Fallstudie oder ein Planspiel, welche im Rahmen problemorientierten Lernens nur durch Gruppenarbeit zu bearbeiten bzw. bewältigen sind. Gleichzeitig bietet die multimediale Aufbereitung problemorientierter Lernumgebungen das Potential einer anschaulichen Darbietung von Inhalten (Euler und Wilbers, 2002). Der Einsatz problemorientierter Lernsoftware weist eine intrinsisch motivierte Bearbeitung der domänenspezifischen Fälle nach (Gräsel et al., 1994). Nicht zu vernachlässigen ist jedoch die Gefahr einer kognitiven Überforderung, wenn Unterstützungskomponenten nicht zur Verfügung gestellt werden und die Anwendung geeigneter Strategien durch eine adäquate Betreuungsperson nicht gewährleistet wird. Empirische Studien zeigen, dass diese Lernform von den Studierenden ein stärkeres Engagement und von den Lehrenden Unterstützungskomponenten der Lerngruppen im Sinne der Leitlinien problemorientierten Lernens erfordert (Kohler, 1998): Je nach didaktischer Strukturierung des Problems, kann ein hoher Anwendungsbezug geschaffen werden. Wird die Übertragung des Gelernten auf andere Problemstellungen ermöglicht und werden Kenntnisse und Fertigkeiten unter multiplen Perspektiven gelernt, kann ein hoher Nutzungsgrad des Gelernten und die Sicherung der Flexibilität bei der Anwendung des Gelernten gewährleistet werden. Gerade der soziale Kontext ermöglicht durch kooperatives Lernen und Problemlösen in Gruppen die angehende Enkulturation im Lernprozess.

Die Entwicklung kollaborativer bzw. kooperativer Szenarien erfordert also Lernmethoden, welche die Gruppenarbeit durch unterschiedliche Massnahmen strukturieren (Hesse, Garsoffky et al., 2002). Dabei können hochstrukturierte Methoden (Kooperationsskripts) das Dialogverhalten der Gruppenmitglieder strukturieren, indem vorgegebene Kommunikations- und Interaktionsregeln wie auch semistrukturierte Kommunikationsinterfaces angewandt werden (Dillenbourg, 2002). Eine gemeinsame Skriptsprache für die methodische Entwicklung und Strukturierung von selbstgesteuerten und kollaborativen Szenarien steht noch aus.

Der an dieser Stelle kurz skizzierte Abriss zu selbstgesteuertem und kollaborativem Lernen verdeutlicht dessen Innovationspotential, aber auch Komplexitätsgrad. Um Innovationspotentiale von E-Learning-Szenarien nutzbar machen zu können, wird versucht die Unterrichtswirklichkeit durch Kategorisierungen zu repräsentieren und zu rekonstruieren.

4. Kategorisierungen von E-Learning-Szenarien

Mit der Zielsetzung der Systematisierung der Klassifikationssysteme ist es zunächst erforderlich, die zugrunde liegenden Merkmalskriterien oder Merkmalsdimensionen zu untersuchen. Während oft auf die eindimensionale Kategorisierung nach dem Virtualisierungsgrad zurückgegriffen wird, versuchen Kategorisierungen mit mehreren Merkmalsdimensionen, den Gestaltungsraum zu präzisieren.

Viele Kategorisierungen befassen sich mit der Gestaltung konkreter Lehr-Lernsituationen, wobei auf mikrodidaktischer Ebene die Planung von Lernzielen, Lerninhalten, Methoden und Medien einer Veranstaltung zu verstehen ist (Siebert, 1996). Im Sinne hybrider Lernumgebungen zeichnet sich die Qualität und Effizienz eines Lernangebotes durch die Kombination von Elementen unterschiedlicher methodischer und medialer Aufbereitung aus, wobei Elemente der traditionellen Lehre einen gleichberechtigten Status in der Hochschuldidaktik beibehalten (vgl. Kerres, 2002). Die makrodidaktische Perspektive erweitert den Betrachtungsgegenstand um strategische Ziele der Bildungsinstitution und organisatorische Rahmenbedingungen von Lehr- und Lernsituationen (Kösel, 1993; Flechsig, 1996).

Als Ausgangspunkt der Auseinandersetzung steht die Frage nach dem Ziel und Zweck der Kategorisierung. Je nach Zielsetzung kann die Kategorisierung für den Betrachter eine neue Bedeutung gewinnen. Als Evaluationsgrundlage erleichtert sie beispielsweise die Strukturierung und Einordnung von bestehenden E-Learning-Szenarien. Als idealtypische Modellierung kann eine Kategorisierung als Veranschaulichung für die Gestaltung von E-Learning-Szenarien herangezogen werden. Didaktische Modelle rekonstruieren die Unterrichtswirklichkeit, können aber auch als Konstruktionspläne und Handlungsempfehlungen didaktischer Szenarien konzipiert sein. Welche bestehenden Kategorisierungen von E-Learning-Szenarien als Konstruktionspläne herangezogen werden können, wird im folgenden Abschnitt untersucht.

4.1 Kategorisierung nach dem Virtualisierungsgrad

Eine der häufigsten Kategorisierungen von E-Learning-Szenarien erfolgt nach deren Virtualisierungsgrad. Seien es die virtuelle Komponente einer Fernuniversität, Netzwerke und Verbundmodelle traditioneller Universitäten oder gar eigens neu gegründete virtuelle Institutionen, die unterschiedlichen Entwicklungsformen von E-Learning-Szenarien auf Institutionsebene signalisieren unterschiedliche Ausprägungen des Virtualisierungsgrades einer Universität (Schulmeister, 2001). Einerseits werden diese Ausprägungsformen über das quantitative und qualitative Verhältnis von Präsenz- und Online-Komponenten definiert, andererseits aber vor allem durch die Kombination der hierin involvierten Methoden und Instrumente für die Präsenz- und Online-Phasen. Trotz nicht eindeutiger Verwendung des Begriffes Virtuelle Universität lässt sich nach Müller-Böling (1997) anhand der Kriterien überbrückte räumliche und zeitliche Distanz, Interaktivität und Multimedialität der Virtualisierungsgrad einer Hochschule messen. Dabei können die Ausprägungen (1) Ablösung der traditionellen Präsenzuniversität (2) Ergänzung der traditionellen Universität (3) Zusammenschluss traditioneller Universitäten zu einer virtuellen Zusatzuniversität und (4) privatwirtschaftliche Ergänzung von Hochschulen in Form von Corporate Universities unterschieden werden.

Lepori et al. (2003) definieren eine Taxonomie der Hybridisierung von Institutionen über die Parameter „public & space" und „mode of delivery" und analysieren dadurch die drei Verhaltensmuster Fernuniversitäten, Dual Mode Universitäten und Campus Universitäten.

Klassifikationsformen des Virtualisierungsgrades einer Universität können unterschiedliche Betrachtungsebenen einer Lernumgebung involvieren. Die Betrachtung der Learntechnet-Klassifikation der Universität Basel unterscheidet den Einsatz neuer Medien entlang einer Skala von der Unterstützung der Präsenzlehre bis hin zur Virtualisierung ganzer Studienangebote, die mit wachsender Virtualisierung eine Zunahme makrodidaktischer Fragestellungen impliziert (Bachmann, 2002):

Das Anreicherungskonzept spezifiziert die mediale Aufbereitung, welches die Ausarbeitung der Inhalte einer Lerneinheit in Form eines multimedialen Elementes, wie beispielsweise Skripten, Bilder, Graphiken, Animationen, Simulationen etc., beinhaltet. Im Zentrum steht die didaktische Mikroebene, die konkrete Gestaltung von E-Learning-Modulen, welche in der Präsenzlehre eingesetzt werden.

Das Integrative Konzept fokussiert Blended Learning-Szenarien, indem eine spezifische, aufeinander abgestimmte Strukturierung und Sequenzierung von Präsenz- und Onlinephasen i. R. einer Lehrveranstaltung erfolgt. Die Integration virtueller Elemente in klassische Lehrveranstaltungen verlangt neben der Betrachtung der Mikroebene die Involvierung der Meso- und Makroebene in Form von einer gesamtsystematischen Betrachtungsweise der jeweiligen Lernumgebung und deren Veranstaltungsablauf und curriculare Einbindung.

Das rein virtuelle Konzept beinhaltet ausschließlich einen virtuellen Lernraum, an welchem Lehrende und Lernende ihre Inhalte und Ergebnisse erarbeiten, kommunizieren und dokumentieren. Der durch die technologische Plattform realisierte Lernraum ist durch verschiedene Informations- und Kommunikationskomponenten gekennzeichnet, die eine rein netzbasierte Kommunikation mit den Lernenden aufgrund räumlicher und zeitlicher Flexibilität erlauben.

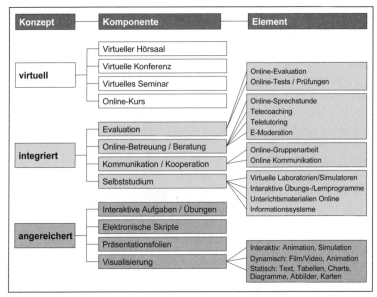

Abbildung 1: E-Learning-Szenarien des LearnTechNet Portals der Uni Basel (Bachmann et al., 2002)

Zusammenfassend kann gesagt werden, dass der Virtualisierungsgrad als Differenzierungskriterium zu vage und intransparent ist. Weder virtuelles Lernen noch virtuelle Universität besitzen präzise Beschreibungskriterien. Weiterhin beinhaltet das Kontinuum von der Präsenzlehre bis hin zur Fernlehre sehr viele Schnittstellen, die eine klare Abgrenzung nicht erlauben. Eine institutionelle Verknüpfung der drei Organisationsformen Präsenzuniversität, Fernuniversität und Corporate Universität zu einer mixed-mode Universität wird gar als Optimum verantwortungsvoller Lehre deklariert, die autonomes und selbstgesteuertes Lernen als didaktisches Grundprinzip verankern soll (Peters, 2000).

Je nach Betrachtungsperspektive stellt sich die Frage, für welche Zielsetzungen diese Kategorisierung sinnvoll eingesetzt werden kann. Für Forschungs- und Evaluationszwecke ist sie zu ungenau, da das Kriterium Virtualisierungsgrad aufgrund mangelnder Trennschärfe keine Grundlage für die Vergleichbarkeit von Lernumgebungen darstellt. Für die Veranschaulichung der Gestaltung von Lernszenarien kann sie für Projektverantwortliche und Hochschulleitung anfangs zur strategischen Ausrichtung der Hochschule oder als problemorientierter Zugang für Dozierende herangezogen werden. Geht es aber um die konkrete Ausarbeitung der strategischen Ausrichtung und die kreative Konzeption der Lernumgebung, bedarf es schnell einer Erweiterung des Kriterienkataloges.

4.2 Kategorisierung nach Merkmalsdimensionen

Eine präzise Kategorisierung erlaubt eine Einordnung nach Klassen und Gruppen, wobei sie sich unterschiedlicher Merkmalsdimensionen bedienen kann. Eine Transparenz in der Darstellung der Didaktik der Bildungsangebote betonende Klassifikation nach Schulmeister (2003) wählt drei qualitative Kriterien, um E-Learning-Szenarien zu unterscheiden und zu beschreiben. Das qualitative Merkmal Form bezeichnet dabei die Organisationsform virtueller Lehre und ihre organisatorische Einbettung in die institutionelle Umgebung. Während sich das qualitative Merkmal Funktion auf einer Skala von der Information zur Kooperation abbildet, fasst das Merkmal Methode lerntheoretisch unterschiedlich konstruierbare Lehrmethoden und Lernmethoden bzw. Modelle oder Konzepte von Lernarrangements.

Die beschriebenen *Organisationsformen* der Lehre weisen somit eine Reihe von Mischformen auf, welche sich nach dem relativen Anteil der virtuellen Komponente konkretisieren lassen (vgl. Schulmeister, 2003). Die Kombination eines Präsenzseminars mit einem www-Skript und/oder einer Kommunikationsplattform oder eines Präsenzseminars im Wechsel mit einem virtuellem Seminar oder/und einem virtuellem Tutorium stellen mögliche Lernszenarien dar. Weiterhin differenziert Schulmeister (2003) ebenso das rein virtuelle Seminar bzw. ein komplettes Selbststudium. Die *Funktionen virtueller Lehre* werden nach aktivem Anteil kommunikativer Interaktion betrachtet und stehen in enger Beziehung zu den entsprechenden Methoden und Werkzeugen. Zentrale Bedeutung für die deskriptive Einordnung der methodisch-/didaktischen Konzeption besitzt die Dimension *Methoden*, welche skaliert nach dem Anteil der Lernfreiheit für die Studierenden Methoden oder Modelle von Lernarrangements unterscheidet. Diese den Paradigmenwechsel der Lernerzentriertheit wiederspiegelnde Skala verdeutlicht die virtuelle Lehre als Motor selbstorganisierten Lernens.

Aus diesen drei Kriterien generiert Schulmeister folgende vier Szenarien, die sich ebenfalls in ihrer Gesamtheit vor allem durch den Virtualisierungsgrad unterscheiden:

Szenario 1: Präsenzveranstaltung mit Netz-Einsatz

Szenario 2: Gleichrangigkeit von Präsenz- und Netzkomponente

Szenario 3: Integrierter Einsatz von Präsenz- und virtueller Komponente

Szenario 4: Virtuelle Seminare und Lerngemeinschaften

Die formale Kategorisierung von Szenarien virtuellen Lernens kann als Evaluationsgrundlage von E-Learning-Szenarien herangezogen werden. Für die Transparenzschaffung bzgl. der Kursankündigungen der Bildungsanbieter ist sie jedoch nicht ausreichend, da die Einteilung in die vier Szenarien als Qualitätskriterium die Entscheidungsfähigkeit des Lernenden und Lehrenden nicht ausreichend unterstützen kann. Genauso wenig kann vorliegende Klassifizierung eine Entscheidungsgrundlage für Gestaltungsmerkmale virtueller Kurse seitens der Dozierenden darstellen, da die methodische Konzeption unzureichend behandelt wird.

Insgesamt weisen die angewandten formalen Merkmalskriterien eine mangelnde Trennschärfe auf, so dass die Lernszenarien nicht genau differenziert werden können. Die vorgestellten Lernszenarien assoziieren einen Determinismus, der gerade im Hinblick auf didaktische

Innovationen überholt scheint. Gleichfalls erfüllen die Funktionen der qualitativen Merkmale nicht den vordefinierten Zweck. So selektiert das Merkmal Methode fünf unterschiedlich konstruierbare Lehr- und Lernmethoden, die jedoch durch eine Vielzahl weiterer Methoden ergänzt werden können. Das Merkmal Form beschreibt nicht ausreichend die strukturellen Dimensionen für die organisatorische Implementierung einer E-Learning-Innovation.

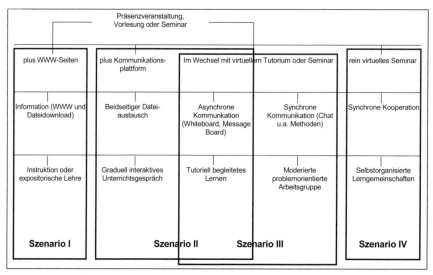

Abbildung 2: Virtuelle Szenarien nach Schulmeister (2002, 2003)

Weit übersichtlicher versucht das Bertelsmann Portal dieser Aufgabe gerecht zu werden. Ausgehend von etablierten Veranstaltungsformen an Hochschulen wie Vorlesung, Seminar, Übung/Tutorium, Praktikum, Projektarbeit und Betreuung der Studierenden bietet das Bertelsmann Portal e-teaching.org anhand der Kategorien Inhalte, Kommunikation und Organisation Gestaltungsansätze für E-Learning-Szenarien. Die zweidimensionale Kategorisierung ermöglicht somit konkrete Umsetzungshinweise von der partiellen bis hin zur gänzlichen Virtualisierung von Inhalten, Kommunikation und Organisation des entsprechenden Veranstaltungstyps, wobei der Gestaltungsfreiraum nicht unterbunden wird (vgl. Webseite www.e-teaching.org/lehrszenarien).

Minass (2002) verzichtet gänzlich auf eine Auswahl von Kategorien und fasst die in der Literatur gängigen Dimensionen von E-Learning in Dimensionsklassen mit entsprechender Skaleneinteilung eklektisch zusammen (siehe Tabelle 1, folgende Seite).

Die Zielsetzung dieser Klassifikation liegt in der einfachen Auflistung sämtlicher aus der Literatur bekannten Merkmalsdimensionen. Eine derartige Strukturierung erlaubt einen raschen theoretischen Überblick über gängige Dimensionen. Welche Rolle eine Auflistung aus unterschiedlichen Theorien stammenden Merkmalsdimensionen für das Forschungs- und Gestaltungsdesign spielen kann, sei dahingestellt.

Dimensionsklasse	Dimension	Skaleneinteilung
Temporale Dimension	• Synchronität	Nominal
	• Verfügbare Zeit	Metrisch, Nominal
Räumliche Dimension	• Räumliche Verteilung zwischen Lerner und Lehrer	Nominal
Programmbezogene Dimension	• Steuerung des Lernprozesses	
	• Adaptivität	
	• Informationsgabe	Ordinal
	• Funktion	
	• Medientyp	
	• Interaktion	Nominal
Dimensionen nach Aufbau der Benutzergruppe	• Art des Gruppenlernens	Ordinal
	• Vorwissen	Ordinal
Lernkulturelle Dimension	• Inhaltsbestimmungsgrad	
	• Organisationsbestimmungsgrad	
	• Lernziele	Ordinal

Tabelle 1: Auszug aus Klassifikationsdimensionen von E-Learning nach Minass (2002)

4.3 Das Baukastensystem als Synthese von Merkmalsdimensionen

Auf die Gefahr der Determinierung und Einschränkung durch Kategorisierungen antwortet das „Baukastensystem" mit einem offenen Gestaltungsraum, in dem die Bausteine Sozialformen, Lehraktionsformen und Medien die methodische Gestaltung einer neuen Lernumgebung begründen (Euler and Wilbers, 2002). Neue Optionen für das Lehren und Lernen können über die Kombination klassischer Gestaltungselemente der Didaktik mit neuen Elementen des E-Learning veranschaulicht und entwickelt werden.

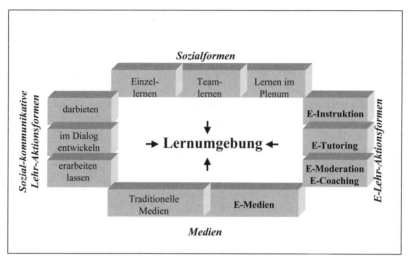

Abbildung 3: Bausteine zur Entwicklung von mediengestützten Lernumgebungen (Euler und Wilbers, 2002)

Die drei Sozialformen Einzellernen, Teamlernen und Lernen im Plenum beziehen sich auf die Gruppierung der Lernenden. Das Baukastensystem hebt dabei die oft angenommene direkt proportionale Beziehung zu den Lehr-Aktionsformen im Sinne einer Selbststeuerung auf. Gerade Einzellernen bedarf instruktionaler Unterstützung, um individualisierte und selbstgesteuerte Lernprozesse zu ermöglichen. Dabei spielen vor allem die E-Lehr-Aktionsformen (E-Instruktion, E-Tutoring, E-Moderation und E-Coaching) in elektronischen Lernumgebungen eine entscheidende Rolle und stellen hohe Anforderungen an die Kompetenzerweiterung seitens der Lehrenden. Medien können als klassische wie auch elektronische Präsentationsmedien der anschaulichen und verständlichen Darbietung von Lehrinhalten dienen, während Interaktionsmedien vor allem die Aufforderung und Anleitung zur interaktiven Erschließung, Festigung, Anwendung und kritischen Reflexion von Lehrinhalten ermöglichen.

Vorteil des Baukastenprinzips ist die freie Gestaltung der E-Learning-Szenarien im Rahmen der Grundbausteine Sozialformen, Lehraktionsformen und Medien. Die Kombination dieser Bausteine erfordert gleichzeitig eine intensive Auseinandersetzung mit der methodisch-didaktischen Konzeption des Szenarios, das gerade im Zuge einer nachhaltigen Implementierung von entscheidender Bedeutung ist. Gleichzeitig kann es durch seine Flexibilität als Implementierungswerkzeug verwendet werden, das einer Verzahnung von Theorieentwicklung und -anwendung gerecht wird (Reinmann-Rothmeier, 2003b) Sowohl ein theoretischer Entwurf als auch eine praktische Entwicklung als Ausgangspunkt erlauben iterative Reflexionsprozesse, die den kreativen, dynamischen Gestaltungsraum überwachen. Nichtsdestotrotz stellt das Baukastensystem hohe Anforderungen an die Kompetenzen eines Dozierenden. In seiner Eigenschaft als Konstruktionsplan legt es jeweils nur das Grundmuster des zu gestaltenden E-Learning-Szenarios fest und fordert neben hoher didaktischer Kompetenz die kompetente Umsetzung und kreative Anwendung didaktischer E-Learning-Szenarien seitens der Dozierenden.

5. Kategorisierungen für die Gestaltung von E-Learning-Szenarien

Die Frage nach der Zweckmäßigkeit und dem Mehrwert von Kategorisierungen für die Gestaltung und Implementierung von E-Learning-Szenarien hängt in erster Linie von der Betrachterperspektive ab. Realisierung und Implementation implizieren das Erfassen und Lösen einer Problemstellung und damit die geistige Werkschöpfungsleistung eines Urhebers (Reinmann-Rothmeier, 2003b). Die Rolle der Hochschulleitung, des Projektverantwortlichen oder des Dozierenden verlangen auf den ersten Blick unterschiedliche Merkmalsdimensionen, um deren jeweilige Realitätsausschnitte zu modellieren. Wenn die Hochschulleitung sich vor allem um die strategische Ausrichtung und Verankerung der Hochschule kümmert, kann sie die institutionelle Verankerung von E-Learning anhand des Virtualisierungsgrades kategorisieren. Wenn ein Projektverantwortlicher einen Projektantrag ausformulieren will, so können die Merkmalsdimensionen Funktion, Form und Methode als ein Rahmenmodell für die konzeptionelle Arbeit herangezogen werden. Wenn ein Dozierender ein konkretes E-Learning-Szenario für das Selbststudium entwickeln und implementieren möchte, so kann er/sie mittels des Baukastensystems das methodisch-/didaktische Konzept des Szenarios entwerfen.

Eine Kategorisierung erlaubt eine Einordnung nach bestimmten Merkmalen und stellt für den Betrachter eine Art Ordnungsfunktion dar. Der Betrachter konstruiert sich somit ein Modell über ein mögliches Szenario nach bestimmten Merkmalen. Modelle dienen primär der Ordnung und Systematisierung einer komplexen Realität und können mit ihren Begriffskategorien das Vor- und Nachdenken über die Realität sowie das Handeln in ihr vorbereiten und unterstützen (Euler und Hahn, 2004). Die Betonung liegt hier auf der Unterstützungskomponente, denn sobald die konkrete Realisierung und Implementierung naht, kann ein nach wenigen Merkmalen konstruiertes Modell nicht einfach in die Realität umgesetzt werden. Selbst multidimensionale Kategorisierungen erlauben nicht eine Eins-zu-Eins Umsetzung einer Theorie in die Praxis, da in jeder Projektphase Anpassungen an den Kontext der Lehr-/Lernkultur, Organisation etc. durchzuführen sind.

Widersprechen sich Kategorisierung und Gestaltung dann nicht gänzlich? Soll man sich gar von Kategorisierungen verabschieden? Die Gestaltung von E-Learning-Szenarien impliziert einen dynamischen, dialogischen und jeweils einzigartigen Prozess (Reinmann-Rothmeier, 2003b). Ausgehend von einer konkreten Problemstellung in der Lehre versuchen wir in der entsprechenden Rolle die Komplexität der Thematik zusammen mit anderen Projektmitgliedern zu erfassen. Somit befinden wir uns in einer sehr wissensintensiven Lernumgebung, die als Ergebnis ein auf die spezifische Problemsituation der Hochschule angepasste immaterielle, gedankliche Leistung basierend auf Erfahrungswissen hervorbringt. Die Einzigartigkeit und Neuartigkeit der zugrunde liegenden Problematik ermöglicht im Rahmen kooperativer Lernprozesse ein umfassenderes und weitreichenderes Problemverständnis der einzelnen Projektmitglieder, das wiederum als Antrieb für weitere Lernprozesse dienen kann. Die gemeinsame Zielsetzung und der durch Terminvorgaben festgesetzte hohe Problemlösedruck verlangen und unterstützen gleichzeitig ein fokussiertes und strukturiertes Lernen. Kategorisierungen können hierbei keine Planungs- und Steuerungsfunktion übernehmen, sie können aber als heuristische Funktion Reflexionsprozesse anleiten, die eine Verzahnung von Theorieanwendung und Theorieentwicklung in Gang setzen können.

Gerade die Implementation didaktischer Innovationen durch neue Medien in den regulären Hochschulbetrieb erfordert eine Neustrukturierung dieser Projektarbeit. Einzelkämpfer in Pilotprojekten müssen aus ihrer Isolationshaft befreit werden, indem eine kritische Masse an Lehrenden und Lernenden involviert wird, welche die neuen Medien in den „Echtbetrieb" überführen und in den Hochschulalltag integrieren (Müller-Böling, 2001). Die Zusammenarbeit und das gemeinsame Lernen unterschiedlicher Rollenträger wie Hochschulleitung, Professoren, Dozierende und Studierende sind dabei von zentraler Bedeutung.

Die Implementation didaktischer Innovationen in den regulären Lehrbetrieb steht aufgrund mangelnder Wechselbeziehungen zwischen Theorie und Praxis noch vielerorts aus (Euler and Sloane, 1998; Flechsig, 1996). Kategorisierungen erlauben die Beschreibung von Szenarien nach bestimmten Merkmalen. Im Sinne der deskriptiven Forschung beschreiben und erklären sie die Merkmale eines Szenarios. Von großer Bedeutung ist hierbei die Domänenabhängigkeit, die für die Realisierung einen hohen Stellenwert einnimmt. Denn „was als innovativ gilt, wer dies bestimmt und woran dies bemessen wird, ist abhängig von der Domäne" (Reinmann-Rothmeier, 2003a). Oft entstehen Kategorisierungen aber unmittelbar aus der Praxis der E-Learning-Projekte. Im Sinne einer präskriptiven Forschung können sie helfen, neue Lehrtheorien zu entwickeln und zu validieren. Im Mittelpunkt steht hierbei der Medienkonstruktionsprozess, nach welchem der Aufbau von Lehrtheorien fokussiert wird und Instruktionsmethoden erforscht werden sollen (Fricke, 2002). Die Interdependenz zu Lernenden und Lernszenario in Form einer Abstimmung zwischen Lehr-/ und Lernerfahrungen oder der Interaktion zwischen Lehrenden und Lerner wird hier berücksichtigt. Wird die Verknüpfung beider Forschungsansätze gelingen, erlaubt uns dies eine Theorie-Praxis-Reflexion, welche die Entwicklung und Anwendung von Szenarien gleichermaßen befruchten wird.

Literatur

ARNOLD, P. & ZIMMER, G. (2001). *Didaktik und Methodik telematischen Lehrens und Lernens. Lernräume, Lernszenarien, Lernmedien.* Münster, München [u.a.]: Waxmann.

ASTLEITNER, H. (2002). *Qualität des Lernens im Internet. Virtuelle Schulen und Universitäten auf dem Prüfstand.* Frankfurt am Main [u.a.]: Lang.

BACHMANN, G. ET AL. (2002). Das Internetportal LearntechNet der Uni Basel: Ein Online Supportsystem für Hochschuldozierende im Rahmen der Integration von E-Learning in der Präsenzuniversität. In: G. Bachmann (Ed.), *Campus 2002. Die virtuelle Hochschule in der Konsolidierungsphase* (Vol. Medien in der Wissenschaft 18, pp. 512). Münster, New York, München, Berlin: Waxmann.

DILLENBOURG, P. (2002). Over-scripting CSCL: The risks of blending collaborative learning with instructional design. In: P. A. Kirschner (Ed.), *Three worlds of CSCL. Can we support CSCL* (pp. 61–91). Heerlen: Open Universiteit Nederland.

DILLENBOURG, P., BAKER, M., BLAYE, A. & O' MALLEY, C. (1996). The evolution of research on collaborative learning. In: E. Spada & P. Reinmann (Eds.), *Learning in Humans and Machine: Towards an interdisciplinary learning science* (pp. 189–211). Oxford: Elsevier.

ERPENBECK, J. & SAUER, J. (2001, 23.01.2002). *Das Forschungs- und Entwicklungsprogramm „Lernkultur Kompetenzentwicklung"*. Heft 67, from http://www.abwf.de/Downloads/

EULER, D. & HAHN, A. (2004). *Wirtschaftsdidaktik*. Bern: Haupt-UTB.

EULER, D. & SLOANE, P. F. E. (1998). *Implementation als Problem der Modellversuchsforschung*. Unterrichtswissenschaft, Heft 4, S. 312–326.

EULER, D. & WILBERS, K. (2002). *Selbstlernen mit neuen Medien didaktisch gestalten* (Bd.1). St.Gallen: Iwp-Hsg.

FLECHSIG, K.-H. & GRONAU-MÜLLER, M. (1986). *Kleines Handbuch didaktischer Modelle*. Göttingen: Zentrum für Didakt. Studien.

FRICKE, R. (2002). Evaluation von Multimedia. In: J. I. Issing & P. Klimsa (Eds.), *Information und Lernen mit Multimedia und Internet*. Weinheim: Psychologie Verlags Union.

GRÄSEL, C., MANDL, H., FISCHER, M. & GÄRTNER, R. (1994). Vergebliche Designermüh? Interaktionsangebote in problemorientierten Computerlernprogrammen. *Unterrichtswissenschaft*, 22, 312–333.

HESSE, F. W., GARSOFFKY, B. & HRON, A. (2002). Netzbasiertes kooperatives Lernen. In: J. I. Issing & P. Klimsa (Eds.), *Information und Lernen mit Multimedia und Internet*. Weinheim: Psychologie Verlags Union.

KOHLER, B. D. S. (1998). *Problemorientierte Gestaltung von Lernumgebungen. Didaktische Grundorientierung von Lerntexten und ihr Einfluss auf die Bewältigung von Problemlöse- und Kenntnisaufgaben*. Weinheim: Dt. Studienverlag.

KÖSEL, E. (1993). *Die Modellierung von Lernwelten. Ein Handbuch zur subjektiven Didaktik mit 22 Arbeitsblättern von Edmund Kösel*. Elztal-Dallau: Laub.

KRAFT, S. (2002). *Selbstgesteuertes Lernen in der Weiterbildung*. Baltmannsweiler: Schneider-Verl. Hohengehren.

MINASS, E. (2002). *Dimensionen des E-Learning. Neue Blickwinkel und Hintergründe für das Lernen mit dem Computer*. (Orig.-Ausg., 1. Aufl. ed.). Kilchberg: SmartBooks.

MITIC (2003). *Scénarios pédagogiques*, from http://wwwedu.ge.ch/cptic/f3mitic/0203/scenarios/definition.html

MÜLLER-BÖLING, D. (1997). Neue Medien – Hoffnungsträger für die Hochschulentwicklung. In: D. I. M.-B. Hamm (Ed.), *Hochschulentwicklung durch neue Medien* (S. 25–44). Gütersloh: Verlag Bertelsmann Stiftung.

PAWLOWSKI, J. M. (2001). *Das Essener-Lern-Modell (ELM) [Elektronische Ressource]. Ein Vorgehensmodell zur Entwicklung computerunterstützter Lernumgebungen, vorgelegt von Jan Martin Pawlowski*. [S. l.]: [s.n.].

PETERS, O. (2000). The Transformation of the University into an Institution of Independent Learning. In: E. T. & D. Nation (Eds.), *Changing University. Teaching-Reflections on Creating Educations Technologies*. London: Kogan Page.

REINMANN-ROTHMEIER, G. (2003a). *Didaktische Innovation durch Blended Learning. Leitlinien anhand eines Beispiels aus der Hochschule*. Bern: Huber.

REINMANN-ROTHMEIER, G. (2003b). *Implementation von E-Learning: Engineering und Empowerment im Widerstreit*. Paper presented at the SCIL Congress. Shaping Innovations – eLearning as a Catalyst for a New Teaching and Learning Culture? St. Gallen, Switzerland.

REISCHMANN, J. (2002). Selbstgesteuertes Lernen: Entwicklungen des Konzepts und neuere theoretische Ansätze. In: S. Kraft (Ed.), *Selbstgesteuertes Lernen in der Weiterbildung* (pp. 107–126). Hohengehren: Schneider.

SALOMON. (1996). Studying novel learning environments as patterns of change. In: S. Vosniadou, E. DeCorte, R. Glaser & H. Mandl (Eds.), *International Perspectives on the design of technology-supported learning environments* (pp. 363–377). Mahwah: Erlbaum.

SCHIEFELE, U. & PEKRUN, R. (1996). Psychologische Modelle des fremdgesteuerten und selbstgesteuerten Lernens. In: F. E. Weinert (Ed.), *Psychologie des Lernens und der Instruktion*. Göttingen: Hogrefe.

SCHREIBER, B. (1998). *Selbstreguliertes Lernen. Entwicklung und Evaluation von Trainingsansätzen für Berufstätige*. Münster, München [u.a.]: Waxmann.

SCHULMEISTER, R. (2001). *Virtuelle Universität, virtuelles Lernen*. München [u.a.]: Oldenbourg.

SCHULMEISTER, R. (2002a). *Grundlagen hypermedialer Lernsysteme. Theorie – Didaktik – Design* (3., korrigierte Aufl. ed.). München: Oldenbourg.

SCHULMEISTER, R. (2002b). Virtuelles Lehren und Lernen. Didaktische Szenarien und virtuelle Seminare. In: B. Lehmann & E. Bloh (Eds.), *Online-Pädagogik. Grundlagen der Berufs- und Erwachsenenbildung* (Band 29). Hohengrehen: SVH.

SCHULMEISTER, R. (2003). *Lernplattformen für das virtuelle Lernen. Evaluation und Didaktik*. München [u.a.]: Oldenbourg.

SIEBERT, H. (1996). *Didaktisches Handeln in der Erwachsenenbildung. Didaktik aus konstruktivistischer Sicht*. Neuwied [u.a.]: Luchterhand.

STRAKA, G. A. & MACKE, G. (2002). *Lern-lehr-theoretische Didaktik*. Münster, München [u.a.]: Waxmann.

WEINERT, F. E. (1982). Selbstgesteuertes Lernen als Voraussetzung. Methode und Ziel des Unterrichts. *Unterrichtswissenschaft*, 10, 99–110.

ZIMMER, G. (2003). Aufgabenorientierte Didaktik des E-Learning. In: A. Hohenstein & K. Wilbers (Eds.), *Handbuch E-Learning* (Vol. 4. Erg.-Lfg. April 2003, S. 1–14). Köln: Fachverlag Deutscher Wirtschaftsdienst (Loseblattwerk).

Dietmar Treichel

Handlungsorientierung im E-Learning

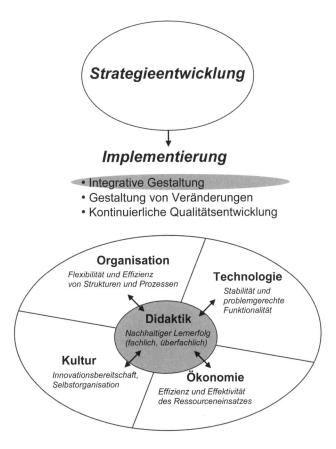

Abstract

Gegenüber dem vorherrschenden Vermittlungsansatz zeigt dieser Beitrag, dass eine handlungsorientierte Didaktik auch im E-Learning wirkungsvoll eingesetzt werden kann. Dafür werden zunächst die Begriffe Lernen und Handeln im individuellen Entwicklungsprozess diskutiert. Hierauf baut das didaktische, organisatorische und technologische Konzept des Projekts „Pädagogik im Netz (PiN)" an der Universität auf. Schließlich wird detailliert der Ablauf des Seminars „Didaktik & Neue Medien" beschrieben, in dem der handlungsorientierte Ansatz in einem Blended-Learning-Modell umgesetzt wurde.

Der Autor

Dietmar Treichel hat in Deutschland, England und den USA Anglistik, Sozialwissenschaften, Psychologie und Management studiert. Danach Aufbau und Leitung eines Trainingsunternehmens. 1990–1998 Lehre und Forschung in Interkultureller Kommunikation und Management an der FH Osnabrück (D), danach bis 2002 Studiengangsleiter und Professor an der FH Vorarlberg (AT). Seitdem wissenschaftlicher Berater und Autor für E-Learning, Informations- und Wissensmanagement mit der tomcom GmbH (Lindau, D).

Relevante Publikation: Horst O. Mayer u. Dietmar Treichel, Handlungsorientiertes Lernen und E-Learning – Grundlagen, Anwendungskonzepte, Praxisbeispiele, München: Oldenbourg, 2004.

Dietmar Treichel

Handlungsorientierung im E-Learning

1.	Einleitung	266
2.	Handeln und Lernen	266
3.	Konsequenzen	269
4.	PiN	271
	4.1 Konsequenzen	272
5.	Praxis	273
	5.1 Lehr-Lern-Prozess	273
	5.2 Erkenntnisse	276
6.	Schlussfolgerung	277
	Literatur	278

1. Einleitung

E-Learning eröffnet neue didaktische und methodische Möglichkeiten für das Lehren und Lernen. Diese Möglichkeiten werden jedoch oft nicht realisiert, weil die Didaktik und Methodik des E-Learning sich v.a. auf ein Vermittlungsmodell zu konzentrieren scheinen, wie es in der allgemeinen Didaktik schon länger überholt ist. Die vielfach akzeptierten Rahmenbedingungen der Technik und Medienerstellung mit ihren neuen Kosten und Kompetenzanforderungen scheinen nichts Anderes zuzulassen. Dieser Diskussionsbeitrag ist jedoch v.a. dadurch motiviert, dass wir uns hier durch neue Entwicklungen immer stärker in einem eigentlich sehr alten Paradigma gefangen halten lassen: The empire strikes back – and it makes use of e-learning.

Kuhn[1] beschreibt nachdrücklich, dass die Entwicklung eines neuen Modells nicht innerhalb der Strukturen des alten Paradigmas geschehen kann. Sondern muss vielmehr bewusst eine andere Position dagegen halten, um damit die Anomalien des alten Systems aufzudecken. Der Konstruktivismus ist hierzu bisher nicht in der Lage, weil dieses Modell noch sehr unscharf ist. Es gibt aber auch im E-Learning andere Ansätze wie das entdeckende Lernen[2], einen praktischen Konstruktivismus[3], den Pragmatismus[4] oder die berufliche Bildung[5], die alle eines gemeinsam haben: Sie verbinden alte erkenntnistheoretische und didaktische Modelle mit neuen Methoden. Sie haben aber noch einen Aspekt gemeinsam, auch wenn dieser eher implizit mitschwingt: die Handlungsorientierung. Dieser gemeinsame, grundlegende Aspekt soll im Folgenden theoretisch, konzeptionell und praktisch beschrieben werden.

2. Handeln und Lernen

Aufbauend auf Searle[6] können wir drei Hauptmerkmale von Lernhandlungen zusammenfassen:

---

[1] T.S. Kuhn, 1962, v.a. Kap. IX.

[2] R. Schulmeister, 2004.

[3] P. Baumgartner, S. Laske u. H. Welte, 1999.

[4] M. Kerres u. C. de Witt, 2002.

[5] D. Euler, 2001.

[6] J. Searle, 1979.

Handlungsorientierung im E-Learning

- Eine Handlung ist eine zielgerichtete, intentionale Tätigkeit, um mittels Veränderung von Selbst- und/oder Weltaspekten einen bedeutsamen Zustand zu erreichen oder aufrechtzuerhalten.

- Handlungen sind Auseinandersetzungen mit einer Abfolge von Situationen, zwischen denen Beziehungen erkannt werden. Wir handeln im jeweiligen Kontext auf der Grundlage von Situationsdeutungen, der intern oder extern gegebenen Handlungsdringlichkeit und dem Ausmaß der möglichen Zielrealisierung.

- Eine Handlung kann verstanden werden als eine physische und psychische Auseinandersetzung der ganzen Persönlichkeit mit einer Situation. Handlungen schaffen eine für die jeweilige Person ganzheitliche und relevante Lebenswelt[7].

Die situativ deutende Wahrnehmung, die selektive Aufnahme und individuelle Verarbeitung von Informationen und die daraus hergeleiteten Aktivitäten verbinden Aktion und Kognition *in einem Entwicklungsprozess*. Handlungen haben ihren Ursprung im Normalfall in einem faktischen Problem, das durch die menschliche Kognition als Anlass für ein Verhalten oder für eine Aktion interpretiert wird. Wenn die Aktion durch eine evaluative Reflexion begleitet oder nachvollzogen wird, dann baut der Lernende sich mit der bewussten Evaluation eine Brücke, um Aktion und Kognition auf einer nächsthöheren Kompetenzstufe zu integrieren.

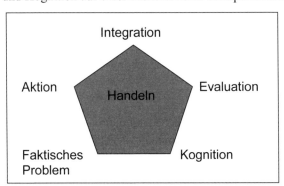

Abbildung 1: Aspekte des Handelns

Allerdings wird die scheinbare Linearität dieser Prozesse noch nicht wirklich der Komplexität der menschlichen Handlungssysteme als zentrale Lern- und Entwicklungsmedien gerecht. So ist es zwar weitgehend akzeptiert, dass v.a. solche Verhaltensweisen, die mit einer bestimmten Absicht ausgeführt werden, als Handlungen zu bezeichnen sind.[8] Allerdings können Handlungen natürlich auch andere Effekte als die beabsichtigten erzielen. Doch gerade diese Uneindeutigkeit bedeutet für den Menschen ein ungeheures Kreativitäts- und Entwicklungspotenzial. Gerade die Tatsache, dass Intentionen nicht immer zum Ziel führen, ver-

---

[7] Vgl. U. Laucken, 1999.

[8] Vgl. Brandstädter u. Greve, 1999. Siehe aber im Gegensatz zur intentionalen Position auch das Modell des impliziten Wissens von Polanyi, 1958, 1966, umfassend referiert und didaktisch kommentiert durch Neuweg, 1999.

schafft uns die Möglichkeit, besser zu werden als eigentlich beabsichtigt. Lernpsychologisch sollte – auch im E-Learning – die Absicht-Wirkung-Diskrepanz daher nicht bedauert, sondern als Lerngelegenheit gefördert werden. Hier greift E-Learning, das nur einer starren Systematik dient, zu kurz.

Aus der Ambivalenz von Absichten, vollzogenen Handlungen und erzielten Effekten wird zugleich deutlich, dass Situationen immer komplex strukturierte Systeme repräsentieren. Hierin bilden die Handlungen die Knoten, die mit Hilfe von Kommunikation, Kooperation oder anderen, unplanbaren synergetischen Effekten[9] zueinander in eine dynamische Beziehung gesetzt werden. Menschen agieren in solchen Systemen v.a. durch unterschiedliche Bedeutungskonstruktionen, um so ihren Handlungen in ihrem Kontext einen Sinn zuweisen und auf dieser Grundlage überhaupt erst Entscheidungen treffen zu können.

In der Wirklichkeit[10] von nicht bewusst oder geplant lernenden Menschen ist es für ihre Alltagshandlungen unvermeidlich, dass diese Komplexität auf eine ökonomisch handhabbare Erwartungs-Verständnis-Ausführung-Linearität gekürzt wird. Wenn wir jedoch H. Essers soziologische Analyse[11] didaktisch weiterdenken, dann müssen wir auch die handlungsorientierte, selbstgesteuerte Interpretation und Reflexion in Lernprozesse einbeziehen. Dies läuft der Struktur vieler E-Learning-Programme zuwider. Das Programm nimmt die Lerner gern an der Hand und sagt ihnen genau, was sie tun müssen und was richtig oder falsch ist. Jedoch sollte nicht vorrangig oder gar ausschließlich ein wissenschaftlich einwandfreies Aufnehmen der „Wahrheit" das Lernziel sein, sondern dem Lerner ist mehr geholfen, wenn er vor allem bei der wirksamen Lösung eines von ihm als relevant wahrgenommenen Problems und bei der darüber hinaus gehenden Entwicklung einer situativ und fachlich unabhängigen Problemlösekompetenz unterstützt wird. In einem umfassenden didaktischen Modell des E-Learning sind wir somit aufgefordert, Menschen verstärkt auch durch reflektierte Interpretationen und Handlungen lernen zu lassen. Jedenfalls dürfen wir „interaktive Medien" nicht nur dafür nutzen, bei Lernern die effiziente Rezeption und Reproduktion zu automatisieren.

Handeln wird auch von Lernern nur dann als bedeutungsvolles, „richtiges" Verhalten verstanden, wenn die Handlung etwas wertvolles Neues schafft. Eine reine Wiederholung wird nicht als bedeutungsvolles Handeln gesehen und in die aktive Kompetenz eingefügt, selbst wenn es syntaktisch völlig korrekt sein sollte. D.h., Handeln ist im Rahmen einer komplexen

---

[9] Zur Wirkungsweise der Synergetik vgl. H. Haken, 1995.

[10] Ich gehe hier von P. Watzlawick (1990, 142) aus, „wonach es keine absolute Wirklichkeit gibt, sondern nur subjektive, zum Teil völlig widersprüchliche Wirklichkeitsauffassungen, von denen naiv angenommen wird, dass sie der ‚wirklichen' Wirklichkeit entsprechen." Allerdings glaube ich darüber hinaus, dass es uns durch reflektiertes Lehren und Lernen möglich ist, unsere Naivität zumindest teilweise zu überwinden, um auf der Grundlage einer weiter entwickelten Wirklichkeitsauffassung auch in der Realität, d.h. in Watzlawicks „Wirklichkeit erster Ordnung", wirkungsvoll handeln zu können.

[11] H. Esser, 1999, 116–117: „Handeln ist daher alles andere als bloß auferlegtes, sondern ein im Prinzip immer reflektiertes, Zeichen interpretierendes, Bedeutungen zuschreibendes, Sinn erzeugendes, durchaus rationales, stets aber nur von vorläufigen Sicherheiten umgebenes Tun. [...] Die Definition der Situation bzw. die Selektion einer Orientierung ist also nichts anderes als eine bestimmte innere Entscheidung, die der Akteur in der Situation auf der Grundlage der beobachteten Objekte trifft."

Wirklichkeit bedeutungsvoll als Teil einer Geschichte, die schon vor und nach der Aktion verläuft, aber durch den Handelnden effektiv weiterentwickelt wird.[12] Bewusstes, konstruktives[13] Handeln macht – auch im Rahmen eines Lernprozesses – „aus einem Bündel von aufeinander folgenden Ereignissen ein zusammenhängendes Geschehen ..., das als eine Episode des eigenen Lebens erfahren wird. In dieser Erfahrung stellt sich eine Identität des Handelnden mit seinem Handeln her ... Diese Metamorphose vollzieht sich aber nur dort, wo die sich zusammenschließende Form des Verhaltens für den Handelnden zugleich zur eigenen, durchaus persönlichen und individuellen, Ausdrucksform wird ... Die Identität einer Handlung wird durch deren Individuation erreicht."[14]

Handeln, wenn wir es als praktisches Denken und Lernen verstehen, macht somit aus Wissen eine soziale Repräsentation von sehr persönlichen kognitiven Strukturen, die wiederum Basis für Kommunikation und Kooperation sowie damit auch für reale Wirkungen in der Realität ist.[15] In diesem Sinne ist Lernhandeln dynamisches Wissen, das sich in sozialen Beziehungen und bedeutungsvollen Produktionen realisiert. Dabei initiieren Handlungen als dynamische, über sich selbst hinaus weisende Wirkung sowohl individuelle als auch soziale Entwicklungsprozesse, in denen Lernen und Praxis unauflöslich verschmelzen: „Handeln unterliegt ähnlichen Modi der Veräußerlichung wie das Reden: Es löst sich vom Handelnden ab, hinterlässt Spuren, schreibt sich in den Lauf der Dinge ein, verselbständigt sich zur wiederholbaren, in neue Zusammenhänge intergrierbaren, in anderen Werken fortsetzbaren Sinngestalt."[16] Damit schließlich bilden Handlungen, die zu befähigenden kognitiven Strukturen führen, die Grundlage von individueller und gesellschaftlicher Kompetenz.

3. Konsequenzen

Ich will die Argumentation kurz zusammenfassen. Im Verlaufe seiner kognitiven Entwicklung entwickelt jedes Individuum eine bewusste Wahrnehmung der Welt und macht in diesem Lernprozess aus „Realität" eine erfahrene „Wirklichkeit". Dieser Entwicklungsprozess wird einerseits von inneren Strukturen und Wechselwirkungen aufrecht erhalten und geregelt. Andererseits hängt er von spezifischen Erfahrungen (v.a. den Erfahrungen in emotional

---

[12] Vgl. H. Lübbe, 1972, in Laucken, 1999, wonach die narrative Struktur von Geschichten die Lebenswelt ordnet, repräsentatiert und artikuliert.

[13] Nicht problemlos zu verwechseln mit „konstruktivistisches" im Sinne von Duffy/Jonassen, 1992.

[14] O. Schwemmer, 1991, 211–212.

[15] Vgl. die Kernaussagen des „Symbolischen Interaktionismus" nach G.H. Mead (1968), der das Verhältnis Handeln-Wirklichkeitsbildung in der umgekehrten Richtung behandelt und doch zu sehr ähnlichen Schlussfolgerungen gelangt: Menschen handeln auf der Grundlage von Bedeutung, Bedeutung entsteht aus sozialer Interaktion bzw. wird aus ihr abgeleitet, Bedeutungen werden in einem interpretativen Prozeß erschlossen.

[16] Ibid., 218–219.

besetzten Beziehungen) in der äußeren Realität ab, die die inneren Strukturen beeinflussen. Erkenntnis, Verstehen und Handlungskompetenz resultieren in diesem Entwicklungsprozess also aus einer evaluativen und konstruktiven und immer bewussteren Interaktion zwischen realen und kognitiven Strukturen.

Die konkrete Erfahrung von realen Objekten, Ereignissen und Wechselwirkungen löst dabei einen kognitiven Konstruktionsprozess aus, der wiederum die Erfahrung von Wirklichkeit sowie das Handeln in und das Lernen an der Realität beeinflusst, wie Jean Piaget klargestellt hat: „Das Wesen einer lebendigen Wirklichkeit wird weder durch ihre frühen noch durch ihre späten Stufen offenbar, sondern durch den Prozess ihrer Transformation, durch das Gesetz der Konstruktion."[17] In diesem Entwicklungsprozess sind, wie Piaget und Inhelder ebenso klarstellen[18], die affektiven und kognitiven Aspekte ebenso wenig voneinander zu trennen wie die rezeptiven und operativen. Dieser Prozess kann sich aber nur entfalten, wenn das Individuum sich in seinem Lernprozess auch in eine solche konstruktive Auseinandersetzung zwischen den epistemischen Weltangelegenheiten sowie seinen inneren Strukturen und äußeren Handlungen begeben kann. Verstehen und Handlungskompetenz ergeben sich durch die konstruktive, dynamische und systemische Vermittlung in den Beziehungen zwischen Realität → Wahrnehmung → Erfahrung → Erkenntnis → Reflexion → Handlung → Kompetenz.

Wenn wir dieser Erklärung folgen, dann bedeutet dies aber, dass wir auch im Lernprozess des E-Learning nicht eine Wirklichkeit vorgeben können – und wir uns dies auch von harten technologischen Fakten nicht aufzwingen lassen dürfen. Vielmehr muss auch im E-Learning die individuell variante Entwicklung und Beurteilung von Erkenntnis und Können nicht nur zugelassen, sondern geradezu gefördert werden.

Die unterschiedlichen Quellen der Performanz stellen innere oder äußere Einflüsse auf die Entwicklung von Kognition und Handeln dar.[19] In einer rein konstruktivistischen Erklärung dieser Entwicklung wird die Leistung v.a. durch die Kompetenz bestimmt, die *vor* der aktuellen Herausforderung erworben wurde. Doch die aktuelle Handlung greift angesichts eines als bedeutungsvoll eingestuften Problems nicht nur auf die vorhandene Kompetenz zurück, sondern entwickelt sie durch den kontinuierlichen Abgleich zwischen Antizipation, objektivem Ergebnis und Reflexion parallel weiter.[20] Hierbei sind insbesondere die Strukturen und Prozesse in der Situation und Aufgabe sowie in der Kognition des handelnd-erkennenden Individuums wirksam.

---

[17] Piaget, zit. von B. Inhelder, in Edelstein/Hoppe-Graff, 1993, 25.

[18] J. Piaget u. B. Inhelder, 1986, 156.

[19] S. W. Edelstein, 1993, 101.

[20] vgl. hierzu v.a. die sehr schlüssige Argumentation in K. Holzkamp, 1996.

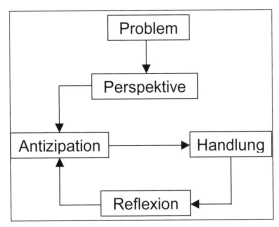

Abbildung 2: Handlungslernen

Wir sollten einer handlungsorientierten E-Learning-Didaktik also nicht einen „radikalen" oder „autopoietischen" Konstruktivismus zugrunde legen, sondern einen dialektischen. Früher angelegte Erfahrungen und Kompetenzen, die diesem Verstehensprozess zuwider laufen oder im Wege stehen, werden dabei in der Konfrontation mit einem relevanten Problem einer gründlichen Reflexion unterzogen. Dies kann – ohne Können, Wissen oder Beratung – zu Ängsten und dem Umsetzen der extern vorgeschriebenen Lösung wider besseres Wissen führen. Wenn solche Blockaden allerdings reflektiert überwunden anstatt technisch ausgeschlossen werden, dann gründet in dieser konstruktiven Auseinandersetzung zwischen Person und Wirklichkeit die Entwicklung der Handlungskompetenz. In meinem didaktischen Modell geht es zentral um das Ausnützen dieser konstruktiven Spannung.

4. PiN

Im folgenden Abschnitt werde ich das Projekt „Pädagogik im Netz (PiN)" schildern. In dieser Kooperation des Instituts für die schulpraktische Ausbildung der Universität Wien (Didaktik, Redaktion) und der Firma tomcom GmbH, Lindau (Technologie) sollen im Rahmen der Lehrerausbildung an der Universität Wien fortschrittliche didaktische, organisatorische und technologische Konzepte entwickelt und evaluiert werden. In dem in PiN verfolgten Ansatz eines problemzentrierten und selbstverantwortlichen Lernens auf wissenschaftlicher Grundlage in virtuellen und realen Umgebungen vermittelt das Handlungsmedium E-Learning zwischen Wissenschaft und Praxis – statt vergeblich zu versuchen, durch medial verkürzte Wissenschaft Praxis zu vermitteln. Die wissenschaftlichen Texte und Medien erhalten durch zwei Anwendungen ihren eigentlichen Sinn:

1. Die Lerner werden – im Sinne des handlungsorientierten Lernens – durch die digitalen Medien und Funktionalitäten bei der Bearbeitung von transferorientierten Übungen, Problemen und Projekten unterstützt.

2. Die Lerner sollen – im Sinne des fachübergreifenden Lernens – auf andere Inhalte aus anderen Kursen oder Bibliotheken zugreifen und diese in ihre eigene Strategie integrieren, um die genannten Aktivitäten sowohl umfassend als auch selbstgesteuert durchzuführen.

Welche der Aktivitäten und – in deren Rahmen – welche der Inhalte aus anderen Kursen, Texten, Websites oder Bibliotheken relevant sind bzw. wie sie zu bearbeiten sind, entscheiden die Lerner verantwortlich und begründet selbst aufgrund ihrer fachlichen Aufgaben sowie ihrer persönlichen Interessen und Stärken. Unterstützt werden sie dabei – je nach Wissenschafts- und Handlungskontext – durch Methoden und Werkzeuge, einen virtuellen und realen Tutor sowie durch diskursorientierte Seminarblöcke. Insgesamt verfolgt PiN im Rahmen der Lehrerausbildung drei übergeordnete Ziele im Sinne einer reflektierten Handlungskompetenz:

- Bildung durch Neue Medien (Lernen)
- Bildung für Neue Medien (Medienkompetenz)
- Bildung mit Neuen Medien (Lehren, Unterrichten)

4.1 Konsequenzen

In diesem flexiblen, handlungsorientierten Konzept müssen die einzelnen Lernprozesse nicht so intensiv mit multimedial-interaktiven Elementen unterlegt werden, wie dies im Sinne des Instructional Design für Web-Based Training (WBT), das v.a. eine wissensvermittelnde Funktion hat, gefordert ist. Stattdessen rückt hier der Text als Vermittlungs- und Mittlungsmedium in den Fokus, von dem aus andere Medien und v.a. Handlungen ihren Ausgang nehmen. Der dynamische menschliche Lernprozess hat eine höhere Priorität als das vorgefertigte technische Lern(multi)medium, was übrigens auch sehr positive Auswirkungen auf die Erstellungs- und Wartungskosten des Systems hat.

Solch ein handlungsorientierter Ansatz verlangt vom E-Learning-System drei „Werkzeugkästen": Funktionen für die Kommunikation, Kooperation und Kollaboration, Tools für die inhaltliche Arbeit auch für die Lerner und schließlich Methoden, mit denen die Lernumgebung und ihre Wissensobjekte personalisiert auf die Bearbeitungsstrategien von individuellen Lernern und Projektteams ausgerichtet werden können.

Das Lehr-Lern-Modell kann aber nur durchgehalten werden, wenn handlungsorientiertes E-Learning nicht nur technisch verstanden wird, sondern auch die gesamte Organisation von Inhaltserstellung, Lehren und Lernen sowie der Technik durchdringt. Dies bedeutet, dass die verteilten Personen mit ihren unterschiedlichen Kompetenzen in die Lage versetzt werden, die Werkzeuge und Methoden je nach ihren speziellen Anforderungen und Berechtigungen selbstorganisiert zu nutzen. Das verlagert, wie es in modernen Konzepten des Qualitätsmanagements üblich ist, die operative Verantwortung und Entscheidung jeweils an die Stelle, bei der auch die dafür notwendige Kompetenz liegt. Das entzieht der Zentrale einiges an Macht, entlastet das Gesamtsystem aber letztlich von den hohen Entwicklungs- und Koordinationsaufwänden und führt zu sehr effizienten Entwicklungsprozessen.

Solch ein umfassend handlungsorientiertes E-Learning-Konzept kann keinem einzigen erkenntnistheoretischen oder didaktischen Modell endgültig verpflichtet sein. Stattdessen stellt PiN ein Prinzip ins Zentrum: Nicht die Vermittlung von *richtigem* Wissen steht im Vordergrund, sondern die *bildende Erfahrung* im Verlaufe eines menschlichen (weil auch sozialen), kontingenten (weil realistisch unsicheren), selbstgesteuerten (weil persönlichkeitsgetragenen), motivierten (weil lösungsorientierten) und handlungsorientierten Lernprozesses. Der Lerner füllt keinen Wissensspeicher mit angeeigneten Fremdinformationen, sondern konstruiert für sich, das Team oder die Problemlösung relevante Bedeutungen, Relationen und Wirkungen. Der primäre Lohn ist aktives Wissen/Können und der langfristige Status im Wissenssystem, das Zertifikat wird zum automatischen Nebenprodukt.

5. Praxis

Im Sommersemester 2003 wurde das didaktisch-methodische Konzept erstmals in einem 2-stündigen Blended-Learning-Seminar „Didaktik und Neue Medien" umgesetzt. Es nahmen 19 Lehramtsstudierende (davon 16 weibliche Studentinnen) aus den Fachbereichen Germanistik, Anglistik, Angewandte Gestaltung (Bildhauerei, Photographie), Biologie und Katholische Theologie teil. Keine Teilnehmerin hatte Erfahrungen mit E-Learning, die meisten hatten vorher auch nur wenig Kontakt mit den „Neuen Medien". Im Folgenden werde ich den Lehr-Lern-Prozess schildern und seine Ergebnisse diskutieren.

5.1 Lehr-Lern-Prozess

Entsprechend dem Modell eines problemlösungszentrierten und handlungsorientierten dialektischen Konstruktivismus, wie es oben beschrieben wurde, bearbeiteten die Teilnehmer nach einer kurzen Einführung in die Themen „Neue Medien" und „E-Learning", die lediglich einen gedanklichen Rahmen schaffen sollten, eine Fallstudie nach der (adaptierten) Methode des Problem-Based Learning. Die aus dem umliegenden Kurs „Didaktik & Neue Medien" integrierten E-Learning-Module hatten in diesem induktiven Modell den Charakter eines Wissenspools, auf den die Lerner im Problemlösungsprozess flexibel zugreifen können.

In ihrem eigenen kollaborativen Projekt griffen die Lerner – unabhängig von den vorgefertigten Kursstrukturen – selbstorganisiert auf das Wissen zu, das auf der Plattform, in anderen Online-Wissenspools und in der wissenschaftlichen Literatur zur Verfügung steht. Die Teams konnten das Thema „Lernen mit Neuen Medien" für ihr Fach selbst interpretieren, sollten aber jedenfalls neben den wissenschaftlichen Schritten (Recherche, Problemanalyse) auch praktische Ergebnisse (v.a. Online-Medien und Online-Lehr-Lernprozesse) liefern. Das Ergebnis fließt in ihr individuelles Leistungsportfolio ein, das im Sinne der Direkten Leistungsvorlage[21] bewertet werden und damit die normale Leistungsüberprüfung ersetzen kann.

---

[21] Vgl. R. Vierlinger, 1999.

Neben seinen ein- und weiterführenden Materialien unterstützt die E-Learning-Plattform diese Aktivitäten mit den Möglichkeiten, die Lern- und Arbeitsmethoden und -werkzeuge zu personalisieren, Projekte kollaborativ zu planen und zu bearbeiten sowie die Ergebnisse in der Community zu publizieren und zu diskutieren. Mit Hilfe der sich aus diesen Aktivitäten ergebenden systemweiten semantischen Vernetzungen entwickelt sich so durch reflektierte und selbstorganisierte Lernhandlungen aus der E-Learning-Plattform allmählich ein Wissensmanagement-System.

Die vier Präsenz-Seminare hatten eine Länge von jeweils 3 Stunden. Sie widmeten sich einerseits der fachlichen Reflexion und vertieften andererseits die sehr funktionale digitale Kollaboration und Kognition durch moderierte affektive und soziale Transferprozesse.

Die folgende Tabelle stellt den Ablauf mit seinen Phasen, Rollen und Aktivitäten dar:

Phasen	Lehrer	Lerner	Plattform
Einführung			
	E-Learning-Sozialisation und Einführung in die Plattform, Beschreibung eines dreidimensionalen Didaktik-Modells	Ad-hoc-Schilderungen des Vorwissens, der praktischen Erfahrungen und der Interessen	Unterstützung des Vortrags: Powerpoint, Demonstration von exemplarischen Umsetzungen
Handlungsreflexion			
		Individuelle Positionierung aufgrund von Vorwissen und Vorerfahrungen	Bereitstellen von Workspaces mit Content Management und Kommunikationsfunktionen
	Individuelle Ansprache der Lerner	Wissenschaftliche und praktische Begründung des eigenen Modells	
Seminar			
	Gemeinsame Diskussion und Bewertung der individuellen Modelle		Unterstützung und Veranschaulichung der individuellen Kurz-Präsentationen
	Einführung in die Fallstudie	Teambildung und Organisation	Kooperations- und Community-Funktionen

Phasen	Lehrer	Lerner	Plattform
Fallstudie			
		Fallanalyse, Recherche von Online- und Offline-Wissensobjekten, Publikation der Ergebnisse	Strukturierung der Arbeitsschritte und Methoden, Dokumentation der Lernhandlungen, Content Management Funktionen für Lerner, FAQ-Forum, Chats
Seminar			
	Gemeinsame Diskussion und Bewertung der Methoden: Problem-Based Learning, Online-Kooperation und -Kommunikation		ad-hoc aufgerufene Lehrmaterialien, Protokoll
		Präsentation einer Projektidee	
	Gemeinsame Festlegung der Arbeitsorganisation und von allgemeinen Bewertungskriterien		
Projektphase 1			
	Online-Feedback und -Beratung	Entwicklung und Publikation eines Projektplans anhand der PBL-Systematik, Recherche, Entwicklung von Lösungsoptionen, begründete Entscheidung für einen Lösungsweg	Wissensobjekte und Funktionen für die Recherche, Publikation der Ergebnisse je nach Projektstand, projektübergreifende Kommunikation, Wissensmanagement
Seminar			
		Präsentation und Diskussion der Zwischenergebnisse und Erkenntnisse anhand der erstellten Online-Materialien	Präsentationsmedium

Phasen	Lehrer	Lerner	Plattform
Projektphase 2			
	Feedback, Einbringen von Methoden zur Qualitätssicherung in Projekten und E-Learning-Anwendungen	Erstellung, Begründung und Online-Präsentation einer exemplarischen E-Learning-Anwendung	Multimediale Content-Management-Funktionen, Publikation der Ergebnisse, projektübergreifendes Forum
Seminar			
		Abschluss-Präsentation der Projektergebnisse	Präsentationsmedium
		Gemeinsame Diskussion der Projektergebnisse unter didaktischen und methodischen Gesichtspunkten	
Abschluss			
		Nachbearbeitung der Projekte	Content Management
	Bewertung der Projektergebnisse	Individuelle Bewertung der anderen Projekte	Forum
		Optionale weitere Nutzung der Workspaces	Manager-Funktionen in Workspaces

5.2 Erkenntnisse

Die Tatsache, dass die Lerner nicht nur Wissen rezipieren und eventuell noch kommunizieren konnten, sondern in der Lage waren, selbst Wissen zu produzieren und zu veröffentlichen, sorgte in allen Fällen für eine Steigerung der Motivation. Weitere positive Faktoren waren die Möglichkeit, mit wissenschaftlichen Methoden kreative Lösungen zu erarbeiten, die schon dadurch, dass sie online veröffentlicht wurden und den Produzenten über das Seminar hinaus verfügbar blieben, die Teilnehmer dazu motivierte, Nachhaltigkeit, Entwicklungsmöglichkeiten und ein dynamisches Wissensmanagement in partizipativen Communities[22] zu berücksichtigen.

---

[22] Vgl. P. Baumgartner u. B. Dimai, 2002.

In Handlungstheorien wird die konstruktive Rolle von Störungen und Schwierigkeiten für die kognitive und affektive Entwicklung der Handelnden hervorgehoben.[23] Dies hat sich in diesem Seminar bestätigt. Gerade die Teams, die zu Beginn Probleme mit ihrer Organisation sowie mit unterschiedlichen Interessen und Fähigkeiten lösen mussten und denen der Lehrer dabei zwar als Coach aber nicht als Vormacher zur Verfügung stand, zeigten insgesamt den größten Entwicklungsfortschritt und erbrachten die kreativsten und bestkonzipierten Lösungen.

Es ist sinnvoll, E-Learning stärker mit zumindest grundlegenden Prozessen des Informations- und Wissensmanagements zu verknüpfen. Dies würde die innewohnende Dynamik der Wissensstrukturen erhöhen und gleichzeitig die Selbstorganisation und -reflexion der Lerner noch stärker fördern. Außerdem wäre der Lehrer damit weiter von Routineaufgaben entlastet und könnte sich mehr der wissenschaftlichen Unterstützung der Lernhandlungen widmen.

Die Reflexionsphasen waren eminent wichtig für den Lernfortschritt. Daher konzentrierten sich die Präsenz-Seminare nach kurzer Zeit ausschließlich auf Fachdiskussionen. Dies war für die Arbeit mit den technischen Funktionen der E-Learning-Plattform keineswegs nachteilig, sondern hat fast automatisch die Handlungsorientierung auch auf dieses Lernen ausgedehnt. Fragen wurden schnell in Chats gelöst, in denen einzelne Lerner sehr bald die Rolle von Lehrern übernahmen.

Die objektorientierte Plattform *dayta* (www.dayta.de) war äußerst hilfreich, da sie über die Funktionen einer „normalen" LMS hinaus die notwendigen Möglichkeiten bietet, um auch Handlungsorientierung, Selbstorganisation und Kollaboration sowie prozessbasiertes Informations- und Wissensmanagement zu unterstützen.

Im Gegensatz zu herkömmlichen E-Learning-Anwendungen, aber auch zu reinen Präsenz-Veranstaltungen, war der Aufwand für die Seminarleitung bei diesem Ansatz insgesamt deutlich geringer. Dies liegt auch darin begründet, dass, anders als bei einem vermittlungsorientierten Ansatz, deutlich weniger in die vorherige Materialerstellung und die zentrale Koordination der Lernprozesse investiert werden musste.

6. Schlussfolgerung

Eine handlungsorientierte Didaktik ist auch im E-Learning sehr sinnvoll. Hierfür sprechen lernpsychologische und organisatorische Gründe: Mit diesem Ansatz kann der Lernerfolg stark erhöht und dennoch der Aufwand für die Organisation, Durchführung und Evaluation des Lernprozesses reduziert werden. Allerdings benötigt solch ein Ansatz eine Technologie,

---

[23] Vgl. A. Schütz, 1972, der in seiner Theorie des Alltagshandelns argumentiert, dass Menschen so lange ohne viel Nachdenken auf Routinen zurückgreifen, wie die erwartete Struktur der Situation und ihrer gewohnten Abläufe nicht gestört wird. Erst danach beginnt das Nachdenken und die Suche nach neuen Wegen, also das persönliche Lernen und Entwickeln von weiterführenden Kompetenzen.

die über die bisherigen LMS-Modelle hinaus geht, ebenso wie die Fähigkeit der Lehrenden, sich auf eine veränderte Rolle einzulassen. Der Gewinn liegt in einer hohen Motivation der Lernenden, in interessanten Ergebnissen der Lernprozesse für alle Beteiligten und der Möglichkeit, endlich ein forschendes Lernhandeln umzusetzen. Insgesamt zeigt die Handlungsorientierung, dass die Didaktik die E-Learning-Technologie leiten und bei einem hohen Wirkungsgrad dennoch der Aufwand für die Lehre reduziert werden kann.

Literatur

BAUMGARTNER, P., LASKE, S. & WELTE, H. (1999). Handlungsstrategien von LehrerInnen – ein heuristisches Modell. In: C. Metzger, H. Seitz u. F. Eberle, Hrsg.: *Impulse für die Wirtschaftspädagogik.* Festschrift zum 65. Geburtstag von Prof. Dr. Rolf Dubs. St. Gallen: Verlag des schweizerischen kaufmännischen Verbandes. 247–266.

BAUMGARTNER, P. & DIMAI, B. (2002). *Partizipatives Content Management. Entwicklung von Webcommunities für Hochschule und Wirtschaft.* Online: http://www.peter.baumgartner.name/Filer/filetree/peter/articles/communities-karlsruhe.pdf (Stand: Nov. 2003).

BRANDSTÄDTER, J. & GREVE, W. (1999). Intentionale und nichtintentionale Aspekte des Handelns. In: J. Straub u. H. Werbik: *Handlungstheorie. Begriff und Erklärung des Handelns im interdisziplinären Diskurs.* Frankfurt/New York: Campus, 185–212.

DUFFY, T.M. & JONASSEN, D.H., Hrsg. (1992). *Constructivism and the Technology of Instruction: a Conversation.* Hillsdale, NJ: Erlbaum.

EDELSTEIN, W. (1993). Soziale Konstruktion und die Äquilibration kognitiver Strukturen: Zur Entstehung individueller Unterschiede in der Entwicklung. In: Ders. u. S. Hoppe-Graff: *Die Konstruktion kognitiver Strukturen. Perspektiven einer konstruktivistischen Entwicklungspsychologie.* Bern: Huber, S. 92–106.

ESSER, H. (1999). Die Optimierung der Orientierung. In: J. Straub u. H. Werbik, *Handlungstheorie. Begriff und Erklärung des Handelns im interdisziplinären Diskurs.* Frankfurt/M.: Campus, S. 113–136.

EULER, D. (2001). Computer und Multimedia in der Berufsbildung. In: B. Bonz, Hrsg.: *Didaktik der beruflichen Bildung*, Baltmannsweiler. Schneider, S. 152–168.

HAKEN, H. (1995). *Erfolgsgeheimnisse der Natur. Synergetik: Die Lehre vom Zusammenwirken.* Reinbek: Rowohlt.

HOLZKAMP, K. (1996). *Lernen. Subjektwissenschaftliche Grundlegung.* Frankfurt/M.: Campus.

INHELDER, B. (1993). Vom epistemischen zum psychologischen Subjekt. In: Edelstein, W. u. S. Hoppe-Graff: *Die Konstruktion kognitiver Strukturen. Perspektiven einer konstruktivistischen Entwickungspsychologie.* Bern: Huber, S. 24–27.

KERRES, M. & WITT, C. DE (2002). Quo vadis Mediendidaktik. Zur theoretischen Fundierung von Mediendidaktik. *MedienPädagogik* 02-2. Online: http://www.medienpaed.com/02-2/kerres_dewitt1.pdf.

LAUCKEN, U. (1999). Begriffe des Handelns. In: Straub, J. u. H. Werbik, Hrsg.: *Handlungstheorie. Begriff und Erklärung des Handelns im interdisziplinären Diskurs.* Frankfurt/M.: Campus. S. 49–73.

MEAD, G.H. (1968). *Geist, Identität und Gesellschaft.* Frankfurt/M.: Suhrkamp.

NEUWEG, G.H. (1999). *Könnerschaft und implizites Wissen. Zur lehr-lerntheoretischen Bedeutung der Erkenntnis- und Wissenstheorie Michael Polanyis.* Münster: Waxmann.

PIAGET, J. & INHELDER, B. (1986). *Die Psychologie des Kindes.* München: dtv.

POLANYI, M. (1958). *Personal Knowledge. Towards a Post-Critical Philosophy.* London: Routledge & Kegan-Paul.

POLANYI, M. (1966). *The Tacit Dimension.* GardenCity, NY: Doubleday.

SCHÜTZ, A. (1972). Die soziale Welt und die Theorie der sozialen Handlung. In: Ders.: *Gesammelte Aufsätze.* Bd. 2: Studien zur soziologischen Theorie. Den Haag: Nijhoff. S. 3–21.

METZGER, C. & SCHULMEISTER, R. (2004). Interaktivität im virtuellen Lernen am Beispiel von Lernprogrammen zur Deutschen Gebärdensprache. In: H.O. Mayer u. D. Treichel: *Handlungskompetenz und eLearning.* München: Oldenbourg.

SCHWEMMER, O. (1991). Individuation und Regel. Bemerkungen zum Verständnis des historischen und kommunikativen Charakters unseres Handelns. In: Jüttemann, G., Hrsg. (1991): *Individuelle und soziale Regeln des Handelns. Beiträge zur Weiterentwicklung geisteswissenschaftlicher Ansätze in der Psychologie.* Heidelberg: Asanger, S. 208–218.

SEARLE, J.R. (1979). *Expression and Meaning.* Cambridge: Cambridge University Press.

VIERLINGER, R. (1999). *Leistung spricht für sich selbst. Direkte Leistungsvorlage (Portfolios) statt Ziffernzensuren und Notenfetischismus.* Heinsberg: Dieck.

WATZLAWICK, P. (1990). *Wie wirklich ist die Wirklichkeit? Wahn-Täuschung-Verstehen.* 18. Aufl. München: Piper.

Margarete Boos – Oliver Rack

Gestaltung netzbasierter Kollaboration: Arbeiten und Lernen in Gruppen

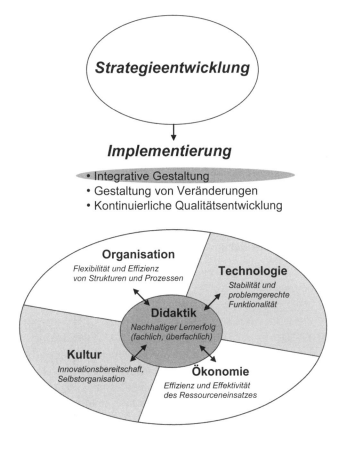

Abstract

Unter welchen Bedingungen ist computergestütztes Lernen in Gruppen erfolgreich? Welche Vorteile bietet diese Form des *E-Learning* im Rahmen der Hochschullehre? Diesen Fragen wird auf der Grundlage psychologischer Forschung zum Gruppenlernen und zur computervermittelten Kommunikation nachgegangen. Gestaltungshinweise für die Unterstützung der Zusammenarbeit in Lerngruppen und zur Steigerung der Medienkompetenz von Lehrenden werden formuliert. Abschließend wird kritisch auf die Frage nach der Sicherung der Nachhaltigkeit von Medienprojekten im Bereich des Lehrens und Lernens eingegangen.

Die Autoren

Margarete Boos: Geboren 1954; Studium der Sozialwissenschaften und Mathematik mit Staatsexamen an der Universität Bonn 1979; Promotion im Fach Soziologie, Universität Bonn 1983; Habilitation Universität Konstanz im Fach Psychologie 1993; 1993–1995 Lehrstuhlvertretungen in Konstanz und Duisburg; seit 1995 Professur für Wirtschafts- und Sozialpsychologie an der Universität Göttingen. Derzeitige Arbeitsgebiete: Computergestütztes kooperatives Arbeiten, Problemlösen und Entscheiden in Gruppen, Methoden der Interaktions- und Kommunikationsanalyse.

Adresse: Institut für Psychologie, Gosslerstr. 14; 37073 Göttingen; mboos@uni-goettingen.de

Oliver Rack: Geboren 1977, Dipl.-Psych. 2002 in Göttingen, Wissenschaftlicher Mitarbeiter in der Abteilung für Sozial- und Kommunikationspsychologie der Universität Göttingen. Derzeitige Forschungs- und Tätigkeitsschwerpunkte: Entwicklung und Evaluation multimedialer Lerneinheiten zur Sozialpsychologie, Passung MediennutzerIn – neue Medien.

Adresse: Institut für Psychologie, Gosslerstr. 14; 37073 Göttingen; orack@uni-goettingen.de;
URL: http://www.psych.uni-goettingen.de/abt/6/index.shtml

Margarete Boos – Oliver Rack

Gestaltung netzbasierter Kollaboration: Arbeiten und Lernen in Gruppen

1. Innovationserwartungen als Motor der Verbreitung neuer Medien 284
2. E-Learning – Einsatzmöglichkeiten 285
3. Gestaltung kollaborativen computergestützten Lernens 286
   - 3.1 Effekte und Bedingungen von Kollaboration 286
     - 3.1.1 Sozio-kognitive Konflikte 286
     - 3.1.2 Internalisierung kollektiver Strategien 287
     - 3.1.3 Beobachtungslernen 288
     - 3.1.4 Abstraktion 288
   - 3.2 Infrastrukturen für Gruppenlernen: Die Gestaltung von Lernumgebungen ... 289
   - 3.3 Kompetenzentwicklung von Lehrenden 291
   - 3.4 Fazit zur Gestaltung kollaborativen computergestützten Lernens 292
4. Blended Learning: Ein möglicher Ausweg aus dunkler Realität? 293
   - Literatur 295

1. Innovationserwartungen als Motor der Verbreitung neuer Medien

Ende des 20. und Anfang des 21. Jahrhunderts entwickelt sich die vor wenigen Jahrzehnten noch als revolutionär gepriesene Industriegesellschaft zu einer Informations-, Kommunikations- und Wissensgesellschaft (Bullinger & Braun, 1999). Informations- und Kommunikationstechnologien (IuK) wie z.B. die drahtlose Mobilkommunikation schreiten rasant voran. Die Nutzung des Internet und der neuesten Telekommunikationstechniken ist fester Bestandteil des täglichen Lebens geworden (van Eimeren, Gerhard & Frees, 2002). Kennzeichen dieses gesellschaftlichen Wandels finden sich auch in der Sprache. Das Wort *Multimedia* wurde von der Gesellschaft für deutsche Sprache zum Wort des Jahres 1995 gekürt und in den Duden aufgenommen.

Als Schlagwort für neue IuK-Techniken fällt häufig der Begriff der „neuen Medien", für den eine einheitliche Definition in der Fachliteratur bisher nicht auszumachen ist. Stähler (2001) versteht die neuen Medien als Informationsträger, die auf digitaler Informations- und Kommunikationstechnologie basieren. Warum haben sich gerade diese neuen Medien so weit verbreitet?

Mit neuen Medien sind eine Vielzahl von Innovationserwartungen verbunden, die deren Einsatz und Verbreitung steigern (vgl. Hagedorn, 1999; Reinmann-Rothmeier, 2003). Inhalte dieser Erwartungen sind u.a. Interaktivität, Orts- und Zeitunabhängigkeit der Kommunikation und Vernetzungsmöglichkeiten (Stähler, 2001) und die damit verbundenen Vorteile eines schnelleren, einfacheren und vielfältigeren Austauschs. Auffällig ist, dass im Alltag die neuen Medien zwar weit verbreitet sind, die wissenschaftliche Erforschung über die Bedingungen und Effekte ihres Einsatzes aber bis vor kurzem in den Kinderschuhen steckte.

Um diesem Defizit entgegenzuwirken, rief das Bundesministerium für Bildung und Forschung im Jahr 2000 die Initiative „Neue Medien in der Bildung" ins Leben (http://www.bmbf.de). Im Programmteil „Neue Medien in der Hochschullehre" wurden Vorhaben zur Entwicklung, Erprobung und Einführung innovativer multimedialer Lehr- und Lernformen an Hochschulen gefördert. Über 85 Prozent der dort geförderten Projekte befassen sich mit der Konzeption und Entwicklung multimedialer Lerneinheiten und Lerninfrastrukturen, wie zum Beispiel computergestützter Lernumgebungen und deren domänenspezifischer Inhalte.

Durch den Einsatz mediengestützter Lehr- und Lernformen soll Lernen besser und schneller (Schulmeister, 2001) und das Lernangebot erweitert werden (Weinberger & Mandl, 2001). Dass der Einsatz neuer Medien besonders an Hochschulen einen fruchtbaren Nährboden findet, zeigen Oehmichen und Schröter (2001): Studierende bilden die Altersgruppe, die mit Abstand am häufigsten neue Medien nutzt.

Zusammenfassend bleibt festzuhalten, dass neue Medien im Alltag weit verbreitet sind und dass durch ihren stark geförderten Einsatz in der Hochschullehre positive Effekte für Lernprozesse erwartet werden. Innovationserwartungen stellen somit den Motor einer breiten und vielschichtigen Anwendung neuer Medien dar.

2. E-Learning – Einsatzmöglichkeiten

Als (vorläufiges) Ergebnis dieser Entwicklungen sind eine Vielzahl unterschiedlicher, netzbasierter Lernumgebungen und Lernplattformen entstanden. Schnell hat sich in diesem Zusammenhang der Begriff des *E-Learning* eingebürgert. Auch dieser ist, wie das allgemeinere Konzept der neuen Medien, nicht eindeutig definiert (vgl. Reinmann-Rothmeier, 2003).

Einfacher ist es, verschiedene *E-Learning*-Varianten zu umschreiben. Reinmann-Rothmeier (2003, S.33) unterscheidet in Anlehnung an Back, Seufert und Kramhöller (1998) drei Formen des *E-Learning*: *E-Learning by distributing, E-Learning by interacting, E-Learning by collaborating*.

Beim *E-Learning by distributing* steht die Verteilung von Informationen auf elektronischem Wege im Vordergrund, beim *E-Learning by interacting* die Interaktion eines/einer Lernenden mit dem Medium. *E-Learning by collaborating* fokussiert die Unterstützung der Interaktion und Zusammenarbeit der Lernenden untereinander bzw. zwischen Lehrenden und Lernenden.

Allen drei Formen ist gemeinsam, dass sich auch hier die bereits beschriebenen Innovationserwartungen (Hagedorn, 1999) manifestieren. Häufig wird von einem Mehrwert des *E-Learning* gegenüber den klassischen Formen des Lehrens und Lernens gesprochen (z.B. Stähler, 2001). Allein der Vorteil der zeitlichen und räumlichen Unabhängigkeit der Kommunikation sei erwähnt: Präsenzveranstaltungen finden zu einem festen Termin in einem festgelegten Raum statt, an netzbasierten Veranstaltungen kann – theoretisch gesehen – zu jeder Zeit von jedem Ort der Welt aus partizipiert werden.

Ist es möglich, den Mehrwert des *E-Learning* zu spezifizieren? Wie könnte er sich gegebenenfalls zeigen und welche Bedingungen müssen erfüllt sein, damit er sich auch einstellt? Dies soll im folgenden Abschnitt an der Variante des kollaborativen computergestützten Lehrens und Lernens (*E-Learning by collaborating*) erläutert werden.

3. Gestaltung kollaborativen computergestützten Lernens

3.1 Effekte und Bedingungen von Kollaboration

Soziale Interaktion und Kommunikation spielen eine wichtige Rolle auch beim individuellen Lernen. Darüber ist man sich in der pädagogischen und entwicklungspsychologischen Forschung einig. Der individuelle Lernzuwachs infolge sozialer Interaktion wird im Wesentlichen auf vier Mechanismen zurückgeführt: sozio-kognitive Konflikte, Internalisierung kollektiver Strategien, Beobachtungslernen und Abstraktion (vgl. Brodbeck, 1999; vgl. auch Boos & Jonas, 2002).

3.1.1 Sozio-kognitive Konflikte

Unterschiedliche Interpretationen eines Textes oder Ansätze zur Problemlösung können zu einem tieferen Verständnis des Textes und zu höherwertigen Handlungsstrategien führen (Dillenbourg, Baker, Blaye & O'Malley, 1996). Dies gilt allerdings nur, wenn der Konflikt auf der kognitiven und nicht auf der interpersonellen Ebene liegt. Die Konfrontation mit Minderheitsmeinungen wird in der sozialpsychologischen Forschung als ein nützliches Vehikel für die Steigerung der Qualität individueller Kreativität und Informationsverarbeitung angesehen. Nemeth (1986) zeigt, dass Konflikte mit Minderheitspositionen eher zu sachbezogenen Validierungsprozessen führen. Das Individuum fragt sich „Was ist richtig?". Dadurch wird divergentes Denken und Kreativität ausgelöst. Dagegen ziehen Konflikte mit Mehrheitspositionen soziale Validierungsprozesse nach sich. Das Individuum fragt sich „Wer hat recht?". Dies erzeugt konvergentes Denken und konventionelle, sich an der Mehrheitsnorm orientierende Beiträge.

Für die Auslösung des kognitiven Konflikts ist es relevant, ob die Minderheiten überhaupt sichtbar werden. Nach dem SIDE-Modell (Social Identity and Deindividuation) von Spears und Lea (1994) kann es infolge der visuellen Anonymität und der physischen Isolation in der computervermittelten Kommunikation zur Wahrnehmung einer gesteigerten Homogenität unter den KommunikationspartnerInnen kommen. Die Selbstwahrnehmung wird auf die anderen projiziert, d.h. man sieht die anderen als sich selbst ähnlich, da man über das Medium zu wenig individualisierende Informationen über die KommunikationspartnerInnen erhält (*reduced social cues*, vgl. Culnan & Markus, 1987; Sproull & Kiesler, 1991). In ähnliche Richtung gehen Befunde zum Informationsaustausch beim Problemlösen und Entscheiden in Gruppen (*information sampling*, vgl. Stasser & Titus, 1985, 1987). Die Wahrscheinlichkeit, dass ungeteilte – also abweichende – Information überhaupt ausgetauscht wird, ist geringer als die Wahrscheinlichkeit, dass die Gruppenmitglieder über Informationen kommunizieren, die allen bekannt sind. Zudem stellen Gruppenmitglieder Kosten-Nutzen-Überlegungen für ihr Kommunikationsverhalten an. Nur wenn eine kritische Menge (konfligierender) Informationen existieren, wird ein entsprechender Aufwand für die Lösung des kognitiven Konflikts in computervermittelter Kommunikation getrieben. Dies konnten Reid, Malinek, Stott und Evans (1996) im Rahmen ihres *messaging threshold* Ansatzes zeigen.

Gestaltungshinweise

Um den nach dem SIDE-Modell zu erwartenden Anonymitätseffekten zu entgehen, ist es sinnvoll, personenbezogene Informationen in den *workspace* eines virtuellen Seminars einzuspeisen, entweder per Face-to-face-Kennenlernphase am Anfang, per Selbstdarstellung auf *homepages* oder mittels eines/einer Moderators/Moderatorin, der/die die Teilnehmenden einander vorstellt und den persönlichen Austausch anregt und unterstützt. Um dem Nennungsvorteil geteilter Information entgegenzuwirken und den Austausch ungeteilter, also für die meisten Gruppenmitglieder neuer, Information zu fördern, sollten bestehende Expertisen der KommunikationspartnerInnen offengelegt (Sassenberg, Klapproth & Boos, 2001) und der Informationsaustausch in der Moderation unterstützt werden, z.B. durch gezieltes Nachfragen und durch explizite Phasen der Informationssammlung im Problemlöseprozess.

3.1.2 Internalisierung kollektiver Strategien

Gruppen können unter der Anleitung von Lehrenden oder durch die Unterstützung erfahrenerer Peers Probleme lösen und Leistungen erbringen, die außerhalb ihrer individuellen Reichweite liegen. Die Lernenden können dann diese Strategien internalisieren und für spätere Handlungskontexte nutzen. So wurde beispielsweise in einem im Sommersemester 2001 durchgeführten virtuellen Seminar (vgl. Boos & Jonas, 2002, S. 140) eine Analyseaufgabe so strukturiert, dass die TeilnehmerInnen zunächst arbeitsteilig anhand eines zuvor im Plenum entwickelten Kriterienkatalogs individuelle Vorarbeiten leisten und diese später zu einer Synthese auf Gruppenebene zusammenfassen sollten. Die Protokolle der asynchronen Interaktion zeigen, dass innerhalb der Arbeitsgruppen zunächst eigene Vorschläge eingebracht wurden, diese aber dann nach dem Vergleich mit Vorarbeiten der anderen Gruppenmitglieder zurückgezogen und überarbeitet wurden. Dabei waren deutliche Sprünge auf höhere Abstraktionsebenen zu erkennen, einzelne TeilnehmerInnen machten sich übergeordnete Perspektiven der anderen zu Eigen. Im Gruppenbericht fanden sich schließlich Analysen, die in ihrer Komplexität weit über die Summe der konstituierenden, anfänglich in den *workspace* eingestellten Einzeltexte hinausgingen.

Gestaltungshinweise

Das Lernangebot muss also so angelegt und strukturiert sein, dass überhaupt Strategien kollektiven Handelns entwickelt werden. Dabei entstehen sowohl Koordinations- als auch Motivationsprobleme. Um diese zu bewältigen, sind Fokuswechsel zwischen Aufgabe und Metakognition nützlich, die auf Seiten der Softwaretools ermöglicht bzw. unterstützt werden müssen. Um diese Anforderung umzusetzen, ist ein weit reichendes *tutoring*-Angebot von Nöten. Paechter, Schweizer und Weidenmann (2001) und Schweizer, Paechter und Weidenmann (2001) haben darauf hingewiesen, dass face-to-face *tutoring*-Angebote bei Lernenden eine höhere subjektive Wirksamkeitsbewertung erhalten. Ebenfalls hat die Zugänglichkeit und die Reaktionslatenz des *tutoring* eine Auswirkung auf die Nutzung und Bewertung dieser Unterstützung. Unmittelbare Antworten auf studentische Anfragen und prompte Unterstützung und Intervention in schwierigen Gruppen-Lernprozessen werden hoch geschätzt (Boos & Jonas, 2002, S. 140). Weitere unterstützende Mechanismen sind Zusammenfassungen, Überblicks- und Vorschautexte von Lehrenden, die Möglichkeit, die eigene Arbeit und die Problemlöseprozesse in den Gruppen mittels Protokollen und *discussion boards* zu reflektieren und miteinander zu erörtern.

3.1.3 Beobachtungslernen

Das Lernen durch Beobachtung (Bandura, 1986) ist neben der Internalisierung bedeutsam für den sozial vermittelten Erwerb von Verhaltensweisen und Strategien. Die für jegliches Lernen notwendigen Verstärkungsprozesse können im Falle computervermittelter sozialer Lernarrangements auf zwei Ebenen wirken. Zunächst kann der Zugang zu virtuellen Lehrveranstaltungen verstärkt werden (externe Perspektive). Kommunizieren sich die Lernerfolge innerhalb der Zielgruppe des Lehrangebots, so erscheinen die virtuellen Lehrarrangements zielführend und attraktiv für neue Lernende. Mit einer höheren Teilnahmemotivation und auch höher gesteckten Erwartungen an das Lehrangebot ist dann zu rechnen. Weiterhin ist innerhalb der Gruppe der Lernenden (interne Perspektive) die imitierende Handlungsübernahme von erfolgreich bewerteten Lernstrategien möglich.

Gestaltungshinweise

Um dieses klassische Potenzial des Modelllernens für medienvermittelte Lehrangebote zu nutzen, ist besondere Sorgfalt und Unterstützung geboten, da aufgrund der Reizarmut der – häufig nur – textbasierten Interaktion weniger Verstärkerreize übermittelt werden. Die Protokollierung sämtlicher kommunikativer Handlungen in einer Lerngruppe erleichtert aber die wechselseitige Beobachtung des Lernhandelns. Wenn zielführende Handlungen im Gruppenkontext technisch und in der Struktur des Lernangebotes demonstrierbar sind, wird für die Lernenden sichtbar, welche Handlung/Interaktion zum Erfolg geführt hat.

3.1.4 Abstraktion

Eine weitere Möglichkeit für ein Individuum, von der sozialen Interaktion in einer Lerngruppe zu profitieren, besteht darin, die unterschiedlichen individuellen Problemrepräsentationen und Problemlösestrategien zu einer abstrakteren, umfassenderen Repräsentation zu integrieren. Idiosynkratische und situationsbezogene Ansichten können so einer Validierung unterzogen und einem sozialen Vergleich ausgesetzt werden. Gerade individuelle Erfahrungen („Ich kenne da ...") und Problemsichten („Bei mir ..."), die als Einstieg in eine thematische Auseinandersetzung und in den Lernprozess sinnvoll sind, können in späteren Lernphasen revidiert oder abgelöst werden.

Gestaltungshinweise

Heterogene Sichten und Herangehensweisen an ein Problem erfordern in der Regel einen erhöhten Interaktions- und Koordinationsaufwand. Auch hier wirken *tutoring* Angebote förderlich, wie schon unter dem Punkt Internalisierung angesprochen. Eine weitere Möglichkeit ist es, in ein virtuelles Seminar intermittierend face-to-face Sitzungen zur Diskussion heterogener Problemsichten einzufügen. Eine wichtige Grundlage und Vorbereitung solcher Sitzungen sind eingängige und gut strukturierte Dokumentationen der virtuellen Lernphasen mittels eines gut zugänglichen Archivs.

Zusammenfassend ist festzuhalten, dass soziale Lernarrangements im virtuellen Raum noch gezielter unterstützt werden müssen, da Gemeinschaftsbildung computervermittelt erheblich schwieriger (Sproull & Kiesler, 1991) bzw. langsamer (Walther, 2000) zu bewerkstelligen ist als in der Face-to-face-Interaktion. Auch die Effektivität der Aufgabenbewältigung kann eingeschränkt sein und kompensatorischer Interventionen in den Gruppenprozess bedürfen. Die Rolle der Lehrenden umfasst in diesem Zusammenhang einerseits die inhaltliche Instruktion und die Auswahl bzw. Schaffung von Infrastrukturen für das Lernen und andererseits die unterstützende Moderation des Gruppenprozesses.

3.2 Infrastrukturen für Gruppenlernen: Die Gestaltung von Lernumgebungen

Leistungswerte bei der Arbeit mit multimedialen Kollaborationswerkzeugen hängen neben der Passung von Aufgabe und Technik (vgl. *task-technology-fit* Ansatz von McGrath & Hollingshead, 1994) auch vom Grad der Aneignung des Werkzeugs durch die NutzerInnen ab (vgl. Dennis, Wixom & Vandenberg, 2001; Piontkowski, Keil, Miao, Boos & Plach, 2003). Auf diese beiden Voraussetzungen wird in den folgenden Abschnitten näher eingegangen.

An Lernumgebungen können grundsätzlich drei Anforderungen gestellt werden (vgl. Piontkowski et al., 2003): Wissensvermittlung, Förderung der Aktivitäten der Studierenden und Unterstützung lernbezogener Interaktionen. Es sollte also sowohl rezeptionsorientiertes als auch produktionsorientiertes Lernen unterstützt werden. Rezeptives Lernen, d.h. die Aufnahme theoretischer und methodischer Konzepte in die kognitive Struktur, kann durch die Bereitstellung bedeutungshaltiger Assimilationskontexte für das Lernmaterial gefördert werden (Ausubel, 2000). Die multimodale Aufbereitung des Lernmaterials und die Einbettung des Wissens in multiple Kontexte kann durch Interaktivität des Mediums, die multimediale Gestaltung der Wissensinhalte und die Nutzung der Hypertext-Struktur des Internet gesteigert werden. Elektronische Medien können produktionsorientiertes Lernen, d.h. die Internalisierung von Handlungsabläufen in mentale Handlungsschemata (Engeström, 1987), unterstützen, indem sie Werkzeuge zur Kommunikation und Arbeitsteilung bereitstellen.

Ein Beispiel: VIP.C

In Kooperation der Universitäten Münster, Saarbrücken und Göttingen werden sozialpsychologische Lern- und Arbeitsmodule für Lehrveranstaltungen im Studiengang Psychologie multimedial aufbereitet und neu gestaltet.[1] Eine Lernumgebung für die virtuelle Gruppenarbeit wird geschaffen, die interaktives Lernen in (selbst-)organisierten Lern- und Arbeitsgruppen und die eigenständige Planung und Durchführung von computergestützten Experimenten ermöglicht. Zusammenfassend ist es das Ziel, eine virtuelle Lernumgebung zu entwickeln,

---

[1] Das diesem Bericht zugrunde liegende Vorhaben wurde mit Mitteln des Bundesministeriums für Bildung und Forschung unter dem Förderkennzeichen 08NM092B gefördert. Die Verantwortung für den Inhalt dieser Veröffentlichung liegt bei den Autoren.

die es Lernenden in verteilten Arbeitsgruppen ermöglicht, einzeln und in Kooperation miteinander sozialpsychologisches Wissen im Rahmen eines (selbst-)organisierten Lehr/Lernprozesses zu erwerben und zu vertiefen. Dabei wird der Lehr/Lernprozess in drei Komponenten modelliert: (1) Präsentation von Lern- und Aufgabenmaterial, (2) Lernprogramm und (3) Lernprojekt (Laus, Piontkowski, Keil, Miao, Becker & Heckelmann, 2002; Miao, Piontkowski, Keil, Becker, Laus & Heckelmann, 2002). Diese Komponenten werden im Folgenden näher erläutert und zu den oben formulierten Anforderungen in Bezug gesetzt.

- Präsentation von Lern- und Aufgabenmaterial
  Zu den wichtigsten sozialpsychologischen Themen werden Lernmodule (*modules*) entwickelt, z.B. zur Informationsverarbeitung in Gruppen, zu sozialen Einstellungen, zu Urteilsheuristiken. Diese Module besitzen in etwa den inhaltlichen Umfang eines Lehrbuchkapitels. Sie sind hierarchisch strukturiert und enthalten in zwei Gliederungsebenen Haupt- und Unterthemen (*main topics* und *topics*). *Topics* können mehrere elementare Einheiten zur Präsentation von Lernmaterial (*presentation material blocks*, z.B. Lehrtext, Simulation, Graphik) oder zur Vorgabe von Aufgabenmaterial (*task material blocks*, z.B. Arbeitsaufträge, Fragen) enthalten. *Presentation material blocks* und *task material blocks* sind nicht weiter im System aufteilbare Einheiten multimedialen Materials, die aufeinander bezogen sind und die von einem *topic* zu einer größeren inhaltlichen Einheit zusammengefasst werden. *Main topics* integrieren dementsprechend mehrere *topics* zu einer nächstgrößeren Einheit. Zu jeder elementaren Einheit, *presentation material block* oder *task material block*, werden Meta-Informationen vergeben, die die Einordnung und gezielte Suche nach bestimmten inhaltlichen und formalen Kriterien erleichtern sollen. Diese Meta-Informationen beziehen sich beispielsweise auf das Entstehungsdatum des *presentation/task material blocks*, die AutorInnen, die Art (Theorie, Experiment, Beispieldatensatz) und den Schwierigkeitsgrad des Materials.

- Lernprogramm
  Ein Lernprogramm entspricht einer „guided tour" durch ein Lernmodul, die nach inhaltlichen und didaktischen Gesichtspunkten für die Lernenden zusammengestellt wird. Der Ablauf des Lernprogramms bemisst sich nach den jeweiligen Lernvoraussetzungen der Inhalte und kann über Tests, die die Lernenden nach dem Durcharbeiten einer Lerneinheit zu absolvieren haben, gesteuert werden. Für die Benutzer bedeutet dies, dass sie eine laufende Rückmeldung über ihren Leistungsstand erhalten. Lernprogramme können für einzelne und für Gruppen von Lernenden definiert werden. Bei der parallelen Bearbeitung des gleichen Lernprogramms können Studierende über verschiedene von der Lernumgebung angebotene Kommunikations- und Kooperationswerkzeuge (chat, e-mail, shared editor etc.) in Austausch miteinander treten. Denkbar ist auch der Einsatz eines Lernprogramms als Test unter Klausur-ähnlichen Bedingungen.

- Lernprojekt
  Eine Lernumgebung, die wissenschaftliches Arbeiten unterstützen soll, muss es den Lernenden ermöglichen, eigene empirische Projekte zu planen und praktisch umzusetzen. Im Gegensatz zu Lernprogrammen, die von einem Autor (z.B. Dozent/in) festgelegt werden, organisieren Studierende in Lernprojekten ihre Aktivitäten selbst. Ein Lernprojekt startet mit einem Plan (*template*), der die wesentlichen Aufgaben des Projekts definiert und in einen zeitlichen Ablauf bringt. Soll etwa ein Experiment durchgeführt werden, würde dieser Plan zum Beispiel folgende sequentielle Aktivitäten umfassen: For-

mulierung der Forschungsfrage und Entwicklung des Designs, organisatorische Vorbereitung, Datenerhebung, Datenauswertung, Schreiben eines Berichts. Pläne müssen nicht zwingend sequentiell und auch nicht nur am Computer realisiert werden. Aktivitäten können parallel ausgeführt, der Projektplan kann inhaltlich und zeitlich modifiziert und einzelne Aufgaben können mittels anderer Medien oder face-to-face erledigt werden. Die Lernumgebung stellt den Lernenden Kommunikations- und Planungswerkzeuge zur Verfügung, z.B. Chat- und E-Mail-Tools, gemeinsame Editoren und Kalender. Die Gruppen können bei ihrer Arbeit auch auf Lernmaterial zurückgreifen, das im Rahmen von *presentation/task material blocks* im System abgelegt ist.

- Seminarkonzept
Seminare umfassen ganz allgemein die Präsentation von Lernmaterial und die Vorgabe von Aufgaben an die Studierenden (Lern- und Aufgabenmaterial, Lernprogramm oder Lernprojekt). Ein Seminar wird von einem/einer Dozenten/in im Rahmen der Lernumgebung VIP.C begonnen, indem er/sie Benutzer einträgt (individuelle Daten und Zugangsinformationen) und für diese Benutzer Rollen definiert. Die Rollen entsprechen unterschiedlichen Funktionen im Lern- und Arbeitsprozess (z.B. Dozent/in, Studierende/r, Versuchsperson) und sind als eine Menge von Nutzungs- und Zugriffsrechten definiert. Rechte können – zum Beispiel in Lernprojekten – auch an Gruppen vergeben werden. Dies ermöglicht die Bildung studentischer Lern- und Arbeitsgruppen, wie es im Rahmen universitärer Seminare üblich ist. Seminare können ausschließlich online unter Nutzung der webbasierten Lernumgebung, als Präsenzveranstaltung oder als Kombination beider Formen durchgeführt werden. In allen drei Fällen kann die Lernumgebung unterstützend eingesetzt werden, einmal als organisatorischer Rahmen, einmal als Hilfsmittel, indem beispielsweise Kommunikationsmittel für den zusätzlichen Austausch oder ein Archiv für seminarbezogene Lern- und Aufgabenmaterialien bereitgestellt werden.

3.3 Kompetenzentwicklung von Lehrenden

Durch das Nutzen moderner Informations- und Kommunikationstechnologien erweitern sich die Möglichkeiten für das Lehren und Lernen an Hochschulen. Es ergeben sich aber auch neue Anforderungen, nicht nur für die Lernenden, sondern vor allem für die Lehrenden. Ihre Rolle als Dozierende erweitert sich im Zusammenhang mit virtueller Lehre um Anforderungen wie Online-Moderation und Teletutoring. Die Lernenden müssen bei der Aneignung neuer Medien durch die Lehrenden unterstützt werden, um den erwarteten Mehrwert des *E-Learning* realisieren zu können. Dazu ist Medienkompetenz der Lehrenden gefragt. Medienkompetenz beinhaltet nach der Definition von Winterhoff-Spurk (1997) neben sozialen Fähigkeiten technische Kompetenz, d.h. vor allem den versierten Umgang mit PC und Internet, und selbstbezogene Kompetenz, d.h. Selbstvertrauen im Umgang mit den neuen Medien.

Ein erster Schritt hin zur Entwicklung eines Anforderungsprofils für Tele-TutorInnen ist die Studie von Rautenstrauch (2001). Die Autorin ermittelte auf der Grundlage qualitativer Interviews mit Tele-TutorInnen fünf Basisqualifikationen, die für die erfolgreiche Betreuung von Tele-Lernenden notwendig sind (Rautenstrauch, 2001, S. 22ff.): Kenntnisse über selbstgesteuertes Lernen, Medienkompetenzen, Kommunikationskompetenzen im Netz, Kenntnisse über kooperatives Tele-Lernen in Gruppen und Moderation, Kenntnisse über die didaktische Gestaltung der Lehr- und Lernsituation des Tele-Lernens.

Friedrich, Hesse, Ferber und Heins (2000) schlagen vor, die Funktion des/der Moderator/in in verschiedene Teilrollen mit entsprechenden Aufgaben aufzuteilen:

- Organisator
  Zielfestlegung, Erwartungs- und Pflichtenkommunikation, Lern- und Arbeitsgruppenorganisation, zeitliche Restriktion, Metakommunikation
- Animator/Motivator
  Aufrechterhaltung der Ausgangsmotivation (soziale Präsenz, *commitment* und Kohäsion), Schaffung eines Diskussionsklimas, Induktion von Verbindlichkeit und Stimulation von intellektueller Neugierde
- Inhaltsexperte
  Sicherung inhaltlicher Qualität
- Vermittlungsexperte
  Zusammenfassen, Zusammenhänge aufzeigen, Fokussieren

Ein Beispiel: Online-Moderationstraining

Aufbauend auf den oben dargestellten Systematiken wurde ein umfassendes Training zur Steigerung der Medienkompetenz von Lehrenden an Hochschulen und Weiterbildungseinrichtungen entwickelt und evaluiert (Boos, Müller & Cornelius, in Vorb.). DozentInnen werden darin Kompetenzen vermittelt, Online-Seminare aufzubereiten, anzubieten und zu moderieren. Dazu gehören die Planung von Online-Seminaren und die Auswahl der geeigneten Inhalte und Interaktionsmöglichkeiten für das Lernen. Der Schwerpunkt des Trainings liegt auf der Vermittlung von kommunikativen Kompetenzen, um in einer textbasierten Lernumgebung Lern- und Gruppenprozesse zu unterstützen. Denn der Erfolg von *E-Learning* ist, wie bereits dargestellt, von der Qualität der Betreuung durch die DozentInnen und dem kommunikativen Austausch zwischen den Lernenden abhängig.

3.4 Fazit zur Gestaltung kollaborativen computergestützten Lernens

Man sollte kognitions-, sozial- und instruktionspsychologisches Wissen bei der Planung und Durchführung (teil-)virtueller Lehrveranstaltungen anwenden, um die Eignung der Lernumgebungen und Gruppen-Infrastrukturen bewerten und entsprechende Werkzeuge fundiert entwickeln zu können.

Das Lehrenden-Lernenden-Verhältnis in virtuellen Lernumgebungen ist durch eine höhere Interaktionsrate und andere Formen der Interaktion gekennzeichnet. Darauf müssen sich sowohl die Lehrenden als auch die Lernenden einstellen, indem sie aktiver und expliziter kommunizieren und dabei medienangepasste Kommunikationsnormen entwickeln und beachten.

Die Lehrenden müssen ihre Rolle als Inhaltsexperten um wichtige Kompetenzen erweitern. Dazu zählen vor allem die Fähigkeit zur Online-Moderation und Strukturierung interaktiver, medienvermittelter Lernprozesse, die Fähigkeit, angesichts der tendenziell erschwerten Bedingungen virtueller Lehrveranstaltungen zu motivieren, die Aufmerksamkeit der Lernenden immer wieder zu fokussieren und die Partizipation aufrechtzuerhalten. Darüber hinaus sind eigene Technik- und Medienkompetenz unabdingbar sowie die Fähigkeit, den Lernenden Medienkompetenz zu vermitteln, damit diese sich auf die Lerninhalte konzentrieren und die mediale Unterstützung dabei voll ausnutzen können.

Die Rolle des/der Lehrenden als Online-Moderator/in muss erst noch definiert werden. Sie weicht von den Bildern des klassischen Lehrenden und des professionellen Gruppenmoderators graduell ab. Virtualisierte Lehre ist anfällig für technische Störungen und auch für Kommunikationsstörungen aufgrund der Ungewohntheit von Medien bzw. spezieller Tools. Diese Störungen sollten antizipiert und geeignete Vorkehrungen, z.B. in Kommunikationstrainings, sollten getroffen werden.

Spezifische Anforderungen sind *trouble-shooting* auch bei technischen Problemen, die Motivation zur Partizipation und die Etablierung einer Metastruktur über den Lernprozess und die Diskussion in der Lerngruppe. Die Strukturierung der Lernaufgabe muss über inhaltliche Instruktion hinausgehen und vor allem prozessbezogene Unterstützung bieten.

Auch an das Lehrmaterial werden neue Anforderungen gestellt. Es sollte weniger statisch und textorientiert sein, sondern multimediale Möglichkeiten didaktisch sinnvoll verwenden. Auch unter dem Ziel des selbstorganisierten Lernens darf die Vorstrukturierung der Lernaufgabe nicht leiden. Ist diese unstrukturiert, sind Motivationsverluste zu erwarten (Friedrich, Heins & Hesse, 1999). In ähnlicher Weise warnen Bruhn, Gräsel, Mandl und Fischer (1998) vor einer Überforderung der Lernenden durch nicht vorstrukturierte Selbststeuerung. Abhilfe können hier Konzepte wie das des „kontrollierten Dialogs" von Henninger und Mandl (2003) schaffen. Aus der Begleitforschung zu virtuellen Seminaren ist bekannt, dass die Medienkompetenz eine kritische Variable für den Seminarerfolg ist (Jonas, Boos & Walther, 1999) und damit indirekt auch den Lernerfolg der TeilnehmerInnen beeinflusst. Von daher ist es wichtig, die Kompetenz zur Nutzung neuer Informations- und Kommunikationsmedien im Vorfeld zu testen und – wenn notwendig – zu schulen.

Einige Kompetenztrainings liegen bereits vor und können weitgehend unverändert im Rahmen oder zur Vorbereitung (teil-)virtueller Seminare mit VIP.C eingesetzt werden.

4. Blended Learning: Ein möglicher Ausweg aus dunkler Realität?

Viele der vom Bundesministerium für Bildung und Forschung im Jahre 2002 geförderten Projekte im Bereich der neuen Medien laufen Ende des Jahres 2003 aus. Geplant war, dass nach dieser Anschubfinanzierung die Hochschulen die Projekte im Dauerbetrieb fortführen und unterstützen sollten. Doch auf Grund der schwierigen Finanzlage vieler Universitäten ist es eher unwahrscheinlich, dass eine solche Nachhaltigkeit realisiert wird. Neben der Knappheit der Ressourcen ist eine weitere Ursache die Sorge, dass zusätzlich zu investierende Mittel nicht die angestrebte Wirkung haben und die erhofften Innovationserwartungen unerfüllt bleiben (Schneller, 2002). Hierbei stellt sich die Frage, warum Innovationserwartungen möglicherweise nicht verwirklicht werden. Dies könnte zum einen an Fehlentwicklungen liegen, zum anderen aber auch an stark überhöhten und unrealistischen Erwartungen an die neuen Medien, die in der Praxis nicht umsetzbar sind. Die mit einem Projekt verbundenen Innovationserwartungen sollten daher sorgfältig analysiert werden, wobei sowohl die Erwartungen der EntwicklerInnen als auch die der potenziellen NutzerInnen berücksichtigt werden sollten. Die Erfüllung von Erwartungen, vielleicht sogar die Passung der – meist unterschiedlichen – Erwartungen von EntwicklerInnen und NutzerInnen neuer Medien, sind für einen erfolgreichen Medieneinsatz ausschlaggebend (vgl. Klauser, Kim & Born, 2002; Richter, Naumann & Groeben, 2001). Die Analyse dieses über einen *task-technology-fit* hinausgehenden *user-composer-fit* scheint unserer Meinung nach bei der Entwicklung von *E-Learning*-Produkten noch zu wenig berücksichtigt worden zu sein.

Ein weiterer Grund des häufig ausbleibenden Praxiseinsatzes von *E-Learning*-Produkten ist, dass in manchen Projekten das Forschungsinteresse im Vordergrund steht, die Implementation der gefertigten Produkte in den Regellehrbetrieb jedoch eher im Hintergrund bleibt (Müller-Böling, 2001).

Die aktuellen Entwicklungstendenzen im Bereich der neuen Medien zeigen, dass pauschale Innovationserwartungen nicht realistisch sind, sondern dass eher kleinere Projekte mit differenzierten Erwartungen sinnvoller erscheinen (vgl. Schwarz, 2002). Virtuelle Lehre kann zwar zu einer Effizienzsteigerung führen, setzt aber auch einen enorm hohen Arbeitsaufwand sowohl auf Seiten der Lehrenden als auch auf Seiten der Lernenden voraus (vgl. Reinmann-Rothmeier & Mandl, 2001b). Die vollständige Virtualisierung von Lehrveranstaltungen in den Hochschulen erscheint daher Anfang des Jahres 2004 nur noch in eng umgrenzten Bereichen z.B. des Fernstudiums sinnvoll. Es erscheint vielmehr angebracht, traditionelle Lehr-Lern-Arrangements mit den neuen, mediengestützten Formen des Lernens zu kombinieren. Für diesen Ansatz wurde der Begriff des *Blended Learning* geprägt (z.B. Caladine, 2002; Young, 2002).

Im Bereich des *Blended Learning* gibt es noch eine Vielzahl offener Fragen. Beispielsweise ist die Wirkung unterschiedlicher Medienkombinationen auf verschiedene zu bearbeitende Aufgabentypen bisher noch zu wenig untersucht worden. Ob das *Blended Learning* ein möglicher Ausweg aus den Problemen des klassischen *E-Learning* bietet, bleibt also abzuwarten.

Literatur

AUSUBEL, D.P. (2000). *The acquisition and retention of knowledge*. Dordrecht: Kluwer.

BACK, A., SEUFERT, S. & KRAMHÖLLER, S. (1998). Technology enabled Management education: Die Lernumgebung MBE Gebius im Bereich Executive Study an der Universität St. Gallen. *Io management*, 3, 36–42.

BANDURA, A. (1986). *Social foundation of thought and action: a social cognitive theory*. Englewood Cliffs, NJ: Prentice-Hall.

BOOS, M. & JONAS, K.J. (2002). Virtuelle Seminare: Potenziale und Erfolgsbedingungen. In: G. Bente, N.C. Krämer & A. Petersen (Hrsg.), *Virtuelle Realitäten* (S. 133–157). Göttingen: Hogrefe.

BOOS, M., MÜLLER, A. & CORNELIUS, C. (in Vorb.). *Online-Moderation und Teletutoring. Medienkompetenz für Lehrende*.

BOOS, M., PIONTKOWSKI, M., PLACH, M., KEIL, W. & WINTERMANTEL, M. (2002). Multimediale Förderung virtueller Lern- und Arbeitsgruppen in der Sozialpsychologie: das System VIP.C. In: U. Beck & W. Sommer (Hrsg.), *Learntec. 10. Europäischer Kongress und Fachmesse für Bildungs- und Informationstechnlogie*, Bd. 1 (527–534). Karlsruhe: Karlsruher Messe- und Kongress-GmbH.

BRODBECK, F. (1999). *„Synergy is not for free". Theoretische Modelle und experimentelle Untersuchungen über Leistung und Leistungsveränderung in aufgabenorientierten Kleingruppen*. Ludwig-Maximilians-Universität München: Unveröff. Habil.schrift.

BRUHN, J., GRÄSEL, C., MANDL, H. & FISCHER, F. (1998). Befunde und Perspektiven des Lernens mit Computernetzwerken. In: F. Scheuermann, F. Schwab, & H. Augenstein (Hrsg.), *Studieren und weiterbilden mit Multimedia*. (S. 385–400). Nürnberg: BW Bildung und Wissen.

BULLINGER, H.J. & BRAUN, M. (1999). Virtualisierung wissenschaftlichen Lehrens und Lernens. *Information Management & Consulting*, 14, 1, 2–33.

CALADINE, R. (2002). *Definitions, glossaries and terms* [www document]. URL: http://ncode.uow.edu.au/info/definitions.html [15.11.2003].

CULNAN, M. J. & MARKUS, M. L.(1987). Information technologies. In: F. M. Jablin, L. L. Putnam, K. H. Roberts & L. W. Porter (eds.), *Handbook of organizational communication: An interdisciplinary perspective* (pp. 420–443). Newbury Park, CA: Sage.

DENNIS, A.R., WIXOM, B.H. & VANDENBERG, R.J. (2001). Understanding Fit and Appropriation Effects in Group Support Systems via Meta-Analysis. *MIS Quarterly*, 25, 167–192.

DILLENBOURG, P., BAKER, M., BLAYE, A. & O'MALLEY, C. (1996). The evolution of research on collaborative learning. In: H. Spada & P. Reimann (eds.), *Learning in humans and machines: Towards an interdisciplinary learning science* (pp. 189–211). Oxford: Elsevier.

ENGESTRÖM, Y. (1987). *Learning by Expanding. An Activity Theoretical Approach to Developmental Research.* Helsinki: Orienta Konsultit.

FRIEDRICH, H. F., HEINS, J. & HESSE, F. W. (1999). Learning tasks and participation in self-organised learning activities in virtual seminars. In: P. Marquet, S. Mathey, A. Jaillet & E. Nissen (eds.), *Internet-Based Teaching and Learning (IN-TELE) 98.* (pp. 95–100). Frankfurt/M.: Peter Lang.

FRIEDRICH, H.F., HESSE, F.W, FERBER, S. & HEINS, J. (2000). Evaluation einer Strategie zur Moderation virtueller Seminare. In: H. Krahn & J. Wedekind (Hrsg.), *Virtueller Campus '99. Heute Experiment morgen Alltag?* (S. 127–137). Münster: Waxmann.

HAGEDORN, F. (1999). Neuer Wein in alten Schläuchen? Medien-Innovationen, Bildungs-Organisation, Lernkultur. *Jahrbuch Arbeit, Bildung, Kultur.* Bd. 17, S. 41–48.

HENNINGER, M. & MANDL, H. (2003). *Zuhören – verstehen – miteinander reden. Ein multimediales Kommunikations- und Ausbildungskonzept.* Bern: Huber.

KLAUSER, F., KIM, H-O. & BORN, V. (2002). *Erfahrung, Einstellung und Erwartung der Lernenden – entscheidende Determinante netzbasierten Lernens.* bwp@ Nr.2, ISSN 1618-8543 [www document].
URL: http://www.ibw.uni-hamburg.de/bwpat/ausgabe2/klauser-kim-born_bwpat2.html [15.11.2003].

LAUS, F.O., PIONTKOWSKI, U., KEIL, W., MIAO, Y., BECKER, L. & HECKELMANN, M. (2002). *COMPILE – Ein System zur multimedialen Förderung virtueller Lern- und Arbeitsgruppen in der Sozialpsychologie.* Vortrag auf der 4. Fachtagung für Psychologiedidaktik und Evaluation der Sektion AFW des BDP, 9–11. Mai 2002 in Trier.

MIAO, Y., PIONTKOWSKI, U., KEIL, W., BECKER, L., LAUS, F.O. & HECKELMANN, M. (2002). *Establishing an integrated web-based collaborative learning and collaborative work environment for student working groups.* Paper presented at the International Conference on New Educational Environments, Lugano.

MCGRATH, J.E. & HOLLINGSHEAD, A.B. (1994). *Groups Interacting with Technology.* Thousand Oaks, CA: Sage.

MÜLLER-BÖLING, D. (2001). „Uni-www.ersity: Lehren und Lernen im Cyberspace". *WechselWirkung*, Nov/Dez., 20–31.

NEMETH, J.C. (1986). Differential contributions of majority and minority influence. *Psychological Review, 93,* 23–32.

NEMETH, J.C. (1992). Minority dissent as a stimulant to group performance. In: S. Worchel, W. Wood & J.A. Simpson (eds.), *Group Process and Psychology* (95–111). Newbury Park, CA: Sage.

OEHMICHEN, H. & SCHRÖTER, E. (2001). Schlussfolgerungen aus der ARD/ZDF-Onlinestudie 2001. Information: Stellenwert des Internets im Kontext klassischer Medien. *Media Perspektiven,* Nr. 8/2001, S. 410–421.

PAECHTER, M. SCHWEIZER, K. & WEIDENMANN, B. (2001). When the tutor is socially present or not. Evaluation of a teletutor and learning in a virtual seminar. In: U.-D. Reips & M. Bosniak (eds.), *Dimensions of Internet Science* (pp. 305–321). Lengerich: Pabst.

PIONTKOWSKI, U., KEIL, W., MIAO, Y., BOOS, M. & PLACH, M. (2003). Rezeptions- und produktionsorientiertes Lernen in mediengestützten kollaborativen Szenarien. In: M. Kerres & B. Voß (Hrsg.), *Digitaler Campus. Vom Medienprojekt zum nachhaltigen Medieneinsatz in der Hochschule (*S. 260–269*)*. Münster: Waxmann.

RAUTENSTRAUCH, C. (2001). *Tele-Tutoren. Qualifizierungsmerkmale einer neu entstehenden Profession.* Bielefeld: Bertelsmann.

REID, F. J. M., MALINEK, V., STOTT, C.J.T. & EVANS, J.S.B.T. (1996). The messaging threshold in computer-mediated communication. *Ergonomics, 39 (8),* 1017–1037.

REINMANN-ROTHMEIER, G. (2003). *Didaktische Innovationen durch Blended Learning. Leitlinien anhand eines Beispiels aus der Hochschule.* Bern: Huber.

REINMANN-ROTHMEIER, G. & MANDL, H. (2001). *Virtuelle Seminare in Hochschule und Weiterbildung. Drei Beispiele aus der Praxis.* Bern: Huber.

RICHTER, T. , NAUMANN, J. & GROEBEN, N. (2001). Das Inventar zur Computerbildung (INCOBI): Ein Instrument zur Erfassung von Computer Literacy und computerbezogenen Einstellungen bei Studierenden der Geistes- und Sozialwissenschaften. *Psychologie in Erziehung und Unterricht*, *48*, 1–13.

SASSENBERG, K., BOOS, M. & KLAPPROTH, F. (2001). Wissen und Problemlösekompetenz. Der Einfluß von Expertise auf den Informationsaustausch in computervermittelter Kommunikation. *Zeitschrift für Sozialpsychologie, 32*, 45–56.

SCHNELLER, A. (2002). Auf halbem Wege. *C't*, 15, 180–181.

SCHULMEISTER, R. (2001). *Virtuelle Universität – Virtuelles Lernen*. München: Oldenbourg Wissenschafts Verlag.

SCHWARZ, C. (2002). *E-Learning und Bildungspolitik. Von der Nachhaltigkeit hoher Erwartungen* [www document].
URL: http://w2.wa.uni-hannover.de/vort/gmw_HiHei/cschwarz.pdf [15.11.03].

SCHWEIZER, K., PAECHTER, M. & WEIDENMANN, B. (2001). A field study on distance education and communciation: experiences of a virtual tutor. *Journal of Computer-mediated Communication, 6 (2).* [WWW document].
URL: http://www.ascusc.org/jcmc/vol6/issue2/schweizer.html [15.11.03].

SPEARS, R. & LEA, M. (1994). Panacea or Panopticon? The hidden power in computer-mediated communications. *Communication Research, 21,* 427–459.

SPROULL, L. & KIESLER, S. (1991). Computer networks and work. *Scientific American, 265,* 84–91.

STASSER, G. & TITUS, W. (1985). Pooling of unshared information in group decision making: biased information sampling during discussion. *Journal of Personality and Social Psychology, 48 (6),* 1467–1478.

STASSER, G. & TITUS, W. (1987). Effects of information laod and percentage of shared information on the dissemination of unshared information during group discussion. *Journal of Personality and Social Psychology,* 53 (1), 81–93.

STÄHLER, P. (2001). *Geschäftsmodelle in der digitalen Ökonomie: Merkmale, Strategien und Auswirkungen.* Köln: Josef Eul Verlag.

VAN EIMEREN, B., GERHARD, H. & FREES, B. (2002). ARD/ZDF-Online-Studie 2002. Entwicklung der Online-Nutzung in Deutschland: Mehr Routine, weniger Entdeckerfreude. *Media Perspektiven,* Nr. 8/2002, S. 346–362.

WALTHER, J.B. (2000). Die Beziehungsdynamik in virtuellen Teams. In: M. Boos, K.J. Jonas & K. Sassenberg (Hrsg.), *Computervermittelte Kommunikation in Organisationen* (S. 11–25). Göttingen: Hogrefe.

WEINBERGER, A. & MANDL, H. (2001). Wandel des Lernens durch Neue Medien – das virtuelle Seminar „Empirische Erhebungs- und Auswertungsverfahren". In: H. F. Friedrich & F. Hesse (Hrsg.), *Partizipation und Interaktion im virtuellen Seminar* (S. 243–268). Münster: Waxmann.

WINTERHOFF-SPURK, P. (1997). Medienkompetenz: Schlüsselqualifikation der Informationsgesellschaft? *Medienpsychologie, 9,* 182–190.

YOUNG, J.R. (2002). *„Hybrid" teaching seeks to end the devide between traditional and online Instruction* [www document].
URL: http://chronicle.com/free/v48/i28/28a03301.htm [15.11.03].

Daniel K. Schneider

Gestaltung kollektiver und kooperativer Lernumgebungen

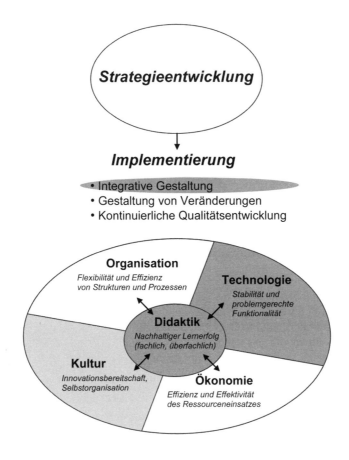

Abstract

Das Interesse an aktivitätsbasierter Pädagogik ist mit dem Ziel verknüpft tieferes, integriertes und anwendbares Wissen sowie allgemeinere Problemlösungsfähigkeiten zu fördern. Entsprechende „konstruktivistische" didaktische Strategien sind hingegen nicht einfach zu implementieren. In diesem Kapitel präsentieren wir einen Ansatz, der auf teilstrukturierten Lernszenarien in Lernkollektivitäten aufbaut, in der die Lehrperson eine Dreifachrolle von „Facilitator", Manager und Orchestrator/Designer ausübt. Entsprechende Lernumgebungen können mit Hilfe von „open-source" Webportalen implementiert werden. Schließlich befragen wir kurz, ob und wann bessere Effektivität höhere Kosten rechtfertigen und wie man teurere pädagogische Innovationen fördern könnte.

Der Autor

Daniel K. Schneider hat in Sozial- und Wirtschaftswissenschaften promoviert und ist Dozent (Maître d'enseignement et de recherche) in der Einheit TECFA („Technologies de Formation et Apprentissage"), Fakultät für Psychologie und Erziehungswissenschaften, Universität Genf. Er arbeitet seit 1988 an Lern- und Lehrtechnologien und war an verschiedenen innovativen lerntechnologischen Forschungsprojekten beteiligt. Seit zehn Jahren unterrichtet er im Master Programm „Sciences et Technologies de l'Apprentissage et de la Formation" Fächer wie „Technische Grundlagen von Informations- und Kommunikationssystemen" oder „Lernen und Lehren in virtuellen Räumen". Er offeriert auch Fortbildungskurse für Lehrer und verwandte Berufsgruppen.

Daniel K. Schneider

Gestaltung kollektiver und kooperativer Lernumgebungen

1. Von Lerninhalten zu Lernaktivitäten 302
   1.1 Design für aktivitätsbasierte Pädagogik.. 303
   1.2 Design für Interaktion 304
   1.3 Design für die Lerngemeinschaft, Motivation und Kreativität 305
2. Werkzeug 306
   2.1 Pädagogischer Einsatz von IKOM 306
   2.2 Community, Collaboration & Content Management Systeme (C3MS)... 307
   2.3 C3MS Bausteine 308
   2.4 Gestaltung von Lernumgebungen mit Hilfe von C3MS 309
   2.5 Szenario Planung mit C3MS Bausteinen 309
   2.6 Beispiel projektbasierter Kurs im „blended" Format................................ 310
3. Ausblick 311
   3.1 Standards und „Street"-standards.. 311
   3.2 Innovation und Change Management 312
   3.3 Richtige Mittel zum richtigen Zweck 312
   Literatur... 313

1. Von Lerninhalten zu Lernaktivitäten

Das Interesse für reiche, aktivitätsbasierte Pädagogik ist am Steigen. Dafür gibt es mehrere Gründe: Traditionelle Lehrstrategien können zwar effizient Wissen „übertragen" das dann auch geprüft werden kann. Da es aber ziemlich passiv rezipiert wird, existiert es eher in isolierter und oberflächlicher Form und kann damit schlecht in anderes Wissen eingebunden werden und/oder auf Probleme angewendet werden. Besseres und tieferes Verständnis ist gefragt. Weiterhin wird es zunehmend als wichtig erachtet, bei den Studenten generelle Problemlösungsfähigkeiten, eigenständiges und originelles Denken sowie Teamfähigkeit zu fördern. Diese Fähigkeiten kann man ja nicht einfach unterrichten sondern sie müssen in konkreten Projekten erworben werden. Schlussendlich kann sich aktive, insbesondere projektorientierte Pädagogik sehr günstig auf die Motivation auswirken.

So genannte „neue" Pädagogik, die sich insbesondere an soziokonstruktivistischen Lerntheorien orientiert, ist aber nicht einfach und sicher mit höheren Kosten verbunden, falls mehr erreicht werden soll. Es ist einfacher und billiger Grundwissen in systematischer „klassischer" Weise zu vermitteln, ob in einer Vorlesung oder mit E-Content. Als Konsequenz werden darum in der Praxis so genannte „blended approaches" entwickelt, die mehrere didaktische Strategien je nach Bedarf verknüpfen. Wir werden uns aber in diesem Beitrag auf aktivitätsbasiertes Lernen konzentrieren.

„Aktivitätsbasierte" Ansätze wie projekt- oder problemorientiertes Lernen, kollaboratives Lernen usw. garantieren nicht automatisch Erfolg und manchmal sogar das Gegenteil. Der Dozent muss Rahmen und Unterstützung liefern. Studenten sind oft verloren und darum ist es wichtig mehr als nur Projekte vorzuschlagen und „Hilfe falls nötig" anzubieten. Pädagogische Effektivität verlangt teilstrukturierte Szenarien, in denen das Lehrpersonal eine Dreifachrolle von „Facilitator", Manager und „Orchestrator" wahrnehmen muss. Wir definieren ein pädagogisches Szenario als eine Sequenz von Phasen (oder Aktivitäten), in denen Studenten gewisse Arbeitsschritte („tasks") zu erledigen haben und gewisse Rollen spielen müssen. In der Literatur werden auch die Begriffe „story-boarding" oder „scripting" verwendet. In Analogie zur Filmwelt wird der Lehrer eher zum Regisseur als Vermittler von Wissen, d.h. er managt Lernaktivitäten.

Ohne Technologie sind komplexe Szenarien sehr schwierig durchzuführen, da den Lehrkräften und den Studenten ziemlich schnell der Überblick fehlt, d.h. man läuft auf Knowledge Management Probleme (wo ist was, wer macht was, was hat sich geändert etc.). Außerdem können gewisse kollaborative Lerntechniken ohne Computer nur schwierig durchgeführt werden.

1.1 Design für aktivitätsbasierte Pädagogik

In der aktivitätsbasierten Lehre geht es vor allem darum, dass die StudentInnen Wissen aktiv konstruieren und zwar in Auseinandersetzung mit eigenem bestehenden Wissen und größeren, wenn möglich praktischen Projekten. „The reason that Dewey, Papert, and others have advocated learning from projects rather than from isolated problems is, in part, so that students can face the task of formulating their own problems, guided on the one hand by the general goals they set, and on the other hand by the ‚interesting' phenomena and difficulties they discover through their interaction with the environment" (Collins et al., 1989: 487). Eine entsprechende Lernumgebung sollte nach Merriënboer & Pass (2003: 3) folgende Eigenschaften ausweisen: „(1) the use of complex, realistic and challenging problems that elicit in learners active and constructive processes of knowledge and skill acquisition; (2) the inclusion of small group, collaborative work and ample opportunities for interaction, communication and co-operation; and (3) the encouragement of learners to set their own goals and provision of guidance for students in taking more responsibility for their own learning activities and processes". In anderen Worten, um Wissensaufbau zu fördern, sollten didaktische Strategien die Studenten dazu führen zu produzieren und zwar nach teilweise eigenen Zielsetzungen. Produktionen sollten nicht nur im Kopf stattfinden, sondern von der gesamten Lerngemeinschaft inspizierbar sein, damit sie auch konfrontiert werden können. Schlussendlich sollte die Aufgabestellung möglichst authentisch sein, damit erworbenes Wissen auch anwendbar ist.

Wie gesagt, reicht es nicht, einfach Projekte zu organisieren. Lernszenarien sollten in Teilen (oder Phasen) durchgezogen werden, die es den Studenten erlauben, sinnvolle, aber nicht zu große Teilaufgaben ohne allzu große Schwierigkeiten zu lösen. Außerdem erlaubt diese Sequenzialisierung kollektiven Austausch und globales Klassenmanagement, auf das wir später zurückkommen werden.

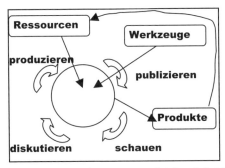

Abbildung 1: Die „tun – publizieren – schauen – vergleichen"-Schlaufe

Jede Teilaufgabe hat ungefähr das folgende Format in dieser oder auch anderer Reihenfolge: (a) Tätigkeit die zu einem Produkt führt – (b) Produkt publizieren – (c) Produkte anschauen – (d) Produkte diskutieren. Dann: wiederholen bis die Produkte fertig sind. Ein anderes Beispiel wäre (1) Anschauen (Entdeckung) – (b) Diskussion (Interaktion und Konfrontation) –

(c) Tätigkeit (Produktion) – (d) Publikation („sharing") – (e) Feedback (Diskussion von Resultaten) und natürlich Wiederholung.

Das Prinzip ist bei beiden erwähnten Formaten dasselbe. Es geht darum, dass der Student Informationen (von verschiedenen Quellen) anschaut, benützt und diskutiert, dass er produziert (mit verschiedenen Werkzeugen) und publiziert und dass diese Produktionen irgendwo in der Ablaufphase diskutiert werden. Eine Sequenz von solchen Schlaufen ist ein pädagogischer Workflow, auch „story-boarding" oder script genannt.

1.2 Design für Interaktion

Interaktion spielt eine wichtige Rolle in der aktivitätsbasierten Pädagogik, da gewisse epistemische Extraaktivitäten zu tieferem Verstehen führen können. „Collaborative learning is not one single mechanism: if one talks about ‚learning from collaboration', one should also talk about ‚learning from being alone'. Individual cognitive systems do not learn because they are individual, but because they perform some activities (reading, building, predicting etc.) that trigger some learning mechanisms (induction, deduction, compilation etc.). Similarly, peers do not learn because they are two, but because they perform some activities that trigger specific learning mechanisms. This includes the activities/mechanisms performed individually, since individual cognition is not suppressed in peer interaction. But, in addition, the interaction among subjects who generates extra activities (explanation, disagreement, mutual regulation etc.) that trigger extra cognitive mechanisms (knowledge elicitation, internalisation, reduced cognitive load etc.) The field of collaborative learning is precisely about these activities and mechanisms." (Dillenbourg, 1999: 6). Zusammenfassend gesagt, geht es darum, dank Interaktionen fürs Lernen wichtige individuelle kognitive Prozesse auszulösen und durch konstruktives Streiten das Denken zu fördern.

Für eine „blended" pädagogische Praxis muss Dillenbourgs engere Definition von kollaborativem Lernen etwas erweitert werden und wir führen darum drei Interaktionsformen in die Diskussion ein:

1. Enge (eigentliche) Kollaboration spielt in kleinen Gruppen, wo Teilnehmer an der gleichen Aufgabe arbeiten, entweder völlig synchron oder im häufigen asynchronen Austausch. Solche Situationen sind schwierig zu orchestrieren, da die Handelnden eine gewisse Symmetrie sowie gute Verhandlungskapazität haben sollten. Komplexere „computer-supported collaborative learning" (CSCL)-Szenarien, die dann auch Austausch *zwischen* den Lerngruppen vorsehen, stellen die Lehrkräfte vor zusätzliche Organisationsprobleme. Was passiert z.B wenn das Szenario verlangt, dass bis Mitternacht von Tag X alle Gruppen eine Stellungsnahme zu einem Problem publiziert haben sollen, aber die Hälfte fehlt ?

2. In mehr kooperativen Szenarien wird die Arbeit aufgeteilt, so dass einzelne Individuen (oder Gruppen) Unteraufgaben getrennt lösen können, die man dann meistens am Schluss integrieren kann. Obwohl solche Projekte natürlich auch zu Engpässen führen können, können fehlende Teile (falls geplant) ersetzt werden. Kooperative Szenarien können sich positiv auf die Motivation auswirken („wir bauen ein echtes Produkt zusammen"), haben

aber den Nachteil dass epistemische Prozesse wie „Erklärung", „mutual grounding", „Konfrontation mit anschließender Resolution" etc. weniger gefördert werden.

3. In einem kollektiven Szenario arbeitet jeder (oder jede Gruppe) alleine an einer Aufgabe, aber gewisse Resultate und Probleme werden mit den anderen geteilt. Das hilft den einzelnen gewisse Probleme besser zu erkennen, Ideen zu propagieren, und damit eine generelle Austauschs-, Wettbewerbs- und Beihilfekultur zu fördern. In Analogie zum Sport ist Kollaboration mit Teamsporttraining und kollektives Lernen mit Leichtathletiktraining vergleichbar.

Natürlich können verschiedene Designs gemixt werden. Kollaborative Arbeit in Kleingruppen kann in größere kooperative Projekte integriert werden und kollektiver Austausch auf beiden Ebenen stattfinden. In allen Varianten besteht die Gefahr, dass die „Übung ausfranst", dass z.B nur diskutiert wird oder dass nur gewisse Studenten arbeiten. Auf der anderen Seite besteht auch die Gefahr, dass der Dozent zu stark orchestriert und damit die Entwicklung von generellen Problemlösungsfähigkeiten behindert. Es ist daher wichtig, dass ein harmonisches Gleichgewicht zwischen einer gewissen Freiheit (die intellektuelle Entwicklung sowie Motivation fördert) und Lenkung (die dafür sorgt, dass auch etwas gelernt wird) angestrebt wird. Das Gleiche gilt für den Einsatz von verschiedenen Kollaborationsformen und individuellen Tätigkeiten. Eine ideale Konfiguration fördert individuelles Denken und Arbeiten mit gut geplanten kollaborativen Elementen, aber auch die Gruppendynamik (kollektives Verhalten), auf die wir im nächsten Abschnitt etwas eingehen werden.

1.3 Design für die Lerngemeinschaft, Motivation und Kreativität

Die Gruppen- und Klassendynamik ist ein entscheidender Faktor. „In order for individuals to learn how to construct knowledge, it is necessary that the process be modeled and supported in the surrounding community. This is what occurs in a learning community" (Bielaczyc & Collins, 1999: 272). Auch die erweiterte Lerngemeinschaft sollte berücksichtigt werden. Schulwissen wird zum großen Teil formell vermittelt, aber es wird auch im informellen Austausch gelernt. Eine gut organisierte Lerngemeinschaft kann zur Praxisgemeinschaft („community of practise") werden, in der gewisse Ziele, eine gewisse Sprache und gewisse Praktiken geteilt werden (Wenger, 1998) und die dann als soziale Organisationsform nicht nur Sprache, Ideen und Mittel teilt, sondern auch gewisse Dienstleistungen wie gegenseitige Hilfe anbietet.

Darüber hinaus sollte Lernen Enthusiasmus, Konzentration und Kreativität fördern. Nach Rieber (1998) sollte der Lernprozess selbst, und nicht nur das Resultat motivieren. Was man „serious play" oder „hard fun" nennt, sind Lernsituationen, in denen die Studenten große Mengen von Energie and Zeit investieren und die von Csikszentmilhalyi (1990) als „flow" oder „optimal experience" identifiziert werden. „Fluss" ist verbunden mit einem subjektiven Gefühl von Entdeckung und Kreation und hoher Konzentration und sollte damit für uns von höchstem Interesse sein. „Flow"-Bedingungen sind ein optimalisiertes Herausforderungsniveau, ein Gefühl von Kontrolle, eine gute Prise von Phantasie („fantasy") und Feedback von außen. Es geht hier einmal zuerst um mehrere Prinzipien die eher dem „behavioristischen

Instructional Design" lieb sind. Was aber den konkreten E-Content-basierten Lernmodulen eher fehlt, sind Elemente, die die Kuriosität und die Motivation anregen und die man eher in aktivitätsbasierten und projektorientierten Szenarien finden kann. Anders gesagt, können und sollten Prinzipien behavioristischer und konstruktivistischer didaktischer Ansätze kombiniert werden. Optimale Lernumgebungen müssen so gestaltet werden, dass der Studierende auf der einen Seite möglichst realistische und interessante Projekte durchziehen kann, aber auf der anderen Seite auch „unter Druck" gesetzt wird und zwar in einer Art und Weise, welche anspruchsvolle Aufgabenstellungen ermöglicht und mit einem schnellen, konstruktiven Feedback ein Gefühl von Freude vermittelt.

Kreativität ist ein letzter Design-Faktor und schwieriger zu behandeln. Eine „optimal experience" führt nicht automatisch zu kreativen Lernresultaten. Nach Feldman (1994) wird Kreativität durch soziale („field"), symbolische („domain") und individuelle Faktoren bestimmt. Fördernde Elemente sind z.B. auf der sozialen Ebene die Existenz von „support networks". Intellektuelle Eigenschaften (Ideenvielfalt, Reflexivität, komplexe Denkprozesse), persönliche Eigenschaften (anhaltende Leistungskraft, Präferenz für Komplexität), kognitive Strukturen (Expertise) sind Faktoren, die die Erziehung nur teilweise direkt beeinflussen kann. Aber man kann Dispositionen und äußere Bedingungen positiv beeinflussen wie zum Beispiel durch Lernaufgaben oder die generelle Lernumgebung.

2. Werkzeug

Für die meisten kreativen neueren Ansätze sind auch Werkzeuge entwickelt worden. Obwohl diese meistens im Umfeld einer Forschungsgruppe zum Einsatz kommen, fehlt oft der Wille und die Infrastruktur für eine „Massenversion". Eine Ausnahme bietet z.B. das „Knowledge Forum", eine Entwicklung von CSILE (Scardamalia, 1989 & 2002). Da aktivitätsbasierte und kreative Pädagogik schon mit wenig Technologie funktioniert, werden wir uns hier auf einfache webbasierte Lösungen beschränken. Viele in der Literatur erwähnte „best-cases" sind zwar interessanter, aber die komplexere Technologie macht einen Transfer in die Praxis ohne Unterstützung einer Forschungsgruppe schwierig.

2.1 Pädagogischer Einsatz von IKOM

Informations- und Kommunikationstechnologie (IKOM) hat Unterstützungspotential für die meisten Funktionen eines Lehr/Lernsystems. Zur Zeit sind mehrere technisch/pädagogische Modelle im Einsatz wie E-Content-basiertes E-Learning („Learning Management Systems"), tele-teaching („Video/Conferencing Systems"), collaborative learning („computer-supported colaborative learning"-Systeme oder Groupware), ressource- and project-based learning (einfache Internet Technologie). Vereinfacht gesagt, kann man in der Geschichte des pädagogischen IKOM zwei große Trends ausmachen. „Early adopters" in 1993 sahen in der neuen Web Technologie eine Chance für pädagogische Erneuerung, insbesondere für offene projekt-basierte Ansätze. Slogans wie „the teacher as facilitator" stammen aus dieser Zeit.

Aber schon ca. 1994 wurde das erste „Web-Based Training" (WBT)-System präsentiert, das auf Prinzipien des Ende der 70er Jahre entwickelten „Computer-Based-Training" (CBT) aufgebaut war. Moderne E-Learning (Learning Mangement)-Systeme folgen diesem Ansatz. Es geht vor allem um Lerninhalte (E-Content).

Für aktivitätsbasierte Lehre stehen heute z.B. einfache HTML-Seiten (auch von den Studenten produziert), Foren, Groupware, die u.a. „FileSharing" erlaubt (wie BSCW), und kollaborative Hypertexte wie Wikis im Einsatz. Hingegen gibt es keine allgemeine Plattform, die gleichzeitig eine weite Palette von Bedürfnissen abdeckt. Anders gesagt, ist die Unterstützung für sozio-konstruktivistische Szenarien da, sie ist aber punktuell und schlecht „organisiert". Paradoxerweise sind unsere Grundbedürfnisse nicht besonders hoch. Wir brauchen ein flexibles Informations- und Kommunikationssystem, das Wissensproduktion und Austausch fördert. Es hat etwa folgende Funktionen: (1) Zugriff zu verschiedenen Informationen (Texte, Links, Kommentare etc.) über Navigation, Suche, Schlüsselwörter, Popularität etc. (2) Manipulation von Inhalten (inkl. Annotation). (3) Differenzierte Interaktion zwischen Teilnehmern. (4) Integration der Funktionen (inkl. zentrales „knowledge management"). Ein gut organisierter Wiki-space mit differenzierten Aufgabestellungen hat schon ein erstaunlich reiches pädagogisches Potential, wie es der Beitrag von Ninck (2003) zeigt.

Der Computer wird also nicht als Inhaltsübertragungsmaschine betrachtet, sondern als Denk-, Arbeits- und Austauschmedium. In diesem Sinne sollten die meisten Studenten- und Dozentenaktivitäten durch Werkzeuge unterstützt werden und immer zu neuen Inhalten führen. In Weiterführung unserer Diskussion interessieren wir uns für einen Ansatz, der gleichzeitig aktivitätsbasierte Pädagogik (formelle Lernszenarien), verschiedene Interaktionsformen (Kollaboration, Kooperation) sowie die Dynamik der Lerngemeinschaft unterstützt.

2.2 Community, Collaboration & Content Management Systeme (C3MS)

Einfache Internettechnologien (Webserver, Foren und Wikis) haben Erfolg, weil Grundbedürfnisse für Informationsaustausch, Kommunikation und Kollaboration abgedeckt werden. Ein weiterer nicht unterschätzbarer Grund ist, dass Dozenten „die Kontrolle" haben. Die Nachteile sind aber auch bekannt: (1) Der Unterhalt von Websites oder anderer Hypertextsysteme wie Wikis wächst überproportional mit dem Inhalt. (2) Einfache Diskussionssysteme wie Foren oder Mailinglisten offerieren schlechtes „Knowledge Management": Informationen sind unorganisiert, schwierig zu finden etc. (3) Komplexere Szenarien verlangen spezialisierte Hilfsmittel. (4) Falls mehrere Technologien im Einsatz stehen, ist das Ganze schlecht integriert.

Interessanterweise haben viele Organisationen und Gemeinschaften (wie Freizeitclubs, kleinere Firmen mit starker Online-Präsenz, virtuelle Entwicklergruppen) ähnliche Probleme, aber auch Lösungen anzubieten. Seit den letzten zwei Jahren sind dutzende Webportalsysteme, die vom Autor als „Community, Collaboration & Content Management Systems" (C3MS) bezeichnet werden, in der Entwicklung. Diese Systeme sind inspiriert von:

„weblogs" (zum Teilen von Ideen, kommentierten Links und anderen beliebigen Einträgen); „News Engines" (auf gleichem Prinzip aufgebauten Online-Zeitschriften und Bulletinboards aber mit Benutzerkommentaren); einfache Content Management Systeme (Inhaltsverwaltung über Webformulare und Menüs); verschiedene Groupware (wie „Filesharing", Foren, Kalender); spezialisierte CMS (wie FAQ-, Photoalbum-, Zitaten-, Glossarymanagement). C3MS sind Webportale, das heißt, dass eine Reihe von Informations- und Kommunikationsmittel in einer „one-stop"-Webseite angeboten werden (Looney & Lyman, 2000). Anders gesagt, ist ein Portal eine Kollektion von Informationsobjekten und Services, um diese zu verwalten. Je nach Anwendung kann sich das Interface anpassen, aber gewisse Instrumente sind noch sichtbar oder zumindest anklickbar. Ein Portal ist also ein Aktivitätscockpit und als solches muss es für die Aktivitäten von einer Gemeinschaft konfiguriert werden.

Weiterhin bieten solche Systeme publizierte „application programmer interfaces" (APIs) an, die es einem erlauben je nach Bedürfnis neue Module zu entwickeln. Die Logik ist dieselbe wie bei modernen „enterprise portals", mit dem Unterschied, dass C3MS viel einfacher zu installieren und zu verwalten sind und dass die Entwicklungssprachen wie PhP oder Python einem größeren Publikum zugänglich sind. Last but not least sind diese Systeme sowohl „open source" als auch gratis, was zu spannenden „Bausteinökonomien" geführt hat.

2.3 C3MS Bausteine

Die Lehrkraft als Designer baut ein Portal als Kombination von verschiedenen Bausteinen. Ein C3MS Baustein ist eine für gewisse Aufgaben gebaute Softwarekomponente und durch ein Webinterface administriert. Die meisten C3MS Bausteine sind kleine Werkzeuge für die Verwaltung von bestimmten Information und offerieren etwa die folgenden Funktionalitäten: *Inhalte einfügen oder verändern, Kategorisieren, Annotieren, Evaluieren, Sortieren und Suchen.* Als typische Beispiele können wir folgende erwähnen: Die „News Engine" erlaubt es den Teilnehmern Artikel zu publizieren, die man entweder chronologisch oder nach Rubriken anwählen kann. Jeder Artikel kann kommentiert werden und die Kommentare können nach verschiedenen Kriterien sortiert werden. Die Artikel sind in der Suchmaschine indexiert und von der HomePage des Autors gelinkt. Titel der neuesten Artikel sind über einen RSS „news feed" erhältlich und können darum automatisch in anderen Portals erwähnt werden. Das „Links Modul" erlaubt es Webadressen abzuspeichern, zu kommentieren und einer Kategorie zu zuordnen. Andere Benützer können Kommentare anfügen. Ein Download Modul funktioniert nach ähnlichen Prinzipien. Verschiedene kleine „Content Management Tools" erleichtern das Erstellen von Glossaren, „Frequently Asked Questions" (FAQs), Photoalben, Zitaten etc. Ein auf solchen verschiedenen Bausteinen konstruiertes Webportal kann als „knowledge management" oder „living document" System betrachtet werden und liefert wichtige Unterstützungsfunktionen für die aktivitätsbasierten Szenarien, wo es darum geht, dass Studenten Informationen produzieren, verarbeiten und austauschen. Neben diesen kleinen „Content Management Systemen" (CMS), können komplexere Anwendungen in ein Portal eingebaut werden. Verbreitete pädagogisch verwertbare Bausteine sind zum Beispiel Wikis, komplexe Foren, Kalender, Textverwaltungs-, oder Umfragesysteme. Weitere Tools können mit relativ wenig Aufwand auf andere Bedürfnisse angepasst werden. Z.B. ein „Küchenrezept Manager", der Elemente wie „Zutaten", „Arbeitsschritte" etc. enthält, kann für andere „Rezepte" verwendet werden, d.h. was man auf Englisch „repurposing" nennt. Schlussendlich ist ein Portalsystem ein „container" für eigentliche pädagogische Anwendungen. Im Umkreis des Autors wurden z.B. die folgenden Bausteine entwickelt: (1) „ArgueGraph" (Chakroun, 2003), ein so genanntes „Computer Supported Collaborative Learning (CSCL)-Diskussionssystem, das die Konzeptbildung fördert; (2) „pScenario", ein von der „Moodle"-Plattform (Dougamias, 2002) inspiriertes pädagogisches Szenario Management-Tool für „blended" Unterricht wie er etwa in amerikanischen Universitäten praktiziert wird; (3) „ePBL", ein Werkzeug für pädagogisches Projekt-Management (Synteta, 2003). Im nächsten Kapitel werden wir kurz skizzieren wie man mit diesen Bausteinen kollektive und kooperative Lernumgebungen konfigurieren kann.

2.4 Gestaltung von Lernumgebungen mit Hilfe von C3MS

Ein pädagogisches „story-board" enthält zumindest ein formelles Lernszenario sowie eine Umgebung, die den kollektiven Austausch fördert.

2.5 Szenario Planung mit C3MS Bausteinen

Ein pädagogisches Szenario ist, wie oben beschrieben, eine Sequenz von Arbeitsphasen. Größere Projekte können mehrere Szenarien enthalten. Jede Arbeitsphase enthält elementare Aktivitäten, die durch einen C3MS Baustein unterstützt werden sollten. Solche elementare Aktivitäten sind z.B. „Ressource suchen", „Kommentar machen", „Glossar editieren", „Forschungsplan erstellen", „Memo schreiben". Der Szenario Planer (also in den meisten Fällen die Lehrkraft) beschreibt zuerst im Detail das Szenario und seine Arbeitsphasen. Dann werden die elementaren Aktivitäten identifiziert und für jede Aktivität ein Baustein ausgewählt wie es in Abbildung 2 dargestellt ist. Die Auswahl der Bausteine hängt von mehreren Faktoren ab und die gewählte Kombination ist ein Kompromiss von: Anzahl (möglichst wenige), Verfügbarkeit, Tauglichkeit, Ergonomie etc. Verschiedene pädagogische Szenarien, elementare Aktivitäten und C3MS Bausteine sind detailliert im TecfaSEED Katalog (Schneider, 2003) beschrieben.

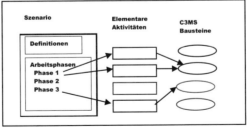

Abbildung 2: Szenario Planung mit C3MS Bausteinen

2.6 Beispiel projektbasierter Kurs im „blended" Format

Wir beschreiben hier kurz einen vom Autor durchgeführten Kurs zum Thema „Exotic Hypertext". Der Kurs dauerte sechs Wochen, davon am Anfang 4 Halbtage im Seminarraum, 1 Halbtag Debriefing am Schluss und der Rest auf Distanz. Die StudentInnen konnten im Rahmen von mehreren Vorschlägen ein Forschungsthema frei auswählen, mussten aber bei allen (evaluierten) Arbeitsschritten mitmachen. Sie mussten z.B. einen formellen Forschungsplan definieren (in drei Etappen), an kollektiven Austauschaktivitäten (Glossareinträge, Memos, Artikel, Weblinks) teilnehmen, den Forschungsplan ausführen (inkl. an zwei Audits teilnehmen, d.h. Informationen über die Durchführung von Workpackages liefern) und am Schluss ein Draft Paper schreiben.

	Aktivität	Datum	Bausteine
1	Aufweckaktivität: Jeder Teilnehmer schreibt 3 Definitionen und schlägt Ressourcen vor	21-NOV	links, wiki, blog
2	Projektideen werden im Seminarraum diskutiert	29-NOV	Seminarraum
3	Projektideen werden als Artikel verfasst	02-DEC	news engine, blog
4	Provisorischer Projektplan mit ePBL	05-DEC	ePBL, blog
5	Projektplan mit ePBL	06-DEC	ePBL, blog
6	Projektplan mit ePBL	11-DEC	ePBL, blog
7	Kollektiver Austausch: Jeder Teilnehmer schreibt einen Artikel, schlägt Weblinks vor.	17-DEC	links, blog, annotation
8	Audit	20-DEC	ePBL, blog
9	Audit	10-JAN	ePBL, blog
10	Draftpaper und Produkt abliefern	16-JAN	ePBL, blog, electronic book
11	Präsentation und Diskussion	16-JAN	Seminarraum

Tabelle 1: Beispiel Kursaufbau „Exotic Hypertext"

Für jede dieser Aktivitäten wurde ein individuelles (über ePBL) sowie ein globales Feedback geliefert. „ePBL", von Synteta (2003) entwickelt, ist ein „Project-based elearning"-Werkzeug mit den folgenden Funktionalitäten: Forschungspläne werden mit Hilfe einer XML-Grammatik definiert, die als kognitives Unterstützungsmittel fungiert (d.h. die Studenten müssen eine Grammatik respektieren, die den Plan formell validiert). Projektfiles werden auf das Portal geladen und gewisse Kerninformationen in einem Cockpit dem Lehrer automatisch zur Verfügung gestellt. Das Cockpit erlaubt es auch Projekte zu annotieren und zu evaluieren. Nach jeder Aufgabe müssen die Teilnehmer zusätzlich einen Tagebucheintrag schreiben mit dem „blog" tool. Am Schluss werden die Arbeiten (in Entwurfsform) als eBook publiziert.

Als zentrales Steuerungsinstrument wurde neben ePBL die „News engine" verwendet: Jede Arbeitsphase wird dort im Detail erklärt. Zusätzlich benützte Bausteine waren Supportforen; „Awareness Blocks, die anzeigen, was neu ist und wo; eine Liste von präsenten Teilnehmern; eine „Shoutbox" (für sofort ersichtliche Nachrichten); „Chats" (für synchrone Diskussionen); sowie Newsfeeds (von themenbezogenen anderen Portalen).

Diese kurz skizzierte Architektur erfüllt mehrere pädagogische Funktionen. Das Portal ist ein Informationsraum, der von Lehrern und Studenten produziert wird. Außer direkt projektbezogenen Informationen enthält es Links zu Tutorials, Standards, Werkzeugen, Definitionen. Mit anderen Worten: *Fachunterstützung*. *Intellektuelle Unterstützung* wird über ePBL, Foren, Kommentaren und Artikel geliefert. Alle Produktionen sind für Besucher frei zugänglich. Damit wird die Studentenarbeit *anerkannt*. Als *Managementwerkzeug* fungieren, wie erwähnt, Artikel und das ePBL Modul (alternativ hätten wir einfache Foren oder das erwähnte „pScenario" einsetzen können). Dank automatischer Generierung von Indexen auf den Homepages erhalten die Studenten eine arbeitsbezogene *Identität*. *Emotionelle Unterstützung* wird durch die Förderung von „Auschreimitteln" wie die Shoutbox oder individuelle Weblogs gefördert. Weblogs (dank obligatorischen Einträgen) fördern auch die *Metareflexivität*. Zusammenfassend gesagt, sollte man Lernumgebungen nicht nur als Szenariomaschinen konzipieren, sondern auch als virtuelle Umgebungen, d.h als sozialen Raum, in welchem verschiedene geplante pädagogische Interaktionen stattfinden, aber auch allgemeiner Klassengeist aufgebaut wird.

3. Ausblick

3.1 Standards und „Street"-Standards

Neuere, so genannte E-Learning-Plattformen implementieren mehr oder weniger gut IMS/ SCORM Datenstandards wie „simple pedagogical sequencing", „quizzing" oder Metadaten. Auf Deutsch gesagt: einfache E-Contents. Interessanterweise hat IMS im Frühling 2003 mit dem „Learning Design" (LD) eine Sprache geschaffen, die es möglich macht, reiche und diverse pädagogische Szenarien zu beschreiben (Koper, 2003). Allerdings ist es noch nicht klar, ob LD einmal voll implementiert werden wird.

Darum ist im Moment unsere Aussage: „Für aktivitätsbasierten Unterricht, Hände weg von so genannten pädagogischen Plattformen!" Obwohl man im Prinzip ein System wie WebCT für eine sozio-konstruktivistische Pädagogik einsetzen kann (mit Content Management, Foren, Filesharing, Chat etc.), fehlen wichtige Instrumente (Links, Wikis, News Engine,

Weblogs, Shoutbox etc.) und es ist äußerst schwierig, die Funktionalitäten zu erweitern oder auch nur die Studenten am Content Editing zu beteiligen. Zudem werden diese Systeme immer teurer, haben eine schwerfällige Ergonomie und erlauben es nicht Inhalte nach außen zu öffnen. Eine Alternative zu C3MS wären Enterprise Portals wie Websphere oder Jahia, aber diese Technologie wird nur von einer kleinen Minderheit beherrscht und liefert darum den Dozenten trägen und oft innovationsfeindlichen zentralen Informatikdiensten aus. Anders gesagt, ein C3MS wie das PostNuke System, das wir verwenden, ist in einer Stunde installiert, in einer Woche voll konfiguriert, und ein kreatives Modul kann in 2–3 Monaten von einem Durchschnittsinformatiker entwickelt werden. Im Gegensatz dazu ist ein Enterprise Portal schwierig zu installieren, die Informatikbürokratie mischt sich ein, und auf interessante Module kann man lange warten.

3.2 Innovation und Change Management

Innovation in der Hochschulpädagogik ist selten. Ursachen liegen einerseits in der Trägheit der Institution, aber auch am Fehlen von Anreizen. Weder für Professoren noch für jüngere MitarbeiterInnen macht es Sinn in den Unterricht zu investieren. Intensives „power teaching", das wir hier fordern, kostet Ressourcen, die viel rationaler in die Forschung (oder eventuell Beratung) investiert werden sollten. Unterricht ist kein wichtiges Evaluationskriterium und wird es wohl nicht werden in absehbarer Zukunft. Trotzdem gäbe es Möglichkeiten Anreize zu schaffen. Erstens wäre es möglich, gut dotierte und längerfristige Fonds für kreative Unterrichtsexperimente zu schaffen wie z.B. an der ETH Zürich, wo Professoren sich in einem Wettbewerb für Ressourcen bewerben können. Wichtiger wäre die Idee, von einem Kurs direkt profitieren zu können und z.B. Studentenproduktionen als Ideenlieferanten zu benützen.

Fehlende „Internetkultur" ist ein weiteres Problem sowohl auf der Studenten-, als auch der Dozentenseite. Insbesondere Lehrkräfte sind meistens „Einzelkämpfer", d.h. weder gibt es „co-teaching" noch werden spontan Werkzeuge, Unterrichtsmittel oder auch Probleme geteilt. Auf der technischen Ebene herrscht ein großer „digital divide". Viele Lehrkräfte haben Mühe schon als einfacher Benutzer mit einem Portal zurechtzukommen. Z.T. liegt das an Ergonomieproblemen, aber grundsätzlich wird Internet nicht als Werkzeug zum Arbeiten und Denken verstanden, sondern nur als Medium für E-Content und einfachste Kommunikationsformen. Darum schlagen wir vor, Fach- oder Departementsbezogene „Forschungs und Serviceportals", und damit langsam die „Portalliteracy" zu fördern. Ohne „Operational Awareness", das durch Selbstgebrauch entsteht, haben neue pädagogische Instrumente keine Chance bei den Lehrkräften.

3.3 Richtige Mittel zum richtigen Zweck

Bei dem heutigen Erfahrungsstand ist es sehr schwierig generelle Empfehlungen zu formulieren. Wie wir schon erwähnt haben ist so genanntes „E-Learning" auf Methoden des „Computer-based Training" (CBT), die vor etwa 2 Jahrzehnten entwickelt wurden, aufgebaut. Es geht vor allem um „Wissenstransfer" mittels „E-Content", d.h. um eine Problematik, die v.a. für die Ergänzung oder sogar Ersetzung von Einführungskursen interessant ist. Ausbildungstechnik, die auf Prinzipien des programmierten- und des „Mastery-learning" aufgebaut ist, sollte nicht in fortgeschrittenem aktivitätsbasiertem (z.B. Problem- oder Projekt-orientiertem) Unterricht eingesetzt werden. Das Gleiche gilt natürlich auch umgekehrt, es ist nicht effizient sozio-konstruktivistische Strategien im Massenbetrieb oder für den Transfer von Grundwissen einzusetzen.

In jedem Falle sollte jedem Einsatz von Technik pädagogische Strategieplanung vorausgehen. Im aktivitätsbasierten Unterricht steht nicht nur der Student im Mittelpunkt (das sollte er eigentlich immer), sondern wird vor allem die Rolle der Lehrkraft wichtiger und anspruchsvoller. Wie am Anfang gesagt, hat sie eine Dreifachrolle von „Facilitator", Manager und „Orchestrator". Als Manager ist sie dafür verantwortlich, dass produziert und gelernt wird. Als „Facilitator" geht es darum den Studenten in Entscheidungs- und Problemlöseprozessen zu unterstützen sowie Lernmaterial zu vermitteln (inklusive wissenschaftliche Artikel, interessante Websites, oder auch E-Content). Als Orchestrator muss sie „story-boards" kreieren, das heißt zum Beispiel Projekte in Teilszenarien aufbrechen und, falls nötig, gewisse Szenarien in detaillierte Arbeitsphasen. Es ist dann auch wichtig, eine „Harmonie" zu finden zwischen Freiheit (Konstruktion und Austausch) und Steuerung (Strukturierung und Monitoring).

C3MS Systeme, die wir hier vorgestellt haben, sind auf keinen Fall ideale Systeme für aktivitätsbasierte Pädagogik. Aber nach unserer Erfahrung sind sie operationell einsetzbar und können uns wichtige Erkenntnisse liefern für das Design von zukünftigen „Powerteaching"-Plattformen. In jedem Fall lohnt sich ein aktivitätszentrierter Ansatz nur, falls höhere Kosten für höhere pädagogische Effektivität akzeptierbar sind.

Literatur

BIELACZYC, K. & COLLINS, A. (1999). Learning Communities in Classrooms: A Reconceptualization of Educational Practice. In: Reigeluth, C. (Ed.), *Instructional-Design Theories and Models*, Vol II, London: Erlbaum.

CSIKSZENTMIHALYI, M. (1990). *Flow: The psychology of optimal experience*. New York: Harper and Row.

CHAKROUN, M. (2003). *Conception et mise en place d'un module pédagogique pour portails communautaire PostNuke, Insat, Projet de fin d'études*. http://tecfaseed.unige.ch/users/mourad/arguegraph/ArgueGraph.pdf

COLLINS, A., BROWN, J. S. & NEWMAN, S. E. (1989). Cognitive apprenticeship: Teaching the crafts of reading, writing, and mathematics. In: L. B. Resnick (Ed.), *Knowing, learning, and instruction: Essays in honor of Robert Glaser Hillsdale*, NJ: Lawrence Erlbaum Associates, 453–494.

DILLENBOURG P. (1999). What do you mean by collaborative learning? In: P. Dillenbourg (Ed.), *Collaborative-learning: Cognitive and Computational Approaches*. (pp. 1–19). Oxford: Elsevier.

DOUGIAMAS, M. & TAYLOR, P.C. (2002). *Interpretive analysis of an internet-based course constructed using a new courseware tool called Moodle*, Curtin University of Technology, http://www.ecu.edu.au/conferences/herdsa/main/papers/nonref/pdf/MartinDougiamas.pdf

FELDMAN, D.H., CSIKSZENTMIHALYI, M. & GARDNER, H. (1994). *Changing the world, A Framework for the Study of Creativity*, Westport: Praeger.

LOONEY, M. & LYMAN, P. (2000). Portals in Higher Education: what are they and what is their potential, *EDUCAUSE Review*, Vol. 35, No. 4, July/August, pp. 28–36. http://www.educause.edu/pub/er/erm00/articles004/looney.pdf

NINCK, A. & BÜSSER, M. (2003). *BrainSpace – Problemlösung durch virtuelle Kollaboration*. Tagungsband von „Mensch und Computer 03", Stuttgart.

RIEBER, L. P., SMITH, L. & NOAH, D. (1998). The value of serious play. *Educational Technology*, 38(6), 29–37.

SCARDAMALIA, M., BEREITER, C., MCLEAN, R., SWALLOW, J. & WOODRUFF, E. (1989). Computer supported intentional learning environments. *Journal of Educational Computing Research*, 5, 51–68.

SCARDAMALIA, M. (2002). CSILE/Knowledge Forum®. In: *Educational technology: An encyclopedia*. Santa Barbara: ABC-CLIO.

SCHNEIDER, D., DILLENBOURG, P., FRÉTÉ, C., MORAND, S. & SYNTETA, P. (2003). *TECFA Seed Catalog*, http://tecfaseed.unige.ch/door/

SYNTETA, P. (2003). Project-Based e-Learning in higher education: The model and the method, the practice and the portal. *Studies in Communication, New Media in Education*. (pp. 263–269). URL: http://tecfa.unige.ch/perso/vivian/

VAN MERRIËNBOER, J.J.G. & PASS, F. (2003). Powerful Learning and the Many Faces of Instructional Design: Toward a Framework for the Design of Powerful Learning Environments. In: De Corte, E. et al., *Powerful Learning Environments: Unraveling Basic Components and Dimensions*, Amsterdam: Pergamon, 3–20.

WENGER, E. (1998). *Communities of Practice: Learning, Meaning and Identity*. Cambridge University Press.

Sabine Seufert

Gestaltung virtueller Lerngemeinschaften

Abstract

War der Begriff „Gemeinschaft", angelsächsisch „community", vor einigen Jahren noch mit einer ausgesprochen „sozialwissenschaftlichen" Konnotation behaftet, hält die Diskussion um virtuelle Gemeinschaften mittlerweile in nahezu allen gesellschaftlichen Handlungsfeldern Einzug. Auch für die betriebliche Aus- und Weiterbildung scheint der Community-Ansatz ein vielversprechendes Konzept zu sein.

Dieser Beitrag soll einen Überblick über das Community-Konzept für den Einsatz in der betrieblichen Bildung aufzeigen und insbesondere auf folgende Fragestellungen eingehen: Was versteht man unter „virtuellen Lerngemeinschaften"? Welche Ziele werden damit verfolgt? Welche Einsatzbereiche und maßgeblichen Gestaltungsansätze sind dabei zu berücksichtigen?

Die Autorin

Dr. Sabine Seufert ist Geschäftsführerin des Swiss Centre for Innovations in Learning (SCIL) am Institut für Wirtschaftspädagogik und vollamtliche Dozentin an der Universität St. Gallen. Sie studierte Wirtschaftspädagogik an der Universität Erlangen-Nürnberg und promovierte danach an der Universität Münster (Dr. rer. pol. 1996). Im Anschluss absolvierte sie ihr Referendariat an kaufmännischen berufsbildenden Schulen in Bayern. Von 1997 bis 1999 war sie als Mitbegründerin und Projektleiterin des Learning Center am Institut für Informationsmanagement an der Universität St. Gallen tätig. 1999 bis 2002 war sie MBA Studienleiterin und Projektleiterin E-Learning am Institut für Medien- und Kommunikationsmanagement der Universität St. Gallen.

Sabine Seufert

Gestaltung virtueller Lerngemeinschaften

1. Einführung 318
2. Begriffsklärung: Was sind virtuelle Lerngemeinschaften? 318
   2.1 Begriffsgeschichte 318
   2.2 Zugrunde liegende Theorien und Konzepte 320
   2.3 Ziele Virtueller Lerngemeinschaften 321
   2.4 Charakteristische Merkmale virtueller Gemeinschaften 322
3. Einsatzbereiche von Lerngemeinschaften 323
4. Gestaltung Virtueller Lerngemeinschaften 325
   4.1 Organisatorische Ebene 325
   4.2 Prozess-/Methoden-Ebene 327
   4.3 Technologische Ebene 329
5. Fazit 330
   Literatur 332

1. Einführung

Der Begriff „Virtuelle Community" oder das Synonym „Online-Community" und der damit verknüpfte Gedanke, eine Gemeinschaft zu bilden, deren Mitglieder sich nicht Face-to-Face, sondern online im „virtuellen Raum" treffen und miteinander kommunizieren, hat sich in den letzten Jahren sehr verbreitet. Auch für die Aus- und Weiterbildung wird der Nutzen des Community-Konzeptes in Verbindung mit Internettechnologien diskutiert. Die Vielfalt an Ausprägungen wie beispielsweise Business-Communities, Learning-Communities, Communities of Practice, Wissensgemeinschaften zeigt schon den Facettenreichtum, den dieser Community-Ansatz bieten kann. Aber was verbirgt sich hinter dem Begriff der Communities, welche Ziele können damit verfolgt werden und welche Einsatzpotenziale lassen sich für die betriebliche Bildung erkennen?

Dieser Artikel zeigt die Bedeutung des Community-Konzeptes für die betriebliche Bildung auf. Hierzu wird zunächst im zweiten Abschnitt erarbeitet, was unter Online-Communities zu verstehen ist, die sich auf das Lernen fokussieren (sog. Learning-Communities bzw. Lerngemeinschaften). Daran anschließend werden die verschiedenen Einsatzbereiche von Online-Learning-Communities beleuchtet, die mittlerweile in der Praxis anzutreffen sind. Als konkretes Praxisbeispiel dient im nächsten Schritt das Fallbeispiel der Knowledge-Communities bei Hewlett Packard. Zusammenfassend werden zum Schluss zentrale Ansätze zur Gestaltung und Entwicklung von Online-Learning-Communities vorgestellt.

2. Begriffsklärung: Was sind virtuelle Lerngemeinschaften?

2.1 Begriffsgeschichte

Aus soziologischer Sicht ist es ein interessantes Phänomen, dass mit zunehmender Verbreitung des Internets der Begriff „Community" eine Renaissance erfährt. In der angloamerikanischen Gesellschaft ist der Begriff der „Community" schon sehr lange breit etabliert. Die amerikanische Gesellschaft, die stark auf sozialen Konzepten der Selbsthilfe, der Nachbarschaftshilfe, des Fundraising und der Gemeindeidee beruht, stützt ihre sozialen Netze nicht primär auf eine staatliche Sozialhilfe, sondern auf soziale Unterstützungsnetzwerke. Auch im Bereich der Sozialhilfe und des „Social Work" ist der Bereich des Community-Building eine etablierte Größe, die so im europäischen Raum nicht anzutreffen ist. So ist es nicht erstaunlich, dass sich das Community-Konzept im US-amerikanischen Raum relativ nahtlos auch im Internet abzubilden beginnt, zumal auch hier das Thema der sozialen Verarmung und der Beziehungslosigkeit von Anbeginn an den Diskurs prägte.

Im deutschsprachigen Raum wird überwiegend der englische Begriff Community verwendet, obwohl es einen deutschen Begriff, die Gemeinschaft, gibt. Einerseits ist dies sicherlich auf die kontinuierliche Zunahme an Anglizismen, besonders in der IT-Welt, in der deutschen Sprache zurückzuführen, andererseits beinhaltet der Begriff jedoch auch eine politische Komponente. Im faschistischen Deutschland erfuhr der Gemeinschaftsbegriff eine kompromittierende Vereinnahmung, da die „Volksgemeinschaft", die auf „Blut und Boden" fußt, auch andere Formen des sozialen Drucks, der Bindung und der Legitimierung ermöglicht, die im Gegensatz zu Gesellschaft nicht auf gesetztem Recht beruhen müssen. Diese Episode in der deutschen Geschichte hat den Gemeinschaftsbegriff lange Zeit tabuisiert – wie übrigens auch in anderen Ländern (z.B. Russland) – und aus dem gesellschaftlichen Diskurs entfernt.

In den 90er Jahren haben wichtige Promotoren des Internets wie Esther Dyson (1997) und Howard Rheingold (1993) den Community-Begriff – zum Teil überidealisiert – vollends etabliert, wobei sie dabei vor allem das soziale Phänomen der Gruppenbildung im Netz beleuchtet haben. Online-Communities unterscheiden sich demzufolge von anderen Gemeinschaften insofern, als elektronische Medien zur Interaktion verwendet werden.

Im Zuge der **E-Commerce**-Entwicklung hat der Community-Begriff eine noch stärkere Verbreitung erfahren. Hagel und Armstrong (1997) waren die ersten, die in Virtuellen Gemeinschaften nicht nur ein soziales Phänomen gesehen haben, sondern damit ein neues Geschäftsmodell verknüpften, das neue Kommunikationsmöglichkeiten im Internet nutzt, um elektronische Marktplätze zu generieren und die Kundenbindung zu erhöhen. Die Generierung von ökonomischen Werten in diesem Geschäftsmodell resultiert aus dem Wissen und den Beiträgen, die die Mitglieder in die Gemeinschaft einbringen.[1] Scheinbar hängen Transaktionshandlungen im Internet maßgeblich davon ab, in welcher Weise sich ein Kunde zu einer Marke oder Firma stellt. Daher werden von vielen Unternehmungen große Anstrengungen unternommen, solche Bindungen über „Communities" aufzubauen und langfristig zu erhalten.

Im Kontext der **Aus- und Weiterbildung** haben Online-Communities ebenfalls ihren Einzug als erfolgversprechendes Konzept für Online-Kurse und Distance-Education-Programme gehalten. In der Bildung von Online-Communities wird eine Möglichkeit gesehen, die Qualität von Online-Kursen sowie die Attraktivität von **E-Learning**-Lösungen zu erhöhen und der Gefahr der Vereinsamung des einzelnen Lernenden (und der damit zusammenhängenden Drop-Out Quote) entgegenzuwirken. Mitglieder einer Lerngemeinschaft können Studierende, Dozierende, Tutoren, Forscher, Praktiker und sonstige Experten sein, die ein gemeinsames Interesse an bestimmten Themen und Lerninhalten haben. Tutorenkonzepte, Lernpartnerschaften und teambasierte Lernmethoden im Curriculum-Design können beispielsweise dazu beitragen, die „Learning-Community" im Netz zu fördern.

Im Unternehmenskontext wird der Begriff „Community" in letzter Zeit in Wissenschaft und Praxis zunehmend auch im Zusammenhang mit dem Thema **Wissensmanagement** und **or-**

---

[1] Zu virtuellen Gemeinschaften als Geschäftsmodellen vgl. Timmers, 1998.

ganisationales Lernen verwendet. Dabei handelt es sich um Lernformen, die nicht curricular als abgegrenzte Bildungsmaßnahme geplant (d.h. dekontextualisiert) sind, sondern in den (Arbeits-)Alltag eingebunden (und damit situiert und kontextualisiert) sind.[2] Aufgrund der wachsenden Bedeutung von Wissen und von kollektivem Lernen als kritische Erfolgsfaktoren für ein Unternehmen wird nach neuen Lernkonzepten gesucht, die die institutionalisierte Dichotomie zwischen Arbeiten und Lernen überbrücken und die beiden Bereiche, die eigentlich genuin zusammengehören, wieder zusammenzuführen. Mit Learning-Communities scheinen Konzepte gefunden worden zu sein, die dazu beitragen, die Trennlinie zwischen Lernen und Arbeiten aufzulösen. Im betrieblichen Arbeitsumfeld werden derartige Gemeinschaften häufig als „Communities of Practice" bezeichnet, ein Konzept, das aus ethnografischen Feldforschungen im betrieblichen Arbeitsumfeld hervorgegangen ist, während das Konzept der Learning-Communities eher aus dem Umfeld des curricular strukturierten Lernens kommt.

Eine beide Ansätze umspannende Definition von Learning-Communities liefern Reinmann-Rothmeier et al. (2000). Sie verstehen unter einer Learning-Community eine Lerngemeinschaft, in der Personen zusammengeschlossen sind, die sich gemeinsam mit einem bestimmten Thema intensiv auseinandersetzen wollen, gemeinsam lernen, schon vorhandenes Wissen austauschen und gemeinsam an Problemstellungen arbeiten.

2.2 Zugrunde liegende Theorien und Konzepte

Virtuelle Lerngemeinschaften basieren maßgeblich auf drei unterschiedlichen Theorie- und Konzeptströmungen. Erstens umfasst es die soziologische Theorie der Gemeinschaft. Ferdinand Tönnies (1922) hat als einer der Ersten den Begriff wissenschaftlich analysiert und vor allem auch dem Begriff der Gesellschaft gegenübergestellt. Während eine Gesellschaft auf eine rationale, egoistische Verfolgung individualisierter Zielsetzungen ausgerichtet ist, basiert eine Gemeinschaft vielmehr auf kollektiven Zielen und emotionalen Bindungen. Im Unternehmenskontext versteht man unter Gemeinschaft eine Organisationsform, deren Legitimation auf Selbststeuerung und Eigeninitiative beruht. Zweitens liegt Lerngemeinschaften ein sozial-konstruktivistisches Lehr-/Lernparadigma zugrunde. Daraus lassen sich Gestaltungsprinzipien ableiten, die den sozialen und kooperativen Lernprozess, problemorientiertes und authentisches Lernen sowie die Integration verschiedener Anwendungskontexte und Perspektiven betonen. Nach Mandl et al. (2001) lassen sich diese Gestaltungsprinzipien auch auf die Entwicklung virtueller Lernumgebungen anwenden. Drittens sind informationstechnologische Konzepte zu berücksichtigen, die für die Entwicklung des „Virtuellen Raumes" benötigt werden. Online-Lerngemeinschaften bedienen sich elektronischer Plattformen sowie Informations- und Kommunikationstechnologien, die spezifische Dienste zur Unterstützung der Gemeinschaft offerieren.

---

[2] Wenger diskutiert den Community-Ansatz im Kontext des situierten Lernens, vgl. Wenger, 1999.

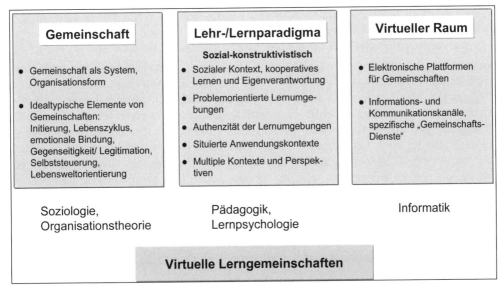

Abbildung 1: Zugrunde liegende Theorien Virtueller Lerngemeinschaften

2.3 Ziele Virtueller Lerngemeinschaften

Überall dort, wo die soziale Bindung die Grundlage einer Handlung legt und diese motiviert, wird es interessant, Communities zu initiieren und deren Wertschöpfungspotenzial sowohl für Communitybetreiber als auch für Communitymitglieder herauszuarbeiten. Die Gemeinschaftsbildung nimmt bei elektronisch unterstützten Lerngemeinschaften deshalb einen zentralen Stellenwert ein, da erfolgreiches, kollektives Lernen in einem zunächst unpersönlichen Medium nur dann langfristig erfolgversprechend sein kann, wenn über das Lernen eine Gemeinschaft geformt worden ist, die das Gegenüber als Person und damit als Lernpartner zu fassen weiß. Wesentliche Zielsetzungen von Online-Learning-Communities sind daher[3]:

- ein tieferes Verständnis über Lerninhalte und Wissensthemen zu erlangen, gemeinsam an Problemen zu arbeiten, Erfahrungen auszutauschen und neues Wissen zu entwickeln,

- Sozialisierungsprozesse unter den Mitgliedern in Form von Gruppenlernen und Gemeinschaftsaktivitäten zu unterstützen,

- die Bildung von formalen und informellen Lerngruppen zu fördern, um implizites Wissen ebenso wie Erfahrungswissen auszutauschen, informelle Diskurse, Freiräume für Ideen zur Verfügung zu stellen, eingebunden in die natürliche Arbeitsumgebung, in der sich das Wissen entwickelt und bewährt hat,

---

[3] Zu den Zielen von Learning-Communities als übergeordnetes instruktionales Rahmenkonzept des collaborative learning vgl. auch Seufert (2000). Mit curricularen Lerngemeinschaften beschäftigen sich ausführlich Paloff et al. (1999).

- eine höhere Studierendenmotivation und höheres Verantwortungsbewusstsein für den Lernerfolg zu erzielen sowie die Drop-out-Quote in selbstorganisierenden Lernumgebungen zu vermindern (bei curricularen Learning-Communities).

Gemeinschaften sind für die Unterstützung von Lernprozessen deshalb besonders interessant, weil sie auf Eigeninteresse, Freiwilligkeit und intrinsischer Motivation beruhen – Grundbedingungen, die Lernprozesse maßgeblich fördern. Wenn lebenslanges Lernen, selbstgesteuertes Lernen und das Reflektieren eigener Lernprozesse, kooperatives Lernen und die Aneignung von Orientierungswissen immer mehr zu Kernkompetenzen avancieren, dann ist es gerechtfertigt, nach Lernformen zu suchen, die diese Kompetenzbildung stärker fördern als traditionelle Lehr-/Lernmethoden. Online-Learning-Communities scheinen hierbei ein vielversprechendes Konzept zu sein, da sie eine persönliche Identifizierung über lebensweltliche Bezüge und effizienteres Lernen über kooperative Lernformen in den Vordergrund rücken.

2.4 Charakteristische Merkmale virtueller Gemeinschaften

Zusammenfassend sollen nachfolgend konstitutive Merkmale zur Charakterisierung eines „Idealkonzeptes" virtueller Communities aufgeführt werden.

- *Geteiltes Interesse*: Eines der konstitutiven Merkmale realer und virtueller Gemeinschaften stellt ein den Mitgliedern gemeinsames Interesse dar, welches als implizit oder explizit formulierte Intentionalität, Gegenstand oder Idee im Zentrum der Gemeinschaft steht (Eppler, Diemers, 2001). Das gemeinsame Interesse ist bei virtuellen Lerngemeinschaften das voneinander Lernen und gemeinsam Wissen zu entwickeln. Zentraler Motivator für den Gemeinschaftsgedanken ist daher das Eigeninteresse der Mitglieder, das darüber hinaus auch durch das Prinzip der Eigenverantwortung geprägt ist. Eine Lerngemeinschaft beinhaltet somit auch das Potenzial, eine andere Einstellung zum Lernen zu unterstützen, in der auch metakognitive Fähigkeiten und die Selbstevaluation der Lernenden gefördert werden sollen (Reinmann-Rothmeier, 2001).

- *Kommunikation und Interaktion*: Für die innere Stabilität kommt der Regelmäßigkeit von Kommunikation und Interaktion eine wichtige Rolle zu. Die wiederholte, regelmäßige Interaktion zwischen Gemeinschaftsmitgliedern und gemeinsame Aktivitäten hatte bereits Tönnies (1922) als einen elementaren Kohäsionsfaktor innerhalb von Gemeinschaften in den Vordergrund gerückt. Damit wird auch eine wichtige Grundlage geschaffen, Vertrauen in der Gemeinschaft aufzubauen.

- *Reziprozität*: Ein weiteres typisches Merkmal für Communities stellt ein hohes Maß an Reziprozität (auch als „patterns of reciprocal exchange" (Komito, 1998) bezeichnet) dar, was sich durch ein ausgeglichenes Geben und Nehmen (keine Trittbrettfahrer) unter den Gemeinschaftsmitgliedern erklären lässt. In vielen Communities wird dies unterstützt, indem ausgewogene Rollen (z.B. Bereichsverantwortungen, Moderatoren, Beobachter etc.) vergeben werden.

- *Geteilte Normen:* Dieses Merkmal charakterisiert implizite oder explizit formulierte „codes of conduct" oder Verhaltensregeln, welche die Interaktion innerhalb der Gemeinschaft regeln (Eppler, Diemers, 2001). Darüber hinaus sind damit auch die Herausbildung einer gemeinsamen Sprache und eines gemeinsamen Begriffsverständnisses gemeint, welche das Gemeinschaftsgefüge im Verlaufe der Zeit zunehmend stärkt.

- *Kohäsion:* Bezeichnend für Gemeinschaften ist der Zusammenhalt unter den Mitgliedern. Nach Cartwright (1968) sind unter Kohäsion in einer Gruppe diejenigen Kräfte zu verstehen, welche auf die Mitglieder einwirken, damit sie in der Gruppe bleiben. Nach einer Meta-Analyse mit 49 empirischen Untersuchungen bündeln Mullen und Copper (1994) drei elementare Indikatoren der Kohäsion: 1) die „interpersonal attraction", d. h. die gegenseitige Anziehung der Mitglieder auf persönlicher Ebene, 2) „Commitment to task", den Stellenwert, den die Mitglieder der Gemeinschaftsaufgabe beimessen und 3) „Group Pride", was auch mit „Teamgeist" umschrieben werden könnte und den Stolz bezüglich Mitgliedschaft sowie Glauben an die Leistungsfähigkeit der Gruppe zum Ausdruck bringt.

- *Kollektive Wissensbasis:* Für virtuelle Gemeinschaften ist eine gemeinsame Interaktionsplattform konstitutiv, welche die Kommunikation unter Gemeinschaftsmitgliedern erst ermöglicht. Darüber hinaus kann sie Zugriff auf Ressourcen sowie die Vernetzung von Experten bieten (Seufert, 2000). Grundidee einer Gemeinschaft ist es dabei, gemeinsam eine Wissensbasis auf der Basis von Kollaboration zu schaffen (Wenger, 2001).

Diese Elemente von Gemeinschaften sind für die Unterstützung von Lernprozessen deshalb besonders interessant, weil sie auf Eigeninteresse, die Partizipation auf Freiwilligkeit und intrinsischer Motivation beruhen – Grundbedingungen, die Lernprozesse maßgeblich fördern. Wenn lebenslanges Lernen, selbstgesteuertes Lernen und das Reflektieren eigener Lernprozesse, kooperatives Lernen und die Aneignung von Orientierungswissen immer mehr zu Kernkompetenzen avancieren, dann ist es gerechtfertigt, nach Lernformen zu suchen, die auf diese Kompetenzbildung ausgerichtet sind. Online-Learning-Communities scheinen hierbei ein vielversprechendes Konzept zu sein, da sie eine persönliche Identifizierung über lebensweltliche Bezüge und effizientes Lernen über kooperative Lernformen in den Vordergrund rücken.

Der Community-Ansatz stellt zusammenfassend eine instruktionale Rahmenidee zur Gestaltung von virtuellen Lernumgebungen für kooperatives Lernen (Reinmann-Rothmeier, 2002) dar, wobei nicht nur Denkprozesse, sondern auch das persönliche Erleben beim Lernen gefördert werden kann.

3. Einsatzbereiche von Lerngemeinschaften

Mittlerweile schreiben es sich viele Bildungsanbieter auf die Fahne, Lerngemeinschaften im Rahmen ihres Kursangebotes zu fördern. Offensichtlich ist die Gestaltung einer Learning-Community fast so etwas wie ein Qualitätssiegel für eine Bildungsmaßnahme geworden. In wissensintensiven Unternehmen etablieren sich Gemeinschaften, die informelle Lernprozesse und einen Wissensaustausch unter den Mitarbeitern unterstützen. Die Idee einer Lerngemeinschaft kommt in der betrieblichen Bildungspraxis facettenreich vor. Dabei kann zwischen Lerngemeinschaften, die eher formales Lernen unterstützen, bis hin zu Lerngemeinschaften, die eher informelle Lernprozesse fördern, unterschieden werden. Zwar nimmt bei allen Lerngemeinschaften das soziale Beziehungsnetzwerk unter den Mitgliedern eine bedeutende Stellung ein, dennoch kann die Ausgangsmotivation für die Gründung einer virtuellen Lerngemeinschaft dabei sehr stark variieren, wie die nachfolgende Abbildung veranschaulicht:

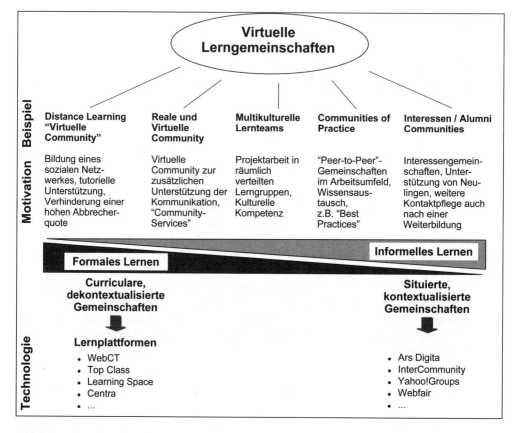

Abbildung 2: Einsatzbereiche von Lerngemeinschaften

Curriculare Lerngemeinschaften, die auf intendierte Lernziele im Rahmen einer Bildungsmaßnahme (z.B. Online-Kurs) ausgerichtet sind, betonen vor allem das E-Tutoring und das selbstgesteuerte und kooperative Lernen. Dabei kommen vor allem herkömmliche Lernplattformen wie beispielsweise WebCT, TopClass oder Learning Space zum Einsatz, die integrierte Informations- und Kommunikationstechnologien für ein Kursmanagement besitzen. Dahingegen bedienen sich situierte, in einen (Unternehmens-)Kontext eingebundene Gemeinschaften spezifischer Community-Plattformen, die Dienste zur Unterstützung einer Gemeinschaft im virtuellen Raum anbieten (vgl. Gestaltung der technologischen Ebene).

4. Gestaltung Virtueller Lerngemeinschaften

4.1 Organisatorische Ebene

Die Organisation einer Community legt fest, um welche Art Community es sich handelt, welches gemeinsame Interesse die Mitglieder verfolgen, welche Rollen institutionalisiert werden sollten und nach welchen Verhaltensrichtlinien die Community funktioniert. Folgende „Guidelines" für eine erfolgreiche Gemeinschaft lassen sich auf der organisatorischen Ebene formulieren, wobei wiederum der Schwerpunkt auf Learning-Communities gelegt werden soll:

- Von zentraler Bedeutung sind *klare Rahmenbedingungen*, über die zu Beginn verhandelt und die von jedem Mitglied akzeptiert werden sollten. Besondere Aufmerksamkeit kommt *der Partizipation und dem Erstellen von Beiträgen* zu. Palloff und Pratt weisen darauf hin, dass eine Lerngemeinschaft über Beiträge, die aufeinander Bezug nehmen, fundiert ist (Palloff und Pratt, 1999). Darum ist es wichtig, den Studierenden von Anfang an die Bedeutung und die Qualität dieser Beiträge bewusst zu machen. Häufig sind daran auch Bewertungssysteme geknüpft, Diskussionsbeiträge machen – ähnlich wie eine „Mitarbeitsnote" – einen Teil der Bewertung aus. Im betrieblichen Umfeld gibt es dazu strittige Meinungen. Zum Teil werden ähnliche Mechanismen eingesetzt, wie etwa Incentives für Diskussionsbeiträge, Ratings oder Top Lists; zum Teil werden aber auch finanzielle Anreize eingesetzt.

- Jedes Community-Mitglied gibt ein *Commitment über seine Teilnahme* an der Community ab. Als Basis für dieses Commitment muss er an der Erarbeitung der gemeinsam geltenden Rechte und Pflichten mitgearbeitet bzw. sich dazu geäußert haben. Im Unternehmenskontext können als Ergebnis hierfür eine Community-Mission, ein „code of ethics" oder eine Community-Charta entstehen, die die Basis für die Kommunikation in der Community darstellen (z.B. Umgang mit Kritik, Netiquette etc.).

- Beiträge sind der „Nährstoff" einer Online-Community und zeigen den Grad der Beteiligung und die Präsenz der Teilnehmenden an. Eine Schlüsselaufgabe der Moderatoren ist es, die Kommunikation Teilnehmende – Moderator zu reduzieren und stattdessen die Kommunikation zwischen den Teilnehmenden anzuregen. Zum Teil sind es sehr rigide Vorschriften, die Palloff und Pratt im Laufe zunehmender Erfahrung entwickelt haben. Nebst der Gemeinschaftsbildung, den klaren Regeln, legen sie auch großes Gewicht auf die *Rolle der Moderatoren*, die die Aufgaben haben, die Lerngemeinschaft unauffällig zu begleiten und nur zu intervenieren, wo es nötig ist.

- Technologiebasierte Kommunikation birgt häufig viele Tücken in sich und besonders am Anfang einer Online-Community ist mit Schwierigkeiten zu rechnen. Darüber hinaus können ungeübte Internet-Anwender noch nicht ausreichende Medienkompetenzen haben, was zu Frustrationen und somit Lernhemmnissen führen kann. In Diskussionsforen sollten daher die *eigenen Erfahrungen mit internetbasiertem Lernen gemeinsam reflektiert und schrittweise optimiert* werden.

- Im Rahmen der organisatorischen Planung einer Online-Community sollte auch angestrebt werden, den Mitgliedern *Raum für soziale Fragen und Interessen* sowie für *die Bildung informeller Lerngemeinschaften* zu lassen. Mitglieder sollten in die Weiterentwicklung der Community aktiv einbezogen werden, um eigene Ideen verwirklichen zu können (z.B. Studierende können Eigeninitiativen verfolgen, Sub-Communities, Tauschbörsen etc. einrichten).

Neben den Verhaltensrichtlinien sind auf der organisatorischen Ebene einer Community auch die vorherrschenden Rollen eine wichtige Größe. Sie regeln die Rechte und Pflichten, die ein Mitglied mit einer Rolle übernimmt. Dabei können Rollenkonzepte nach verschiedenen Klassifkationen unterschieden werden. Klassische Rollen in einer curricularen Learning-Community sind beispielsweise Student, Alumni, Dozierende, Online-Tutoren oder Web-Coaches, welche Unterstützung bei Lernprozessen und virtuelle Betreuung und Lernberatung bieten.

Eine weitere Rolleneinteilung orientiert sich nach den wahrgenommenen Funktionen in einer Community, die sich an den Bereichen einer Stadt, einer Gemeinde ausrichten (Schmidt, 2000). Das Verhalten eines Moderators, um beispielsweise Mitglieder einer Community zu Diskussionsbeiträgen zu motivieren und zu intervenieren, hängt nach Kim (2000) maßgeblich vom *Erfahrungshintergrund* des Mitglieds ab. Nach dem Status und Lebenszyklus der Mitgliedschaft in einer Community lassen sich nach Kim die Rollen „Visitors", „Newcomers", „Regulars", die regelmäßig Beiträge abgeben, und „Experts", die in bestimmten Bereichen einen sehr hohen Wissensstand haben und dementsprechend viele wertvolle Expertise-Beiträge erstellen, unterscheiden.

Mitglieder einer Community können darüber hinaus auch inoffizielle Rollen einnehmen, die die Dynamik der Gemeinschaftsbildung in hohem Maße beeinflussen. Kim unterscheidet folgende „*Social Player Types*" in einer Community (Kim, 2000):

- *Achievers, Performers* sind geprägt durch zielfokussiertes Verhalten und können beispielsweise Budget-Verhandlungen mit dem Management führen, die Organisation von Events oder die Koordination mit anderen Communities durchführen.

- *Explorers, Gurus,* die Trends und neue Themen aufgreifen, neue Ideen einbringen. Ihr Verhalten ist stark geprägt durch Neugierde und das Verknüpfen und Neugenerieren von Wissen.

- *Socializers, Greeters, Caretaker,* die sich in besonderem Maße um den Aufbau und die Pflege des sozialen Netzwerkes bemühen. Ihr eigenes Verhalten ist geprägt durch Vertrauen, Einfühlungsvermögen und Hilfsbereitschaft gegenüber anderen Mitgliedern.

- *Killers, Brats* sind eher die „Unruhestifter" in einer Community, die jedoch auch mit provokativen Äußerungen neue Impulse in eine Diskussion bringen können. Gerade in Beiträgen, die irritieren, Paradoxien aufwerfen oder auf Widersprüche hinweisen, liegt oft der eigentliche Lerngewinn.

Moderatoren ebenso wie Web-Coaches oder Online-Tutoren sollten sich dessen bewusst sein und mit entsprechenden Strategien als „Facilitator" einer Community auf die verschiedenen Rollen eingehen.

4.2 Prozess-/Methoden-Ebene

Nach der Beschreibung der organisatorischen Ebene von Online-Communities soll in diesem Abschnitt das Augenmerk auf die Prozess- und Methodenebene gelegt werden. Hierbei soll ein Stufenschema der Entstehung von Virtuellen Communities herangezogen werden, das die folgenden 5 Phasen unterscheidet:

Phase 1: Pre-Implementierung
In der ersten Phase der Gestaltung einer Learning-Community steht im Vordergrund, die Bedürfnisse und das gemeinsame Interesse der Community-Mitglieder zu identifizieren und die tatsächliche Notwendigkeit einer Online-Community festzustellen. Für curriculare Learning-Communities ist in dieser Phase auch das Curriculum-Design zu erarbeiten, wobei besonders kollektive Lernformen in Betracht gezogen werden sollten. Mittlerweile hat man zahlreiche Erfahrungen damit gemacht, dass ein Austausch im Netz kaum zustande kommt, wenn der Diskurs nicht elementarer Bestandteil des Curriculums und in das Kursdesign miteingebunden ist. Essentiell ist hierbei auch, dass das Assessment der Lernergebnisse der Studierenden ebenfalls im Einklang steht mit den gewählten Lernformen (z. B. Bewertung der Partizipation von Diskussionsbeiträgen, Gruppennoten). Handelt es sich um eine situierte, kontextualisierte Learning-Community (z.B. eine Community of Practice), dann sind Überlegungen dahingehend anzustellen, welche Promotoren, Mitglieder und Rollen notwendig sind und ob eine intrinsische Motivation zur aktiven Partizipation ausreichend ist oder ob es zusätzlicher Incentive-Mechanismen bedarf. Für eine Online-Community ist es von zentraler Bedeutung Orientierung für die Mitglieder zu schaffen, etwa über eine intuitiv bedienbare Oberfläche der Community-Plattform (Preece, 2000) oder inhaltliche Orientierung über Kurspläne (beispielsweise als Fahrplan in einer curricularen Learning-Community).

Phase 2: Implementierung – Interessenten anziehen
Den offiziellen Start einer Virtuellen Community stellt diese Phase dar, in der die spezifische Community bekannt gemacht und entsprechende Aufmerksamkeit geschaffen werden sollte. Attraktive Inhalte und Nutzungsbedingungen sollten Interessenten anziehen. Die Einladung von Gastbeobachtern könnte zusätzliche Interessenten animieren, sich in der neuen Community umzuschauen und eine Mitgliedschaft zu erwägen.

Da die Formung einer Lerngemeinschaft über das Internet schwieriger ist, vor allem wenn die Beteiligten nicht schon seit Jahren geübte „Netzbewohner" sind, bedarf es kompetenter Promotoren und erfahrener Moderatoren, die diesen Prozess gestalten, anleiten und begleiten. Besonderen Wert sollte man hierbei auf die Startphase legen, in der es darum geht, sich gegenseitig kennen zu lernen, sich mit Beiträgen vorzustellen und – ein wesentlicher Aspekt, der über den weiteren Erfolg der Lerngemeinschaft entscheiden kann – auf die Beiträge der anderen Bezug zu nehmen. Es geht hier um eine Art der intersubjektiven Identifikation, eine „Geburt" der eigenen „Netzpersönlichkeit" als Basis der Gemeinschaftsbildung, wie sie im Identitätskonzept von Mead (1991) erarbeitet wurde. Den Mitgliedern einer Learning-Community muss von Beginn an die Möglichkeit gegeben werden, einen persönlichen Raum auf der internetbasierten Lernplattform einzunehmen, einen Bezug zwischen der eigenen Lebenswelt und dem Lernraum im Internet herzustellen.

Phase 3: Etablierung und Förderung der VC – Teilnahme fördern:
Damit sich die Community weiter etabliert, ist in dieser Lebenszyklus-Phase einer Online-Community ein reger kommunikativer Austausch über Beiträge zu unterstützen und – auch über eine Startphase hinaus – am Leben zu erhalten. Um den Austausch von Wissen und Erfahrung anzuregen ist es wichtig, eine Atmosphäre der Offenheit zu kreieren, die nicht von vornherein gewisse Themen oder Sichtweisen ausschließt, die vielleicht auf den ersten Blick nicht mit der gemeinsamen Thematik assoziiert werden können. Dem Aspekt des Respektiert-Seins muss von Anfang an große Aufmerksamkeit geschenkt werden. So ist es u.a. wichtig auf die Bedeutung gegenseitigen Feedbacks hinzuweisen, damit sich die Teilnehmenden Schritt für Schritt gegenseitig in die Gemeinschaft und gemeinsamen Tätigkeiten einbinden. Neben der Unterstützung der Interaktion in der Community sollten auch Maßnahmen unternommen werden, die sich auf die Erweiterung der Inhalte oder beispielsweise die Organisation interessanter Events beziehen. Die Community-Mitglieder müssen in dieser Phase einen dauerhaften Nutzen in ihrer Mitgliedschaft erkennen können.

Phase 4: Kontinuierliche Weiterentwicklung – Loyalität schaffen
Nach der Phase der Etablierung einer Online-Community richtet sich der Fokus in dieser Phase auf die kontinuierliche Weiterentwicklung, auch mit dem Ziel, eine Bindung und Loyalität der Mitglieder an die Community herzustellen. Dies kann beispielsweise in Form von individualisierten Angeboten erfolgen, die auf der Beobachtung der Interessenschwerpunkte basieren (z.B. Benutzerprofile in personalisierten Community-Portalen). Während der Anbieter einer Virtuellen Community hierbei aktiver in Erscheinung tritt, um „kundenorientierte" Inhalte anzubieten, rückt die Rolle des Moderators zunehmend in den Hintergrund. Wie bereits erwähnt, haben „Facilitators" und Moderatoren die Aufgabe, die Lerngemeinschaft unauffällig zu begleiten und nur dort zu intervenieren, wo es nötig ist. Es ist ein Prozess, der zunehmende Autonomie anstrebt. Die Moderatoren treten mit zunehmender Kompetenz der TeilnehmerInnen in den Hintergrund und reduzieren ihre Interventionstätigkeit schrittweise. Dort wo die TeilnehmerInnen bereits über Kompetenz verfügen, treten die Selbststeuerungsaktivitäten der Learning-Community in den Vordergrund. Die Selbstlernkompetenz und Reflexionsfähigkeit sind anzustrebende Ziele, die durch Moderatoren angeregt und von den Teilnehmenden kooperativ weiterentwickelt werden sollten.

Phase 5: Nachhaltigkeit – Wertschöpfungsbasis für VC-Anbieter und Community-Mitglieder herausarbeiten
Die letzte Phase im Lebenszyklus einer Virtuellen Community ist dem Ausarbeiten der Nachhaltigkeit der Community gewidmet. Dabei können Maßnahmen eruiert werden, die auf den Nutzen von Virtuellen Communities auch für den Anbieter ausgerichtet sind. Diese Maßnahmen müssen in Abstimmung mit den Community-Mitgliedern erfolgen, beispielsweise kann Werbung in der VC auch kontraproduktiv wirken. Unter Umständen ist die Dauer einer Learning-Community zeitlich begrenzt (z.B. durch das Ende eines Kurses) und somit die Nachhaltigkeit nicht zu erzielen. Falls dies der Fall ist, sollten Potenziale analysiert werden, ob die Förderung der Überleitung in eine neue Community (z.B. in eine Alumni-Community) oder das Zusammenbringen verschiedener Communities sinnstiftend sein könnte.

4.3 Technologische Ebene

Für die Gestaltung von Online-Communities soll in diesem Abschnitt die technologische Ebene und damit verbunden die Auswahl der entsprechenden Community-Plattform beleuchtet werden. Handelt es sich um *curriculare, dekontextualisierte Online-Learning-Communities*, dann sind gängige Lernplattformen auf dem Markt geeignet, wie beispielsweise das WebCT, Top Class oder das Learning-Management-System CLIX. Diese Systeme haben bereits Servicekomponenten für die Unterstützung von Communities integriert. Funktionalitäten, wie beispielsweise Yellow Pages für das Auffinden von Experten, Diskussionsforen und Chatrooms (Seufert et al., 2001), werden häufig unter diese Services subsumiert.

Für den Aufbau von *situierten Learning-Communities*, Communities of Practice, haben sich mittlerweile zahlreiche Community-Plattformen auf dem Markt etabliert. Sie stellen spezifische Mechanismen für die Moderation von Diskussionen sowie den Umgang mit Diskussionsbeiträgen zur Verfügung (z.B. Rating-Funktionalitäten von Diskussionsbeiträgen), um den Aufbau einer Community zu fördern (Scardamalia und Bereiter, 1996).

Services, welche die Bildung von internetbasierten Gemeinschaften unterstützen sollen und somit häufig Funktionalitäten von Community-Plattformen darstellen, sind in der nachfolgenden Abbildung aufgeführt, wobei sie den entsprechenden Community-Merkmalen zugeordnet sind, welche sie maßgeblich unterstützen können:

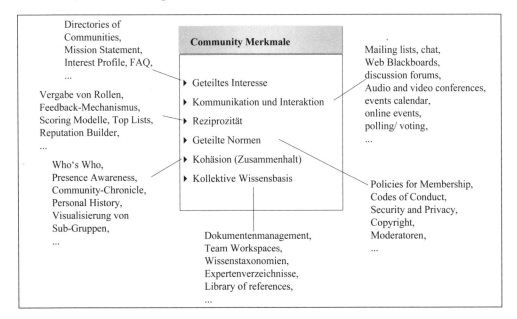

Abbildung 3: Service Funktionen für Communities

Wenger (2001) stellt die These auf, dass die Ergänzung um community-orientierte Funktionalitäten in den nächsten Jahren bei sehr vielen Software-Applikationen der Fall sein wird und sich die verschiedenen Applikationsarten deshalb stärker aufeinander zu bewegen werden. In der nachfolgenden Abbildung ist in Anlehnung an Wenger (2001) eine Kategorisierung community-orientierter Technologien vorgenommen worden, welche verschiedene Einsatzbereiche (z.B. dedizierte Lernszenarien, synchrone Interaktionen etc.) des Community-Ansatzes aufzeigen sollen.

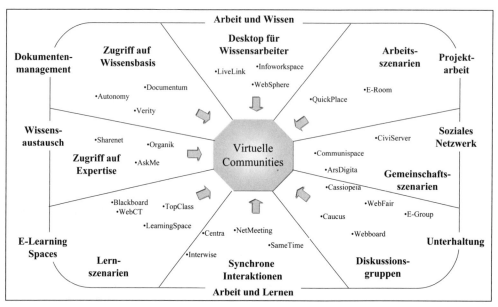

Abbildung 4: Community-orientierte Technologien

5. Fazit

In diesem Beitrag wurden Gemeinschaften zur Unterstützung von (formalen als auch informellen) Lernprozessen betrachtet. Dabei wurde zunächst ein Begriffsverständnis für Lerngemeinschaften entwickelt, wobei die verschiedenen Facetten der Einsatzbereiche von virtuellen Lerngemeinschaften aufgefächert wurden. Im Anschluss daran wurden maßgebliche Gestaltungsfelder auf einer organisatorischen, methodischen und technischen Ebene erläutert.

Auch wenn man der Ansicht ist, dass der Community-Begriff seinen Lebenszyklus hat und über kurz oder lang wieder von anderen Begriffen abgelöst wird, so bleibt doch festzuhalten, dass hiermit grundlegende und bislang vernachlässigte soziale Phänomene im Zusammenhang mit medial vermitteltem Lernen ins Blickfeld gerückt werden. Diese Phänomene (z.B. emotionale Bindung der Lernenden, Austausch von Wissen, gegenseitige Motivationsunterstützung etc.) markieren Herausforderungen für die weitere Entwicklung im Feld des E-Learning und des Wissensmanagements, d.h. für die Gestaltung von kollektiven und organisationalen Lernprozessen.

Abschließend soll auf einige zentrale Spannungsfelder hingewiesen werden, die in Tabelle 1 zusammengefasst sind. Zentrale Herausforderung für das Management bzw. für Bildungsanbieter von virtuellen Learning-Communities wird es sein, die Balance zwischen all diesen Polen zu finden.

←Spannungsfelder→	
Selbststeuerung: Der Erfolg einer Gemeinschaft beruht auf Freiwilligkeit und dem persönlichen Engagement der Mitglieder.	*Fremdsteuerung*: Gewisse Rahmenbedingungen und Regeln für die Kommunikation müssen für die Mitglieder vorgegeben werden (ohne jedoch zu stark zu reglementieren und die Eigeninitiative zu untergraben).
Virtuelle Aktivitäten: Lerngemeinschaften können sich effizient (und kostengünstig) mit Hilfe virtueller Interaktionsplattformen organisieren.	*Reale Aktivitäten* Um das Vertrauen untereinander zu fördern und die Motivation aufrechtzuerhalten, benötigen die Mitglieder einer Gemeinschaft i. d. R. gemeinsame Erlebnisse und reale Zusammenkünfte.
Werthaltungen: Eine funktionierende Gemeinschaft zeichnet sich durch eine hohe emotionale Bindung der Mitglieder an die Community aus, die gemeinsame Werte und Interessen teilen.	*Sachlich betriebsrelevante Themen*: In Gemeinschaften sollen jedoch vor allem sachliche, betriebsrelevante Themen diskutiert werden (auch wenn die Unterstützung informeller Lernprozesse zentral ist).
Kontinuität: Eine Gemeinschaft soll eine gewisse Beständigkeit aufweisen, um das notwendige Vertrauen der Mitglieder untereinander zu fördern und eine gemeinsame Werte- und Wissensbasis aufzubauen.	*Veränderung*: Eine Gemeinschaft unterliegt jedoch auch einem bestimmten Lebenszyklus. Sie hat sich daher an die sich wandelnden Begebenheiten anzupassen (z. B. sich verkleinern, neu gruppieren oder sich sogar auflösen, wenn die situationsabhängigen Bedürfnisse nicht mehr gegeben sind).

Tabelle 1: Zentrale Paradoxien im Umgang mit Lerngemeinschaften

Literatur

CARTWRIGHT, D. (1968). The nature of group cohesiveness. In: D. Cartwright & Zander, A. (Eds.): *Group dynamics: Research and theory* (3rd ed.) (pp. 91–109). London: Tavistock.

DYSON, E. (1997). *Release 2.0, A Design for Living in the Digital Age*. New York: Broadway Books.

EPPLER, M. & DIEMERS, D. (2001). Reale und Virtuelle Gemeinschaften im betriebswirtschaftlichen Kontext. Ansätze zum Verständnis und zum Management von Communities. *Die Unternehmung*, 55 (1), S. 35–47.

HAGEL, J. & ARMSTRONG, A. G. (1997). *Net Gain: Expanding Markets through Virtual Communities*. Boston: Harvard Business School Press.

KOMITO, L. (1998). The Net as a Foraging Society. Flexible Communities. In: *The Information Society*, 14, pp. 97–106.

MANDL, H. & WINKLER, K. (2002). Auf dem Weg zu einer neuen Weiterbildungskultur. Der Beitrag von E-Learning in Unternehmen. In: Münchner Kreis (Hrsg.): *eLearning in Unternehmen – neue Wege für Training und Weiterbildung*, München: Tagungsband Münchner Kreis.

MULLEN, B. & COPPER, C. (1994). The relation between group cohesiveness and performance: an integration. *Psychological Bulletin*, 115 (2), pp. 210–227.

PALLOFF, R. M. & PRATT, K. (1999). *Building Learning Communities in Cyberspace: Effective Strategies for the Online Classroom*. San Francisco: Jossey-Bass.

REINMANN-ROTHMEIER, G., MANDL, H. & PRENZEL, M. (2000). *Computerunterstützte Lernumgebungen. Planung, Gestaltung und Bewertung*. München: Wiley.

REINMANN-ROTHMEIER, G. (2002). Virtuelles Lernen zwischen Mensch und Technik. *PERSONAL*, 1, S. 722–727.

RHEINGOLD, H. (1993). *The Virtual Community: Homesteading on the electronic Frontier*. New York: Perseus Books.

SEUFERT, S. (2000). The NetAcademy as a Medium for Learning Communities. *Educational Technology & Society*. 3 (3), Special Issue „On-line Collaborative Learning Environments", pp. 22–35.

SEUFERT, S., MOISSEEVA, M. & STEINBECK, R. (2002). Virtuelle Communities gestalten. In: A. Hohenstein & Wilbers, K. (Hrsg.): *Handbuch E-Learning*. Köln: Fachverlag Deutscher Wirtschaftsdienst.

TIMMERS, P. (1998). Business Models for Electronic Markets. EM. *Electronic Markets*, 8 (2), pp. 3–8.

TÖNNIES, F. (1992). *Gemeinschaft und Gesellschaft. Grundbegriffe einer reinen Soziologie* (4./5. Aufl.). Berlin: Curtius.

WENGER, E. (1999): *Communities of Practice: Learning, Meaning, and Identity*. Cambridge: Cambridge University Press.

WENGER, E. C. (2001): *Supporting Communities of Practice. A survey of community oriented technologies*. Abstract retrieved November 26, 2003, from http://www.ewenger.com/tech/index.htm.

Michael Kerres – Ilke Nübel – Wanda Grabe

Gestaltung der Online-Betreuung für E-Learning

Abstract

Die Betreuung von Studierenden kann durch das Internet maßgeblich unterstützt werden. Es kann als Informationsplattform und für die persönliche Betreuung genutzt werden. Bei der Online-Betreuung kommen unterschiedliche Konzepte zum Einsatz. Betreuung kann dabei einmal aufgefasst werden als Unterstützung der Lernenden bei der Auseinandersetzung mit den Lehrinhalten. Betreuung kann aber auch eine Unterstützung der Lernenden mit dem Lernen selbst beinhalten. Für das Fernstudium wurde das Modell des *split role tutorings* entwickelt, das beide Aufgabenbereiche abdeckt.

Die Autoren

Michael Kerres, geb. 1960 in Wien, 1978–1983 Studium der Psychologie, Pädagogik und Informatik, 1988 Promotion (Psychologie), 1998 Habilitation, 1990–1998 Professur für Mediendidaktik und -psychologie, Fachhochschule Furtwangen, 1995–1999 Leiter teleakademie, 1998–2001 Professur für Pädagogische Psychologie (Medien), Uni Bochum, ab 2001 Professur für Mediendidaktik und Wissensmanagement, Uni Duisburg-Essen, und Leiter Duisburg Learning Lab sowie Steinbeis-Transferzentrum Bildung und Medien.

Ilke Nübel ist wissenschaftliche Mitarbeiterin an der Universität Duisburg-Essen am Lehrstuhl für Mediendidaktik und Wissensmanagement. Ihre Forschungsschwerpunkte sind E-Learning und Wissensmanagement sowie deren Zusammenwirken. Sie hat an der Universität Mannheim und der University of Massachusetts Erziehungswissenschaft und Betriebswirtschaft studiert.

Wanda Grabe ist wissenschaftliche Mitarbeiterin am Lehrstuhl für Mediendidaktik und Wissensmanagement der Universität Duisburg-Essen im Projekt Educational Media. Zuvor hat sie zwei Jahre als Projektmanagerin und Content-Entwicklerin in einer auf E-Learning und Wissensmanagement spezialisierten Internetagentur gearbeitet. Frau Grabe studierte Politologie an der Universität Frankfurt am Main.

Michael Kerres – Ilke Nübel – Wanda Grabe

Gestaltung der Online-Betreuung für E-Learning

1.	Bedeutung von Betreuung in der Hochschule	338
2.	Dimensionen des Tutoring	339
3.	Umfang und Ausrichtung der Betreuung	342
	3.1 Internet als personalisiertes Informationsportal	342
	3.2 Internet und persönliche Betreuung	343
4.	Auswahl von Kommunikationstechniken	344
	4.1 Auswahl und Einsatz von Werkzeugen	345
5.	Fallbeispiel: Betreuung im Online-Studiengang „Master of Arts in Educational Media"	346
	5.1 Aufgaben von Gruppentutor/innen	347
	5.2 Aufgaben von Fachtutor/innen	348
	Literatur	348

1. Bedeutung von Betreuung in der Hochschule

Die Betreuung von Studierenden, über die im engeren Sinne „Lehre als Wissensvermittlung" hinaus, ist eine selbstverständliche und etablierte Dienstleistung von Hochschulen. Traditionell basiert die Idee von Universität auf einem engen persönlichen Verhältnis von Lehrenden und Lernenden, in dem Forschung und Lehre eine Verbindung eingeht. Wissenschaft ist „Wertschöpfung durch Kommunikation", die bestimmter Voraussetzungen bedarf (vgl. Parsons & Platt, 1990).

Betreuung von Studierenden hat dabei eine Vielzahl von Funktionen. Zum einen bezieht sich Betreuung auf die fachliche Dimension, d.h. Anleitung zur thematischen Diskussion und Übung sowie Rückmeldung über den Lernfortschritt. Zum anderen beinhaltet Betreuung auch eine weitergehende persönliche und persönlichkeitsbildende Dimension. Zu nennen wären zunächst alle Varianten von Studienberatung, etwa zur Studienfachwahl, zur Belegung und zum Studienverhalten. Darüber hinaus sorgt der persönliche Kontakt zwischen Lehrenden und Lernenden für das Hineinwachsen in ein bestimmtes Fachgebiet und Berufsfeld, der etwa in typischen Arbeitsmethoden, aber auch in Haltungen und Umgangsformen („Habitus") Ausdruck findet.

Diese Sozialisation von Studierenden wird an Präsenzhochschulen zumindest teilweise selbst dann erfüllt, wenn sie – in der Anonymität von Massenuniversitäten – wenig persönlichen und direkten Kontakt zu Lehrenden haben. Bereits durch Beobachtung des Verhaltens von Dozierenden und durch Kontakt zwischen Studierenden untereinander kann diese Funktion – zumindest in Teilen – eingelöst werden. Diese Sozialisationsfunktion ist eine ganz wesentliche gesellschaftliche Aufgabe von Hochschule, die Lehrenden in ihren Betreuungsaktivitäten vielfach wenig bewusst ist.

Auch Fernstudieneinrichtungen sehen sich nicht als Distributoren von Lernmaterialien; sie verstehen Betreuung – in der Tradition der so genannten *correspondance courses* – als wesentliches Element ihres Angebotes (Holmberg, 1989; Keegan, 1986; Moore & Kearsley, 1996; Ortner, 1991; Peters, 1997).

„Korrespondenz" in der Fernlehre bezog sich über lange Zeit auf den postalischen Versand bzw. Austausch von Studien-„Briefen" und „Einsende"-Aufgaben. Auf diese Weise können Menschen Bildungsangebote nutzen, die ihnen anders nicht zugänglich sind. Um große Mengen an Studierenden betreuen zu können, wurden automatisierte Auswerteverfahren entwickelt, bei denen die Rückmeldung zu Lernaufgaben durch einen Computer erfolgt.

Eine solche Kommunikation über Distanzen unterliegt Einschränkungen. Gerade die persönlichkeitsbildende Funktion von Betreuung steht zurück, da Fernstudierende in ihren häuslichen oder beruflichen Kontext eingebunden bleiben und nur ansatzweise eine „Hochschulsozialisation" erleben, auch wenn sie fachlich weitreichende Qualifikationen erwerben. Für *distance education* öffnet das Internet eine wesentlich schnellere, letztlich kostengünstigere Möglichkeit der Kommunikation zwischen betreuender Einrichtung und Lernenden, die zugleich auch eine deutlich stärkere persönliche Einbindung des Fernstudenten in den virtuellen Campus einer Universität ermöglicht.

Grundsätzlich ist zu überlegen, welche Funktion Online-Betreuung bei E-Learning-Angeboten erfüllen kann. Der Versuch, persönliche Begegnung an Präsenzhochschulen durch Online-Kommunikation weitgehend zu ersetzen, erscheint wenig Ziel führend, da damit die skizzierten Anforderungen an die Betreuung in der Regel nicht hinreichend eingelöst werden können. Interessant ist vielmehr, an welchen Stellen Online-Betreuung *mehr* Qualität für Lehrende und Lernende bietet und wie durch zusätzliche internetbasierte Elemente die Betreuungsqualität erhöht werden kann.

2. Dimensionen des Tutoring

Um die Aufgaben von Tutor/innen[1] bei der Online-Betreuung zu beschreiben, kann auf vorliegende Modelle aus der Pädagogik zum Lehrverhalten bzw. aus der Führungspsychologie zurückgegriffen werden. In beiden Kontexten geht es um die Frage, wie sich Tätigkeiten von Lehrenden bzw. Führungskräften systematisieren lassen und welche Merkmale sich positiv auf das Verhalten von Lernenden bzw. Mitarbeiter/innen auswirken.

Auf der Grundlage von Beobachtungsstudien im Klassenzimmer entwickelten Tausch & Tausch (1998) ein Modell, mit dem sich Lehrverhalten anhand von folgenden Hauptdimensionen beschreiben lässt:

- sozio-emotionale Zuwendung (Echtheit, Wärme, Rücksichtnahme)
- fördernde nicht dirigierende Einzeltätigkeiten (Anregungen und Angebote, Rückmeldungen und Hilfestellungen)
- Dirigierung-Lenkung

Tausch & Tausch (1998) betonen insbesondere die positive Wirkung von sozio-emotionaler Zuwendung durch Lehrende und der nicht dirigierenden Aktivitäten von Lehrkräften für den Unterrichtsprozess.

In der führungspsychologischen Forschung waren die Studien von Fleishman (1957) maßgeblich. Das Verhalten von Führungskräften kann danach beschrieben werden durch folgende zwei Dimensionen:

---

[1] Im vorliegenden Text bezieht sich der Begriff „Tutor/innen" – wie in der mediendidaktischen Literatur üblich – ganz allgemein auf Betreuungspersonal, unabhängig von dem Status der Person. In der Hochschulpraxis wird der Begriff Tutor/in dagegen oft eingeschränkter genutzt und bezieht sich – in Abgrenzung von „Dozierenden" – auf Studierende höherer Semester, die in der Lehre unterstützend tätig sind.

- *consideration*/Mitarbeiterorientierung (allgemeine Wertschätzung und Achtung, Offenheit, Zugänglichkeit, Bereitschaft zu zweiseitiger Kommunikation, Einsatz und Sorge für den Einzelnen).

- *initiating structure*/Aufgabenorientierung (Strukturierung, Definition und Klärung des Ziels und der Wege zum Ziel durch Aktivierung und leistungsmotivierendes Verhalten sowie Kontrolle und Beaufsichtigung).

Es gibt zum Beispiel Führungskräfte mit starker Aufgaben- und niedriger Mitarbeiterorientierung oder Führungskräfte mit niedriger Aufgaben- und hoher Mitarbeiterorientierung. Nach diesem Modell zeichnen sich gute Führungskräfte durch hohe Werte in beiden Dimensionen aus.

In Anlehnung an diese Modelle können die Aufgaben von Tutor/innen in einem zweidimensionalen Raum beschrieben werden:

1. fachbezogene Betreuung

    - Klärung von inhaltlichen Fragen, Hilfestellungen bei Verständnisproblemen, Unklarheiten, Missverständnissen
    - Hinweise auf Literatur und Hilfsmittel, auf Arbeitstechniken und Methoden
    - Hinführung zu Lernaufgaben, Hinweise zur Bearbeitung von Lernaufgaben
    - Rückmeldung zu Lernaufgaben und zur Vorgehensweise

    Die fachbezogene Betreuung sichert insbesondere, dass die Lernenden die Lehrinhalte verstehen und anwenden können, u.a. indem Materialien ausgewählt werden, Beispiele und Aufgaben entwickelt werden, weiterführende Hinweise gegeben werden und vor allem um die Lösung von Lernaufgaben zu prüfen/zu korrigieren/zu bewerten. Sie wird eingerichtet, damit Verständnisprobleme verhindert werden und die fachliche Qualität sowohl des Lernmaterials/der Lernumgebung als auch des Lernfortschrittes zu sichern.

1. personen- bzw. gruppenbezogene Betreuung

    - (Unterstützung bei der) Organisation von Lernaktivitäten
    - Rückmeldung zum Lernverhalten des Einzelnen/der Gruppe
    - Unterstützung bei Konflikten
    - Betreuung bei Lernproblemen des Einzelnen/der Gruppe, Studienberatung

    Die personen- bzw. gruppenbezogene Betreuung soll soziale Präsenz und Kohäsion schaffen, sie fördert ein diskussionsfreundliches Klima, gibt Feedback, motiviert die Lernenden zur aktiven Beteiligung, erzeugt Verbindlichkeit und Respekt und hilft mögliche Konflikte zu lösen. Sie gestaltet die Rahmenbedingungen für die Kommunikation durch Entwicklung von Normen, Regeln, Abstimmungsverfahren, Entscheidungsprozessen usw. Diese Aufgaben sind besonders in Anfangs- und Konfliktsituationen wichtig (s.a. Berge, 1995; Friedrich, Hesse, Ferber & Heins, 2002).

Gestaltung der Online-Betreuung für E-Learning

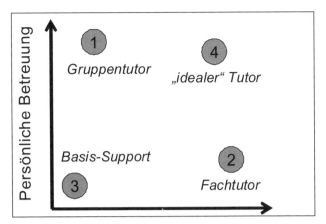

Abbildung 1: Tutoring-Konzepte

Bei der Entwicklung eines Betreuungskonzeptes kann die Tätigkeit von Tele-Tutor/innen unterschiedlich angelegt werden und anhand der beiden Dimensionen eingeordnet werden (s.a. Kerres & Jechle, 2000). Teilweise werden Tutor/innen vor allem für die fachbezogene Betreuung (s. Abbildung 1) eingesetzt, sie verstehen sich primär als Inhaltsexpert/innen, die bei fachlichen Fragen zu Rate gezogen werden. In anderen Fällen sollen Tele-Tutor/innen vor allem eine personen- bzw. gruppenbezogene Betreuung übernehmen, sie verstehen sich primär als Coach, der sich für das Wohlbefinden des Einzelnen/der Gruppe verantwortlich fühlt, bei übergreifenden Fragen und Problemen zum Lernprozess einspringt und bei der Erreichung des Lernzieles unterstützt.

Von „idealen" Tutor/innen wäre entsprechend zu fordern, dass sie in beiden Dimensionen hohe Werte erzielen (s.a. Busch & Mayer, 2002; Rautenstrauch, 2001). Allerdings ist dies in manchen Fällen durch die Lernorganisation nicht einfach realisierbar bzw. wird nicht angestrebt. So ist es besonders im Fernstudium nicht selbstverständlich, eine Beziehung zu einer Tutorin aufzubauen, die auch als persönliche Betreuerin wahrgenommen wird. Deswegen ist es vorteilhaft, wenn ein Tutor über längere Zeit hinweg Ansprechpartner ist. Gleichzeitig wird diese Person aber in der Regel nicht in der Lage sein, für die vielfältigen inhaltlichen Fragen fachliche Betreuung leisten zu können. Als Lösungsansatz beschreiben Nübel & Kerres (2004) das Modell des *split role tutoring*, bei dem eine Person die fachlichen Belange betreut und eine andere Person als Gruppentutor insbesondere sozio-emotionale Aspekte abdeckt.

Ein weiteres, viertes Konzept fasst Betreuung eher als technischen Basis-Support auf, der z.B. sicherstellen soll,

- dass der Betrieb eines E-Learning-Angebotes funktioniert,
- dass die Lernenden auf das Angebot zugreifen können und bei Fragen mit dem System Unterstützung bekommen,
- dass Materialien eingestellt und gesichert werden etc.,
- dass Fehlermeldungen weitergeleitet werden.

Ein Basis-Support muss in jedem Fall gewährleistet werden. Ob ein solcher Support als Betreuungs-Dienstleistung hinreichend ist, wird davon abhängen, inwieweit das Lernmaterial für das Selbststudium geeignet bzw. aufbereitet ist, inwieweit für die Erreichung der Lehrziele Betreuung erforderlich ist und inwieweit andere Betreuung face-to-face verfügbar ist. Er stellt in jedem Fall die höchsten Anforderungen an die Lernkompetenz der Studierenden.

3. Umfang und Ausrichtung der Betreuung

Grundsätzlich ist zu entscheiden, in welchem Umfang und mit welcher Ausrichtung Betreuung angeboten werden soll. (Wozu) Ist persönliche Betreuung erforderlich? Welche Anteile der Betreuung können/sollen online erfolgen, welche Anteile sollen face-to-face erfolgen?

Persönliche Betreuung ist ein mögliches, in vielen Situationen wichtiges, aber keineswegs immer erforderliches Element eines E-Learning-Angebotes, da es mit nicht unerheblichen Aufwendungen verknüpft ist. Deswegen wird in jedem Fall zunächst zu prüfen sein, zu welchen Aspekten und in welchem Ausmaß „reine" Informationsangebote (ohne persönliche Betreuung) auf dem Internet für die Unterstützung des Lernprozesses hinreichend sind.

Für den Erfolg von E-Learning-Angeboten ist es jedoch in vielen Fällen erforderlich, einen Mix unterschiedlicher methodischer und medialer Elemente zu kombinieren, wie z.B. das mediengestützte Selbststudium, das kooperative Lernen in Gruppen, Präsenztreffen und auch eine tutorielle Betreuung (vgl. das Konzept der hybriden Lernarrangements bzw. des Blended Learning, Kerres & de Witt, 2003).

3.1 Internet als personalisiertes Informationsportal

Das Internet kann vorhandene face-to-face Betreuung verbessern, indem z.B. immer wiederkehrende Fragen, etwa der Studienberatung, auf Internetseiten beantwortet werden. Die Präsentation von Informationen im Internet ist eine in vielen Fällen immer noch viel zu wenig genutzte und unterschätzte Form von „Betreuung". Durch eine konsequente Nutzung des Internet als Portal für Studierende, in der alle relevanten Informationen für den Einzelnen vorliegen, kann die Betreuungsqualität gesteigert werden.

Allerdings ist dazu ein Umdenken erforderlich, wie mit Informationen an Hochschulen umgegangen wird. In vielen Fällen werden sie immer noch wenig strukturiert, auf vielen verstreuten Seiten, in wenig ansprechendem und nicht konsistentem Layout und Design im Internet abgelegt. Sie sind damit oft schwer zugänglich und wenig attraktiv.

Für ein alltagstaugliches Informationsportal ist dagegen u.a. zu fordern:

- Alle für den Studienbetrieb relevanten Informationen werden im Internet aktuell vorgehalten.

- Über das Studienportal können alle relevanten Informationen aller Untereinrichtungen abgerufen werden.
- Es werden genau (nur) die Informationen präsentiert, die eine Person interessieren (Personalisierung).
- Das System differenziert zwischen unterschiedlichen Rollen, mit denen bestimmte Lese- und Schreibrechte verbunden sind, und Mitgliedschaften in unterschiedlichen (Unter-) Institutionen.
- Informationen sind in Layout und Design einheitlich gestaltet.

Für den Aufbau solcher personalisierter Informationsportale sind wesentlich komplexere Werkzeuge erforderlich als sie heute für das Internet-Publishing an Lehrstühlen und Instituten in der Regel angewendet werden. Hinzu kommt, dass ein institutionsweites Informationsmanagement aufgesetzt werden muss, das die Grundzüge solcher Portale konzeptuell definiert und technisch umsetzt (Kerres, Nattland & Weckmann, 2003).

Das Internet spielt bei der Dissemination von Informationen eine zunehmend bedeutsame Rolle. Dazu reicht es nicht aus, lediglich eine FAQ-Liste („*frequently asked questions*") oder Studien- und Prüfungsordnungen abzulegen. Ein personalisiertes Informationsportal schafft vielmehr einen zentralen Ort für den Abruf und den Austausch aller aktuellen, studienrelevanten Informationen und trägt somit ganz entscheidend zur Bildung eines Gemeinschaftsgefühls (*learning communities*) in einer Einrichtung bei.

3.2 Internet und persönliche Betreuung

Die Nutzung des Internet für die persönliche Betreuung von Studierenden wirft im Kontext eines Präsenz-Studiengangs andere Fragen auf als in einem Fern-Studiengang. In den beiden Kontexten ergibt sich für die Gestaltung der Betreuung eine andere Ausgangssituation.

1. Studierende in einem Präsenzstudiengang gehen (heute) zunächst selbstverständlich von einer Face-to-face-Betreuung aus. Nachdem die erste Neugier befriedigt ist, wird der Nutzen von Online-Elementen im Regelbetrieb deswegen – durchaus berechtigt – infrage gestellt. Der Sorge von Studierenden, dass Online-Betreuung letztlich zur Verschlechterung der Studienbedingungen beiträgt, kann nur durch ein überzeugendes mediendidaktisches Konzept begegnet werden, in dem der Mehrwert der Online-Betreuung sichtbar wird. Dabei kommt es vor allem darauf an, Online-Elemente sinnvoll mit Elementen des Präsenzstudiums zu verbinden und das Internet sowohl als Informations- als auch als Kommunikationsmedium einzusetzen. Konzepte, die im Rahmen von Fernstudiengängen entwickelt worden sind, sind nur begrenzt auf Präsenzstudiengänge anwendbar.

2. Studierende in einem Fernstudiengang nehmen die Online-Betreuung dagegen wesentlich selbstverständlicher als Bestandteil des Angebotes wahr. Betreuung im Fernstudium beinhaltet traditionell zum einen die fachliche Rückmeldung zu „Einsendeaufgaben", das Angebot von Präsenztreffen in Studienzentren sowie die persönliche (Studien-) Beratung durch Mentoren/innen, in der Regel per Telefon. Durch das Internet kann die Betreuung schneller, intensiver und in mancher Hinsicht weniger aufwendig abgewickelt werden.

Hier ist eher umgekehrt zu begründen, wenn eine Betreuung nicht *remote* über Distanzen hinweg realisiert wird, sondern in Präsenztreffen *face-to-face* stattfinden soll.

Für *Lehrende* scheint die größte Hürde bei der Einführung von Elementen der Online-Betreuung (in beiden Kontexten) die Sorge, mit Anfragen „überschüttet" zu werden. Dieser Sorge kann jedoch durch bestimmte Techniken und Vorgehensweisen gut begegnet werden. Besonders geeignet erscheinen Kommunikationswerkzeuge, die die direkte Kommunikation zwischen Studierenden und Lehrenden „filtern". Läuft die Kommunikation etwa über ein Internet-Forum, so ist die Wahrscheinlichkeit hoch, dass zu vielen Fragen bereits Antworten vorliegen. Das Forum kann etwa auch von einer studentischen Hilfskraft betreut werden, die das Forum „pflegt" und nur nicht beantwortete/selbst beantwortbare Fragen weiterleitet. Eine entsprechende Betreuung per E-Mail wäre dagegen vergleichsweise aufwändig und nutzt die Vorzüge des Internet nur wenig.

4. Auswahl von Kommunikationstechniken

Eine weitere, wesentliche Entscheidung bei der Gestaltung des Betreuungskonzeptes ist die Wahl der Kommunikationstechnik bzw. des -werkzeuges. Bei *synchroner Kommunikation* sind Personen zeitgleich anwesend. Gerade für die persönliche Beratung von Studierenden spielt etwa das Telefon als synchrone Kommunikationstechnik eine wichtige Rolle. Soll dagegen eine Gruppe von Studierenden mit synchroner Technik – entfernt – betreut werden, wurden lange Zeit textbasierte Werkzeuge für einen „Chat" verwendet, deren Nutzen jedoch deutlich begrenzt ist. Mit der zunehmend verfügbaren Bandbreite für die Datenübertragung in Netzen kommen internetbasierte Audio- und/oder Videowerkzeuge zum Einsatz, mit denen Sprach- und Bildverbindungen zwischen mehreren Endstellen hergestellt werden können.

Wenn inhaltlich an bestimmten Themen gearbeitet wird, bietet es sich an, Werkzeuge zu verwenden, die diese Gruppenkommunikation systematisch unterstützt, z.B. durch die gemeinsame Bearbeitung von Dokumenten(-versionen) und deren Speicherung (*application sharing*), die Unterstützung des *turn takings* in der Gesprächsführung oder durch Moderations- und Evaluationswerkzeuge, mit denen sich die Kommunikation „lebendig" halten lässt usw. Gerade solche Werkzeuge für die synchrone Gruppenkommunikation und -arbeit über Netze werden momentan an verschiedenen Orten (weiter-)entwickelt, so dass hier mit weiteren Innovationen zu rechnen ist.

Bei der *asynchronen Kommunikation* zwischen Lernenden und betreuender Institution werden räumliche Distanzen überbrückt und die Lehr-Lernaktivitäten zeitlich entkoppelt: Beim tutoriell betreuten Telelernen werden die Teilnehmenden bei der Bearbeitung von Lernaufgaben von entfernten Tutor/innen im Netz betreut. Der Nachteil besteht insbesondere im Aufwand dieser Art der Betreuung, da sich dieser weitgehend proportional zu den Teilnehmerzahlen verhält und somit nur geringe Kostenvorteile durch die höhere Teilnehmerzahl erzielt werden können.

Gestaltung der Online-Betreuung für E-Learning

Der Stellenwert der asynchronen Kommunikation für das E-Learning wird weiterhin hoch bleiben. Denn die asynchrone Kommunikation „befreit" sowohl in Präsenzstudiengängen als auch im Fernstudium von der Abhängigkeit, zu einem bestimmten Zeitpunkt an einer Veranstaltung teilnehmen zu müssen. So ist zu bedenken, dass der Wunsch an einem E-Learning-Angebot teilzunehmen oft gerade darauf zurückzuführen ist, dass sich die Person mehr zeitliche Flexibilität für ihre Lernaktivitäten wünscht. Wenn man diese Flexibilität durch einen unangemessenen Einsatz synchroner Kommunikationsanlässe wiederum auflöst, sinkt die Attraktivität des Angebotes dramatisch.

4.1 Auswahl und Einsatz von Werkzeugen

Für die Online-Betreuung können eine ganze Reihe unterschiedlicher Werkzeuge eingesetzt werden. Meistens wird eine Kombination von Werkzeugen genutzt, um die spezifischen Leistungen der jeweiligen Tools kombinieren zu können.

- *Chat* (textbasiert): Das Gespräch via Tastatur ist eine Möglichkeit zur simultanen Kommunikation beispielsweise zwischen Tutor/in und einer Lerngruppe. Chats sind im Betreuungsprozess nur dann effektiv, wenn es eine/n Moderator/in gibt, die/der eine Tagesordnung/den Ablauf festlegt und die Diskussion strikt strukturiert. Der Vorteil liegt in der Spontaneität direkter Kommunikation, so dass sich der Chat vor allem für die persönliche Betreuung eignet. Nachteilig dagegen ist der Zwang zur zeitlichen Abstimmung. Darüber hinaus wird ein Chat mit zunehmender Gruppengröße schnell unübersichtlich. Im Betreuungsszenario eignet er sich primär für die persönliche Betreuung und weniger für den fachlichen Austausch.

- *Audio-/Videokonferenz („Virtuelles Klassenzimmer"):* Je nach technischen Voraussetzungen der Teilnehmenden kann auf Audio-/Videotools wie z.B. ein „Virtuelles Klassenzimmer" zurückgegriffen werden, in dem sich die Teilnehmer/innen hören bzw. sehen. Hier ist zu bedenken, dass die Installation und Benutzung bereits ein größeres technisches Know-how der Studierenden voraussetzt als bei einem rein textbasierten Chat und der Betrieb nicht unter allen Bedingungen sichergestellt werden kann. Das Medium kann sich allerdings – in Maßen – als Ersatz für die *Face-to-face*-Kommunikation eignen, auch für die fachliche Betreuung bspw. für Präsentationen oder Kurzreferate.

- *E-Mail:* Für die intensivere Kommunikation zwischen Tutor/in und Studierenden und Abklärung persönlicher Rückfragen eignet sich E-Mail. Es ist jedoch relativ schnell aufwändig und es entstehen, anders als in Foren, geringe Möglichkeiten der „Zweitverwertung".

- *Foren:* Beiträge in Foren eignen sich besonders für die fachliche Betreuung, da andere Lernenden die Antworten ebenfalls einsehen können. Im Idealfall entwickelt sich eine fachliche Diskussion. Aber auch hier ist es die Aufgabe der Betreuer/in die Beiträge der verschiedenen Diskussionsfäden (*threads*) zu strukturieren, damit es übersichtlich bleibt, sowie die Studierenden anzuleiten, Fragen zu stellen/Antworten zu geben.

- *Telefon:* Nicht zuletzt bleibt auch das Telefon für eine intensivere persönliche Betreuung einzelner Lernenden ein wichtiges Medium der synchronen Kommunikation. Gerade bei

Problemen mit der Lernorganisation oder Motivation ist dieser direkte Austausch unersetzbar.

Um die Betreuung zu organisieren, bieten sich verschiedene Formen an:

- Bei den synchronen Formen (Chat, Audio-/Videokonferenz etc.) empfiehlt sich die Einrichtung fester Termine. Diese Regelmäßigkeit ist gerade bei der persönlichen Betreuung im Fernstudium wichtig, um ein regelmäßiges Feedback über die Befindlichkeit und Zufriedenheit der Studierenden zu erhalten.
- Bei den asynchronen Formen sollten sich die Tutor/innen auf den Zeitraum einigen, in dem Postings von Studierenden beantwortet werden sollen.
- Schließlich ist zu überlegen, welchen Personalaufwand die Betreuung erfordert und welche Qualifikation notwendig ist. Für die Qualifizierung von Online-Tutor/innen bietet sich beispielsweise das *Fünf-Stufen-Modell* von Salmon (2000) an. Dabei sollen zukünftige Online-Betreuer/innen eine Sozialisation durchlaufen, in der sie zunächst selbst Online-Lernende sind, damit sie sich später besser in ihre Teilnehmenden hinein versetzen können.

5. Fallbeispiel: Betreuung im Online-Studiengang „Master of Arts in Educational Media"

Als Beispiel für die Online-Betreuung im Fernstudium wird im Folgenden das Betreuungskonzept des weiterbildenden Online-Studienprogramms „Master of Arts in Educational Media"[2] erläutert. Dabei kommt das *split role model* zum Einsatz, bei dem die Rolle eines Gruppen- und eines Fachtutors unterschieden wird.

Gruppentutor/innen sind für die zugehörige Lerngruppe sowie deren Mitglieder für alle lerngruppeninternen, persönlichen und organisatorischen Fragen ansprechbar. Nehmen Studierende für einen längeren Zeitraum an einem E-Learning-Angebot teil, kann ein/e solche/r Tutor/in konstant bleiben und damit eine emotionale Bindung gefördert werden.

Fachtutor/innen sind dagegen für die fachbezogene Betreuung zuständig. Als Expert/innen für bestimmte Themengebiete sind sie in der Lage, die Studierenden in allen fachlichen Belangen zu unterstützen. Sie unterstützen die Lernenden bei der Erreichung curricularer Ziele, achten als Inhaltsexpert/innen auf die Menge und fachliche Korrektheit des verfügbaren Materials, liefern zusätzliche Informationen, beantworten Fragen, bewerten die Qualität des bereitgestellten Materials und dessen Eignung hinsichtlich des Wissensstandes der Teilnehmenden. Zudem können sie aufgrund ihrer fachlichen Kenntnisse vor allem auch interessante Fragestellungen für das weitere explorative Vorgehen und die Diskussionsprozesse der Teilnehmenden entwickeln.

---

[2] http://online-campus.net

Durch die Trennung der verschiedenen Betreuungsaufgaben beim *split role tutoring* findet auf Seiten der Tutoren/innen eine Entlastung statt. Dabei übernehmen die Tutor/innen in der Regel – je nach individuellen Interessen und Kenntnissen – sowohl die Rolle eines Gruppentutors/in als auch die Rolle eines Fachtutors/in für bestimmte Fragen. Auf diese Weise entsteht eine Matrixorganisation der Betreuung.

5.1 Aufgaben von Gruppentutor/innen

Gruppentutor/innen sind Ansprechpartner für alle persönlichen, lerngruppeninternen sowie organisatorischen Fragen und Probleme und betreuen in der Regel eine bis zwei Lerngruppen, die sich aus fünf bis sieben Lernenden zusammensetzen. Die Zuordnung der Lerngruppen zu einer/m Gruppentutor/in erfolgt entweder nach Sympathie oder wird per Los entschieden.

Den Gruppentutor/innen kommt auf der ersten Präsenzveranstaltung eine wichtige Rolle zu, denn sie sind für die Lernenden die engste Bezugsperson. Gruppentutor/innen haben die Aufgabe, das gegenseitige Kennenlernen in der Lerngruppe zu unterstützen, um einen gewissen Grad an Vertrautheit zwischen Lerngruppenmitgliedern und Gruppentutor/in herzustellen.

Die bisherigen Erfahrungen zeigen, dass das Wohlbefinden innerhalb der Lerngruppe und gegenüber der/m Gruppentutor/in eine wesentliche Bedeutung für einen befriedigenden Studienverlauf aus Sicht der Studierenden hat. Neben der Förderung des gegenseitigen Austauschs sind die Gruppentutor/innen für die Einführung in kooperative Werkzeuge, wie z.B. BSCW, sowie das gemeinsame Definieren von *Regeln* für kommunikative und organisatorische Prozesse, z.B. Abmeldung in der Lerngruppe im Falle von Krankheit oder Geschäftsreise, verantwortlich.

Auf die regelmäßige Nutzung synchroner und asynchroner Kommunikationswerkzeuge wird von Seiten der Gruppentutor/innen großer Wert gelegt. Im Abstand von drei Wochen trifft sich die Lerngruppe regelmäßig gemeinsam mit der/m Gruppentutor/in im *Chat*. Hier werden neben organisatorischen Fragestellungen, z.B. wer fasst die nächste Lerngruppenaufgabe zusammen, auch Probleme aufgegriffen, die einzelne Gruppenmitglieder etwa mit dem Online-Lernen haben. Durch die kontinuierliche Betreuung durch eine/n Gruppentutor/in, der/die die Studierenden von Studienbeginn an kennt, verlieren die Lernenden mit der Zeit Hemmungen, Fragen zu stellen und Schwierigkeiten zu thematisieren.

Gruppentutor/innen moderieren außerdem das lerngruppeninterne *Forum*. Hier haben die Studierenden die Möglichkeit, *threads* zu verschiedenen Themen zu beginnen sowie auf Beiträge und Hinweise des/r Gruppentutors/in zu reagieren, z.B. zu Literatur- oder Veranstaltungstipps. Neben dem Chat und dem Forum stehen die Gruppentutor/innen per E-Mail oder per Telefon für Anfragen der Lerngruppe zur Verfügung.

5.2 Aufgaben von Fachtutor/innen

Fachtutor/innen sind für die Fachinhalte des Studienprogramms verantwortlich. Durchschnittlich ist jede/r Fachtutor/in für ein bis zwei Themengebiete zuständig, z.B. Bildungsmanagement, Didaktisches Design u. a., wobei sich ein Themengebiet jeweils aus sechs Lerneinheiten zusammensetzt. Diese Lerneinheiten verfügen mindestens über die Ressourcen Studienbrief und Lernaufgaben. Für beide Ressourcen trägt der Fachtutor oder die Fachtutorin bzgl. Aktualität und Verständlichkeit die Verantwortung.

Die Aufgaben der Fachtutor/innen können somit in zwei Phasen eingeteilt werden: die Arbeit an den Inhalten *vor* der Freischaltung der Lerneinheiten und die Betreuung der Studienmaterialien *während* der Bearbeitungszeit, die den Studierenden für die Lerneinheiten zur Verfügung stehen.

Vor der direkten Betreuungsphase der Studierenden stehen die Fachtutoren/innen in engem Kontakt mit den Autor/innen der Lehrmaterialien, um diese bei der Materialerstellung inhaltlich und organisatorisch zu betreuen sowie sie bei der Gestaltung aktivierender Elemente wie beispielsweise Einzel- und Gruppenlernaufgaben mitzuwirken.

Während der Online-Lernphasen stehen die Fachtutoren/innen den Studierenden als Experten/innen für verschiedene Fachbereiche zur Verfügung. Sie beantworten Fragen, leisten Unterstützung bei Verständnisproblemen und geben Feedback auf die eingereichten Lernaufgaben.

Die Erfahrungen aus den beiden ersten Semestern haben gezeigt, dass durch eine entsprechende Aufteilung der Betreuung eine für alle Beteiligten sehr zufrieden stellende Betreuung möglich wird.

Literatur

BERGE, Z. L. (1995). Facilitating Computer Conferencing: Recommendations from the Field. *Educational Technology, 35*(1), 22–30.

BUSCH, F. & MAYER, T. B. (2002). *Der Online-Coach. Wie Trainer virtuelles Lernen optimal fördern können.* Weinheim: Beltz.

FLEISHMAN, E. A. (1957). A leader behavior description for industry. In: R. M. Stogdill & A. E. Coons (Eds.), *Leader behavior. Its description and measurement* (pp. 103–119). Columbus, Ohio: Columbus University Press.

FRIEDRICH, H., HESSE, F. W., FERBER, S. & HEINS, J. (2002). Partizipation im virtuellen Seminar in Abhängigkeit von der Moderationsmethode – eine empirische Untersuchung. In: C. Bremer & M. Fechter (Eds.), *Die Virtuelle Konferenz. Neue Möglichkeiten für die politische Kommunikation.* Essen: Klartext.

HOLMBERG, B. (1989). *Theory and practice of distance education.* New York: Routledge.

KEEGAN, D. (1986). *The foundation of distance education.* London: Croom Helm.

KERRES, M. & DE WITT, C. (2003). A didactical framework for the design of blended learning arrangements. *Journal for Educational Media.*

KERRES, M. & JECHLE, T. (2000). Betreuung des mediengestützten Lernens in telemedialen Lernumgebungen. *Unterrichtswissenschaft, 28*(3), 257–277.

KERRES, M., NATTLAND, A. & WECKMANN, H.-D. (2003). Hybride Lernplattformen und integriertes Informationsmanagement an der Hochschule. In: K. Dittrich & W. König & A. Oberweis & K. Rannenberg & W. Wahlster (Eds.), *Informatik 2003. Innovative Informatikanwendungen* (Vol. 2, pp. 90–96). Heidelberg: Springer.

MOORE, M. G. & KEARSLEY, G. (1996). *Distance Education. A systems view.* Belmont: Wadsworth.

NÜBEL, I. & KERRES, M. (2004). *Splitting tutor roles: Supporting online learners with group tutors and subject tutors.* Paper presented at the Supporting the Learner in Distance Education and E-Learning. EDEN 3rd Research Workshop. Oldenbourg.

ORTNER, G. E. (1991). Fernlehre und Kommunikationskultur: Begleitberatung und Zweiweg-Kommunikation. In: B. Holmberg & G. E. Ortner (Eds.), *Reserach into distance education, Fernlehre und Fernlehrforschung* (pp. 69–81). Frankfurt: Peter Lang.

PARSONS, T. & PLATT, G. M. (1990). *Die amerikanische Universität. Ein Beitrag zur Soziologie der Erkenntnis.* Frankfurt: Suhrkamp.

PETERS, O. (1997). *Didaktik des Fernstudiums* (Grundlagen der Weiterbildung hrsg. von J. E. Feuchthofen & M. Jagenlauf & A. Kaiser). Neuwied: Luchterhand.

RAUTENSTRAUCH, C. (2001). *Tele-Tutoren. Qualifizierungsmerkmale einer neu entstehenden Profession.* Bielefeld: Bertelsmann.

SALMON, G. (2000). *E-moderating: the key to teaching and learning online.* London: Routledge Farmer.

TAUSCH, A. & TAUSCH, R. (1998). *Erziehungspsychologie.* Göttingen: Hogrefe.

Gabi Reinmann

Gestaltung von E-Learning-Umgebungen unter emotionalen Gesichtspunkten

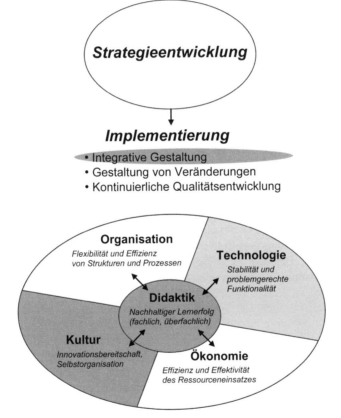

Abstract

These dieses Beitrags ist es, dass E-Learning nur dann innovativen Charakter hat, wenn dessen Einführung Einfluss auf die Lernkultur nimmt und eine Form des Lernens fördert, die aktiv-konstruktiv ist, selbstgesteuerte Anteile enthält, an Anwendungskontexten nicht vorbei geht und auch Emotionen ausreichend Rechnung trägt. Letzteres allerdings ist gerade beim E-Learning ein vernachlässigtes Thema: Vor diesem Hintergrund wird die Bedeutung des Gefühls beim Lernen anhand ausgewählter Modelle und Konzepte skizziert. Auf der Basis eines Mehrebenenmodells zur Beschreibung von E-Learning-Umgebungen werden erste Vorschläge für eine emotionale Gestaltung von E-Learning gemacht und dabei dem Kriterium der Kohärenz und dem Spiel als Rahmenkonzept eine besondere Rolle zugewiesen.

Die Autorin

Reinmann, Gabi. Prof. Dr.; Universität Augsburg. Diplom-Psychologin, Promotion an der Ludwig-Maximilians-Universität München in den Fächern Psychologie, Pädagogik und Psycholinguistik. Wissenschaftliche Mitarbeiterin, später Assistentin am Institut für Empirische Pädagogik und Pädagogische Psychologie (Lehrstuhl Prof. Mandl). Habilitation zum Thema Wissensmanagement im Jahr 2000. Nebenberufliche Beratertätigkeit beim Unternehmensreferat Wissensmanagement der Siemens AG in den Jahren 2000/2001. Seit 2001 Professorin für Medienpädagogik (C 3) an der Universität Augsburg mit dem Schwerpunkt Wissen, Lernen, Medien. Seit 2002 Mitglied im Fachrat Lehrerbildung der Virtuellen Hochschule Bayern und Mitherausgeberin der Reihe „Lernen mit neuen Medien" (Huber Verlag). Schwerpunkte in Forschung und Entwicklung: Mediendidaktik, Gestaltung von Lernumgebungen (E-Learning, Blended Learning), (narratives) Wissensmanagement, visuelle und analoge Kommunikation, Evaluation und Design-based Research.

Gabi Reinmann

Gestaltung von E-Learning-Umgebungen unter emotionalen Gesichtspunkten

1.	E-Learning als pädagogische Innovation?	354
2.	Innovation und Lernkultur	355
3.	Emotionen: Vergessene Weggefährten des Lernens	357
	3.1 Emotion und Lernen	358
	3.2 Neugier, Flow und Vertrauen	360
4.	Emotionale Gestaltung von E-Learning	362
	4.1 Vom pädagogischen Lernszenario zum technischen Tool	362
	4.2 Verschiedene Ebenen der didaktischen Gestaltung	363
5.	Pädagogische Innovation durch Kohärenz und Spiel?	365
6.	Fazit	368
	Literatur	369

1. E-Learning als pädagogische Innovation?

Der gemeinsame Kern verschiedener Definitionen des Innovationsbegriffs besteht darin, dass eine neuartige Idee allein nicht ausreichend ist, um von Innovation sprechen zu können; sie muss auch umgesetzt bzw. durchgesetzt werden und damit sichtbar etwas verändern. Neue Lehr-Lernkonzepte an sich sind demnach ebenso wenig Innovationen wie die neuen Medien; allenfalls der *Einsatz* neuer Konzepte und neuer Medien kann – unter bestimmten Bedingungen – zu einer pädagogischen Innovation werden. Dabei macht es Sinn, zwischen einem traditionellen und einen modernen Innovationsverständnis zu unterscheiden und zu fragen, welches Verständnis für pädagogische Innovationen durch neue Medien an der Hochschule angemessener und zweckdienlicher ist (vgl. Reinmann-Rothmeier, 2003a).

Nach dem *traditionellen Innovationsverständnis* hat Innovation einen unmittelbaren und dramatischen Effekt, dem individuelle Ideen und große Schritte von wenigen auserwählten Spezialisten vorausgehen. Innovation hat in dieser Interpretation stets mit radikal-revolutionären Veränderungen zu tun. Die Erfindung der Eisenbahn und deren Etablierung als neues Transportmittel kann in diesem Sinne ebenso als Innovation gelten wie die Einführung des Fließbandes in der Automobilindustrie oder der gesetzlichen Krankenversicherung im Deutschen Reich. Bei allen Beispielen handelt es sich um „große Würfe", die niemandem entgehen konnten und umwälzende Veränderungen zur Folge hatten. Zugleich sind dies Innovationen, die den Geist des Abbruchs und Neuaufbaus in sich tragen und von daher zu Recht als „revolutionär" bezeichnet werden. Auch wenn es viele Hard- und Software-Hersteller gerne so hätten, bisweilen sogar behaupten: E-Learning ist *keine* Innovation im traditionellen Sinne. Weder ist es seit der Einführung von Computer und Internet zu revolutionären Veränderung in der Hochschullehre gekommen, noch hat sich – abgesehen von hoch-dotierten Medienprojekten – flächendeckend eine neue und nachhaltige Aufbruchstimmung entwickelt.

Im *modernen Innovationsverständnis* haben sog. inkremental[1]-evolutionäre Neuerungen neben den „großen Würfen" einen ebenbürtigen Platz. Im neueren Verständnis können die Effekte von Innovationen undramatisch und damit wenig auffällig sein; auch kleine Schritte können das Tempo des Innovationsprozesses bestimmen. Vorherrschend ist die Auffassung, dass prinzipiell jeder zum Ideengeber für Innovationen werden kann (auch ohne Spezialist zu sein) und dass Gruppenarbeit und Teamgeist eher zum Erfolg führen als individuell-einsames Nachdenken und Ellenbogenmentalität. Zusätzlich zur Devise vom „Neuaufbau" umfasst ein modernes Innovationsverständnis den Erhalt und die Verbesserung des Bestehenden, sofern damit neue und nachhaltige Veränderungen in Gang gesetzt werden. Beispiele für Innovationen, die inkremental-evolutionären Charakter haben, gibt es viele – nur ist man sich derer (per definitionem) als Nutzer oft nicht bewusst: Die Beispiele reichen von der kontinuierli-

---

[1] „Inkremental" bedeutet so viel wie: in kleinen Schritten vorwärts gehend.

chen Erhöhung der Leistungsfähigkeit von Computerchips über den langjährigen Ausbau des Bildungssystems durch Ausdifferenzierung der Schularten bis zur Einführung neuer Führungsstile, die sich nur über längere Zeit auf Hierarchien und andere Strukturmerkmale von Organisationen auswirken. E-Learning hat – das kann man nach den Erfahrungen und Forschungen der letzten Jahre sagen – den Charakter einer evolutionären Neuerung und entspricht von daher dem modernen Innovationsverständnis: Medienprojekte, Tagungen und Publikationen zum E-Learning haben zwar keine Revolution in Gang gesetzt; aber sie haben ihre Spuren im Lehralltag der Hochschule hinterlassen: Langsam, aber stetig wachsen die technische Ausstattung und damit – wenn auch nicht lückenlos – die individuellen Kompetenzen im Umgang mit der Technik in der Lehre. Langsam, aber stetig wandeln sich Ansprüche sowohl von Lernenden als auch von Lehrenden an die Qualität der Lehre und deren Rahmenbedingungen: Man hört von E-Learning, liest darüber, geht auf Tagungen und beginnt mit kleinen Ideen, die sehr wohl Veränderungen hervorrufen – auch wenn diese bisweilen nur zaghaft spürbar sind.

Was offiziell als Innovation gilt, wer dies bestimmt und woran das Neuartige bemessen wird, ist abhängig von der Domäne und den darin herrschenden Regeln und Routinen, vom sozialen Umfeld, von den Menschen, die hinter einer Innovation stehen, von denen, die letztlich die Nutznießer einer Innovation sind, und – wie eben gezeigt – davon, wie unmittelbar sichtbar und spürbar eine Neuerung und deren Umsetzung ist. Das gilt besonders für pädagogische Innovationen! Auch hier muss man sich die Frage stellen: Wann gelten neue Studiengänge, neue Lerninhalte, neue Lehr-Lernmethoden, neue Medien als pädagogische Innovation? Was und wie viel muss neu sein und als neu erlebt werden um es als innovativ bezeichnen zu können? Klare Antworten auf diese Fragen gibt es bis dato nicht. Ich gehe einmal davon aus, dass national und international bekannte Experten in Wissenschaft und Praxis in Zusammenarbeit mit den Massenmedien ganz wesentlichen Einfluss darauf haben, was als Innovation auch auf dem Bildungssektor zu gelten hat und was nicht. Im Bereich des E-Learning dürften Hersteller von Hard- und Software, aber auch große Beratungsunternehmen ebenfalls weitreichende Definitionsmacht besitzen. Dazu kommen Politiker aller Couleur, die – geschickt in Szene gesetzt – eine neue (meist nur neu entdeckte) Idee über Nacht zur Innovation werden lassen. Die Frage ist, ob diese extern definierten Neuerungen die wirklich wichtigen Innovationen für die Hochschullehre sind. Meine These ist, dass „echte" Innovationen die sind, die leise vonstatten gehen, die im Sinne der evolutionären Innovation langsame, aber stetige Veränderungen in Gang setzen, die „von unten" kommen und dabei die Kultur des Lernens und damit auch Überzeugungen, Werte und Normen an der Hochschule nachhaltig verändern.

2. Innovation und Lernkultur

Kultur – als Gegensatz zur Natur – meint gemeinhin „alle nach einem kollektiven Sinnzusammenhang gestalteten Produkte, Produktionsformen, Lebensstile, Verhaltensweisen und Leitvorstellungen einer Gesellschaft. Als kulturelle Muster gemeinsamer Werte und Überzeugungen prägen diese Symbolisierungsformen sowohl über Traditionen als auch durch die alltäglichen Umgangsformen ihre Gesellschaftsmitglieder" (Arnold & Schüßler, 1998, S. 43). Legt man diesen relativ anerkannten Kulturbegriff zugrunde, umfasst die Lernkultur einer Organisation (wie der Hochschule) oder Teile einer Organisation a) Lernmaterialien und Medien, b) Entwicklungsprozesse von Materialien und Medien, c) Lern- und Lehrstile sowie Lern- und Lehrmethoden, d) konkrete Interaktionen in pädagogischen Situationen, e) Ziele des Lernens sowie Auffassungen von Lernen und Überzeugungen davon, wie „richtiges" Lernen und Lehren auszusehen haben. Zusammen ergeben all diese Dinge ein lernkulturelles Muster, das sich im Bildungsalltag wiederspiegelt und weitergegeben wird – mit kaum merklichen Wandlungsprozessen und/oder größeren Brüchen. Mit Weinert (1997) wird der Begriff Lernkultur im Folgenden kurz als „die Gesamtheit der für eine bestimmte Zeit typischen Lernformen und Lehrstile sowie die ihnen zugrunde liegenden anthropologischen, psychologischen, gesellschaftlichen und pädagogischen Orientierungen" (S. 4) verstanden.

Mit kulturellem Wandel verbindet man im Allgemeinen die Idee, die Lebensverhältnisse zu vervollkommnen und zu veredeln, dabei Humanität, Freiheit und Selbstgestaltung zu fördern, gleichzeitig aber auch kulturelle Werte zu bewahren (Weinert, 1997, S. 11). Was als Motor eines Kulturwandels zu gelten hat, ist dabei umstritten: Unbehagen an der Tradition, Entwicklung gesellschaftlicher Rahmenbedingungen oder revolutionäre Veränderungen kommen in gleicher Weise in Frage. Ein Wandel der Lernkultur oder der Lernkulturen hieße vor diesem Hintergrund, die *Lern*verhältnisse zu veredeln; in welche Richtung diese „Veredelung" geht, wird von den Motoren des Lernkulturwandels beeinflusst: Ohne Zweifel hat der Fortschritt auf dem Sektor der neuen Informations- und Kommunikationstechnologien und der damit verbundene Schub in Richtung E-Learning zahlreiche Anstöße für kulturellen Wandel beim Lernen und Lehren gegeben, z.B. in Richtung selbstorganisiertes Lernen durch die „Befreiung" des Lernens von Ort und Zeit oder in Richtung kooperatives Lernen infolge neuer und ausgefeilter CSCW[2]-Tools. Aber auch schleichende Entwicklungen in der Theorie des Lehrens und Lernens, die allmähliche Verbreitung der „situated cognition"-Bewegung und die zunehmende Integration kognitivistischen und konstruktivistischen Gedankenguts haben langsame, aber wahrnehmbare Veränderungsprozesse sowohl in der Einstellung zum Lernen als auch in der Praxis des Lernens in der Hochschule hervorgebracht (vgl. Reinmann-Rothmeier & Mandl, 2001). Schlagworte aus der Wirtschaft sowie der heftige, aber kurze Boom der New Economy dagegen sorgten zwar für Wirbel auch in der Bildungslandschaft; als nachhaltige Faktoren für einen Lernkulturwandel aber dürften diese pseudo-revolutionären Schübe nicht gewirkt haben.

Worin genau besteht nun der gegenwärtige lernkulturelle Wandel? Seit den 1990er Jahren scheinen sich eine Reihe von Konstanten durchzusetzen, die heute als die Kernelemente einer „neuen Lernkultur" bezeichnet werden: a) Lernen ist ein aktiver und konstruktiver Prozess, wobei neben dem aktiven entdeckenden Lernen auch rezeptives Lernen aktiv sein kann und in der Aktivitätsthese mit eingeschlossen ist. b) Lernen ist ein selbstorganisierter oder selbstbestimmter Prozess und kann oder soll von daher auch unabhängig von einem Lehrenden ablaufen. c) Oft ist Lernen ein sozialer, gemeinschaftlicher Prozess und ein Vor-

---

[2] Computer Supported Cooperative Work

gang, der in konkreten Situationen erfolgt, also auch kontextabhängig ist. d) Lernen setzt Motivation und emotionale Beteiligung voraus (Interesse, Lust am Lernen, Freude am Erreichen von Zielen etc.) und ist von daher ein ganzheitlicher Prozess in dem Sinne, dass kognitive, manuelle, emotionale und motivationale Aspekte zusammenwirken.

Man kann sich trefflich darüber streiten, ob diese Elemente einer neuen Lernkultur nun wirklich zur ersehnten Veredelung des Lernens führen oder ob man damit nicht romantischen Vorstellungen auf den Leim geht. Weinert (1997) gibt zu bedenken, dass die oben genannten Aspekte logisch und wichtig, im konkreten Fall aber auch wieder nicht so zentral, bisweilen sogar fragwürdig sind, und zieht für sich den Schluss: „Je radikaler, monolithischer und rigider ein Lehr-Lernmodell praktiziert wird, umso größer sind neben den erwünschten Wirkungen die unerwünschten Nebenwirkungen" (Weinert, 1997, S. 24). Damit weist er auf die Notwendigkeit hin, statt dogmatischer Verabsolutierung eine wissenschaftlich fundierte und situativ angepasste Mischung bewährter Lehr-Lernmethoden heranzuziehen und auf diesem Wege einen Lernkulturwandel anzustoßen.

Meiner Ansicht nach gilt diese Folgerung ganz besonders für das E-Learning: Nach der ersten (echten oder herbeigeredeten) Euphorie für E-Learning ist inzwischen breite Ernüchterung eingetreten: „Blended Learning" (also auch hier eine Mischung) steht auf der Tagesordnung, was nichts anderes ist als ein etwas verklausulierter Abschied vom Dogma der digitalen Medien gepaart mit der (an sich alten) Einsicht, dass eine durchdachte Kombination von Medien und Methoden dem Lernen besser gerecht wird. Dazu kommt die Erfahrung aus zahlreichen Medienprojekten, dass gute Ideen in Kombination mit hohen Förderungen keine großen Veränderungen bewirken, vor allem dann nicht, wenn nach den finanziellen Spritzen aus verschiedenen Fördertöpfen die Projekte wieder im Sand verlaufen. Andererseits aber zeigen „Low- und No-Budget"-Projekte, die vom hohen Einsatz einzelner Hochschullehrer und engagierter Studierender leben, dass kreativer Medieneinsatz nicht nur Methoden des Lehrens und Lernens, sondern auch die Einstellung zum Lernen, Lernziele, -stile und -routinen verändern können, was letztendlich auf einen Wandel der Lernkultur hinausläuft (vgl. Reinmann-Rothmeier, 2003a). Gerade beim E-Learning – so mein Fazit – dürfte die eigentliche Innovation in diesem Wandel der Lernkultur liegen und die damit verbundene evolutionäre Veränderung langfristig wirkungsvoller und nachhaltiger sein als revolutionäre Schübe durch technische Produkte oder auch einseitige neue theoretische Bewegungen.

3. Emotionen: Vergessene Weggefährten des Lernens

Die Kernelemente einer „neuen Lernkultur" wurden bereits genannt: Aktivität, Konstruktivität, soziale und situative Einbettung sowie Selbststeuerung und Selbstbestimmung sind Merkmale eines „neuen Lernens". Die digitalen Medien wurden und werden als zentraler Antrieb zur Realisierung dieser Merkmale betrachtet. Etliche alt bekannte Forderungen (z.B. aus der Reformpädagogik oder Bildungsdebatte), die in der Lernkulturdebatte angeführt werden, haben dank der neuen Technologien einen modernen Anstrich erhalten und sind damit auch in Wirtschaftskreisen salonfähig geworden. In der Forschung bemüht man sich, systematisch zu analysieren, wo und wie der Einsatz von Online- und Offline-Medien, also die Nutzung verschiedenster technischer Tools (zur Visualisierung und Organisation von Wissen, zur sozialen Wissenskonstruktion oder zum Problemlösen etc.) das Lernen aktiver, konstruktiver, selbstorganisierter, sozialer und anwendungsbezogener macht. Der im Zusammenhang mit dem Lernkulturwandel ebenfalls viel diskutierten „Ganzheitlichkeit" einschließlich der Emotionalität dagegen wird in Forschung und Praxis des Lernens gleichermaßen wenig Beachtung geschenkt. Diese Missachtung des Gefühls ist wenig nachvollziehbar, denn der Stellenwert der Emotionen sowohl für lernkulturelle Veränderungen als auch für das Lernen an sich sind nicht nur ein für jeden unmittelbar erlebbares Phänomen, sondern auch wissenschaftlich untermauerte Erkenntnisse. Welche Rolle die Emotionen beim Lernen und damit auch beim E-Learning spielen, soll im Folgenden kurz beleuchtet werden.

3.1 Emotion und Lernen

Emotionen[3] wie Ärger, Angst, Wut oder Langeweile sowie Freude, Erstaunen, Erleichterung oder Begeisterung gehören sowohl aus hirnphysiologischer als auch aus entwicklungspsychologischer Perspektive zum Lernen dazu (Oerter, 1995; Spitzer, 2000). Es lässt sich in verschiedenen Disziplinen zeigen, dass der Mensch von Natur aus neugierig ist und lernen *will*, dass Lernen gar mit Lust verknüpft ist und unser Gehirn nichts lieber tut als lernen. Aber auch Antagonisten der Lust sind vom Lernen kaum wegzudenken: Ausgiebig untersucht ist das Phänomen der Angst, das sich als Hemmnis für Lernprozesse erwiesen hat (Pekrun, 1992). Aus der Forschung zur Entstehung von Expertise ist bekannt, dass Unsicherheit durch kognitive Konflikte oder Frustration beim Lernen aus Fehlern ebenfalls eine wichtige Rolle beim Aufbau neuen Wissens spielen. Negative Gefühle sind also – unter bestimmten Umständen – keineswegs nur Feinde des Lernens. Kurzum: Emotionen mobilisieren oder hemmen Wahrnehmungs-, Erkenntnis-, Motivations- und Gedächtnisprozesse; sie schaffen (biografische) Kontinuität und helfen bei der Ordnung und Hierarchisierung von Denkinhalten und beim Reduzieren von Komplexität (z.B. durch Auswählen, Ausblenden, Vergessen); damit sind sie für das Lernen von besonderer Bedeutung (Ciompi, 1997; Overmann, 2002).

Die geringe wissenschaftliche Beschäftigung mit Fragen der Emotion beim Lernen im Allgemeinen und beim E-Learning im Besonderen hat entsprechende Folgen für die Praxis: Nach wie vor dominieren beim E-Learning kognitive Kriterien, wenn es darum geht, Inhalte auszuwählen und aufzubereiten; Kommunikation findet meist in reduzierter Form statt und Schnittstellen zwischen Mensch und Computer (Lernplattformen, spezielle Umgebungen, Webseiten) entbehren in vielen Fällen jegliche Form der emotionalen Ansprache und/oder sind bisweilen dergestalt, dass sie (unnötige) negative Emotionen hervorrufen. Nur wenige und vergleichsweise wenig beachtete Modelle geben Hinweise darauf, wie man emotionale Prozesse beim E-Learning berücksichtigen und einbinden kann.

---

[3] Im vorliegenden Beitrag werden die Begriffe „Emotion" und „Gefühl" synonym verwendet (zu Details siehe: Reinmann-Rothmeier, 2003b).

In den 1980er Jahren hat John Keller sein sogenanntes ARCS-Modell entwickelt (Keller, 1983): Hinter dem Akronym ARCS stehen *attention*, *relevance*, *confidence* und *satisfaction*, die Leitlinien der Motivierung nahe legen und über diesen Weg auch die Emotionen bei der instruktionalen Gestaltung berücksichtigen: Mit *attention* ist gemeint, dass man erst einmal die Aufmerksamkeit eines Lernenden erlangen muss. Das geht durch überraschende oder widersprüchliche Ereignisse, durch Fragen und Probleme, die neugierig machen, oder durch Abwechslung. *Relevance* verweist darauf, dass das, was man lernt, eine gewisse Bedeutung, am besten eine persönliche Bedeutung haben sollte. Um eine persönliche Relevanz der Inhalte zu erkennen, ist ein Mindestmaß an Vertrautheit mit den Inhalten notwendig; diese kann man z.B. durch anschauliche Begriffe, bekannte Situationen, Beispiele und Fälle herstellen. Mit dem Hinweis auf *confidence* fordert Keller, beim Lernen für Erfolgszuversicht zu sorgen; da sich Hoffnung auf Erfolg nur einstellt, wenn die Ziele und die Wege dorthin transparent sind, wenn Bewertungskriterien kein Geheimnis bleiben, wenn Erfolge auch *möglich* sind und wenn man als Lernender informative Rückmeldungen bekommt. *Satisfaction* schließlich meint, dass sich die ganze Anstrengung beim Lernen auch lohnen muss: Ein solcher Lohn besteht z.B. darin, dass man neu erworbenes Wissen konkret anwenden kann, dass man den Nutzen erkennt, dass man als Lernender Anerkennung erhält. Inzwischen wurde vereinzelt versucht, die skizzierten Motivierungsstrategien auch in E-Learning-Umgebungen umzusetzen: Beispiele sind etwa die Bildschirmgestaltung, um Aufmerksamkeit zu steuern, interaktive, auch automatische Rückmeldungen oder der Einsatz sympathischer Figuren und Stimmen; zudem wird die Integration von Spielkomponenten empfohlen.

Während Keller (vgl. auch Keller & Kopp, 1987) noch vorrangig die Motivierung im Blick hat, fordert Hermann Astleitner mit seinem FEASP-Ansatz, Unterricht „emotional stimmig" zu gestalten (Astleitner, 2000): Astleitner geht davon aus, dass es fünf Primäremotionen – also nicht weiter zerlegbare Typen von Gefühlen – gibt, die für das Lernen relevant sind: *Angst*, die dadurch entsteht, dass eine Situation als bedrohlich erlebt wird; *Neid*, der aus dem Wunsch resultiert, etwas zu bekommen oder nicht zu verlieren; *Ärger*, der dann aufkommt, wenn die Erreichung eines Zieles behindert wird; *Sympathie* als Erfahrung mit anderen Menschen; und *Vergnügen*, das man empfindet, wenn man eine Aufgabe meistert. Für jede dieser Emotionen, deren Anfangsbuchstaben im Englischen „FEASP" ergeben, werden jeweils vier Lehrstrategien empfohlen. Diese sollen helfen, negative Emotionen zu verringern und positive Emotionen zu fördern. Hierzu ein paar Beispiele: Erfolge beim Lernen sicherstellen, Fehler als Chancen zum Lernen akzeptieren und eine entspannte Situation erzeugen – das sind Strategien zur Reduktion von *Angst*. Um *Neid* abzuwenden, sollte man die Leistung von Lernenden nicht untereinander, sondern anhand individueller, vor allem aber auch transparenter Kriterien bewerten. *Ärger* lässt sich in Schranken halten, wenn er kontrolliert wird, aber auch konstruktiv geäußert werden darf. Um *Sympathie* zu erhöhen empfiehlt Astleitner, Beziehungen zu intensivieren, kooperativ zu lernen und Hilfen anzubieten. Und das *Vergnügen* schließlich sollte steigen, wenn sich Lernende wohlfühlen, wenn gelacht werden darf und spielähnliche Aktivitäten vorkommen. Auch für den FEASP-Ansatz gibt es inzwischen Versuche, ihn auf E-Learning anzuwenden. Heraus kommen Designempfehlungen wie FAQs, Erfolgsstatistiken und eine benutzerfreundliche Interface-Gestaltung, kognitive Werkzeuge und Spielelemente sowie automatische Leistungsbewertungen und Belohnungssysteme (Astleitner & Leutner, 2001).

Ob es tatsächlich Sinn macht, positive Gefühle beim Lernen pauschal zu erhöhen und negative möglichst zu eliminieren, das bezweifelt die Arbeitsgruppe Kort, Reilly und Picard (Kort, Reilly & Picard, 2001 a, b), die sich im weitesten Sinne mit Fragen des so genannten affective computing[4] beschäftigen. Kort et al. (2001a) gehen von Gefühlsachsen mit positiven und negativen Polen aus – auch sie kommen, wie Astleitner, auf fünf solcher Achsen: Ängstlichkeit versus Zuversicht, Langeweile versus Faszination, Enttäuschung versus Euphorie, Hoffnungslosigkeit versus Mut sowie Schrecken versus Entzücken. Die aktive Wissenskonstruktion wird nach diesem Modell zwar von positiven Gefühlen gefördert; negative Gefühle aber sind ebenfalls wichtig, denn sie zwingen zum Umlernen. Anders als in den Modellen von Keller und Astleitner werden negative Emotionen nicht per se als schlecht für das Lernen beurteilt; vielmehr wird postuliert, dass man lernen muss, mit positiven wie negativen Emotionen an verschiedenen Stellen eines Lernzyklus *richtig* umzugehen. Und „richtig" meint z.B., Unlustgefühle verschiedenster Art nicht gleich zum Abbruchkriterium des Lernens zu machen, und Lustgefühle z.B. zum Anlass für weitere Kompetenzentwicklung zu nutzen. Dies kommt dem Konzept der emotionalen Intelligenz nahe, das aufgrund populärwissenschaftlicher Verzerrungen meiner Ansicht nach zu Unrecht aus wissenschaftlichen Diskussionen – jedenfalls im deutschsprachigen Raum – weitgehend verbannt ist. Nach Mayer, Salovey und Caruso (2000) beinhaltet emotionale Intelligenz a) die Fähigkeit, Emotionen korrekt wahrzunehmen, zu bewerten und auszudrücken, b) die Fähigkeit Zugang zu seinen Gefühlen zu haben bzw. diese zu entwickeln, um gedankliche Prozesse zu erleichtern, c) die Fähigkeit, Emotionen zu verstehen und ein emotionales Wissen zu besitzen, sowie d) die Fähigkeit, Emotionen zu regulieren, um emotionales und intellektuelles Wachstum zu unterstützen.

3.2 Neugier, Flow und Vertrauen

Die hier ausgewählten Ansätze stehen für unterschiedliche Vorstellungen darüber, wie Emotion und Lernen miteinander verbunden sind: Für Keller ist die Motivation die Brücke zur Emotion; Astleitner und die Arbeitsgruppe um Kort gehen von Primäremotionen aus – allerdings mit unterschiedlichen Folgerungen. Alle drei Modelle aber zeigen, dass es beim Thema Lernen wenig Sinn macht, Motivation und Emotion getrennt voneinander zu betrachten. Lernen setzt Motivation voraus, das heißt: Wer lernt, der zeigt auch ein Mindestmaß an Bereitschaft, Einstellungen, Wissen oder Verhalten zu verändern und damit – in Grenzen – auch Frustrationen auszuhalten. Wenn Menschen aus sich heraus motiviert und selbstbestimmt sind, spricht man von *intrinsischer Motivation*. Nach Deci und Ryan (1993) sind Selbstbestimmung und intrinsische Motivation auf drei grundlegende Bedürfnisse zurückzuführen: auf das Bedürfnis nach Autonomie, Kompetenz und sozialer Bezogenheit. Hinzufügen kann man diesem Dreiergespann noch das Bedürfnis nach Umweltbezug, das sich in Neugier, später auch in Interesse manifestiert.

---

[4] *Affective computing* soll einem Computer die Möglichkeit geben, Emotionen zu erkennen und auszudrücken, er soll hierbei die Fähigkeit entwickeln, intelligent auf menschliche Emotionen zu reagieren.

Der *Neugier* kommt beim Lernen ein ganz wesentlicher Stellenwert zu. Bereits in den 1940er Jahren hat Berlyne (1949) das so genannte *epistemische Neugierverhalten* untersucht: Dingen oder Ereignissen, die unerwartet auftreten und relativ unbekannt sind, schenken wir spontan Aufmerksamkeit; wir wenden uns ihnen zu und beginnen sie zu erkunden. Warum? Weil wir das Neue, Unerwartete nicht einordnen können oder weil Erwartung und Wahrnehmung nicht zusammenpassen – man spricht auch vom kognitiven Konflikt. Um erlebte Widersprüche aufzulösen und Unsicherheiten zu beseitigen, suchen wir nach neuen Informationen: Wir erkunden die Umgebung. Während Neugier eine eher kurzfristige Phase der Erkundung auslöst, versteht man unter *Interessen* längerfristige und relativ stabile Beziehungen zu bestimmten Inhalten, Gegenständen und Tätigkeiten. Welche Interessen ein Mensch ausbildet, hängt davon ab, wie attraktiv seine Umgebung ist, welche Dinge ihn „anziehen", wie er sich selbst entwickelt und welche Aktivitäten und deren Wirkungen er als lustvoll erlebt (vgl. Krapp, 1998).

In den 1970er Jahren hat Csikszentmihalyi (1975) bei Freeclimbern, Motorradfahrern und Schachspielern ein spezielles Phänomen der intrinsischen Motivation untersucht, das mit hoher Zufriedenheit und freudvollem Erleben verknüpft ist: das *Flow-Erleben*. Flow entsteht, wenn man in eine Tätigkeit, die man beherrscht und einen herausfordert, so vertieft ist, dass man in dieser Tätigkeit aufgeht und alles andere um sich herum – auch die Zeit – vergisst. Flow entsteht bei kreativen Arbeiten, beim Spielen oder bei Aktivitäten, die volle Konzentration erfordern. Flow ist eine positive Erfahrung, die sich aus einem Mix von Anstrengung und spielerischer Leichtigkeit ergibt (Csikszentmihalyi, 1990). Dabei zeigen sich zwischen dem Flow-Erleben und der gut untersuchten Leistungsmotivation große Parallelen: Auch Leistungsmotivation entsteht z.B. nur unter einer optimalen Passung zwischen Anforderungen und Fähigkeiten. Hohe Fähigkeit und geringe Anforderung dagegen führt zu Langeweile, hohe Anforderung und geringe Fähigkeit zu Angst. Ist beides gering, kommt es zu keiner besonderen Erfahrung.

Vertrauen gilt vor allem auf der interpersonalen Ebene des Lernens als eine grundlegende Voraussetzung für Erfolg: Positive emotionale Beziehungen und eine auf Vertrauen basierte „Allianz" (*rapport*) im Sinne einer harmonischen Verbindung zwischen Lernenden, Lehrenden und Lerninhalten sind in der Praxis bekannte, aber wissenschaftlich wenig beachtete Notwendigkeiten für nachhaltiges Lernen (Buskist & Saville, 2001). Vertrauen umfasst den Glauben an die Zuverlässigkeit, Integrität, Ehrlichkeit und Gerechtigkeit von Personen, Dingen oder Systemen und ist grundsätzlich in die Zukunft gerichtet (Krystek, 1995). Insofern ist Vertrauen stets mit einem Risiko (der Verletzbarkeit) verbunden, das eine vertrauende Person eingeht. Vertrauen dient der Komplexitäts- wie auch der Stressreduktion in komplexen Situationen und bildet damit die Basis für Wohlbefinden. Vertrauensvolle positive emotionale Lernkontexte sind für Buskist und Saville (2001) nicht durch bestimmte Handlungen herstellbar, sondern ein emergentes Ergebnis davon, dass man als Lehrender bzw. als Gestalter von Lernumgebungen viele verschiedene Dinge *konsistent* tut.

4. Emotionale Gestaltung von E-Learning

E-Learning ist ein Sammelbegriff für verschiedene Lernformen mit digitalen Medien wie auch für verschiedene Formen von elektronischen Umgebungen, in denen Lernen stattfinden soll; wenn von der „Gestaltung von E-Learning" die Rede ist, ist Letzteres gemeint. Um zu analysieren, in welcher Weise man z.B. Neugier, Interesse, Flow und Vertrauen durch Gestaltung von E-Learning fördern oder gar die Entwicklung emotionaler Intelligenz unterstützen kann, soll im Folgenden auf ein Modell von Baumgartner und Bergner (2003) zurückgegriffen werden, das sich in weiten Teilen mit ersten Überlegungen zur Integration von Emotionen beim E-Learning deckt (Reinmann-Rothmeier, 2003b).

4.1 Vom pädagogischen Lernszenario zum technischen Tool

Baumgartner und Bergner (2003) unterscheiden drei Abstraktionsebenen bei der Beschreibung von E-Learning-Umgebungen: a) Auf der obersten Ebene werden *didaktische Szenarien* kategorisiert und beschrieben. Gemeint sind damit Arrangements von Methoden, wie sie in didaktischen Modellen[5] zum Ausdruck kommen. Die Beschreibung derartiger Szenarien ist unabhängig von ihrer konkreten Umsetzung; auch die Frage, ob deren Implementation in der Präsenzlehre oder in virtuellen (Online- oder Offline-)Umgebungen erfolgt, ist erst einmal unerheblich. b) Auf der mittleren Ebene werden verschiedene Aktivitäten im Sinne von *didaktischen Interaktionsmustern* kategorisiert und beschrieben, also z.B. Frage-Antwort-Sequenzen, bestimmte Aufgaben und Instruktionen und die darauf folgenden Aktionen, die Bildung von Gruppen etc. Auf dieser Ebene macht es bereits einen Unterschied, ob face-to-face- oder virtuell gelernt werden soll; technische Details aber sind auch hier noch weitgehend uninteressant. c) Erst auf der untersten Ebene der technischen Tools (z.B. LMS[6], CMS[7] etc.) geht es um die Beschreibung und Kategorisierung *spezifischer Software-Produkte*. Eine generelle Bewertung technischer Produkte aber ist auch hier nicht das Ziel, denn: Technische Tools zu beurteilen macht nur im Hinblick auf die damit ausgeführten oder angestrebten didaktischen Interaktionsmuster Sinn, die wiederum aus einem didaktischen Szenario abgeleitet sind. Alle drei Ebenen sind eng miteinander verzahnt: Die didaktischen Interaktionsmuster bilden die Elemente, aus deren Kombination (nach bestimmten Leitideen) didaktische Szenarien werden. Für die technische Umsetzung oder Unterstützung didaktischer Interaktionsmuster benötigt man häufig nicht nur mehrere (verschiedene) Tools, sondern nutzt bei diesen Tools oftmals nur bestimmte Funktionen.

---

[5] Beispiele für didaktische Modelle sind die Elaborationstheorie, der Goal based-Scenario-Ansatz, der Reciprocal Teaching-Ansatz, der Anchored Instruction-Ansatz etc. (vgl. z.B. Reinmann-Rothmeier & Mandl, 2001).

[6] Learning Management System

[7] Content Management System

Auf der obersten Ebene der *didaktischen Szenarien* findet man auf der einen Seite die theoretischen Modelle des Lernens und Lehrens; auf der anderen Seite ist sie auch die Ebene, auf der man als Praktiker im Lehr-Lerngeschehen nicht auf leicht anwendbare Regeln, sondern allenfalls auf Heuristiken zurückgreifen kann, denn: Welche didaktischen Szenarien ich in welcher Abwandlung bei welcher Zielgruppe unter welchen inhaltlichen und methodischen Zielsetzungen anwende, basiert in hohem Maße auf Erfahrung und ist nur bedingt durch den Erwerb von Kenntnissen aus der Lehr-Lerntheorie erlernbar. Die unterste Ebene der *Software-Produkte* spiegelt die technische Umsetzung von E-Learning-Umgebungen wieder. Langfristig werden hier Taxonomien dem Praktiker die Arbeit erleichtern: Viele Projekte und Experimente mit den verschiedensten technischen Tools werden zeigen (zum Teil wissen wir ja schon einiges), welche Software-Produkte bzw. welche Funktionen derselben sich für welche didaktischen Interaktionsmuster eignen und welche nicht. Hier kann man in der Tat – auf lange Sicht zumindest – so etwas wie eine Technologie erwarten, wie sie von den Vertretern der „Educational/Instructional Technology" postuliert wird. Der mittleren Ebene der *didaktischen Interaktionsmuster* kommt meiner Einschätzung nach eine besondere Bedeutung zu: Das ist die Ebene, auf der erlernbare Technologien zum Einsatz technischer Werkzeuge sowohl beginnen als auch enden; gleichzeitig ist das die Ebene, auf der die Konstruktion oder Auswahl didaktischer Szenarien beginnt und konkret umgesetzt werden muss. Von daher ist dieser mittleren Ebene besonders viel Aufmerksamkeit zu schenken. Die Unsicherheiten beim E-Learning in der Praxis dürften unter anderem darauf zurückzuführen sein, dass man dem Praktiker zwar erzählt, welche didaktischen Modelle und welche technischen Tools es gibt, es aber versäumt ihm Vorschläge zu machen oder Beispiele zu liefern, wie man beides auf der Ebene der didaktischen Interaktionsmuster dann tatsächlich zusammenbringt. Auf allen drei beschriebenen Ebenen spielen die *Emotionen* eine wichtige Rolle – ein Aspekt, der geradezu systematisch unterschlagen wird und im folgenden Abschnitt genauer betrachtet werden soll.

4.2 Verschiedene Ebenen der didaktischen Gestaltung

Auf der untersten Ebene bedingen die technischen Tools – also die Software, mit denen der Lernende konfrontiert ist – die Oberfläche einer E-Learning-Umgebung, das heißt: LMS, CMC, CSCW-Tools etc. erzeugen immer eine sichtbare Bildschirmgestaltung mit einer bestimmten Navigation, Aufteilung des vorhandenen Platzes, Farbgebung, Schriftart, Grafik etc. Die Oberfläche der E-Learning-Umgebung ist die erste Kontaktfläche zwischen dem Lernenden und einem E-Learning-Angebot und ein ständiger Begleiter bei allen Lernprozessen. Entsprechend ist die *Oberflächengestaltung* ein wichtiger Ansatzpunkt der emotionalen Gestaltung. Wie bei der Einrichtung eines Hauses ist der Lernende der Oberflächengestaltung immer dann ausgesetzt, wenn er sich in die E-Learning-Umgebung begibt. Ähnlich wie man sich an einer geschmackvollen, ästhetisch überlegten Einrichtung erfreut, von geschickt platzierten Kleinigkeiten angetan ist, sich durch Farbe und Licht in seiner Stimmung beeinflussen lässt, sich über unpassendes Mobiliar ärgert, von schmutzigen Einrichtungsstücken angeekelt ist etc., spielen Ästhetik, Klarheit und Funktionalität auch bei der Oberflächengestaltung eine bislang sträflich vernachlässigte Rolle beim E-Learning. Was z.B. Werbung und Marketing bei der Gestaltung von Web-Seiten längst erkannt haben –

nämlich die Bedeutung von Formen, Bildern, Originalität und Geschmack – ist beim E-Learning noch weitgehend Neuland[8].

Auf der obersten Ebene bestimmt die Wahl oder Konstruktion eines didaktischen Szenarios die Struktur der Lernumgebung; wir sprechen im Folgenden daher auch von *Strukturgestaltung*. Wichtig ist hier, dass nicht jede Kombination einzelner didaktischer Elemente oder Interaktionsmuster Sinn macht, und dass die Zusammenstellung und Abstimmung verschiedener Aktivitäten zu den Inhalten, zu den Zielen und zu den Voraussetzungen und Erwartungen der Zielgruppe passen muss. Um die oben begonnene Analogie noch einmal aufzugreifen: So wie ein Haus zu seinen Bewohnern passen, auf Ansprüche, Alter, mögliche Behinderungen und Anzahl der Bewohner Rücksicht zu nehmen hat, darf man auch von einem didaktischen Szenario erwarten, dass es zum gegebenen Kontext passt. Ist eine solche Passung nicht gegeben, sind von vornherein Akzeptanzprobleme zu erwarten – und diese äußern sich in Ärger, Wut, Abneigung etc., also in Gefühlen, die als K.-o.-Kriterium wirksam werden können. Gleichzeitig muss es auf dieser Ebene gelingen, eine emotional stimmige Komposition didaktischer Elemente hervorzubringen. Dass eine solche stimmige Komposition die Voraussetzung für einen emotional positiven Lernkontext ist, zeigen Forschungen im Präsenzunterricht (z.B. Palmer, 1998), die – so meine These – in vielen Punkten auch für die Gestaltung von E-Learning Bedeutung haben.

Die mittlere Ebene der didaktischen Interaktionen ist einerseits durch das didaktische Szenario beeinflusst, beinhaltet aber andererseits die zusätzliche Möglichkeit, Prozesse direkt zu gestalten, weshalb wir auch von *Prozessgestaltung* sprechen. Eine unmittelbare Gestaltung von Prozessen in einer E-Learning-Umgebung erfolgt zum einen durch verschiedene Interaktionsformen, wie sie z.B. das System bzw. einzelne technische Tools dem Lernenden anbieten (vgl. Schulmeister, 2003). Zum anderen gehören zur Prozessgestaltung die interpersonalen Beziehungen und damit die Interaktionen zwischen den Lernenden (etwa in kooperativen Lern- und Arbeitsphasen) sowie die Betreuung durch den Lehrenden. Nun kann weder der Architekt noch der Raumausstatter eines Hauses die Ereignisse planen oder gar steuern, die in einem Haus geschehen werden. Zwar gibt es so etwas wie „affordances"[9] und „constraints"[10] einer Umgebung oder einzelner Werkzeuge (Greeno, 1989), die bestimmte Aktionen und Geschehnisse nahe legen und andere hemmen. Es bleibt aber das Risiko – oder die Chance – des Unvorhersehbaren und Unberechenbaren, wenn Menschen (und nicht Maschinen) die Akteure des Handelns bzw. des Lernens sind. Auf dieses Unvorhersehbare und Unberechenbare können nur lehrende oder betreuende Personen in E-Learning-Umgebungen angemessen reagieren[11], weshalb Fragen der Feedbackgestaltung, des E-Tutoring, des

---

[8] Ausnahmen sind Ansätze zum Screen-Design (z.B. Thissen, 2001), die aber in Bildungskontexten auf vergleichsweise wenig Gehör treffen.

[9] Im Sinne von Aufforderungsreizen

[10] Im Sinne von „eingebauten" Beschränkungen

[11] Anders lautende Ziele der Forschungsrichtung zum *affective computing* sind weitgehend Zukunftsmusik.

E-Moderating und des E-Coaching eine hohe Bedeutung gerade auch bei der emotionalen Gestaltung des E-Learning zukommen.

Zwar sind die hier vorgeschlagenen Gestaltungsebenen nicht trennscharf, da natürlich die Oberflächengestaltung auch tiefer liegende Strukturen mitbedingt (und umgekehrt) und die Art der Strukturgestaltung Einfluss auf ablaufende Prozesse hat (und umgekehrt). Dennoch kann und soll diese Einteilung eine heuristische Hilfe für Analyse- und Gestaltungsmaßnahmen sein. Die folgende Abbildung (in Anlehnung an Baumgartner & Bergner, 2003) veranschaulicht noch einmal die verschiedenen Ebenen.

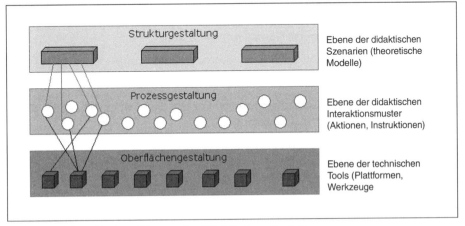

Abbildung 1: Verschiedene Ebenen der didaktischen Gestaltung

5. Pädagogische Innovation durch Kohärenz und Spiel?

Kohärenz[12] gilt als wichtiges Prinzip der Bedeutungskonstruktion beim Menschen (Thagard, 2000): Bedeutung entsteht, wenn etwas zunächst Unstimmiges in ein kohärentes Muster mentaler Repräsentationen (Konzepte, Überzeugungen, Ziele, Handlungen) eingefügt wird. Kohärent ist etwas, dessen Teile zusammenpassen und im Einklang zueinander stehen, etwas, das in sich stimmig und schlüssig ist und von daher auch einen Sinn ergibt. Mit dieser Bedeutung im Hintergrund soll Kohärenz im Folgenden als ein zunächst abstraktes Kriterium für die emotionale Gestaltung von E-Learning-Umgebungen näher betrachtet und auf den oben beschriebenen Ebenen von E-Learning-Umgebungen konkretisiert werden.

In einem ersten Schritt möchte ich *drei Ausprägungen der Kohärenz* beim E-Learning postulieren, die man auch als Ziele der emotionalen Gestaltung von E-Learning bezeichnen könnte: Passung, emotionale Stimmigkeit und emotionale Ganzheit:

---

[12] Lateinisch cohaerere: zusammenhängen, (in sich) verbunden sein, zusammenhalten

- *Passung*: Das für das E-Learning notwendige Mindestmaß an Vertrauen und Wohlbefinden setzt voraus, dass eine E-Learning-Umgebung für die Zielgruppe der Lernenden, deren Ansprüche und Voraussetzungen sowie in Bezug auf vorhandene Ressourcen (Technik, Infrastruktur, personeller Aufwand etc.) geeignet ist – das heißt, dass eine Passung zwischen dem didaktischen Szenario einschließlich seiner technischen und interaktionalen Ausgestaltung und dem Kontext besteht, in dem das Szenario umgesetzt wird.

- *Emotionale Stimmigkeit*: Neben dieser Passung ist es wichtig, dass E-Learning-Umgebungen der Bedeutung von Emotionen beim Lernprozess überhaupt Rechnung tragen – das heißt, dass die dominierende kognitive Ausrichtung der Gestaltung didaktischer Szenarien, didaktischer Interaktionsmuster und technischer Tools aufgegeben und durch eine emotional stimmige Gestaltung ergänzt wird.

- *Emotionale Ganzheit*: Schließlich ist zu bedenken, dass positive und negative Emotionen *zusammen* die Weggefährten des Lernens bilden. Es geht also nicht um die Elimination bestimmter Gefühle, sondern darum, Emotionen als solche zu erkennen und für den Lernprozess zu nutzen. Man kann von emotionaler Ganzheit sprechen, die allein die Entwicklung emotionaler Intelligenz ermöglicht.

Die folgende Abbildung stellt die drei Ausprägungen oder Ziele der Kohärenz bei der emotionalen Gestaltung von E-Learning noch einmal zusammen und zeigt, welche Elemente jeweils im Einklang miteinander stehen müssen.

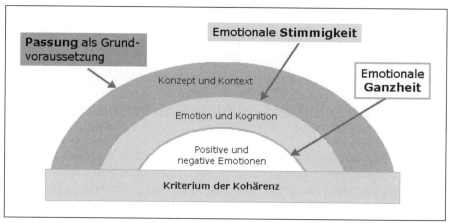

Abbildung 2: Kohärenz als Passung, emotionale Stimmigkeit und emotionale Ganzheit

In der *Umsetzung* bedeutet Kohärenz auf den verschiedenen Ebenen einer E-Learning-Umgebung unterschiedliches: So wird man bei der Oberflächengestaltung (auf der Ebene der technischen Tools) nicht nur auf Funktionalitäten, sondern auch auf die Gestaltwahrnehmung achten und ästhetische Kriterien berücksichtigen müssen (z.B. visuelle Kohärenz). Bei der Strukturgestaltung (auf der Ebene der didaktischen Szenarien) ist die Feinabstimmung der einzelnen Elemente zu einer stimmigen Komposition von Bedeutung. Bei der Prozessgestaltung (auf der Ebene der didaktischen Interaktionsmuster) wird man ergänzende Maßnahmen ergreifen müssen, um Kognitionen und verschiedene Emotionen in einer lernförderlichen Balance zu halten.

„Balance halten" ist in diesem Zusammenhang ein entscheidendes Stichwort: Unabhängig von den neuen Medien stehen Lehrende bei der Gestaltung von Lernumgebungen stets vor der Anforderung, Fremd- und Selbststeuerung, Geschlossenheit und Offenheit, Regelgeleitetheit und Freiheit im Tun in das rechte Verhältnis zu bringen oder – mit den Worten Dillenbourgs (2003) – das richtige Maß an *scripting* zu finden, das weder in Überreglementierung abgleitet noch einen orientierungslosen Raum zurück lässt. Kohärenz im Sinne von Passung, Stimmigkeit und Ganzheit ist so gesehen eine Richtschnur für diesen Balanceakt, der gerade beim E-Learning eine zentrale Rolle spielt, weil – im Gegensatz zur Präsenzlehre – unmittelbare Korrekturen von Ungleichgewichten wenig bis gar nicht möglich sind. Ich kenne kein besseres Konzept als das *Spiel*, in dem diese Balance zwischen Regelgeleitetheit und Freiheit im Tun oder – wenn man so will – zwischen *overscripting* und *underscripting* besser gelöst ist: Spielen lebt von Regeln unterschiedlicher Komplexität und der gleichzeitigen Freiheit in der Gestaltung, von Orientierung an extern gesetzten Maßstäben und innerer Freiheit.

Eine Spieldefinition für alle Lebensalter und Situationen gleichermaßen gibt es zwar nicht; So-tun-als-ob, Flexibilität, Mittel-vor-Zweck und emotionales Engagement aber sind Grundelemente, die in jedem Spiel vorkommen (z.B. Huizinga, 1956). Gefühle gehören zum Spiel dazu: etwa die Lust an gelungenen Bewegungen im *Funktionsspiel*, die Freude am Explorieren im *Informationsspiel*, die Zufriedenheit durch Herstellen eigener „Produkte" im *Konstruktionsspiel*, der Spaß am Fiktiven im *Symbolspiel*, das Vergnügen an neuen Rollen im *sozialen Spiel*, die Spannung durch Wettkampf und Leistungsvergleich im *Regelspiel* (vgl. Oerter, 1995). Aber auch negative Emotionen gibt es im Spiel: Wut bei Niederlagen, Enttäuschung bei Regelverletzung, Traurigkeit bei erlebten Defiziten. Beim Spielen wird gelernt, wird Verhalten eingeübt bzw. verstärkt; es wird bestätigt, gefragt, in Frage gestellt, gewonnen und verloren, kooperiert und konkurriert, entwickelt und erprobt; es werden Werte, Grundhaltungen, Regeln und Botschaften vermittelt. Spielen erfüllt biologische und entwicklungspsychologische Funktionen und ist eine potentielle „Plattform" für Lernprozesse (vgl. Einsiedler, 1991).

Der Kohärenz als Gestaltungskriterium und dem Spiel als Rahmenkonzept sowie der Verflechtung dieser beiden Überlegungen kommt aus meiner Sicht eine zentrale Bedeutung bei der emotionalen Gestaltung von E-Learning zu: Zum einen bietet das Konzept des Spiels einen fruchtbaren Rahmen für ausbalancierte Gestaltungsziele; zum anderen haben die für das Lernen so wichtigen Phänomene wie Neugier, Interesse und Flow-Erleben im Spiel eine besondere Chance sich zu entfalten. Die folgende Abbildung fasst dies noch einmal zusammen.

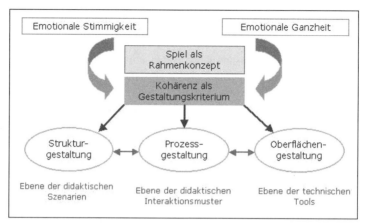

Abbildung 3: Kriterien und Ebenen der emotionalen Gestaltung von E-Learning

6. Fazit

Ist E-Learning eine didaktische Innovation? Mit dieser Frage habe ich den Beitrag begonnen und die Antwort darauf lautete, dass E-Learning einen evolutionären Prozess in Gang gesetzt hat, der – wenn er denn in einen „echten" Lernkulturwandel münden sollte – durchaus als eine Innovation (im modernen Verständnis) gelten darf. Der Lernkulturwandel wurde hier in enger Beziehung zu neuen, konstruktivistisch gefärbten Forderungen nach einem aktiv-konstruktiven, selbstorganisierten, situativen und anwendungsbezogenen Lernen gesehen – alles Merkmale eines Lernens, die mit den digitalen Medien an Aktualität gewonnen haben. Auffällig dabei ist die chronische Vernachlässigung der in Sachen Lernkultur ebenfalls postulierten Ganzheitlichkeit des Lernens, die neben kognitiven Aspekten auch die Berücksichtigung von Gefühlen einfordert. Emotionen erweisen sich geradezu als vergessene Weggefährten des Lernens und es rächt sich in Unzufriedenheit und hohen Abbrecherquoten, dass man dem Gefühl beim E-Learning so wenig Aufmerksamkeit schenkt. Auf welchen Ebenen man eine emotionale Gestaltung von E-Learning angehen kann, wurde anhand eines Beschreibungsmodells gezeigt, das gleichzeitig eine sinnvolle Differenzierung in das weite Feld des E-Learning bringt: Die Oberflächengestaltung auf der Ebene der technischen Tools erweist sich bei dieser Analyse als ebenso wichtig wie die Strukturgestaltung auf der Ebene der didaktischen Szenarien und die Prozessgestaltung auf der Ebene der didaktischen Interaktionsmuster.

Ohne Zweifel ist das Plädoyer für mehr Gefühl beim E-Learning auf verschiedenen Gestaltungsebenen eine schwierige Angelegenheit: Zum einen setzt man sich dem Verdacht aus, einer neuen oberflächlichen Edutainmentwelle das Wort zu reden; zum anderen handelt man sich das Problem ein, sich mit den Gefühlen der Lernenden einem höchst persönlichen und idiosynkratischen „Gegenstand" zu widmen. Beides aber darf – so meine ich – kein Hindernis dafür sein, sich aus wissenschaftlicher Perspektive mit Fragen der Emotion beim E-Learning zu stellen – vor allem dann nicht, wenn man nachhaltige didaktische Innovationen und damit einen Lernkulturwandel vor Augen hat. Noch sind wir weit davon entfernt, detaillierte Ratschläge für eine emotionale Gestaltung von E-Learning machen zu können – eine Art Technologie wird man hier auch nicht erwarten können. Das in diesem Beitrag nur kurz angerissene Kriterium der Kohärenz und die Bedeutung des Spiels aber geben erste Hinweise darauf, in welche Richtung sich eine emotionale Gestaltung von E-Learning künftig bewegen kann.

Literatur

ARNOLD, R. & SCHÜßLER, I. (1998). *Wandel der Lernkulturen. Ideen und Bausteine für ein lebendiges Lernen.* Darmstadt: wbg.

ASTLEITNER, H. & LEUTNER, D. (2000). Designing Instructional Technology from an Emotional Perspective. *Journal of Research on Computing in Education*, 32, 497–510.

ASTLEITNER, H. (2000). Designing emotionally sound instruction: The FEASP-approach. *Instructional Science*, 28, 169–198.

BAUMGARTNER, P. & BERGNER, I. (2003). *Ontological stratification of virtual learning activities – Developing a new categorization scheme.*
Internet: http://iol3.uibk.ac.at:8080/files/peter/peter/articles/icl-categorization.pdf (Stand: 30.09.2003).

BERLYNE, D.E. (1949). Interest as a psychological concept. *British Journal of Psychology*, 39, 184–195.

BUSKIST, W. & SAVILLE, B.K. (2001). Creating positive emotional contexts for enhancing teaching and learning. *American Psychological Society*, 14 (3), 12–19.

CIOMPI, L. (1997). *Die emotionalen Grundlagen des Denkens.* Göttingen: Hogrefe.

CSIKSZENTMIHALYI, M. (1975). *Beyond boredom and anxiety.* San Francisco.

CSIKSZENTMIHALYI, M. (1990). *Flow – the Psychology of optimal experience.* New York: HarperPerennial.

DECI, E.L. & RYAN, R.M. (1993). Die Selbstbestimmungstheorie der Motivation und ihre Bedeutung für die Pädagogik. *Zeitschrift für Pädagogik*, 39, 223–238.

DILLENBOURG, P. (2003). *Over-scripting CSCL: The risk of blending collaborative learning with instructional design.* Paper presented at the congress „Shaping innovations – eLearning as a catalyst for a new teaching and learning culture?" St. Gallen: University of St. Gallen (October 8–9, 2003).

EINSIEDLER, W. (1991). *Das Spiel der Kinder. Zur Pädagogik und Psychologie des Kinderspiels.* Bad Heilbrunn: Klinkhardt.

GREENO, J.G. (1989). Situations, mental models and generative knowledge. In: D. Klahr & K. Kotovsky (Eds.), *Complex information processing: The impact of Herbert A. Simon* (pp. 285–318). Hillsdale, New Jersey: Erlbaum.

HUIZINGA, J. (1956). *Homo ludens*. Hamburg: Rowohlt.

KELLER, J.M. & KOPP, T.W. (1987). Application of the ARCS model to motivational design. In: C. M. Reigeluth (Ed.), *Instructional Theories in Action: Lessons Illustrating Selected Theories* (pp. 289–320). Hillsdale, NJ: Erlbaum.

KELLER, J.M.(1983). Motivational design of instruction. In: C.M. Reigeluth (Ed.), *Instructional design theories and models: An overview of their current status*. Hillsdale, NJ: Erlbaum.

KORT, B., REILLY, R. & PICARD, R. W. (2001a). *External representation of learning process and domain knowledge: Affective state as a determinate of its structure and function*, Media Laboratory, M.I.T., http://affect.media.mit.edu/AC_research/lc/AI-ED.html (Stand: 17.07.2003).

KORT, B., REILLY, R. & PICARD, R. W. (2001b). *An affective model of interplay between emotions and learning: Reengineering educational pedagogy – Building a learning companion*, Media Laboratory, M.I.T., http://affect.media.mit.edu/AC_research/lc/icalt.pdf (Stand: 17.07.2003).

KRAPP, A. (1998). Entwicklung und Förderung von Interessen im Unterricht. *Psychologie in Erziehung und Unterricht*, 45, 186–203.

KRYSTEK, U. (1995). Vertrauen oder Mißtrauen als Determinanten von Führungserfolg. In: U. Krystek & J. Link (Hrsg.), *Führungskräfte und Führungserfolg* (469–499). Wiesbaden: Gabler.

MAYER, J., SALOVEY, P. & CARUSO, D. (2000). Emotional intelligence as zeitgeist, as personality, and as a mental ability. In: R. Bar-On & J.D.A. Parker (Eds.), *The handbook of emotional intelligence*. New York: Jossey-Bass.

OERTER, R. (1995). Kindheit. In R. Oerter & L. Montada (Hrsg.), *Entwicklungspsychologie: ein Lehrbuch* (S. 249–309). Weinheim: Psychologie Verlags Union.

OVERMANN, M. (2002). *Emotionales Lernen: Sentio, ergo cognosco*. Internet: http://home.t-online.de/home/Wendtmichael/Seiten/Overman3.htm (Stand: 17.07.2003).

PALMER, P.J. (1998). *The courage to teach: Exploring the inner landscape of a teacher's life*. San Francisco: Jossey-Bass.

PEKRUN, R. (1992): Kognition und Emotion in studienbezogenen Lern- und Leistungssituationen: Explorative Analysen. In: *Unterrichtswissenschaft*, 4, 308–324.

REINMANN-ROTHMEIER, G. & MANDL, H. (2001). Unterrichten und Lernumgebungen gestalten. In: A. Krapp & B. Weidenmann (Hrsg.), *Pädagogische Psychologie. Ein Lehrbuch* (S. 601–646). Weinheim: BeltzPVU.

REINMANN-ROTHMEIER, G. (2003a). *Didaktische Innovation durch Blended Learning. Leitlinien anhand eines Beispiels aus der Hochschule.* Bern: Huber.

REINMANN-ROTHMEIER, G. (2003b). *Die Vergessenen Weggefährten des Lernens: Herleitung eines Forschungsprogramms zu Emotionen beim E-Learning* (Arbeitsbericht Nr. 1). Augsburg: Universität Augsburg, Medienpädagogik. Internet: http://professur.mediapedagogy.com/Forschung/Arbeitsberichte/2003 (August 2003).

SCHULMEISTER, R. (2003). *Taxonomy of multimedia component interactivity. A contribution to the current metadata debate.* ScomsS: New Media in Education, March, 61–80.

SPITZER, M. (2000). *Geist im Netz. Modelle für Lernen, Denken und Handeln.* Heidelberg: Spektrum Akademischer Verlag.

THAGARD, P. (2000). *Coherence in Thought and Action.* Cambridge, MA: MIT Press.

WEINERT, F.E. (1997). Lernkultur im Wandel. In: E. Beck, T. Guldimann & M. Zutavern (Hrsg.), *Lernkultur im Wandel* (S. 11–29). St. Gallen: UVK.

Markus Wirth

Die Lehr-Lern-Kultur als Ausgangspunkt und Gestaltungsfeld nachhaltiger E-Learning-Implementierungen

Abstract

Die Art und Weise wie gelehrt und gelernt wird, soll sich mit dem Einsatz mediengestützter Lehre grundlegend ändern. Dies deshalb, weil es bei der Einführung von mediengestützten Lernarrangements nicht hauptsächlich um die Anreicherung des Unterrichts mit Technik, sondern vielmehr um die vermehrte Selbststeuerung des Lernprozesses selber geht. Der dabei notwendige Übergang vom fremdgesteuerten zum selbstgesteuerten Lernprozess verlangt von jedem traditionell in der alten Lernkultur verwurzelten Akteur ein grundlegendes Umdenken. Die Lehr-Lern-Kultur bekommt in diesem Prozess eine Scharnierfunktion zwischen technischer und pädagogischer Potentialität – wird aber bei der Implementation oft vernachlässigt. Über die kritische Auseinandersetzung mit der Lehr-Lern-Kultur als Ausgangslage und als Gestaltungsfeld werden diesbezüglich zentrale Herausforderungen aufgearbeitet.

Der Autor

Markus Wirth studierte an der Universität St. Gallen Wirtschaftspädagogik und schloss das Studium im Frühling 2001 als lic. oec. et dipl. Hdl. HSG ab. Seit Februar 2001 arbeitet er als wissenschaftlicher Mitarbeiter am Institut für Wirtschaftspädagogik an der Universität St. Gallen sowie als zertifizierter Berater bei IBM Business Consulting Services im Bereich Learning Solutions mit spezieller Fokussierung auf E-Learning-Lösungen und -Implementierungen. Diese für beide Seiten sehr fruchtbare Verbindung von Praxis und Theorie führte schließlich auch zu der sich momentan in Arbeit befindenden Dissertation im Bereich Qualitätsmanagement in Aus- und Weiterbildungsprogrammen.

Markus Wirth

Die Lehr-Lern-Kultur als Ausgangspunkt und Gestaltungsfeld nachhaltiger E-Learning-Implementierungen

1.	Problemstellung und Ziel dieses Beitrags	376
2.	Die Lehr-Lern-Kultur und E-Learning	378
	2.1 Das pädagogische Verständnis einer „Lehr-Lern-Kultur"	378
	2.2 Lehr-Lern-Kultur als Ausgangspunkt und Gestaltungsfeld einer E-Learning-Implementation	380
3.	Die Lehr-Lern-Kultur als Ausgangspunkt einer erfolgreichen E-Learning-Implementation	381
	3.1 Die Entstehung einer universitären Lehr-Lern-Kultur	382
	3.2 Die existierende Lehr-Lern-Kultur als notwendiges und/oder hinreichendes Kriterium für die erfolgreiche E-Learning-Implementierung?	383
	3.3 Bestimmen einer Lehr-Lern-Kultur aufgrund vorhandener Konzepte	384
4.	Grundzüge von E-Learning-/mediengerechten Lehr-Lern-Kulturen	386
	4.1 Selbststeuerung des Lernprozesses und Lernzielorientierung	387
	4.2 Inhaltliche Orientierung	388
	4.3 Interaktion, Kommunikation und Arbeiten im Team	389
	4.4 Fremdevaluation, Selbstevaluation und Metakognition	389
5.	Die Lehr-Lern-Kultur als Gestaltungsfeld – zentrale Herausforderungen	389
	5.1 Kulturelle Herausforderungen bei der E-Learning-Implementierung	390
	5.2 Unklare Gesamtkonzeptionen	392
	5.3 Unrealistischer zeitlicher Umsetzungshorizont	394
	5.4 Unklare Rollenverteilungen und Organisation im Innenbereich der Schule	397
6.	Schlussfolgerungen	399
	Literatur	400

1. Problemstellung und Ziel dieses Beitrags

Noch vor nicht allzu langer Zeit war es klar, wie das Studium funktionierte: Studierende suchen zu Beginn des Semesters ihre Veranstaltungen zusammen, lassen sich auf Papierbögen oder vielleicht gar über einen elektronischen Einschreibemechanismus in die gewünschten Veranstaltungen einteilen und beschaffen sich, basierend auf ihrer Auswahl, die benötigten Manuskripte und Bücher. Während des Semesters folgen sie mehr oder weniger aufmerksam und präsent den mehr oder weniger interessanten Ausführungen der Dozenten und leisten pflichtbewusst die vorgegebenen Arbeiten und Präsentationen. Nach Ende des Semesters oder des Studienjahres werden fleißig sämtliche Unterlagen gesammelt, um die anschließende vorlesungsfreie Zeit mit dem Lernen und Ablegen der Zwischenprüfungen zu verbringen. Die Regeln in diesem Spiel sind klar: Wissen ist eine Holschuld und muss aus Büchern, Vorlesungen, Übungen oder vielleicht aus Prüfungsvorbereitungs-Seminaren zusammengetragen werden. Wer sich nicht fügte oder fügen konnte, wurde in der Regel aussortiert. Das System war für die „Überlebenden" und in Bezug auf die zugrunde liegenden Ziele effizient und effektiv.

Das alles soll sich mit dem Einsatz mediengestützter Lehre und verstärkt selbstgesteuertem Lernen grundlegend ändern. Dies deshalb, weil es bei der Einführung von mediengestützten Lernarrangements nicht hauptsächlich um die Anreicherung des Unterrichts mit Technik, sondern vielmehr um die vermehrte Selbststeuerung des Lernprozesses selber geht. Der dabei notwendige Übergang vom fremdgesteuerten zum selbstgesteuerten Lernprozess verlangt von jedem traditionell tief in der alten Lernkultur verwurzelten „Lerner" erstmals eine völlig ungewohnte Eigenverantwortung (Neubauer, 2002, 21). Für die „Lehrenden" bedeutet dies ebenfalls eine grundlegende Änderung: Sie sollen neu die Lernenden in ihrem Lernprozess unterstützen und sich nicht „nur" auf das Vortragen ihres Wissens in Hörsälen und Vorlesungsräumen beschränken. Beide Parteien, Lehrende und Lernende, werden darüber hinaus mit unbekannten, auf technisch versierte Benutzer ausgelegten Lernumgebungen konfrontiert, in denen sich die wenigsten auf Anhieb alleine zurecht finden, was immer wieder Skepsis, Unsicherheiten und Abwehrreaktionen auszulösen vermag. Zu allem Übel kommt hinzu, dass nach der technischen Implementierung oftmals gar nicht mehr klar ist, wer nun welche Rolle im mediengestützten und selbstgesteuerten Lernprozess übernehmen soll und muss. Neubauer argumentiert plakativ: „Vor diesem Hintergrund mutiert die Holpflicht des ‚Lerners' in der traditionellen Lernkultur zu einer Bringschuld der Bildungsverantwortlichen in der neuen Welt." (Neubauer, 2002, 21) Im Rahmen dieses Betrags wird diese Aussage einer detaillierteren Betrachtung zu unterziehen sein.

Mit dem kurz skizzierten Wandel bietet der Einsatz neuer Medien zwar – wie das einige Experten zum Ausdruck bringen – das Potenzial für einen Quantensprung in der Qualität und Effizienz des universitären Lehrens und Arbeitens (vgl. dazu Apostolopoulos et al., 2001, 13). Für die Nutzung dieses Potenzials ist jedoch von entscheidender Bedeutung, wie die Integration in ein geeignetes pädagogisches und didaktisches Konzept respektive wie der

Wandel des Selbstverständnisses aller am universitären Leistungserstellungs-Prozess beteiligten Interessensgruppen gelingt. Ein Blick in die Lehr-Realität verschiedener Universitäten und Hochschulen zeigt es deutlich: Ein Überdenken der grundlegenden Werte, der Einstellungen gegenüber dem Lernen und der angestrebten Ziele mit dem Zweck der Weiterentwicklung entlang der pädagogischen Innovationen ist die notwendige Konsequenz und Bedingung der Einführung mediengestützter Lehre. Verschiedene eigene Erfahrungen aus Implementationsarbeiten mit neuen Medien in der Hochschullehre zeigen, dass die notwendigen Werte und Vorstellungen über Lehren und Lernen nicht mit dem praktizierten Lehr-Lern-Verständnis übereinstimmen – und dass deshalb ein Kulturwandel vollzogen werden muss, um über die schrittweise Erschließung der realistisch erfüllbaren (und nicht der euphorisch überzeichneten) Potentialität die Anstrengungen und Investitionen nachhaltig zu sichern.

In einzelnen Projekten „passiert" dieser Wandel von selbst, ohne dass sich die Beteiligten des Wandels überhaupt bewusst sind. In seltenen Fällen dürfte bereits eine Lehr-Lern-Kultur existieren, die lange Jahre unter traditionellen Lehr-Lernparadigmen und den entsprechenden Rahmenbedingungen (entsprechende Leistungsbeurteilung, Curriculum-Design, Lehrerausbildung) gelitten haben und nun dank neuer Impulse schon lange skandierte und propagierte Konzepte umsetzen können. In den meisten Fällen dürfte dies jedoch eine Illusion fernab jeglicher Unterrichts- und Schulrealität sein. Aus eigener Erfahrung birgt die existierende Lehr-Lern-Kultur schwer zu fassenden Zündstoff, der nicht explosionsartig, sondern vielmehr schwelend, die Implementationsanstrengungen begleitet. Sich selbst überlassen, ist der durchaus mögliche und natürlich erwünschte, aus sich selbst heraus entstehende Wandel in der Regel zu langsam und die zur Verfügung stehenden Mittel zu knapp, um die Zeit, bis sich die ersten Früchte der intensiven Arbeit zeigen können zu überbrücken. Kurz: Ohne wichtige Sensibilisierungen und Initiativen hinsichtlich der Förderung einer E-Learning-gerechten Lehr-Lern-Kultur droht die Motivation wichtiger Kompetenzträger und Promotoren von Neuerungen und innovativen Lösungen in der Hochschullehre dem Frust über kurzfristig und vordergründig wenig glanzvolle Resultate in der Aus- und Weiterbildungsrealität zu weichen.

Zentral für die Sensibilisierung der verschiedenen Anspruchsgruppen sind drei Aspekte: Erstens ist die existierende Lehr-Lern-Kultur als Ausgangspunkt aller geplanten Neuerungs-Initiativen mit in die Überlegungen einzubeziehen. Zweitens ist festzustellen, welche Charakterzüge die erwünschte, „neue" Lernkultur aufweisen sollte. Und schließlich drittens, diese beiden Aspekte abgleichend, ergibt sich ein Gestaltungsfeld mit verschiedenen Rahmenbedingungen, die näher auszuleuchten sind. Mit dem vertieften Blick auf diese drei Aspekte setzt sich der vorliegende Beitrag mit dem zentralen und dennoch oft vernachlässigten Erfolgsfaktor „Lehr-Lern-Kultur" auseinander.

2. Die Lehr-Lern-Kultur und E-Learning

2.1 Das pädagogische Verständnis einer „Lehr-Lern-Kultur"

Den Begriff der Lehr-Lern-Kultur wissenschaftlich präzise abzugrenzen, ist mit einem Blick auf die Fachliteratur ein schwieriges Unterfangen, zumal Arnold & Schüssler betonen, dass es sich dabei um keine eingeführte und etablierte pädagogische Kategorie handle (R. Arnold & Schüssler, 1998, 3). Offensichtlich jedoch wird damit eine Beziehung zwischen Lehren/Lernen und Kultur unterstellt. Einige kurze Hintergrundgedanken sollen die nachfolgenden Ausführungen auf ein solides Fundament stellen.

In der Regel werden unter dem Kulturbegriff Handlungen (z.B. Rituale, Traditionen etc.) wie auch Gegenstände (Bauwerke, Kunstgegenstände etc.) verstanden. In einem Versuch, die Auslegeordnung möglicher Erklärungen zu fassen, formuliert Seibert die Verwendung des Kulturbegriffs für den wissenschaftlichen Sprachgebrauch wie folgt (Wiater, 1997, 30):

- „die Gesamtheit aller zu einer bestimmten Zeit in einem bestimmten geografischen Raum vorfindlichen Kulturgüter wie geistige und künstlerische Produktionen, Sprache, Bauwerke, Brauchtum, Rituale usw.

- die Ordnungs- und Lebensformen einer Zeitepoche institutionalisierten Kulturgebiete, als da wären Wissenschaft, Wirtschaft, Recht/Gesellschaftsordnung, Kunst, Moral, Religion/Weltanschauung sowie

- alle Aktionen und Aktivitäten, deren Ergebnis solche Kulturgüter, Ordnungs-/Lebensformen und Kulturgebiete sind."

Folgt man diesem Begriffsverständnis, so sind unter „Kultur" – im Gegensatz zur „Natur" – alle nach einem kollektiven Sinnzusammenhang gestalteten Produkte, deren Produktionsformen, Lebensstile und Verhaltensweisen sowie Leitvorstellungen einer Gesellschaft zu verstehen (vgl. z.B. R. Arnold & Schüssler, 1998, 3). Historisch-geisteswissenschaftliche Pädagogen[1] bestimmten im frühen 20. Jahrhundert das besondere Verhältnis von Schule und Kultur. Seibert greift exemplarisch Sprangers Vorstellungen vom Zusammenhang zwischen Kultur und Erziehung auf. Wie viele andere Vorstellungen beruht diese Ansicht auf dem Lernenden, der sich mit den Kulturgütern, d.h. mit dem objektiven Gehalt der Kultur (Sprache, Kunst, Sittlichkeit usw.), befasst und sich diese aneignet, wodurch er seine eigene Persönlichkeit ausbildet. Das hat wiederum zur Folge, dass sich der Lernende kulturerhaltend und mehr noch, kulturschaffend, in der Gemeinschaft zur Geltung bringt (Wiater, 1997, 33).

Dass Schule resp. Ausbildung etwas mit Kultur zu tun hat, wäre wohl auch ohne diese Ausführungen unbestritten gewesen. Interessant ist deshalb vielmehr, dass über diese sozialkonstruktivistische Auffassung des Kulturbegriffs die Verbindung gemeinsamer Denkhaltungen und kollektiven Verhaltens zum Ausdruck kommen. „‚Culture' was widely accepted as ‚the

---

[1] Wie E. Spranger, Th. Litt, A. Fischer und W. Flitner.

only term that seems satisfactorily to combine the notions ... of a shared way of thinking and a collective way of behaving'", wie es Becher auf den Punkt bringt (Becher, 1989, 166; vgl. auch Silver, 2003, 158). Diese Verbindung von Denkhaltungen und Verhalten erfolgt in der Aus- und Weiterbildung gleich auf drei Ebenen.

1. Obschon die Literatur bei der Abgrenzung der Lehr-Lern-Kultur gegenüber der Schul-/ Organisationskultur keine eindeutigen Definitionen zur Verfügung stellt (eine Diskussion dieser Problematik erfolgt auch in R. Arnold & Schüssler, 1998, 3ff.), wird in diesem Beitrag die Lehr-Lern-Kultur klar als Teil einer umfassenderen Universitätskultur, resp. Schulkultur, betrachtet. Eine Universitäts-, resp. Schulkultur, ist gegenüber der Lehr-Lern-Kultur weiter gefasst, weil darunter zusätzliche Verhaltenskonfigurationen, Symbole, Ideen und Werte (wie bspw. die Zusammenarbeit zwischen den Lehrern, die Führungskultur der Schulleitung, das Schulleitbild mit ökologischen Leitideen) subsumiert werden, die sich im Zusammenleben der Mitglieder dieser Institution identifizieren lassen (R. Arnold & Schüssler, 1998, 3). Diese übergeordnete Schulkultur mit der Institution als Erfahrungsraum bildet den grundlegenden Lern- und Sozialisationshintergrund für Schüler und Lehrer (vgl. dazu Terhart, 2002, 80).

2. Wie oben bereits kurz angedeutet, sind auf der anderen Seite die nach kulturellen Auffassungen selektierten, aufbereiteten und zum verbindlichen curricularen Inhalt gemachten Lerninhalte als zentrale Teile der Lehr-Lern-Kultur zu verstehen[2].

3. Der Begriff der Lehr-Lern-Kultur, wie er in diesem Beitrag verwendet wird, umfasst mehr als die unter Punkt zwei angesprochene inhaltliche Komponente. Insbesondere werden damit die im Verlaufe der Zeit entstandenen gemeinsamen Vorstellungen und Werthaltungen[3], resp. Gewohnheiten und Einstellungen (vgl. dazu z. B. Euler, 2002, 4.1/16), bezüglich des mit dem Inhalt verbundenen Lernprozesses verstanden[4]. In anderen Worten: Die Lernkultur kann als historisch herausgebildetes Muster institutionalisierter Formen pädagogischer Handlungen bezeichnet werden (Zimmer, 2001, 129). Mit Lehr-Lern-Kultur werden somit diejenigen gemeinsamen Wertvorstellungen bezeichnet, die Lehrende und Lernende einer Institution oder einer Gemeinschaft bzgl. der Weitergabe und der Aufnahme von Wissen teilen. In ihr kristallisieren sich Rollenverständnisse bzgl. Lehren und Lernen, Erwartungen über Standards für die tägliche Arbeit sowie paradigmatische Grundvorstellungen darüber, was gute Lehre ist. Die Kultur selber ist somit nicht beobachtbar, sondern vielmehr ein Konstrukt für gemeinsame wertebestimmte und handlungsleitende Einstellungen einer bestimmten Gruppe resp. von bestimmten Subjekten einer Institution. Als Ausdruck der Lehr-Lern-Kultur sind die pädagogischen Handlungen Kristallisationspunkt und real beobachtbare Umsetzungen.

---

[2] Arnold/Schüssler sprechen in diesem Zusammenhang vom impliziten Setting (Was wird gelernt, währenddessen gelehrt und gelernt wird?), Arnold und Schüssler, 1998, 10.

[3] Silver spricht von „... based on shared beliefs and values", Silver, 2003, 157.

[4] Arnold/Schüller sprechen in diesem Zusammenhang vom methodischen Setting (Wie wird gelernt?/Lernen als selbstreferenzieller Aneignungsprozess), Arnold und Schüssler, 1998, 10.

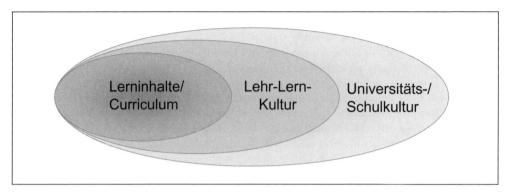

Abbildung 1: Mehrdimensionale Bezugspunkte der Lehr-Lern-Kultur

Aufgrund der begrenzten Ausführungsmöglichkeiten in diesem Beitrag sind die nachfolgenden Betrachtungen auf die Lehr-Lern-Kultur einzuschränken, obschon gerade die Einführung neuer Medien mannigfaltige Auswirkungen und Anschlusspunkte bezogen auf die Universitäts- resp. Schulkultur aufweist. Es sind in diesem Beitrag neben dem „Was?" des Lehrplans explizit das methodische „Wie?" angesprochen, dessen Konturen im Rahmen der Einführung von E-Learning neu skizziert werden müssen, um die Potentialität neuer Medien auch in die Schulrealität überführen zu können. Es kann dabei nicht darum gehen, Aussagen über gute oder schlechte Lehr-Lern-Kulturen zu machen. Ziel ist es vielmehr, die gegenseitige Abhängigkeit der Implementierung von E-Learning und des nachhaltigen Betriebs von einer angepassten Lehr-Lern-Kultur aufzuzeigen.

2.2 Lehr-Lern-Kultur als Ausgangspunkt und Gestaltungsfeld einer E-Learning-Implementation

Die letzten Jahre haben es wohl eindeutig gezeigt: Die Nutzung neuer Medien in der Aus- und Weiterbildung bietet effektiv neue Möglichkeiten und verursacht zugleich auch neue Behinderungen und pädagogische Herausforderungen (vgl. dazu auch Zimmer, 2001, 129). Dass der jeweilige Erfolg des E-Learning-Einsatzes mit der fallspezifischen Lehr-Lern-Kultur zusammenhängt, wird immer häufiger vermutet – jedoch häufig nicht weiter spezifiziert. Häufig bleibt es bei der Aussage, dass bei der Einführung von Lernplattformen neben den Veränderungen von Organisationsstrukturen und -prozessen auch der spezifische Lernkulturwandel zu berücksichtigen sei (vgl. z.B. Hohenstein & Tenbusch, 2002, 3.0/5). Dies ist nicht erstaunlich, haben doch obige Ausführungen gezeigt, wie schwierig der Kulturbegriff zu fassen ist und welche begrifflichen Unschärfen in der Literatur nach wie vor existieren. Natürlich drängt sich aufgrund dieser Lehrstelle die Frage auf, warum sich die Lehr-Lern-Kultur denn überhaupt verändern soll. „Warum sollen die existierenden Methoden und Inhalte über Bord geworfen werden, wenn sie sich doch über Jahrzehnte bewährt haben", ist eine Frage, mit der so mancher Projektleiter zu Recht konfrontiert wird. Einige Gedanken legen die Basis für die nachfolgenden Überlegungen. Krapf knüpft die Aufforderungen zur Erneuerung der Lehr-Lern-Kultur an den grundlegenden Wandel, dem unsere Gesellschaft unterworfen ist: „Es geht nicht an, dass wir uns für eine veränderte Welt mit Lerngewohnheiten von gestern vorbereiten." (Krapf, 1994, 252) Entgegen dieser Meinung kann es aber nicht darum gehen, tradierte Gewohnheiten pauschal über Bord zu werfen. Vielmehr sollen die Vorteile herkömmlicher Vorstellungen über Lehren und Lernen, dort wo es notwendig erscheint, durch eine Weiterentwicklung einer mediengerechten Lehr-Lern-Kultur ergänzt werden. Die Lehr-Lern-Kultur wird dadurch zugleich zum Ausgangspunkt wie auch zum Gestaltungsfeld einer nachhaltigen E-Learning-Implementierung. Beide Aspekte werden in den folgenden Abschnitten einer detaillierteren Betrachtung unterzogen.

3. Die Lehr-Lern-Kultur als Ausgangspunkt einer erfolgreichen E-Learning-Implementation

Im Rahmen der Diskussion über die Zentralität der Lehr-Lern-Kultur für die nachhaltige Etablierung einer E-Learning-Implementation ist die Frage nach der aktuellen Lehr-Lern-Kultur einer Institution von wichtiger Bedeutung. Gerade bei der Einführung von E-Learning stellt sich damit auf einer strategisch-normativen Ebene die Frage nach der Anschlussfähigkeit der projektierten Veränderung an die existierende Organisation, die etablierten Prozesse und die von den Mitarbeitern geteilten Werte. Angesprochen ist damit die Fähigkeit und Bereitschaft der betroffenen Menschen, den kommenden Wandel mitzutragen und mitzugestalten. Im Beratungsjargon spricht man in diesem Zusammenhang auch von „Change Readiness", verstanden als „Wandel-Fähigkeit" und „Wandel-Bereitschaft" einer Organisation. Im Rahmen dieser Betrachtung wird die existierende Lehr-Lern-Kultur einer Organisation als zentraler Ausgangspunkt aller Innovations- und Implementationsaktivitäten mit in die Überlegungen und Abwägungen einbezogen. Die Überlegungen fußen darauf, dass die Veränderungen der Personal- und Organisationsentwicklung nur effektiv sind, wo sie von den Mitarbeitern akzeptiert und getragen werden. Solche Akzeptanz entwickelt sich vor allem auf dem Weg der Partizipation, durch die Vertrauen, Verantwortung und Verbindlichkeit sukzessive auf allen Ebenen wachsen (Hofmann, 2000, 2). Gerade weil „die vorhandene Lernkultur nicht als ein förderlicher, sondern als ein erschwerender Faktor erlebt" wird, wie Euler und Wilbers in einer Übersicht über internationale Praxisprojekte feststellen (Euler & Wilbers, 2003), ist das Ignorieren dieser grundlegenden Einstellungen und Denkhaltungen der beteiligten Interessengruppen ein erster, folgenschwerer Implementationsmangel, der sich jedoch erst mittel- und langfristig negativ auf die Nachhaltigkeit der angestrebten Innovation auswirken wird und kaum (sicherlich nicht kurzfristig) korrigierbar ist. Dies umso mehr, als bereits die richtunggebenden Vorüberlegungen zur Art und Weise, wie die Umsetzung angegangen werden soll, mit der existierenden Lehr-Lern-Kultur abgestimmt werden müssen. Als Ausgangspunkt für die nachhaltige Implementierung von E-Learning-Initiativen ist deshalb folgenden drei Kernfragen nachzugehen:

- Wie entsteht die universitäre Lehr-Lern-Kultur und wo lassen sich Anschlusspunkte für die Gestaltung einer neuen Lehr-Lern-Kultur finden?

- Ist die Existenz einer spezifischen Lehr-Lern-Kultur eine Voraussetzung resp. ein notwendiges und hinreichendes Kriterium für die erfolgreiche und nachhaltige E-Learning-Implementierung?
- Wie kann die existierende Lehr-Lern-Kultur einer Organisation bestimmt, resp. beschrieben werden?

3.1 Die Entstehung einer universitären Lehr-Lern-Kultur

Dass „Lerngewohnheiten in festem Fundament einbetoniert sind, wissen wir alle" (Krapf, 1994, 252f.) schreibt Krapf in seinem Buch zum Aufbruch zu einer neuen Lernkultur. Die Gründe jedoch für dieses, nach Krapfs Ansicht offensichtliche Phänomen liegen nicht direkt auf der Hand. Umso wichtiger erscheint das Verständnis einiger grundlegender Anschlusspunkte für die Entstehung resp. Gestaltung der Lehr-Lern-Kultur.

Schein beschreibt die Entstehung einer gruppenspezifischen Kultur wie folgt: „A pattern of shared basic assumptions that the group learned as it solved its problems of external adaptation and internal integration, that has worked well enough to be considered valid and, therefore, to be taught to new members as the correct way to perceive, think, and feel in relation to those problems" (Schein, 1992, 11). Diese generelle Aussage zur Entstehung von „Kultur" lässt sich durchaus auf die Entstehung einer universitären oder hochschulspezifischen Lehr-Lern-Kultur übertragen. Zwei aus Scheins genereller Aussage abgeleitete Punkte sind dabei zentral: Einerseits ist die Entstehung einer Lehr-Lern-Kultur abhängig von konkreten Problemen, zu deren Lösung sich akzeptierte und bewährte Vorgehensweisen herausbilden müssen. Zum anderen spielt die Weitergabe der existierenden Lösungsbauteile eine bedeutende Rolle bei der Rekrutierung neuer Lehrkräfte und Studenten – beide Aspekte werden kurz reflektiert.

Offensichtlich ist in obiger Betrachtung sicherlich die Anpassungsverzögerung als Reaktion auf neue Herausforderungen bezüglich des Einsatzes von Medien in der Lehre. Anders gesagt, müssen die einer neuen Lehr-Lern-Kultur zugrunde liegenden realen Unterrichtsveränderungen zuerst vollzogen werden, bevor sich die dazu passende Kultur entwickeln und etablieren kann. Eine Lehr-Lern-Kultur entwickelt sich in diesem Verständnis genau gleich wie eine Organisationskultur oder eine Schulkultur – nämlich als iterativer Explizierungs- und Internalisierungsprozess zu grundlegenden Problemen, Fragen resp. Lösungen, Antworten und Handlungen der Beteiligten. Welche Konturen dabei die neu zu formierende Lehr-Lern-Kultur annehmen wird, die Zeit, die für die Etablierung notwendig ist und die Dynamik, mit der die Kultur weitergetrieben wird, hängt von den spezifischen Aushandlungsprozessen zwischen den Beteiligten ab (vgl. dazu P. Arnold, 2001, 126). Mit dieser Aussage soll bereits jetzt dem Irrtum entgegengewirkt werden, dass die Kultur als etwas objektiviertes, greifbares und somit als bearbeitbares Rohmaterial aufgefasst werden kann. Ein solches mechanistisch-technisches Verständnis trägt wenig zum Verständnis der sozialen Komplexität des „Kultur"-Begriffs bei und würde die nachfolgenden Diskussionen behindern.

Ein zweiter interessanter Ansatzpunkt beim Wandel der Lehr-Lern-Kultur ist die Rekrutierung neuer Dozenten. Dubs stellt dabei fest, dass das Auswahlverfahren für Professuren nach wie vor stark forschungslastig geschieht. Konkret wird zwar „immer wieder betont, der Aspekt der Lehre sei auch an der Universität wichtig. Alle Eingeweihten wissen aber, dass in kritischen Auswahlsituationen fast immer die Forschungsleistungen ausschlaggebend sind und schlechte Ergebnisse in Probevorlesungen oder generell in der Lehre mit irgendeiner Begründung entschuldigt werden. Auch würde es kaum jemandem einfallen, eine ausgewiesene Forscherpersönlichkeit mit schlechten Lehrleistungen zu einem hochschuldidaktischen Seminar zu verpflichten." (Dubs, 2000, 3) Diese Tatsache, dass (absichtlich etwas überspitzt formuliert) die Lehr-Lern-Kultur einer Organisation und insbesondere einer Universität bereits über kulturell beeinflusste Selektionsprozesse bestimmt wird, gießt die kulturelle Ausgangslage einer E-Learning-Implementation geradezu in ein starres Paradigmenfundament, das nur schwer und schwerfällig zu erneuern ist. Kein Wunder also, so folgert Dubs, dass man auf der Dozentenseite das Augenmerk auf die Forschung und nicht auf die Lehre richtet, was darüber hinaus als nicht problematisch betrachtet wird, weil Studierende als geistige Elite mit ihren Lernproblemen selbst umzugehen in der Lage sein sollten (vgl. dazu Dubs, 2000, 3). Mit der Neugewichtung der Selektionskriterien und einem stärker lehrorientierten Evaluationsverfahren können hier unabhängig von einer konkreten E-Learning-Implementierung wertvolle Impulse zur Entwicklung einer neuen Lehr-Lern-Kultur gesetzt werden. Ähnliche Aspekte lassen sich auch auf der Studierenden-Seite anführen. Es erscheint wohl nachvollziehbar, dass eine Universität, die in weiten Kreisen bekannt ist für ein rigides und eng geführtes Ausbildungsprogramm, wesentliche Anstrengungen unternehmen muss, um die Studierenden – die sich vielleicht gerade wegen der straffen Organisation für die betreffende Organisation entschieden haben – soweit zu entwickeln, dass sie effizient und effektiv mit den größeren Freiheiten bei der Absolvierung des Programms umgehen lernen.

Beide Aspekte – dozenten- wie studentenseitige – zeigen, dass die Entwicklung der Lehr-Lern-Kultur nicht erst im Klassenzimmer und nicht erst mit dem ersten Mausklick auf einer Lernplattform beginnt. Die Erfahrungen und vor allem die mitgebrachten Wert- und Erwartungshaltungen gegenüber der Institution bestimmen in wesentlichem Maße mit, in welche Richtung und mit welcher Geschwindigkeit sich ein Wandel vollziehen lässt.

3.2 Die existierende Lehr-Lern-Kultur als notwendiges und/oder hinreichendes Kriterium für die erfolgreiche E-Learning-Implementierung?

Natürlich drängt sich aus Sicht der Entscheidungsträger die Frage auf, ob ein stabiler Zusammenhang zwischen einer vorherrschenden Lehr-Lern-Kultur und dem Erfolg und der Nachhaltigkeit der E-Learning-Implementierung besteht. Es ist klar: es wäre für manchen Projektleiter überaus beruhigend, den Erfolg „seines" Projektes aufgrund der Existenz einer bestimmten Lehr-Lern-Kultur als gesichert und garantiert zu wissen. Die überspitzte Formulierung macht es bereits deutlich: eine solche Betrachtung muss als ungenügend und undifferenziert zurückgewiesen werden. Für manch einen Betrachter mag das vielleicht ernüchternd klingen, aber einen mechanistischen Zusammenhang zwischen Input und Output im Rahmen einer Kulturveränderung ist nicht zu erwarten und konnte aus eigener Erfahrung in mittlerweile über zehn kleineren bis sehr großen E-Learning-Projekten nicht festgestellt werden. Richtig ist, dass die existierende Lehr-Lern-Kultur als notwendiges Kriterium für den Entscheid, ob E-Learning in der betreffenden Institution überhaupt eingeführt werden soll oder nicht, dienen kann. Ebenfalls richtig ist, dass abhängig von der existierenden Kultur unterschiedliche Vorgehensweisen gewählt werden sollten und dass der Wandel generell für manche Kulturen einfacher und für andere schwieriger zu vollziehen ist.

Die Lehr-Lern-Kultur konstituiert sich somit als notwendiges, aber nicht hinreichendes Kriterium für den erfolgreichen und nachhaltigen E-Learning-Einsatz. Mit anderen Worten: unabhängig von der Integration von E-Learning können über die entsprechende Gestaltung der Selektionsprozesse für Dozenten und Studenten, die Gestaltung der Infrastruktur für die Studierenden, die Anleitung und Motivation zur Nutzung der Informatik-Infrastruktur durch die Lehrkräfte und weiteres mehr, entscheidende Vorarbeiten an der Lehr-Lern-Kultur eingeleitet werden, die schließlich den Boden bilden, in dem das neue Lehr-Lern-Kultur-Saatgut auch aufgehen kann. Obige Aussage heißt aber auch, dass die Einführung einer Lernplattform nicht die einzige Stellschraube auf dem Weg zu einer neuen Lehr-Lern-Kultur ist – wer dies glaubt, wird rasch enttäuscht werden. Ein Entscheid, vorerst eine solide lehr-lernkulturelle Grundlage zu schaffen, ohne gleich eine hoch entwickelte Lernplattform zu integrieren, ist vor diesem Hintergrund durchaus legitim und in vielen Fällen auch ratsam.

3.3 Bestimmen einer Lehr-Lern-Kultur aufgrund vorhandener Lehr-Lern-Konzepte

Was bzgl. der Lehr-Lern-Kultur für die traditionelle Lehre gilt, gilt auch für E-Learning: Ausgangspunkt für die Gestaltung von mediengestützten Lernumgebungen sind Vorstellungen resp. mentale Konzepte der Dozenten/Lehrenden und der Lernenden. Es wäre nun zu vereinfachend und deshalb falsch, im Folgenden von einer einzigen Lehr-Lern-Kultur einer Organisation, resp. einer Universität zu sprechen. Wie Silver ausführt, kann man gerade bei einer Universität nicht von einer einheitlichen Universitätskultur (vgl. dazu Silver, 2003, 166f.) und daraus folgernd auch nicht von EINER Lehr-Lern-Kultur sprechen. Neben allgemeinen individuellen Unterschieden zeigen sich Differenzen insbesondere bei der Betrachtung von Exponenten unterschiedlicher wissenschaftlicher Disziplinen, was sich selbst in kleinen Universitäten deutlich zu manifestieren vermag. Ziel ist denn auch nicht primär, über ein Verfahren zur Aggregierung individueller Werthaltungen stereotype Lehr-Lern-Kultur-Typen zu bilden, sondern zu lernen, welche Leitprinzipien für die Handlungen des Lehrens und Lernens in der Realität existieren.

Bezüglich der Terminologie stellt Kember in einer Metaanalyse fest, dass die Verwendung des Begriffes „Lehrkonzept" breite Akzeptanz gefunden hat und über mehrere unabhängige Studien hinweg konsistent ist (Kember, 1997, 257ff.). Als Konkretisierung möglicher Ausprägungen einer gemeinsam geteilten Lehr-Lern-Kultur im Hochschulunterricht können deshalb verschiedene Überlegungen zu den individuellen und persönlichen Lehr- und Lernkonzepten als Handreichung dienen. Als Konzepte werden dabei mit gewissen Alltagssituationen verbundene Vorstellungen verstanden, die unser Handeln im Rahmen dieser Situationen leiten. Zur Bewältigung der Eindrücke der Alltagswelt entwickeln wir laufend solche individuellen Konzepte, um sie in abstrakter Form und aufgrund unserer Sozialisation auf gleiche oder ähnlich erscheinende Situationen anzuwenden (in Anlehnung an Pratt, 1992, 204). Lehr-Lern-Konzepte bilden so eine Brücke zwischen der Lehr-Lern-Kultur und den realen Handlungen und Ausprägungen im Rahmen spezifischer Lehr-Lern-Arrangements.

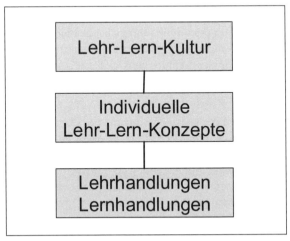

Abbildung 2: Ebenen der Lehr-Lern-Kultur

Kembers Kategorien (vgl. Kember, 1997, 264) zeigen dabei eine grundlegende Übereinstimmung mit den von Dubs (vgl. Dubs, 1995, 66) und auch von Euler & Wilbers (vgl. Euler & Wilbers, 2002, 6) vorgeschlagenen Klassifizierungen von Lernszenarien resp. -arrangements.

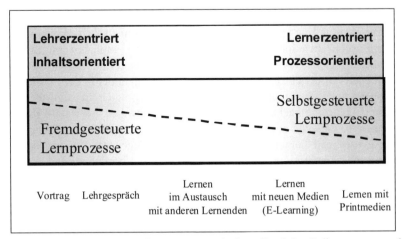

Abbildung 3: Kontinuum von Lernkonzepten nach dem Grad der Selbststeuerung des Lernprozesses

Im Bereich fremdgesteuerter Lernprozesse wird lehrerzentriert darauf konzentriert, einerseits die relevanten Informationen zu strukturieren und vorzutragen und andererseits lernerseitig möglichst exakt aufzunehmen: „The student is viewed as a passive recipient of a body of content, if indeed the student appears in the vision at all." (Kember, 1997, 265). Nachteile solcher Lehr-Lern-Konzepte sind offensichtlich – und werden wohl am besten in einer von Gow & Kember aufgezeichneten Aussage eines Lernenden widergespiegelt: „They try to stuff us with information. Employers have complained that we are like robots, lacking in independent thinking and disinterested in the things happening around us" (Gow & Kember, zit. in Kember, 1997, 265). Demgegenüber stehen lernerzentrierte und lernprozessorientierte Lehr-Lern-Konzepte. Die Rolle des Lehrers entwickelt sich in diesen Szenario-Typen weg vom inhaltsvermittelnden Referenten und hin zum lernerunterstützenden Tutor, Moderator und Coach.

Lernen mit neuen Medien stellt in diesem Kontinuum ein Szenario dar, das auf einem lernerzentrierten und lernprozessorientierten Lehr-Lern-Konzept aufbaut, jedoch gegenüber dem reinen Lektürelernen über die Interaktivität der verwendeten Medien verschiedene Kommunikations- und so auch Lenkungs- und Anleitungsmöglichkeiten zur Verfügung stellt. Wichtig ist dabei, dass E-Learning selber keine Dimension einer Lehr-Lern-Kultur oder von Lehr-Lern-Konzepten darstellen kann, sondern lediglich eine mögliche Ausprägung der Lernumgebung darstellt.

4. Grundzüge von E-Learning-/mediengerechten Lehr-Lern-Kulturen

Über den notwendigen Wandel des Lehrens und Lernens wurde nun schon einiges gesagt: Eine Lehr-Lern-Kultur mit einer lebensfremden, reduktionistischen Didaktik sowie einer additiven und wenig denkfördernden Wissensvermittlung impliziert träges Wissen und schafft denkbar schlechte Voraussetzungen für ein mediengestütztes und selbstgesteuertes Lernen. Gekoppelt mit der curricularen Ausrichtung auf einen tief in der existierenden Lehr-Lern-Kultur verwurzelten, engen und stark kognitiv geprägten Leistungsbegriff wird es schwer fallen, E-Learning nachhaltig und mit einem sinnvollen Aufwand-Ertragsverhältnis zu implementieren. Es sollte auch klar geworden sein, dass historisch gewachsene Vorstellungen über Lehren und Lernen mit heutigen Anforderungen der Wissensgesellschaft und insbesondere neuen Formen und Rahmenbedingungen der Vermittlung und Erarbeitung von Wissen nicht mehr übereinstimmen. Eine Kritik an den alten Idealen wird dadurch zunehmend leichter zu legitimieren und mit Alltagserlebnissen zu untermauern. Eine Kritik erachte ich aber letztlich nur dann als fair, wenn die Kritiker wiederum bereit sind, eigene Vorstellungen und Verbesserungsvorschläge zu entwickeln und zur Diskussion zu stellen. Einige Autoren vertreten diesbezüglich die Meinung, dass sich für eine neue Lehr-Lern-Kultur keine Zielzustände formulieren ließen (vgl. dazu z. B. Kirchhöfer, 2001a, 13). Ich erachte es jedoch als ganz zentralen Punkt, sich als Praktiker Klarheit über das Erstrebbare, Ideale resp. Notwendige zu verschaffen. Es kann dabei nicht darum gehen, eine Lehr-Lern-Kultur deterministisch detailliert und dadurch wiederum innovationshemmend herbeizureden. Über einige Grundzüge von Lehr-Lern-Kulturen – im Folgenden werde ich dazu übergehen, von Lehr-Lern-Kulturen im Plural zu sprechen, als Ausdruck möglicher, aber sich gegenseitig in einzelnen Ausprägungen unterscheidender Lehr-Lern-Verständnisse – wird vielmehr das diesem Beitrag zugrunde liegende Verständnis einer erstrebbaren, realistischen und E-Learning-gerechten Lehr-Lern-Kultur skizziert. Ich möchte aber auch gleich davor warnen, diesen Beitrag als unstrittiges Rezept zu verstehen, sondern dazu anregen, in den eigenen Projekten die Erfahrungen mit den hier konturierten Vorstellungen zu kontrastieren, um dadurch zu einer eigenständigen Vorstellung zu gelangen.

Komplexe Lehr-Lern-Arrangements sollen die didaktische Reduktion überwinden und den Unterricht lebensnah machen; kooperatives und selbstgesteuertes sowie handlungsorientiertes Lernen will das passive Lernen beseitigen; Schlüsselqualifikationen sollen den Unterricht auf das Wesentliche konzentrieren und den Transfer des Erarbeiteten für zukünftige Lernsituationen verbessern; von einer besseren Differenzierung und von zu fördernden Kompetenzen in Richtung Sozialkompetenz und Persönlichkeitsförderung erhofft man sich schließlich die Erweiterung des traditionell engen Leistungsbegriffes. Allen diesen von E-Learning grundsätzlich unabhängigen „Erneuerungsbewegungen" liegt eine tiefgründige, interessante wissenschaftliche Arbeit zugrunde. In der Realität der Lehre hat sich jedoch trotz der großen theoretischen Anstrengungen reichlich wenig verändert: Der Frontalunterricht herrscht weiterhin vor, die Überforderung mit viel Faktenwissen prägt den Unterricht im Wesentlichen immer noch, und die Konzentration auf zukunftsgerichtete Kompetenzen bereitet in der alltäglichen Umsetzung im Unterricht immer noch viel Mühe. Obschon diese Bemühungen von Reformpädagogen angestrebt wurden, lange bevor das Schlagwort E-Learning Bildungspolitiker, Lehrer und Lerner vor neue Herausforderungen gestellt hat, sind die zentralen Gedanken von entscheidender Wichtigkeit für die Einführung von erfolgreichen mediengestützten Lernszenarien. Bereits vorweg: eine E-Learning-gerechte Lehr-Lern-Kultur will nicht die alte lernparadigmatische Frage zwischen Subjektivismus und Objektivismus klären – vielmehr sind anhand einer Analyse der Forschungsliteratur die wichtigsten und grundlegendsten Wesensmerkmale zu charakterisieren.

4.1 Selbststeuerung des Lernprozesses und Lernzielorientierung

Namhafte und auch nicht wenige Leute postulieren, dass es keinen Sinn mehr macht, in der Ausbildung Wissen zu lernen, da sich dieses überall und jederzeit über das Internet beziehen ließe. Nach Erkenntnissen der aktuellen Wissenspsychologie ist dies aber eindeutig falsch (vgl. Abplanalp & Eberle, 1998). Um sich aus der herrschenden Informationsflut die richtigen Informationen herauszufischen, brauchen die Lernenden eine solide Wissensbasis bestehend aus Grundwissen oder Grundstrukturen. In diesem Sinne ist Lernen als aktiver Prozess zu verstehen, der unter aktiver Beteiligung der Lernenden eine nachhaltige Verhaltensänderung und nicht nur die kurzfristige Anhäufung von trägem Wissen bewirkt. Lernen muss deshalb verstärkt als ein *selbstgesteuerter* Prozess gesehen werden, in dem der Lernende die Steuerungs- und Kontrollprozesse übernimmt. Dies kann von Lehrerseite unterstützt werden – bedingt jedoch grundlegende Kompetenzen auf der Lernerseite. Insbesondere sollen die

Lernenden über das Erlernen von sinnvollen Zeitstrukturierungen (vgl. dazu z. B. Wiater, 1997, 38), den expliziten Umgang mit Lernstrategien und das Aneignen grundlegender Medienkompetenz für das selbstgesteuerte Lernen befähigt werden. Die Medienkompetenz, also der eigenverantwortliche Umgang mit Information und Wissen, spielt dabei eine immer zentraler werdende Rolle beim erfolgreichen Bestehen in der Wissensgesellschaft und beim Aufbau der notwendigen Kompetenzen für ein zielgerichtetes, lebensbegleitendes und selbstverantwortliches Lernen (vgl. dazu auch Hesse & Mandl, 2001, 34). Zu überwinden gilt es dadurch insbesondere die zunehmende Verschulung, worunter einerseits die Separierung von Lebensinhalten und Schulinhalten und andererseits die zunehmend künstliche Lernsituation im Unterricht verstanden wird, die das Lernen immer mehr zum Selbstzweck statt zum Mittel für außerschulische Zwecke werden lässt (vgl. dazu Dubs, 2000). Darüber hinaus muss in einer mediengerechten Lehr-Lern-Kultur die historisch gewachsene Trennung von Lehren einerseits und Lernen andererseits wieder zusammenwachsen. Die Vorstellung, dass derjenige, der lernt, nicht lehrt und umgekehrt, dass Lehren eine zwangsläufige Bedingung von Lernen ist, lässt sich nicht mehr länger aufrecht erhalten (vgl. dazu R. Arnold & Schüssler, 2001, 11). Der Begriff der Lehr-Lern-Kultur bringt dieses Zusammenwachsen zum Ausdruck und steht dadurch der Belehrungs- resp. der Vortragskultur diametral entgegen.

4.2 Inhaltliche Orientierung

Eine Vermittlung von trägem Wissen kann und soll nicht Ziel der Hochschule sein. „Vielmehr muss es um die Förderung flexibel nutzbaren Fachwissens sowie um Kompetenzen für einen intelligenten und lösungsorientierten Umgang mit Information und Wissen gehen." (Hesse & Mandl, 2001, 35). Lehr-Lernarrangements sind deshalb so zu gestalten, dass sie den Umgang mit problembasierten, realitätsbezogenen und authentischen Situationen ermöglichen und anregen (Unternehmensplanspiele, Fallstudien, Simulationssysteme, Diskussionen mit Experten). Lernen ist somit als konstruktiver, situativer und sozialer Prozess zu verstehen. Dabei ist für die Konstruktion der individuelle Erfahrungs- und Wissenshintergrund von zentraler Bedeutung. Der Vorteil von E-Learning liegt gerade in der Unterstützung der situativen Einbettung des Lernens in einen Lernkontext. Diese Kontextorientierung führt schließlich erst zu einer authentischen und problemorientierten Lernumgebung (vgl. dazu Mandl & Winkler, 2002), die den Lehrenden und Lernenden Sinngebung, Zweckmäßigkeitsnachweis und Identifikationsmöglichkeiten eröffnen. Trotzdem hört man immer wieder die Aussage: „Content is king!" Genauso wenig jedoch wie eine hochentwickelte Lernplattform E-Learning in Unternehmen und in Hochschulen nachhaltig etablieren kann, ist der Lerninhalt dazu fähig. Erst die Fähigkeit und Motivation der Lehrenden im Umgang mit authentischen Mitteln und die Fähigkeit und Motivation der Lernenden zur Verwendung mediengestützter Inhalte wird dies erlauben.

4.3 Interaktion, Kommunikation und Arbeiten im Team

Gerade im Netz wird die im Präsenzunterricht als gegensätzlich erlebte Trennung zwischen individuellem und kooperativem Lernen aufgehoben (vgl. dazu die Randnotiz in Hesse & Mandl, 2001, 36). Sozial-kommunikative Aspekte spielen beim Erwerb und bei der Anwendung von Wissen eine ganz zentrale Rolle und stellen als Kommunikationskompetenzen eine wichtige Grundlage für die spätere berufliche Weiterentwicklung dar. Gruppenarbeiten, team-basierte Projektarbeiten, Kooperationen der Studierenden mit anderen Universitäten oder der Praxis sind Ausdruck dieser erlebbaren Kontexte. Lernen wird dadurch – entgegen vieler Fehlinterpretationen aufgrund des vermehrten Selbststudiums – zu einem sozial-integrativen und nicht zu einem isolierenden Prozess. Lehrende wie Lernende müssen lernen, die gemeinsame Arbeit in verschiedene Lernphasen (z.B. Arbeiten in Kleingruppen zur Lösung eines komplexen Falles unter Moderation eines Tutors) und unterschiedliche Lernorte zu integrieren. Dabei spielt insbesondere im angeleiteten Selbststudium die Lernerunterstützung mit instruktionalem Coaching und E-Tutoring eine bedeutende Rolle.

4.4 Fremdevaluation, Selbstevaluation und Metakognition

Bereits mehrmals wurde auf die Bedeutung der Lernleistungs-Evaluation für die Etablierung einer neuen Lehr-Lern-Kultur hingewiesen. Aufgrund der zentralen Bedeutung sollen denn auch einige grundlegende Charakteristiken der Evaluation skizziert werden. Wenn das Selbststudium nicht nur Lippenbekenntnis sein soll, so ist die Fremdevaluation (Prüfungen, Noten, Zeugnisse) sinnvoll mit einer Selbstevaluation (Selbstbeurteilung der eigenen Lernprozesse und Lernprodukte) zu verschränken. Dies deshalb, weil die Fähigkeit zur Selbstevaluation eine wesentliche Voraussetzung zur Stärkung der Metakognition ist. Die Rückbesinnung auf das eigene Denken und die Reflexion des eigenen Lernens sind wiederum grundlegende Fähigkeiten eines lebenslang und selbstgesteuert Lernenden.

5. Die Lehr-Lern-Kultur als Gestaltungsfeld – zentrale Herausforderungen

Werden mediengestützte Lehr-Lern-Arrangements mit einem oben skizzierten, zukunftsgerichteten Lehr-Lern-Verständnis aufgebaut, fällt zunächst auf, dass die traditionelle Orts- und Zeitgebundenheit (fast) aller pädagogischen Handlungen teilweise bis vollständig aufgehoben werden. „Ihr unmittelbarer Bezug aufeinander wird [...] getrennt, möglicherweise auch völlig auseinander gerissen. Die pädagogischen Handlungen finden in telematischen Szenarien an verschiedenen Orten und (meist) zu unterschiedlichen Zeiten statt." (Zimmer, 2001, 130) Zimmer bezeichnet diesen Wandel als die wohl tiefgreifendste technologische Revolution in der Geschichte pädagogischen Handelns nach der Erfindung des Buchdrucks mit entsprechenden einschneidenden Veränderungen in allen zentralen Aspekten der bisher herausgebildeten Lernkulturen (Zimmer, 2001, 130). Dies reflektierend, werden nachfolgend einige ausgewählte, aufgrund der eigenen Erfahrung als besonders zentrale Aspekte zu betrachtende Elemente näher beleuchtet. Fischer erachtet die Lernkultur neben der pädagogischen Beratung als den erfolgsentscheidenden Faktor für die Implementierung von E-Learning (Fischer, 2002, 4.1.1/1). Umso erstaunlicher erscheint es deshalb, dass vielen Unternehmen und Institutionen erst nach (dem Versuch) der Einführung von E-Learning die Bedeutung der eigenen Lehr-Lern-Kultur bewusst und z.T. in drastischer Weise vor Augen geführt wird.

Bei der Betrachtung von Lehr-Lern-Kultur als Gestaltungsfeld erscheinen dabei einerseits notwendige Rahmenbedingungen und andererseits entsprechende Förderungs- resp. Change-Management-Aktivitäten von besonderem Interesse. Während Change Management, also konkrete Maßnahmen zur Förderung des Wandels, in einem separaten Artikel in diesem Buch behandelt werden, sind im Folgenden, basierend auf den Erfahrungen aus der Implementation der Lernplattform StudyNet an der Universität St. Gallen, zentrale Herausforderungen und lehr-lern-kulturelle Problembereiche Gegenstand kritischer Reflexionen. Mit dem Ziel, potentiellen Entscheidungsträgern bedenkenswerte Punkte und mögliche Fallstricke aufzuzeigen, wird dabei auf folgende kritische Punkte fokussiert:

- Welches sind zentrale kulturelle dozenten- und studentenseitige Herausforderungen bei der E-Learning-Implementierung
- Wie viel Zeit braucht es, um mit E-Learning einen Lehr-Lern-Kultur-Wandel einzuleiten?
- Wie hängt die Entwicklung einer neuen Lehr-Lern-Kultur mit den organisatorischen Rahmenbedingungen, dem zugrunde liegenden Rollenverständnis und den Zielvorstellungen zusammen?

5.1 Kulturelle Herausforderungen bei der E-Learning-Implementierung

Fischer beschreibt exemplarisch in drei Schritten, welche Auswirkungen eine unangepasste Lehrkultur von Seiten der Dozierenden haben kann: „Die Tutoren sind nicht proaktiv auf die Lerner zugegangen. Das Interesse an der tutoriellen Unterstützung schwand im Laufe des Lernprozesses. Fragen per E-Mail bzw. telefonisch wurden kaum gestellt." (Fischer, 2002, 4.1.1/2) Während nach klassischem Bild Lerner zumeist als passive Rezipienten der aktiven Vermittlung von objektivem Wissen durch die Lehrer gesehen wurden, müssen sie nunmehr eine eigene, aktive Rolle übernehmen. Lerner ergreifen verstärkt eigene Verantwortung, wenn es um eine möglichst optimale Gestaltung umfassender und langfristiger Bildungsstrategien geht. Lerner wählen gezielt aus einem reichhaltigen Angebot an Bildungsmaßnahmen aus und stellen entsprechend geeignete, individuelle Kombinationen zusammen (Euler, 2003). Eine Gegenüberstellung von Beobachtungen und Erfahrungen aus der Implementation des mediengestützten Selbststudiums an der Universität St. Gallen gibt eine kurze Übersicht über beobachtete Herausforderungen (in Anlehnung und ergänzt mit eigenen Erfahrungen zu Euler & Wilbers, 2003):

Beobachtungen auf der Dozentenseite als Ausdruck von Herausforderungen für Lehrkonzepte und Lehrkultur	Beobachtungen auf der Lernerseite als Ausdruck von Herausforderungen für Lernkonzepte und Lernkultur
• Die Flexibilität in der Durchführung der Selbststudiums-Veranstaltung wird überschätzt. Die Dozierenden sind es gewohnt, bis kurz vor Semesterbeginn die Veranstaltungen zu planen und auch während des Semesters die Möglichkeit zu haben, mittlere bis größere Änderungen kurzfristig vornehmen zu können. Im Gegensatz zur reinen Präsenzveranstaltung, in der Improvisation möglich ist, führt dies in einer mediengestützten Veranstaltung zu Verwirrung.[5] • Bei ersten unsicheren, vielleicht etwas zweifelnden Schritten in Richtung selbstgesteuerter Lernprozesse ist die Versuchung für Dozierende groß, zu einem höheren Grad an Fremdsteuerung zurückzukehren, falls resp. sobald sich kurzfristig kein Erfolg der neuen Methoden einstellen sollte. Das bedeutet wieder vermehrt zu dozieren, enge Termine zu setzen und die Lern- und Fortschrittskontrolle zu verstärken. • Das Selbstverständnis von bewährten Übungsleitern hebt sich vom Aufgabengebiet eines E-Tutors resp. E-Moderators ab. Typische Tätigkeiten eines E-Tutors, wie z.B. elektronische Anfragen von Studierenden beantworten, Diskussionsforen betreuen/moderieren und weitere mehr, werden wo immer möglich zugunsten von Präsenzterminen minimiert.	• Lernende sind selbstgesteuertes Lernen nicht gewohnt, weshalb es oft als mühsam, anstrengend und ineffizient angesehen wird. • Insbesondere fällt es vielen Studierenden schwer, selbständig die Relevanz von Informationen und Vorgaben zu erkennen. • Fehlende Fertigkeiten im Umgang mit dem reichhaltigen Fundus von zur Verfügung stehenden technischen Hilfsmitteln und/oder fehlendes Vertrauen in diese Infrastruktur veranlassen viele Lernende auf altbekannte Wege der studentischen Kommunikation (Lernsitzungen, Telefon, Kopierapparat) zurückzugreifen. • Der hohe Freiheitsgrad, der konstitutiv für das selbstgesteuerte Lernen ist, birgt Gefahren. Bei einer hohen zeitlichen Gesamtbelastung im Studium wird das Selbststudium aufgeschoben und damit oft auch aufgehoben. Studierende sehen sich genötigt, den jeweils nächsten Terminen gerecht zu werden und arbeiten nach Prüfungsprioritäten. Eine kontinuierliche Auseinandersetzung mit Aufgaben- und Problemstellungen während des Semesters findet vor diesem Hintergrund nur bei wenigen Studierenden statt. • Studierende suchen den Experten, der greifbar ist, der sich Ungeordnetes anhört und kommentiert, der Orientierung, Überblick und Reibungsfläche für die eigene Arbeit bietet. Selbstorganisierte Lernformen bieten oft zu wenig Widerstand und führen dadurch schnell zum Abbruch, sobald Motivation oder Disziplin nachlassen.

Interessant ist, dass im oben angesprochenen Projekt in Übereinstimmung mit Salomon eine Übergewichtung der Technik nicht primär durch Techniker und Technik-Verliebte, sondern vielfach gerade durch Lehrkräfte und Lernende beobachtet werden konnte. Vielfach machten Lehrende fehlende technische Möglichkeiten dafür verantwortlich, dass ihre Selbststudiums-

---

[5] Vgl. dazu z. B. die Aussage von Sakurai: „You have to know 95 percent of what you're going to do for the entire semester before it begins", Sakurai, 2002, 30.

Konzepte nicht gegriffen haben – und auch von studentischer Seite wurde mangelnde Teilnahme vielfach mit technischen Unzulänglichkeiten entschuldigt. „Selbst gesteuertes und kooperatives Lernen ist für viele Lernende noch keine Selbstverständlichkeit." (Mandl & Winkler, 2002) Genau in dieser spitzen Bemerkung fließen viele der oben genannten Herausforderungen zusammen. Als ein zentraler Punkt kristallisierte sich dabei die Tatsache heraus, dass es mit zunehmender Virtualisierung des pädagogischen Verhältnisses zwischen den Lehrenden und Lernenden schwieriger wurde, den Lernprozess spontan zu gestalten. Immer wieder wurde von studentischer Seite betont, dass es einerseits zwar kurzfristig „angenehm" sei, gewisse Inhalte selbstgesteuert zu erarbeiten – dass aber andererseits eine wichtige Reibungsfläche verloren ginge und man sich manchmal etwas verloren vorkomme. Sakurai erklärt diese Beobachtung unter anderem damit, dass der traditionelle Unterricht in der Regel emotionaler ablaufe, weil man sich sehe und „spüre" (Sakurai, 2002, 30). Oftmals führten die beschriebenen Erfahrungen zu negativen Rückmeldungen seitens der Lehrenden und Studierenden in Evaluationen bzgl. des Medieneinsatzes in der Lehre. Bereits wenige solcher Frustrationserlebnisse oder unbeantwortete Fragen führten in der Folge zum Abbruch des Lernprozesses und zum schnellen Abschalten. Je mehr der Lerner sich selbst überlassen wird, um so exakter muss sich deshalb eine Umgebung, ein Arrangement, den individuellen Bedürfnissen und Fähigkeiten jedes Einzelnen anpassen (Neubauer, 2002, 22). Kulminationspunkt der Eindrücke ist und war vordergründig vielfach die Technik – doch im Kern der Sache ist es nach wie vor die Veränderung der Lehr-Lern-Kultur, die Widerstand leistet (in Anlehnung an Lakomski, 2001, 68).

5.2 Unklare Gesamtkonzeptionen

Oft ist es für die Beteiligten eines E-Learning-Projektes schwierig, den Zielbezug ihres E-Learning-Projektes klar auszumachen. Fragen wie „Sollen mit den neuen Medien die Kosten gesenkt werden?" oder „Steht die Steigerung der Qualität der Lernleistung im Vordergrund?" werden oft als sich gegenüberstehende Pole eines quantitativ-qualitativen Zielkontinuums gesehen. Die Frage „Soll der Dozent bequemer dozieren – oder der Student angenehmer lernen können?" illustriert ebenfalls die vielfach implizit gedachte Kluft zwischen lehrer- oder lernerorientierter Optimierung, führt die Diskussion aber in eine völlig falsche Richtung. Eine Untersuchung von Lepori und Succi zeigt die Unklarheit über die Ziele des E-Learning-Einsatzes in einer Umfrage unter über 30 Universitäten aus Zentraleuropa auf: „[...] wide dispersion of answers concerning the ‚whys' of E-Learning implementations: no answer was shared by more than 33% of respondents, and those related to costs – hence specifically managerial – scored so poorly." (Lepori & Succi, 2003, 293). So erstaunt vor diesem Hintergrund die Aussage eines für das Selbststudium verantwortlichen Dozenten an der Universität St. Gallen kaum mehr. Überzeugt entgegnete dieser einem Professorenkollegen, der die Ausführungen über Möglichkeiten und Mittel zur Unterstützung des Selbststudiums der Lernenden gerade abgeschlossen hatte, dass das absolut nicht nachvollziehbar sei und dass schließlich jedes Lernen selbstgesteuert erfolge. Mit anderen Worten: der Lernende müsse immer selber lernen. Ergo ergebe es für ihn keinen Änderungsbedarf in seinen Lehrkonzepten, da seine Studierenden das Selbststudium mit seinem Skript (nach-)vollziehen könnten und keine weiteren, aufwändigen Betreuungen bräuchten. Wie obige Umfrage gezeigt und das kurze Beispiel illustriert hat, herrscht große Unklarheit und auch Uneinigkeit bzgl. der effektiv angestrebten Ziele. Die daraus resultierende Unsicherheit nutzen schließlich viele Experten (und vor allem auch verkaufsorientierte Anbieter), um dem E-Learning ein enormes Effizienzsteigerungs-Potential vorauszusagen. Es wird unter anderem angeführt, dass bürokratische Abläufe vereinfacht werden können, dass das Aktualisieren und Zugreifen auf Materialien optimiert wird, Informationen besser verarbeitet und allgemein von überall her zu jeder Zeit abgerufen werden können. „Durch diese Vorteile können die Lehrenden an der Hochschule erheblich entlastet werden" lautet die handfeste Schlussfolgerung (Hesse & Mandl, 2001, 33f.). Natürlich wecken solche Aussagen an prominenter Stelle entsprechende Erwartungen – und werden regelmäßig enttäuscht. Aus eigener Erfahrung zeigt sich in einer ersten Transformationsdauer von 2 – 3 Jahren ein komplementäres Bild, das in den Worten von Sakurai gut zum Ausdruck kommt: „[...] The student time commitment might be equivalent between the two environments [M. W.: traditional vs. online environment], but the faculty member's commitment [M. W.: in the online environment] is definitely higher" (Sakurai, 2002, 30). Genau dann nämlich, wenn der Kulturwandel vollzogen werden soll, lassen sich kurzfristig sicherlich keine Effizienzgewinne in Form von Zeitersparnissen erzielen. Zentrales Ziel des Medieneinsatzes, und hier stimme ich mit Hesse und Mandl wieder völlig überein, soll ja die Qualitätssteigerung der Hochschullehre sein (vgl. dazu Hesse & Mandl, 2001, 34).

Bezogen auf die Zielsetzung der E-Learning-Einführung liegt ein weiteres, grundlegendes Problem darin, dass viele Angebote in einem zentralen Punkt eine Fehlkonstruktion aufweisen: sie streben dieselben Ziele unter denselben Rahmenbedingungen an wie traditionelle Ausbildungsmethoden. Folglich werden viele analoge Elemente aus den traditionellen Kursen übernommen und zusätzlich mit großen Mengen an elektronischen Inhalten angereichert, was aber von der Potentialität des E-Learning wenig umsetzt. Krapf geht sogar noch weiter und identifiziert die oft beobachtete Erhöhung der Stoffmenge als Garanten für die Verhinderung von jeglicher Veränderung, dessen Einfluss nur durch eine Konzentration auf zentrale und wichtige (z. T. neue) Lerninhalte verhindert werden kann (vgl. Krapf, 1994, 253). Dubs nennt darüber hinaus im Berufsbildungswesen die zentralen Prüfungen als starken Hemmfaktor für das Etablieren einer neuen Lehr-Lern-Kultur (Dubs, 1997, 58). Diese interessante Überlegung lässt sich trotz einigen berechtigten Vorbehalten durchaus auch auf die universitäre Aus- und Weiterbildung übertragen. Auch hier stellen Inhalt und Modus der Prüfungen einen berechtigterweise konstanten Faktor dar, der aber zum Bremsklotz wird, sobald eine neue Lehr-Lern-Kultur etabliert werden soll. Durchaus nachvollziehbar, sehen sich Lernende kaum motiviert zur Aneignung von Sozialkompetenzen, zur Bewältigung aufwändiger Teamarbeiten und Präsentationen, wenn ein halbes Jahr später die nächste individuelle und hauptsächlich deklaratives Wissen überprüfende Evaluation ansteht. Ebenso wenig sehen auf der anderen Seite die Lehrenden ein, weshalb sie ihre Lehr-Lern-Arrangements mit ergänzenden Kompetenzen anreichern sollen, wenn Sie doch am Ende gar keine Möglichkeit haben, diese Kompetenzen auch zum verbindlichen und somit studiumsrelevanten Stoffumfang zu erklären.

Neben der Rückwirkung von Prüfungen auf die gelehrten Inhalte und verwendeten Methoden stellt auch die Lehrveranstaltungs-Evaluation auf einer stärker organisatorischen und curricularen Ebene eine zentrale Rahmenbedingung für die Entwicklung einer neuen Lehr-Lern-

Kultur dar. Immer öfter hört man im Zusammenhang mit Evaluationen die Forderung nach einer Orientierung des E-Learning an der Kundenzufriedenheit – an Universitäten und Hochschulen oftmals interpretiert als die Zufriedenheit der Studenten. So sinnvoll solche Evaluationen erscheinen mögen – hinsichtlich der Entwicklung einer neuen Lehr-Lern-Kultur ergeben sich durchaus zentrale Problemfelder. Gerade wenn die E-Learning-Einführung zukunftsorientiert angelegt ist, ergibt sich durch die Messung des Erfolgs an vergangenheitsgesteuerten Erwartungen eine zwangsläufige Inkongruenz. Auf den ersten Blick werden solche Inkongruenzen vielfach als Enttäuschung über neue Methoden interpretiert – Enttäuschungen aber, die oft darauf zurückzuführen sind, dass bewährte Lehr- und Lernmethoden nicht mehr gleich effizient greifen und ohne zu berücksichtigen, dass das erweiterte Methodenspektrum dabei noch gar nicht zum Tragen gekommen ist. Es erscheint vor diesem Hintergrund als plausibel, dass Projekte und Veranstaltungen, die von solchen Evaluationen abhängen, möglichst angepasste und wenig innovative Szenarien umsetzen – was wiederum deutlich macht, wie illusorisch ein an ein Projekt delegierter Kulturwandel sein kann. „Much of the potential that E-Learning offers, is lost due to a lack of culture, organizational, national, gender, trade, etc. appropriate preparation" (Smolens, 2002, 289). Ein Lehr-Lern-Kultur-Wandel wird in einem solchen Falle dadurch verhindert, dass weder Lehrende noch Lernende einen Grund für einen Wandel und eine entsprechende Vorbereitung sehen, da E-Learning lediglich in Rand-, Neben- und Ergänzungssituationen und dort wiederum in starker Anlehnung an traditionelle Lehr- und Lernformen zum Einsatz kommt, wodurch sich keine Eigenständigkeit und ein entsprechend geringer Mehrwert entwickelt.

5.3 Unrealistischer zeitlicher Umsetzungshorizont

Bereits oben wurde in Anlehnung an Schein die Lehr-Lern-Kultur etwas salopp als die Summe von Lösungen zu gestrigen Ausbildungsproblemen bezeichnet. Ein diesbezüglich verbreiteter Irrtum bei der Implementierung von Medien (E-Learning) in der Hochschullehre ist die Illusion, mit dem Einsatz neuer Technologien diese über Generationen gewachsene, erprobte und gefestigte Lernkultur von heute auf morgen umkrempeln und die Vorteile von E-Learning kurzfristig ausschöpfen zu können. Die Integration von E-Learning in bestehende Aus- und Weiterbildungsstrukturen und die hier thematisierte Anpassung der Lehr- und Lernkonzepte mit entsprechenden Konsequenzen auf die Lehr-Lern-Kultur ist vielmehr ein mittel- bis langfristiger Prozess.

Etwas vereinfachend kann dieser Prozess in vier grundlegenden Phasen beschrieben werden (in Anlehnung und ergänzend zu Neubauer, 2002, 26) und widerspiegelt das erprobte Vorgehen im Rahmen der Implementation der mediengestützten Lernumgebung zur Unterstützung des Selbststudiums an der Universität St. Gallen. Um den Fokus auf die Lehr-Lern-Kultur nicht zugunsten allgemeiner projektmanagement-bezogener Fragestellungen unscharf werden zu lassen, werden in der folgenden Übersicht hauptsächlich kulturelle Aspekte reflektiert. Darüber hinaus geben die Zeitangaben auf der linken Seite eine ungefähre Zeitvorstellung und illustrieren so den starken Kontrast zu illusorisch-kurzfristigen Effizienzsteigerungsabsichten.

	Phase 1: Voranalyse, Evaluation und strategische Entscheide	Wie im vorhergehenden Kapitel bereits ausgeführt, ist die Lehr-Lern-Kultur nicht erst bei der Umsetzung oder gar erst im Betrieb zu berücksichtigen, sondern bereits im Rahmen der Vorabklärungen mit in die strategischen Entscheidungprozesse zu integrieren. Hier beginnt der Prozess zur Überwindung und zum Abbau lernkultureller Hindernisse (vgl. Neubauer, 2002, 26). Umgesetzt werden kann dies über die Identifizierung von verschiedenen betroffenen Anspruchsgruppen, einer entsprechenden Bestimmung der vorherrschenden Lehr-Lern-Kultur und einer Planung von Information, Kommunikation und zeitlicher Projekt-Integration. Die Weichen sollten als Ausfluss einer Triangulation von didaktischem Mehrwert, technischem Potential und lehr-lern-kulturellen Rahmenbedingungen gefällt werden.
6 – 12 Monate		
12 – 24 Monate	Phase 2: technische und didaktische Umsetzung mit gezielten Pilotprojekten	Eine Veränderung der Kultur braucht Zeit. Was oftmals jedoch vergessen wird, ist, dass daneben auch noch der entsprechende Anpassungs- resp. Veränderungsgrund überzeugt und die Betroffenen bereit und fähig für den Wandel sind. Die gezielte Auswahl der Inhalte anhand pädagogischer Problemstellungen und zielgruppenspezifischen Voraussetzungen dient dazu, „das Boot nicht zu überladen" und trotzdem genügend Innovation zu schaffen, um einen effektiven Lehr-Lern-Kultur-Wandel zu initiieren. Im Projekt beschreibt man dabei eine permanente Gratwanderung zwischen zu konventionellen, mit wenig Innovationspotential versehen, hoch anschlussfähigen Projekten und zu innovativen, wenig akzeptierten Zukunftsvisionen. Beide Extreme bringen keinen Lehr-Lern-Kultur-Wandel hervor. Es ist gar damit zu rechnen, dass sich diese Extrempositionen über entsprechende Feedbackprozesse negativ auf die Gesamtentwicklungen auswirken. Die Entwicklung muss folglich über die gerade noch konsensfähige Mitte laufen, wobei keine generell-abstrakten Leitlinien formuliert werden können (resp. sollen). Die Entwicklung ist auch hier vielmehr als ein iterativer Prozess zu sehen, der mit den in dieser Phase gewonnenen Erkenntnissen über Anschlussfähigkeit, Tragfähigkeit, Zielgruppenakzeptanz etc. auf einen mittel- bis langfristigen Lehr-Lern-Kultur-Wandel hin optimiert werden kann.

12–36 Monate	Phase 3a: Betrieb und Weiterentwicklung	Manche Projektleiter meinen, dass mit dem operativen Betrieb die Entwicklung erst richtig beginne. Im Bereich der technischen Entwicklungen sollte dies wohl weitestgehend durch detaillierte Vorabklärungen und entsprechende Entwicklungsstrategien abgefangen werden können – auch wenn die Praxis oft ein etwas anderes Bild zeigt. Ganz anders sieht dies im kulturellen Bereich aus: Selbst unter optimalsten Bedingungen erfordert der Wandel einer Lehr-Lern-Kultur viel Zeit. Selbst wenn die Kompetenz für den Umgang, die Motivation für den Wandel, überzeugende didaktische Konzepte und eine stabile und problemgerechte technische Lösung verfügbar ist, braucht es Zeit für das Kennenlernen, Orientierung, Eingewöhnung und Akzeptanz der neuen Möglichkeiten. Und zu alldem kommt hinzu, dass der Kulturwandel nicht losgelöst von der Sache – hier also losgelöst von der effektiven Durchführung der „Lehre" – vonstatten gehen kann. Der Kulturwandel braucht die tägliche Auseinandersetzung mit den neu entstehenden Problemen und Herausforderungen durch den Einsatz neuer Medien im Unterricht resp. in Lehrarrangements und lässt sich nicht an eine Expertengruppe und ein zu definierendes Kultur-Konzept delegieren. Viele Projektverantwortliche berücksichtigen den für diesen Wandel erforderlichen Zeitbedarf zu wenig und definieren unrealistische, sprich zu kurze, Zeitkorridore. Die Folgen sind oftmals verheerend: fehlende Akzeptanz bei zunehmend knapper werdenden Mitteln haben schon manches Projekt vor der Erzielung erster qualitativer Mehrwerte in die Knie gezwungen.
ab ca. 12 Monate nach Go-live	Phase 3b: „Scale it up": Ausweitung des Fokus' auf den gesamten Campus	Mit dem kontinuierlichen Schaffen von Akzeptanz und kleinen Schritten hin zu einer angepassten Lehr-Lern-Kultur öffnen sich neue Möglichkeiten, nun mit weniger Reibungsverlusten in die Breite zu gehen. In den meisten Fällen übersteigt dieser Schritt die Möglichkeiten und Kapazitäten eines einzelnen Projektteams und wird erst durch die Schaffung klarer Aufbau- und Ablauforganisationen möglich. Der kontinuierliche Austausch von Erfahrungen aus Pilotprojekten mit neu interessierten Benutzern stellt hier eine wichtige Brücke von „alter" zu „neuer" Lehre dar und muss gefördert werden. Es wäre für die Etablierung einer neuen Lehr-Lern-Kultur absolut hinderlich, existierende Probleme und Missstände zu ignorieren und gäbe gerade Verfechtern einer traditionellen Lehr-Lern-Kultur Angriffsfläche. Weiter oben wurde bereits erwähnt, dass es geradezu enttäuschend für den Innovationsgehalt einer solchen Initiative wäre, wenn keine Reibungsflächen und kulturellen Widerstände sichtbar würden. Eine offene Kommunikation und entsprechende qualitative und quantitative empirische Untersuchungen sollen hier zu einem neuen Lehr-Lern-Bewusstsein beitragen.

Wichtig erscheint vor allem, dass den Betroffenen durch die für die Implementation verantwortlichen Personen eine realistische Zeitvorstellung vermittelt werden kann und dies durch die Leitung getragen und nachhaltig finanziert wird. Natürlich bergen langfristige Aussichten und Ziele auch die Gefahr, dass die notwendigen Veränderungen und Arbeiten zugunsten des kurzfristigen Tagesgeschäftes aufgeschoben werden. Umso wichtiger ist es deshalb, die langfristig angestrebte Entwicklung in sinnvolle und verbindliche kurz- und mittelfristige Ziele mit überschaubarer Komplexität aufzubrechen und dabei die Zielvorgaben transparent und messbar zu machen. Damit verbunden ist aber noch eine tiefergreifende Frage: Nämlich die mitunter auch durch Kerres inspirierte (vgl. dazu Kerres, 2001) Frage, ob der grundlegende Wandel hin zu einer mediengerechten Lehr-Lern-Kultur überhaupt mit Projekten leistbar sei? Dies insbesondere deshalb, weil sich doch gerade ein Projekt als ein zeitlich befristetes Vorhaben charakterisiert, das auf ein spezifisches Problem hin konzipiert wird und im vornherein klar ist, dass sich das Projekt nach der Erfüllung des Projektzieles wieder auflöst (Definition gem. DIN 69 901, vgl. dazu auch Färber, 1997, 2). Wie obige Ausführungen gezeigt haben, lässt sich gerade die Diskussion zur sich verändernden oder der zu ändernden Lehr-Lern-Kultur nicht auf kurzfristige und -schrittige Maßnahmenkataloge und Zielbezüge reduzieren, sondern umfasst einen längeren Prozess der Entgrenzung des Lernens (vgl. dazu Kirchhöfer, 2001b, 13). Kurz: ein Projekt mit kurzfristigen Zielvorgaben, infrastrukturorientiert budgetierten Mitteln, einer am Rande angesiedelten Organisationseinheit aufgrund mangelnder Integration in die zentralen Universitätsabläufe wird eine nachhaltige Integration neuer Medien in die Hochschullehre nicht schaffen. Die Anstrengungen sind als Teil einer ganzheitlichen und hochschulspezifischen Organisations- und Personalentwicklung zu sehen und müssen entsprechend in die mittel- bis langfristige strategische Planung integriert werden.

5.4 Unklare Rollenverteilungen und Organisation im Innenbereich der Schule

So unterschiedlich in der Hochschullehre realisierte, digitale E-Learning-Kurse auch sein mögen, sie brechen grundlegend mit der klassischen Rollenverteilung zwischen Lehrenden und Lernenden. Während dadurch der Dozent zum Lernbegleiter, zum eigentlichen „Dienstleister" wird, erhält der Lernende mehr Möglichkeiten der Interaktion und wird vom Konsumenten viel stärker als bisher zum Ko-Produzenten der gemeinsam erbrachten Lernleistung. Das Bild des individuell agierenden, eigenverantwortlichen Lerners verändert seine Rolle im Gesamtprozess des Lernens enorm, erzeugt neue Aufgabenstellungen und Handlungen und erfordert entsprechende Kompetenzen. „Dies betrifft auf Seiten der Lernenden die Veränderung der Vorstellung, dass Lernen primär rezeptiv und fremdgesteuert erfolgt. Nicht das konsumistische Abrufen gegebener Antworten, sondern die Entwicklung und Kultivierung einer Fragehaltung prägt das selbstgesteuerte Lernen – und dies gilt es bei vielen Lernenden noch zu entwickeln." (Euler, 2002, 4.1/16) Die Anforderungen zur Bewältigung dieser Aufgabe sind komplex und vielfältig – für die Studierenden wie auch die Lehrenden. So müssen die Lernenden ihr eigenes Lernen angemessen planen können. Sie müssen das eigene Lernen überwachen und Wissenslücken aufdecken. Von zentraler Bedeutung ist insbesondere auch, relevante und wichtige Informationen von unwichtigen zu trennen und sich über den ganzen Lernprozess immer wieder neu zu motivieren, ganz zu schweigen von den Herausforderungen, die elektronische Hilfsmittel an eine effiziente und effektive Kommunikation stellen. Auf der anderen Seite ist zu beobachten, dass je stärker sich die Curricula-Planer und die Dozenten für die individuellen Voraussetzungen ihrer Zielgruppe interessieren, desto verunsicherter werden sie bezüglich der Zielsetzungen und desto schwieriger fällt es ihnen, den geeigneten Inhalt sinnvoll zu strukturieren und vorzubereiten. In anderen Worten: je mehr Optionen eröffnet werden sollen, um dem selbstgesteuerten Lernen Raum zu verschaffen, desto komplexer werden die Rahmenbedingungen. In der Folge scheitern zahlreiche Lehrende und Lernende lang vor medienpsychologisch optimierten Navigationsstrukturen und bevor sie zu den an Funktionalitäten nicht mehr zu überbietenden Lernplattformen vorgedrungen sind: man unterschätzt grundlegende Aspekte wie die Vorlaufzeit für die Kursvorbereitung, man hat sich zu wenig genau überlegt, wie 1000 Studierende effizient in Gruppen aufgeteilt werden und darin arbeiten – und Studierende wiederum verpassen Anmelde- und Einschreibefristen. Es zeigte sich in der Konsequenz, dass in einer in Fluss geratenen Lehr-Lern-Kultur das Setzen von verbindlichen Terminen und Fristen zum zentralen Steuerungsinstrument geworden ist.

Wie bereits angedeutet, sollen die Lehrkräfte das selbstbestimmte und selbstgesteuerte Lernen durch eine gezielte Lernberatung unterstützen und sicherstellen, dass die Lernenden fähig werden, immer mehr Lernaufgaben selbstgesteuert zu erfüllen. An die Stelle eines direkt steuernden Unterrichtsverhaltens soll also die Lernunterstützung treten. Davon erwartet wird eine bessere intrinsische Lernmotivation, d.h. man hofft, dass ohne dauernde Steuerung durch die Lehrkraft die Motivation von der Sache her dank der Eigentätigkeit der Lernenden nachhaltig verbessert wird und daraus bessere Lernergebnisse resultieren (Dubs, 2000, 4f.). Doch was passiert in Bezug auf die Lehr-Lern-Kultur in der Realität: Parallel zur obigen Forderung nach Lernberatung läuft der bestehende Studiumsbetrieb an der „Front" weiter. Dozierende betreuen weiterhin einzelne Fächer und Klassen als „klassische" Referenten – wie nah liegt es doch, dass sich ein Dozent weiterhin eher als Übungsgruppenleiter denn als E-Tutor versteht, zumal sich die meisten in dieser ungewohnten Rolle gerade zu Beginn nicht sonderlich gut zurecht finden – kein Wunder, wurden doch die wenigsten von Ihnen auf diese neue Herausforderung ausreichend vorbereitet. Und viele, die den Sprung ins kalte Wasser wagen, fühlen sich zunächst enttäuscht, weil die langjährig erarbeitete Übung und Sicherheit plötzlich fehlt – Gleiches passiert wohl gemerkt auch auf der Lernendenseite: die Handreichungen werden dem Lerner nicht mehr gerecht, Frustration und Unverständnis sind oft die Folge. Zusätzlich beobachtete Kember bei den Lehrenden, dass mit dem Wandel vielfach auch positive und für eine neue Lehr-Lern-Kultur wertvolle Elemente und Einstellungen verloren gehen (Kember, 1997, 263). Genau das soll die lehr-lern-kulturelle Weiterentwicklung aber nicht sein.

6. Schlussfolgerungen

„Why don't we see the promised revolution?" ist die Frage, die sich Salomon erst kürzlich anlässlich der Betrachtung verschiedener E-Learning-Projekte stellte (Salomon, 2002, 71). Bezüglich der diesem Artikel zugrunde liegenden Problemstellung und der oben detailliert dargelegten Facetten der Lehr-Lern-Kultur ist es sinnvoll, anhand dieser Fragestellung die gemachten Beobachtungen zu konsolidieren. Salomon nennt denn auch gleich Gründe für die seiner Meinung nach ausbleibende Revolution des Klassenzimmers. Seine Schlussfolgerungen zum trivialisierten Einsatz innovativer Technologien, dem technikorientierten Fokus der Lösungen und fehlgeleiteter Forschung dienen als Reflexionsgrundlage und werden mit den oben erarbeiteten Aussagen ergänzt.

Unter dem technologischen Paradoxon fasst Salomon (Salomon, 2002, 72) die Tatsache zusammen, dass höchst wirksame und innovative Technologien nur in trivialisierter Form, weil an die traditionellen Formen und Muster des Lehrens und Lernens angepasst, zum Einsatz kommen. Man macht sozusagen dasselbe wie vorher, nur jetzt eben mit der Technologie etwas schneller und moderner – aber nie wird die Technik auf diese Weise das innovative Plus gegenüber der herkömmlichen Lehre ausspielen können. Analoge Situationen hierzu lassen sich entlang der technischen Entwicklung der Menschheit zuhauf finden. Erst mit einer selbständigen Identität und dem entsprechenden Kulturwandel bei den Benutzern und Organisationen wird es analog auch beim medienbasierten Lernen gelingen, die Technik und Pädagogik so miteinander zu verschmelzen, dass das heute vielfach schon existierende Potential auch genutzt wird. Der mit dem technikorientierten Fokus angesprochenen und weit verbreiteten Irrlehre, dass die Ausstattung mit moderner IT-Technologie bereits der Hauptteil der Miete für die versprochene Revolution der Lehre ist, wurde in dieser Arbeit mit einer bewussten Fokussierung auf kulturelle Herausforderungen begegnet. Interessant ist, dass oftmals die Übergewichtung der Technik gerade durch Lehrkräfte und Schüler selber geschieht (vgl. dazu 3.2). Salomons Schlussfolgerung, dass der pädagogische Wandel der Lehre ausbleibt, weil nach wie vor die Technik im Zentrum der Aufmerksamkeit steht und dabei für das Lernen ganz zentrale, soziale Faktoren vernachlässigt werden, wurde ergänzend und differenzierter reflektiert und ausgeführt.

Als weiteren wichtigen Hinderungsgrund für die Revolution führt Salomon eine fehlgeleitete Forschung an. Die Fehlleitung führt er dabei vor allem auf zwei Ursachen zurück. Zum einen erkennt er ein Forschungsmuster, das einer alt bekannten „Rennpferde"-Mentalität folgend, vergleichende Studien zwischen traditionellen Klassenräumen und medienbasierten Lernumgebungen anstellt, wobei wiederum kultureller Wandel und neue Lehr-Lern-Konzepte zu wenig resp. keine Beachtung finden. Auch wenn heute der Erfolg von E-Learning immer öfter Gegenstand empirischer Untersuchungen ist, wird dabei fast ausschließlich die Erreichung traditioneller Lernziele überprüft. Der geforderte und benötigte lehr-lern-kulturelle Wandel soll ja aber gerade auch anderes als „nur" die traditionellen Ziele erreichen, um die Lernenden auf das lebensbegleitende Lernen in unserer Wissensgesellschaft vorzubereiten.

Um auf die Zielsetzung dieses Artikels und die eingangs dieses Abschnittes gestellte Frage von Salomon zurückzukommen: Ziel war es, mit den angeführten Beobachtungen und Ausführungen zu zeigen, wie grundlegend eine mediengerechte Lehr-Lern-Kultur für den nachhaltigen Erfolg einer E-Learning-Implementierung ist. Die Schlussfolgerungen unter Salomons Gesichtspunkten zeigten, dass sich seine gemachten Beobachtungen mit den beschriebenen Herausforderungen an eine neue Lehr-Lern-Kultur sehr gut illustrieren lassen. Dabei soll es aber nicht belassen werden: Salomon spricht vom Ausbleiben der erwarteten Revolution. Die Lehr-Lern-Kultur-bezogene Reflexion hat deutlich aufgezeigt, dass dieses Hoffen auf einen kurzfristigen, atemraubenden und vielleicht gewaltvollen Umsturz der Sitten und Gebräuche im Klassenzimmer eine realitätsfremde Illusion ist. Vielmehr zeigten die Ausführungen auf, dass der Wandel im Sinne einer kontinuierlichen Evolution der bewährten Konzepte über innovative Ansätze vollzogen wird und Schritt für Schritt als interaktiver und iterativer sozialer Prozess gefestigt werden muss. In anderen Worten: Hätte jedermann bei der Erfindung des Automobils auf die Revolution des Straßenverkehrs gewartet, so wären wir sicherlich nicht da, wo wir heute sind (ohne normative Bewertung des heutigen Zustandes). Auch im Klassenzimmer greift deshalb die von Salomon erwartete Revolution nicht von heute auf morgen, sondern vollzieht sich über einen längeren Zeithorizont. Zu tun gibt es, wie oben beschrieben, folglich viel, vor allem in Form professioneller und nachhaltig angelegter Unterstützung der Lehrenden und Lernenden, um die Eigenständigkeit traditioneller und medienbasierter Ansätze herauszuarbeiten, einzuführen und weiterzuentwickeln.

Literatur

ABPLANALP, C. S. & EBERLE, F. (1998). Das Potential des Internet für Aus- und Weiterbildung: Mythos und Realität. *Informatik/Informatique*, 6.

APOSTOLOPOULOS, N., BENTLAGE, U., EICHHORN, D. R., ENCARNAÇÃO, J. L., GLOTZ, P., GLOWALLA, U., ET AL. (2001). Zentrale Thesen des Expertenkreises. In: Bertelsmann Stiftung & Heinz Nixdorf Stiftung (Hrsg.), *Studium online: Hochschulentwicklung durch neue Medien* (S. 13–15). Gütersloh: Verlag Bertelsmann Stiftung.

ARNOLD, P. (2001). *Didaktik und Methodik telematischen Lehrens und Lernens Lernräume, Lernszenarien, Lernmedien state of the art und Handreichung* (Band Bd. 17). Münster: Waxmann.

ARNOLD, R. & SCHÜSSLER, I. (1998). *Wandel der Lernkulturen: Ideen und Bausteine für ein lebendiges Lernen*. Darmstadt: Wissenschaftliche Buchgesellschaft.

ARNOLD, R. & SCHÜSSLER, I. (2001). Lernkulturwandel. In: A. Frischkopf (Hrsg.), *Eine neue Lernkultur: Tor zur Wissensgesellschaft Reader* [anlässlich der Weiterbildungskonferenz NRW 2001 zum Thema „Eine Neue Lernkultur – Tor zur Wissensgesellschaft" erstellt] (S. 11–12). Bönen: Verl. für Schule und Weiterbildung Dr.-Verl. Kettler.

BECHER, T. (1989). *Academic Tribes and Territories: Intellectual Enquiry and the Cultures of Disciplines*. Buckingham: Open University Press.

DUBS, R. (1995). *Lehrerverhalten ein Beitrag zur Interaktion von Lehrenden und Lernenden im Unterricht* (Band 23). Zürich: Schweizerischer Kaufmännischer Verein.

DUBS, R. (1997). Die Suche nach einer neuen Lehr-Lern-Kultur. In: W. Schaube (Hrsg.), *Lernkompetenz entwickeln* (S. 57–60). Darmstadt: Winklers Verlag.

DUBS, R. (2000, 10.11.1999). *Universitätsstudium – Anforderungen aus der Sicht der Lehr-Lernforschung*. Paper presented at the Dies academicus der Universitären Hochschule Luzern, Luzern.

EULER, D. (2002). Selbstgesteuertes Lernen mit Multimedia und Telekommunikation gestalten. In: A. Hohenstein & K. Wilbers (Hrsg.), *Handbuch E-Learning, Expertenwissen aus Wissenschaft und Praxis* (S. 4.1/1–19). Köln: Dt. Wirtschaftsdienst.

EULER, D. (2003). Bildungsmanagement als Blended-Learning-Kurs in der Universitätsbildung. In: U. Hugl & S. Laske (Hrsg.), *Virtuelle Personalentwicklung? Status und Trends IuKT-gestützten Lernens. Eine kritische Analyse*. Wiesbaden: Gabler.

EULER, D. & WILBERS, K. (2003). E-Learning in der Hochschule: Lernen an Beispielen. In: D. Euler & K. Wilbers (Hrsg.), *E-Learning an Hochschulen. An Beispielen lernen*. St. Gallen: Institut für Wirtschaftspädagogik.

EULER, D. & WILBERS, K. (Hrsg.). (2002). *Selbstlernen mit neuen Medien didaktisch gestalten* (Band 1). St. Gallen: Institut für Wirtschaftspädagogik.

FÄRBER, B. (1997). *Projektmanagement – Definition und Einführung*. Adresse: http://www.unibw-muenchen.de/campus/LRT11/aw/Def.ppt (Stand: 15.9.2002)

FISCHER, U. (2002). Die unerträgliche Leichtigkeit des selbstgesteuerten Lernens. In: A. Hohenstein & K. Wilbers (Hrsg.), *Handbuch E-Learning Expertenwissen aus Wissenschaft und Praxis* (S. 4.1.1/1–2). Köln: Dt. Wirtschaftsdienst.

HESSE, F. W. & MANDL, H. (2001). Neue Technik verlangt neue pädagogische Konzepte: Emfehlungen zur Gestaltung und Nutzung von multimedialen Lehr- und Lernumgebungen. In: Bertelsmann Stiftung & Heinz Nixdorf Stiftung (Hrsg.), *Studium online: Hochschulentwicklung durch neue Medien* (S. 31–49). Gütersloh: Verlag Bertelsmann Stiftung.

HOFMANN, E. (2000). *Qualitätssicherung in der betrieblichen Weiterbildung Evaluation eines neuentwickelten Trainingsmodells zum Thema Führung und Gespräch im Krankenhaus* (Band 653). Frankfurt a.M.: Lang.

HOHENSTEIN, A. & TENBUSCH, B. (2002). E-Learning-Strategie entwickeln. In: A. Hohenstein & K. Wilbers (Hrsg.), *Handbuch E-Learning Expertenwissen aus Wissenschaft und Praxis* (S. 1–19). Köln: Dt. Wirtschaftsdienst.

KEMBER, D. (1997). A Reconceptualisation of the Research into University Academics' Conceptions of Teaching. *Learning and Instruction*, 7(3), 255–275.

KERRES, M. (2001). Medien und Hochschule: Strategien zur Erneuerung der Hochschullehre. In: J. I. Ludwig & G. Stärk (Hrsg.), *Studieren mit Multimedia und Internet – Ende der traditionellen Hochschule oder Innovationsschub?* (Band 16). Münster: Waxmann Verlag.

KIRCHHÖFER, D. (2001a). Widersprüche in der Herausbildung einer neuen Lernkultur. In: A. Frischkopf (Hrsg.), *Eine neue Lernkultur: Tor zur Wissensgesellschaft Reader* [anlässlich der Weiterbildungskonferenz NRW 2001 zum Thema „Eine Neue Lernkultur – Tor zur Wissensgesellschaft" erstellt] (S. 13–20). Bönen: Verl. für Schule und Weiterbildung Dr.-Verl. Kettler.

KIRCHHÖFER, D. (2001b). Widersprüche in der Herausbildung einer neuen Lernkultur. In: A. Frischkopf (Hrsg.), *Eine neue Lernkultur: Tor zur Wissensgesellschaft Reader* [anlässlich der Weiterbildungskonferenz NRW 2001 zum Thema „Eine Neue Lernkultur – Tor zur Wissensgesellschaft" erstellt] (S. 13–20). Bönen: Verl. für Schule und Weiterbildung Dr.-Verl. Kettler.

KRAPF, B. (1994). *Aufbruch zu einer neuen Lernkultur Erhebungen, Experimente, Analysen und Berichte zu pädagogischen Denkfiguren.* Bern etc.: Haupt.

LAKOMSKI, G. (2001). Organizational change, leadership and learning: culture as cognitive process. *International Journal of Educational Management,* 15(2), 68–77.

LEPORI, B. & SUCCI, C. (2003, 15.–18.06.2003). *European universities managing quality in eLearning.* Paper presented at the Annual Conference of European Distance and E-Learning Network (EDEN), Rhodos, Greece.

MANDL, H. & WINKLER, K. (2002). *Auf dem Weg zu einer neuen Lehr-Lern-Kultur: Der Beitrag der neuen Medien in der Aus- und Weiterbildung.* Adresse: http://www.dipf.de/publikationen/volltexte/publikationsverzeichnis/50mandl_volltext.pdf (Stand: 1.9.2003)

NEUBAUER, J. (2002). *Praxistraining eLearning: Hilfe zur Selbsthilfe.* Adresse: http://www.elearning-expo.de/head_navi/specials/0/Praxistraining_eLearning.pdf (Stand: 30.7.2003)

PRATT, D. D. (1992). Conceptions of teaching. *Adult Education Quarterly,* 42(4), 203–220.

SAKURAI, J. M. (2002). Traditional vs. Online Degrees. *e-Learning,* 3(8), 28–31.

SALOMON, G. (2002). Technology and Pedagogy: Why don't we see the promised Revolution? *Educational Technology,* XLII(2), 71–75.

SCHEIN, E. H. (1992). *Organizational culture and leadership.* San Francisco, Calif.: Jossey-Bass.

SILVER, H. (2003). Does a University Have a Culture? *Studies in Higher Education,* 28(2), 157–169.

SMOLENS, R. W. (2002, 27.–29.11.2002). *Overcoming Cultural Barriers to „selling" e-learning: the five „C"s of e-learning.* Paper presented at the Online Educa, Berlin.

TERHART, E. (2002). *Nach Pisa Bildungsqualität entwickeln.* Hamburg: Europäische Verlagsanstalt.

WIATER, W. (1997). Schulkultur – ein Integrationsbegriff für die Schulpädagogik? In: N. Seibert (Hrsg.), *Anspruch Schulkultur: interdisziplinäre Darstellung eines neuzeitlichen schulpädagogischen Begriffs* (S. 21–43). Bad Heilbrunn/Obb.: Klinkhardt.

ZIMMER, G. (2001). Ausblick: Perspektiven der Entwicklung der telematischen Lernkultur. In: P. Arnold (Hrsg.), *Didaktik und Methodik telematischen Lehrens und Lernens Lernräume, Lernszenarien, Lernmedien state of the art und Handreichung* (Band Bd. 17, S. 126–146). Münster: Waxmann.

Christoph Meier

Gestaltungsfelder und Perspektiven für mobiles Lernen in der Hochschule

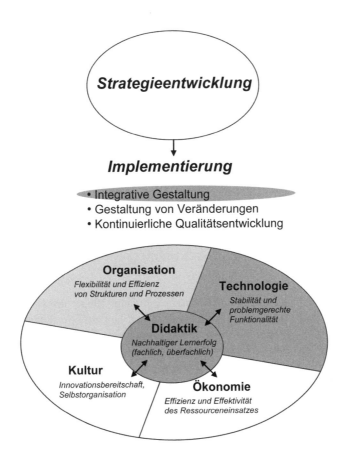

Abstract

Die Verbreitung leistungsfähiger mobiler Endgeräte wie PDAs und Smartphones und die Einrichtung von Infrastrukturen für drahtlose Netzanbindungen verändern seit einigen Jahren unsere Kommunikationsgewohnheiten und eröffnen weiterhin neue Möglichkeiten für Arbeiten und Lernen. Die Erfahrungen der letzten Jahre haben aber gezeigt, dass eine Fokussierung auf das technisch Mögliche im E-Learning häufig nicht zu erfolgreichen Bildungsangeboten führt. So wird auch ein reines M-Learning nicht sinnvoll und erfolgreich sein. Realistisch ist dagegen die Erweiterung von bestehenden Lernarchitekturen und Lernszenarien. Dieser Beitrag liefert eine Antwort auf die Frage, welche Erweiterungen möglich und sinnvoll sind und in welchen Gestaltungsfeldern Bildungsanbieter gefordert sind. So werden einfache Lernaktivitäten, wie etwa das Repetieren von Lernstoffen mit digitalen Karteikarten-Systemen, zu jeder Zeit an jedem Ort möglich. Auch etablierte Formen von Präsenz-Lehrveranstaltungen können mit neuen Elementen wie etwa spontanen und anonymen Abfragen unter den Teilnehmern ergänzt werden. Neue Impulse gibt es auch für Formen des situierten Lernens, etwa im Rahmen von Exkursionen. Darüber hinaus können schließlich institutionalisierte Lernprozesse besser mit informellen Lernaktivitäten verknüpft werden. Mit diesen neuen Möglichkeiten und der Aussicht auf mehr Flexibilität sind aber auch Herausforderungen für Bildungsanbieter verbunden. Wichtige Aspekte sind zum einen die Sorge dafür, dass mobile Endgeräte bei den Lernern flächendeckend verfügbar sind und dass hier keine Benachteiligungen entstehen. Zum anderen erfordert die flächendeckende Versorgung mit Zugängen zu drahtlosen Netzwerken ein hohes Maß an Aufmerksamkeit für deren Sicherheit.

Der Autor

Dr. Christoph Meier, Jahrgang 1963, absolvierte zunächst eine Ausbildung als Ethnologe und längere Forschungsaufenthalte in der Republik Sudan. 1996 Promotion zum Dr. rer. soc. am Institut für Soziologie der Universität Gießen mit einer Studie zur Interaktionsdynamik in Arbeitsbesprechungen. 1996 bis 1998 technischer Projektleiter eines von der Deutschen Forschungsgemeinschaft geförderten Projekts zu Telekooperation. Von 1999 bis 2004 wissenschaftlicher Mitarbeiter und Projektleiter am Fraunhofer-Institut für Arbeitswirtschaft und Organisation. Themenschwerpunkte sind Kooperation und Lernen mit Unterstützung elektronischer Medien, Medienkompetenz und verteilte Teams. Ab April 2004 wird Dr. Meier für die imc AG in der Schweiz tätig sein.

Christoph Meier

Gestaltungsfelder und Perspektiven für mobiles Lernen in der Hochschule

1.	Einleitung: Vom E-Learning zum M-Learning?	408
2.	Hintergrund: Ermöglichende Technologien für M-Learning	409
	2.1 Miniaturisierung von Endgeräten und Datenträgern	409
	2.2 Netzwerk-Technologien	411
3.	Mobiles Lernen an der Hochschule: Szenarien, Gestaltungsfelder und Herausforderungen	412
	3.1 Strategische Aspekte	413
	3.2 Infrastrukturen für mobiles Lernen: Netzwerke, Endgeräte und Lern-Management-Systeme	414
	3.3 Lerninhalte	415
	3.4 Lernformen	417
	3.5 Organisation	418
4.	Ausblick	420
	Literatur	421

1. Einleitung: Vom E-Learning zum M-Learning?

Mit der Entwicklung von Technologien, Inhalten und Services für E-Learning waren zahlreiche (und zum Teil überzogene) Hoffnungen und Erwartungen verbunden. Erwartungen, die sich im universitären Umfeld vor allem auf die Verbesserung der Lehre bezogen und auf mehr Flexibilität bei der zeitlichen Organisation des Lehrens und Lernens. Die rasch fortschreitende Entwicklung im Bereich des mobile computing und der Netzwerktechnologien liefert die Grundlage für aktuell entwickelte Visionen und Prototypen für Lernen mit mobilen Endgeräten. So werden in Deutschland im Rahmen verschiedener Förderprojekte des Bundesministeriums für Bildung und Forschung erste Schritte in Richtung von so genannten Notebook-Universitäten genommen. Damit verbunden sind Zielsetzungen wie die Möglichkeit zur Integration privater (mobiler) Rechnerinfrastruktur der Studierenden in die universitäre Ausbildung, das ortsunabhängige und durchgängige Verfügbar-Machen von individuellen Arbeits- und Lernumgebungen, die verbesserte Unterstützung kollaborativen Lernens unter Studierenden oder das ortsunabhängige und durchgängige Verfügbar-Machen von zentralen universitären Dienstleistungen (vgl. Nölting, 2002 und http://www.nukath.uni-karlsruhe.de/unterseiten/index_en.html, 08.11.2003).

Mobile Lernanwendungen beschränken sich aber nicht mehr auf die Nutzung von Notebook-Computern, sondern umfassen auch die Nutzung von kleineren Endgeräten, die in einer Hemd- oder Jackentasche Platz haben. Die Rede ist hier insbesondere von PDAs (Personalen Digitalen Assistenten) und Smartphones (Kombinationen aus PDA und Telefon).

Aufgrund der raschen Entwicklung und Verbreitung solcher handheld-Geräte wird verschiedentlich schon von M-Learning als höherer und zeitlich nachfolgender Entwicklungsstufe des E-Learning gesprochen – etwa in dem Sinne, dass mit ihnen die bislang noch nicht vollständig eingelöste Vision, wirklich jederzeit an jedem Ort lernen zu können, realisiert werden kann (vgl. Nyiri, 2002).

Die Erfahrungen der letzten Jahre haben allerdings gezeigt, dass eine Fokussierung auf das technisch Mögliche im E-Learning häufig nicht zu erfolgreichen Bildungsangeboten führt. Die breite Diskussion über Blended Learning ist ein Resultat dieser Einsicht. Auch ein reines M-Learning wird in der Regel nicht sinnvoll und erfolgreich sein.[1] Realistisch ist dagegen die Erweiterung von bestehenden Lernarchitekturen und Lernszenarien. Dies gilt insbesondere für das situierte Lernen außerhalb von Kursräumen und Klassenzimmern sowie für informelle Lernaktivitäten am Rande von Lehrgängen und Kursen. Dieser Beitrag will eine Antwort auf die Frage liefern, welche Erweiterungen möglich und sinnvoll sind und in welchen

---

[1] So wurde beispielsweise im Rahmen des EU-Leonardo-Projekts „mLearning" (vgl. http://learning.ericsson.net/leonardo/index.html) versucht, komplette Kurse per PDA oder Smartphone zu bearbeiten, wobei sich aber schwerwiegende Usability-Probleme zeigten (vgl. Keegan, 2002, Kapitel 9).

Gestaltungsfeldern Hochschulen (und übrigens auch andere Weiterbildungsanbieter) gefordert sind.

Zunächst werden die ermöglichenden Technologien für mobiles Lernen (Endgeräte, Speichermedien, Netzwerke) kurz vorgestellt. Daran schließt der Hauptteil zu den Gestaltungsfeldern und Herausforderungen beim mobilen Lernen an. Behandelt werden hier Infrastrukturen, Lerninhalte, Lernformen, organisatorische und schließlich auch strategische Aspekte.

2. Hintergrund: Ermöglichende Technologien für M-Learning

Lernbezogene Aktivitäten unter Nutzung mobiler Endgeräte (M-Learning) werden durch drei technologische Entwicklungsstränge ermöglicht. Diese betreffen zum einen die Entwicklung von Endgeräten, zum anderen die Entwicklung von Datenträgern und schließlich die Entwicklung von Netzwerk-Technologien.

2.1 Miniaturisierung von Endgeräten und Datenträgern

Die Entwicklungen bei Personal Computern (Prozessoren, Displays, Akkumulatoren) führen zu immer größerer Leistung und ermöglichen gleichzeitig immer geringere Abmessungen der Endgeräte. Besonders rasch schreitet die Entwicklung im Bereich der Mobiltelefone und der Personalen Digitalen Assistenten voran. Waren sie vor wenigen Jahren nur für das Telefonieren oder die Speicherung von Adressdaten und Kalenderinformationen geeignet, so nehmen sie mehr und mehr Züge eines Schweizer Taschenmessers für das digitale Zeitalter an – sie sind alles in einem: Taschenrechner, einfache Digitalkamera, Konsole für Spiele ebenso wie für das Abhören von Musik und das Anschauen von Videos sowie nicht zuletzt auch Basis für die Betrachtung und Bearbeitung von Office-Dokumenten oder für das Aufrufen von Webseiten – Letzteres immer häufiger auch über drahtlose Anbindungen an das Internet (via W-LAN oder GSM/GPRS). Gleichzeitig sind heute miniaturisierte Datenträger wie Micro-Festplatten und Flash Speicherbausteine verfügbar, die sehr viel kleiner sind als CD-ROMs, diese bei der Speicherkapazität aber schon übertreffen und fast an DVDs heranreichen. Damit lassen sich auch umfangreiche elektronische Texte, Audio- sowie Videomaterialien überall dort, wo man ein Telefon oder einen PDA dabei haben kann, nutzen.

Mittlerweile haben sich eine ganze Reihe verschiedener Typen von tragbaren Endgeräten entwickelt. Diese reichen von Notebook- und Tablet-PCs über „ultraportable" und am Gürtel tragbare PCs bis hin zu PDAs und Smartphones (vgl. Abbildung 1). Nicht alle tragbaren Endgeräte – von Notebook-Computern und als Notizblöcke nutzbaren Tablet-PCs über ultraportable PCs, PDAs, Smartphones bis hin zu Mobiltelefonen – sind gleichermaßen für die mobile Nutzung von Lerninhalten und Lernanwendungen geeignet.

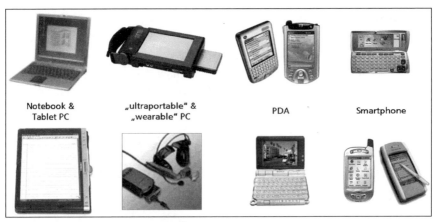

Abbildung 1: Typen mobiler Endgeräte[2]

Abbildung 2: Nutzungsmöglichkeiten mobiler Endgeräte

Während Notebook- und ultraportable Computer aufgrund der eingesetzten Betriebssysteme, Anwendungen (z.B. Textverarbeitung oder Web-Browser) und Display-Größen ohne Einschränkungen wie herkömmliche Desktop-PCs genutzt werden können, ist dies bei PDAs oder Smartphones nur eingeschränkt der Fall. Insbesondere die kleinen Displays und das (in den meisten Fällen) Fehlen einer integrierten Tastatur zur Dateneingabe sind hier derzeit die beschränkenden Faktoren. Zwar sind für verschiedene handheld-Geräte inzwischen Web-

---

[2] So genannte „ultraportable" oder „wearable" PCs verfügen über ein Standard-Betriebssystem (z.B. MS-Windows XP) und reichen von ihren Leistungsmerkmalen an Notebooks heran, sind aber auf die Abmessungen eines PDA geschrumpft (z.B. 7,6x12,7x1,9 cm). Typische Leistungsmerkmale aktueller PDAs und Smartphones sind dagegen Prozessoren mit bis zu 400 MHz Taktfrequenz, bis zu 128 MB Arbeitsspeicher und Displays mit Auflösungen bis zu 640x480 Pixel. Tastaturen sind zum Teil in die Geräte integriert, zum Teil werden sie auf dem Display simuliert. Über Steckplätze können zusätzliche Komponenten wie Speicherkarten angeschlossen werden. Während bei aktuellen PDAs häufig schon W-LAN Komponenten integriert sind, können Smartphones in GSM oder GPRS-Netzen betrieben werden.

Browser und Viewer-Programme verfügbar, die Webseiten oder Office-Dokumente auf die Größe des verfügbaren Displays verkleinern („smart screen rendering"). Allerdings sind die Dokumente oder Web-Seiten insbesondere bei Displays mit kleinen Abmessungen nicht wirklich gut zu lesen. Ähnliches gilt für die Erstellung von Dokumenten. Das Erstellen von Text-Dokumenten, die umfänglicher sind als eine kurze E-Mail, ist mit den auf drucksensiblen Displays simulierten Tastaturen kaum möglich und auch mit den mit ein oder zwei Fingern zu bedienenden Kleinst-Tastaturen nicht wirklich praktikabel. Auf den beiden Dimensionen „Tauglichkeit für die Nutzung von Office-Dokumenten und des WWW" sowie „potenzielle Verfügbarkeit auf Grund von Größe und Gewicht" markieren demzufolge Notebooks und Tablet-PCs einerseits und PDAs sowie Mobiltelefone andererseits die jeweiligen Pole.

2.2 Netzwerk-Technologien

Mobile Endgeräte können auf vielfältige Weise an stationäre IT-Infrastrukturen angebunden werden. Neben Verbindungen auf der Grundlage von Infrarot- und Bluetooth-Schnittstellen sind hier insbesondere Wireless-LAN (W-LAN) und paketorientierte Telefonie-Netzwerke zu nennen (vgl. hier und im Folgenden Jung/Warnecke, 2002).

Typen drahtloser Verbindungen	Art der Verbindung	Bandbreite	Reichweite / Abdeckung
Infrarot (IrDA, FIR)	gerichtet; max. 2 Geräte	0,1 – 4 Mbit/s	2-8 m
Bluetooth	ungerichtet; ≥ 2 Geräte	1 Mbit/s	10-100 m
W-LAN (802.11b-g)	ungerichtet; ≥ 2 Geräte	11- 54 Mbit/s	50-300 m
GSM / GPRS / UMTS	ungerichtet; ≥ 2 Geräte	ca. 9 / 40 / 360 Kbit/s	öffentliches Mobilfunknetz

Abbildung 3: Anbindung von mobilen Endgeräten

Diese Formen der Vernetzung unterscheiden sich vor allem in Bezug auf den Verbindungsaufbau und die verwendeten Protokolle, Reichweiten sowie verfügbare Datenübertragungsraten. Während Infrarotverbindungen beispielsweise immer nur gerichtet und zwischen zwei Endgeräten im Abstand von maximal zwei Metern hergestellt werden können, ist es mit Bluetooth, W-LAN und GSM/GPRS/UMTS-Verbindungen möglich, mehrere Endgeräte in zunehmend größeren Entfernungen anzubinden.

Bluetooth-Verbindungen sind auf die Vernetzung von Endgeräten in unmittelbarer Nähe ausgerichtet. Auf diese Weise können beispielsweise von einem Notebook-Computer Dokumente auf einen Drucker übertragen und ausgedruckt werden, ohne dass eine Kabelverbindung hergestellt werden muss.

Drahtlose lokale Netzwerke (W-LAN) sind primär auf Datenübertragung ausgerichtet. Die für Sprachübertragung erforderliche „Quality of Service" ist in der Regel nur mit zusätzlicher Hard- und Software für die Priorisierung von Sprachpaketen gegeben. Aktuell werden Standards entwickelt, die zunehmend höhere Datenraten und größere Reichweiten erlauben.

Das General Packet Radio System (GPRS) erweitert den GSM-Standard um Möglichkeiten der paketorientierten Datenübertragung. Gleichzeitig sind damit Verbindungen möglich, die nicht nach Zeit, sondern nach dem Volumen der übertragenen Daten abgerechnet werden. Je nach Ausbaustufe des Netzes können mit GPRS bis zu 115 kbit/s an Bandbreite zur Verfügung gestellt werden.

Mit der Entwicklung des UMTS-Standard ging diese Entwicklung weiter, wobei hier umfangreiche Neuerungen der Netzarchitektur und der Zugriffsverfahren zugrunde liegen. So hängt beispielsweise die Zellgröße von der Zahl der angemeldeten Teilnehmer und den Bandbreitenanforderungen ab (lastabhängige Zellatmung). Bei UMTS sind verschiedene Klassen von Diensten definiert, die jeweils unterschiedliche Anforderungen an die Qualität der Verbindung stellen und vermutlich auch unterschiedlich tarifiert werden. Dazu gehören Verbindungen für Sprachübertragung, Verbindungen für Datenübertragung, Verbindungen für Zugriffe auf das WWW und Verbindungen für E-Mail-Empfang.

3. Mobiles Lernen an der Hochschule: Szenarien, Gestaltungsfelder und Herausforderungen

Neben den oben angeführten Entwicklungen im Bereich der Endgeräte, der Datenträger und der Netzwerk-Technologien wurden in den letzten Jahren zahlreiche Forschungs- und Entwicklungsprojekte sowie Pilotierungen durchgeführt und das Potenzial für mobiles Lernen erkundet (vgl. z.B. Keegan, 2002; Vahey/Crawford, 2002; Pelton/Pelton, 2003; Trondsen, 2003). Die dabei erprobten Anwendungs-Szenarien für Lernen mit Unterstützung durch mobile Endgeräte sind vielfältig und umfassen gleichermaßen das Management von Lernaktivitäten, informelles Lernen und formalisierte Lernaktivitäten. Unterscheidet man diese Szenarien nach den Anforderungen an die Datenein- und -ausgabe, die dabei bewältigt werden müssen, so lässt sich in etwa folgende Reihung erstellen:

- Benachrichtigung von Lernern per SMS oder E-Mail über neue Lernangebote und Anmeldetermine

- Suche nach und Buchung von Lernressourcen in einem Learning-Management-System (LMS) per Mobiltelefon, PDA oder Notebook

- Rezipieren von Lerninhalten wie z.B. WBT oder Aufzeichnungen von Vorlesungen per Smartphone, PDA oder Notebook

- Bearbeiten von kurzen Aufgaben und Lernerfolgskontrollen im Verlauf einer Lehrveranstaltung

- Messen und audiovisuelles Dokumentieren im Rahmen von Übungen, Praktika oder Exkursionen
- Erstellen und Bearbeiten von Dokumenten wie beispielsweise Seminararbeiten

Die Gestaltungsfelder und Herausforderungen, die mit der Umsetzung dieser und anderer Szenarien mobilen Lernens verbunden sind, liegen in den gleichen Feldern wie beim E-Learning ganz allgemein und betreffen vor allem die Bereiche Strategie, IT-Infrastruktur, Lerninhalte und Lernformen sowie schließlich auch organisatorische Fragen (vgl. Bullinger, 2002).

3.1 Strategische Aspekte

Wichtige strategische Fragen, denen sich Hochschulen in den nächsten Jahren stellen müssen, betreffen die eigene Positionierung in einem zunehmend geöffneten Bildungsmarkt und die Verankerung in den jeweiligen politischen Einheiten (z.B. Bundesländer, Kantone), von denen sie getragen werden.

In Bezug auf den zuerst genannten Aspekt sind Hochschulen neben der Verbesserung der Lehre auch damit gefordert, den zunehmenden Bedürfnissen nach Flexibilität auf Seiten der Studierenden Rechnung zu tragen. Die Anmeldung zu einem Seminar, die Benachrichtigung über einen neuen Beitrag im dazugehörigen Diskussionsforum, der Zugriff auf die Literaturliste, das Anschauen der Aufzeichnung eines Gastvortrags, das Abschicken eines Arbeitsblattes – all dies werden Studierende künftig nicht mehr nur vom PC-Pool der Bibliothek oder vom heimischen PC aus nutzen wollen. Vielmehr werden sie Wert darauf legen, dass sie auf diese Ressourcen jederzeit und entsprechend ihrer eigenen Arbeitsrhythmen zugreifen können: also beispielsweise auf der täglichen Zugfahrt, in Leerlaufzeiten ihres Teilzeit-Jobs oder im Lesesaal der Bibliothek der Stadt in der der Partner oder die Partnerin lebt.

Darüber hinaus sind Hochschulen gefordert, neue Märkte für ihre Dienstleistungen zu erschließen und – insbesondere in flächenmäßig kleinen politischen Einheiten wie Stadtstaaten oder Kantonen – ihre Bedeutung für die Region zu untermauern. Eine intensivere lokale und regionale Vermarktung der eigenen Angebote und Leistungen nicht nur an Alumni, sondern auch an die Menschen in der jeweiligen Region kann ein Mosaikstein in einer diesbezüglich ausgerichteten Strategie sein. So wird es, um nur ein Beispiel zu nennen, mit der Verfügbarkeit von ortsbezogenen Dienstleistungen in den UMTS-Netzen möglich, tagesaktuell Hinweise zu öffentlichen Vorträgen an Bürger zu kommunizieren, die sich gerade in der Nähe der Hochschule befinden und sich für solche Angebote interessieren.

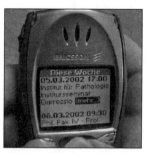

Abbildung 4: Beispiel für SMS-basierte Benachrichtigungen zu Lehrveranstaltungen (Quelle: Virtuelle Universität Regensburg)

3.2 Infrastrukturen für mobiles Lernen: Netzwerke, Endgeräte und Lern-Management-Systeme

Um mehr Flexibilität bei Lehr- und Lernaktivitäten unterstützen zu können, sind Erweiterungen der IT-Infrastrukturen erforderlich. Dies gilt insbesondere für die flächendeckende Einrichtung von drahtlosen lokalen Netzwerken (W-LAN) in Hochschulen. Der Zugriff auf Daten über das öffentliche drahtlose Datennetz (GPRS, UMTS) wird auf absehbare Zeit zu kostenintensiv sein (Schneider, 2003, S. 187). Hochschulen, deren Gebäude auf einem Campus konzentriert sind, können eine solche flächendeckende Versorgung mit W-LAN derzeit einfacher und kostengünstiger umsetzen als solche, deren Einrichtungen weiter verstreut sind. Diese Situation kann sich aber mit dem Verfügbar-Werden von so genannten wide area W-LAN in den nächsten Jahren verändern.

Die Ausrüstung und Versorgung der Studierenden mit Endgeräten (Notebook-Computer und PDAs bzw. Smartphones) ist ein wichtiger Aspekt der Umsetzung der im Abschnitt 3 genannten Szenarien. Obwohl bereits zahlreiche Studierende über Notebook-Rechner, PDAs und Mobiltelefone verfügen, ist die Versorgung bisher doch noch nicht wirklich flächendeckend. Um neue Lehr- und Lernmodelle tatsächlich umsetzen zu können und Benachteiligungen auszuschließen, müssen Hochschulen hier Unterstützung anbieten. Denkbare Modelle sind die Versorgung der Studierenden mit leihweise zur Verfügung gestellten Endgeräten oder Finanzierungsangebote, bei denen die Studierenden über eine monatliche Ratenzahlung die entsprechenden Geräte erwerben.

Das Management des Zugriffs auf administrative Funktionen und Lerninhalte, die auch über mobile Endgeräte wie PDA oder Smartphones genutzt werden sollen, stellt besondere Anforderungen an Learning Management Systeme. Bislang unterstützen zwar nur wenige Lernplattformen den direkten Zugriff mit Endgeräten wie PDA oder Mobiltelefon und das Tracking des Stands der Bearbeitung von Lerninhalten, allerdings wird sich dies in absehbarer Zeit ändern, da verschiedene LMS-Anbieter an solchen Funktionalitäten arbeiten.

3.3 Lerninhalte

Während die in den letzten Jahren im Rahmen zahlloser Projekte und auch von kommerziellen Anbietern entwickelten digitalen Lerninhalte ohne Einschränkungen auch mit Notebook-, Tablet- und ultraportablen Computern genutzt werden können, gilt dies für Endgeräte wie PDAs und Smartphones nur mit Einschränkungen. So lange die Auflösungen der Displays der mobilen Endgeräte und die eingesetzten Viewer-Technologien eine gut lesbare Darstellung von Standard-Dokumenten und CBT/WBT noch nicht erlauben, sind zwei Wege denkbar, um bereits existierende Lernangebote auch mobil nutzbar zu machen. Im einen Fall wird eine Reformatierung der Inhalte erforderlich, was beispielsweise die Auflösung komplexer Inhalts-Seiten in einzelne Objekte wie Text, Grafik etc. erfordern kann. Einen anderen Weg stellt die Filterung von Inhaltsobjekten dar, wobei dann nur diejenigen Objekte ausgegeben werden, die dem aktuellen Endgeräte-Profil entsprechen (vgl. Lehner et al., 2003 und Bomsdorf, 2003). Auch das Verfolgen von Vorlesungen, die per Media-Streaming übertragen werden, mit PDAs oder Smartphones (vgl. Lehner et al., 2003 und die Angebote der Virtuellen Universität Regensburg unter http://vur.uni-regensburg.de), wird aufgrund der damit verbundenen Kosten vermutlich nur in wenigen Situationen sinnvoll sein.[3]

Abbildung 5: Media-Streaming einer Vorlesung auf ein GPRS-Telefon (Quelle: Lehner et al., 2003)

Für das Lernen mit jederzeit verfügbaren Endgeräten wie PDAs und Smartphones erscheinen Angebote aussichtsreich, die wenig Einarbeitung erfordern, schnell begonnen und jederzeit unterbrochen werden können. Ein elektronisches Lernkarteikarten-System erlaubt beispielsweise das Erstellen von digitalen Karteikarten zu beliebigen Inhalten, die dann mit einem PDA durchgearbeitet werden können. Dabei werden Karteikarten mit Fragen, die richtig

---

[3] Zwar ist es durchaus möglich, Aufzeichnungen kompletter Vorlesungen auf Speicherbausteinen abzulegen und damit Übertragungskosten zu sparen. Aber die Displays von PDAs und Smartphones sind gegenwärtig noch zu klein, um eine didaktisch sinnvolle Kombination verschiedener Informationstypen wie etwa Folienpräsentation, Videobild und Inhaltsverzeichnis abzubilden (vgl. Meier et al., 2003).

beantwortet wurden, weiter zurück gestellt, während Karteikarten mit Fragen, die nicht richtig beantwortet wurden, häufiger eingeblendet werden.

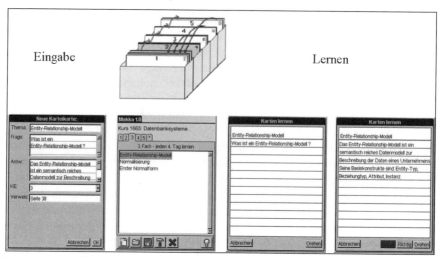

Abbildung 6: Lernkarteikarten-System für PDA (Quelle: Bomsdorf, 2003)

Lernmodule, die innerhalb weniger Minuten durchgearbeitet werden können, eignen sich ebenfalls für die Nutzung in kurzen Leerlaufzeiten, also beispielsweise in der Straßenbahn oder im Zug. Ein Beispiel ist ein illustriertes Lernmodul zum Thema Therapiemöglichkeiten bei Osteoporose der Firma Centrax, das innerhalb von ca. 10 Minuten durchgelesen werden kann.

Abbildung 7: Screenshot eines kurzen Lernmoduls zur Therapie von Osteoporose für PDAs (Quelle: http://www.centrax.com)

Bislang gibt es allerdings nur wenige Autorenwerkzeuge für das Erstellen von Lerninhalten, die für Geräte mit kleinen Bildschirmen optimiert sind (z.B. http://www.lectora.com). Viel wichtiger aber ist, dass es bislang keine ausgearbeiteten didaktische Konzepte für Lerninhalte gibt, die primär mit Endgeräten wie PDA oder Mobiltelefon genutzt werden sollen. Hier gibt es noch erheblichen Entwicklungsbedarf.[4]

3.4 Lernformen

Mit dem Einsatz mobiler Endgeräte wie PDAs und Smartphones ergeben sich nicht nur Möglichkeiten zur Nutzung von kurzen Leerzeiten für Lernzwecke, sondern auch Möglichkeiten zur Weiterentwicklung und Transformation etablierter Lernformen wie etwa Seminare, Vorlesungen oder Exkursionen. So können etwa Lehrende in Form von kurzen Arbeitsaufgaben oder Tests Rückmeldungen von den Lernenden einfordern und so das Verständnis gerade behandelter Inhalte und den Bedarf nach Vertiefungen überprüfen. Genauso können die Lernenden Rückmeldungen zum bisherigen Verlauf der Lehrveranstaltung geben (vgl. z.B. Pelton/Pelton, 2003 und Wessner et al., 2003).

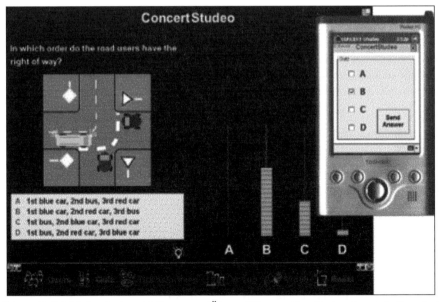

Abbildung 8: Multiple-choice-Abfrage zur Überprüfung präsentierter Lerninhalte via PDA (Quelle: http://ipsi.fhg.de/concert/index_dt.shtml?projects_new/studeo)

---

[4] So sollen beispielsweise im Rahmen eines vom Bundesministerium für Wirtschaft und Arbeit geförderten Projekts („Qualitätsinitiative E-Learning Deutschland") didaktisch fundierte Ausspielungsregeln entwickelt werden, die eine Transformation bestehender html-basierter Lerninhalte zur Nutzung via PDA/Smartphone ermöglichen.

Großes Potenzial wird mobilen Endgeräten darüber hinaus dann bescheinigt, wenn es darum geht, informelle, kollaborative und ortsbezogene Lernaktivitäten zu ermöglichen (vgl. Oppermann/Specht, 2003a und Schwabe, 2003). Beispiele sind Exkursionen, in deren Verlauf Wasserproben analysiert oder Bilddokumentationen angefertigt werden können[5], oder auch Schnitzeljagden für Erstsemester zur Orientierung in einer neuen Umgebung unter Nutzung mobiler Endgeräte (vgl. Abbildung 8).

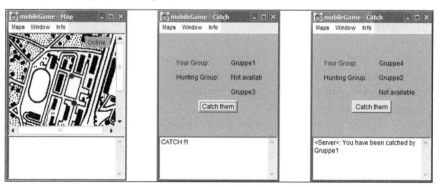

Abbildung 9: Screenshots eines PDA-basierten Orientierungsspiels (Quelle: Göth, 2003)

Mit der Verfügbarkeit von Mobilfunknetzen der dritten Generation (UMTS) und darauf aufbauenden location based services werden sich weitere neue Optionen ergeben. Denkbar sind etwa Informationsdienste wie die Benachrichtigung darüber, welche Mitglieder von studentischen Lern- und Arbeitsgruppen sich gerade in der Nähe befinden.

So unterschiedlich die hier und im vorhergehenden Abschnitt aufgeführten didaktischen Szenarien sind, so unterschiedlich sind auch die neuen Möglichkeiten und der Mehrwert, der mit dem Einsatz mobiler Endgeräte und den zu diesen kompatiblen Lerninhalten erzeugt werden kann (siehe hierzu Tabelle 1).

3.5 Organisation

Die Verbesserung der Lehre und die Flexibilisierung der Angebote durch Infrastrukturen und Inhalte für mobiles Lernen erfordern schließlich auch organisatorische Maßnahmen. Neben der Absicherung der Bereitschaft zur Veränderung unter den jeweiligen Stakeholdern (insbesondere Dozierende und IT-Abteilungen) betrifft dies die Formulierung von Standards für die einzusetzenden Anwendungen und Inhalte, die schon oben (vgl. 3.2) angesprochene flächendeckende Versorgung mit mobilen Endgeräten und schließlich auch die Gewährleistung von IT-Sicherheit.

---

[5] Für Palm-PDAs sind Mess-Adapter und mehr als 25 verschiedene Sensoren (z.B. Temperatur, Licht, Geschwindigkeit, Gasanalyse etc.) verfügbar (vgl. www.imagiworks.com/Pages/Products/ImagiWorksSensors.html).

Lernform	Beispiel	Potenzieller Mehrwert von Szenarien mobilen Lernens
informelles, non-curriculares Lernen	Museumsbesuch	Mobilität & Flexibilität: Ausstellungsdokumentation ist jederzeit zur Hand und kann u.U. später weiter verwendet werden
individuelles Lernen	Vokabellernen	Mobilität: Inhalte sind jederzeit zur Hand
kollaboratives Lernen	studentische Arbeitsgruppe	Mobilität & Flexibilität: Austausch von Dateien und Beteiligung an Diskussionsforen jederzeit von jedem Ort
Lernen in Kleingruppen	Seminar	Flexibilität: schneller Wechsel in Phasen der Einzel- oder Gruppenarbeit (Web-Recherche, Übungsaufgaben etc.)
Lernen in Großgruppen	Vorlesung	Interaktivität: bessere Aktivierung und Steuerung durch Abfragen & Rückmeldungen
situiertes Lernen im Transferfeld	Exkursion; Praktikum	Intensität & Authentizität: Recherche & Rezeption von Informationen im Feld praktischen Handelns; Messen & Dokumentieren für spätere Bearbeitung im Unterricht

Tabelle 1: Lernformen und potenzieller Mehrwert von Szenarien mobilen Lernens

Im Bereich der in diesem Beitrag fokussierten mobilen Endgeräte wie PDAs und Smartphones besteht aktuell eine vergleichsweise große Heterogenität in Bezug auf Merkmale der Hardware (z.B. Displaygrößen), Betriebssysteme, Anwendungen und nutzbare Datenformate (z.B. beim Media-Streaming). Damit stellt sich die Frage, wie Hochschulen mobil nutzbare Lernangebote bestmöglich verfügbar machen können. Ein möglicher Weg besteht darin, unterstützte Endgeräte-Klassen, Anwendungen und Datenformate klar zu definieren. Dies wird aber zwangsläufig dazu führen, dass nicht alle bereits bei den Studierenden verfügbaren Endgeräte genutzt werden können. Ein anderer Weg besteht darin, die mobilen Lernangebote konsequent auf standardisierte Datenformate wie html oder WML auszurichten, die dann mit unterschiedlichen Geräten genutzt werden können.

Weitere organisatorische Aufgaben im Zusammenhang mit mobilen Lernangeboten betreffen die Sicherung eines drahtlosen Netzwerks gegen unbefugte Zugriffe. Eine Option besteht darin, das flächendeckende Funknetz via Virtual Private Network (VPN) logisch vom eigentlichen Campus-Netz zu trennen. Von den in das Funknetz eingebuchten Rechnern werden dann IPsec-Tunnel zu den Gateways aufgebaut, an denen eine zuverlässige Authentifikation erfolgt. Gleichzeitig kann die gesamte Nutzerkommunikation über das Funknetz nach WEP-Standard mit 128-bit Schlüsseln verschlüsselt werden (vgl. Schneider, 2003, S. 189f.). Allerdings wird auch darauf hingewiesen, dass mit der Nutzung von Endgeräten wie PDA zum einen Sicherheitsrisiken durch den Verlust/Diebstahl von Geräten zunehmen und zum anderen die Umsetzung von Sicherheitsansprüchen mit den Anforderungen an eine unkomplizierte Nutzung dieser Endgeräte kollidieren (Forschungsgruppe Internet Governance, 2003).

4. Ausblick

Die Verbreitung mobiler Endgeräte, die aufgrund ihrer geringen Größe immer zur Hand sein können, und die Einrichtung von Infrastrukturen für drahtlose Verbindungen in Netzwerke für Telefonie, Datenaustausch und das Internet verändern seit einigen Jahren unsere Kommunikationsgewohnheiten und eröffnen weiterhin neue Möglichkeiten für Arbeiten und Lernen. PDAs und Smartphones werden zu Schweizer Taschenmessern für das digitale Zeitalter. Sie erlauben mehr Flexibilität bei der Planung und Organisation von Lernaktivitäten und ermöglichen neue Szenarien des Lernens ebenso wie neue Services und Marketing-Strategien von Bildungsanbietern. Mobiles Lernen befindet sich zwar noch in einem sehr frühen, zumeist experimentellen Stadium. Dennoch handelt es sich hierbei um ein Thema, dass – ähnlich wie E-Learning – von strategischer Bedeutung für Hochschulen sein kann.

Einfache Lernaktivitäten, wie etwa das Repetieren von Lernstoffen mit digitalen Karteikarten-Systemen, werden zu jeder Zeit an jedem Ort möglich, an dem ein PDA oder Smartphone zur Hand ist. Auch etablierte Formen von Präsenz-Lehrveranstaltungen können mit neuen Elementen angereichert werden, etwa spontane und anonyme Abfragen unter den Teilnehmern zur Klärung, wie gut ein bislang behandelter Stoff bereits verstanden wurde. Neue Impulse gibt es auch für Formen des situierten Lernens, etwa im Rahmen von Exkursionen. Darüber hinaus können diese auf institutionalisierte Lernprozesse bezogenen Aktivitäten künftig unter Vermeidung von Medienbrüchen mit informellen Lernaktivitäten verknüpft werden: Die Hintergrund-Informationen, die man sich im Museum zu einer Ausstellung über die Künstlergruppe „Brücke" auf seinen PDA laden kann, kann man später auch für ein Referat zu diesem Thema im Rahmen des Studium Generale nutzen. Eine wichtige Voraussetzung für den erfolgreichen Einsatz von PDAs und Smartphones in Lernprozessen besteht allerdings darin, dass ein direkter Zugriff auf sehr kompakte Wissens- und Lerninhalte ohne umständliche Navigation möglich ist.

Mit diesen neuen Möglichkeiten und der Aussicht auf mehr Flexibilität sind aber auch Herausforderungen für Hochschulen (und natürlich auch andere Bildungsanbieter) verbunden. Wichtige Aspekte sind zum einen die Sorge dafür, dass mobile Endgeräte bei den Lernern flächendeckend verfügbar sind und dass hier keine Benachteiligungen für weniger vermögende Studierende entstehen. Zum anderen erfordert die flächendeckende Versorgung mit

Zugängen zu universitären Netzwerken (W-LAN) ein hohes Maß an Aufmerksamkeit für die Sicherheit der Netzwerke.

Literatur

BOMSDORF, B. (2003). Die virtuelle Universität macht mobil. In: Gesellschaft der Freunde der FernUniversität e.V. (Hrsg.), *Jahrbuch*.

BULLINGER, H.-J. (2002). Enterprise E-Learning – arbeitsprozessintegriertes Lernen. In: *Dokumentation des Forums „E-Learning in Geschäftsprozessen. Arbeitsprozessbezogenes Lernen mit neuen Technologien"*, hrsg. von H.-J. Bullinger & O. Lindhorst. Stuttgart, Fraunhofer-IAO.

FORSCHUNGSGRUPPE INTERNET GOVERNANCE, TU BERLIN (2203). *Mobiler Zugang zu gesicherten Netzen. Evaluationsbericht für das BMI.* (http://ig.cs.tu-berlin.de/forschung/Mobile; 02.11.2003).

GÖTH, C. (2003). *Prototypische Implementierung einer mobilen Spielumgebung für den PDA.* Diplomarbeit an der Universität Koblenz-Landau.

JUNG, V. & WARNECKE, H.-J. (HRSG.) (2002). *Handbuch für die Telekommunikation.* 2., überarbeitete Auflage. Berlin u.a.: Springer.

KEEGAN, D. (2002). *The future of learning: From eLearning to mLearning.* (http://learning.ericsson.net/leonardo/book.html; 02.11.2003).

LEHNER, F., NÖSEKABEL, H. & SCHÄFER, K. J. (2003). *Szenarien und Beispiele für mobiles Lernen.* Forschungsbericht Nr. 67 des Lehrstuhls für Wirtschaftsinformatik III, Universität Regensburg.

MEIER, CH., WAHL, S., LINDHORST, O. & HOLZSCHUH, G. eQtv – Rich Media basiertes Lernen für kleine und mittlere Unternehmen; In: *E-Learning – Einsatzkonzepte und Erfolgsfaktoren des Lernens mit interaktiven Medien*. 2., überarbeitete und ergänzte Auflage, hrsg. von U. Dittler. München: Oldenbourg, S. 247–264.

NÖLTING, K. *Notebook University Rostock. Mobilität, Flexibilität und Spontanität im Studium.* Folienpräsentation. (http://www.nur.uni-rostock.de/sites/aktuelles/aktuelles.htm; 02.11.2003).

NYIRI, K. (2002). *Towards a philosophy of m-learning.* Paper presented at IEEE Worskhop on Wireless and Mobile Technologies in Education, Vaxjö University, Sweden.

OPPERMANN, R. & SPECHT, M. (2003A). Lernen im Betrieb mit M-Learning gestalten. In: *Handbuch E-Learning. Expertenwissen aus Wissenschaft und Praxis*, hrsg. von A. Hohenstein & K. Wilbers. Köln: Fachverlag Deutscher Wirtschaftsdienst, 5. Ergänzungslieferung.

OPPERMANN, R. & SPECHT, M. (2003B). *Mobiles Lernen. Erfahrungen und Perspektiven aus dem RAFT-Projekt.* Vortrag im Rahmen der Session „Mobiles Lernen" auf der Mensch&Computer 2003, 09. September 2003, Stuttgart.

PELTON, T.W. & PELTON, L. F. (2003). The classroom interaction system (CIS): Neo-Slates in the classroom. In: *Connections '03*, ed. by W.-M. Roth, 2003, pp. 101–110. (http://www.educ.uvic.ca/Research/conferences/connections2003/06PeltonT102.pdf; 26.10.2003).

SCHNEIDER, G. (2003). Modernes Netzwerkmanagement: Grundlage für Multimedia und Mobilität in der Ausbildung. In: *Wirkungen und Wirksamkeit Neuer Medien in der Bildung*, hrsg. von R. Keil-Slawik & M. Kerres. Münster u.a.: Waxmann, S. 185–194.

SCHWABE, G. (2003). *Mobiles Lernen: Evolution oder Revolution?* Vortrag im Rahmen der Session „Mobiles Lernen" auf der Mensch&Computer 2003, 09. September 2003, Stuttgart.

TRONDSEN, E. (2003). *Mobile learning: A perspective on the present and the future.* SRI Consulting Business Intelligence, LoD Bulletin First Quarter 2003.

VAHEY, P. & CRAWFORD, V. (2002). *Palm (TM) Education Pioneers Program: Final Evaluation Report.* Palm, Inc.
http://ctl.sri.com/publications/displayPublication.jsp?ID=115; 02.11.2003).

WESSNER, M., DAWABI, P. & FERNÁNDEZ, A. (2003). Supporting Face-To-Face Learning With Handheld Devices. In: B. Wasson, S. Ludvigsen, & U. Hoppe (Ed.): *Designing for Change in Networked Learning Environments, Proceedings of the International Conference on Computer Support for Collaborative Learning 2003*, pp. 487–491, Dordrecht, Kluwer.

Rolf Brugger

Auswahl und Betrieb von Lernplattformen

Abstract

Der Aufbau einer internetbasierten Lernumgebung stellt ein komplexes Problem dar. Welche technischen Ansätze existieren? Worauf ist bei der Auswahl einer Softwarelösung zu achten? Welche Lizenzmodelle sind zu bevorzugen? Dieser Artikel diskutiert diese, und weitere für strategische Entscheidungen relevanten Fragen.

Der Autor

Seit 1999 arbeitet Rolf Brugger in der edutech-Gruppe für den Swiss Virtual Campus. Seine erste Aufgabe war die damals existierenden Lernplattformen und Alternativen dazu zu evaluieren und für den Swiss Virtual Campus eine Empfehlung für die zu realisierenden fünfzig Projekte auszusprechen. Weitere Tätigkeiten seiner Gruppe sind technologisch-strategische Beratung von E-Learning-Projekten, Beobachtung technologischer Entwicklungen im Bereich Wissensmanagement und Webtechnologien, Schulungen sowie die Vernetzung von E-Learning-Kompetenzzentren in der Schweiz. In jüngster Zeit ist er vor allem mit dem Aufbau einer Lernplattform für Hochschulen auf nationaler Ebene beschäftigt.

Rolf Brugger

Auswahl und Betrieb von Lernplattformen

1.	Internetbasierte Lernumgebungen an Hochschulen	426
2.	Ansatz 1: hochschulorientierte Lernplattform	428
	2.1 Bewertung	429
3.	Ansatz 2: unternehmensorientierte Lernplattform	429
	3.1 Bewertung	430
	3.2 Fallbeispiel: universitäre Weiterbildung	431
4.	Ansatz 3: angepasstes Content Management System	431
	4.1 Bewertung	432
5.	Ansatz 4: Eigenentwicklung	432
	5.1 Bewertung	434
6.	Weitere Entscheidungskriterien	434
	6.1 Authoring	434
	6.2 Open-Source oder kommerzielles Produkt?	435
	6.2.1 Mythen über Closed-Source-Lernplattformen	436
	6.2.2 Mythen über Open-Source-Lernplattformen	436
7.	Vorgehen für die Entscheidungsfindung und Fazit	437
	Literatur	437

1. Internetbasierte Lernumgebungen an Hochschulen

Das Lernen am Computer ist fast so alt wie der Computer selber. Für eine nennenswerte Verbreitung von computerbasierten Lernumgebungen musste man allerdings bis zum Ende der achziger Jahre warten, als preiswerte Personal Computer mit CD-ROM Laufwerken aufkamen. Erst CD-ROMs boten genügend Platz für umfangreiche Sammlungen an multimedialen Inhalten, und erst die PCs in jener Periode waren genügend leistungsfähig, um Texte, Bilder und Audioinhalte zu verarbeiten und in ansprechender Qualität auszugeben.

Zusammen mit dem Internetboom wurden auch neue Arten von Lernumgebungen entwickelt. Die Vorteile von webbasierten Lernumgebungen sind vielfältig. Kurse können dort besucht werden, wo es einen Internetzugang gibt, das heißt praktisch überall dort, wo ein PC stationär eingerichtet ist. Die Kurse erfordern auf den Rechnern der Studenten keine besonderen Installationen und sind auf verschiedenen Rechnertypen und Betriebssystemen lauffähig. Lernende sind somit nicht mehr an einen bestimmten Rechner gebunden. Der wichtigste qualitative Unterschied zu CD-ROM Kursen liegt in den vielfältigen Kommunikationsmöglichkeiten. Nahezu jeder Kommunikationsmodus ist möglich – synchron und asynchron, audio-, video- oder textbasiert, und abhörsichere Einzelgespräche sind ebenso möglich wie öffentliche Gruppensitzungen. Auch auf der Anbieterseite ergeben sich Vorteile: Die Distribution von Inhalten ist einfach und vor allem kostengünstig. Mit dem an Hochschulen vorhandenen Know-How ist es leicht, Inhalte zu erstellen und permanent zu aktualisieren. Schließlich kann, wie oben angesprochen, der Kontakt zu den Lernenden aufrecht erhalten werden.

Das populärste Szenario von online präsentierten Kursen orientiert sich stark an klassischen Lehrbüchern und Vorlesungen, und nutzt diese als Metaphern. Alternative Szenarien, auf die hier nicht weiter eingegangen wird, sind: virtuelle Klassenräume mit einem starken Anteil an synchroner Kommunikation, Gruppenarbeitsräume mit Groupware, Kooperatives Arbeiten mit Wiki, Edublogs etc.

An Hochschulen wird webbasierten Lernumgebungen allgemein ein großes Potenzial zugeschrieben, weil sie ein breites Spektrum an innovativen didaktischen Szenarien ermöglichen und gleichwohl einfach und preiswert in der Handhabung sind. Dieser Artikel beschränkt sich auf die Diskussion webbasierter Lernumgebungen. Mit dem Begriff *Lernumgebung* wird hier also immer die webbasierte Variante gemeint sein.

Leider vermögen viele der bis heute aufgebauten Lernumgebungen nur einen Teil der oben erwähnten Möglichkeiten auszuschöpfen. Einerseits wird wohl noch eine ganze Weile verstreichen müssen, bis sich eine neue Lehr- und Lernkultur herausbildet, die die neuen Technologien optimal nutzt. Andererseits ist das webbasierte E-Learning eine so junge Disziplin, dass erste Erfahrungen erst jetzt gemacht werden. Gerade die andauernden technologischen Entwicklungen bereiten Entscheidungsträgern beträchtliche Orientierungsschwierigkeiten.

Dieser Artikel versucht Entscheidungshilfen für die Gestaltung von Lernumgebungen zu geben, und zwar im Hinblick auf die dafür nötige Infrastruktur. Wir wenden uns der Frage zu, welches die technischen Optionen beim Aufbau von Lernumgebungen sind und diskutieren sie im Bezug auf deren Anwendung im Hochschulbereich.

Zu Beginn eines E-Learning-Projektes, sei es für einen einzelnen Kurs, für einen Lehrgang auf Institutsebene oder für eine weitreichend genutzte Infrastruktur für die gesamte Hochschule, erfolgt zunächst eine Positionsbestimmung. Hierin werden die Ziele und Mittel sowie weitere Rahmenbedingungen festgehalten und analysiert. Dies sind die wichtigsten Gestaltungsfragen:

- Welche Infrastruktur ist bereits vorhanden? Gibt es strategische Lernplattformen auf universitärer oder fakultärer Ebene? Gibt es Erfahrungen und Lösungen im eigenen Institut?
- In welchem Kontext soll die Lernumgebung aufgebaut werden: für die normale Lehre, für die universitäre Weiterbildung oder zu Forschungszwecken?
- Welche didaktischen Ziele sind zu erreichen? Soll ein neuartiger oder ein bekannter und erprobter didaktischer Ansatz umgesetzt werden? Existieren für den didaktischen Ansatz bereits technische Lösungen?
- Über welches didaktische und technische Know-how verfügen die Kursentwickler und Tutoren? Können die Entwickler ergonomische Webapplikationen gestalten? Sind die Entwickler in der Lage, die Usability mit dem gewählten technischen Ansatz sicherzustellen?
- Wie viel Zeit ist für die Entwicklung der Lernumgebung beziehungsweise der Kurse verfügbar?
- Welche finanziellen Mittel sind für die Entwicklung und Wartung verfügbar?

Lernumgebungen werden mit Lernplattformen realisiert. Dies sind speziell für die Lehre konstruierte Internet-Applikationen, die eine Reihe von Standardfunktionen bereitstellen: die Verwaltung von Kursen, Verwaltung und Authentifizierung von Benutzern und Benutzergruppen, Kommunikationstools und didaktische Tools. Manche Produkte bieten auch integrierte Werkzeuge für die Erstellung von Inhalten, dem *Authoring*. Die größte Flexibilität und Unabhängigkeit haben KursautorInnen jedoch, wenn die Inhalte nicht mit Hilfe von Lernplattformen, sondern mit Standard-Webautorenwerkzeugen und gegebenenfalls mit spezialisierter Software auf lokalen PCs erstellt werden.

Die möglichen technischen Lösungsansätze für die Infrastruktur von Lernumgebungen lassen sich grob in vier Klassen einteilen:

1. hochschulorientierte Lernplattform
2. unternehmensorientierte Lernplattform
3. angepasstes Content Management System
4. Eigenentwicklung

Wir werden in den nächsten Kapiteln diese vier Ansätze beschreiben, und anhand der oben gestellten Gestaltungsfragen deren Vor- und Nachteile diskutieren.

2. Ansatz 1: hochschulorientierte Lernplattform

Dieser Typ von Lernplattformen orientiert sich an den besonderen Bedürfnissen der Hochschulen und an der dort vorherrschenden Lernkultur. Sie lassen sich in der Regel ohne große Anpassungen installieren und direkt nutzen. Aufgrund des heterogenen Rechnerparks erfolgt die Bedienung ausschließlich über Webbrowser, die lediglich ein Flash- und PDF-Plugin erfordern. Die Umgebung präsentiert sich den Studenten wie eine normale Webseite, und ist intuitiv bedienbar. Eine besonders wichtige Rolle spielen die asynchronen Kommunikationswerkzeuge wie E-Mail, allgemeine Mitteilungen und Diskussionsforen, weil sie sich didaktisch sinnvoll einsetzen lassen und keine großen Anforderungen an die Rechnerleistung und Internetverbindung stellen.

Es ist ein erklärtes Ausbildungsziel an Hochschulen, dass Studenten eigene Wissenslücken erkennen und selbständig in der Lage sind, sich entsprechende Lernressourcen zu beschaffen. Deshalb haben sie in der Lernumgebung grundsätzlich eine große Bewegungsfreiheit, sie können sich aus einem Pool von Kursangeboten bedienen, und an beliebigen Stellen in die Lernmaterialien eintauchen. Dennoch sollte das System Werkzeuge vorsehen, um den zu absolvierenden Hauptkurs zeitlich zu organisieren. Studenten sollten den Überblick darüber wahren können, an welcher Stelle im Kurs sie sich mit ihren Fähigkeiten befinden, und wo sie sich befinden sollten.

Auch für die Dozierenden ist das System leicht bedienbar. Eine hochschulspezifische Anforderung ist hier, dass Dozierende selber befähigt sein müssen, Kursinhalte zu erstellen und zu aktualisieren. Das System muss so beschaffen sein, dass motivierte KursautorInnen nach einem halbtägigen Einführungskurs selbständig einfache Inhalte und Testfragen erstellen, mit StudentInnen kommunizieren und sie tutoriell begleiten können.

Während Lernplattformen bis vor kurzem die Inhalte vorwiegend in proprietären Formaten verwalteten, so werden neuerdings auch Standards unterstützt. Im akademischen Umfeld sind dabei folgende Spezifikationen des IMS Konsortiums [1] auf Interesse gestoßen: IMS Content Packaging für die Strukturierung von Seiten und Ressourcen und deren Ablage in einem Paket, IMS Metadata für Metadaten und IMS QTI für die Darstellung von Testfragen und Selbsttests.

Einige typische Beispiele für hochschulorientierte Lernplattformen sind Blackboard [1], Ilias [3], Moodle [4], Claroline [5], WebCT [6].

2.1 Bewertung

Der wesentliche Vorteil von schlüsselfertigen Lernumgebungen ist, dass man sich ohne Umschweife auf die didaktischen Konzepte und die Erstellung von Kursen konzentrieren kann, ohne erst eine ganze Infrastruktur auf die Beine stellen zu müssen. Verwenden mehrere Kurse dieselbe Lernplattform, so sorgt dies für eine einheitliche Bedienung und kohärentes Look-and-Feel, sowie für alle Lernangebote ein gemeinsames Zugangskonto[1]. Voraussetzung für einen zügigen Projektstart ist allerdings, dass eine gebrauchsfertige Lernplattform am Institut oder der Hochschule angeboten wird. Für einen einzelnen Kurs würde sich der Aufwand für die Installation und Wartung einer Lernplattform eher nicht lohnen.

Eingekaufte Lernplattformen oder entsprechende Open-Source Lösungen sind im Allgemeinen die preiswerteste Option für den Aufbau von Lernumgebungen. Selbst allfällige Lizenzkosten liegen üblicherweise weit unter den Kosten, die eine komplette Neuentwicklung verursachen würde. Obwohl bei Standardlösungen – egal ob kommerziell oder Open-Source Produkt – niemand die Weiterentwicklung für die kommenden Jahre garantieren kann, so ist doch bei einem etablierten Standardprodukt die Chance grösser, dass die Investitionen in die Lernumgebung nachhaltiger gesichert sind.

Leider muss man beim Einsatz von Lernplattformen auch mit gewissen Einschränkungen leben. Nur wenige Plattformen bieten Programmierschnittstellen, die es in genügend flexibler Weise erlauben, neue Funktionen hinzuzuprogrammieren. Folglich ist nicht jedes didaktische Szenario mit jeder Plattform umsetzbar. Auch der Anpassbarkeit des Layouts sind zuweilen enge Grenzen gesteckt. Darüberhinaus haben Evaluationen in unserer Arbeitsgruppe gezeigt, dass bei den meisten Produkten die Usability nicht restlos überzeugt [7]. Die genannten Einschränkungen sind umso ärgerlicher, als es dafür kaum eine ökonomische, und schon gar nicht eine technische Rechtfertigung gibt.

3. Ansatz 2: unternehmensorientierte Lernplattform

Dieser Typ von Lernplattformen hat viele Gemeinsamkeiten mit den oben angesprochenen hochschulorientierten Lösungen. Bei näherer Betrachtung zeigt sich jedoch, dass die Produkte Funktionen bieten, die sich eher an den Bedürfnissen und der Lernkultur von Unternehmen ausrichten. Dazu zählt zunächst, dass Lerneinheiten in der Regel kurz und in sich abgeschlossen sind. Die Lernplattform trägt dem Rechnung, indem über eine Datenbanksuchfunktion aus einer Bibliothek Trainingseinheiten ausgesucht und zu einem individuellen Lehrplan zusammengestellt werden können. Tutoren, die den Lernfortschritt von Lernenden begleiten, können von der Möglichkeit Gebrauch machen, die Trainingseinheiten so zu ver-

---

[1] Studenten sind erfahrungsgemäss dankbar für einheitliche Lösungen. Sie haben im Semesterstress nicht die Zeit, um für jeden Kurs ein eigenes Bedienungskonzept zu erlernen.

knüpfen, dass gewisse Trainingsblöcke erst abgearbeitet werden können, wenn andere zuvor erfolgreich absolviert wurden. Damit, und auch mit vor Kursantritt durchgeführten Skill-Gap-Analysen, lässt sich sicherstellen, dass die Lernenden sich in Lerneinheiten betätigen, die ihrem Niveau angepasst sind. Abschließende Zertifizierungen werden ebenso unterstützt wie die Option, die Zertifikatsausgabe an die betriebsinternen Human Resource Management Systeme anzubinden. Manche Systeme bieten auch einen Informationsworkflow an, bei dem beispielsweise Vorgesetzte das Lernvorhaben von MitarbeiterInnen bewilligen müssen, und bei Abschluss der Trainingseinheit automatisch über den Erfolg oder Misserfolg der Lernenden informiert werden.

Für die Darstellung von abgeschlossenen Trainingseinheiten eignet sich besonders gut der SCORM-Standard des Advanced Distributed Learning Consortium (ADL) [8]. SCORM Module präsentieren sich den Lernenden als abgeschlossene Einheiten. Wird eine ausgewählt, so öffnet sich ein neues Fenster und man befindet sich logisch, aber meist auch graphisch in einer neuen Umgebung. Diese Umgebungen können fast beliebig flexibel gestaltet werden, das heißt, dass sie neben dem Kursinhalt auch Tests, Simulationen und dergleichen enthalten dürfen. Ein SCORM-Modul kann über eine Programmierschnittstelle den Kontakt zur Lernplattform aufrechterhalten, und beispielsweise eine Schlussnote (Score) oder den erfolgreichen Abschluss des Moduls zurückschreiben.

Vielen Unternehmen fehlen die Möglichkeiten, in einem ökonomisch vernünftigen Rahmen selber Kursinhalte zu erstellen – schließlich ist die Erzeugung von Lerninhalten nur in seltenen Fällen eine ihre Kernkompetenzen. Aus diesem Grund hat sich in den letzten Jahren ein beachtlicher Markt für Lerneinheiten im SCORM-Format gebildet. Da SCORM an Hochschulen noch Akzeptanzprobleme hat, ist der Markt klar auf Unternehmen ausgerichtet. Beispiele sind Lerneinheiten zu Office-Software, zu technischen Standards und Protokollen oder auch komplette Produktschulungen.

Typische Vertreter für unternehmensorientierte Lernplattformen sind Clix [9], Docent [10], IBM/Lotus LMS [11] (ehemals LearningSpace), Oracle iLearning [12], Saba [13].

3.1 Bewertung

Ebenso wie in der hochschulorientierten Variante ermöglichen unternehmensorientierte Lernplattformen den schnellen Aufbau von Lernumgebungen. Noch schneller geht es, wenn für die zu vermittelnden Inhalte Lerneinheiten in Form von SCORM-Modulen eingekauft werden können.

Für den Hochschulbetrieb nachteilig ist, dass oft didaktische Werkzeuge fehlen, wie zum Beispiel Annotationen, Volltextsuche, ein breites Spektrum von Testtypen oder die Integration von Diskussionen in den Kursinhalt. Es wäre zwar meist möglich, diese in SCORM-Modulen nachzuprogrammieren, allerdings ist das dazu erforderliche SCORM-Know-How selten vorhanden. Die SCORM-Unterstützung der Plattformen hilft also wenig, weil aus diversen Gründen SCORM an Hochschulen kaum verbreitet ist[2]. Auch setzten die Plattformen andere Schwerpunkte bei der Kommunikation: entweder wird auf Kommunikation verzichtet, oder aber es kommen voll ausgebaute synchrone Audio- und Videokonferenzen zum Zuge.

Aufgrund der geschilderten Nachteile sind unternehmensorientierte Lernplattformen an Hochschulen bis heute eher selten anzutreffen.

3.2 Fallbeispiel: universitäre Weiterbildung

Trotz einiger Nachteile gäbe es durchaus sinnvolle Anwendungsgebiete für unternehmensorientierte Lernplattformen an Hochschulen, nämlich überall dort, wo Ausbildungsangebote von eher kurzer Dauer sind und sich gut strukturieren und beschreiben lassen. Als Beispiel wäre der Einsatz im Propädeutikum zu nennen. Dabei würde den Studenten ermöglicht, vor Beginn eines Kurses dafür vorausgesetzte Kenntnisse zu erwerben oder aufzufrischen. Da nicht alle Studenten dieselben Wissenslücken haben, können sie sich ein individuelles propädeutisches Programm zusammenstellen.

Eine weitere sinnvolle Anwendung liegt im Bereich der Weiterbildung für Hochschulangehörige. Universitätsinterne Weiterbildungsstellen haben in der Regel keine Kapazitäten um selbst Lerninhalte zu erzeugen und fungieren daher als Vermittler oder Organisatoren von Bildungsangeboten. Für die von ihnen angebotenen Kurse existiert denn auch ein bedeutender Markt an SCORM kompatiblen Inhalten, zum Beispiel zu den Themen Textverarbeitung, Desktop-Publishing, Erstellung von Webseiten, Projektmanagement oder Arbeitsmethodik. Die Lernenden können durch automatisierte Skill-Gap-Analysen dabei unterstützt werden, ihre bestehenden Fähigkeiten richtig einzuschätzen und ein adäquates Kursangebot auszuwählen.

4. Ansatz 3: angepasstes Content Management System

Content Management Systeme (CMS) sind allgemeine Werkzeuge, mit denen sich umfangreiche Webseiten effizient aufbauen und verwalten lassen. Sie sind spezialisiert auf die Distribution von Informationen, wobei die Erstellung und Aktualisierung von Inhalten einen möglichst kleinen Aufwand erfordern soll. Erreicht wird dies, indem den Inhaltsverantwortlichen eine optimal integrierte Autorenumgebung zur Verfügung gestellt wird, die eng in das

---

[2] Folgende Probleme bestehen bei SCORM: mangelnde Hypertext-Fähigkeiten, weil sich Seiten nicht über Modulgrenzen hinweg verlinken lassen, clientseitige Berechnung von Scores ermöglicht prinzipiell Manipulationen, keine Volltextsuche in Modulen, nicht in Lernplattform eingebettete Lerneinheiten, komplexere Erstellung bzw. fehlende Autorenwerkzeuge, Lücken in Spezifikationen und proprietäre Erweiterungen führen zu inkompatiblen SCORM-Dialekten.

System integriert ist. Die Autorenumgebung ist erstens leicht zu bedienen, und trifft zweitens Vorkehrungen, um Fehlmanipulationen zu verhindern. Somit ist die Webseite jederzeit in einem konsistenten Zustand. In manchen Systemen sind Workflows für Inhaltsseiten definierbar, die automatisch Abhängigkeiten und Verantwortlichkeiten zwischen Benutzergruppen, zum Beispiel bei AutorIn – LektorIn – RedakteurIn regeln und organisieren. CMS erreichen einen hohen Abstraktionsgrad, der Systemdetails vor den Benutzern verbirgt.

Ein wichtiger Aspekt von CMS ist ihre Anpassbarkeit an die Kundenwünsche, das *Customizing*. Über offene Programmierschnittstellen lassen sich neue Funktionen hinzuprogrammieren oder bestehende verändern, und die Autorenumgebung kann präzise auf die zu verwaltenden Inhaltstypen ausgerichtet werden. Ebenso frei lässt sich das Layout bestimmen. Durch eine konsequente Trennung von Inhalt und Präsentation, kann das Layout auch nachträglich modernisiert werden, ohne am Inhalt Hand anlegen zu müssen. Die langfristige Wiederverwendung von Inhalten ist einfach, weil diese frei von Layoutinformationen sind und üblicherweise in einem XML Format vorliegen.

Beispiele für CMS: Postnuke [14], Apache Lenya [15], Typo3 [16], Midgard [17], Hyperwave [18].

4.1 Bewertung

CMS unterstützen die Konstruktion maßgeschneiderter Webseiten, was sowohl die Funktionen als auch die Präsentation anbelangt. Wichtige Stärken liegen in der Unterstützung nachhaltiger Formate für die Inhalte und in der einfachen Handhabung für die Benutzer.

Der Preis für die Flexibilität ist allerdings ein erheblicher Aufwand, der für die nötigen Anpassungen getrieben werden muss. Ein CMS kann nicht einfach installiert und dann verwendet werden. Für die Einarbeitung in das Framework und die Implementierung ist viel Zeit und einiges technisches Know-How zu veranschlagen. Schließlich fehlen durch die Fokussierung der CMS auf das Publishing und die Informationsdistribution wichtige didaktische Funktionen und adäquate Kommunikationswerkzeuge.

CMS eignen sich daher nur in Sonderfällen für den Aufbau von Lernumgebungen. Erste Erfahrungen aus CMS-basierten E-Learning-Projekten bestätigen diese Einschätzung. Allerdings könnten CMS bei der Konstruktion von Lernportalen oder zur reinen Distribution von Kursen einen sinnvollen Ansatz darstellen.

5. Ansatz 4: Eigenentwicklung

Die komplette Neuentwicklung einer Webapplikation, wie sie eine Lernumgebung darstellt, ist für viele technisch versierte Webentwickler eine nahe liegende Option. Das verlockende daran ist, dass man prinzipiell jede beliebige Funktion implementieren kann, und dass man bei der Wahl des Layouts völlige Freiheit hat.

Eine Eigenentwicklung ist je nach dem angestrebten Umfang eine aufwändige Angelegenheit. Selbst erfahrene Entwickler unterschätzen gerne den Programmieraufwand, vor allem aber den Aufwand für Tests und Dokumentation. Es gilt die ernüchternde Faustregel: die ersten 80% des Projekts sind in 20% der Zeit fertiggestellt, für die verbleibenden 20% braucht es 80% der Zeit und Mittel. Darum, und auch weil eine Eigenentwicklung meist permanenter work-in-progress ist, bleibt schließlich die Dokumentation auf der Strecke, und Tests werden nur mit einem Browsertyp durchgeführt. Schließlich ist auch die Nachhaltigkeit in Frage gestellt. Wenn nach abgeschlossener Arbeit das Programmierteam anderen Beschäftigungen nachgeht, wird die Wartung des Systems zum Problem. Wer nimmt Korrekturen und Anpassungen vor, oder kümmert sich um die Systemsicherheit und spielt regelmäßig Patches ein?

Glücklicherweise lässt sich der Aufwand einer Eigenentwicklung in Grenzen halten, wenn man auf den schier unerschöpflichen Fundus an freien Programmbibliotheken und Modulen zurückgreift. So listet Ende 2003 das Verzeichnis Hotscripts [19] knapp 6000 Skripte und Programme in der Web-Programmiersprache PHP, zu Bereichen wie Navigationselemente, Diskussionsforen, Chat, Benutzerauthentifizierung, Dokumentverwaltung oder Volltextsuchmaschinen. Viele dieser Skripte sind kostenlos erhältlich. Eine weitere Möglichkeit den Entwicklungsaufwand zu reduzieren ist die Verwendung von Web Application Development Frameworks, die oft als Fundament für CMS dienen. Hierbei handelt es sich um eigentliche Programmierumgebungen, bei denen auf mittlerem Abstraktionsniveau Webapplikationen implementiert werden können, ohne dabei an Flexibilität einzubüßen.

Eigenentwicklungen werden gerne von Programmierern, also Leuten mit starken technischen Kompetenzen propagiert – Menschen also, mit einem ausgeprägten Sinn für Programmierästhetik, einem Interesse an der Exploration neuer Techniken und dem Drang von Grund auf Neues zu schaffen[3]. Dabei kann es erfahrungsgemäß schnell passieren, dass an den Bedürfnissen der Endbenutzer vorbeiprogrammiert wird, wenn nämlich die mit viel Enthusiasmus geschaffenen Werke für Autoren zu kompliziert oder für Studenten unpraktisch sind. Es gibt zahlreiche Erfahrungen, dass bei Eigenentwicklungen die meiste kreative Energie in die technische Infrastruktur fließt, so dass schließlich für die Entwicklung didaktisch innovativer Konzepte und deren originelle Umsetzung nichts mehr übrigbleibt.

Beispiele für Web-Programmiersprachen: PHP, ASP. Beispiele für Web Application Development Frameworks: BEA Weblogic [20], Jakarta [21], Zope [22], ColdFusion [23]. Beispiel für ein Web Publishing Framework: Apache Cocoon [24].

---

[3] Der Autor dieser Zeilen zählt sich selbst zu dieser Personengruppe und erlaubt sich daher, sie so freimütig zu kritisieren.

5.1 Bewertung

Aus den zahlreichen genannten Gründen ist eine komplette Eigenentwicklung einer Lernumgebung meistens nicht ratsam. Spezifischer gesagt, eine Eigenentwicklung wäre zwar grundsätzlich machbar, sie ist aber in aller Regel ökonomisch nicht sinnvoll. Der große Aufwand, der für die Entwicklung und die Wartung getrieben werden muss, steht oft in keinem Zusammenhang zum erreichten didaktischen und organisatorischen Nutzen.

Trotz der vielen Nachteile gibt es Fälle, in der eine Eigenentwicklung eine vernünftige Option darstellt oder gar unumgänglich ist:

- Es ist keine vorinstallierte Lernplattform verfügbar, und es soll eine sehr einfache Lernumgebung mit wenigen technischen Funktionen aufgebaut werden. Es können Funktionen aus frei verfügbaren Skriptbibliotheken wiederverwendet werden.
- Es soll zu Forschungszwecken eine Lernumgebung zur Erprobung eines neuartigen didaktischen Konzepts erstellt werden. Nachhaltigkeit ist dabei nicht erforderlich.
- Es soll eine Lernumgebung mit einem didaktischen oder organisatorischen Konzept aufgebaut werden, das sich mit einer Standard-Lernplattform nicht realisieren lässt. So gibt es z.B. bis heute kaum eine Lernplattform mit nativer XML-Unterstützung, und zur Umsetzung mancher innovativer didaktischer Ansätze muss selbst programmiert werden[4].

6. Weitere Entscheidungskriterien

6.1 Authoring

Das Authoringkonzept folgt bei den meisten Plattformen dem Prinzip, dass die Inhalte auf dem lokalen Rechner erstellt, und danach in die Lernplattform eingespeist werden. In die Erstellung von Inhalten bestehend aus Texten, Bildern, Illustrationen, Animationen, Simulationen muss viel Zeit investiert werden, besonders, wenn die Inhalte speziell für den Online-Kurs neu aufbereitet werden. Die AutorInnen haben daher ein großes Interesse an einer nachhaltigen Nutzung dieser Inhalte. Das heißt, dass derselbe Inhalt in verschiedene Lernplattformen eingespeist werden könnte, oder dass eine Verwendung ohne Lernplattform möglich ist, z.B. auf einem Standard Webserver oder als ausgedrucktes Skript. Diese langfristige Mehrfachverwendung ist nur gegeben, wenn die Inhalte in einem weit verbreiteten

---

[4] Eine interessante Veranschaulichung dafür sind die Nominationen des Medida-Prix [25]. Der Medida-Prix prämiert herausragende E-Learning-Projekte an Hochschulen in Deutschland, Österreich und der Schweiz mit € 100.000. Dafür werden jedes Jahr acht Finalisten nominiert. Seit dem Bestehen des Medida-Prix im Jahr 2000 war keines der 32 Finalisten-Projekte mit Hilfe einer der bekannten Standard-Lernplattformen implementiert worden. Offenbar waren bis dahin Lernplattformen nicht flexibel genug, um den hohen Ansprüchen von qualitativ hochwertigen E-Learning-Projekten gerecht zu werden.

und nicht proprietären Format dargestellt sind [26]. Für Online-Texte kommen nur HTML und XML in Frage[5]. Ein weiterer Vorteil von standardisierten Formaten ist, dass die AutorInnen die Wahl zwischen verschiedenen Werkzeugen haben und das für ihre Rechnerplattform sowie persönlichen Vorlieben passende Produkt wählen können.

Weiter oben wurden die für das E-Learning spezifizierten Standards SCORM und IMS erwähnt. Diese Formate bieten sich an, wenn von Beginn an klar ist, dass die Inhalte ausschließlich in Lernplattformen zur Anwendung kommen sollen. Ist dies nicht der Fall, so ist als Basisformat HTML oder XML und eine nachträgliche automatische oder halbautomatische Wandlung in SCORM/IMS zu favorisieren.

Zusammengefasst lautet das Entscheidungskriterium bezüglich des Authoring, dass keine proprietären Datenformate verwendet werden sollen, und dass die Autoren aus mehreren Autorenumgebungen auswählen können.

6.2 Open-Source oder kommerzielles Produkt?

Seit einiger Zeit wird ein heftiger Streit darüber geführt, ob bei Lernplattformen Open-Source (OS)-Produkte oder kommerzielle Closed-Source (CS)-Produkte zu bevorzugen seien. Die Diskussion wird durch den Erfolg von Produkten wie Linux und Apache einerseits, und durch aggressive Geschäftspraktiken von Microsoft und Patentinhabern auf der anderen Seite stark angeheizt. Umso wichtiger ist es, einen klaren Kopf zu bewahren und rational zu argumentieren.

In den meisten Fällen sollte das Lizenzmodell lediglich ein Kriterium unter vielen sein, um die Qualität eines Produktes zu beurteilen. Es gibt kaum einen vernünftigen Grund dafür, OS oder CS als Killerargument für die Auswahl von Lernplattformen heranzuziehen. Vielmehr zählt die Funktionalität insgesamt, die mit einer detaillierten Evaluation bewertet wird – und hierzu ist grundsätzlich zu sagen, dass es qualitativ hochwertige Lernplattformen mit beiden Lizenzmodellen gibt.

Ein wichtiges Kriterium für die Praxistauglichkeit von Lernplattformen ist die Verfügbarkeit von Supportleistungen, und gerade hier gibt es die markantesten Unterschiede in den beiden Lagern. Grundsätzlich bietet jeder Hersteller von CS-Plattformen Support an. In der Regel werden aber über einen Grundsupport hinausgehende Leistungen gesondert verrechnet, was zu schwer kalkulierbaren und hohen Kosten führen kann. Bei kleineren OS-Produkten ist man bei Supportanfragen auf den guten Willen der EntwicklerInnen angewiesen. Deren Leistungen sind zuweilen beachtlich schnell und hilfreich. Dennoch ist bei unternehmenskritischen Installationen von OS-Produkten zu raten, nur solche zu berücksichtigen, für die ein kommerzielles Supportangebot existiert.

---

[5] Obwohl MS-Word häufig als Werkzeug und Basisformat für Onlinetexte und -kurse verwendet wird, ist es dafür ungeeignet.

Das Thema *OS oder CS* kann hier nicht erschöpfend diskutiert werden. Als Gedankenanstoß sollen aber einige Mythen relativiert werden, die den beiden Lizenzmodellen anhaften.

6.2.1 Mythen über Closed-Source-Lernplattformen

„Die Produkte sind ausgereifter und stabiler". CS-Produkte leben unter anderem davon, dass mit neu eingebauten Funktionen Lizenzgebühren für Upgrades eingefahren werden. Oft ist allein die Liste an Funktionen kaufentscheidend. In der Vergangenheit sind manche CS-Produkte dadurch aufgefallen, dass neue Funktionen in den berüchtigten x.0 Versionen fehlerbehaftet sind, und dass die Kunden ungewollt Betatester spielen müssen.

„Die Nachhaltigkeit ist garantiert". Dazu ist anzumerken, dass ein kommerzielles Produkt nur so lange existiert, wie es kommerziell erfolgreich ist. Doch selbst bei einträglichen Produkten ist ein langfristiges Überleben nicht garantiert. So besteht das Risiko, dass der Hersteller eines erfolgreichen Produktes von einem finanzkräftigeren Konkurrenten übernommen und die Plattform in dessen Produktlinie integriert wird. Die Kunden haben dann die Möglichkeit auf dem alten Produkt zu verweilen, oder einen – oft holprigen – Migrationspfad zu beschreiten. Gerade im noch nicht voll konsolidierten E-Learning-Markt konnte dieses Szenario mehrfach beobachtet werden.

6.2.2 Mythen über Open-Source-Lernplattformen

„Open-Source-Lernplattformen sind billiger". Diese Meinung herrscht vielerorts vor, weil OS-Lernplattformen frei von Lizenzkosten sind. Was bei einfachen Desktopprogrammen gelten mag, wird für Lernplattformen nicht notwendigerweise zutreffen. Schließlich handelt es sich dabei um großangelegte Serverinstallationen, die eine unternehmenskritische Funktion einnehmen. Daher müssen erhebliche Mittel in Integration, Customizing, Wartung und Sicherheit investiert werden. Diese Kosten, die in gleichem Maße bei OS- und CS-Lernplattformen anfallen, sind in den meisten Fällen deutlich höher als die reinen Lizenzkosten.

„Anpassungen an die eigenen Bedürfnisse sind einfach". Prinzipiell stimmt es, dass sich OS-Lernplattformen beliebig an die eigenen Bedürfnisse anpassen lassen, weil ja der Sourcecode vollumfänglich zur Verfügung steht. Wer dies aber wirklich tun will, muss erstens über das passende technische Wissen verfügen und zweitens gehörig viel Zeit in die Einarbeitung investieren. Zudem besteht das Risiko, dass eigene Erweiterungen nicht in das Hauptprojekt eingepflegt werden, was zum berüchtigten code-forking, das heißt zu getrennten Entwicklungssträngen führen kann. Schließlich müsste die Einarbeitungszeit in die Sourcecodebasis auch als Kostenpunkt gerechnet werden (was meistens nicht geschieht).

7. Vorgehen für die Entscheidungsfindung und Fazit

Zusammenfassend seien die drei Planungsetappen aufgelistet, die für den Aufbau einer Lernumgebung durchschritten werden:

Als Erstes soll so genau wie möglich die eigene Situation, die Ziele und das Umfeld erfasst und verstanden werden. Für die Positionierung helfen die sechs eingangs gestellten Gestaltungsfragen nach der vorhandenen Infrastruktur, dem allgemeinen Kontext des Lernangebots, der didaktischen Ziele, des vorhandenen Know-Hows, des Zeitrahmens für die Entwicklung und der verfügbaren finanziellen Mittel.

Als Nächstes sollte man sich eine Übersicht über existierende Lösungen und Produkte verschaffen. Dies geht am effizientesten, indem man Evaluationsberichte von Vergleichsstudien konsultiert, zum Beispiel Baumgartner [27], Schulmeister [28], edutech [7], UNESCO Free Software Portal [29], Edutools.info [30]. Dabei sollte aber berücksichtigt werden, dass die Evaluationen immer im Hinblick auf ein bestimmtes Projekt mit eigenen Rahmenbedingungen erstellt wurden. Eine direkte Übertragbarkeit der Einschätzungen auf das eigene Projekt ist daher nicht gegeben. So ist es zum Beispiel normal, dass ein und dasselbe Produkt objektiv für Studenten eines Projektes leicht, und für diejenigen eines anderen schwer zu bedienen ist. Aufgrund der schnellen Produktezyklen ist auch darauf zu achten, dass Evaluationen schnell veralten. Leider verliert man sich schnell in den detaillierten Vergleichsstudien, die Dutzende von Produkten nach hunderten von Kriterien beurteilen. Es ist deshalb wesentlich effizienter, nach Projekten an anderen Institutionen Ausschau zu halten, die unter ähnlichen Bedingungen realisiert wurden wie die eigenen. Die unabhängigen Erfahrungen, die dort gemacht werden, sind viel wertvoller und für den eigenen Entscheidungsprozess aussagekräftiger als abstrakte Vergleichsstudien. Allerdings ist mit diesem Vorgehen in Kauf zu nehmen, dass man eine Lösung wählt, mit der man eher im Mainstream mitschwimmt. Bei allem Bestreben und Empfehlungen für ein systematisches Vorgehen bei der Gestaltung der Infrastruktur einer Lernumgebung darf nicht vergessen werden, dass es sich hier um einen sehr komplexen Planungsgegenstand handelt. Online-Lernumgebungen sind noch zu neu, Produkte und Lösungen zu jung, als dass man auf verlässliche Erfahrungen zurückgreifen könnte. Es gibt bei aller Vorsicht keine Entscheidungssicherheit. Deshalb braucht es etwas Mut und die Fähigkeit, einen einmal eingeschlagenen Weg laufend kritisch zu beobachten, eigene Erfahrungen zu sammeln und darauf adäquat zu reagieren.

Literatur

[1] IMS Global Learning Consortium, Inc., http://www.imsproject.org/

[2] http://www.blackboard.com

[3] http://www.ilias.uni-koeln.de

[4] http://moodle.org

[5] http://www.claroline.net

[6] http://www.webct.com

[7] http://www.edutech.ch/edutech/tools/ev2.php

[8] http://www.adlnet.org

[9] http://www.im-c.de

[10] http://www.docent.com

[11] http://www.lotus.com/learning

[12] http://ilearning.oracle.com

[13] http://www.saba.com

[14] http://www.postnuke.com

[15] http://cocoon.apache.org/lenya

[16] http://typo3.com

[17] http://www.midgard-project.org

[18] http://www.hyperwave.com

[19] http://www.hotscripts.com/PHP

[20] http://www.bea.com

[21] http://jakarta.apache.org

[22] http://www.zope.org

[23] http://www.macromedia.com/software/coldfusion

[24] http://cocoon.apache.org

[25] http://www.medidaprix.org

[26] R. BRUGGER. Die Erstellung von wiederverwendbaren Inhalten für Web-basierte Kurse, *Virtueller Campus: Szenarien – Strategien – Studium*, E. Wagner, M. Kindt (Hrsg.), Medien in der Wissenschaft, Band 14, Waxmann Verlag, Münster. http://diuf.unifr.ch/~brugger/papers/01_gmwtagung/content-reuse.html

[27] P. BAUMGARTNER, H. HÄFELE, K. MAIER-HÄFELE, *Auswahl von Lernplattformen*, StudienVerlag, 2002

[28] R. SCHULMEISTER, *Lernplattformen für das virtuelle Lernen*, Oldenbourg Verlag, 2002

[29] http://www.unesco.org/webworld/portal_freesoft/Software/Courseware_Tools/

[30] http://www.edutools.info/course

Joachim von Kiedrowski – Matthias Kunkel

Gestaltung von Lernplattformen als Open-Source-Software am Beispiel der Plattform ILIAS

Abstract

Aufgrund des Erfolgs des Betriebssystems Linux erfreut sich Open-Source-Software in Wirtschaft, Industrie, Verwaltung und im Bildungsbereich wachsender Beliebtheit. Im E-Learning-Bereich stehen heute vielfältige Anwendungen als Open-Source-Software zur Verfügung, die als kostengünstige und leistungsfähige Alternative zu kommerzieller Software wahrgenommen werden. Auch für Lernplattformen sind entsprechende Lösungen verfügbar. Neben dem Kostenvorteil eröffnet der Erwerb einer Open-Source-Lizenz in diesem Bereich die Möglichkeit, Lernplattformen durch individuelle Anpassungen und Weiterentwicklungen aktiv zu gestalten. Der vorliegende Beitrag stellt grundlegende Aspekte der Gestaltung von Lernplattformen am Beispiel der Open-Source-Software ILIAS dar.

Die Autoren

Dr. Joachim von Kiedrowski studierte Wirtschaftspädagogik an der Universität zu Köln und schloss das Studium Ende 1997 als Diplom-Handelslehrer und Diplom-Kaufmann ab. In den Jahren 1997 bis 1999 war er wissenschaftlicher Mitarbeiter im Projekt VIRTUS an der Universität zu Köln, verantwortlich für den Bereich der Mediendidaktik und von 1998 bis 2000 im Projekt MERCUR am Forschungsinstitut für Berufsbildung im Handwerk an der Universität zu Köln, u.a. verantwortlich für die Architektur der virtuellen Akademie und die Schulung von Teledozenten. Seit 2000 ist er Geschäftsführer der QUALITUS GmbH, einer Unternehmensberatung für E-Learning und Weiterbildungsmanagement. Anfang 2001 Abschluss der Promotion mit einer Dissertation über „Lernplattformen für E-Learning-Prozesse beruflicher Weiterbildungsträger".

Matthias Kunkel studierte von 1988 bis 1994 an der Universität zu Köln Politikwissenschaft, Geschichte und Philosophie. Nach dem Studienabschluss (Magister) war er bis 1997 als Nachrichtenredakteur beim ZDF in Mainz beschäftigt. 1997 kehrt er an die Universität zu Köln zurück und wirkt beim Aufbau des VIRTUS-Projekts der Wirtschaft- und Sozialwissenschaftlichen Fakultät der Universität zu Köln mit. Bis zum Projektende arbeitet er bei VIRTUS als operativer Projektmanager und ist maßgeblich an der Entwicklung der Lernplattform ILIAS beteiligt. Seit Anfang 2000 ist er im neugegründeten  Projekt ILIAS open source tätig. Seine Schwerpunkte sind die Betreuung der Anwender-Community, Anforderungserhebungen, Konzepte für Neu- und Weiterentwicklungen der Software und das Projektmanagement.

Joachim von Kiedrowski – Matthias Kunkel

Gestaltung von Lernplattformen als Open-Source-Software am Beispiel der Plattform ILIAS

1.	Lernplattformen als ein Gegenstand der Gestaltung der technischen Dimension von E-Learning		442
2.	Festlegung des Gestaltungsrahmens: „Make or Buy? oder beides?"		442
	2.1	Eigenentwicklung einer Lernplattform (Make)	443
	2.2	Erwerb einer Lizenz für eine Lernplattform (Buy)	443
	2.3	Erwerb einer (Open-Source-)Lizenz für eine Lernplattform, die selbst angepasst und weiterentwickelt werden kann	444
		2.3.1 Merkmale von Open-Source-Software	444
		2.3.2 Open-Source-Software im E-Learning-Bereich	445
3.	Die Lernplattform ILIAS als Beispiel für die Gestaltung von Lernplattformen als Open-Source-Software	446
4.	Personelle und organisatorische Voraussetzungen für die Nutzung, Anpassung und (Weiter-)Entwicklung von ILIAS	447
5.	Schritte zur Umsetzung eigener Anpassungen und Weiterentwicklungen von ILIAS	449
6.	Fazit	450
	Literatur	451

1. Lernplattformen als ein Gegenstand der Gestaltung der technischen Dimension von E-Learning

Lernplattformen mit ihren vielfältigen Funktionalitäten zur Initiierung, Steuerung und Bewertung von Lehr-/Lernprozessen sowie zur Distribution und Verwaltung von elektronischen Bildungsprodukten sind ein wichtiger Bestandteil der technischen Infrastruktur, die für die nachhaltige Implementierung von E-Learning benötigt wird. Einfach zu bedienende Webschnittstellen sollen die Ausführung häufiger Aufgaben, wie z.B. die Eingabe und Pflege von Benutzerdaten sowie die Bereitstellung und Bearbeitung von Lernmodulen, auch ohne spezielle technische Kenntnisse ermöglichen. Dies ist die Voraussetzung für die Akzeptanz und Verbreitung einer Nutzung der Lernplattform innerhalb der Institution und damit ein wichtiger Nachhaltigkeitsfaktor bei der Gestaltung von E-Learning-Innovationen in der Hochschule.

2. Festlegung des Gestaltungsrahmens: „Make or Buy? oder beides?"

Erste Überlegungen zur Anschaffung einer Lernplattform sind spätestens dann ratsam, wenn eine Ausdehnung von E-Learning-Anwendungen innerhalb der Hochschule über die Durchführung von unabhängigen Projekten hinaus angestrebt wird. Solche übergreifenden Anwendungen, die beispielsweise ganze Fachbereiche oder Fakultäten umfassen, erfordern erfahrungsgemäß differenzierte Regelungen über Zugriffs- und Bearbeitungsrechte hinsichtlich der elektronischen Bildungsprodukte, die ohne professionelle Lernplattformen nur schwer abzubilden sind. Wie bei jeder Investitionsentscheidung kann prinzipiell auch bei der Anschaffung einer Lernplattform die Gegenüberstellung von Kosten und Nutzen einer Eigenentwicklung (Make) oder eines Lizenzerwerbs (Buy) sinnvoll sein. Als weitere Alternative wäre noch zu prüfen, ob nicht auch eine Kombination aus beidem vorteilhaft ist, in dem eine Lizenz für eine Software erworben wird, die angepasst und weiterentwickelt werden kann.

Grundlage für eine solche Betrachtung sollte eine differenzierte Anforderungsanalyse sein, bei der die Bedürfnisse aller Anwender, insbesondere der Studierenden, Lehrkräfte, technischen Administratoren und Verwaltungsmitarbeiter in den Mittelpunkt gestellt werden. Das Ergebnis der Anforderungsanalyse kann sowohl zu einem Kriterienkatalog für die Auswahl einer Lernplattform als auch zu einer Leistungsspezifikation für die Eigenentwicklung weiter ausgearbeitet werden.

2.1 Eigenentwicklung einer Lernplattform (Make)

Die Entscheidung für eine von der Hochschule selbst durchzuführende vollständige Neuentwicklung ist nur in seltenen Ausnahmefällen vertretbar. Der finanzielle Aufwand für die Entwicklung einer solchen, vergleichsweise komplexen Software ist sehr hoch. Häufig wird auch nicht berücksichtigt, dass für eine dauerhafte Pflege und Weiterentwicklung weitere Mittel bereitgestellt werden müssen. Da sich die Grundanforderungen an Lernplattformen im universitären Bereich ähneln und auch bereits von den auf dem Markt verfügbaren Produkten abgedeckt werden, besteht außerdem die Gefahr, dass dabei „das Rad jedes Mal neu erfunden" wird. Ein Großteil der Mittel muss in die Bereitstellung der Grundfunktionalitäten investiert werden, so dass für die Umsetzung spezifischer Anforderungen, die dann zu Innovationen im eigentlichen Sinne führen könnten, kaum noch Raum bleibt.

2.2 Erwerb einer Lizenz für eine Lernplattform (Buy)

Die Alternative zur Eigenentwicklung ist der Erwerb einer Lizenz für eine der vielen auf dem Markt verfügbaren kommerziellen Lernplattformen. Auch die Auswahl einer Plattform, die den individuellen Anforderungen am besten entspricht ist ein aufwendiges Verfahren.[1] Der Aufwand für die Evaluation kann sich jedoch lohnen, da hinsichtlich der Leistungsfähigkeit und der Höhe der Lizenzkosten zwischen den vielfältigen Produkten erhebliche Unterschiede bestehen können. Eine erste Orientierung zu den Merkmalen der am Markt verfügbaren Produkte können Evaluationsstudien geben, wie sie z.B. von Schulmeister oder Baumgartner/Häfele/Maier-Häfele durchgeführt wurden (vgl. Schulmeister, 2003; Baumgartner/Häfele/Maier-Häfele, 2002). Als alleinige Entscheidungsgrundlage sind solche Studien allerdings nicht ausreichend. Der Entscheidungsträger kommt um eine eigene Evaluation, in der seine spezifischen Anforderungen berücksichtigt werden, nicht vorbei.

Auch wenn die Liste der möglichen Funktionalitäten länger wird, kann keine kommerzielle Lernplattform alle Anforderungen erfüllen. Um die Produkte nicht zu komplex werden zu lassen, müssen sich die Hersteller auf jene Features beschränken, die von einem möglichst großen Anwenderkreis genutzt werden können und dadurch ein maximales Marktpotential entfalten. Nach Auffassung vieler Experten haben die derzeit verfügbaren Produkte noch Entwicklungsdefizite und insbesondere aus didaktischer Perspektive besteht noch ein erhebliches Verbesserungspotential (vgl. Rinn/Bett, 2003; Tergan/Zentel, 2003).

Die Erfüllung spezifischer Anforderungen im Rahmen von Standardprodukten ist sehr schwierig. Das Feedback und die Anregungen der Anwender sind von den Entwicklern zwar erwünscht und für eine marktorientierte Weiterentwicklung der Software erforderlich, aber nicht jeder Anwenderwunsch kann in die Release-Planung der Hersteller aufgenommen

---

[1] Einen Überblick zu unterschiedlichen Evaluationsverfahren geben Baumgartner/Häfele/Maier-Häfele 2002, S. 58ff. Ein an Methoden des Total Quality Managements orientiertes Verfahren zur kundenorientierten Auswahl von Lernplattformen stellt Kiedrowski, 2001, S. 195ff vor.

werden. Die Release-Planung orientiert sich verständlicherweise am technisch Machbaren und ökonomisch Erfolgversprechenden.

Sonderwünsche können zwar außerhalb der Release-Planung erfüllt werden, jedoch müssen die Entwicklungskosten dann i.d.R. zusätzlich zu den ohnehin anfallenden Lizenzgebühren in vollem Umfang vom Kunden getragen werden.

2.3 Erwerb einer (Open-Source-)Lizenz für eine Lernplattform, die selbst angepasst und weiterentwickelt werden kann

Bei der Kombination der oben erläuterten Alternativen Make or Buy erwirbt der Lernplattform-Anwender eine Lizenz, die ihm die Möglichkeit einräumt, die Software eigenständig an seine Anforderungen anzupassen und weiterzuentwickeln. Eine solche Lizenzvereinbarung ist bei kommerzieller (Closed-Source-)Software nicht möglich, da die Hersteller aus verständlichen Gründen nicht die Kontrolle über den Source-Code abgeben. Anders ist die Situation bei so genannter Open-Source-Software, bei der die eigenständige Anpassung und Weiterentwicklung unter bestimmten Voraussetzungen, die im Folgenden dargestellt werden, möglich und durchaus auch erwünscht sind.

2.3.1 Merkmale von Open-Source-Software

Als Open-Source werden Softwareprogramme bezeichnet, die der Allgemeinheit kostenlos zur Verfügung gestellt werden. Die Open-Source-Lizenz erlaubt es dem Nutzer die Software kostenlos zu verwenden, den Source-Code der Software zu modifizieren, zu vervielfältigen und kostenlos weiterzuverbreiten. Unter kostenlos wird dabei verstanden, dass für den Erwerb der Software keine Gebühren erhoben werden dürfen. Weitere Services, wie z.B. das Kopieren, die Dokumentation und sonstige Leistungen müssen nicht kostenlos sein. Werden Veränderungen an der Software vorgenommen, sollte die modifizierte Fassung der Software wieder der Allgemeinheit zur Verfügung gestellt werden. Die strengste Lizenzversion, die GNU General Public License (GPL) legt sogar fest, dass die Nutzung der modifizierten Versionen ebenfalls wieder der (GPL) unterworfen und damit wiederum kostenlos zur Verfügung gestellt werden müssen (vgl. Hang, Hohensohn, 2003, S. 10f).

Open-Source-Software erfreut sich in der professionellen Anwendung in Wirtschaft, Verwaltung sowie im akademischen Bereich steigender Beliebtheit. Zur zunehmenden Akzeptanz hat beispielsweise auch der Erfolg des Open-Source-Betriebssystems Linux oder des Webservers Apache beigetragen. Ein wichtiges Merkmal von Open-Source-Software ist, dass sich prinzipiell jeder Anwender auch an der Weiterentwicklung der Software beteiligen kann, sofern er über die notwendigen technischen Kompetenzen verfügt. Es bilden sich dezentrale, zum Teil global verteilte Entwicklergemeinschaften, welche die Weiterentwicklung der Software betreiben, ohne an die Weisungen einer zentralen Institution gebunden zu sein. Die Entwickler entscheiden entsprechend ihrer individuellen Interessenlage selbst, welche Bereiche einer Software sie weiterentwickeln möchten (Selbstselektion) (vgl. Grob/Bensberg, 2002, S. 266ff). Die Open-Source-Software-Produkte, die im Rahmen eines solchen offenen und partizipativen Entwicklungsprozesses entstehen, haben gegenüber kommerziellen Closed-Source-Software-Produkten folgende potentielle Vorteile (vgl. Hang, Hohensohn, 2003, S. 34ff):

- Höhere Produktqualität, z.B. höhere Sicherheit, da durch das Prinzip des „Peer-Review" innerhalb der Entwickler-Community eine intensivere Qualitätskontrolle erfolgt (unter der Voraussetzung, dass kompetente Entwickler beteiligt sind).
- Wiederverwendbarkeit, da die Quellcodes von Open-Source-Software offen liegen, können diese von den Entwicklern eingesehen und gegebenenfalls vollständig oder in modifizierter Form in einem neuen Produkt wieder verwendet werden. Auf diese Weise können Effizienzvorteile im Entwicklungsprozess realisiert werden, da „das Rad nicht jedes Mal neu erfunden" werden muss.
- Höhere Reife der Software, da kein Marktdruck besteht. Die Software wird i.d.R. erst dann veröffentlicht, wenn die Entwicklung vollständig abgeschlossen und Fehler beseitigt wurden. Dennoch kann es zu regelmäßigen Releasezyklen kommen, die allerdings von einer Produkt- und Community immanenten Dynamik geprägt sind.
- Höhere Performance. Open-Source-Software ist im Serverbereich nach Auffassung vieler Analysten häufig schneller als vergleichbare proprietäre Software.
- Offenheit/Flexibilität, da die Software beliebig an die speziellen Bedürfnisse des Kunden angepasst und auch die Interoperabilität zwischen unterschiedlichen Systemen hergestellt werden kann.
- Stabilität, da Open-Source-Software aufgrund des fehlenden Marktdrucks sorgfältiger getestet und kommentiert ist.

Als weiterer wichtiger Aspekt von Open-Source-Software wird der Preisvorteil durch die kostenlose Abgabe der Lizenz genannt. Dieser Vorteil wirkt sich in langfristigen Wirtschaftlichkeitsbetrachtungen positiv aus. (vgl. Grob/Bensberg, 2002, S. 273f; vgl. Hang, Hohensohn, 2003, S. 39f). Allerdings ist zu beachten, dass die Lizenzkosten nur einen Teil der softwarebezogenen Gesamtkosten, den so genannten Total Cost of Ownership (TCO) ausmachen. Die TCO setzen sich aus den Kosten für die Beschaffung und den Betrieb und die Außerstandsetzung am Ende des Betriebs zusammen. Zu den Beschaffungskosten zählen neben den Planungskosten auch die Anschaffungskosten für Hard- und Software. Die Betriebskosten beinhalten die Inbetriebnahme, Schulung, technischen Support und Disposition. Bei der Außerstandsetzung müssen schließlich noch Kosten für die Entsorgung der Hardware und die Überspielung von Daten auf Nachfolgesysteme zugerechnet werden (vgl. Hang, Hohensohn, 2003, S. 41).

2.3.2 Open-Source-Software im E-Learning-Bereich

Auch im E-Learning-Bereich steht inzwischen eine Reihe von Softwaretools unter den Bedingungen von Open-Source-Lizenzen kostenlos zur Verfügung. Zu dieser Entwicklung hat das Ministerium für Schule, Wissenschaft und Forschung des Landes Nordrhein-Westfalen beigetragen, das die Verbreitung und Weiterentwicklung von E-Learning-Tools als

Open-Source-Software im Rahmen der „CampusSource-Initiative" gefördert hat (siehe http://www.campussource.de). Zu den geförderten Software Tools zählt auch die Lernplattform ILIAS, an deren Beispiel die Gestaltung von Lernplattformen als Open-Source-Software exemplarisch dargestellt wird.

3. Die Lernplattform ILIAS als Beispiel für die Gestaltung von Lernplattformen als Open-Source-Software

Die Entwicklung der Lernplattform ILIAS begann im Jahr 1997 mit dem VIRTUS-Projekt, welches Ende 2001 abgeschlossen wurde (vgl. Kiedrowski/Kröpelin, 1999; Kiedrowski, 2000; Leidhold, 1997, 1998; Bertelsmann Stiftung/Heinz Nixdorf Stiftung, 1999). Das Projekt wurde von der Bertelsmann Stiftung, der Heinz Nixdorf Stiftung und dem Ministerium für Schule, Weiterbildung, Wissenschaft und Forschung Nordrhein-Westfalen im Rahmen der BIG-Initiative „Bildungswege in der Informationsgesellschaft" gefördert. Weitere Fördermittel erhielt das Projekt vom Universitätsverbund Multimedia NRW. Etwa zwei Drittel aller Professorinnen und Professoren der Kölner WiSo-Fakultät, die ein breites Feld wirtschafts- und sozialwissenschaftlicher Fachgebiete und Studienfächer repräsentieren, beteiligten sich an dem Projekt. Der Name VIRTUS steht dabei für die Entwicklung **Virt**ueller Universitäts**s**ysteme.

Der Schwerpunkt der Projektaktivitäten lag in der Produktion von internetbasierten Lerneinheiten auf der Basis der Lehr-/Lernplattform ILIAS, die im Rahmen von VIRTUS selbst entwickelt wurde. In der zweiten Projektphase erstellten 36 von insgesamt etwa 50 Professorinnen und Professoren der WiSo-Fakultät innerhalb eines Jahres (8/98 bis 7/99) insgesamt 21 Lerneinheiten. Inzwischen (im November 2003) sind mehr als 40 Lerneinheiten online und mehr als 12.000 Benutzer auf der Plattform ILIAS registriert.

Das Akronym ILIAS steht für „**I**ntegriertes **L**ern- **I**nformations- und **A**rbeitskooperations-**S**ystem" und kennzeichnet die Vision, die seit dem Beginn der Entwicklung im Rahmen des VIRTUS-Projektes bis heute verfolgt wird.[2] ILIAS ist als Open-Source-Software unter der General Public Licence (GPL) kostenlos verfügbar und kann auch durch andere Universitäten oder sonstige Organisationen weiterentwickelt werden. Die Koordination der weltweit verteilten Entwicklungsarbeiten und der Aufbau einer internationalen Entwickler-Community wird zurzeit vom ILIAS-Open-Source-Projekt (http://www.ilias.uni-koeln.de) vorangetrieben.

Wie oben bereits ausgeführt, lässt sich aufgrund der Vielzahl leistungsfähiger Plattformen, die heute auf dem deutschen und internationalen Markt verfügbar sind, eine Eigenentwicklung nur noch selten sachlich begründen. Im Jahr 1997, dem Start des VIRTUS-Projektes,

---

[2] Einen Überblick über Konzept, Funktionen und Einsatzvarianten von ILIAS an der Universität zu Köln gibt Kiedrowski, 2003, S. 113ff.

stellte sich diese Situation jedoch noch anders dar. Selbst eine sorgfältige Marktanalyse brachte kein Produkt zu Tage, das den Anforderungen der Kölner WiSo-Fakultät entsprach. Die damals im anglo-amerikanischen Raum an den Universitäten bereits recht verbreiteten Produkte „WebCT" und „TopClass" waren selbst noch in einem frühen Entwicklungsstadium und verfügten zu diesem Zeitpunkt längst noch nicht über den Funktionsumfang von heute. Außerdem waren sie noch nicht mit deutschsprachiger Benutzerschnittstelle verfügbar. Die Deutschsprachigkeit wurde jedoch als wichtiger Aspekt der Akzeptanzsicherung bei der Einführung an der Fakultät angesehen. Weiterhin ist zu bemerken, dass Produkte, die für den Einsatz in anglo-amerikanischen Universitäten entwickelt wurden, nicht immer problemlos in die deutsche Hochschullandschaft übertragen werden können.

Die Akzeptanzsicherung spielte im Rahmen des VIRTUS-Projektes eine wichtige Rolle, weil eine möglichst umfassende Einführung von E-Learning geplant war. Dies konnte jedoch nur unter der Voraussetzung gelingen, dass viele Professorinnen und Professoren für eine Mitarbeit im Projekt gewonnen wurden. Aus diesem Grund wurden die Lehrenden systematisch an der Entwicklung von ILIAS beteiligt. Im Rahmen von Arbeitsgruppen wurde über den Stand der Entwicklung informiert und diskutiert. Dort hatten die Lehrenden auch die Möglichkeit, ihre individuellen Anforderungen einzubringen. Als wichtige Anforderung wurde hier insbesondere ein niederschwelliges Autorentool genannt, das es auch denjenigen Lehrenden ermöglichen sollte Lerneinheiten zu erstellen, die noch keine Erfahrungen mit dem Internet hatten (was zum damaligen Zeitpunkt nicht wenige waren).

Ein Blick auf die im Verlauf des Projektes erreichte hohe Beteiligungsquote bei den Professorinnen und Professoren (36 von insgesamt etwa 50) und die Vielzahl der produzierten Lerneinheiten (bis heute über 40) zeigt, dass durch die Eigenentwicklung ein Produkt entstanden ist, das von den Lehrenden gut akzeptiert wird.

Das Argument der Akzeptanzsicherung durch die Beteiligung möglichst vieler Anwender bei der Implementierung von E-Learning in Hochschulen spricht heute auch für die Nutzung der Plattform ILIAS. Die Lernplattform kann als Ausgangspunkt für die Realisierung von individuellen Anforderungen, die innerhalb der Hochschule in einem partizipativen Verfahren ermittelt wurden, genutzt werden. Die durch die Open-Source-Lizenz eingesparten finanziellen Mittel können so sinnvoll in akzeptanzsichernde Anpassungen der Lernplattform investiert werden.

4. Personelle und organisatorische Voraussetzungen für die Nutzung, Anpassung und (Weiter-)Entwicklung von ILIAS

Fällt nach sorgfältiger und systematischer Anforderungsanalyse die Entscheidung für die Nutzung und Anpassung bzw. Weiterentwicklung von ILIAS, sind noch einige Rahmenbedingungen zu prüfen und gegebenenfalls herzustellen, die für den Erfolg des Vorhabens von Bedeutung sind.

Für die Nutzung der Lernplattform müssen auf organisatorischer Seite die Möglichkeit der Installation von ILIAS auf einem Server (einschließlich der notwendigen Hard- und Software) geschaffen und die Ressourcen für einen dauerhaften Betrieb sichergestellt werden. Die Installation und der Betrieb des ILIAS-Servers erfordert spezifische technische Kompetenzen, die ebenfalls verfügbar sein müssen.

Sollten die personellen Kompetenzen oder die organisatorischen Voraussetzungen zum Betrieb eigener Hardware fehlen, können diese Leistungen als Support von kommerziellen Unternehmen im ILIAS-Umfeld eingekauft werden (siehe z.B. http://www.ilias-support.de).

Ist die Plattform in Betrieb genommen worden, müssen die Anwender (Dozenten, Tutoren, Administratoren und auch Studierende) auf die Nutzung der Plattform vorbereitet werden. Auch hierfür müssen entsprechende Ressourcen eingeplant werden.

Die Voraussetzungen für die Durchführung von individuellen Anpassungen oder Weiterentwicklungen der Plattform sind wesentlich anspruchsvoller. Es werden sowohl für die Konzeption, als auch die Planung und softwaretechnische Realisierung spezielle Kompetenzen benötigt. Zur Konkretisierung der geplanten didaktischen Lehr-/Lernszenarien, die mit ILIAS unterstützt werden sollen, hat sich die Zusammenarbeit mit Personen aus dem pädagogischen Bereich bewährt, die auch über die notwendigen mediendidaktischen Kompetenzen verfügen. In der weiteren Vorbereitung der technischen Umsetzung ist es erforderlich, die didaktischen Anforderungen in technische Spezifikationen zu übersetzen, die dann softwaretechnisch realisiert werden. Für die Erstellung der technischen Spezifikation ist eine Schnittstellenkompetenz zwischen Didaktik und Informatik erforderlich, eben eine Person, die sowohl die Sprache der Pädagogen als auch der Informatiker versteht, die diese Spezifikationen letztlich programmieren müssen. An die Programmierer stellt die Entwicklung von Open-Source-Software ebenfalls besondere Anforderungen. Sie müssen über die Kompetenz zur kollaborativen Entwicklung von Software verfügen bzw. in der Lage sein, sich diese anzueignen. So erfordert die kollaborative Software Entwicklung technische Kompetenzen im Umgang mit speziellen Entwicklungstools (z.B. das Concurrent Version System) sowie sozial-kommunikative Kompetenzen für den notwendigen Erfahrungs- und Wissensaustausch in der virtuellen Entwickler-Community. In verschiedenen Hochschulen wurden gute Erfahrungen damit gemacht, Studierende im Rahmen von Fachveranstaltungen (z.B. im Informatikbereich) in die Entwicklung von ILIAS einzuführen und die Umsetzung kleinerer Projekte zur Bearbeitung als Seminar- oder Diplomarbeiten zu vergeben.

Sind diese speziellen Kompetenzen nicht vorhanden und können personell auch nicht aufgebaut werden, ist es in diesem Bereich möglich, spezielle Aufgaben an diverse Dienstleister im ILIAS-Umfeld zu vergeben.

5. Schritte zur Umsetzung eigener Anpassungen und Weiterentwicklungen von ILIAS

Um die Weiterentwicklung der Lernplattform ILIAS so effizient wie möglich zu gestalten, wurden vom ILIAS Open-Source-Team verschiedene Empfehlungen herausgegeben. Es handelt sich um Entwicklungsrichtlinien, Richtlinien zur Anforderungsspezifikation und Programmierung (http://www.homer.ilias.uni-koeln.de/iliasdoc/doc/html/8_1.html).

Plant ein Anwender eine Weiterentwicklung von ILIAS, durchläuft er nach Maßgabe dieser Entwicklungsrichtlinien im Idealfall folgende sechs Schritte:

1. **Ausarbeitung der Idee/Erstellung der Konzeption:** Bereits in dieser frühen Projektphase ist es ratsam, mit der ILIAS-Entwickler-Community Kontakt aufzunehmen, um festzustellen, ob nicht bereits jemand an der Realisierung dieser oder einer ähnlichen Idee arbeitet und wenn ja, ob nicht eine Kooperation sinnvoll wäre. Eine solche Anfrage wird an das Entwickler-Forum der ILIAS-Community gestellt, ein Diskussionsforum, das vom ILIAS-opensource-Team betrieben und betreut wird. Eine weitere Informationsquelle ist die „ILIAS Software Development Roadmap", die die Hauptentwicklungsaktivitäten der ILIAS Community auflistet. Dieses Dokument ist auf der Homepage des ILIAS-opensource-Teams verfügbar. Falls noch niemand eine vergleichbare Entwicklung plant, sollte dem opensource-Team ein „Vision Paper" übermittelt werden, das die Ideen und Ziele der geplanten Entwicklung grob beschreibt. Auch dieses Dokument dient der Vermeidung von Doppelentwicklungen sowie zur Vermittlung von Entwicklungskooperationen.

2. **Erstellung der Spezifikation:** Bei größeren Entwicklungsvorhaben sollte eine Spezifikation erstellt werden, in der Anforderungen an die Software genau beschrieben werden. Dabei hat sich die Formulierung von so genannten Use Cases bewährt, in denen typische Anwendungsfälle in einer strukturierten Form beschrieben werden. Die Use Cases werden später auch zum Testen der implementierten Features eingesetzt. Bei der Formulierung der Use Cases kann sich der Entwickler an den Richtlinien zur Anforderungsspezifikation orientieren. Um die geplanten Entwicklungen für die Community möglichst transparent zu machen, kann auch die Anforderungsspezifikation in der ILIAS Software Development Roadmap veröffentlicht werden.

3. **Implementierung des Source-Codes:** In dieser Phase wird die Anwendung gemäß der erstellten Spezifikationen programmiert. Die vom ILIAS-opensource-Team herausgegebenen Programmierrichtlinien sollen sicherstellen, dass der Source-Code für jeden Entwickler der Community leicht lesbar und leicht verständlich bleibt. Dies ist eine wichtige Voraussetzung dafür, dass sich auch zukünftig interessierte Entwickler möglichst leicht in den Source-Code von ILIAS einarbeiten können.

4. **Erstellung der Dokumentation:** In dieser Phase wird die technische Dokumentation erstellt, die sich aus der Dokumentation der Klassen und Funktionen sowie der Dokumentation der Datenbank zusammensetzt. Außerdem wird, basierend auf den zuvor erstellten Anwendungsfällen, eine Benutzerdokumentation erstellt, die als Online-Hilfe in ILIAS zur Verfügung gestellt wird.

5. **Durchführung von Tests:** Die neu entwickelten Features müssen sorgfältig getestet werden. Zu diesem Zweck werden Testfälle auf der Basis der Anwendungsfälle erstellt. Bei der Abarbeitung der Testfälle muss sich das System exakt wie in den Anwendungsfällen definiert verhalten. Entwicklungen, die nicht sorgfältig getestet wurden, werden nicht in das ILIAS-Release übernommen.

6. **Veröffentlichung:** Nach dem eine Neuentwicklung die unter 1–5 beschriebenen Schritte durchlaufen hat, wird der Source-Code an das ILIAS-opensource-Team übermittelt und in das nächste ILIAS-Release übernommen.

6. Fazit

Die Lernplattform ILIAS kann insbesondere an Hochschulen im In- und Ausland eine zunehmende Verbreitung verzeichnen. Die Open-Source-Software ist inzwischen in mehreren groß angelegten Evaluationen positiv bewertet worden. Zu nennen sind beispielsweise die im Auftrag des österreichischen Bildungsministeriums von Baumgartner (http://www.virtual-learning.at/ergebnisse.htm) und die vom Fraunhofer Institut IPK im Rahmen der Empfehlungen zur Auswahl einer E-Learning-Plattform im Rahmen des INNOPUNKT-Programms „Neues Lernen made in Brandenburg" (www.tqua.de/download/empfehlung020712.pdf) durchgeführten Studien. ILIAS wird daher als ernstzunehmende Alternative zu kommerziellen Lernplattformen wahrgenommen. Ein wichtiger Vorteil gegenüber kommerzieller Software ist die Möglichkeit, die ILIAS-Lernplattform nach eigenen Vorstellungen anpassen und weiterentwickeln zu können. Zur Finanzierung von Entwicklungsprojekten werden nicht selten die bei der Open-Source-Software eingesparten Lizenzgebühren eingesetzt. Um das ILIAS-opensource-Team, das die Entwicklungsarbeiten koordiniert, haben sich auch kommerzielle Dienstleister formiert, die umfassenden Support für die Nutzung und Weiterentwicklung sicherstellen. Außerdem hat sich inzwischen eine Entwickler-Community etabliert, die vielfältige Beiträge zur stetigen Weiterentwicklung von ILIAS leistet. Innerhalb der Community findet sowohl virtuell im Rahmen von Diskussionsforen als auch real im Rahmen der jährlichen internationalen ILIAS-Userkonferenz ein reger Austausch statt. Außerdem wurde ein standardisierter Software-Entwicklungsprozess definiert, der eine professionelle Entwicklung sicherstellt und für interessierte Anwender transparent macht. Das Open-Source-Modell ermöglicht Hochschulen und Bildungsinstitutionen damit eine individuelle Gestaltung von Lernplattformen, die unabhängig von der restriktiven Release-Planung kommerzieller Produkte ist.

Literatur

BAUMGARTNER, P., HÄFELE, H. & MAIER-HÄFELE, K. (2002). *E-Learning Praxishandbuch. Auswahl von Lernplattformen. Marktübersicht – Funktionen – Fachbegriffe.* Innsbruck 2002.

GROB, H. L. & BENSBERG, F. (2002). Strategische Potentiale von Open Source-Software für die computergestützte Hochschullehre (cHL): dargestellt am Beispiel des cHL-Administrationssystems OpenUSS. In: Bachmann, G./Haefeli, O./Kindt, M. (Hrsg): *Campus 2002. Die Virtuelle Hochschule in der Konsolidierungsphase.* Münster u.a. 2002, S. 262–276.

HANG, J. & HOHENSOHN, H. (2003). Eine Einführung zum Open Source Konzept aus Sicht der wirtschaftlichen und rechtlichen Aspekte. Eine Studie im Rahmen des Projektes NOW: Nutzung des Open Source Konzeptes in Wirtschaft und Industrie. *C-LAB Report*, Vol. 2 (2003), No. 2, S. 10ff.

KIEDROWSKI, J. V. (2003). Unterstützung selbstgesteuerten und kooperativen Lernens – Erfahrungen mit der Nutzung der Plattform ILIAS an der Wirtschafts- und Sozialwissenschaftlichen Fakultät der Universität zu Köln. In: Bett, K./Wedekind, J. (Hrsg.): *Lernplattformen in der Praxis.* Münster 2003, S. 109–124.

KIEDROWSKI, J. V. (2001). *Lernplattformen für e-Learning-Prozesse beruflicher Weiterbildungsträger. Bewertung und Auswahl mit Methoden des Total Quality Managements.* Köln 2001.

KIEDROWSKI, J. V. (2000). VIRTUS – ein Projekt für den Einsatz Neuer Medien in der Hochschule. In: Krahn, H./Wedekind, J. (Hrsg.): *Virtueller Campus '99: heute Experiment – morgen Alltag?* Münster u.a. 2000, S. 357–359.

KIEDROWSKI, J. V. & KRÖPELIN, P. (1999). Bausteine für ein neues Lernen an der Präsenzuniversität. In: Lehmann, K. (Hrsg.): *Studieren 2000: Alte Inhalte in neuen Medien?* Münster, New York, München, Berlin 1999, S. 149–162.

LEIDHOLD, W. (1998). Das Virtus-Projekt und seine Perspektiven für Existenzgründungen. In: *Kölner Zeitschrift für Wirtschaft und Pädagogik.* Jahrgang 13, Nr. 24, 1998, S. 45–54.

LEIDHOLD, W. (1997). Das Virtus-Projekt Köln: Konzept und erste Erfahrungen mit den Virtuellen Universitätssystemen. In: Bertelsmann Stiftung/Heinz Nixdorf Stiftung/Centrum für Hochschulentwicklung (Hrsg.): *Statements und Kurzbiographien zur Konferenz Hochschulentwicklung durch neue Medien II.* Gütersloh 1997, S. 9–12.

RINN, U. & BETT, K. (2003). Lernplattformen zwischen Technik und Didaktik. In: Bett, K./Wedekind, J. (Hrsg.): *Lernplattformen in der Praxis.* Münster 2003, S. 193–209.

SCHULMEISTER, R. (2003). *Lernplattformen für das virtuelle Lernen. Evaluation und Didaktik.* München, Wien 2003.

TERGAN, S.-O. & ZENTEL, P. (2003). Lernplattformen und die Zukunft des E-Learning. In: Bett, K./Wedekind, J. (Hrsg.): *Lernplattformen in der Praxis.* Münster 2003, S. 223–240.

Jan M. Pawlowski

E-Learning-Standards: Chancen und Potenziale für die Hochschule der Zukunft

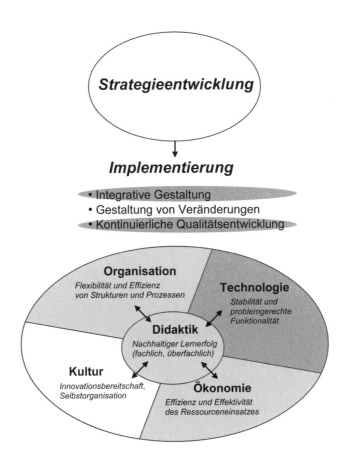

Abstract

Die Nutzung und Weiterentwicklung von Standards ist für einen wirtschaftlichen Betrieb von Aus- und Weiterbildung an Hochschulen unerlässlich. Gerade der Trend der Konvergenz, das Zusammenwachsen von Systemen auf unterschiedlichen Ebenen, macht die Nutzung und Weiterentwicklung von Standards an Hochschulen unerlässlich.

Dieser Artikel zeigt, welche Standards in diesem Zusammenhang genutzt werden sollten und welche Anwendungsempfehlungen aktuell gegeben werden können. Im Vordergrund stehen dabei Standards für Inhalte, Lernmanagementsysteme, Aktoren und didaktische Konzepte. Aus der Anwendung heraus zeigt es sich, dass Standards schon jetzt erfolgreich in Hochschulen eingesetzt werden können.

Der Autor

Leiter der Arbeitsgruppe E-Learning

Universität Duisburg-Essen, Institut für Informatik und Wirtschaftsinformatik, Wirtschaftsinformatik der Produktionsunternehmen, Universitätsstr. 9, D-45141 Essen.

jan.pawlowski@icb.uni-essen.de

Jan M. Pawlowski

E-Learning-Standards: Chancen und Potenziale für die Hochschule der Zukunft

1. E-Learning-Standards: Eine Einführung 456
   1.1 Konvergenz: Herausforderung für Hochschulen... 456
2. E-Learning-Standards 458
   2.1 Inhaltliche Standards.. 459
      2.1.1 Zielsetzung 459
      2.1.2 Beschreibung 459
      2.1.3 Schritte zur Implementierung 460
      2.1.4 Fazit 461
   2.2 Aktoren-Standards 461
      2.2.1 Zielsetzung 461
      2.2.2 Beschreibung 462
      2.2.3 Schritte zur Implementierung 463
      2.2.4 Fazit 463
   2.3 Management-Standards.. 463
      2.3.1 Zielsetzung 463
      2.3.2 Beschreibung 463
      2.3.3 Schritte zur Implementierung 464
      2.3.4 Fazit 465
   2.4 Didaktische Standards.. 465
      2.4.1 Zielsetzung 465
      2.4.2 Beschreibung 465
      2.4.3 Schritte zur Implementierung 466
      2.4.4 Fazit 467
3. Anwendungsbeispiel: Konvergenz und Nutzung von Standards im VAWi.............. 467
   3.1 Anwendungsbeispiel: VAWi Gesamtkonzept.. 467
   3.2 Metadaten... 468
   3.3 Didaktische Templates... 469
4. Ausblick 470
   Literatur... 470

1. E-Learning-Standards: Eine Einführung

Standards im Bereich der Aus- und Weiterbildung werden derzeit kontrovers diskutiert. Die Hoffnung auf Investitionssicherheit und die Erschließung neuer Märkte steht der Angst vor Vereinheitlichung und Einschränkung der Kreativität gegenüber. Dabei müssen jedoch gesellschaftliche, organisationale und technologische Trends in Betracht gezogen werden.

Die Nutzung und Weiterentwicklung von Standards ist für einen wirtschaftlichen Betrieb von Aus- und Weiterbildung an Hochschulen jedoch unerlässlich. Nur so können langfristig die internationale Konkurrenzfähigkeit, die Qualität der Lehre und die Erschließung neuer Märkte sichergestellt werden. Dieser Artikel zeigt, welche Standards in diesem Zusammenhang genutzt werden sollten und welche Anwendungsempfehlungen aktuell gegeben werden können.

Im Vordergrund steht die Fragestellung, welche Veränderungen in den nächsten Jahren auf Hochschulen zukommen und welche Rolle E-Learning und damit verbundene Standards spielen werden. Es zeigt sich, dass die Nutzung und Weiterentwicklung von Standards für Hochschulen in allen Bereichen unerlässlich ist, um im internationalen Wettbewerb konkurrenzfähig zu bleiben.

Zunächst wird das Gestaltungsfeld beschrieben: Es wird diskutiert, welche Entwicklungen und Trends die Entwicklung von Hochschulen und dabei insbesondere die Durchführung von Aus- und Weiterbildung beeinflussen werden. Aufbauend auf diese Entwicklungen werden die derzeit aktuellen E-Learning-Standards diskutiert. Dabei werden Handlungsempfehlungen zur Gestaltung und Nutzung von Lernszenarios unter Verwendung von Standards gegeben, wobei Chancen und Schwierigkeiten abgewogen werden. Zur Erläuterung wird durchgehend ein Anwendungsfall, die Gestaltung eines internet-basierten Weiterbildungsstudienganges, als Beispiel für die Anwendung beschrieben.

1.1 Konvergenz: Herausforderung für Hochschulen

Ein maßgeblicher Trend wird die Gestaltung von Aus- und Weiterbildung an Hochschulen in den nächsten Jahren dramatisch verändern: die Konvergenz in gesellschaftlicher, organisationaler und technologischer Hinsicht.

Konvergenz ist als Oberbegriff für die Annäherung und das Zusammenwachsen unterschiedlichster Systeme auf verschiedenen Ebenen zu verstehen. Gerade der Bereich der Aus- und Weiterbildung und damit verbundene Systeme (wie zum Beispiel E-Learning-Systeme) werden maßgeblich von diesem Trend beeinflusst. Eine ausführliche Diskussion dieses Trends findet sich auch bei [27].

Es lassen sich vier Ebenen der Konvergenz unterscheiden:

- **Gesellschaftliche Ebene:** Der Trend der Globalisierung ist die offensichtlichste Ausprägung gesellschaftlicher Konvergenz: Es ist nicht mehr möglich, isoliert auf nationaler Ebene wirtschaftliche oder bildungspolitische Entscheidungen zu treffen. Aus diesem Grund werden Ausbildungsprogramme auf europäischer und internationaler Ebene angepasst (z.B. European Credit Transfer System, Bachelor- und Master-Systematik).

- **Organisationale Ebene:** Die Strukturen und Aufgabenfelder von Hochschulen werden sich maßgeblich verändern. Hochschulen werden zunehmend nicht nur in der Erstausbildung tätig sein, sondern als Anbieter wissenschaftlicher wie praktischer Arbeits- und Lernprozesse stärker miteinander verknüpft werden. Dabei werden sich auch die wissenschaftliche und betriebliche Weiterbildung immer weiter annähern.

- **Systemebene:** Derzeit werden E-Learning-Systeme meist allein stehend und isoliert entwickelt. Es zeigt sich jedoch, dass E-Learning-Systeme weiter in betriebliche Prozesse eingebunden werden müssen. Daraus folgt, dass verschiedene Klassen von Anwendungssystemen miteinander verknüpft werden müssen – Content-Management-Systeme (CMS), Learning-Management-Systeme (LMS), Knowledge-Management-Systeme (KMS), Electronic-Performance-Support-Systeme (EPSS) oder auch Personalentwicklungssysteme werden zusammenwachsen und müssen in eine gemeinsame Architektur eingebunden werden.

- **Technologieebene:** Auch auf der Ebene der Technologien zeigen sich immer mehr Zusammenführungen: So werden zum Beispiel ortsgebundene Technologien (Desktop-PCs, Workstations) mit mobilen Technologien (Smartphones, Personal Digital Assistants; Tablet PCs) verschmelzen – weitergehend werden Webtechnologien mit digitalen Fernsehtechnologien oder klassischer Anwendungssoftware verschmelzen.

Für Hochschulen ergeben sich damit neue Anforderungen, die hier nur exemplarisch aufgezählt werden können:

- Hochschulen müssen sich auf dem Markt der Weiterbildung positionieren und damit zu konkurrenzfähigen Anbietern werden.
  Beispiel: Nutzung von Lerninhalten aus grundständigen Studiengängen für die Entwicklung von Weiterbildungsprogrammen.

- Hochschulen müssen kundenorientierte Lernszenarios entwerfen, die den Bedürfnissen der wissenschaftlichen und betrieblichen Aus- und Weiterbildung genügen.
  Beispiel: Einbindung von Lernszenarios in betriebliche Prozesse.

- Hochschulen müssen neue Infrastrukturen und Systeme zur Entwicklung, Nutzung, Vertrieb und Distribution nutzen.
  Beispiele: Educational Markets, Broker-Systeme

- Lernszenarios müssen so entwickelt werden, dass sie für unterschiedlichste Kontexte einsetzbar und leicht anpassbar sind.
  Beispiel: Nutzung von Inhalten zur universitären Erstausbildung und als (angepasstes) Begleitmaterial in betrieblichen Schulungen.

- Lernszenarios müssen unabhängig vom genutzten Lernmanagementsystem und Entwicklungssystem einsetzbar sein.
  Beispiel: Reibungslose Nutzung existierender Lerninhalte bei der Umstellung von Lernmanagementsystemen.

Um diesen Anforderungen gerecht zu werden, sind Standards auf verschiedenen Ebenen sinnvoll einsetzbar. Gerade die Technologie und Systemebenen werden von Standards besonders unterstützt.

2. E-Learning-Standards

Die Landschaft der Lerntechnologiestandards ist derzeit noch unübersichtlich – verschiedene Organisationen entwickeln Spezifikationen und Standards, wobei jedoch die Perspektiven durchaus unterschiedlich sind (vgl. auch [11], [21]). Daher werden in diesem Abschnitt ausschließlich die Standards näher erläutert, die zurzeit einen hohen Reifegrad haben und somit schon genutzt werden können.

Es können vier Klassen von Standards unterschieden werden:

- **Lerntechnologiestandards** betreffen die Komponenten von computerunterstützten Lernszenarien (z.B. Inhalte, Methoden, Benutzermodelle). Die Zielsetzung dieser Standards ist die Sicherstellung der Interoperabilität und Wiederverwendbarkeit von Lernumgebungen für Lehrende, Lernende und Entwickler.

- **Qualitätsmanagement- (QM) und Qualitätssicherungsstandards (QS)** bieten den Rahmen für den Einsatz von Standards in Organisationen. Neben generischen QM- und QS-Standards werden derzeit spezifische Qualitätsansätze für den Bereich der Aus- und Weiterbildung und insbesondere für E-Learning entwickelt.

- **Technologiestandards** sind Standards für spezifische Technologien, auf die bei der Entwicklung und Nutzung von Lernszenarien zurückgegriffen wird. Dies betrifft u.a. Webtechnologien, Audio- und Videoformate, Protokolle oder Übertragungsverfahren. Diese Klasse wird in diesem Artikel nicht weiter behandelt, es wird jedoch empfohlen, jeweils aktuelle und anerkannte Technologien einzusetzen, um auch auf dieser Ebene Investitionssicherheit zu gewährleisten.

- **Prozessstandards** sind Standards, die für verwandte Prozesse und Systeme entwickelt werden. Dazu gehören Standards aus dem Bereich des E-Business (ebXML [26]) oder der Bildung (z.B. Curriculare oder Schul-Standards, Schools Interoperability Framework [22]). Die Schnittstellen zu diesen Standards sind derzeit noch wenig diskutiert. Die Anbindung und Integration von unterschiedlichsten Systemen (z.B. Content-Management-Systems, CMS, Knowledge-Management-Systems, KMS) ist eine der großen Herausforderungen der Standardisierung und muss in den nächsten Jahren wesentlich vorangetrieben werden.

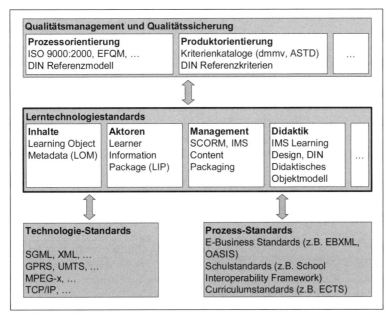

Abbildung 1: Übersicht über relevante Standards

Der Einsatz von Standards erfordert langfristig ein integriertes Gesamtkonzept für alle Stufen des Entwicklungsprozesses und alle Organisationseinheiten. Im Folgenden werden nun die Schritte zu einer erfolgreichen Implementierung von Lerntechnologiestandards beschrieben. Für den Bereich des Qualitätsmanagements sei auf [8] und [10] verwiesen.

2.1 Inhaltliche Standards

2.1.1 Zielsetzung

Zielsetzung inhaltlicher Standards ist die Sicherstellung der Wiederverwendbarkeit, Anpassbarkeit und Rekombinierbarkeit von Lernressourcen: Lernressourcen werden mit Hilfe von Metadaten beschrieben. Diese Beschreibungen können dann von anderen Entwicklern oder Lehrenden durchsucht werden, um passende Lerninhalte aufzufinden und diese in anderen Lernszenarien wieder zu verwenden. Weiterhin können Lernressourcen z.B. in Weiterbildungsdatenbanken so platziert werden, dass neue Vertriebswege und Marketingkanäle möglich werden.

2.1.2 Beschreibung

Der am weitesten verbreitete Standard ist der **Learning Object Metadata (LOM)**-Standard der IEEE [14]. Dieser Standard ermöglicht eine einheitliche, aber dennoch anpassbare und erweiterbare Beschreibung von Lernressourcen. Die Offenheit dieses Standards bedeutet, dass einige Elemente der Beschreibung individuell (von Organisationen, Branchen, Regionen) angepasst werden müssen, um eine sinnvolle Verwendung sicherzustellen. LOM besteht aus neun Beschreibungskategorien, die in der nachfolgenden Tabelle zusammengefasst sind.

Kategorie	Beschreibung	Beispielattribute
Allgemein	Allgemeine Beschreibung der gesamten Ressource	Bezeichner, Titel, Katalogeintrag, Sprache, Beschreibung
Lebenszyklus	Entwicklungshistorie und aktuelle Version einer Ressource	Status, Autor, Rollen
Meta-Metadaten	Metadatensatz	Katalog, Autor, Metadatenschemata
Technisch	Technische Anforderungen und Merkmale	Format, Ort, Größe, Plattform, Netzwerke
Pädagogisch	Pädagogische Merkmale	Interaktivität, Typ der Ressource, Schwierigkeitsgrad, Benutzerrolle
Rechte	Urheberrecht, geistiges Eigentum und die Nutzungsbedingungen	Kosten, Urheberrecht
Beziehung	Beziehungen zwischen den Ressourcen	Betreffende Ressource, Beschreibung, Anmerkungen, Voraussetzungen, Art der Beziehung
Erläuterung	Bemerkungen bzgl. der Ressource	Person, Datum, Beschreibung
Klassifikation	Position einer Ressource in einem Klassifikationssystem	Zweck, Taxonomie, Quelle, Schlüsselworte

Tabelle 1: Learning Object Metadata

2.1.3 Schritte zur Implementierung

Initiierung
Die Beschreibung von Metadaten wird häufig als zusätzlicher Aufwand empfunden. Dies ist allerdings ein Trugschluss, denn Metadaten sind keine zusätzlichen Informationen, sondern nur die strukturierte Darstellung von Informationen, die in jedem Entwicklungsprozess notwendigerweise von Autoren, Entwicklern oder Dozenten für Lernszenarien spezifiziert werden. Daher sollte die systematische Einbindung der Metadatenbeschreibung in den Entwicklungsprozess vorgenommen werden (z.B. Kursbeschreibung oder Syllabus mit Hilfe von Basis-Metadaten).

Anpassung/Transformation
LOM muss in verschiedenen Beziehungen angepasst werden. Zunächst sollten Pflicht- und optionale Elemente definiert werden und das Schema um notwenige Erweiterungen ergänzt werden. So kann es zum Beispiel im Hochschulbereich sinnvoll sein, die Dauer von Modulen

nicht nur als Zeit (Stunden, Minuten) anzugeben, sondern auch als Volumen (z.B. Kreditpunkte) zu beschreiben.

Die Wiederverwendbarkeit auf Basis von Metadaten hängt maßgeblich davon ab, ob die Lernressourcen angemessen mit Schlagworten und Klassifikationen (z.B. zur inhaltlichen Einordnung) beschrieben wurden. Unter einer Klassifikation versteht man in diesem Fall die Ausprägung für einen Wertebereich der LOM Attribute. So muss zum Beispiel eine Lernressource innerhalb einer inhaltlichen Klassifikation (z.B. Bibliotheksklassifikation, Prüfungsordnung) eingeordnet werden. Nur so kann das Auffinden und Wiederverwenden ermöglicht werden.

Besonders problematisch ist die Metadaten-Spezifikation für bereits bestehende Inhalte – diese sollten unter Nutzung entsprechender automatischer Indexierungstools beschrieben werden. Es ist zu empfehlen, Metadatenbeschreibungen zunächst auf Kursebene vorzunehmen und dann jeweils bei einer Aktualisierung Beschreibungen hinzuzufügen.

Nutzung
Um Lernobjekte wieder verwenden zu können, muss auf jeden Fall eine technische und organisatorische Struktur zur Wiederverwendung und Nutzung etabliert werden. Auf der technischen Ebene bietet sich die Nutzung von internen oder externen Repositories an (z.B. [24]), es sollte zumindest eine durchsuchbare, hochschulweite Kursdatenbank bereitgestellt werden. Dennoch müssen gerade organisatorische und kulturelle Maßnahmen in den Vordergrund gestellt werden – ähnlich wie bei Wissensmanagementprojekten müssen Barrieren der Akzeptanz (vgl. [5]) überwunden werden. Um eine organisationsweite Kultur des Teilens und Wiederverwendens erreichen zu können, sollten z.B. Schulungen und Diskussionen initiiert werden, die zu Interesse und Bereitschaft des Austausches von Lernressourcen führen.

2.1.4 Fazit

LOM ist der derzeit am weitesten verbreitete Standard, der bereits in verschiedensten Kontexten genutzt wird. Gerade an Hochschulen sollten vermehrt Lernressourcen durch gezielte Anpassungen wiederverwendet werden, um langfristig eine wirtschaftliche und qualitativ hochwertige Lehre sicherstellen zu können.

2.2 Aktoren-Standards

2.2.1 Zielsetzung

Zielsetzung aktorenorientierter Standards ist die Erfassung und konsistente Nutzung von Daten über Lernende und Lernprozesse – dies kann die Anpassung von einer Lernumgebung (z.B. auf Basis von Vorwissen, Lernstilen, Lernpräferenzen) vereinfachen, andererseits aber auch administrative Prozesse (Anmeldung zu Klausuren, Einreichung von Bewerbungsprofilen, Anlegen von Personalstammdaten) beschleunigen.

2.2.2 Beschreibung

Es gibt derzeit zwei konkurrierende Ansätze: **Learner Information Package (LIP) der IMS** [25] und Public and Private Information for Learners (PAPI) der IEEE [13]. Derzeit zeichnet sich dabei eine wesentlich höhere Verbreitung und Akzeptanz des LIP ab, da dieser z.B. in Großbritannien als nationaler Standard etabliert wird.

LIP umfasst unterschiedliche Informationen zur Beschreibung von Lernenden und deren Erfahrungen. Dies umfasst Zielsetzungen, Aktivitäten, formale und informale Lernerfahrungen, Präferenzen oder auch Zugangsmöglichkeiten. Durch diese Beschreibung wird im Rahmen des lebenslangen Lernens eine Möglichkeit geschaffen, sukzessive Informationen über Lernende zu erfassen und zu nutzen – dabei liegt ein Schwerpunkt darauf, dass die Kontrolle der Daten bei den Lernenden liegt, um die Privatsphäre zu gewährleisten. Die nachfolgende Tabelle erläutert die Kategorien des LIP.

Kategorie	Beschreibung
Identification	Basisdaten, demographische Daten
Goal	Lernziele, Karriereplanung, Zielsetzungen
Qualifications, Certifications, and Licenses (qcl)	Formale Qualifikationen, Zertifizierung und Lizenzen
Activity	Beschreibung von Lernaktivitäten, die absolviert wurden/werden
Transcript	Zeugnis einer Institution
Competency	Kompetenzen, Fähigkeiten, Fertigkeiten der kognitiven, affektiven oder psychomotorischen Dimension
Affiliation	Mitgliedschaften in Organisationen, Verbänden etc.
Accessibility	Lernpräferenzen (z.B. Lernstil, Sprache, Input- und Output-Geräte), bevorzugter Zugang zu Lernressourcen (umfasst ebenfalls Anforderungen aufgrund von Behinderungen)
Security Key	Sicherheitsinformationen bzgl. Lernerinformationen
Relationship	Beziehungen zwischen den einzelnen Kategorien (z.B. Lernziele verbunden mit Lernaktivitäten und Zeugnis)
Content Type	Metadaten, wann und in welcher Form ein LIP-Record erzeugt wurde (Zeit, Quelle, Sicherheitsinformationen)

Tabelle 2: Learner Information Package

2.2.3 Schritte zur Implementierung

Initiierung

Zunächst müssen verantwortliche Stellen, die Lernerdaten verwenden und generieren (z.B. Verwaltung, Prüfungsämter, Dozenten), eingebunden werden, um ein gemeinsames Konzept zur Nutzung zu erstellen – die Einbindung der Lernenden ist gerade bei der Entwicklung von Sicherheits- und Privacy-Konzepten unbedingt notwendig, denn das Vertrauen der Aktoren ist einer der wichtigsten Akzeptanzfaktoren.

Transformation und Nutzung

Die Einführung von bzw. Umstellung auf LIP oder sonstige Aktoren-Standards sollte vollständig erfolgen, um kurzfristig die sinnvolle Anwendung und Synergieeffekte zeigen und anwenden zu können. Dies kann die Bereitstellung von Zeugnissen, Bewerbungsprofilen oder auch lebenslangen Lernprofilen sein.

2.2.4 Fazit

Langfristig wird sich ein solcher Standard bei der Bereitstellung entsprechender Sicherheitskonzepte durchsetzen – auch wenn derzeit noch keine Kultur des lebenslangen Lernens in der Gesellschaft etabliert ist, ist z.B. LIP ein erster Schritt in diese Richtung und wird sich durchsetzen. Erste Erfahrungen in Großbritannien lassen auf eine erfolgreiche Nutzung schließen, so dass schon heute eine Nutzung empfohlen werden kann.

2.3 Management-Standards

Management-Standards betreffen die Interoperabilität von administrativen Systemen (z.B. Lernmanagementsysteme) und Lernressourcen. Dabei ist insbesondere das **Sharable Content Object Reference Model (SCORM)** zu nennen, das zunehmend an Verbreitung gewinnt.

2.3.1 Zielsetzung

Die Zielsetzung von SCORM ist es, Spezifikationen zur Interoperabilität webbasierter Lernmanagementsysteme zur Verfügung zu stellen, die system- und plattformunabhängig Lerneinheiten verwenden und verarbeiten können. Dabei sollen Lerneinheiten unabhängig vom Autoren- bzw. Lernmanagementsystem eingesetzt und ausgetauscht werden können.

2.3.2 Beschreibung

Das *Sharable Content Object Reference Model (SCORM)* [6] ist ein Beispiel für einen Standard, der verschiedene Lerntechnologiestandards integriert. Aufgrund der Beteiligung der maßgeblichen Standardisierungsinitiativen (u.a. IEEE, Instructional Management Systems (IMS), Global Learning Consortium, Aviation Industry CBT Committee (AICC)) kann dieser Standard als besonders Erfolg versprechend eingeschätzt werden. SCORM besteht aus zwei Komponenten:

Das *Content Aggregation Model* (Inhaltsaggregationsmodell) ist eine Repräsentationsform zur Kombination und Zusammenstellung von Lernsequenzen aus einzelnen Lernobjekten. So soll die Möglichkeit geschaffen werden, einzelne Lerneinheiten in (organisationsübergreifenden) Repositories abzulegen und daraus neue Inhalte und Module zusammenzustellen.

Die *Run-Time Environment* (Laufzeitumgebung) stellt eine Schnittstelle zwischen Lernmanagementsystem und einzelnen Lerneinheiten zur Verfügung. Dabei sollen Lernobjekte unabhängig von einer LMS-Instanz genutzt werden können.

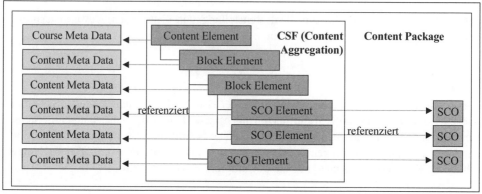

Abbildung 2: Inhaltsaggregation in SCORM [6]

2.3.3 Schritte zur Implementierung

Initiierung
Zunächst muss identifiziert werden, welche LMS verfügbar sind, welche Lernressourcen bestehen und wie hoch der Aufwand zur Transformation ist. Es sollten Richtlinien und Hilfestellungen entwickelt werden, nach welchem Vorgehen/Methoden Autoren neue Lernobjekte entwickeln sollten.

Transformation und Nutzung
Ein wichtiger Faktor ist die Modularisierung von Lernobjekten und die Identifikation von Daten, die zwischen LMS und Lerneinheit transferiert werden. Als Übergang ist es zwar möglich, große Lerneinheiten als Sharable Content Objects (SCOs) zu definieren, dadurch verringert sich jedoch die Möglichkeit der Wiederverwendung. Weiterhin sollte ein organisationsweites internes oder bestehendes externes Repository für Lernobjekte bereitgestellt werden, so dass die Wiederverwendung unterschiedlichen Aktoren zur Verfügung gestellt wird.

2.3.4 Fazit

Auch wenn SCORM noch maßgebliche Schwächen (wie z.B. die fehlende Integration didaktischer Konzepte) hat, kann die Nutzung schon jetzt empfohlen werden. Mittel- bis langfristig wird SCORM zu einer Verbesserung der Investitionssicherheit führen und sich bei Entwicklern wie Nutzern etablieren.

2.4 Didaktische Standards

2.4.1 Zielsetzung

Zielsetzung didaktischer Standards ist die Beschreibung von didaktischen Konzepten und Methoden, um diese austauschbar und wieder verwendbar zu machen. Derzeit werden meist nur Inhalte ausgetauscht – die entsprechenden didaktischen Konzepte sind weder in LOM adäquat beschrieben, noch können sie zwischen verschiedenen Systemen wieder verwendet werden. Ziel ist es also, ein Beschreibungsformat zu finden, das es ermöglicht, didaktische Konzepte und den Kontext des Einsatzes zu beschreiben, auszutauschen und in anderen Kontexten zu nutzen.

2.4.2 Beschreibung

Derzeit gibt es verschiedene Ansätze zur Beschreibung didaktischer Konzepte (vgl. [3], [16], [17], [19]), wobei die Spezifikation **Learning-Design** der IMS derzeit am weitesten verbreitet ist. Diese Spezifikation wurde auf Basis der Educational Modeling Language [16] entwickelt und ermöglicht die Einbindung von didaktischen Modellen bzw. Aktivitäten in so genannte Content Packages. *Content Packaging* [4] stellt Methoden bereit, die das Zusammenstellen verschiedener Inhalte (z.B. zu einem oder mehreren Kursen) unterstützen. Insbesondere Hersteller von Lernsoftware und Lernumgebungen sollen unter Verwendung dieser Spezifikationen die Möglichkeit erhalten, größere Zielgruppen zu erreichen, da der Einsatz der Lernressourcen nicht mehr an ein bestimmtes LMS gebunden ist. Die Basisstruktur ist in Abbildung 3 dargestellt. Zentraler Aspekt dieses Standards ist die Beschreibung von Packages, die als wieder verwendbare Einheiten gesehen werden und als solche distribuiert werden können. Diese bestehen aus den tatsächlichen Dateien der Lernumgebungen und einem Manifest, welches Metadaten, die Struktur (Organisation) der einzelnen Einheiten und den Verweis auf die Ressourcen enthält.

Die Learning-Design-Spezifikation umfasst folgende maßgebliche Kategorien:

- *Activities* beschreiben Handlungen innerhalb eines Lernprozesses. Es werden Lernaktivitäten und Support-Aktivitäten unterschieden. Aktivitäten können zu einer *Activity Structure* aggregiert werden.
- Die Ablaufsteuerung erfolgt über so genannte *Methods*. Innerhalb der Method werden durch die Abfrage von *Conditions* individuelle Abläufe erzeugt.

- Die Anpassung an den Nutzer erfolgt über das Konzept der *Roles* (z.B. Learner, Staff). Durch unterschiedliche Attribute (*Properties*) können individuelle Szenarien oder Lernpfade generiert werden.

- In den Aktivitäten stehen Ressourcen (*Environment*) zur Verfügung. Unter Ressourcen werden sowohl *Learning Objects* als auch *Services* verstanden (z.B. Mail, Conference, Search, Monitoring)

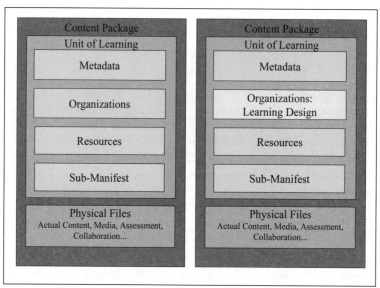

Abbildung 3: IMS Content Packaging

2.4.3 Schritte zur Implementierung

Initiierung/Transformation

Die Modellierung didaktischer Konzepte stößt anfänglich auf Widerstände, da didaktische Standards häufig als Vereinheitlichung der Didaktik oder Einschränkung der didaktischen Freiheit missverstanden werden. Daher ist es sinnvoll, gerade Dozenten oder auch Hochschuldidaktische Zentren einzubinden und eine Kultur des Austausches auch im Bereich der Didaktik zu etablieren.

Insbesondere muss eine Umstellung der Denkweise dahingehend erfolgen, dass didaktische Konzepte nun explizit gemacht und nachvollziehbar werden. Dabei muss der Prozess der Lehrplanung verändert werden, so schon während der Planung die Beschreibung und Nutzung von bestehenden didaktischen Konzepten einbezogen wird.

Nutzung

In der Nutzungsphase sollte ebenfalls ein Repository für didaktische Konzepte etabliert werden, ähnlich den existierenden inhaltsorientierten Repositories (siehe Abschnitt zu inhaltlichen Standards). Langfristig sollten alle Aktoren an Hochschulen didaktische Konzepte als Templates bereitstellen, die dann universitätsweit genutzt werden können – dies sollte durch einen intensiven Erfahrungsaustausch unterstützt werden, um die Erfolgswahrscheinlichkeit der Konzepte im jeweiligen Kontext abschätzen zu können.

2.4.4 Fazit

Auch wenn IMS-Learning-Design derzeit noch wenig verbreitet ist, ist eine Nutzung schon jetzt zu empfehlen. Auch wenn die Spezifikation noch weiter entwickelt wird, ist abzusehen, dass sich IMS LD als Standard etablieren wird.

3. Anwendungsbeispiel: Konvergenz und Nutzung von Standards im Virtuellen Weiterbildungsstudiengang Wirtschaftsinformatik (VAWi)

Im Folgenden wird exemplarisch skizziert, wie Hochschulen die Herausforderungen der Konvergenz durch die Nutzung von Standards bewältigen können. Im Jahr 2001 wurde von den Universitäten Essen, Bamberg und Erlangen-Nürnberg der Betrieb des *Virtuellen Weiterbildungsstudiengangs Wirtschaftsinformatik (VAWi)* aufgenommen. Als ein an der beruflichen Praxis ausgerichtetes Masterprogramm (Master of Science) verknüpft VAWi praktische und theoretische Studieneinheiten und verknüpft wissenschaftliche und berufliche Weiterbildung. Sowohl bei der Konzeption als auch bei der Durchführung wird die Eignung von Standards in VAWi erprobt.

Einen wichtigen Faktor spielt die Bereitstellung entsprechender Tools, die die Nutzung der Standards unterstützen. Dabei wird an der Universität Duisburg-Essen als Planungs- und Entwicklungstool für Lernumgebungen das *Essener-Lern-Modell (ELM)* [18] eingesetzt. ELM ist ein generisches Vorgehensmodell, das die Qualität des Entwicklungsprozesses von Lernumgebungen in didaktischer, wirtschaftlicher und fachlicher Hinsicht sicherstellt. Das Modell basiert auf einer formalen Beschreibung von Lehr- und Lernprozessen, die in bestehende Abläufe eingegliedert werden können und somit zu einer besseren Planung von Ausbildungsprozessen führen. Als Planung und Entwicklungswerkzeug wurde die *ELM-Applikation* entwickelt, die die Nutzung von Standards in verschiedenen Prozessen (z.B. Curriculumentwicklung, Lernzielbeschreibung, Methoden- und Lerninhaltsbeschreibungen) unterstützt.

3.1 Anwendungsbeispiel: VAWi Gesamtkonzept

In einer universitätsübergreifenden Kooperation sollten zunächst Richtlinien und Vorgehensweisen etabliert werden, die insbesondere Qualitätsstandards, Lerntechnologiestandards und in geringerem Maße technologische Standards einbeziehen. Daher wurde ein Richtlinienmodell entwickelt. Dieses umfasst einen Qualitätsmanagementzyklus (Zulassung und

Abstimmung von Kursen, Qualitätssicherung und -kontrolle) und Richtlinien für die Nutzung von Standards. In dem Modell sind z.B. diejenigen Metadaten angegeben, die zu jedem Kurs bzw. jeder Lerneinheit vorliegen müssen. So können etwa einheitliche Kursbeschreibungen für Studierende wie für Projektbeteiligte generiert werden.

3.2 Metadaten

Zunächst wurde ein Vorgehensmodell für die Kursentwicklung spezifiziert, so dass Metadaten bereits im Entwicklungsprozess beschrieben werden. Im Essener-Lern-Modell durchlaufen Autoren die maßgeblichen Entwicklungsprozesse und beschreiben bereits in der Konzeption geplante Module durch Metadaten nach LOM.

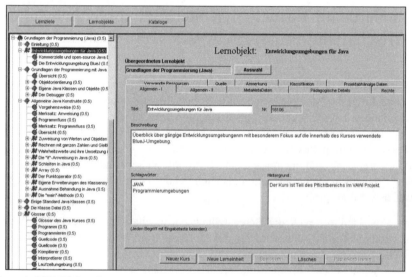

Abbildung 4: ELM-Metadaten

Um den Spezifikationsaufwand zu minimieren werden zur Unterstützung der Autoren Vererbungskonzepte eingesetzt. So werden bestimmte Eigenschaften und Schlagworte auf verwandte Ressourcen übertragen. Besonders wichtig ist in diesem Zusammenhang, dass Klassifikationen bestehen, um einzelne Lernobjekte in Beziehung zueinander zu setzen und kursübergreifende Verbindungen zu schaffen. Dazu wurde eine Klassifikation für die Domäne Wirtschaftsinformatik auf Basis existierender Klassifikationen und Taxonomien entwickelt. Somit wird die Suche nach wieder verwendbaren Lernressourcen wesentlich vereinfacht.

Es zeigte sich, dass Entwickler Metadaten nutzen, sobald die Parallelen zu gewohnten Entwicklungsprozessen deutlich wurden. Zusatzaufwand entsteht durch die Entwicklung von Klassifikationen. Dieser wurde jedoch als sinnvoll angesehen, da anschließend Suche und Retrieval bestehender Objekte für Entwickler vereinfacht wurden.

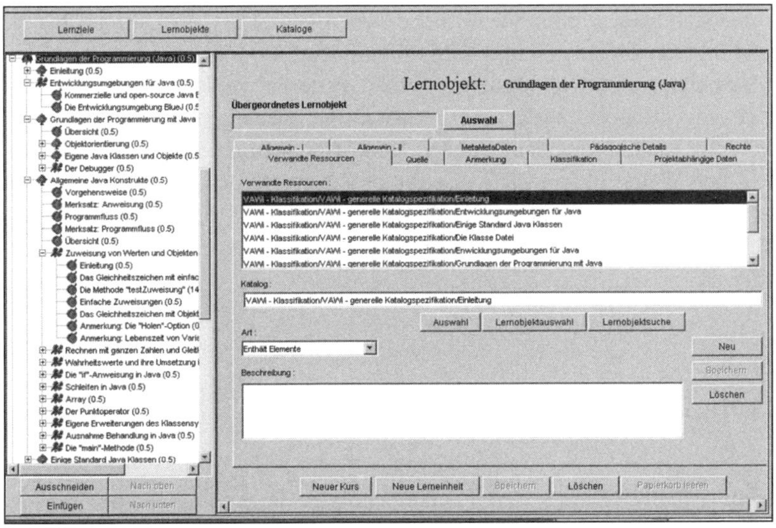

E-Learning-Standards: Chancen und Potenziale für die Hochschule der Zukunft 469

Abbildung 5: Nutzung von Klassifikationen in Metadaten

3.3 Didaktische Templates

In Anlehnung an die Learning-Design-Spezifikation werden didaktische Konzepte mit Lernobjekten verknüpft. Es wurden didaktische Templates entwickelt, die von allen Autoren genutzt werden können.

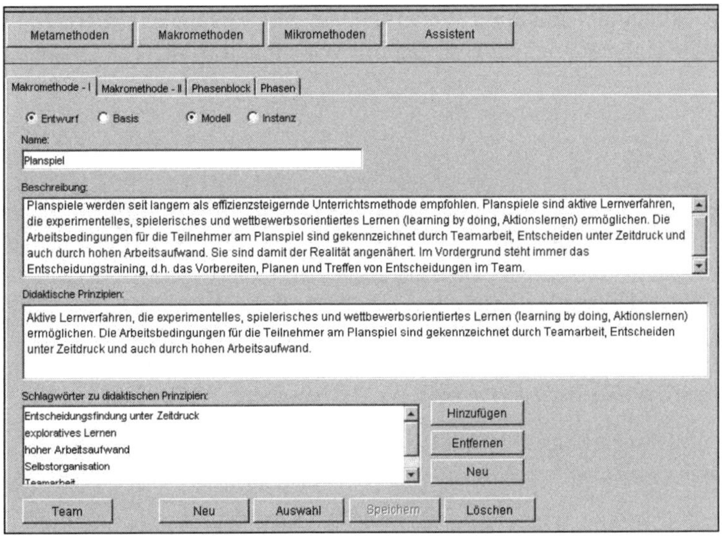

Abbildung 6: Didaktische Templates

Auf Basis der Standards wurden wesentliche Synergieeffekte erzielt. Einerseits wurde durch die Verwendung von Metadaten und Klassifikationen die Möglichkeit geschaffen, kursübergreifende Vernetzungen zu ermöglichen – des Weiteren werden Inhalte aus VAWi in der Präsenzlehre, angepasst an eine andere Lernsituation, weitergehend genutzt. Ebenso werden didaktische Templates in unterschiedlichen Kontexten genutzt. Zudem können Metadaten in weitere Aus- und Weiterbildungsdatenbanken publiziert werden, um eine weitere Nutzung zu ermöglichen. Zusammenfassend ist festzustellen, dass die Möglichkeit der Wiederverwendung von Ressourcen und Konzepten in unterschiedlichsten Kontexten der maßgebliche Erfolgsfaktor ist.

4. Ausblick

Die in diesem Artikel beschriebenen Standards können derzeit mit wenigen Einschränkungen zur Nutzung empfohlen werden. Auch wenn diese Standards derzeit noch weiterentwickelt werden, ist die erste Erprobungsphase bereits erfolgreich durchlaufen, so dass nun die produktive Nutzung beginnen kann. Es wird daher empfohlen, trotz der Unsicherheiten bereits jetzt auf Standards zu setzen und damit zukunftsorientiert zu handeln. Besonders zu beachten sind die Entwicklungen des Deutschen Instituts für Normung e.V. (DIN), das 2004 Spezifikationen im Bereich des Qualitätsmanagements und der Didaktik herausgeben wird [7], [8].

Weiterentwicklungsbedarf gibt es insbesondere im Bereich der Systemkonvergenz – es müssen Standards entwickelt werden, die die Integration unterschiedlicher Systeme und Prozesse sicherstellen, wie etwa die Konvergenz von Wissensmanagement, Content Management, Personalentwicklung und Aus- und Weiterbildung. Nur so können langfristig Prozesse etabliert werden, die einen effizienten Umgang mit Wissen und Bildung in Organisationen erlauben.

Literatur

[1] ADELSBERGER, HEIMO H., KÖRNER, F., FERSTL, O.K., FRIEDRICH, S., SCHMITZ, K.: Der Virtuelle Weiterbildungsstudiengang Wirtschaftsinformatik (VAWi) – Konzepte und Erfahrungen. In: *Tagungsband der Teilkonferenz E-Learning im Rahmen der Multi-Konferenz Wirtschaftsinformatik* (MKWi02), Nürnberg, 09/2002.

[2] ADVANCED DISTRIBUTED LEARNING INITIATIVE: *ADL SCORM Version 1.3; Application Profile, Working Draft 0.9*, 2002.

[3] ALLERT, H., DHRAIEF, H., NEJDL, W.: How are learning Objects Used in Learning Processes? Instructional Roles of Learning Objects in LOM. In: *Proc. of ED-MEDIA 2002*, Denver USA, 2002, pp. 40–41.

[4] ANDERSON, T.: *IMS Content Packaging Information Model, Version 1.0.* http://www.imsproject.org/content/packaging/cpinfo10.html, 2000-06-02, Abruf am 2000-08-12.

[5] BICK, M., HANKE, T., ADELSBERGER, H.H.: Prozessorientierte Analyse der Barrieren der Wissens(ver)teilung. *Industrie Management*, 3, 06/2003.

[6] CEN/ISSS Workshop Metadata for Multimedia Information – Dublin Core: *CWA 13988, DELIVERABLE D2, GUIDANCE INFORMATION FOR THE USE OF DUBLIN CORE IN EUROPE.* CEN, Brüssel 2000.

[7] DIN e.V.: *Aus- und Weiterbildung unter besonderer Berücksichtigung von e-Learning – Didaktisches Objektmodell – Modellierung und Beschreibung didaktischer Szenarien*, PAS, Beuth Verlag, erscheint Februar 2004.

[8] DIN e.V.: *Aus- und Weiterbildung unter besonderer Berücksichtigung von e-Learning – Referenzmodell für Qualitätsmanagement und Qualitätssicherung – Planung, Entwicklung, Durchführung und Evaluation von Bildungsprozessen und Bildungsangeboten*, PAS, Beuth Verlag, erscheint Januar 2004.

[9] DODDS, P. (Hrsg.): *Advanced Distributed Learning Initiative – Sharable Content Object Reference Model – The SCORM Overview, Version 1.2.* http://www.adlnet.org/library/documents/scorm/specifications/ SCORM_1.2_Overview.pdf, 2001-10-01, Abruf am 2001-11-01.

[10] EHLERS, U.-D., PAWLOWSKI, J.M., GÖRTZ, L.: Qualität von E-Learning kontrollieren – Die Bedeutung von Qualität im E-Learning. In: Hohenstein, A., Wilbers, K.: *Handbuch E-Learning*, Köln: Deutscher Wirtschaftsdienst, 2003.

[11] HEDDERGOTT, K., PAWLOWSKI, J. M.: Qualität mit verlässlichen Standards sichern. In: *Personalwirtschaft*, Sonderheft E-Learning, 11/2002, S. 20–23.

[12] IEEE LEARNING TECHNOLOGY STANDARDS COMMITTEE: *P1484.1/D11, Draft Standard for Learning Technology – Learning Technology Systems Architecture, Version 11.* http://ltsc.ieee.org/wg1, 2002-11-28, Abruf am 2003-02-01.

[13] IEEE LEARNING TECHNOLOGY STANDARDS COMMITTEE: *Draft Standard for Learning Technology – Public and Private Information (PAPI) for Learners (PAPI Learner), Version 7.0.* http://edutool.com/papi/papi_learner_07_main.doc, 2000-11-28, Abruf am 2001-05-30.

[14] IEEE LEARNING TECHNOLOGY STANDARDS COMMITTEE: *Learning Object Metadata Standard, IEEE 1484.12.1-2002*, 2002.

[15] KOPER, R., OLIVIER, B., ANDERSON, T.: *IMS Learning Design Information Model, Version 1.0*, http://www.imsglobal.org/learningdesign/ldv1p0pd/imsld_infov1p0pd.html, 2002.

[16] KOPER, R.: *Modeling units of study from a pedagogical perspective – the pedagogical meta-model behind EML.* http://eml.ou.nl/introduction/articles.htm, 2001-06, Abruf am 2001-07-01.

[17] MEDER, N.: *Didaktische Ontologien*, http://www.l-3.de/de/literatur/download/did.pdf, Abruf am 2001-12-01.

[18] PAWLOWSKI, J.M.: *Das Essener-Lern-Model (ELM): Ein Vorgehensmodell zur Entwicklung computerunterstützter Lernumgebungen*, Dissertation. Essen 2001.

[19] PAWLOWSKI, J.M.: Reusable Models of Pedagogical Concepts – a Framework for Pedagogical and Content Design. In: *Proc. of ED-MEDIA 2002*, Denver USA, 2002, pp. 1563–1568.

[20] PAWLOWSKI, J.M.: *The European Quality Observatory (EQO): Structuring Quality Approaches for E-Learning*. ICALT 2003. Athens, Greece. July 2003.

[21] PAWLOWSKI, J.M.: Lerntechnologiestandards: Gegenwart und Zukunft. Erscheint in: Tergan, S.-O., Schenkel, P. (Hrsg.): *Was macht E-Learning erfolgreich? Grundlagen und Instrumente der Qualitätsbeurteilung*. Springer, 2004.

[22] SOFTWARE & INFORMATION INDUSTRY ASSOCIATION: *Schools Interoperability Framework Implementation Specification, Version 1.1*, 2003.

[23] TERGAN, S.-O., ZENTEL, P.: Lernplattformen und die Zukunft des E-Learning. In: Bett, K., Wedekind, J. (Hrsg.): *Lernplattformen in der Praxis*. Münster: Waxmann, 2002, pp. 223–240.

[24] SIMON, B.: Learning Object Brokerage: How to make it happen. In: *Proceedings of Ed-Media 2003*, Honolulu, USA, 2003

[25] SMYTHE, C., TANSEY, F., ROBSON, R.: *IMS Learner Information Package, Information Model Specification, Version 1.0*. http://www.imsproject.org/profiles/lipinfo01.html, 2001, Abruf am 2003-10-12.

[26] UN/CEFACT, OASIS: *ebXML Documentation Roadmap v0.93*, http://www.ebxml.org/specs/qrROAD.pdf, 2001, Abruf am 2003-10-12.

[27] WILBERS, K.: E-Learning didaktisch gestalten. In: A. Hohenstein & K. Wilbers (Hrsg.), *Handbuch E-Learning* (Kap. 4.0). Köln: Deutscher Wirtschaftsdienst, 2002.

Rolf Schulmeister

Kriterien didaktischer Qualität im E-Learning zur Sicherung der Akzeptanz und Nachhaltigkeit

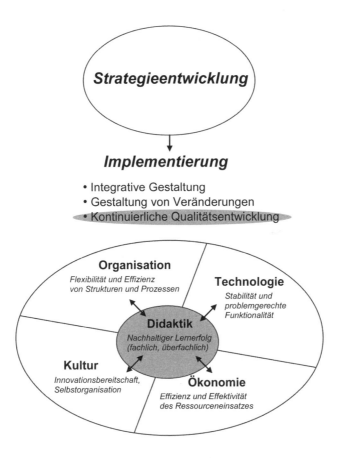

Abstract

Was mag für den Erfolg von E-Learning in Hochschulen entscheidend sein? Eine Reihe von Gesichtspunkten lassen sich diskutieren:

- Ist es die Konvergenz der jeweils gewählten Lernszenarien mit der E-Learning-Policy der Institution?
- Oder ist es die Passung der Lernszenarien mit den Bedürfnissen der Klienten und der Nachfrage nach bestimmten Qualifikationen?
- Ist es der Grad der curricularen Integration der E-Learning-Anwendungen und damit die Nachhaltigkeit des Konzepts?
- Oder sind es Fragen der Akkreditierung, der Internationalisierung, der Austauschbarkeit von Modulen?

Auf jeden Fall ist für die Akzeptanz der E-Learning-Angebote langfristig die didaktische Qualität der Anwendung ausschlaggebend. Was aber sind die didaktischen Qualitätskriterien für E-Learning? Diese Fragen interessieren mich als Didaktiker und Entwickler von E-Learning-Umgebungen und -Anwendungen verständlicherweise am meisten.

Ich werde deshalb im Beitrag näher auf die folgenden Aspekte eingehen und sie mit Beispielen aus meiner Arbeit illustrieren:

- Die Unterscheidung von Lernszenarien im E-Learning
- Die Rolle der Interaktion und Kommunikation im E-Learning
- Die Bedeutung der Moderation im E-Learning
- Die Funktion der Interaktivität der Lernobjekte im E-Learning
- Und die Rolle des Feedbacks von Lernobjekten

Zu diesen Aspekten gibt es eine Reihe umfangreicher empirischer Untersuchungen sowie einige Diplomarbeiten und Dissertationen, die diese Aspekte näher untersucht haben sowohl in Benutzerbefragungen als auch in experimentellen Settings. Die Ergebnisse werden in die Präsentation einfließen.

Der Autor

 Prof. Dr. Rolf Schulmeister ist Direktor des Interdisziplinären Zentrums für Hochschuldidaktik und Professor am Institut für Deutsche Gebärdensprache der Universität Hamburg. Seine Forschungsschwerpunkte in der Hochschuldidaktik liegen auf den Gebieten Multimedia und E-Learning. Aktuelle Entwicklungsprojekte befassen sich mit der Entwicklung hochinteraktiver Lernsysteme.

Rolf Schulmeister

Kriterien didaktischer Qualität im E-Learning zur Sicherung der Akzeptanz und Nachhaltigkeit

1. Vorbemerkung 476
2. Die Unmöglichkeit, allgemeine Aussagen zu treffen 477
3. Objektivistische Taxonomien oder Ontologien? 485
4. Didaktische Deskriptoren für die Evaluation von E-Learning 486
   - 4.1 E-Learning-Typen 487
   - 4.2 Szenarien 487
   - 4.3 Lernmodelle und Lernumgebungen 489
   - 4.4 Interaktivität von Lernobjekten 489
5. Fazit 490
   - Literatur 491

1. Vorbemerkung

Elshout (1992) stellte in einer vergleichenden Analyse von 22 Studien zum Paarlernen fest, dass sich nur in zwei Studien ein signifikanter Unterschied ergab, von denen die eine Studie das Alleinlernen, die andere das Paarlernen bevorteilte: „Inspection of the signs of the non-significant differences does nothing to change the opinion that we are in Null-hypothesis country here. No proper meta-analysis will lead us out" (S. 11). Den Titel des achten Kapitels meines Buches über hypermediale Lernsysteme (1997), „Im Land der Null-Hypothesen", das eine Diskussion methodologischer Probleme der vergleichenden Evaluation anstrebt, habe ich dieser Formulierung von Elshout entlehnt.

Die Situation, die Elshout angetroffen hat, ist keine Seltenheit. Die meisten experimentellen Vergleiche von Unterrichtsmethoden ergeben keine signifikanten Unterschiede, und die wenigen signifikanten Resultate widersprechen sich gegenseitig. Auch Clark (1983) – in einem Überblick über Studien zum Lernen mit Radio in den 50er Jahren, mit Fernsehen in den 60er Jahren und Computern danach – findet, dass „similar research questions have resulted in similar and ambiguous data. Media comparison studies, regardless of the media employed, tend to result in ‚no significant difference' conclusions" (S. 447).

Angeregt durch diese und ähnliche Studien (s. Schulmeister, 1997, S. 386–414) hat Thomas L. Russell (1999) eine Website mit dem Titel „No Significant Difference" entwickelt, die mehr als 300 Evaluationsberichte präsentiert, die keine signifikanten Unterschiede in den Lernresultaten der Studierenden im Fernstudium oder im Präsenzstudium feststellen konnten (http://teleeducation.nb.ca/nosignificantdifference/).

Die Gründe dafür bilden mehrere Faktoren, nämlich dass

- scheinbar gleiche Methoden in Wirklichkeit nicht gleich sind, weil keine objektiven Beschreibungskriterien existieren, die unterschiedliche Methoden vergleichbar machen;
- bei jeder Evaluation immer wieder weitere unabhängige Variablen gefunden werden, die in der jeweiligen Untersuchung nicht kontrolliert wurden, die aber möglicherweise für Unterschiede in den Ergebnissen verantwortlich sein könnten;
- verschiedene Methoden mit denselben Kriterien geprüft werden, was zwangsläufig einer der beiden Methoden gegenüber eine unfaire Bedingung darstellt.

Die Studie des Institute for Higher Education Policy: „What's the difference?" (2000) (http://www.ihep.com/Publications.php?parm=Pubs/PubLookup.php) setzt sich mit den Gründen dafür auseinander, dass in vielen Vergleichsuntersuchungen keine signifikanten Differenzen zwischen den Versuchsbedingungen gefunden werden:

- „Much of the research does not control for extraneous variables and therefore cannot show cause and effect.

- Most of the studies do not use randomly selected subjects.
- The validity and reliability of the instruments used to measure student outcomes and attitudes are questionable.
- Many studies do not adequately control for the feelings and attitudes of the students and faculty – what the educational research refers to as ‚reactive effects'."

Die Studie verrät mit ihrer Forderung nach Randomisierung der Stichproben („randomly selected subjects") immer noch eine positivistisch motivierte Hoffnung auf die Gültigkeit experimenteller Designs in der Evaluationsforschung und auf einen stetig wachsenden Erkenntnisfortschritt. Die Studie sieht aber durchaus weitere Kritikpunkte, u.a. die Vernachlässigung von Differenzen zwischen den Studierenden, insbesondere der unterschiedlichen Lernstile der Studierenden, und die Nicht-Berücksichtigung von Abbrecherquoten bei der Ermittlung der Lernergebnisse.

Derartige Kritik trifft auch auf die vielen Erfahrungsberichte über E-Learning-Experimente zu. Entweder haben wir den Eindruck, dass die Aussagen auf die Wirklichkeit nicht zutreffen, die wir unter E-Learning begreifen, oder aber wir können die angeblichen Erkenntnisse nicht nachvollziehen und die Schlussfolgerungen nicht teilen, weil wir andere Variablen im Auge haben. Es sollte deshalb ein Weg gefunden werden, um zumindest die gestalterischen didaktischen Variablen durch objektivistische Kriterien beschreibbar zu machen. Dazu soll dieser Aufsatz einen Beitrag leisten. Ich möchte im Folgenden auf einige dieser Kritikpunkte näher eingehen, insbesondere auf die Forderung nach Differenzierung der Lernumgebung, der Stichprobe und des konzeptuellen Rahmens der E-Learning-Angebote.

2. Die Unmöglichkeit, allgemeine Aussagen zu treffen

Ich möchte an dieser Stelle in mehreren Thesen den provokativen Standpunkt vertreten, dass es unmöglich ist, allgemeine Aussagen über E-Learning zu treffen, sondern dass Aussagen über E-Learning stets hinsichtlich der Elemente und Komponenten differenziert werden müssen, aus denen sich E-Learning-Angebote zusammensetzen. Ich möchte ferner die These vertreten, dass differenzierte Aussagen über E-Learning eine Einigung über Deskriptoren für den E-Learning-Bereich voraussetzen, die zur Zeit unter dem Begriff der „Standardisierung" diskutiert werden (LTSA, Ariadne, SCORM etc.).

These 1
Es können keine allgemeinen Aussagen über E-Learning gemacht werden, da E-Learning-Angebote sich gravierend in Zielen, Szenarien, Lernumgebungen, Methoden und Lernobjekten unterscheiden.

Eine Aussage wie z.B. „E-Learning ist Lernen unabhängig von Zeit und Ort" trifft längst nicht alle Erscheinungsformen von E-Learning. In vielen Fällen besteht E-Learning in der zeitgleichen Übertragung von Vorlesungen oder Präsentationen, in anderen Fällen wird gerade besonderer Wert auf die synchrone Kooperation von Individuen und den synchronen

Diskurs in Wissensgemeinschaften gelegt. Die alternative Aussage „E-Learning besteht in der individuellen Auseinandersetzung mit vorgefertigten Lernobjekten" würde alle virtuellen Seminare ausschließen, die nicht mit solchen Lernobjekten arbeiten, sondern in denen das Wissen durch die Online-Kommunikation der Lernenden erst entsteht.

Wir müssen deshalb mindestens zwei Typen von E-Learning unterscheiden, die sich an den extremen Enden einer Skala befinden, die man als Lernen mit Lernobjekten und Diskurse ohne Lernobjekte bezeichnen könnte. Darauf komme ich später zurück.

These 2
Dem reinen Fernstudium oder dem puren virtuellen Studium entgegnen die Anbieter von Präsenzstudien heute gern mit dem Konzept des Blended Learning. **Aber es können ebenso wenig allgemeine Aussagen zu Blended Learning formuliert werden, da Blended Learning ganz unterschiedliche Realisierungsformen annehmen kann.**

Schon rein quantitativ können sich Blended-Learning-Angebote darin unterscheiden, wie hoch der Anteil der virtuellen Elemente im Studium ist. Ein Studiengang, in dem zwar alle Lernmaterialien online erhältlich sind, der gesamte Lernprozess aber in Präsenzveranstaltungen stattfindet, unterscheidet sich gravierend von einem Studiengang, in dem viele Seminare asynchron und synchron auch im Netz abgehalten werden.

Derartige Differenzen setzen sich fort, wenn man die qualitativen Seiten oder methodisch-didaktischen Aspekte der Blended-Learning-Veranstaltungen betrachtet. Teleteaching-artige virtuelle Veranstaltungen dienen überwiegend der Informationsvermittlung oder der Instruktion, während projekt- und problemorientierte virtuelle Seminare die diskursiven Prozesse des Lernens in den Vordergrund stellen. Funktionale, didaktische Unterschiede machen es erforderlich, Deskriptoren zu entwickeln und Aussagen über E-Learning genau für den jeweils gemeinten Deskriptorenbereich zu differenzieren. Auf solche Schwierigkeiten weist auch die Studie von Reiß und Dreher (2002) hin, die im Auftrag von T-Systems durchgeführt wurde:

„Komplexität ist ferner eine Folge der Tatsache, dass es ‚das' Standard-E-Learning-Angebot und somit ‚den' Markt nicht gibt. Vielmehr ist es erforderlich, ein Variantenspektrum anzubieten. Vielzahl und Vielfalt induzieren also auch *Differenzierungsbedarfe*. Als relevante Differenzierungsfaktoren fungieren hier u.a. die unterschiedlichen Lerninhalte und Typen von Lernenden." (Reiß & Dreher, 2002, S. 3; http://Ifo.uni-stuttgart.de)

These 3
Es können keine allgemeinen Aussagen zur Akzeptanz von E-Learning gemacht werden, da die Studierenden sich hinsichtlich mehrerer Parameter erheblich unterscheiden.

Ich greife die Bemerkung aus dem letzten Zitat wieder auf: „Als relevante Differenzierungsfaktoren fungieren [...] Typen von Lernenden." Für die Notwendigkeit, nach Typen von Lernenden zu differenzieren, möchte ich ein Beispiel schildern: Das Sloan Consortium hat auf der Basis der Daten der National Postsecondary Student Aid Study, 1999–2000, einer Befragung von über 60.000 Studenten, einige interessante Befunde herausgestellt (Sloan-C View ISSN 1541-2806 Volume 2 Issue 2 – April 2003):

Kriterien didaktischer Qualität im E-Learning

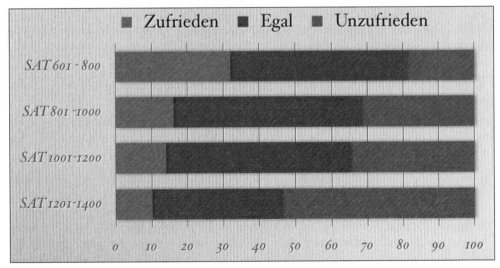

Abbildung 1: Studie von Sloan-C zur Zufriedenheit mit dem Fernstudium

60.000 mit dem SAT Score getestete Studierende, dem Eingangstest, der von vielen amerikanischen Universitäten eingesetzt wird, wurden in vier Niveaus unterteilt. Die Gruppe mit dem höchsten SAT Score zeigte die geringste Zufriedenheit mit dem Fernstudium und das größte Ausmaß an Kritik am Fernstudium, während die Gruppe mit dem niedrigsten SAT Score die höchste Zufriedenheit mit dem Fernstudium und die geringste Kritik zeigte. Der Grad der Zufriedenheit war im Wesentlichen auch unabhängig von Unterschieden in den Vermittlungsmethoden (Video, Internet etc.), Alter, Geschlecht und Institution.

Nun kann man an eine solche inverse Relation eine Reihe von Fragen stellen: „Is it that the students with the higher SAT scores excel in face-to-face courses and don't want to change? Could it be that students with lower SAT scores are reacting to less time pressure from the asynchronous nature of many distance education courses?" (ebd.) Die Reihe von Fragen lässt sich noch verlängern: Kann es sein, dass der SAT Score zugleich das Kompetenzbewusstsein der Individuen spiegelt, ihr Anspruchsniveau wiedergibt? Kann es sein, dass mit der Variablen „Zufriedenheit mit dem Fernstudium" implizit didaktische Parameter wie Lerneinstellungen oder Lernstile erfasst werden? Ich vermute, dass Kompetenzniveau und Kompetenzbewusstsein und der Anspruch an eine diesem Kompetenzniveau entsprechende Didaktik hierbei eine Rolle spielen. Mit anderen Worten: Ein Fernstudium erscheint kompetenten Lernenden als nicht anspruchsvoll oder didaktisch geeignet.

Aber abgesehen von dieser These: Was soll dieses Beispiel sagen? Zufriedenheit oder Akzeptanz sind keine unabhängigen Variablen. Es ist notwendig, nach Faktoren zu suchen, die Zufriedenheit oder Akzeptanz differentiell oder multifaktoriell erklären können. Akzeptanz von E-Learning-Maßnahmen muss für unterschiedliche Gruppen von Studierenden differenziert und durch unabhängige Variablen erklärt werden. Der gravierende Fehler, der im E-Learning heute überwiegend gemacht wird, ist die fehlende Differenzierung der Studierenden, die auf eine unzureichende Analyse der Zielpopulation zurückgeht, und die Wahl eines Lernmodells, das keine innere Differenzierung und kein lernerzentriertes Lernen erlaubt: „All too frequently, even innovative institutions fall back on a one-fits-all approach […] forgetting that students are different and have different needs." Erinnert die ehemalige Educause-Vizepräsidentin und Direktorin des Center for Academic Transformation im Rensselaer Polytechnic Institute, Carol A. Twigg (http://www.center.rpi.edu) in ihrem Bericht über das Pew Symposium zu „Innovations in Learning".

These 4
Es lassen sich keine allgemeinen Urteile über die Qualität von E-Learning-Umgebungen (Design, Usability) fällen, da die Urteile abhängig sind von unterschiedlichen Einstellungen und Fachkulturen der Studierenden und der Lehrenden.

In der Studie zu Lernplattformen EVA:LERN (ausführlich dokumentiert in Schulmeister, 2003) wurden mehrere Plattformen von etwa 50 Lehrkräften getestet und auf ihre Usability beurteilt. Zwei der getesteten Plattformen wiesen in nahezu allen Variablen des Usability-Testbogens ähnliche Mittelwerte auf. Eine statistische Prüfung zeigte, dass viele Variablen bimodal verteilt waren, dass es also zwei Substichproben von Lehrenden geben musste, die jeweils eine Plattform vorzogen. Die Suche nach dem Grund für die Bimodalität der Verteilung wies darauf hin, dass die Ingenieurwissenschaftler die Plattform Clix bevorzugten und die Plattform WebCT ablehnten, während die Präferenz der Geisteswissenschaftlern genau umgekehrt ausfiel. Eine allgemeine Aussage zur Akzeptanz von Lernplattformen bei Hochschullehrern ist deshalb nicht möglich, die Akzeptanz ist durch die unterschiedlichen Fachkulturen geprägt.

An dieser Stelle kann ich nur wenige Beispiele aus der umfangreichen Usability-Studie referieren.

	CLIX		WebCT	
GW = Geisteswiss.; NW = Ingenieurwiss./Naturwiss.	**GW**	**NW**	**GW**	**NW**
Die Lernplattform hat es mir ermöglicht, meine Arbeit schnell zu erledigen	2,72		2,44	
	2,0	3,44	3,0	1,98
Ich würde diese Lernplattform anderen empfehlen	3,61		2,78	
	3,67	3,56	4,0	1,56
Die Lernplattform erfordert oft zu viele Operationen für die Erledigung einer Aufgabe	2,83		3,52	
	3,0	2,67	2,82	4,22

Tabelle 1: Usability von Lernplattformen (Daten aus Schulmeister, 2003)

Alle Skalen des Usability-Tests wurden von 1 (niedrigster Wert) bis 5 (höchster Wert) skaliert. Die Werte in der Tabelle sind Mittelwerte. Die Mittelwerte zur Frage „Die Lernplattform hat es mir ermöglicht, meine Arbeit schnell zu erledigen" unterscheiden sich nur geringfügig, nach Trennung in die beiden heimlichen Substichproben Geisteswissenschaftler (GW) und Natur- und Ingenieurwissenschaftler (NW) zeigen sich jedoch klare Unterschiede:

Während die GW für WebCT den höheren Wert wählen, tun die NW dies für Clix. Beim Item „Ich würde diese Lernplattform anderen empfehlen" erhält Clix in der Gesamtgruppe die höhere Zustimmung. Sobald man aber die beiden Gruppen trennt, ist der Mittelwert der Gruppe GW für WebCT der höchste Wert. Besonders interessant ist das dritte Item „Die Lernplattform erfordert oft zu viele Operationen für die Erledigung einer Aufgabe". Ich habe viele Arbeitsprozesse in beiden Plattformen auf die Zahl der Operationen hin untersucht, die notwendig sind, um bestimmte Aufgaben durchzuführen. Objektiv gesehen ist die Zahl der Schritte, die für dieselben Aufgaben benötigt werden, in WebCT vier- bis sechsmal geringer als in Clix. Trotzdem wird der Aussage von der NW-Gruppe für WebCT zugestimmt, für Clix wird sie abgelehnt. Die GW-Gruppe ist da etwas objektiver. Es wird hier deutlich, dass die subjektiven Urteile der NW-Gruppe von einer „feindlichen" Voreinstellung zu WebCT geleitet werden. Auch damit muss bei einer empirischen Evaluation gerechnet werden.

Solange man nicht entdeckt, dass in der bimodalen Verteilung klare Substichproben stecken, solange man also keine unabhängige Variable findet, die Differenzen aufzeigt wie der SAT Score im Beispiel „Zufriedenheit mit dem Fernstudium" oder wie die Zugehörigkeit zu einer Fächerkultur in diesem Beispiel, ergeben die statistischen Zentralwerte zur Einschätzung der Usability keinen Sinn. Konsequenterweise gibt es keine **allgemeine** Aussage zur Akzeptanz von E-Learning, die Urteile müssen nach Subgruppen differenziert werden.

These 5
Es können keine allgemeinen Aussagen über den Erfolg oder Nicht-Erfolg von E-Learning gemacht werden, da Lernerfolg von der Interdependenz zwischen Lernereigenschaften und Qualität der Didaktik (Lernziele, Szenario, Lernumgebung, Methode und Lernobjekt) abhängig ist.

Es gibt eine Reihe von Evaluationen, die Differenzen im Navigationsverhalten, in der Einstellung zu E-Learning, im Lernerfolg oder in anderen Variablen auf individuelle Eigenschaften der Lerner zurückführen konnten, während Evaluationen, die keine Lernervariablen kontrolliert hatten, die Unterschiede im Lernerfolg nicht erklären bzw. keine signifikanten Differenzen finden konnten. Gelegentlich, aber wirklich nur gelegentlich, „erwischt" man erstaunliche Zusammenhänge:

So stellen Reiß & Dreher (2002; http://Ifo.uni-stuttgart.de) in ihrer Untersuchung für T-Systems fest, „dass keine homogene Zielgruppe von E-Learning-Kunden existiert. Die empirischen Ergebnisse lassen den Schluss auf die Existenz unterschiedlicher Typen von Lernenden (Kurz: Lerner-Typen) zu." (S. 16) Sie unterscheiden drei Lerner-Typen, den autonomen Lerner, den kontextvariablen Lerner und den interaktiven Lerner, und konnten ermitteln, dass diese Lerner-Typen deutlich unterschiedliche Präferenzen für bestimmte Lernformen zeigen. Es ist demnach zu erwarten, dass Lern- und Studienerfolg abhängig vom Lerner-Typ und seiner Interdependenz mit den angebotenen Lehr-Lernmethoden sind.

Bereits Anfang der 80er Jahre konnte ich feststellen, dass der Lernerfolg von Psychologie-Studenten in der Statistik beeinflusst wurde durch ein motivationales Konstrukt, das wir in Analogie zur „number anxiety" als Statistik-Angst bezeichneten (Schulmeister, 1983). Es hat seitdem mehrere Replikationen des Phänomens gegeben. Jüngst hat Thomas Martens im

Rahmen des Projekts „Methodenlehre-Baukasten" mit neuen Skalen wieder eine Differenzierung der Stichprobe erkennen können (noch nicht veröffentlicht).

Die University of Central Florida (UCF) führt seit einiger Zeit alle Evaluationen mit einem Lernstilinventar nach William A. Long durch (http://www.center.rpi.edu/PewGrant/ rd1award/ucf.html). Long kennt die zwei Dimensionen Aggressivität – Passivität und Abhängigkeit – Unabhängigkeit, deren Kombination kreuzweise vier Lernstiltypen ergibt. Über die Validität dieser Lernstiltypologie kann hier nichts ausgesagt werden. Auf jeden Fall setzt die UCF in fast allen Erhebungen dieses Instrument ein. Sie stellten dabei fest, dass „all Long types are evenly represented in face-to-face general education courses but not in comparable Web-based classes."

Type	N	%
Aggressive Dependent (AD)	228	60
Aggressive Independent (AI)	87	23
Passive Independent (PI)	47	12
Passive Dependent (PD)	19	5

Tabelle 2: Lernstile von Online-Studierenden der University of Central Florida (Twigg, 2001, S. 8)

Interessante Fragen eröffnet diese Untersuchung: Warum wählen überwiegend aggressiv-abhängige Studierende einen Online-Kurs, hingegen nur wenige passiv-abhängige. Der Schluss, dass ein virtuelles Studium diese Lernertypen eher anzieht, mag noch hingehen, nicht aber die Vermutung, dass es für diese Lerner besser geeignet sei, denn es zeigte sich, dass sowohl die AD- als auch die PD-Studierenden sich mehr Präsenzunterricht wünschten, während dies für die AI- und PI-Studierenden nicht galt. Auf jeden Fall ist die Forderung berechtigt: „We need to treat students as individuals rather than as homogenous group." (Twigg, 2001, S. 5)

These 6
Die Suche nach unabhängigen Variablen, die Lernerfolg erklären könnten, gestaltet sich in der empirischen Evaluationsforschung als infiniter Regress (Schulmeister, 1997, 396ff.).

So sehr es durch die differenzielle Analyse der Stichprobe zu interessanten Erkenntnissen über Abhängigkeiten zwischen Variablen kommen mag, so vergeblich ist allerdings die Hoffnung, dass damit der Prozess der Erkenntnis abgeschlossen sei. Für diese These möchte ich ein „hübsches" Beispiel anführen. Maki et al. (2000) haben in einem Experiment Vorlesungen mit virtuellen Seminaren verglichen. Sie stellten fest, dass das inhaltliche Wissen der Online-Studierenden größer war, dass die Online-Studierenden eine eventuelle Abneigung gegenüber Computern schneller abbauten, eine hohe Zufriedenheit mit dem Online-Kurs bekundeten und vieles mehr. Dennoch erhielten die Vorlesungen die besseren Noten. Ist ein erfolgreiches Abschneiden mit einer Lernmethode nicht ausschlaggebend für die Wertschätzung derselben?

Eine mögliche Erklärung bietet erst ein Klammerzusatz von Maki am Ende des Berichts: „I believe that the better performance is due to our forcing students in the on-line sections to interact with course material and not due to any inherent advantage of the web-based format." Nicht die Effizienz der neuen Methode oder die Attraktivität des neuen Mediums bewirkten den Lernerfolg in diesem Experiment, sondern die „Didaktik" des Dozenten, der von ihm ausgeübte Druck auf die Online-Studierenden, eine Variable, die nicht kontrolliert wurde und deshalb einer persönlichen Anmerkung bedarf.

In diesem Sinne lassen sich immer weitere Variablen benennen, die im Experiment nicht kontrolliert wurden. Praktisch jede empirische Evaluationsstudie endet mit dem Fazit, dass man bei einer Wiederholung des Experiments noch diese oder jene weitere Variable kontrollieren müsse, was zu einem infiniten Regress der Suche nach unabhängigen Variablen führt.

These 7
Nicht nur einzelne Variablen differenzieren, sondern auch Bündel von Variablen.

In vielen Fällen werden keine einzelnen Variablen ausfindig gemacht, die Studienerfolg oder Abbrecherquoten erklären, sondern Bündel von Variablen. In diesem Sinne suchte die Studie von Parker (1999) folgende Frage zu beantworten:

„Can locus of control, gender, number of distance education courses completed, age, financial assistance, and number of hours employed predict dropout from distance education courses?"

Die Studie kommt zu der Erkenntnis, dass zwei der Variablen, „locus of control and source of financial assistance", die Abbrecherquoten im Fernstudium zu 85 Prozent erklären.

Richardson und Turner (2000) haben die Einstellung gegenüber virtuellen Lernumgebungen auf Gender-Differenzen hin untersucht und herausgefunden, dass weibliche Studierende eine negativere Einstellung zu virtuellen Lernumgebungen zeigen. Sie führen diesen Unterschied darauf zurück, dass „Female students may not be as computer literate as male students and therefore less confident, or some elements of working in this environment may not be compatible with the needs of female students. The evaluation has shown that, generally, students are not working collaboratively and have reduced face-to-face contact. Female students may prefer more interactive methods of learning."

Zugleich jedoch haben Richardson und Turner herausgefunden, dass ein starker signifikanter Zusammenhang zwischen kognitiven Lernstilen (wobei eine Holisten-Analytiker-Dichotomie benutzt wurde) und der Einstellung zu virtuellen Lernumgebungen besteht: „This implies that the more analytic students were, the more positive their perception of VLEs became." In diesem Fall beeinflussen sowohl Gender-Unterschiede als auch Lernstile die Einstellung gegenüber dem virtuellen Lernen.

These 8
Es können keine allgemeinen Aussagen über die Qualität virtueller Angebote gemacht werden, solange die Systemvoraussetzungen und -eigenschaften nicht transparent gemacht werden.

Zu den Systemvoraussetzungen für E-Learning-Angebote zählen die Investitionen in Content- und Learning-Management-Systeme, die Infrastruktur hinsichtlich Zugang zu Bibliotheken und Laboren, die Einrichtung von Schulungs- und Weiterbildungsmaßnahmen für administratives und lehrendes Personal, die Art und Quantität des Einsatzes von Tutoren sowie die Qualität der Unterrichtsmaterialien und Medien. Kaum eines der virtuellen Angebote stellt sich seinen Interessenten mit Hilfe dieser Parameter vor. Der Kunde kauft „die Katze im Sack".

Zur didaktischen Qualifizierung von Lehrkräften gibt es eine interessante empirische Studie von Timothy Bothell and Tom Henderson. Sie machten bei der Evaluation eines Freshman-Kurses an der Washington State University die Erfahrung, dass durch eine didaktische Fortbildung des Lehrpersonals die Abbrecherquote gesenkt werden konnte:

„The Freshman Seminar Program includes training for teachers, teacher assistants and graduate assistants. The teacher improvement training includes training in principles of high quality undergraduate education and training in how to collaborate and coordinate with other teachers and students in the program for the purpose of improving learning.

Research about the Freshman Seminar Program shows that Freshman Seminar students are nearly 5 percent more likely to be retained to the sophomore year than other freshmen." (http://www1.astd.org/News_Letter/May/Links/Practice_roiteacher.html)[1]

Bei einer Schätzgröße von 55 Studierenden, die mehr als bisher an der Universität gehalten werden können und die einen Zuschuss vom Staat einbringen und Tuition zahlen (zus. $ 8.500), ergeben sich bei Kosten von $ 229.205 Einnahmen von $ 451.000. Also fast 100% Gewinn oder ROI (return of investment)! Es zeigt sich demnach, dass Investitionen in die didaktische Aus- und Fortbildung von Lehrkräften sich auch in barer Münze auszahlen können.

Auch dieses Beispiel zeigt, dass erstens Variablen gefunden werden können, die den Studienerfolg beeinflussen (in diesem Fall die didaktische Qualifikation), und dass zweitens die Investitionen (in diesem Fall das Training der Lehrkräfte) einen gravierenden Qualitätsunterschied ausmachen können (in diesem Fall die Senkung der Abbrecherquote). So dürften Variablen wie Medienvielfalt, Tutoreneinsatz, Interaktion mit Lehrkräften (Swan et al., 2000, Chou, 2001), Interaktivität der Lernobjekte (Schulmeister, 2003, S. 207ff.) usw. bedeutsame Qualitätsunterschiede generieren. Solange aber die Anbieter ihre Investitionen in den Entwicklungsprozess nicht offen legen, solange Evaluationen nicht die Voraussetzungen und

---

[1] Die Studie wird demnächst erscheinen unter dem Titel Bothell, T. W. and Henderson, T. (2003). Evaluating the Return on Investment of Faculty Development. In C. Wehlburg & S. Chadwick-Blossey (Eds.), *To Improve the Academy: Vol. 22. Ressources for Faculty, Instructional, and Organizational Development.* Bolton, MA: Anker Publishing.

Inputs der evaluierten Projekte transparent machen, lassen sich die Projekte nicht miteinander vergleichen und folglich kaum allgemeine Aussagen über den Erfolg und die Qualität von E-Learning formulieren.

Welche Differenzierungen sind wichtig, wenn es um Aussagen zu E-Learning geht? Der Geltungsbereich von Aussagen zum E-Learning ist zu beziehen auf

- das jeweilige didaktische Szenario
- die jeweilige Lernumgebung und deren didaktisches Modell
- die Korrespondenz von Lehrstil und didaktischem Modell
- das Interaktionsniveau der Lernobjekte und den Grad an Selbststeuerung der Lernenden
- die Kongruenz von Methoden und Lernstilen, Motivation und anderen Lernervariablen.

Auf einige dieser Aspekte will ich im Folgenden näher eingehen.

3. Objektivistische Taxonomien oder Ontologien?

Der Differenzierungsgrad verbunden mit dem Kongruenzanspruch scheint nun eine komplexe, wenn nicht gar unmögliche Forderung zu sein. Ich bin dennoch überzeugt davon, dass sich mit einem objektorientierten Ansatz, der relativ formale Deskriptoren bereitstellt, klare Übereinkünfte erzielen lassen, die eine objektive Klassifikation von E-Learning-Projekten ermöglichen. Ansätze in diese Richtung sind versucht worden von Meder für das Projekt L3 unter dem Begriff der Ontologie oder von Koper mit dem Entwurf einer Modelling Language.

Meder unterscheidet fünf Kategorien (Sachkategorie, Kompetenzkategorie, Wissenskategorie, Mediale Kategorie und Relationale Kategorie) und drei Typen von Wissenseinheiten (Rezeptive WE, Interaktive WE und Kooperative WE). Zusammen ergeben sich 15 Dimensionen oder Metadatensätze.

Für Rob Koper sind Lernobjekte, um die sich die aktuelle Metadaten- und Standardisierungs-Diskussion in Ariadne, IEEE und SCORM dreht, „not the key thing in effective learning processes". Die Grundeinheit des didaktischen Designs ist für ihn die „unit of study", die Lerneinheit oder Lektion:

„It is the smallest unit providing learning events for learners, satisfying one or more interrelated learning objectives. This means that a unit of study cannot be broken down to its component parts without loosing its semantic and pragmatic meaning and its effectiveness towards the attainment of learning objectives. The unit of study could be considered as a *gestalt*." (3)

Gerade der Einsatz von Lernobjekten in Learning-Management-Systemen habe gezeigt, dass das Konzept von Lernobjekten nicht ausreiche, um Lerneinheiten in Lernplattformen zu beschreiben. Es fehle der Rahmen, in den Lernobjekte inkorporiert sind, eben die Lerneinheit oder die Lektion.

Wie eine Lerneinheit von Rob Koper im Einzelnen konfiguriert wird, welche Architektur er für sein Metadatensystem vorsieht, welche Kriterien das Modell erfüllen soll und wie die Umsetzung in XML konzipiert wird, das wäre zu aufwändig zu referieren und soll uns an dieser Stelle nicht beschäftigen. Was mich interessiert an dem fast zeitgleichen Erscheinen dieser und anderer formaler Beschreibungen von Lernumgebungen sind ihre Gemeinsamkeiten.

Bei Meder wie bei Koper spielen objektivistische Unterscheidungen eine Rolle: Die Unterscheidung von Schichten oder Räumen wie problem space, semantic realm und presentation space bei Meder erinnert mich an meine Unterscheidung von Ereignisraum, Darstellungsraum und Bedeutungsraum (Schulmeister, 1997, S. 24ff.) und an die Unterscheidung von Lehrmodellen in Kopers „pedagogical meta-model".

Die Differenzierung von grundlegenden E-Learning-Typen und didaktischen Szenarien fügt dem Versuch, zu einer formalen Beschreibung zu kommen, weitere Möglichkeiten hinzu. Lernszenarien sind die Antwort auf die Frage, für welche Umgebungen und Situationen die Lerneinheiten und ihre Lernobjekte konzipiert wurden oder sich eignen. Ich hielte es für unzweckmäßig, dieses Kriterium in der Bestimmung der „units of study" aufgehen zu lassen.

4. Didaktische Deskriptoren für die Evaluation von E-Learning

Im Folgenden werde ich den Versuch unternehmen, in einer „Tour de Force" potenzielle Kandidaten für formale Deskriptoren von E-Learning ausfindig zu machen. Ich mache das hier in einer Kurzform, da ich einzelne der Parameter und Skalen bereits an anderen Stellen ausführlicher beschrieben habe (Schulmeister, 2003). Auf dem Weg zur Differenzierung der unterschiedlichen Formen und Anwendungen von E-Learning haben sich mir bisher folgende Deskriptoren angeboten:

E-Learning-Typen
Didaktische Szenarien
Lernmodell
Lernumgebung & Lerneinheit
Lernobjekt
Interaktivität von Lernobjekten

4.1 E-Learning-Typen

Zunächst sind zwei grundsätzlich verschiedene Typen von E-Learning zu unterscheiden, die so gut wie nichts miteinander zu tun haben, zwischen denen sich aber graduelle Übergänge und Mischformen finden lassen:

Es gibt E-Learning-Umgebungen, deren wesentliches Merkmal in einem umfangreichen Angebot von Standard-Lerninhalten besteht, während es E-Learning-Seminare gibt, die anfangs völlig ohne Inhalte starten. Ferner gibt es E-Learning-Umgebungen, deren Hauptzweck das Selbstlernen ist, während einige Online-Seminare überwiegend der Kommunikation und dem Diskurs gewidmet sind.

Die Unterschiede sind gravierend: Während der Studierende im E-Learning-Typ A sich vorwiegend mit vorgefertigten Lernobjekten auseinandersetzt, erarbeitet der Studierende im E-Learning-Typ B Wissen gemeinsam mit anderen. Entsprechend variieren die Konsequenzen für die Qualität der beiden Typen. Während im Typ A die Qualität des Lernens überwiegend von der Interaktivität der Lernobjekte abhängt, beruht die Qualität der Lernprozesse im Typ B sehr auf der Qualität der Moderation.

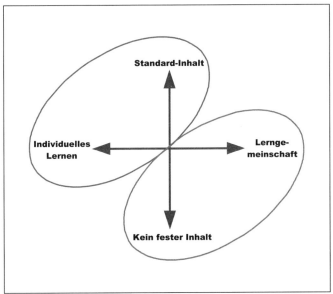

Abbildung 2:   Zwei grundlegend unterschiedliche E-Learning-Welten

4.2 Szenarien

Auf einer nächsten Stufe sind Kriterien für die Unterscheidung von Einsatzformen für E-Learning oder sog. didaktische Szenarien zu definieren, wobei das Spektrum dieser Einsatz-formen unmittelbar deutlich macht, dass Aussagen zu den einen nicht für die anderen gelten können. Ich habe in Schulmeister 2001 hierzu einen Vorschlag unterbreitet, der darauf beruht, dass die Szenarien nach drei Skalen skaliert werden:

Präsenz – Virtuell
An einem Extrem der Skala stehen reine Präsenzveranstaltungen, am anderen Ende der Skala verzeichnen wir rein virtuelle Veranstaltungen, in der Mitte befinden sich die Mischformen, die heute gern als „Blended Learning" bezeichnet werden, die sich aber angemessener als integrierter Einsatz virtueller Lehr- und Lernanteile im Präsenzlernen charakterisieren lassen.

Information – Kooperation
Die Skala „von der Information zur Kooperation" soll die Funktionalität bezeichnen, die Wissen zwischen Lehrenden und Lernenden annehmen kann: An dem einen Extrem der Skala hat die Lehre die Funktion der Informationsvermittlung, am anderen Extrem steht die kooperative Generierung von Wissen durch die Kommunikation unter den Lernenden.

Instruktion – Lernen
Mit dieser Skala „von der Instruktion zum Lernen" sind didaktische Modelle gemeint, wie sie auch bei Meder und bei Koper angesprochen werden: An dem einen Extrem der Skala befinden sich Lernumgebungen und Lehrmethoden, in denen der Dozent die absolute Kontrolle über den Inhalt ausübt und die Lernenden diese Inhalte passiv rezipieren, am anderen Extrem befinden sich solche Lernumgebungen, in denen die Lernenden die Kontrolle über den Inhalt ausüben und sich das Wissen aktiv aneignen und selbständig generieren.

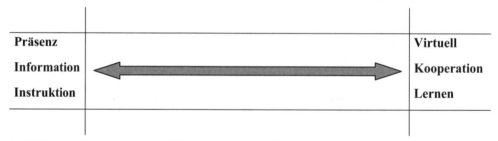

Abbildung 3: Drei Skalen zur Differenzierung von Lernszenarien

Es dürfte offensichtlich sein, dass Ausbildungsangebote, die sich an den jeweiligen Extremen der Skalen befinden, nicht miteinander vergleichbar sind, und es dürfte daher auch deutlich sein, dass sie nicht mit denselben Kriterien beschreibbar sind.

Beispiele: Eine klassische Vorlesung mit hohem Präsenzanteil, die durch eine Website mit vorlesungsbegleitendem Lehrmaterial ergänzt wird, das im Wesentlichen der Information der Teilnehmer dient, folgt einem typischen Instruktionsmodell. Ein Seminar hingegen, das ausschließlich virtuell stattfindet und in dem die Studierenden im Wesentlichen durch den asynchron oder synchron geführten Diskurs lernen, wobei sie zusätzlich in Arbeitsgruppen miteinander an kleinen Projekten kooperieren können, bildet das andere Extrem. Eine ausführliche Beschreibung der didaktischen Szenarios befindet sich in Schulmeister (2003, S. 175–185).

4.3 Lernmodelle und Lernumgebungen

Innerhalb von Lernszenarien sind völlig unterschiedliche Lernmodelle möglich. Lernszenarien, Lernmodelle und Lernumgebungen sind teilweise unabhängig voneinander. So lässt sich ein fallbasiertes Lernmodell selbst in einem reinen Teleteaching-Szenario realisieren, so kann man problemorientiertes Lernen auch innerhalb einer Lernplattform verwirklichen. Umgekehrt lassen sich Drill & Practice-Programme selbst in einem auf Diskurs ausgerichteten seminaristischen Unterricht einsetzen oder ein virtuelles Seminar durch pure Instruktion „verhunzen". Nicht alle diese Kombinationen sind sinnvoll, aber sie sind möglich. Die Reflexion über Lernmodelle sollte zu adäquaten Passungen von Lernmodell und Methode führen. Dieses Thema allerdings führt zu einem problematischen Bereich der Diskussion über differenzierende formale Parameter und Standards, da bekannt ist, dass wir uns mit dem Thema der Lernmodelle auf ein Gebiet begeben, in dem ideologische, erkenntnistheoretische und wissenschaftssoziologische Differenzen eine Einigung unter Hochschullehrern erschweren.

4.4 Interaktivität von Lernobjekten

Zu den Units of Study verweise ich auf die Schrift von Rob Koper und – ohne die Differenzen hier diskutieren zu können – auf meine Überlegungen zur Struktur von Lektionen in Learning-Management-Systemen (Schulmeister, 2003, S. 194ff.). Auch auf die Diskussion der Lernobjekte als solche will ich an dieser Stelle verzichten, da sie bereits in der internationalen Diskussion ausgiebig behandelt werden. An dieser Stelle kommt es mir auf eine der wichtigsten, wenn nicht die wichtigste Eigenschaft von Lernobjekten an, deren Interaktivität.

Swan (2000) betont die Wichtigkeit der Interaktion: „Central to the concepts of both learning and computer mediation is the notion of interaction. Interaction refers to reciprocal events involving at least two actors and/or objects and at least two actions in which the actors, objects, and events mutually influence each other". Hier erscheint Interaktion als eine an die Kommunikationstheorie angelehnte Kategorie. Später zitiert sie selbst einen umfassenderen Begriff, wobei sie sich auf Moore (1989) beruft: „Researchers concerned with computer-based education have identified three kinds of interactivity that affect learning: **interaction with content, interaction with instructors, and interaction among peers**".

Drei Arten der Interaktion also: Mit den Inhalten oder Lernobjekten. Mit den Lehrenden und mit anderen Lernenden. Es scheint mir zweckmäßig zu sein, in diesem Zusammenhang die Interaktion der Lernenden mit Lernobjekten unter dem Begriff Interaktivität zu versammeln und den Begriff Interaktion für die kommunikative Interaktion unter Menschen zu reservieren.

Swan und Moore verstehen unter Interaktion mit dem „Content" eine sinnhaltige Auseinandersetzung mit der semantischen Schicht des Lerngegenstands: „Interaction with content refers both to learners' interactions with the course materials and to their interaction with the concepts and ideas they present." Eine graduelle Bestimmung von Interaktivität findet sich nicht.

Dafür habe ich verschiedentlich Vorschläge unterbreitet, die zu einer objektiven Klassifikation und eine Taxonomie von Interaktivitätsniveaus führen sollen (Schulmeister, 2002; Schulmeister, 2003). Ich will an dieser Stelle nur kurz das Prinzip erläutern, wie man im Fall der Interaktionsniveaus zu formalen Kategorien für die taxonomischen Stufen kommen kann.

Stufe	Lernobjekte allgemein	speziell Filme und Animationen	speziell Programme
I	Objekte betrachten und rezipieren	Bilder betrachten	Automatischen Programmablauf ausführen
II	Multiple Darstellungen betrachten und rezipieren	Filme betrachten, abspielen, anhalten, rückspulen, wiederholen etc.	Mehrfache optionale Programmabläufe veranlassen
III	Die Repräsentationsform variieren	Die Darstellungsweise in Filmen und deren Ablauf manipulieren (Drehen, Skalieren, zu anderen Stellen im Film verzweigen)	Variation der Darstellung durch Eingriff in ein Programm
IV	Den Inhalt der Komponente beeinflussen	Den Inhalt der Filme oder der Visualisierung durch Dateneingabe beeinflussen	Variation durch Parameter- oder Datenvariation
V	Das Lernobjekt bzw. den Inhalt selbst konstruieren	Filme oder Visualisierungen generieren	Objekte konstruieren und Prozesse generieren
VI	Den Gegenstand bzw. Inhalt der Repräsentation konstruieren und durch manipulierende Handlungen intelligente Rückmeldung vom System erhalten	Sinnvolle Rückmeldungen zu Manipulationen in Visualisierungen erhalten	Prozesse und Programme mit sinnvoller Rückmeldung

5. Fazit

Wir benötigen neue Ansätze im E-Learning, die in Berücksichtigung der Differenzierungen von Lernenden konzipiert wurden. Ob sich dafür „offene Lernumgebungen" als geeignetes Modell anbietet, wie ich es an anderer Stelle postuliert habe (Schulmeister, 2004), sollte weiter untersucht werden. E-Learning-Angebote sollten ihre Konzepte und Methoden transparent machen und veröffentlichen, damit Studierende nicht „die Katze im Sack" kaufen.

Dafür benötigen wir objektivistische Kriterien, mit denen sich die differenzierte Welt des E-Learning beschreiben lässt.

Literatur

BOTHELL, T. W. & HENDERSON, T. (2003). Evaluating the Return on Investment of Faculty Development. In: C. Wehlburg & S. Chadwick-Blossey (Eds.), *To Improve the Academy*: Vol. 22. Resources for Faculty, Instructional, and Organizational Development. Bolton, MA: Anker Publishing

CHOU, C. C. (2001). *Student interaction in a collaborative distance-learning environment: A model of learner-centered computer-mediated interaction*. Unpublished dissertation, University of Hawaii at Manoa, Honolulu

ELSHOUT, J.J. (1992). Formal Education vs. Everyday Learning. In: De Corte, E. et al. (eds.): *Computer-Based Learning Environments and Problem Solving*. (NATO ASI Series. Series F: Computer and Systems Sciences; 84) Berlin/Heidelberg: Springer (1992), S. 5–17

KOPER, R. (2001). *Modelling units of study from a pedagogical perspective. The pedagogical meta-model behind EML*. First draft, version 2, June, 2001 (http://eml.ou.nl/introduction/articles.htm)

MAKI, R. H., MAKI, W. S., PATTERSON, M., & WHITTAKER, P. D. (2000). Evaluation of a Web-based Introductory Psychology Course: I. Learning and Satisfaction in online versus Lecture Courses. In: *Behavior Research Methods, Instruments, & Computers* 32, 230–39

MEDER, N. (o.J.). *Didaktische Ontologien*. (Ein Papier für das Projekt L3). http://cweb.uni-bielefeld.de/agbi/cgi-bin-noauth/ cache/VAL_BLOB/167/167/63/did.pdf

MOORE, M.G. (1989). Three types of interaction. *American Journal of Distance Education*, 3 (2), 1–6

PARKER, A. (1999). A Study of Variables that Predict Dropout from Distance Education. In: *International Journal of Educational Technology* v1 n2 http://www.ao.uiuc.edu/ijet/index.html

REIß & DREHER (2002). *T-Systems-Studie* (http://Ifo.uni-stuttgart.de)

RICHARDSON, J.A. & TURNER, A. (2000). A Large-scale ‚local' evaluation of students' learning experiences using virtual learning environments. In: *Educational Technology & Society* 3(4) 2000. http://ifets.ieee.org/periodical/

RUSSELL, T. L. (1999). *The No Significant Difference Phenomenon*. Montgomery, AL: IDEC. (http://teleeducation.nb.ca/nosignificantdifference/)

SCHULMEISTER, R. (ed.) (1983). *Angst vor Statistik. Empirische Untersuchungen zum Problem des Statistik-Lehrens und -Lernens*. Hamburg: Arbeitsgemeinschaft für Hochschuldidaktik

SCHULMEISTER, R. (1997). *Grundlagen hypermedialer Lernsysteme. Theorie – Didaktik – Design*. 2. Aufl. München, Wien: Oldenbourg 2. Aufl. 1997, 3. Aufl. 2002

SCHULMEISTER, R. (2001). Szenarien netzbasierten Lernens. In: Wagner, E./Kindt, M. (eds.): *Virtueller Campus. Szenarien – Strategien – Studium*. (Medien in der Wissenschaft; 14) Münster/New York: Waxmann, S. 16–36

SCHULMEISTER, R. (2002). Taxonomie der Interaktivitat von Multimedia – Ein Beitrag zur aktuellen Metadaten-Diskussion. In: *Informationstechnik und Technische Informatik*. 4 44, S. 193–199

SCHULMEISTER, R. (2003). *Lernplattformen für das virtuelle Lernen*. München, Wien: Oldenbourg

SCHULMEISTER, R. (2004). Didaktisches Design aus hochschuldidaktischer Sicht. Ein Plädoyer für offene Lernsituationen. In: Meister, D./Rinn, U. (Hrsg.): *Didaktik* (Arbeitstitel). Waxmann: Münster (im Druck)

SLOAN-C VIEW (2003). ISSN 1541-2806 Volume 2 Issue 2, April 2003

SUMMERVILLE, J. (1999). Role of awareness of cognitive style in hypermedia. In: *International Journal of Educational Technology* v1 n1, http://www.ao.uiuc.edu/ijet/index.html

SWAN, K., SHEA, P., FREDERICKSEN, E., PICKETT, A, PELZ, W. & MAHER, G. (2000): Building knowledge building communities: consistency, contact and communication in the virtual classroom. *Journal of Educational Computing Research*, 23 (4), 389–413

TWIGG, C.A. (2001). *Innovations in Online Learning: Moving Beyond No Significant Difference* (Pew Learning and Technology Program). Center für Academic Transformation. Troy, NY

WAGNER, E. D. (1994). In support of a functional definition of interaction. *The American Journal of Distance Education*, 8 (2), 6–29

Damian Miller – Jürgen Oelkers

Gestaltung der Evaluation von E-Learning-Projekten

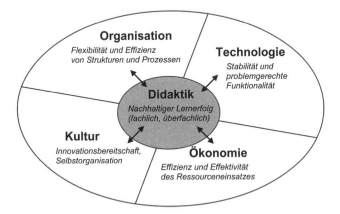

Abstract

Virtuelle Lernumgebungen bieten im Unterschied zu herkömmlichen Lehrmitteln die Möglichkeit, als Instrumente zur gezielten Unterstützung von Lernprozessen zu dienen. Lehrmittel mussten bis anhin ihre Tauglichkeit zur Lernprozessunterstützung kaum unter Beweis stellen. Sie bekommen Awards, weil sie schön aufgemacht sind, wegen bestimmten didaktischen Konzepten usw. Ob und wie damit gelernt werden kann und tatsächlich wird, interessiert wenig, das ist Sache der Lehrenden. Lehrmittel erhalten aber ihre Legitimation, wenn sie nachweislich Lernen unterstützen. Die Arbeitsgruppe eQuality legt ein vier-stufiges Modell zur formativen Evaluation virtueller Lernumgebungen vor. Es fokussiert das E-Learning-Angebot und die potentiellen und tatsächlichen Interaktionen zwischen Lernenden und virtuellem Lernangebot. Den Abschluss des Artikels bilden ausgewählte Ergebnisse der Feldbeobachtungen, die in der aktuellen Literatur zu E-Learning kaum Beachtung finden.

Die Autoren

Jürgen Oelkers ist o. Prof. für Allgemeine Pädagogik an der Universität Zürich (seit 1999). Zuvor war er Professor für Allgemeine Pädagogik an der Universität Lüneburg (1979–1987) und an der Universität Bern (1987–1999). Forschungsschwerpunkte: Theorie der Bildung, Geschichte der Pädagogik (18. und 19. Jahrhundert), Demokratie und Erziehung.

Publikationen u.a.: *Pädagogische Ethik* (1992). *Reformpädagogik: eine kritische Dogmengeschichte* (3. Aufl. 1996*). Einführung in die Theorie der Erziehung* (2001). Hrsg. zs. m. Heinz Rhyn: *Dewey and European Education – General Problems and Case Studies* (2000). Hrsg.: *Futures of Education* (2001).

Damian Miller: 2000 bis 2001 Ausbildung für Organisationsentwicklung. Ab Sommer 2000 Teamleiter der Arbeitsgruppe eQuality (educational Quality in E-Learning) am Pädagogischen Institut der Universität Zürich, ein Mandat des Lenkungsausschusses des SVC; Projektleiter Prof. Dr. J. Oelkers. Arbeitsschwerpunkte von eQuality sind Beratung und Evaluation für Swiss Virtual Campus Projekte. Dozent für Pädagogik FSB Bremgarten. Ab August 2003 Projektleiter Learn-IT an der ETH-Hönggerberg, Nachdiplomausbildung in Raumplanung; Planung, Konzeption und Entwicklung hybrider Lernarrangements.

Damian Miller – Jürgen Oelkers

Gestaltung der Evaluation von E-Learning-Projekten

1.	Einleitung		496
	1.1	Die Rahmenbedingungen des Swiss Virtual Campus	496
	1.2	Pädagogisch-didaktische Zielsetzungen	497
2.	Evaluationskonzept der Arbeitsgruppe eQuality		497
	2.1	Review von Konzepten und virtuellen Lernangeboten	498
	2.2	Auswertung von Logfiles	499
	2.3	Befragung der Studierenden anhand eines Online-Instrumentes	500
	2.4	Projektübergreifendes Monitoring	500
	2.5	Projektinterne formative Evaluation	504
	2.6	Auswertungsmethoden	504
3.	Feldbeobachtung		504
	3.1	Allgemeines	504
4.	„Erste Feldbeobachtungen"		505
	4.1	Zeit	505
		4.1.1 Arbeitsrechtliche Überlegungen	505
		4.1.2 Lernzeit	506
		4.1.3 Edutainment	506
		4.1.4 Finden gemeinsamer Vorstellungen und einer gemeinsamen Sprache	507
	4.2	„Nebenwirkungen"	507
		4.2.1 Öffentlichkeitsgrad der Lehre und Standardisierung	507
		4.2.2 Rückwirkung auf die Qualität der Präsenzveranstaltung	508
		4.2.3 Präzision/Vereinfachung	508
		4.2.4 „Abschied von Weichzeichnern"	509
		4.2.5 Selbststeuerung	510
		4.2.6 Der gläserne Mensch	510
5.	Schlussfolgerung		511

1. Einleitung

Seit dem Jahr 2000 besteht in der Schweiz der hochschulübergreifende „Swiss Virtual Campus" (SVC). Dieses Impulsprogramm des Bundes verfolgt das Ziel, die Lehre im tertiären Bildungsbereich zu erneuern. Einzelne Lehrveranstaltungen werden in webbasierte modulare Bildungsangebote überführt. Diese E-Learning-Angebote werden in hybriden Lernarrangements eingesetzt. Während der Projektphase werden im Rahmen des SVC fünfzig virtuelle Lernumgebungen über das Internet angeboten. Um die pädagogisch-didaktische Qualität der virtuellen Lernangebote zu sichern, vergab der Lenkungsausschuss während der Projektphase von Mitte 2000 bis Ende 2003 zwei pädagogisch-didaktische Mandate (*InteRStices*[1] Genf und eQuality[2]). Der vorliegende Aufsatz stellt das Evaluationskonzept der Arbeitsgruppe eQuality vor und stellt ausgewählte Erhebungsergebnisse der „teilnehmenden Beobachtungen" zur Diskussion.

1.1 Die Rahmenbedingungen des Swiss Virtual Campus

Auf Antrag des Bundesrates sicherte das Parlament 1999 insgesamt 30 Millionen Franken zur Finanzierung des Programms Swiss Virtual Campus (SVC) für die Jahre 2000 bis 2003 zu. Die an den fünfzig Projekten beteiligten Universitäten brachten in der Regel einen Anteil von 50% der anfallenden Projektkosten auf. Am virtuellen Campus beteiligen sich alle Universitäten, die Eidgenössischen Technischen Hochschulen (ETH Zürich und EPFL Lausanne) und einige Fachhochschulen. Der SVC finanziert webbasierte Lehr- und Lernangebote aus den Fachbereichen Geisteswissenschaften, Sozialwissenschaften, Naturwissenschaften, Architektur, Ingenieurwesen, Mathematik, Informatik, Medizin, Wirtschafts- und Rechtswissenschaften, Management, Business und Administration.

Die im Rahmen des SVC entwickelten Lernangebote sind integraler Bestandteil der Curricula aller beteiligten Hochschulen. Sie umfassen verschiedene Lernressourcen in Form von Texten, Foren, Videos, Übungen, Simulationsexperimenten, virtuellen Labors, historischen Quellen, Selfassessments, Seminare, Tutorate usw. Der Swiss Virtual Campus ist als Erweiterung der bestehenden Präsenzhochschulen ausgelegt.[3] Die Bildungsangebote sind als hyb-

---

[1] InteRStices (Intégration des Technologies de l'Information et de la Communication dans l'Enseignement Supérieur par la Recherche et le Soutien) betreut die Projekte der französischen Schweiz. http://tecfa.unige.ch/proj/cvs/

[2] Die Arbeitsgruppe eQuality hat ihren Sitz am Pädagogischen Institut der Universität Zürich am Lehrstuhl für Allgemeine Pädagogik. Prof. Dr. Jürgen Oelkers ist Mandatsträger und -leiter. eQuality ist für die Projekte der deutschen und der italienischen Schweiz zuständig. www.equality.unizh.ch

[3] Vgl. Rizek-Pfister, C. (2002): *Der Swiss Virtual Campus im internationalen Vergleich: Versuch einer Positionierung*. In: Bachmann, G., Haefeli, O., Kindt, M.: *Campus 2002* Münster, S. 176 ff.

ride Lehr-/Lernformen bzw. als „Blended Learning" konzipiert. „Blended Learning" mischt verschiedene Lernmethoden, Präsenzveranstaltungen, Web-basiertes Selbststudium und Web-basiertes kooperatives Lernen.[4] Diese Angebotsstruktur hat ihren guten Grund, denn die Erfahrung zeigt, dass Erst-Studierende bei rein virtuellen Kursen schnell dazu neigen, ein Studium abzubrechen.[5]

1.2 Pädagogisch-didaktische Zielsetzungen

Die pädagogisch-didaktischen Zielsetzungen können auf zwei Ebenen lokalisiert werden: projektübergreifende und projektinterne. Es können vier hauptsächliche projektübergreifende Ziele zusammenfassend benannt werden: Förderung des Einsatzes der Informations- und Kommunikationstechnologien (ICT), Unterstützung der Lernprozesse durch Interaktivität, Benennung verbindlicher Lernziele und Unterstützung selbstgesteuerten Lernens. Die zweite Ebene betrifft die projektinternen Zielsetzungen, sie orientieren sich an den disziplinspezifischen Besonderheiten, den curricularen Vorgaben und den einzelnen zu erwerbenden Kompetenzen. Zur Erreichung der Zielsetzungen vergab der Lenkungsausschuss des SVC zwei Mandate zur Beratung der Projektteams und zur Evaluation der virtuellen Lernangebote. Die Mandate sind für die Zeit der Projektphase von 2000 bis 2003 vergeben.

2. Evaluationskonzept der Arbeitsgruppe eQuality

Das pädagogisch-didaktische Mandat umfasst drei hauptsächliche Aufträge von Seiten des SVC Lenkungsausschusses:

1. Beratung der durch den SVC finanzierten Projekte hinsichtlich pädagogisch-didaktischer Themen.
2. Erhebung und Interpretation von Daten und Erfahrungen, die in generalisierter Form die Implementierung virtueller Lernumgebungen im tertiären Bildungssektor unterstützen.
3. Erarbeitung eines allgemeinen Rahmens zur Evaluation virtueller Lernumgebungen für ein projektübergreifendes Monitoring.

Da zum Zeitpunkt der Niederschrift des vorliegenden Artikels noch Daten erhoben werden, können keine umfassenden Ergebnisse, sondern lediglich das Konzept zur formativen Evaluation und ausgewählte Ergebnisse der Feldbeobachtung vorgestellt werden. Das Konzept

---

[4] Vgl. Back, A., Bendel, O., Stoller-Schai, D. (2001): *E-Learning im Unternehmen: Grundlagen-Strategien-Methoden.* Orell Füssli, Zürich, S. 217 ff.

[5] Vgl. Schulmeister, R. (1999): *Virtuelles Lernen aus didaktischer Sicht.* www.izhd.uni-hamburg.de/pdfs/VirtLern.PDF, S. 18

wurde im Rahmen der Beratungstätigkeit der Arbeitsgruppe entwickelt. Im Vordergrund formativer Evaluation steht die kontinuierliche Verbesserung, Anpassung und Optimierung des zu evaluierenden Gegenstandes.[6] Die erhobenen Daten werden zum Zwecke der Beratung ausgewertet. Hinsichtlich des projektübergreifenden Monitorings werden die Daten nach bestimmten, weiter unten exponierten Fragestellungen ausgewertet. Das Konzept sieht vier Formen der Datenerhebung vor: Review von Konzepten und virtuellen Lernangeboten, Datatracking, Befragung der Studierenden per Online-Fragebogen und „teilnehmende Beobachung" bzw. Feldbeobachtung.

2.1 Review von Konzepten und virtuellen Lernangeboten

Virtuelle Lernangebote bergen die Potenz Lehrmittel als Lernmittel zu gestalten. Für verschiedene Projekte ist der Ausgangspunkt, eine virtuelle Lernumgebung zu lancieren, eine bestehende Lehrveranstaltung und die dazugehörenden Lehrmittel. Die Umsetzung von der Idee zum einsatzfähigen Medium bedarf unter anderem eines professionellen Projektmanagements und eines differenzierten pädagogisch-didaktischen Konzepts. eQuality nimmt auf Anfrage von SVC-Projekten oder Dritten Reviews von Projektkonzepten hinsichtlich pädagogisch-didaktischer Qualität vor. Die eingereichten Konzepte und/oder Module werden hinsichtlich pädagogisch didaktischer Kriterien systematisch gesichtet und ausgewertet. Die Kriterien orientieren sich an einem gemäßigt konstruktivistischen Lernbegriff. Sie sind angesichts der Vielfalt der zu beratenden und zugleich übergreifend zu sichtenden Projekte allgemein gehalten:

1. Erhalten die Studierenden Hinweise, wie sie mit dem virtuellen Lehr-/Lernangebot am effektivsten lernen? (Dieses Kriterium betrifft die technischen, lernmethodologischen Eigenschaften und die Usability des Lernangebotes. Die Aufwendungen zur Handhabung des virtuellen Lernangebotes hat möglichst aufwendungsarm zu erfolgen.)

2. Wird die Aufmerksamkeit der Studierenden auf die folgenden Inhalte gelenkt? (Stehen Intros etc. mit den folgenden Inhalten im Zusammenhang. Im Bemühen „Edutainment" zu betreiben, neigen Contentprovider dazu, disziplinfremde Elemente aufzunehmen, ohne einen didaktischen Mehrwert zu erzeugen.)

3. Werden verbindliche Lernziele benannt? (Lernziele sind nachvollziehbar, überprüfbar und verbindlich zu formulieren. Die folgenden Inhalte sind mit den Lernzielen kongruent.)

4. Ist den Studierenden ersichtlich, wozu sie die Inhalte lernen, d.h. wird die Praxisrelevanz kommuniziert?

5. Wird das Vorwissen bzw. werden die Voraussetzungen für eine erfolgreiche Bearbeitung des Lernangebotes benannt?

---

[6] Vgl. Bortz, J., Döring, N. (1995): *Forschungsmethoden und Evaluation für Sozialwissenschaftler*. Springer, S. 106f.

6. Wird der Inhalt strukturiert und übersichtlich dargeboten? (Übers Web exponierte Texte bedürfen anderer Darstellungsform als Printtexte.[7] Einfachheit ist im Web eine entscheidende Gestaltungsform. Zu beachten ist, dass Einfachheit nicht zu Simplifizierung führt. „Simple as possible, but not simpler".)

7. Wird Unterstützung zu inhaltlichen und technischen Problemen angeboten? (Bei Verständnisproblemen oder technischen Schwierigkeiten sollten die Lernenden die Möglichkeit haben, sich Hilfe zu organisieren. Ein Teil der Hilfe kann automatisiert werden, der Rest sollte durch Peer-Communities oder durch Lehrende/Tutoren geleistet werden.)

8. Haben die Studierenden die Möglichkeit, das Gelernte anzuwenden? Wird die Erreichung der Lernziele überprüft, z.B. in Form von Übungen oder Aufgaben usw.?

9. Erhalten die Studierenden ein Feedback auf ihre Aktivitäten?

10. Gibt es Hinweise oder Angebote, wie das Gelernte vertieft werden kann?

11. Erhalten die Studierenden Hinweise, wie sie sich weiterführend mit der Thematik beschäftigen können?

12. Gibt es Räume für asynchrone/synchrone Kommunikation, z.B. Foren, Mail, Chat usw.?

13. Wird der Faktor Zeit berücksichtigt? (Der Faktor Zeit wird unten diskutiert)

14. Werden die Möglichkeiten der Interaktivität ausgewogen und unterstützend eingesetzt?

Die eingereichten Konzepte und virtuellen Lernangebote werden hinsichtlich dieser Kriterien gesichtet, sie werden als allgemeine und zugleich minimale Anforderungen an ein webbasiertes Lernangebot verstanden. Zusätzlich werden durch das Reviewteam fachdidaktische Kriterien beigezogen. Die ausgewerteten Daten bilden eine Grundlage für die datengestützten Beratungsgespräche. Die benannten Kriterien werden unter Berücksichtigung der gegenwärtigen Lernforschung unter besonderer Beachtung des Lernens mit neuen Medien kontinuierlich auf ihre Gültigkeit geprüft und adaptiert.

2.2 Auswertung von Logfiles

Die modernen Lerntechnologien bieten die Möglichkeit objektiv-quantitative Daten zu erheben.[8] Die meisten Lernplattformen zeichnen Benutzer-Logfiles während der Benutzung der virtuellen Lernumgebung auf dem Websurfer auf. Aus Gründen des Datenschutzes gelangen nur reduzierte Datensätze zur Analyse. Die Userdaten sind von den Navigationsdaten zu extrahieren und hinsichtlich der Lernaktivitäten zu untersuchen. Gegenstand der Analyse könnten folgende Themen sein: Verweildauer auf einer Präsentationsunit, Nutzung einer

---

[7] Vgl. Ballstaed, S.-P. (1997): *Wissensvermittlung*. Psychologie Verlagsunion, S. 87 f; Weinreich, H.: *10 wichtige Leitlinien für die Gestaltung von ergonomischen WWW-Informationssystemen*. http://vsys-www.informatik.uni-hamburg.de/ergonomie/ 29. 10. 2003

[8] Vgl. Degenhardt, M. (2001): *Möglichkeiten empirischer Erfassung der Computernutzung von SchülerInnen im Unterricht*. www.medienpaed.com

Simulation, Aufruf einer bestimmten Hilfeleistung oder FAQ. Welche zusätzlichen Lernressourcen wurden aufgerufen? Lässt die Verwendung eines externen Links darauf schließen, dass er zu einem „lost in hyperspace"[9] führte? Wird eine Aufgabe überzufällig oft falsch gelöst, so können vielfältige Gründe vorliegen: Ist die Aufgabe unklar gestellt? Korrespondiert die Aufgabenstellung mit dem exponierten Inhalt? Ist die Aufgabe zu schwierig? usw. Wie viel Nettozeit wenden die Studierenden für die Bearbeitung eines Moduls auf? Wird z.B. ein vorgeschlagener Lernpfad befolgt oder arbeiten die Studierenden mehrheitlich explorativ? Werden die Pfade an bestimmten Orten verlassen?

2.3 Befragung der Studierenden anhand eines Online-Instrumentes

Virtuelle Lernumgebungen haben sich als Lernmittel auszuzeichnen. Solche Lernmittel erhalten ihre Legitimation, wenn sie die Lernprozesse unterstützen und die Studierenden Lernerfolge erzielen, die sie sonst nur unter größerem Aufwand erzielen würden. Der geringere Aufwand kann materieller oder immaterieller Natur sein. Die Studierenden sind am geeignetsten zu entscheiden, ob sie sich in ihren Lernbemühungen unterstützt fühlen. Produzenten und/oder externe Gutachter können aufgrund ihrer Erfahrungen und einschlägigen Kenntnissen einen großen Teil an Qualitätseinschätzung erbringen, doch die Qualität eines Lernmittels zeigt sich daran, ob und wie es genutzt wird. Auf dem Hintergrund der im vorhergehenden Kapitel aufgeführten lernpsychologisch begründeten Kriterien wurde von eQuality ein Online-Students-Questionnaire entwickelt. Der Fragebogen erhebt sechs Themenfelder. Er umfasst Aussagen, denen auf einer fünfstufigen Likertskala abgestuft Zustimmung gegeben werden kann. Zusätzlich besteht die Möglichkeit, die Aussage als für sich unbedeutend (not-applicably) zu beurteilen.

Nachfolgend werden die leitenden Fragestellungen, die Hypothesen und deren Begründungen skizziert.

2.4 Projektübergreifendes Monitoring

2.4.1 Basic Computer Literacy

Fragestellung: Verfügen die Studierenden über hinreichend ausgebildete Kompetenzen, um ein virtuelles Lernangebot optimal nutzen zu können?

Hypothese: Studierende verfügen je nach Jahrgang, Studienfach und Anzahl Semester über unterschiedliche Kompetenzen, um mit den modernen Informations- und Kommunikationstechnologien zu lernen und zu arbeiten.

---

[9] Conklin, J. (1987): *Hypertext – An Introduction and a survey.* IEEE Computer, 20, (9)

Begründung: Studierende von Phil. II-Disziplinen und Mediziner werden über bessere Kompetenzen verfügen als Studierende von Phil. I-Fächern, da in den erstgenannten Fakultäten der Umgang mit ICT früher Einzug gehalten hat als bei den geisteswissenschaftlichen und sozialwissenschaftlichen Disziplinen. Es kann angenommen werden, dass die Maturaabgänger mit einschlägigen Vorkenntnissen entsprechende Studienrichtungen wählen. Zudem wird angenommen, dass sich im Verlaufe der kommenden Jahre die Basic Computer Literacy zwischen den Studierenden und Studienrichtungen angleichen wird. Die Begründung liegt erstens darin, dass sich der Computer zunehmend als Alltagsinstrument einbürgert und zweitens besuchten junge Studierende bereits in der Volksschule obligatorische Informatikkurse.[10] Will man Don Tapscott folgen, so ist die „Netgeneration" dabei, die „Fernsehgeneration" abzulösen. Die „Netgeneration" wachse bereits in jungen Jahren mit interaktiven Medien auf, was dazu führe, dass für sie der Umgang mit ICT eine Selbstverständlichkeit darstelle.[11/12]

2.4.2 Bereitschaft und Kompetenz zum selbstgesteuerten Lernen

Frage: Ziehen es Studierende vor, selbstgesteuert ein Thema zu explorieren, oder schätzen sie einen relativ hohen instruktionalen Ansatz bei virtuellen Lernumgebungen?

Hypothese: Studierende ziehen virtuelle Lernumgebungen mit einem hohen Anteil explorativer Aktivitäten einem stark instruktionalen pädagogisch-didaktischen Ansatz vor. Studierende in höheren Semestern schätzen selbstorganisiertes Lernen und ziehen die explorativen den instruktionalen und vorwiegend expositorischen Lernangeboten vor.

Begründung: In Anlehnung an die erste Fragestellung schätzen es die Studierenden zunehmend, wenn sie Inhalte selbständig erarbeiten können und bei den virtuellen Lernangeboten Lernwege je nach Interesse und Voraussetzungen auswählen können. Mit zunehmender Basic Computer Literacy sind die Studierenden motivierter, individuelle Lerntempi und Lernwege in Anspruch zu nehmen. Selbstgesteuertes Lernen ist Gegenstand verschiedener Reformen im Bildungsbereich und besonders im tertiären Bildungssektor unter Einsatz der neuen Medien.[13] Im Gegensatz zu früheren Reformbestrebungen verfügen wir heute mit den ICT über Mittel, die eine Selbststeuerung der Lernprozesse in höherem Maße begünstigen.[14]

---

[10] Die kantonalen Lehrpläne der Schweiz enthalten entsprechende Weisungen.

[11] Vgl. Tapscott, D. (1998): *Growing Rise of the Net Generation*. New York

[12] Vgl. De Witt, C. (2000): *Medienbildung für die Netz-Generation*. www.medienpaed.com

[13] Miller, D. (2003): *Online-Lernen im tertiären Bildungssektor – der Swiss Virtual Campus*. In: Beiträge zur Lehrerbildung, Fachzeitschrift zu Theorie und Praxis der Aus- und Weiterbildung von Lehrerinnen und Lehrern (21. Jhg. Heft 1/2003)

[14] Vgl. Friedrich, H. F. (2000): *Selbstgesteuertes Lernen – sechs Fragen, sechs Antworten*. www.learn-line.nrw.de/angebote/selma/medio/vortraege/friedrich/friedrich.pdf

2.4.3 Qualität der virtuellen Lernangebote

Fragestellung: Sind die virtuellen Lernangebote des Swiss Virtual Campus so gestaltet, dass die Studierenden zur Einschätzung gelangen, ihre Lernprozesse würden dadurch gefördert?

Hypothese: Die virtuellen Lernangebote sind so gestaltet, dass sich die Studierenden beim Lernen unterstützt fühlen.

Begründung: Der hohe Grad an individuellen Zugängen hinsichtlich Ort und Zeit ermöglicht es Studierenden, ihre Lernprozesse individuell zu organisieren. Die Lernangebote sind so gestaltet, dass sie hinsichtlich Anwendung das selbstgesteuerte Lernen unterstützen. Neben der Möglichkeit, das Lernen selbst zu organisieren, gehen wir davon aus, dass sie auch so gestaltet sind, dass sie Lernprozesse unterstützen. Die Studierenden sind aufgrund verschiedener universitärer Reformen in der Lage mit zunehmender Methodenkompetenz die eigenen Lernprozesse zu reflektieren und zu steuern. Dies ist eine entscheidende Voraussetzung zum lebenslangen Lernen. Die Studierenden können die virtuellen Angebote entsprechend ihren Ansprüchen und Voraussetzungen angemessen nutzen. In Anlehnung an U. Ehlers wird vertreten, dass die Lernenden eine Grundkategorie bei der Sicherung von Qualität beim E-Learning sind.[15]

2.4.4 Betreuung der Studierenden durch Lehrende, Assistierende, Tutoren

Frage: Erhalten die Studierenden im Rahmen der virtuellen Lernumgebungen unter der Berücksichtigung hybrider Lernarrangements hinreichend Betreuung durch die Anbieter, deren Mitarbeitenden oder die Mitstudierenden? Sind genügend Supportressourcen abrufbar?

Hypothese: Zum jetzigen Zeitpunkt sind die Betreuungsangebote noch nicht optimal ausgestaltet.

Begründung: Angesichts der Tatsache, dass die Betreuung via Internet besondere Anforderungen an die Mitarbeitenden von Projekten stellt, gehen wir davon aus, dass die Betreuung via ICT zum jetzigen Zeitpunkt noch nicht optimal gestaltet wird. Denn die materiellen und personellen Ressourcen sind zur Zeit knapp bemessen. Allerdings ist nahe liegend, dass bei zunehmender Integration virtueller Lernangebote und zunehmender Habitualisierung im Umgang mit den neuen Medien weniger technische Hilfe geleistet werden wird. Inhaltliche Unterstützung wird im Vordergrund stehen. Wenn virtuelle Lernumgebungen nachhaltig an den Hochschulen implementiert werden sollen, müssen in Zukunft angemessene Ressourcen zur Verfügung stehen.

---

[15] Vgl. Ehlers, U. (2002): *Qualität beim e-Learning: Der Lernende als Grundkategorie bei der Qualitätssicherung*. www.medienpaed.com/02-1/ehlers1.pdf

2.4.5 Soziale Kontakte

Frage: Führt der Einsatz virtueller Lernumgebungen im Rahmen hybrider Lernangebote zu sozialer Isolation von Studierenden?

Hypothese: Im Gegensatz zu allgemeinen Befürchtungen ist davon auszugehen, dass der Einsatz von virtuellen Lernumgebungen im Rahmen hybrider Lernangebote zu keiner sozialen Isolierung führt. Die Studierenden verwenden die zur Verfügung stehenden Kommunikationsmittel, um die gewünschten sozialen Interaktionen zu erhalten.

Begründung: In Übereinstimmung mit einer Studie des Schweizerischen Nationalfonds im Rahmen des Schwerpunktprogramms „Zukunft Schweiz" gehen wir schlussfolgernd davon aus, dass Studierende durch den Einsatz virtueller Lernumgebungen nicht sozial isoliert werden.[16] Es wird angenommen, dass die Studierenden bei den ersten Anwendungen der virtuellen Lernumgebungen[17] eher unsicher sind, wie sie die Kommunikationsmittel einsetzen können, um mit Studierenden, Lehrenden und Tutoren in Kontakt zu treten. In Beachtung der zunehmenden Basic Computer Literacy wird angenommen, dass mit zunehmender Selbstverständlichkeit im Umgang mit ICT die Selbsteinschätzung der Studierenden schwinden wird, sie würden sich einsam fühlen.

2.4.6 Geschlechtsunterschiede im Umgang mit virtuellen Lernumgebungen

Frage: Gibt es Unterschiede hinsichtlich Akzeptanz und Motivation in der Verwendung virtueller Lernangebote zwischen Männern und Frauen?

Hypothese: In Übereinstimmung mit der Studie von Klatt Rüdiger et al. (2001)[18] gehen wir davon aus, dass zum jetzigen Zeitpunkt Frauen noch weniger gerne mit virtuellen Lernumgebungen arbeiten.

Begründung: Vorliegend interessiert, ob Studentinnen gleich motiviert sind, bzw. gleich gerne mit virtuellen Lernumgebungen arbeiten wie ihre männlichen Kommilitonen. Zu berücksichtigen wird sein, inwiefern die Wahl des Studienfachs Hinweise auf Präferenzen hinsichtlich Nutzung virtueller Lernumgebungen geben. Es wird davon ausgegangen, dass sich ein Trend Richtung Ausgeglichenheit im Verlaufe der kommenden Jahre einstellen wird.

---

[16] Vgl. Heintz, B. (2001): *Vereinsamte Computerkids?* Studie im Rahmen des SNF Schwerpunktprogramms „Zukunft Schweiz" Virtuelle Vergemeinschaftung. Die Sozialwelt des Internet. Medienmitteilung des SNF vom 17. 04. 2001, www.snf.ch/de/com/prr/prr_arh_01apr17.asp

[17] Erhebungszeitraum WW 2002/2003 bis WS 2003/2004

[18] Klatt, R. et al. (2001): *Nutzung elektronischer wissenschaftlicher Informationen in der Hochschule. Barrieren und Potentiale der innovativen Mediennutzung im Lernalltag der Hochschulen.* Studie im Auftrag des Bundesministeriums für Bildung und Forschung. Dortmund, S. 13 f.

2.5 Projektinterne formative Evaluation

Mit demselben Online-Erhebungsinstrument werden im Anschluss an die projektübergreifenden, die projektinternen Themen erhoben. Die Evaluationsfragen zu den einzelnen Lernmodulen werden von den einzelnen Projektteams entworfen, bei Bedarf erhalten sie dabei Unterstützung. Das Instrument zur projektinternen Evaluation dient dazu, einzelne Lernressourcen auf ihre „Tauglichkeit", „Usability" usw. zu prüfen. Die Fragen betreffen in der Regel fachdidaktische Themen. Es werden neben den quantitativ zu erhebenden Daten auch qualitative Feedbacks eingeholt, kategorisiert, trianguliert und ausgewertet. Bei spezifischen Fragestellungen kann ein Vergleich mit den Ergebnissen der Logfileanalyse vorgenommen werden.

2.6 Auswertungsmethoden

Die quantitativen Datensätze werden mit Methoden deskriptiver Statistik dargestellt und anschließend explorativ analysiert und interpretiert. Je nach Qualität und Quantität der Daten werden Signifikanzverfahren und Korrelationsberechnungen vorgenommen. Die qualitative Datenauswertung erfolgt durch Kategorisierung ähnlicher Aussagen und Triangulation.

3. Feldbeobachtung

3.1 Allgemeines

Unter Feldbeobachtungen subsumieren wir alle Beobachtungen, die wir im Verlaufe der Besuche, Beratungsgespräche, Reviews usw. machten. Die Erfahrungen werden selbstverständlich anonym dokumentiert, ausgewertet und verwendet. Diese Beobachtungen sollen weitere Einflussgrößen aufweisen, welche die Qualität eines virtuellen Lernangebotes mitbestimmen, aber mit den anderen Instrumenten nicht erfasst werden. Es handelt sich hierbei um „Softdatas", die nicht in jedem Fall systematisiert, standardisiert und trennscharf definiert werden können. Die Themen werden induktiv und teilnehmend-beobachtend erhoben. Es werden zudem Themen berücksichtigt, die in Beratungsgesprächen wiederholt diskutiert wurden. Die Themen werden nach Kategorien geordnet und hinsichtlich ihrer Bedeutung für die nachhaltige Implementierung virtueller Lernangebote im tertiären Bildungssektor trianguliert.

Während die Ergebnisse der Reviews, des Data Tracking und des „Student Questionnaire" in besonderem Maß die Gestaltung und Nutzung der Lernumgebungen betreffen, können die Ergebnisse der „Feldbeobachtungen" auch Aufschluss über die Arrangements geben, in welchen die virtuellen Lernangebote zum Einsatz gelangen.

4. „Erste Feldbeobachtungen"

4.1 Zeit

4.1.1 Arbeitsrechtliche Überlegungen

Foren, virtuelle Communities usw. können höchst effiziente und ertragreiche Formen der Zusammenarbeit zwischen Studierenden und/oder Lehrenden sein. Es zeigt sich beinahe durchgängig, dass der Aufwand für die seriöse Betreuung von Foren erheblich unterschätzt wird. Im Rahmen der Beratungstätigkeit analysierten wir Forumseinträge und die Zeitpunkte, zu denen die Beiträge eingespeist wurden. In einigen Fällen war zu sehen, dass die Lehrverantwortlichen die Zeitunabhängigkeit sehr ernst nahmen und sieben Tage die Woche während beinahe 24 Stunden das Forum betreuten. Die durchschnittliche Antwortzeit betrug 5 Stunden bei einem Minimum von einer Stunde und Maximum von 12 Stunden. Ein Professor berichtet, dass er heute wegen der Mailkontakte pro Tag inkl. Wochenende zwischen eineinhalb bis zwei Stunden mehr arbeite; diese Arbeit finde er sehr wichtig und richtig, der zeitliche Mehraufwand ist erheblich. Eine Oberassistentin berichtet von gleichen Erfahrungen bei der Betreuung des Forums. Die Zeit wurde bei allen Projektgruppen hinsichtlich Entwicklung, Betreuung, Maintennance usw. virtueller Lernangebote thematisiert. Bei Tutorinnen und Tutoren, scheint sich das Problem weniger zu stellen, weil sie genau für diese Arbeit angestellt werden.

Gedachtes, welches bei Präsenzveranstaltungen als Statements oder Erklärungen verbalisiert wird, muss nun in Geschriebenes transformiert werden. Der allzeitige und ubiquitäre Zugang zum Internet, bzw. in diesem Fall zu Diskussionsforen wirft Fragen hinsichtlich der Arbeitsorganisation und auch des Arbeitsrechts auf. Selbstverständlich arbeiten die Mitarbeitenden bei Projekten einiges mehr als die vertraglich fest geschriebenen Arbeitsstunden. Will man indes E-Learning mit seinem gesamten Potential nachhaltig in der Hochschullehre implementieren – und dazu gehört neben der Ortsunabhängigkeit der allzeitige Zugang –, so werden die Verantwortlichen neben urheberrechtlichen auch arbeitsrechtliche Bedingungen neu definieren müssen.[19] Besonders die Zeitunabhängigkeit verlangt nach dem Überdenken der bisherigen Arbeitszeitmodelle. In Pionierphasen von Organisationen und bei der Realisierung von Projekten werden zusätzliche Aufwendungen in Kauf genommen, wenn die Arbeiten in den Courent-normal, in die Konsolidierungsphase überführt werden, und weitere Personen mit den Aufgaben betraut werden, sind arbeitsrechtliche Themen von zentraler Bedeutung.

---

[19] Vgl. Miller, D. (2003): *e-Learning und Zeit*. In: SCIL-Swiss Centre for Innovations in Learning: *Shaping Innovations – eLearning as a catalyst for a new teaching and learning culture?* Kongressunterlagen

4.1.2 Lernzeit

In traditionellen Lernarrangements wird ein Teil der Verantwortung für die zeitliche Investition für das Lernen von den Lehrenden übernommen. Vorlesungen, Seminare, Tutorate, Übungen und dgl. dauern in der Regel zwei mal fünfundvierzig Minuten, wer sich nicht an diese Zeiten hält bekommt Ärger mit den nachfolgenden Lehrenden oder der Raumkoordination. Diese zeitliche Beschränkung führt in der Folge zu einer Beschränkung der Menge der exponierten Inhalte. Die benannten Gefäße der Inhaltsexposition können als Module gedeutet werden. Bei Reviews von virtuellen Lernangeboten zeigte sich bei einigen Projekten, dass diesem Thema keine Beachtung geschenkt wurde. Das führte in der Folge dazu, dass einzelne Module sehr kurz gehalten wurden, die Bearbeitungsdauer kann auf ca. fünfzig Minuten geschätzt werden, wohingegen für andere Module ein Aufwand von ca. fünf Stunden nicht überschätzt ist. Je nach Struktur des Syllabus können bei solchen Ungleichheiten den Studierenden erhebliche Schwierigkeiten im Zeitmanagement entstehen. Sie entspringen einerseits bei der entsprechenden Disziplin aber auch bei der Koordination mit anderen Fächern, Veranstaltungen und zu erbringenden Leistungsnachweisen. Wenn bestimmte Koordinationsleistungen nicht von den Hochschulen übernommen werden, kann es für die Studierenden schwierig werden, die geforderten Studienleistungen in den dazu vorgesehenen Zeiten zu erbringen.

Die gleiche Thematik treffen wir bei der inhaltlichen Gestaltung von virtuellen Lernangeboten an. Die zur Verfügung stehenden Lernressourcen sind auf ihre Lernprozessunterstützung zu testen. Der Einsatz externer Lernressourcen ist genau und hinsichtlich seiner Dignität zu prüfen. Der Einbezug und Verweis auf externe Quellen gehört unbestritten zum „Handwerk" einer akademischen Disziplin. Externe Links liefern wichtige Quellen und Ressourcen, doch der Umgang mit ihnen will gelernt und geübt sein. Die Gefahr des „lost in hyperspace" ist in solchen Arrangements nur allzu gegenwärtig. Für die Qualität externer Quellen können Lehrende nur in ganz wenigen Fällen die Verantwortung übernehmen. Die bei externen URLs implementierten externen Links können die Studierenden zwar interessieren, aber für die anzueignenden Inhalte ebenso belanglos sein.

4.1.3 Edutainment

Bei Studienfächern, die bei Studierenden nicht so auf Beliebtheit stoßen, können Lehrende dazu verführt werden, ihr virtuelles Lernangebot mit „motivierenden spielerischen" Elementen zu versehen. Das ist nachvollziehbar. Es muss genau überlegt werden, ob und mit welchen Mitteln man Studierende motivieren will. Neuigkeitseffekte, Fun-Effekte usw. werden nur bescheiden und auch nur für kurze Zeit die Aufmerksamkeit auf sich ziehen.[20] Sie wirken dann störend, wenn sie Zeit in Anspruch nehmen und nichts mit dem eigentlichen Inhalt zu tun haben. Der Einsatz von elaborierten Intros, „Anleihen aus Star Wars", unterhaltenden Videosequenzen, Flashes usw., die primär der Unterhaltung oder Motivation dienen sollen,

---

[20] Vgl. Kerres, M. (1999): *Didaktische Konzeption multimedialer und telemedialer Lernumgebungen.* www.kerres.de/articles/dk-mmtl.pdf

ist sehr zu überdenken. Verärgernd wirken sie, wenn Studierende ein schlechtes Verhältnis zu Inhalten haben oder für eine Prüfungsrepetition lernen. Bei Studierenden, die eine Prüfung wiederholen müssen, wirkt der Spaßfaktor gerade zynisch, wenn z.B. eine Eule bei einem entscheidenden Problem zum x-ten Mal schnattert. Zumindest ist es ratsam, Unterhaltungseffekte fakultativ zu machen, da bekanntermaßen nicht alle Menschen den gleichen Humor haben.

4.1.4 Finden gemeinsamer Vorstellungen und einer gemeinsamen Sprache

Der Weg von der ersten Idee bis zum Routineeinsatz und Evaluation ist mit einer Vielzahl von zeitlichen Fallen bestückt. Die Kooperation von verschiedenen Hochschulen hinsichtlich Planung, Konzeption, Entwicklung, Gestaltung, Einsatz und Evaluation virtueller Lernangebote verlangt neben der Synchronisation der Curricula und technischer Aspekte die Berücksichtigung der fachlichen und historischen Besonderheit der entsprechenden Disziplin und der hauseigenen Kultur. Hypertexte verlangen nach einer besonderen Gestaltungsform. Einfachheit ist, neben den unten zu diskutierenden Gefahren ein entscheidendes Gestaltungsprinzip, um die Rezeption der Inhalte zu fördern.[21] So entbrennt unter Projektverantwortlichen nicht selten ein Disput hinsichtlich der Qualität der Lernressourcen. Während sich die einen an den Gestaltungsprinzipien von Hypertextseiten orientieren (nicht scrollen, Illustrationen, verschiedene Lernressourcen wie Video, Animationen usw.) bedeutet das für die anderen die Erstellung von Mickey Mouse. Wahre Lehrqualität entstünde nur bei Publikationen im Format eines „Springer-Lehrbuches". Fehlende gemeinsame Vorstellungen zur Gestaltung virtueller Lernumgebungen können zu Konflikten, Koordinationsverlusten, Verantwortungsdiffusion und in der Folge zu fehlender Zeit bzw. Ressourcen führen. Ein professionelles Projektmanagement und die Berücksichtigung der gesamten Organisation mit all ihrer Besonderheiten insbesondere ihrer Geschichte und Kultur sind notwendig, um virtuelle Lernumgebungen effizient und nachhaltig in Hochschulen zu implementieren.[22]

4.2 „Nebenwirkungen"

Als „Nebenwirkungen" werden diejenigen Wirkungen bezeichnet, welche in den Projektanträgen oder Publikationen der eQuality zugeordneten SVC-Projekten nicht benannt bzw. intendiert werden.

4.2.1 Öffentlichkeitsgrad der Lehre und Standardisierung

Die Vorlesungen erhalten durch webbasierte Lernumgebungen einen hohen Öffentlichkeitsgrad. Es stellte sich bei drei Projekten heraus, dass in vier verschiedenen Vorlesungen an der

---

[21] Hartley, D. (2000): *On-Demand Learning; Training in the new Millenium.* HRD Press, Amherst S. 37

[22] Vgl. Seufert, S., Miller, D. (2002): *Nachhaltigkeit von eLearning Innovationen: Von der Pionierphase zur nachhaltigen Implementierung.* www.medienpaed.com

gleichen Universität genau dasselbe Thema behandelt wurde. Der Unterschied lag im Grad der Aktualität des Forschungsstandes. Während der eine Lehrstuhl die Materie als Kerngeschäft betreibt und daher über den neusten Wissenstand verfügt, unterrichten andere vergangene Aktualität. Dies führte zwangsläufig zu Gesprächen zur Abstimmung der Curricula. In Folge der Zusammenarbeit zwischen den Universitäten berichteten Lehrverantwortliche, dass die Angleichung der Inhalte erheblich beschleunigt wurde. Die einen begrüßen diesen Trend, andere befürchten Niveauverlust und Standardisierung. Ein Wettbewerb unter den Universitäten würde dadurch verhindert, Angleichungen würden in der Regel zugunsten unterer Niveaus vorgenommen. Diese Öffentlichkeit und die Notwendigkeit, Absprachen hinsichtlich Gestaltung der virtuellen Lernumgebung, können dazu führen, dass eine gezielte Kooperation zur Setzungen hoher Standards genutzt werden kann.

Eine weitere Form der Standardisierung ergibt sich bei Projekten, die als erste einen Kurs mit neuen Inhalten entwickeln und keinen bestehenden Kurs ersetzen. Durch die Öffentlichkeit eines neuen Lernangebotes werden gleichsam qualitative Standards gesetzt.

4.2.2 Rückwirkung auf die Qualität der Präsenzveranstaltung

Verschiedene Projektverantwortliche berichteten, dass die didaktische Aufarbeitung der Inhalte dazu führte, dass sie ihre Präsenzveranstaltungen vermehrt nach pädagogisch-didaktischen Gesichtspunkten planten und durchführten. Es gab Berichte, wonach das Niveau der Veranstaltung erheblich erhöht werden konnte. Themen, die bis anhin Gegenstand von Diplomprüfungen waren, konnten zeitlich früher besprochen werden und wurden in der Folge im Vordiplom geprüft. Befürchtungen, die pädagogisch-didaktische Aufarbeitung der Lehrgegenstände würde zu Zeitverlust führen, hatten sich nicht bestätigt. Ein anfänglicher Mehraufwand wich mit dem Grad der Habitualisierung. Das Formulieren von verbindlichen Lernzielen, die gezielte Portionierung und Taktung der Inhalte wurde allgemein als Unterstützung der Lehre und des Lernens in Präsenzveranstaltungen gewertet.

4.2.3 Präzision/Vereinfachung

Die Hypertextstruktur dekontextualisiert und fragmentiert Inhalte in einfache modulare Sinneinheiten. Komplexe Inhalte werden zu unzusammenhängenden Elementen gegliedert, deren Sinn und Zusammenhänge wohl vorgeschlagen, aber grundsätzlich durch die Studierenden selbständig konstruiert werden. Wiederholt wurde von einzelnen Contentprovidern geäußert, dass die Erstellung von Hypertext die Gefahr in sich birgt, dass Inhalte verzerrt und zu vereinfacht wiedergegeben würden. Es bedürfe einiger Aufwendungen von Seiten der Lehrverantwortlichen, damit die Inhalte in intendierter Art durch die Textstruktur transportiert würden. Didaktiker in Teams können diese Aufgabe nur sehr beschränkt übernehmen, wenn sie nicht das entsprechende Fach studiert haben. Es besteht mancherorts eine beinahe mechanistische Auffassung, von Didaktik. Es exitiere eine „Allgemeine Didaktik", mit deren Hilfe man beliebige Inhalte in beliebig gestaltete modulare virtuelle Lernumgebungen transformieren könne. Zu bedenken ist, dass Inhalte, auch wenn sie sich scheinbar problemlos portionieren lassen, in bestimmtem außersprachlichem Kontext stehen und dass fachdidaktische Besonderheiten notwendigerweise berücksichtigt werden müssen, wenn ein Angebot nicht nur interessierte Leihen ansprechen soll.

So finden sich in der einschlägigen Literatur verschiedene Hinweise, welche die Gefahr der Vereinfachung erheblich unterschätzen. So würden beim Einsatz virtueller Lernumgebung bisherige Inhalte bis zu 50% gekürzt.[23] Das Augenmerk liegt beim Effekt, bzw. Nebeneffekt, dass Inhalte reduziert werden. Wenn „unnötiger" bzw. überholter Ballast entfernt wird, ist der Nebeneffekt positiv zu werten.[24] Werden aber aktuelle und zutreffende Inhalte um die besagten 50% reduziert, so führt diese Reduktion zu Simplifizierung und ist aus bildungstheoretischer Sicht zu kritisieren. Die Beschränkung auf das „Wesentliche" ist attraktiv, aber widerstreitet der Vielfalt des Lebens. Wer reduziert, muss sich bewusst sein, dass er reduziert, und muss wissen, wie er reduziert und wie die Komplexität des Lebens nicht einem simplen Abklatsch zu weichen hat. Virtuelle Lernmittel sind Mittel, um Lernprozesse durch die neuen ICT zu unterstützen, und nicht um Standardlehrwerke zu ersetzen. Zu verweisen ist in diesem Zusammenhang auf die Feststellung von Gerhard Zimmer: „Vielmehr sind nach unserer bisherigen Kenntnis Lehrbücher meist erheblich fundierter verfasst als interaktive multimediale Lernprogramme [...]."[25] Wobei dieser Mangel durch die Etablierung partizipativer und kooperativer Lernprozesse weitgehend kompensiert werden kann.[26]

Eine Erfahrung, die diese Darlegungen unterstützt, war am 16. Oktober 03 in der Neuen Zürcher Zeitung zu lesen:

„Denn viele Studierende hätten nur das Notwendigste gelesen, die einfach konzipierten Übungen erfolgreich absolviert und sich dann in Sicherheit gewähnt. Die Studierenden hätten erst bei der abschließenden Präsenzvorlesung bemerkt, dass sie vieles nicht verstanden hatten. Der Professor habe von Dingen gesprochen, von denen sie kaum je gehört hatten."[27]

Jede Disziplin hat in diesem Sinne zu klären, wie viel Reduktion von Komplexität zulässig ist, um einerseits Gestaltungskriterien gerecht zu werden, Inhalte lernprozessunterstützend zu präsentieren und dennoch die Charakteristik der Inhalte sachgerecht zu transportieren.

4.2.4 „Abschied von Weichzeichnern"

Der Einsatz virtueller Lernumgebung zeitigt aufgrund der Charakteristik der Technik Konsequenzen, die erst durch vielfältige Erfahrungen in ihrem Umfang erfasst werden können.

---

[23] Vgl. Pauschenwein, J., Koubek, A. (2002): *Kollaboratives Lernen im virtuellen Campus der FH Johanneum*. In: Bachmann, G., Haefeli, O., Kindt, M. (2002): *Campus 2002*. Münster S. 161

[24] Sollte das so zutreffen, so ist zu klären, ob die Verantwortlichen für Curriculum und Lehre ihre Arbeit bis anhin verantwortlich und korrekt erfüllt haben.

[25] Zimmer, G. (2001): Ausblick: *Perspektiven der Entwicklung der telematischen Lernkultur*. In: Arnold, P. (2001): *Didaktik und Methodik telematischen Lehrens und Lernens*. Münster, S. 131

[26] Vgl. ebd., S. 139 ff.

[27] NZZ, 16. Oktober 2003, Nr. 240, S. 51

Z.B. können Unsicherheiten und Unklarheiten in der Forschungslage, offene Fragen, ungelöste Probleme und dgl. in Präsenzveranstaltung mit entsprechender Sprache, Intonation, mit Gestik und Mimik kommuniziert werden. Persönliche Stilmittel fallen bei der Hypertextstruktur weg. Das Dualsystem der ICT erlaubt bei der Textexposition nur „ja" oder „nein". Ein Print-Fließtext erlaubt persönliche Stilmittel. Die knappen Formulierungen verlangen eine enorme Präzision und Standardisierung, damit keine Widersprüche zu anderen Modulen und weiteren kleinen Einheiten entstehen. Was in einem Fließtext (in Buchform) als Entwicklung dargestellt werden kann, muss in hypertextuelle Einheiten zerlegt und dekontextualisiert dargestellt werden, außer man wählt eine entsprechende Lernprogrammarchitektur, die kaum Möglichkeiten der Exploration zulässt. In solchen Fällen verschiebt sich die angestrebte studentische Selbststeuerung zugunsten der Fremdsteuerung und instruktionalen Führung durch die Lehrenden. Zudem kann bei Fließtexten durch Paraphrasierung inhaltliche Redundanz erzeugt werden, welche Lernprozesse unterstützt.

4.2.5 Selbststeuerung

Über den Begriff „selbstgesteuertes Lernen" bestehen bei Anbietern virtueller Lernumgebungen unterschiedliche Ansichten. Selbststeuerung verlangt neben der formalen Arbeitsorganisation auch Methodenkompetenz. Die eigenen Lernprozesse werden dabei bewusst gesteuert, reflektiert und im Sinne eines iterativen Prozesses optimiert. Die Reduktion instruktionaler und leitender Aktivitäten von Seiten der Lehrenden führt nicht zwangsläufig zur gesteigerten Selbststeuerung der Lernenden, bzw. deren Methodenkompetenz. Die formale Arbeitsorganisation betrifft in der Regel die wählbaren Faktoren: Zeit und Ort. Das kann indes nicht genügen, um von Selbststeuerung zu sprechen. Dies führt lediglich zu selbst „organisiertem" Lernen. Selbststeuerung umfasst neben den organisatorischen Belangen auch die Wahl der Inhalte. Die Studierenden wählen in der Folge nicht nur bevorzugte Fächer und einzelne Lehrveranstaltungen, sondern auch ebenso die von ihnen favorisierten Inhalte. Als Konsequenz ist das Prüfungssystem anzupassen, das heißt, in einem erhöhten Maße zu individualisieren. Studierende legen Prüfungen ab. Prüfungen fordern Standards ein, diese lassen sich nur schwerlich individuellen Präferenzen anpassen. Bei Studiengängen mit sehr vielen Studierenden (400 Personen und mehr) ist so die anfallende Arbeit nicht leistbar. Die erwünschte Selbststeuerung im Studium verlangt also neben der formalen auch die inhaltliche Selbststeuerung und in der Folge individualisierte Leistungsnachweise bzw. Prüfungen. Der damit verbundene Mehraufwand und die notwendige Validität von Prüfungen lassen den Aufwand an Ressourcen ins Unermessliche steigen.

4.2.6 Der gläserne Mensch

Oben wurde Datatracking als Tool zur Evaluation virtueller Lernangebote skizziert. Es dient der Qualitätssicherung und -entwicklung virtueller Lernumgebungen. Entscheidend ist dabei, dass die Daten anonymisiert werden.

In Lehrarrangements können die Protokolldateien aber auch zum Zwecke einer umfassenden Bildungskontrolle verwendet werden. Man erfährt, wie oft eine Person eine Übung wiederholte, wie lange jemand für eine Lerneinheit brauchte, an welchem Wochentag und zu welcher Uhrzeit jemand lernte. „E-Learning bietet [...] den großen Vorzug, dass zum einen der Lernfortschritt der Trainees und zum anderen die Effizienz der WBTs kontinuierlich kontrolliert werden können. [...] Im Rahmen eines Bildungskontrollings lassen sich Qualität und Effizienzgewinne messen und bewerten. [...] Die Überprüfung des Lernfortschritts gibt dem Mitarbeiter selbst, dem Trainer oder einem Controllingverantwortlichen Auskunft über den erzielten Lernerfolg."[28] Diese Form von Lernermonitoring geht viel weiter als Paper-Pencil-Prüfungen oder computerunterstützte Lernkontrollen. „Die Effizienzanalyse ermittelt den Lernerfolg, den man durch E-Learning erreichen kann. Kriterien sind unter anderem die Akzeptanz, die Behaltensleistung der Trainees, der Zeitaufwand, der Lernverlauf und der Transfer des Gelernten in das berufliche Umfeld. Aussagekräftige Informationen zur Lerneffizienz liefern beispielsweise die Protokollierung von Lernprozessen. Aktuelle und innovative Tools zur Protokollierung sind u.a. Logfiles, Software-Recording und Screen-Capturing."[29] Was mit solchen Informationen getan werden kann ist vorderhand durch nationale Datenschutzbestimmungen rudimentär geregelt. Eine zunehmende Internationalisierung und Deregulierung stößt im Bereich der Kontrolle viele, sehr viele Türen auf.

5. Schlussfolgerung

Virtuelle Lernumgebungen sind Lernangebote in Institutionen mitsamt ihren Kulturen und Konzepten. Um die Qualitätssicherung und -entwicklung zu gewährleisten, sind sie einer kontinuierlichen mehrschichtigen formativen Evaluation zu unterziehen. So können sie den sich wandelnden Rahmenbedingungen, Bedürfnissen und bildungspolitischen Forderungen angepasst werden. Neben der Erhebung und Auswertung objektiver Daten ist es ratsam, auch „soft factors" zu berücksichtigen und auszuwerten. Dadurch kommen Themen zur Diskussion, die bis dato auch in der Literatur nicht oder nur marginal berücksichtigt werden.

Das Thema Zeit wird in der Regel hinsichtlich der Zeitunabhängigkeit diskutiert und gelobt, doch Lernen ist eine Funktion in der Zeit und will auch von einem „zeitökonomischen" Standpunkt betrachtet werden. Dasselbe gilt für die Planung, Konzeption, Entwicklung, Implementierung und Evaluation virtueller Lernumgebungen. Sie sind als Teil von Lernarrangements zu verstehen. Wenn gemeinsame Vorstellungen bei den Verantwortlichen fehlen, ist Zeit- und Ressourcenverlust zu beklagen. Bei der Evaluation virtueller Lernumgebungen sind unbeabsichtigte Wirkungen von Bedeutung. Es zeigt sich, dass durch die Implementierung virtueller Lernangebote Prozesse wie curriculare Absprachen, Öffentlichkeit der Lehre usw. in die Wege geleitet werden, die ursprünglich nicht intendiert waren. Die Gestaltungscharakteristik von Hypertext beeinflusst die Qualität der Inhalte. Es gilt subtil abzuwägen, wo Inhalte eine Vereinfachung ertragen und wo nicht. Dabei spielen fachdidaktische Charak-

---

[28] Zeitler, F.: *E-Learning - multimediales Lernen online, Flexibilität und Effizienzgewinne*. In: ExperPraxis 2003/2004 www.experteam.de/startd/ publikationen/Artikel/Ber03_FZ01.html (29.10.2003)

[29] Ebd.

teristika eine entscheidende Rolle. Es konnte beobachtet werden, dass die Implementierung virtueller Lernumgebungen eine Verbesserung der Präsenzlehre initiierte. Datatracking kann als wichtiges Mittel zur Qualitätssicherung und -entwicklung eingesetzt werden, es ermöglicht zugleich eine totale Kontrolle über die Lernenden.

Werden die Potentiale der intendierten Wirkungen, beobachtbaren Wechselwirkungen und „Nebenwirkungen" systematisch erhoben und genutzt, sind virtuelle Lernumgebungen ein geeignetes Mittel, die Qualität der Lehre an Hochschulen zu sichern und zu entwickeln.[30]

---

[30] Vgl. Miller, D. (2002): *Beitrag der Arbeitsgruppe eQuality zur Diskussion um „Nachhaltige Implementierung virtueller Lernumgebungen im tertiären Bildungssektor".* www.virtualcampus.ch/docs/seminar_dec_2002/text_miller.pdf

Dieter Euler – Sabine Seufert – Markus Wirth

Gestaltung des Qualitätsmanagements zur Zertifizierung von E-Learning-Programmen

Abstract

Dem Qualitätsbegriff und damit zusammenhängenden Wortschöpfungen werden momentan im E-Learning-Umfeld große Sympathien entgegengebracht. Die Sympathiewelle darf nicht darüber hinwegtäuschen, dass der Qualitätsbegriff hochgradig interpretationsbedürftig und von normativen Positionen abhängig ist. Die Auseinandersetzung mit dem Qualitätsdiskurs im Bildungswesen zeigt, dass eine objektive Definition nicht vertretbar ist und eine relative Bestimmung über die individuelle Positionierung in normativer, subjektiver, inhaltlicher und prozessualer Hinsicht erfolgen muss. Im Rahmen eines systematischen Qualitätsmanagement-Ansatzes ist dabei Qualität nicht einfach zu „messen", sondern entwicklungs- und innovationsorientiert zu verbessern. Neben den existierenden und im Artikel kurz diskutierten Qualitätsmanagement-Ansätzen auf der institutionellen Ebene und im Produktbereich, konnte auf der Meso-Ebene vor allem für mediengestützte (E-Learning und Blended Learning) Aus- und Weiterbildungspogrammen eine Lücke festgestellt werden. Um diese Lücke zu schließen, lanciert die Akkreditierungsorganisation efmd (European Foundation for Management Development) in Brüssel in Zusammenarbeit mit dem Swiss Centre for Innovations in Learning (SCIL), das hier vorgestellte „Certification of eLearning (CEL)".

Die Autoren

Prof. Dr. Dieter Euler ist seit Oktober 2000 Inhaber des Lehrstuhls für „Wirtschaftspädagogik und Bildungsmanagement" und wissenschaftlicher Leiter des Swiss Centre for Innovations in Learning (SCIL) am Institut für Wirtschaftspädagogik an der Universität St. Gallen.

Dr. Sabine Seufert ist Geschäftsführerin des Swiss Centre for Innovations in Learning (SCIL) am Institut für Wirtschaftspädagogik und vollamtliche Dozentin an der Universität St. Gallen.

Markus Wirth arbeitet seit Februar 2001 als wissenschaftlicher Mitarbeiter am Institut für Wirtschaftspädagogik an der Universität St. Gallen sowie als zertifizierter Berater bei IBM Business Consulting Services im Bereich Learning Solutions mit spezieller Fokussierung auf E-Learning-Lösungen und -Implementierungen.

Dieter Euler – Sabine Seufert – Markus Wirth

Gestaltung des Qualitätsmanagements zur Zertifizierung von E-Learning-Programmen

1. Einleitung 516
2. Der Qualitätsdiskurs im Bildungswesen und im Bereich E-Learning 517
   2.1 Entwicklungslinien des Qualitätsdiskurses 517
   2.2 Definition des Qualitätsbegriffs 517
   2.3 Kategorien eines Qualitätsmanagement-Systems 520
3. Qualitätsmanagement-Systeme im Vergleich 521
   3.1 Qualitätsevaluationen auf der institutionellen Ebene 521
   3.2 Qualitätsevaluationen auf der Programmebene 522
   3.2.1 Qualitätsevaluation auf der Produktebene 523
4. Das „Certification of eLearning (CEL)" zur Zertifizierung von E-Learning-Programmen 524
5. Schlussfolgerungen und nächste Schritte 527
   Literatur... 527

1. Einleitung

Seit Erscheinen des OECD-Berichtes „Schools and Quality" im Jahre 1989 kann sich der Qualitätsbegriff immer wiederkehrender Popularitätswellen erfreuen. Qualität und daraus abgeleitete Wortbedeutungen prägen damit lange vor der Kreation des „E-Learning"-Begriffs die Diskussionen in den Bildungswissenschaften und der Bildungspolitik. Wortschöpfungen wie Qualitätsentwicklung, Qualitätsmanagement, Qualitätsstandards, Qualitätsverbesserung und Qualitätssicherung weisen auf den zentralen Stellenwert des Qualitätsbegriffs hin (Helmke, Hornstein & Terhart, 2000, 7) und vermochten im Bildungsbereich immer wieder auf fruchtbaren Boden zu fallen. In der Diskussion rund um den erfolgreichen und nachhaltigen Einsatz von mediengestütztem Lernen erlebt der Qualitätsbegriff zur Zeit eine hoffnungsvolle Renaissance.

Bei der Durchsicht der zahlreichen Literatur zur Qualität in der Bildung fällt als Erstes auf, wie unterschiedlich der Qualitätsbegriff verwendet wird. Damit jedoch nicht genug: oftmals wird „Qualität" nicht nur von verschiedenen Personen unterschiedlich belegt – auch innerhalb einzelner Arbeiten können vielfach Inkonsistenzen und unterschiedliche Auslegungen festgestellt werden. Wohl genau in dieser Unschärfe liegt der Grund für die immer wiederkehrende Popularität des neuen Hoffnungsträgers mediengestützten Lernens. Gerade durch diese hohe Interpretationsbedürftigkeit und die dadurch gewonnene Anmutungsqualität und die individuelle Problemsicht und die gegenwärtig vorherrschende Stimmungslage erzielt der Qualitätsbegriff eine beachtliche Überzeugungskraft und soziale Dynamik (Helmke, Hornstein & Terhart, 2000, 10).

Die hohe Interpretationsbedürftigkeit des Qualitätsbegriffs ist es jedoch auch, die immer wieder Missverständnisse mit sich bringt (vgl. z.B. Banthien, 1988, 59). Die Frage, welches zweier Automobile die höhere Qualität besitze – ein Volkswagen oder ein Jaguar –, dürfte von den meisten Befragten mit „der Jaguar natürlich" beantwortet werden. Nur diejenigen, die sich eingehender mit dem Qualitätsbegriff auseinandergesetzt haben, werden die Qualität von den Anforderungen, respektive vom gewünschten Zweck abhängig machen. Um dieser Verständnisproblematik in diesem Beitrag vorzubeugen, wird im *zweiten Kapitel* zunächst kurz auf den Qualitätsdiskurs im Bildungswesen, insbesondere mit Blick auf E-Learning, eingegangen und es werden maßgebliche Perspektiven zur Bestimmung eines Qualitätsverständnisses definiert. Im *dritten Kapitel* wird der Schwerpunkt auf die Analyse ausgewählter, bestehender Qualitätsmanagement-Systeme gelegt, woraus sich ein Handlungsbedarf für zukünftige Qualitätsmanagement-Systeme ableiten lässt. Mit dem „Certification of eLearning (CEL)", einer Konzeption zur Zertifizierung von E-Learning-gestützten Aus- und Weiterbildungsprogrammen, wird im *vierten Kapitel* als Antwort auf die neuen Anforderungen an Qualitätsmanagement-Systeme ein neuer Ansatz vorgestellt.

2. Der Qualitätsdiskurs im Bildungswesen und im Bereich E-Learning

2.1 Entwicklungslinien des Qualitätsdiskurses

Die Qualitätsdiskussion im Bildungswesen ist seit vielen Jahren ein zentrales Thema in der Politik, der Wissenschaft und in der Bildungspraxis (Helmke, Hornstein & Terhart, 2000). Während in den sechziger und siebziger Jahren quantitative Aspekte im Vordergrund standen, erfolgte in den achtziger Jahren ein Paradigmawechsel hin zu einer neuen Qualitätsbetrachtung (Dubs, 2003). Man erkannte, dass die Verbesserung ökonomischer Bedingungen durch Ressourcenwachstum zu kurz greift, um durch rein quantitativ-ausgeprägte Stellgrößen eine höhere Wirksamkeit des Bildungswesens zu erreichen (Helmke, Hornstein & Terhart, 2000).

Dabei können gewisse Parallelen zur Qualitätsdiskussion über E-Learning festgestellt werden. Die Erfahrungen zeigen auch hier, dass rein ökonomisch oder technologisch ausgerichtete Förderprogramme nicht ausreichen, um die Qualität von E-Learning-Lösungen voranzutreiben. Derzeit dominieren dezentrale Bottom-up-Ansätze, d.h. E-Learning-Projekte werden aufgrund des Engagements einzelner Innovatoren initiiert und umgesetzt. Die Ausrichtung an einer Strategie und insbesondere an einer kontinuierlichen Qualitätsentwicklung fehlt jedoch in den meisten Fällen. Erschwerend kommt hinzu, dass in der Praxis häufig kein Konsens über die erwünschten Zielsetzungen und Wirkungen von E-Learning vorliegt. Die aktuelle Qualitätsdiskussion über E-Learning rückt daher zwei Aspekte stärker in den Vordergrund. Erstens verdeutlicht sie die Notwendigkeit eines einheitlichen Zielsystems. Letztlich ist die Qualität bestimmt durch den Grad der Zielerreichung. Fehlen diese durch Innovationen zu erreichenden Zielgrößen, fehlen die zugrundeliegenden Referenzgrößen zur Beurteilung der Qualität. Zweitens löst die kontinuierliche Qualitätsverbesserung allmählich die lange vorherrschende statische „Produktorientierung" ab. So fordern Tergan und Schenkel (2004), dass den situativen Rahmenbedingungen für den Erfolg einer Maßnahme ein größerer Stellenwert beizumessen ist, als dies in den bisherigen Ansätzen zur Qualitätsbeurteilung, die sich auf die Beurteilung von Lernsoftware konzentrieren, getan wird. Im Rahmen einer Qualitätsentwicklung sind die tatsächlichen Wirkungen getroffener Maßnahmen mit den gesetzten Zielen zu vergleichen. Umfassende Ansätze, welche die systemischen Zusammenhänge von Qualitätskriterien berücksichtigen und über rein quantitative Aspekte (insbesondere staatliche Interventionen und Steuerungsmittel) hinausgehen, sind somit erforderlich.

2.2 Definition des Qualitätsbegriffs

Im gegenwärtigen Übergang des E-Learnings von einer Experimentier- zu einer Nachhaltigkeitsphase, wird der Qualitätsbegriff in der Diskussion über den erfolgreichen Einsatz von E-Learning von einer großen Popularitätswelle erfasst.

Was bedeutet jedoch genau „Qualität"? Eine allgemeingültige Definition kann für den Begriff „Qualität" nicht gefunden werden, sondern vielmehr umfasst die Begriffsbestimmung mehrere Dimensionen. Zur Beantwortung der Frage „was ist Qualität?" erscheinen im Hinblick auf einen konkreten Anwendungsfall vier Perspektiven dienlich:

- *Normative Perspektive:* Der Qualitätsbegriff ist immer Gegenstand politischer Aushandlungsprozesse von beteiligten Anspruchsgruppen und damit zu weiten Teilen normativ bestimmt. Die Zielsetzungen, welche die Qualität bestimmen, stellen somit die angestrebte Beschaffenheit des Qualitätsobjektes dar, gemessen an den Ansprüchen und Zielvorstellungen aller interessierten Gruppierungen. Qualitätsentwicklungssysteme können sich dabei an zwei unterschiedlichen normativen Bezugspunkten orientieren: Entweder greifen sie immanent die Qualitätsnormen auf, die sie in der Praxis erreichen wollen, und überprüfen, ob die selbstgesetzten Normen erfüllt werden. Oder es werden Normen von außen durch ein Qualitätsmanagement-System aufgenommen und überprüft.

- *Subjektive Perspektive:* Zur Bestimmung der Qualität können keine „objektiven" Kriterien herangezogen werden, denn schließlich kommt es auf den Betrachter an, was er als Qualität definiert. Die Subjektivität wird dabei einerseits bei der Definition der Qualitätskriterien wirksam, andererseits kann sie die Beurteilung darüber beeinflussen, in welchem Maße eine Ist-Situation bereits diesen Kriterien entspricht.

- *Inhaltliche Perspektive*: Für die Qualitätsbestimmung ist inhaltlich das Analyseobjekt zu spezifizieren. Dabei ist für die Qualitätsbeurteilung von E-Learning eine Mehrebenenbetrachtung vorzunehmen, indem Qualitätsaspekte für a) eine gesamte Organisation auf der Makro-Ebene, b) einzelne Bildungsangebote auf der Meso-Ebene oder c) einzelne Produkte und Medien auf der Mikro-Ebene betrachtet werden können (vgl. Abb. 1).

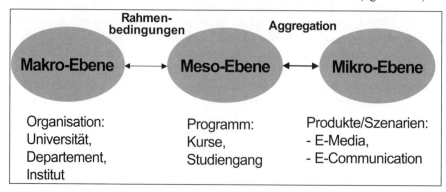

Abbildung 1: „Objekte" der Qualität

Auf der *Makro-Ebene* ist die gesamte Organisation, der Bildungsanbieter, das Analyseobjekt der Qualität, da notwendige Rahmenbedingungen für den Einsatz von E-Learning zu beachten sind. Auf der *Meso-Ebene* steht das gesamtdidaktische Design für die Gestaltung von Kursen und Programmen als Objekt der Qualitätsuntersuchung im Vordergrund. Die *Mikro-Ebene* beleuchtet E-Learning-Komponenten, die einem gesamtdidaktischen Design zur Verfügung stehen. Dabei können zwei Formen des E-Learnings aus Anwenderperspektive unterschieden werden, da sich der Lernende zur Unterstützung seines Lernens zwei neuer Komponenten bedienen kann (Euler, 2003a):

- Als multimedial aufbereitete Lerngegenstände stehen unterschiedliche Varianten von *E-Medien* zur Verfügung, die häufig auch miteinander verknüpft sind. Als „klassische" Varianten einer Lehrsoftware sind Tutorials, Drill-and-Practice- sowie Simulationsprogramme zu nennen. Dazu treten audio-visuell aufbereitete Fallstudien sowie elektronische Bücher, Informationsbanken oder Zeitschriften. Informationssoftware stellt elektronisch gespeicherte Informationen zur Verfügung, die i.d.R. zwar nicht originär für das Lehren und Lernen generiert wurden, gleichwohl aber sinnvoll in Lehr-Lernprozesse integriert werden können.

- Telekommunikationsnetze ermöglichen Formen des E-Learnings, die wir als *E-Communication* bezeichnen wollen. Sie ermöglichen zum einen den schnellen Zugriff auf räumlich entfernt liegende Lehr- und Informationssoftware und zum anderen schaffen sie die Grundlage, um sich mit anderen Personen, wie beispielsweise E-Mail, Diskussionsforen oder so genannten virtuellen Klassenzimmern über eine räumliche Distanz im Kontext des Lehrens und Lernens auszutauschen.

- *Prozessuale Perspektive:* Die Qualität eines Analyseobjektes ist nicht einmalig oder statisch definierbar, sondern ist einerseits in einem Input-Prozess-Output-Verlauf und andererseits als ein veränderliches Konstrukt über den Zeitverlauf zu sehen. Obschon auch die Qualitäts-Betrachtung entlang der Systematik eines Input-Output-Modells nicht konflikt- und problemfrei ist, hat sie sich bei vielen Autoren durchgesetzt (Ditton, 2000, 79; Dubs, 2003, 16; vgl. auch Kirkpatrick, 1994; Posch & Altrichter, 1997, 14). Ähnliche Modelle finden sich auch bei Ditton (2000, 79) oder in Total Quality Management-Ansätzen (vgl. z.B. Dubs, 2003, 43), wobei vor allem bei Letzteren die Prozesse und Outputs gegenüber den Inputs stärker gewichtet werden. Grundsätzlich aber gehen alle obigen Ansätze davon aus, dass die Qualität eines Bildungsprogrammes durch die Qualitäten der Inputs, der Prozesse sowie der Outputs bestimmt wird.

Abbildung 2: Input-Prozess-Output-Modell

Mit den Veränderungen der Ansprüche der Interessierten sowie des Umfeldes im Bereich E-Learning (z.B. technologische Neuerungen) verändern sich auch die Anforderungen an die postulierte Qualität. Je nach Situation können Qualitätskriterien im Zeitablauf unterschiedlich gewichtet werden. Hinsichtlich bestehender Verfahren können statische von dynamischen unterschieden werden. Summative Methoden dienen zur quantitativen Erhebung von Informationen (Qualitätserfassung), um Informationen zur Entscheidungsfindung bereitzustellen und damit Überzeugungen zu beeinflussen (conceptual use). Formative Verfahren hingegen betonen die dynamische Komponente einer

Qualitätsentwicklung, um Lern- und Verbesserungsprozesse zu initiieren und somit Handlungen auszulösen (action use).

Die vier Perspektiven des Qualitätsbegriffes sind in Analogie zur Bestimmung einer Innovation zu sehen. Das Qualitätsmanagement kann als begleitender Prozess zur Einführung und Umsetzung von Innovationen betrachtet werden. Maßgeblich für die Qualitätsbestimmung ist der Grad der Zielerreichung, wobei die Ziele durch die Innovation determiniert werden. Auf die Zusammenhänge zwischen Innovation und Qualität im Rahmen eines Qualitätsmanagement-Systems wird im nächsten Abschnitt näher eingegangen.

2.3 Kategorien eines Qualitätsmanagement-Systems

Das Qualitätsmanagement ist ein systematisch eingesetztes Verfahren, mit dem die Qualität erfasst, verbessert und gesichert wird. Die Durchführung des (intern oder extern) konzipierten Qualitätsmanagements wird als Evaluation bezeichnet. Wird sie selbst durchgeführt, so liegt eine Selbstevaluation vor, wohingegen es sich um eine Fremdevaluation handelt, wenn sie Dritten übertragen wird. Grundsätzlich ist im Bildungsbereich eine Verschiebung der Perspektive von der Qualitätssicherung hin zur kontinuierlichen Qualitätsverbesserung zu beobachten (Tergan & Schenkel, 2004). Die nachfolgende Abbildung besitzt deshalb eine hohe Komplexität, weil sie die strukturellen Kategorien eines Qualitätsmanagements mit den beiden dynamischen Komponenten verbindet.

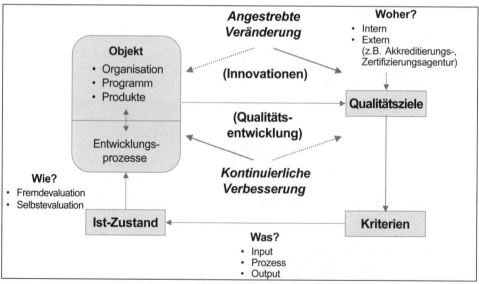

Abbildung 3: Kategorien eines Qualitätsmanagement-Systems

So ist einerseits ein Kreislauf erkennbar, in dem ein bestimmtes Objekt einer ziel- bzw. kriterienorientierten, methodischen Evaluation unterzogen wird. Andererseits gibt es zwei Möglichkeiten der Veränderung bzw. Weiterentwicklung des Systems:

- Über Innovationen können Veränderungen angestrebt und in der Folge auch die Qualitätskriterien angepasst werden. Mittelbar wird sich so der Zustand des Objekts verändern.
- Über Maßnahmen der Qualitätsentwicklung können Verbesserungsprozesse ausgelöst und der Zustand des Objekts verändert werden. Mittelbar kann sich eine Veränderung der Qualitätskriterien ergeben.

Im Folgenden werden unterschiedliche Qualitätsmanagement-Systeme, wie sie sich in der Praxis mittlerweile etabliert haben, diskutiert.

3. Qualitätsmanagement-Systeme im Vergleich

Bestehende Qualitätsmanagement-Verfahren im Bildungswesen und insbesondere für E-Learning können nach dem vorherrschenden Analyse-Objekt – gesamte Institution, Programm oder Produkt – unterschieden werden. Der Vergleich soll darüber hinaus dazu dienen, Entwicklungsbedarfe für künftige Qualitätsmanagement-Systeme ableiten zu können.

3.1 Qualitätsevaluationen auf der institutionellen Ebene

Ein bekannter Ansatz ist das Total Quality Management (TQM), das vor allem im Bereich der beruflichen Weiterbildung eine Rolle spielt (Dubs, 2003). Der Fokus der Qualitätsentwicklung liegt hier in erster Linie auf den Weiterbildungsträgern und -anbietern, also auf der Ebene der Organisation, resp. Institution. Ein bedeutender TQM-Ansatz in diesem Bereich stammt von der European Foundation for Quality Management (EFQM). Er beschreibt einen kontinuierlichen Verbesserungsprozess, der auf Selbstevaluation und das Auffinden von Verbesserungsmöglichkeiten abhebt. Darüber hinaus haben sich in den letzten Jahren eine Vielzahl an nationalen und internationalen Akkreditierungsinstitutionen, wie beispielsweise efmd[1] und AACSB[2], etabliert, welche die Selbst- und Fremdevaluation in Form von „Peer Reviews" kombinieren. Hierbei wird ebenfalls die fortlaufende Organisationsentwicklung betont. Ähnliche Ansätze verfolgen die Normenreihe DIN EN 9000-9004, wo eine standardisierte Zertifizierung von Weiterbildungsanbietern durch externe Agenturen ermöglicht werden soll. Diese Verfahren sind teilweise um neue Kriterien erweitert worden, um auf Besonderheiten von Bildungsorganisationen im E-Learning-Bereich (z.B. Open and Distance Universities) eingehen zu können.

---

[1] efmd steht für European Foundation for Management Development, http://www.efmd.org/.

[2] AACSB steht für „The Association for Advance Collegiate Schoos of Business", http://www.aacsb.edu.

3.2 Qualitätsevaluationen auf der Programmebene

Für Programme, d.h. Bildungsangebote wie beispielsweise Studiengänge, MBA-Programme, existieren verschiedene dedizierte Zertifzierungsprogramme, die die jeweilige Qualität mit einem eigenen Qualitäts-„Label" attestieren. In der Nische der MBA-Angebote hat sich die Association of MBAs (A-MBA)[3] etabliert. Das von A-MBA eingesetzte Evaluationsverfahren basiert ebenfalls auf einer Kombination von Selbstbewertung und Fremdevaluation durch Experten. Der zugrunde liegende Kriterienkatalog ist 2002 um einen Anhang für „Open and Distance Learning"-MBAs erweitert worden. Schaut man sich die speziell dazu entwickelten Kriterien etwas genauer an, merkt man aber rasch, wie schwer es auch dieser traditionellen Akkreditierungsorganisation fällt, die komplexe Problematik qualitativ hochwertiger mediengestützter Lehre in sinnvolle Kriterien zu gießen. In herkömmlicher Manier werden Kriterien formuliert, die hauptsächlich Inputvariablen adressieren. Weder spezielle ökonomische Herausforderungen noch der Mehrwert des Medieneinsatzes werden reflektiert und evaluiert. Der gerade für selbstverantwortliche Lerner wichtige Support (vgl. dazu die Benchmarks von Phipps & Merisotis, 2000, 18) in technischer Hinsicht sowie das Coaching in inhaltlichen Bereichen werden nur sehr vage umschrieben (vgl. Ambassadors for MBA Quality, 2002, Punkt 3.1 (iii)). Der in verschiedenen Studien (vgl. z. B. MacGrath, Middleton & Crissman, 2002, 83ff.) als zentraler Qualitätsfaktor identifizierte „Faculty Support", also die Unterstützung der Dozierenden und (E-)Tutoren, wird nicht als Qualitätsmerkmal aufgenommen. Die Liste ließe sich noch weiter fortsetzen. Ausbildungsprogramme, die nachhaltig erfolgreich mediengestützte Lehre einsetzen wollen, sind mit anderen Herausforderungen konfrontiert als Bildungsanbieter, die mit traditioneller Lehre operieren und sich das dazu notwendige Know-how darüber hinaus noch über Jahrzehnte erarbeiten konnten.

Den erweiterten A-MBA-Kriterienkatalog betrachtend, gelangen wir einmal mehr zu Dittons Feststellung, dass das bislang überwiegend praktizierte, weitgehend theorielose Vorgehen unzulänglich sei. Ditton fordert deshalb verstärkt forschungsleitende Theorien bzw. analytische Konzeptionen, aus denen sich ein integrativer Rahmen für weitere Forschung herleiten lässt (Ditton, 2000, 75). Als externer Beobachter kann man sich folglich des Eindrucks kaum erwehren, dass obige Akkreditierungskriterien einerseits erweitert wurden, um formal den Anforderungen von mediengestützten MBA-Programmen zu genügen, dass man aber andererseits in einem traditionellen Lehr-Lern- und Evaluations-Paradigma verharrt und damit die Grundlagen für eine effektive Qualitätsevaluation fehlen. Damit laufen traditionelle Akkreditierungs-Organisationen Gefahr, mit unzulänglichen Kriterien irrelevante Qualitäten zu evaluieren, wodurch sie schließlich nicht mehr in der Lage sein werden, eine valide und reliable Unterscheidung zwischen qualitativ guten, weniger guten und schlechten Aus- und Weiterbildungsprogrammen vorzunehmen.

Neben generischen Qualitätsmanagement-Ansätzen im Bildungsbereich sind spezifische Qualitätsansätze für E-Learning entstanden (vgl. nachfolgende Tabelle). Für Distance Education-Programme sind beispielsweise Qualitätskriterien des Institute for Higher Education

---

[3] http://www.mbaworld.com/.

Policy[4] entwickelt worden, welche relativ allgemeingültige Aussagen beinhalten und auf „internet-based distance education" ausgerichtet sind. Diese Qualitätskriterien können für eine Selbstevaluation herangezogen werden. Die Vergabe eines Gütesiegels von einer Zertifizierungsstelle ist damit nicht verbunden. Das Institute for Higher Education Policy (2000) liefert vielmehr ein Kriterienset, das nicht auf die dynamische Qualitätsentwicklung zielt, sondern sich an statischen Evaluationsprozesse orientiert.

3.2.1 Qualitätsevaluation auf der Produktebene

Mit zunehmender Internationalisierung und einer stärkeren Vermarktung von Bildungsangeboten wurde im Umfeld des Qualitätsmanagements der Ruf nach einem funktionierenden Konsumentenschutz lauter. Analog zu Rasierern, Staubsaugern und Fernsehern sollen auch multimediale Lernangebote nach Anwendungskriterien und Bedienfunktionen beurteilt und geprüft werden, wie dies beispielsweise mit der E-Learning-Courseware Certification der American Society for Training & Development (ASTD) geschieht (vgl. z.B. die ECC-Zielsetzungen in Sanders, 2003, 4). So wichtig funktionierende und technisch stabile Angebote sicherlich sind, so klar ist auch, wie wenig hinreichend solche Qualitätskontrollen für den resultierenden Lernfortschritt des Anwenders sind. Schenkel (1995, 22) stellt fest, dass ein qualitätsmäßig schlecht bewertetes Lernprogramm – falls es gut eingesetzt wird – zu größerem Lernerfolg führen kann als ein gutes Programm, das nicht angemessen eingesetzt wird (Tergan, 2000, 346). Vor allem für Kombinationen von traditionellen und mediengestützten Ausbildungsprogrammen lässt sich folgern, dass die Bewertung eines Lernangebotes auf der Grundlage der Produktmerkmale nichts oder nur wenig über die erzielbaren Wirkungen, resp. Lernleistungen aussagt (vgl. dazu auch Tergan & Schenkel, 2004, 4.20/4). Aufgrund der Schwierigkeit, die Lernwirksamkeit auf der Grundlage entsprechender Bewertungskriterien empirisch nachzuweisen, wird dieser rein produktorientierte Evaluationsansatz zunehmend kritisiert (Fricke, 2000; Tergan & Schenkel, 2004). „Es wird zunehmend erkannt, dass die Lernenden selbst sowie Rahmenbedingungen des Lernens für erfolgreiches Lernen eine weitaus größere Rolle spielen als dies in bisherigen Ansätzen der Evaluation der instruktionalen Qualität berücksichtigt wurde" (Tergan & Schenkel, 2004, 4.20/3).

Für die Entwicklung von Produkten wird derzeit ebenfalls eine DIN-Norm als Referenzmodell für die Planung, Entwicklung, Durchführung und Evaluation von Bildungsangeboten erarbeitet, die sich an Entwickler von E-Learning-Lösungen richtet.

Die Analyse vorhandener Qualitätsmanagement-Systeme zeigt, dass für E-Learning-unterstützte Programme bislang keine ausgereiften Angebote zur Qualitätszertifizierung existieren. Daher soll im Folgenden ein neues Zertifizierungsprogramm für E-Learning-gestützte Aus- und Weiterbildungsprogramme vorgestellt werden.

---

[4] http://www.ihep.com.

Analyse-Objekt Anwendungsbereich	Institution	Programm	Produkt
„Klassisches" Präsenzstudium	TQM-Ansätze (z.B. EFQM), Akkreditierung (z.B. efmd-equis, AACSB)	Zertifizierung: z.B. A-MBA, Zertifizierung von MBA-Programmen)	Evaluation von Lehr-/Lernmaterialien (Zertifizierung unbedeutend)
Fernstudium mit E-Learning-Komponenten	Ausweitung bestehender Ansätze, DIN-Norm („Referenzmodell" eines Weiterbildungsanbieters)	A-MBA Erweiterung, Kriterienkatalog des Institutes For Higher Education Policy, CEL-Zertifizierung	ASTD Kriterienkatalog für Lernsoftware, DIN-Norm für Entwicklungsprozesse
Verbindung von virtuellem und Präsenzstudium („Dual Mode")	Ausweitung bestehender Ansätze, DIN-Norm	CEL-Zertifizierung von E-Learning-gestützten Programmen	ASTD Kriterienkatalog für Lernsoftware, DIN-Norm für Entwicklungsprozesse

Tabelle 1: Typologischer Vergleich bestehender Qualitätsmanagement-Systeme

4. Das „Certification of eLearning (CEL)" zur Zertifizierung von E-Learning-Programmen

Qualitätsmanagement-Konzepte, die auf die kontinuierliche Qualitätsentwicklung von E-Learning-gestützten Bildungsangeboten ausgerichtet sind, sind bislang nur unzureichend – eher in Form von statischen Kriterienkatalogen – vorhanden. Mit dem „Certification of e-Learning (CEL)" möchte die Akkreditierungsorganisation efmd (European Foundation for Management Development) in Brüssel in Zusammenarbeit mit dem Swiss Centre for Innovations in Learning (SCIL) ein derartiges Zertifizierungsprogramm lancieren.

1. Normative Perspektive

Der in diesem Buch (vgl. Einleitungsartikel) vorgestellte Bezugsrahmen liefert die theoretischen Grundlagen für die Entwicklung des Qualitätsmanagement-Systems. Die Qualitätskriterien sind daher entlang des 5-Dimensionenmodells entwickelt worden, das mit Hilfe von Experteninterviews (25 Experten) und einer Delphi-Studie (37 Experten in zwei Durchgangsrunden) entstanden ist. Somit ist die normative Perspektive geprägt durch die Forschungsdiskussion sowie die vorherrschende Meinung von Experten aus Wissenschaft und Praxis, wobei die Perspektive des Lernenden als „Endkunde" von E-Learning eine zentrale Stellung einnimmt. Im Rahmen der CEL-Zertifizierung übernimmt SCIL vor allem den Part der „Research Unit", um wissenschaftlich fundierte Qualitätskriterien zu liefern, sowie das Coaching der Auditoren.

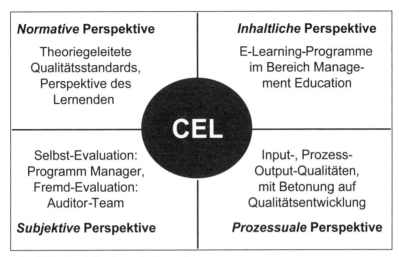

Abbildung 5: CEL: Certification of eLearning

2. Inhaltliche Perspektive

Als Analyseobjekt ist ein „Programm" auf der Meso-Ebene spezifiziert. Zulassungskriterien für das CEL-Zertifizierungsprogramm sind die Folgenden:

a) Erfüllung der Basiskriterien für ein Programm:

Ein Programm ist mehr als nur ein E-Learning-Medium, wie beispielsweise ein CBT oder Simulationstool, ein Ereignis einer E-Communication (z.B. web-Lecture, Virtuelle Seminare mit Diskussionsforum, Virtuelle Klassenzimmer) oder eine Lernsequenz von kurzer Dauer. Alle zuvor genannten Elemente können jedoch ein Teil eines Programmes sein. Im Kontext von CEL wird ein Programm folgendermaßen definiert:

- Ein Programm umfasst mindestens 100 Lernstunden seitens der Studierenden (dies müssen nicht notwendigerweise 100 Kontaktstunden sein).

- Ein Programm schließt mit einer Prüfung oder einem anderen Evaluationsverfahren zur Beurteilung der Lernergebnisse ab.

- Ein Programm muss dauerhaft und auf Nachhaltigkeit hin angelegt sein. Dieser Fall wird angenommen, wenn das Programm mindestens bereits zwei Mal erfolgreich durchgeführt wurde.

b) Kriterien für ein E-Learning-gestütztes Programm:

Ein Programm wird als „E-Learning-gestützt" betrachtet, wenn ein Minimum von 20 % der Lernstunden mit dem Einsatz von E-Learning-Methoden durchgeführt wird. Von E-Learning wird gesprochen, wenn mindestens eine der beiden Anforderungen erfüllt ist:

- Einsatz interaktiver Medien (E-Medien): das Programm verwendet mindestens einen anderen Medientyp als gedruckten Text und aufgezeichnetes Vorlesungsmaterial.
- Einsatz von E-Communication: Das Programm erfordert den Einsatz von Lernumgebungen, die Interaktivität unterstützen, d.h. die Studierenden untereinander sowie E-Tutoren/E-Moderatoren miteinander vernetzen.

Im Rahmen dieser Definition würde sich ein Distance Education Kurs, der aus gedruckten Lernmaterialien und audiovisuell aufgezeichneten Vorlesungen besteht, nicht für CEL qualifizieren, da diesem Kurs sowohl die Interaktivität des Medieneinsatzes sowie die Netzwerk-Interaktion fehlen.

In diesem Kontext kann E-Learning als eine Anreicherung traditioneller Lehr- und Lernmethoden verstanden werden, E-Learning kann ein integraler Bestandteil einer Lernumgebung sein („Blended Learning") oder das Programm kann auch als ein umfassendes virtuelles Angebot gestaltet sein.

c) Strategische Verankerung des Programmes

Das Bildungsangebot muss in die strategische Entwicklung der Organisation eingebunden sein. Die Ziele des Bildungsprogrammes müssen konsistent in die übergreifende Strategie der Organisations- und Qualitätsentwicklung integriert sein.

3. Subjektive Perspektive

Bei der CEL-Zertifizierung sind sowohl die Programm-Verantwortlichen als auch externe Evaluatoren involviert. Für die Fremdevaluation sind i.d.R. zwei E-Learning-Experten als Auditor-Team zuständig, um einer zu starken Subjektivität einer einzelnen Person entgegen zu wirken.

4. Prozessuale Perspektive

Die dem Bezugsrahmen zugrundeliegenden Qualitätskriterien können in Input-, Prozess- und Outputqualitäten unterschieden werden. Grundsätzlich stehen dabei jeweils die folgenden Fragen im Zentrum: „What to do?" (was sind die maßgeblichen Zielgrößen?) und „How to do?" (was wird unternommen, um die Zielgrößen zu erreichen?). Damit wird im Prozessverlauf der Zertifizierung eine besondere Betonung auf die Qualitätsverbesserung gelegt, um nicht nur Qualitätskriterien statisch und summativ zu überprüfen, sondern auch Entwicklungsmaßnahmen mit in den Blick zu nehmen.

Zusammenfassend dargestellt sollen die Vorteile des praxiserprobten Vorgehens der Akkreditierungsorganisation efmd (Selbst-, Fremdevaluation durch Audit-Team-Reviews) kombiniert werden mit den Vorteilen eines systemischen Bezugsrahmen zur Qualitätsentwicklung, der über das zusammenhangslose Ansammeln von Qualitätskriterien hinausgehen soll.

5. Schlussfolgerungen und nächste Schritte

Auf lokaler wie internationaler Ebene existieren zur Zeit eine Vielzahl von Zertifizierungs- und Akkreditierungsorganisationen, die versuchen, die Qualität von Bildungsangeboten und -institutionen zu beurteilen. Der Einsatz von E-Learning stellt viele dieser Organisationen vor neue Herausforderungen, da einerseits klassische Qualitätskriterien nicht mehr relevant sind und andererseits neue Qualitätskriterien erforderlich werden, die in einem traditionellen Klassenraum-Unterricht wenig oder keine Bedeutung hatten (z. B. Stabilität und Benutzerfreundlichkeit der technischen Infrastruktur). Andererseits gibt es zahlreiche Ansätze, im Interesse eines Konsumentenschutzes E-Learning-Produkte zu evaluieren und deren Qualität zu zertifizieren. Aus didaktischer Sicht greifen solche Anstrengungen genauso zu kurz, wie die oben zitierten Institutionen- und Programm-Zertifizierungen. Um diese Qualitätslücke zu schließen, führt die European Foundation for Management Development (efmd) noch dieses Jahr das Zertifizierungsprogramm CEL mit drei Pilotanwendern durch, um im Anschluss daran ein verlässliches, wissenschaftlich fundiertes und valides Evaluations-Angebot einem breiteren Anwenderkreis des E-Learning-Bildungsmarktes zugänglich zu machen.

Literatur

AMBASSADORS FOR MBA QUALITY. (2002). *Accreditation of MBA Programmes*. Adresse: http://www.mbaworld.com/downloads/criteria.pdf (Stand: 5.1.2004).

BANTHIEN, C. (1988). Qualitätssicherung, ein wichtiger Aspekt des Projektmanagements. *Die Orientierung, 92*, S. 59–67.

DITTON, H. (2000). Qualitätskontrolle und Qualitätssicherung in Schule und Unterricht: Ein Überblick zum Stand der empirischen Forschung. In: A. Helmke, W. Hornstein & E. Terhart (Hrsg.), *Zeitschrift für Pädagogik, 41. Beiheft* (S. 73–92). Weinheim, Basel: Beltz Verlag.

DUBS, R. (2003). *Qualitätsmanagement für Schulen* (Band 13). St. Gallen: Institut für Wirtschaftspädagogik.

EULER, D. (2003a). *eLearning zwischen Qualitätserwartung und Rentabilitätsdruck. Kongressdokumentation des 1. SCIL Kongresses an der Universität St. Gallen*. St. Gallen: Swiss Centre for Innovations in Learning.

EULER, D. (2003b). Reformen erfordern Vertrauen und Kooperation – über notwendige Fundamente von pädagogischen Innovationen. *Zeitschrift für Betriebs- und Wirtschaftspädagogik*, 09, Editorial.

FRICKE, R. (2000). Qualitätsbeurteilung durch Kriterienkataloge. Auf der Suche nach validen Vorgehensmodellen. In: P. Schenkel, S.-O. Tergan & A. Lottmann (Hrsg.), *Qualitätsbeurteilung multimedialer Lern- und Informationssysteme. Evaluationsmethoden auf dem Prüfstand* (S. 5–88). Nürnberg: BW Bildung und Wissen.

HELMKE, A., HORNSTEIN, W. & TERHART, E. (2000). Qualität und Qualitätssicherung im Bildungsbereich. *Zeitschrift für Pädagogik, 41. Beiheft*, S. 7–14.

KERRES, M. (2001). Von der Pionierleistung in den Alltag. Nachhaltige Implementierung mediengestützter Lehre. *Wissenschaftsmanagement. Zeitschrift für Innovation*, 5, S. 17–20.

KIRKPATRICK, D. L. (1994). *Evaluating training programs: the four levels*. San Francisco, CA: Berret-Koehler.

INSTITUTE FOR HIGHER EDUCATION POLICY (2000). *Quality on the Line. Benchmarks for Success in Internet-based Distance Education*. Retrieved 29.01.2004, from http://www.ihep.com/ Pubs/PDF/Quality.pdf.

MACGRATH, J., MIDDLETON, H. K. & CRISSMAN, T. (2002). Online Teaching as a Catalyst for Classroom-Based Instructional Transformation. In: J. C. Moore & J. Bourne (Hrsg.), *Elements of Quality Online Education* (S. 83–102). Needham: Sloan Center for OnLine Education.

PHIPPS, R. A. & MERISOTIS, J. (2000). *Quality On The Line. Benchmarks For Success In Internet-Based Distance Education*. Washington: The Institute For Higher Education Policy.

POSCH, P. & ALTRICHTER, H. (1997). *Möglichkeiten und Grenzen der Qualitätsevaluation und Qualitätsentwicklung im Schulwesen*. Innsbruck: Studienverlag.

SANDERS, E. S. (2003). *E-Learning Courseware Certification (ECC) Standards (1.5)*. Adresse: http://www.astd.org/ASTD/marketplace/ecc/standards (Stand: 21.01.2004).

SCHENKEL, P. (1995). Einführung. In: P. Schenkel & H. Holz (Hrsg.), *Evaluation multimedialer Lernprogramme und Lernkonzepte. Berichte aus der Berufsbildungspraxis* (S. 11–22). Nürnberg: BW Bildung und Wissen.

SEUFERT, S. & EULER, D. (2003). *Nachhaltigkeit von eLearning-Innovationen. Ergebnisse einer Expertenbefragung*. SCIL-Arbeitsbericht 1 des Swiss Centre for Innovations in Learning. St. Gallen: Institut für Wirtschaftspädagogik.

SEUFERT, S. & EULER, D. (2004). *Nachhaltigkeit von eLearning-Innovationen. Ergebnisse einer Delphi-Studie*. SCIL-Arbeitsbericht 2 des Swiss Centre for Innovations in Learning. St. Gallen: Institut für Wirtschaftspädagogik.

TERGAN, S.-O. (2000): Bildungssoftware im Urteil von Experten. 10 + 1 Leitfragen zur Evaluation. In: P. Schenkel, S.-O. Tergan & A. Lottmann (Hrsg.), *Qualitätsbeurteilung multimedialer Lern- und Informationssysteme. Evaluationsmethoden auf dem Prüfstand* (S.137–163). Nürnberg: BW Bildung und Wissen.

TERGAN, S.-O. & SCHENKEL, P. (2004). Lernpotenzial von eLearning erfassen – was macht Lernen erfolgreich? In: Hohenstein, A., Wilbers, K. (Hrsg.): *Handbuch E-Learning*. Erg. Lfg. 4.20. Köln: Deutscher Wirtschaftsdienst.

Erich Behrendt

E-Learning an Hochschulen: Keine Chance!

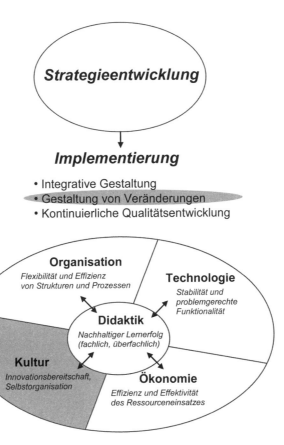

Abstract

Bei der Einführung von E-Learning handelt es sich nicht nur um eine Medieninnovation, sondern insbesondere um eine Veränderung sozialer Strukturen. Eine dauerhafte Veränderung von Lernprozessen mit Hilfe (vernetzter) Informationstechniken wird nur dann gelingen, wenn ihre Protagonisten diesen Prozess verstehen und beherrschen. Die neuen Medien stellen die **notwendige Bedingung** für multimediale Lernkonzepte (Blended Learning) dar. Aber erst durch die positive Gestaltung weiterer Faktoren und ein entsprechendes Umfeld können die **hinreichenden Bedingungen** für eine dauerhafte Akzeptanz erzielt werden. Diese Soziologie des mediengestützten Lernens zu begreifen und die Veränderungsprozesse professionell zu gestalten, ist eine zentrale Herausforderung an das Bildungsmanagement.[1] Doch gerade im Bereich der universitären Lehre wird hier ein Umdenken von den Akteuren verlangt, das für diese strategisch gesehen, keinen ausreichenden Anreiz bietet: Die Qualität der Lehre hat kaum Einfluss auf die wissenschaftliche Karriere der ausführenden Akteure. Die informellen und formellen Regeln der Hochschulkulturen lassen Innovationen meist nur als Gegenstand der Lehre oder der Forschung zu; eine Veränderung des „sozialen Systems" ist im Rahmen der „Freiheit von Forschung und Lehre" kaum möglich.

Der Autor

Diplom-Sozialwissenschaftler Dr. Erich Behrendt, Jg. 1957, seit 1985 Inhaber und Leiter des IMK Instituts für Medien und Kommunikation in Recklinghausen. Er berät große Unternehmen und Bildungsträger bei der Einführung und Entwicklung neuer informatisierter Bildungsdienstleistungen. Leiter zahlreicher Forschungsprojekte zu Fragen des multimedialen Lernens. 1. Vorsitzender des Berufsverbandes Deutscher Soziologinnen und Soziologen. Kontakt und weitere Informationen: IMK, Tel. 02361/492025, E-Mail behrendt@imkmedia.de, URL: http://www.imkmedia.de

---

[1] Die Ausführungen basieren zum einen auf zahlreichen Unternehmensberatungen in den letzten zehn Jahren und zum anderen auf einer 20jährigen Forschungstradition. Der Beitrag ist eine überarbeitete Fassung eines Aufsatzes, der vom Bundesinstitut für Berufsbildung veröffentlicht wird. Nähere Angaben zu den Projekten finden sich unter der URL www.imkmedia.de (17. Januar 2004).

Erich Behrendt

E-Learning an Hochschulen: Keine Chance!

1. Zur Eingrenzung des Modebegriffs „E-Learning" und den Dimensionen des Gegenstandsbereichs 532
2. E-Learning bedeutet weniger eine Produkt- denn eine Prozessinnovation 533
3. Lernkultur ist mehr als eine Restkategorie für nicht erklärbare Akzeptanzprobleme 535
4. E-Learning als Aufgabe des Change-Management 536
5. Commitment der Leitung und Visionen 537
6. Protagonisten und Strategien 537
7. Rahmenbedingungen positiv setzen und nachfrageorientiert einsteigen 538
8. Partizipative Prozessentwicklung 538
   Literatur 539

1. Zur Eingrenzung des Modebegriffs „E-Learning" und den Dimensionen des Gegenstandsbereichs

„Auch wenn auf jeden Einwohner Deutschlands ein vernetzter PC käme und Lernangebote kostenlos zur Verfügung gestellt würden, die Akzeptanz des E-Learning würde sich nur unwesentlich erhöhen."[2]

Früher hieß es Computerunterstützter Unterricht, Computerbased Training, Web-Based Training und heute E-Learning oder Blended Learning[3]. Doch Modebegriffe eignen sich kaum für den fachlichen Diskurs und bedürfen der Eingrenzung.

Unter E-Learning wird im Folgenden der Einsatz von elektronischen **On- und Offlinemedien in Lernprozessen der Bildungsdienstleistungen** verstanden. Darunter fallen alle Mischformen des Medieneinsatzes (Multimediales Lernen, Blended Learning). Nicht behandelt wird der Einsatz neuer Medien in der Administration, Distribution und Information/Bewerbung von Bildungsdienstleistungen; Funktionen, die oftmals Bestandteil von Lernplattformen sind.

Behandelt wird nur das Feld des „**tatsächlichen**" Lernens, in dem es um die dauerhafte und gezielte Verhaltensveränderung der Lerner geht. Weder werden an dieser Stelle Bildungsdienstleistungen als „Incentives" noch als „Legitimationsmaßnahmen" behandelt. Diese spielen zwar insbesondere in der beruflichen Weiterbildung eine große Rolle, doch Lernen ist in solchen Fällen von nachrangiger Bedeutung. Es geht dort eher um Mitarbeitermotivation oder um die Erfüllung gesetzlicher Schulungsverpflichtungen. Unberücksichtigt bleiben auch alle Formen des informellen Lernens, da sie grundsätzlich nicht als organisierte Dienstleistungen angeboten werden.

Es wäre ein Irrtum zu behaupten, die Funktion der Hochschulausbildung sei ausschließlich die wissenschaftliche Qualifizierung jüngerer Menschen. Unsere Gesellschaft regelt Karrieren sehr stark über den Abschluss von Bildungsmaßnahmen: Der Erwerb eines Zertifikats ist hier das Interesse, weniger das Lernen als solches. Aus Sicht der Professoren ist die Lehre ein notwendiges Übel und steht ebenfalls nicht im Mittelpunkt ihres Interesses.

Viele Aspekte werden in diesem kleinen Aufsatz nicht behandelt werden können, obwohl es für eine erfolgreiche Umsetzung wichtige Themen sind: So stehen die **Medien** selbst nicht im Mittelpunkt, ihre Verfügbarkeit und Praxistauglichkeit wird hier unterstellt (auch wenn dieser Punkt alles andere als selbstverständlich ist). Auch undiskutiert soll die **Qualität** der

---

[2] Die in Anführungszeichen eingeschobenen Thesen dienen der Pointierung folgender Textaussagen.

[3] Zur geschichtlichen Entwicklung interaktiver Lehr-/Lernmedien vgl. Behrendt, *Multimediale Lernarrangements im Betrieb*, Bielefeld 1998, S. 15ff.

jeweiligen E-Learning-Lösungen bleiben.[4] Der Beitrag konzentriert sich folglich auf die Bedingungen einer erfolgreichen Umsetzung von E-Learning, wobei eine technische und didaktische Reife vorausgesetzt wird. Denn dieses ist die zentrale These: Das Vorhandensein eines „guten" E-Learningproduktes garantiert nicht im Mindesten dessen erfolgreiche Umsetzung in die Praxis.

Es wird eine individuelle Handlungsoption eines Entscheiders unterstellt: Die Einführung von E-Learning wird aus der Sicht eines **motivierten Bildungsverantwortlichen** beschrieben. Wie kann E-Learning unter den Aspekten moderner Organisationsentwicklung verstanden und strategisch interpretiert werden?

2. E-Learning bedeutet weniger eine Produkt- denn eine Prozessinnovation

„Die Menschen verändern ihr Sozialverhalten nur ungern. Vielleicht können sie es als Erwachsene ohne Druck von Außen auch nicht mehr."

Wenn ein Entscheider versucht, in einer Organisation (sei es in einem Studiengang, einer Bildungsabteilung oder bei einem überbetrieblichen Bildungsanbieter) neue Lernmedien zu etablieren, dann ist die frühzeitige **semantische Analyse** der relevanten Modebegriffe „E-Learning", „Blended Learning" ebenso notwendig, wie **die Analyse ihrer Dimensionen/Auswirkungen** und das jeweilige Arbeitsgebiet. Erst ein tieferes Verständnis zum Gegenstandsbereich bietet die Grundlage, nutzenorientiert Veränderungsprozesse erfolgreich in die Organisation kommunizieren zu können.

Wäre E-Learning nur ein neues Medium, das ein anderes verdrängt, wie z.B. digitale Speichermedien analoge Magnetbänder, dann wäre es eine **einfache Rationalisierungstechnologie**. Statt einer Videokassette nimmt man eine CD, statt eines Videorecorders wird ein PC oder ein DVD-Player eingesetzt. Es wäre eine einfache Produktinnovation; die beteiligten Menschen müssten sich in ihrem Verhalten zu den Maschinen nicht grundsätzlich neu orientieren und – noch entscheidender – das Sozialgefüge, die Kommunikation und die Interaktion zwischen den Menschen, bliebe unverändert. Die soziale Dimension des studentischen oder beruflichen Alltags würde letztlich nicht angetastet.

Die Einführung von E-Learning ist dagegen fast immer mit der Notwendigkeit verbunden, dass die beteiligten Personen die Art und Weise, wie sie sich verhalten, grundsätzlich verändern müssen. Aus dem Gruppenunterricht wird autonomes Selbstlernen, aus dem linearen Lesen eines Buches wird das Navigieren in einer Lernsoftware. Aus verbindlichen, vorgegebenen Orten und Zeiten des Lernens werden Optionen, die eigenverantwortlich vom Lerner

---

[4] Vgl. dazu ausführlicher: Behrendt, Zum richtigen CBT greifen. IT-Anwendertrainings. In: *managerSeminare*, H. 47, März 2001, S.70–77.

genutzt werden sollen. Aus Seminaren und Kursen müssen Ausbilder und Trainer multimediale Lernarrangements entwickeln und moderieren. Das Methoden- und Medieninventar nimmt zu. Allen Beteiligten werden grundsätzlich neue Kompetenzen abverlangt und die **sozialen Beziehungen** zwischen den Lernern untereinander und zu dem Bildungspersonal werden oft radikal umdefiniert.

Damit dürfte auch für die Hochschulausbildung deutlich werden, dass die Einführung von E-Learning über seine punktuelle Nutzung hinaus den „Leistungserstellungsprozess" insgesamt verändern muss. Allein schon die transparente Bereitstellung von „Contents" macht in der Praxis schnell klar, welche Widerstände damit verbunden sein werden.[5]

„Die Einführung von E-Learning ist eine Prozessinnovation, eine Veränderung der Lehr-/ und Lernmethoden. Diese Analyse klingt banal. Doch die pädagogisch orientierte Wissenschaft und Praxis hat diesen Unterschied nie wahrgenommen."

Nur so kann der permanente Versuch in Literatur und Praxis erklärt werden, neue Lernmedien mit alten Lernmethoden zu vergleichen. Die Gegenüberstellung eines interaktiven Lernmediums mit einer Präsenzlernform (Unterricht, Seminar) ist der unzulässige Versuch, ein Medium mit einer Methode zu vergleichen. Wenn man ein Medium im Unterricht als Lehrmedium oder als Hilfe für die Gruppenarbeit, für kooperatives Selbstlernen oder für das autonome Selbstlernen einsetzt, handelt es sich jeweils um eine andere **soziale Situation**. Beispielsweise mag ein bestimmtes interaktives Lernprogramm im Unterricht gut nutzbar sein, wäre für die gleiche Zielgruppe als reines Selbstlernmedium aber untauglich. Nur die Analyse der Einsatzbedingungen und der allgemeinen Rahmenbedingungen kann einen hier die Eignung des Mediums beurteilen lassen. Die **häufig fehlende Situationsbezogenheit des Einsatzes von E-Learning** ist ein durchgängiger Fehler vieler Innovationsprozesse, die stattdessen angebotsorientiert die angeblichen Vorteile der Medien propagieren. Bildungsdienstleistungen befinden sich in einem sozialen System mit äußerst komplexen Dimensionen. Ihre mangelhafte Berücksichtigung führte bereits in der Vergangenheit oft zu einer sehr rationalistisch-technischen Perspektive und zu einem Scheitern neuer Lernkonzepte. Als Beispiel können hierfür auch die zahlreichen öffentlich geförderten E-Learningprojekte an den Hochschulen dienen: Mit dem Ende der Förderung stirbt meist auch das Szenario. Wenn es denn tatsächlich so geeignet ist für die Rezipienten, warum kann es sich dann nicht behaupten?

Trotz aller propagierten Vorteile neuer Lernweisen ist ihre **Akzeptanz immer gering** geblieben: Ob es der Computerunterstützte Unterricht in den 70er Jahren war, Computerbased Training in den 80er Jahren, Multimediales Lernen in den 90er Jahren – Bildungsdienstleistungen haben sich in ihrer Form kaum verändert. Jeder Technologiesprung belebte die Diskussion neu, so war es bei der Einführung des Mikrocomputers in den 70er Jahren, des PCs

---

[5] Natürlich sind dies statistische Aussagen. Dies soll gerade nicht die Leistung der Hochschullehrer schmälern, die unter diesen konservativen Rahmenbedingungen erfolgreich Veränderungen durchsetzen.

und der Bildplatte in den 80er Jahren, der CD-ROM und das WWW in den 90er Jahren: E-Learning bleibt im Bildungssektor eine marginale Größe.[6]

Unzählig sind auch die Modellmaßnahmen und Pilotprojekte in der Hochschullehre, die sich mit den neuen Medien befasst haben. Fast immer wurden hier in einem erheblichen Umfang Fördermittel in den „Sand gesetzt". Geblieben ist fast nichts.[7]

Dennoch existieren erfolgreiche Modelle, die beweisen, dass unter den richtigen Rahmenbedingungen die Akzeptanz für E-Learning auch auf Dauer kein Problem ist. Als ein Beispiel hierfür aus dem universitären Bereich kann das CBT zur empirischen Sozialforschung von Professor Helmut Kromrey gesehen werden. Es orientiert sich am tatsächlichen Bedarf einer großen Zahl von Studierenden.

3. Lernkultur ist mehr als eine Restkategorie für nicht erklärbare Akzeptanzprobleme

„Niemand hat die Wahl zur Schule zu gehen oder nicht. Er muss!"

Wenn ein Lerner **keine Alternativen** hat und lernen will, dann hat auch E-Learning eine Chance. So und nicht anders ist der „Erfolg" vieler öffentlich geförderter Projekte zu sehen, die derzeit tatsächlich Lerner erreichen. Beispielsweise profitieren Frauen in der Dreifachbelastung von Beruf, Haushalt und Kindererziehung von neuen Tele-Lernformen genauso wie Manager, die berufsbegleitend einen akademischen Abschluss in Wirtschaftsinformatik erreichen wollen.[8]

Die Art und Weise, wie in unserer Gesellschaft gelernt wird, ist seit Generationen in einer spezifischen Weise organisiert. Sie prägt uns alle als **sekundäre Sozialisation** spätestens ab dem sechsten Lebensjahr. Organisiertes Lernen findet in Gruppen statt, zu festgelegten Zeiten, an spezifischen Orten (Schulen, Seminarzentren u.a.). Man hat immer seinen Lehrer (Trainer, Ausbilder, Dozenten) dabei. Mit Beginn der Schulzeit muss man sich eben nicht selbst organisieren, man ist nicht allein und muss nicht Lernräume und Lernzeiten autonom planen. Ein Studium hat zwar hohe Selbstlern-Phasen, aber dennoch sind die Präsenzveranstaltungen zentraler Bestandteil der akademischen Bildung.

---

[6] Siehe hierzu z.B. Lehmann, Burkhard: Visionen einer Mediengestützten Lehre, in: *Mediengestützte wissenschaftliche Weiterbildung*, Technische Universität Braunschweig, Zentralstelle für Weiterbildung, 1997.

[7] Vgl. Behrendt u.a., *Informatisierung von Dienstleistungen*, Opladen 1991; Behrendt, *Multimediale Lernarrangements*, Bielefeld 1998.

[8] Auch Mitarbeiter von kleinen und mittleren Unternehmen können von neuen E-Learning-Angeboten profitieren. Siehe die Ergebnisse des Modellversuchs „eLearn" unter www.foraus.de (17. Januar 2004).

Kein Wunder also, dass die Akzeptanz von Fernlehrangeboten, CBTs, WBTs im Vergleich zu anderen Lernformen minimal ist. Über 25 Jahre nach Einführung der Mikrocomputer, nach über zehn Jahren World Wide Web hat sich daran kaum was geändert. Wie auch? Die Fähigkeit, stärker **selbstorganisiert** zu lernen, wird in den Schulen nicht vermittelt. Sogar universitäre Ausbildungsgänge sind mittlerweile stark verschult. Nur in Teilen der dualen Berufsausbildung und der Weiterbildung finden wir in den letzten Jahren das Bemühen, handlungs- und teilnehmerorientiert Kompetenzen zu erweitern.

Die Kultur des Lernens zu verändern ist keine einfache Aufgabe. Neben den internalisierten Verhaltensmustern der Lerner sind es natürlich auch die **Lehrenden** selber, die ihren „biografischen Ballast" mit sich herumschleppen. Warum sollte die Art und Weise des Lehrens, wie sie es seit Jahren praktizieren, auf einmal schlecht sein? Dieser Kritik sehen sich viele Innovationen, die Verhaltensveränderungen implizieren, ausgesetzt. Letztlich finden sich diese traditionellen Regeln der Organisation des Lehrens in den Institutionen/den Unternehmen selber wieder. Die meist **nicht mehr bewussten „Spielregeln"** stellen bei Organisationsentwicklungen das größte Hindernis dar.

4. E-Learning als Aufgabe des Change-Management

„Die Flexibilität von Raum und Zeit des Lernens ist nicht ein Vor- sondern meistens ein Nachteil des E-Learning."

Lernprozesse lassen sich nicht automatisieren. So oder so müssen Menschen Lerninhalte aufbereiten, kommunizieren und sie umsetzen. Im Gegensatz zu einfachen Rationalisierungstechniken sind Bildungsdienstleistungen immer sehr stark **personenbezogene** Dienstleistungen. Und je mehr wir Lernen im Kontext dauerhafter angezielter Verhaltensveränderungen begreifen, um so bedeutsamer ist es, die Betroffenen auch frühzeitig zu Beteiligten des Veränderungsprozesses zu machen. Dieses setzt aber voraus, dass die Beteiligten den Sinn dieser Innovationen einsehen. Dieser ist bei vielen E-Learning-Projekten meist nur theoretisch vorhanden. In der Praxis überwiegen oft die Nachteile. So wird z.B. in der Literatur immer der Vorteil genannt, dass durch den Einsatz von Blended Learning Raum und Zeit des Lernens flexibler durch den Lerner bestimmt werden können. Das ist aber lediglich ein Merkmal. Aus der Sicht der Praxis ist es für die meisten Lerner eher ein Nachteil. In einer Kultur, wo Bildungsmaßnahmen immer verbindlich vorstrukturiert wurden, sind viele nicht in der Lage, neben dem Alltagsgeschäft „Bildungsarbeit" zu organisieren. Seminare haben hier den Vorteil, dass sie Raum und Zeit des Lernens eindeutig festlegen.

Nun haben sich viele **Kulturen schon längst überlebt** und brauchen dringend eine Veränderung. Niemand bezweifelt, dass die Art und Weise, wie wir die Kompetenzentwicklung fördern müssen, sich stark verändern muss. Was PISA für den schulischen Bereich festgestellt hat, gilt für die Berufsausbildung einschließlich Studium analog. Wie kann nun dieser Wandel dauerhaft gestaltet werden, wenn das Umfeld so konservativ geprägt ist?

5. Commitment der Leitung und Visionen

„Der Fisch stinkt vom Kopf. Oder: Unter den Talaren der Muff von tausend Jahren!"

Wenn in einer Organisation E-Learning nur als Mode oder in sehr verkürzter Form begriffen wird, besteht dringender Nachholbedarf für eine Klärung auf der Leitungsebene. E-Learning ist eine Veränderung des Bildungsprozesses, des Wissensmanagements und deren Organisation. Es ist dabei nur im Kontext einer **umfassenden Personalentwicklung/Personalpolitik** zu begreifen. Oftmals wird die Dimension des E-Learning von wesentlichen Entscheidern nicht erfasst. Soll es nachhaltig erfolgreich sein – und nicht nur als Modethema zur Akquisition von Budgets dienen – ist es zwingend erforderlich, die Leitung des Hauses zu qualifizieren. Doch für ein solches Umdenken fehlt gerade bei den Verantwortlichen an der Hochschule die Bereitschaft. Von wenigen motivierten und innovativen Akteuren abgesehen, wird eine Erneuerung des gesamten Lehrsystems abgelehnt. Es stellte einen Bruch mit der Tradition dar und würde persönliche Mehrarbeit bedeuten. Außerhalb öffentlicher Förderkulissen wird so grundsätzlich kein Anlass gesehen, das bestehende System zu ändern. Es fehlt der Innovationszwang, nur langfristig gesehen mag sich dieses mit den neuen Anforderungen an die Hochschulen ändern. Erst wenn es zu einem ausgeprägten Wettbewerb kommt, würde die Chance auf Profilierung durch rezipientenorientierte Lehr- und Lernmethoden entstehen.

6. Protagonisten und Strategien

„Veränderungen müssen gelebt und kommuniziert werden. Und den Change Agents muss es Spaß machen, den Widerstand zu erleben."

Organisationale Veränderungen vollziehen sich immer durch das **Engagement einzelner Akteure**. Gerade in sehr politischen Systemen (wie es alle Großorganisationen sind) muss auch der Erfolg und der Misserfolg einer Innovation personell zuweisbar sein. Sie haben das Commitment der Leitung genauso vorzubereiten wie die Umsetzung von Visionen in ein geeignetes Projektmanagement und -strategien. An dieser Stelle werden meist die Fehler gemacht, die Monate später im operativen Bereich zu den großen Problemen führen. Eine hohe Motivation führt schnell zur Überschätzung. Eine handlungsorientierte Qualifizierung der Projektmitarbeiter, ein Coaching der Projektleitung ist meist unerlässlich.

7. Rahmenbedingungen positiv setzen und nachfrageorientiert einsteigen

„Wenn das Bildungsmanagement die Kompetenzdefizite im Prozess der Arbeit nicht kennt, wie sollen dann effektive Lernprozesse initiiert werden?"

Die Diagnose und die erfolgreiche Veränderung der **sozialen Rahmenbedingung** sind für den Erfolg von E-Learning maßgeblich. Dem steht diametral die Vorgehensweise der meisten Projektverantwortlichen gegenüber: Sieht man sich ihre Aufwendungen in den Projekten an, dann wird fast die gesamte Energie in Fragen der Technologien, Plattformen, Softwareauswahl u.a. investiert. Angereichert mit minimalistischen Betrachtungen zur „Methodik-Didaktik" oder mit Informationsveranstaltungen sowie bunten Flyern soll dann die Akzeptanz erzeugt werden. In Unternehmen und Universitäten werden oft ganz andere Summen verschwendet. Somit sind solche unsystematischen und unprofessionellen Innovationsprojekte durchaus nicht ungewöhnlich. Diese schlechten Vorbilder erschweren aber schnell den Blick auf die erfolgreichen E-Learning-Projekte, die sich teilweise seit vielen Jahren etabliert haben.

Über E-Learning lassen sich für spezifische Zielgruppen Angebotsformate entwickeln, die schnell zu **Selbstläufern** werden. Dieses sind z.B. Schulungen für hochmotivierte Mitarbeiter, die vom bisherigen Bildungsangebot kaum bedient werden, weil sie sich in Seminaren langweilen, es ihnen zu lange dauert oder der Zeitpunkt nicht passt. Auch die Attraktivität der Fernuniversitäten steigt durch die Einbeziehung neuer Medien. Die Nutzer sind allgemein Personen, die aus unterschiedlichen Gründen an bestehenden Präsenzangeboten kaum teilnehmen können.[9] Dazu gehören auch diejenigen, die hoch eigenwirtschaftlich denken und handeln, beispielsweise Kundenberater oder Handelspartner.

Die Definition jeweiliger spezifischer Angebotsformate gelingt dann am schnellsten, wenn von Anfang an mit den Bildungspraktikern und potenziellen Lernern vor Ort ein Dialog geführt wird. Dieses setzt auch die intensive Kenntnis der Bildungspraxis vor Ort voraus.

8. Partizipative Prozessentwicklung

„E-Learning lässt sich nicht verordnen. Es muss gemeinsam gewollt und verbindlich verabredet werden."

Wenn informatisierte Bildungsdienstleistungen personenbezogen sind, dann spielen Menschen in diesen Innovationsprozessen eine herausragende Rolle. Es handelt sich weniger um

---

[9] Siehe hierzu z.B. Lehmann, Burkhard: Visionen einer Mediengestützten Lehre, in: *Mediengestützte wissenschaftliche Weiterbildung*, Technische Universität Braunschweig, Zentralstelle für Weiterbildung, 1997.

einen technologischen denn um einen **sozialen Wandel**, der in der Organisation bewältigt werden muss. In der Beratungspraxis hat sich dafür eine Doppelstrategie bewährt, die hier kurz vorgestellt werden soll:

Menschen halten in der Regel dann Veränderungen für bedeutsam, wenn sie diese a) einsehen und b) verbindlich mitgeteilt bekommen. Wenn eine Verhaltensveränderung vereinbart wird, dann muss diese auch eingefordert und sanktioniert werden. Ist dies nicht der Fall, sinkt die Glaubwürdigkeit der Innovation und der Innovatoren. Eine Einsicht in notwendige Veränderungen erfolgt in aller Regel dann, wenn die Betroffenen den Nutzen für ihre Praxis erkennen. Sowohl die Verbindlichkeit der Veränderungen als auch der Transfer auf die Praxis der Akteure sind die Grundpfeiler einer erfolgreichen Kommunikationsstrategie. Eine mangelhafte Berücksichtigung dieser beiden Komponenten führt zu Teillösungen, die dann nur von wenigen motivierten Mitarbeitern getragen werden.

Die Organisationssoziologie hat eine Reihe von Theorien und Methoden entwickelt, um mit diesen komplexen Situationen erfolgreich umzugehen.[10] Spätestens an dieser Stelle sollte an die Eingrenzungen zu Beginn des Beitrages erinnert werden: So wichtig soziologische Aspekte sind, der Auslöser für Veränderung ist der technische Fortschritt im Bereich der Lern- und Lehrmedien. Adäquate technische Voraussetzungen bleiben zwar grundlegende Bedingung, aber allein durch ihre Verfügbarkeit werden sie kaum Akzeptanz erzielen: Technik ist das Vehikel, mit dessen Hilfe eine soziale Neugestaltung des Lehrens- und Lernens möglich gemacht werden kann.

Literatur

BEHRENDT, E. U.A. (1991). *Informatisierung von Bildungsdienstleistungen*, Opladen.

BEHRENDT, E. (1998). *Multimediale Lernarrangements im Betrieb*, Bielefeld.

BEHRENDT, E. (2001). Zum richtigen CBT greifen. IT-Anwendertrainings, in: *ManagerSeminare*, Heft 47, S.70–77.

HAMPEL, T. & KEIL-SLAWIK, R. (2003). Neue Wege kooperativen Lernens – Das Paderborner Jour-Fixe-Konzept, In: *DFN Mitteilungen*, Heft 63.

MANDL, H. & FRIEDRICH, H.F. (HG.) (1991). *Wissenschaftliche Weiterbildung und Selbststudium*, Weinheim und Basel.

STRUCK, E. & KROMREY, H. (2003). *Empirische Sozialforschung*, Buch und CD-ROM, Utb für Wissenschaft.

TECHNISCHE UNIVERSITÄT BRAUNSCHWEIG, Zentralstelle für Weiterbildung (Hg.) (1997). *Mediengestützte wissenschaftliche Weiterbildung*.

---

[10] Vgl. u.a. http://www.qualitative-research.net/organizations/ (17. März 2003).

www.qualitative-research.net/organizations/ (17. März 2003)

www.foraus.de (17. März 2003)

www.imkmedia.de (17. März 2003)

Sabine Seufert

Gestaltung von Veränderungen: Förderung der Innovationsbereitschaft durch „Change-Management-Akteure"

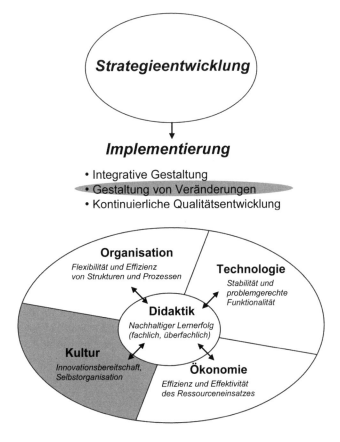

Abstract

Die Implementierung von E-Learning in der Hochschule findet – wie alle Innovationsvorhaben – nicht nur Zustimmung der Betroffenen, vor allem bei den Dozierenden und Studierenden, sondern ist vielfach Auslöser von massiven Widerständen. Der vorliegende Beitrag untersucht relevante Konzepte aus dem Innovations- und Change-Management, inwieweit sie sich auch für E-Learning-Innovationsvorhaben eignen. Für eine prozessorientierte Sichtweise werden das Phasenmodell von Lewin sowie der Ansatz, kritische Handlungssituationen zu definieren, herangezogen. Auf Rollen im Innovationsprozess gehen insbesondere das Promotorenmodell von Witte sowie das Concerns-Based Adoption Model (CBAM) von Hall und Hord ein, die im vorliegenden Beitrag diskutiert werden.

Die Autorin

Dr. Sabine Seufert ist Geschäftsführerin des Swiss Centre for Innovations in Learning (SCIL) am Institut für Wirtschaftspädagogik und vollamtliche Dozentin an der Universität St. Gallen. Sie studierte Wirtschaftspädagogik an der Universität Erlangen-Nürnberg und promovierte danach an der Universität Münster (Dr. rer. pol. 1996). Im Anschluss absolvierte sie ihr Referendariat an kaufmännischen berufsbildenden Schulen in Bayern. Von 1997 bis 1999 war sie als Mitbegründerin und Projektleiterin des Learning Center am Institut für Informationsmanagement an der Universität St. Gallen tätig. 1999 bis 2002 war sie MBA Studienleiterin und Projektleiterin E-Learning am Institut für Medien- und Kommunikationsmanagement der Universität St. Gallen.

Sabine Seufert

Gestaltung von Veränderungen: Förderung der Innovationsbereitschaft durch „Change-Management-Akteure"

1. Einführung: E-Learning als Auslöser von Widerständen 544
2. Innovationsprojekte begleiten 545
   - 2.1 Phasenmodelle der Veränderung 545
   - 2.2 Identifikation kritischer Handlungssituationen im Innovationsprozess 548
3. Akteure und Rollen im Innovationsprozess 550
   - 3.1 Promotorenmodell von Witte 550
     - 3.1.1 Beschreibung des Promotorenmodells: Rollen im Promotorenmodell 550
     - 3.1.2 Bedeutung und Einsatzmöglichkeiten des Promotorenmodells für Reformstrategien in der Hochschullehre 552
   - 3.2 Concerns-Based Adoption Model (CBAM) von Hall und Hord 553
     - 3.2.1 Beschreibung des Concerns-Based Adoption Model: Rollen im CBAM 553
     - 3.2.2 Bedeutung und Einsatzmöglichkeiten des CBAMs für Reformstrategien in der Hochschullehre 554
4. Zusammenfassung 557
   - Literatur 558

1. Einführung: E-Learning als Auslöser von Widerständen

Innovationen sind vielfach Auslöser von massiven Widerständen, was sich ebenfalls bei der Einführung von E-Learning in der Hochschullehre beobachten lässt. Zwar bekunden Beteiligte häufig ihre Bereitschaft zur Innovation, jedoch bleibt es schlussendlich nicht selten bei Lippenbekenntnissen. Für viele bedeutet es Störung, Ärgernis und sinnlose Turbulenz in ihrem Arbeitsalltag. Was sind die Argumente des Widerstandes gegen E-Learning-Innovationen? Die Beispiele sind facettenreich (Hauschildt, 1999):

- *Technische Argumente*: E-Learning-Technologien sind nicht einfach genug zu handhaben, die technischen Probleme mit Lernplattformen und mit komplexen Learning-Management-Systemen sind nur schwer in den Griff zu bekommen.
- *Zielgruppenspezifische Argumente*: Studierende wünschen nicht den Einsatz von E-Learning, diese Lernformen passen nicht zur Tradition von Präsenzuniversitäten.
- *Finanz- und erfolgswirtschaftliche* Argumente: E-Learning ist zu teuer und kann nicht finanziert werden, der Lernerfolg von E-Learning ist nicht nachweisbar.
- *Rechtliche Argumente*: Urheberrechte bei der Erstellung von Lernmaterialien sind ungeklärt, vertragliche Bestimmungen zur Regelung von Eigentumsrechten an E-Learning-Produkten fehlen an der Hochschule.
- *Diffuse Argumente ohne spezifische Stoßrichtung*: die Einführung von E-Learning ist zu früh, zu spät, zu riskant, gefährdet eingeschliffene Prozesse und Routinen, der bestehende Zustand ist eigentlich doch gar nicht so schlecht, denn die Hochschullehre ist bereits auf einem sehr hohen qualitativen Niveau.

Da es typische menschliche Verhaltensweisen wie Trägheit oder Desinteresse (Hauschildt, 1999) gibt und die Innovation etwas Unbekanntes und Riskantes darstellt, gibt es zwei Arten von Widerständen, die sich als Spielarten der Opposition bemerkbar machen können:

- *Willensbarrieren* betreffen Akzeptanz und Ressourcen für den Einsatz von E-Learning: sie äußern sich nicht nur darin, sich selbst zu verweigern, sondern auch in der Verweigerung von Ressourcen (Arbeitskraft, Zeit, Geld, Sachmitteln) und in negativen Reaktionen gegenüber allen, die die Innovation fördern (wollen). Der Mensch tendiert dazu, am Status Quo festzuhalten, denn dieser bedeutet ein kalkulierbares Risiko und damit ein gewisses Maß an Sicherheit (Witte, 1973). Weiterhin bedrohen Innovationen Machtpositionen. So hält Peters beispielsweise Manager, die einen Machtverlust befürchten, für „die wahren Feinde des Wandels" (zitiert in: Müller-Stewens & Lechner, 2001, 404). Die Entwicklung von E-Learning-Kursen erfordert häufig interdisziplinäres Know-How in einem Projektteam. Professoren agieren als Content Provider gleichberechtigt neben weiteren Experten (Medien-, Instructional Designer) und könnten dies u.U. als gewissen Machtverlust interpretieren. Wer sich oder seine Umgebung nicht verändert, kann die Chancen und Risiken sehr genau kalkulieren. Der fehlende Wille zu Veränderungen kann sowohl auf Dozierenden- wie auch auf der Studierendenseite vorhanden sein. Auch für Studierende bringen E-Learning-gestützte Selbstlernformen Unsicherheiten und Unbekanntes mit sich. Die Potenziale von E-Learning werden mit diesen Willensbarrieren grundsätzlich negiert und die negative Haltung gegenüber E-Learning öffentlich bekundet (*Destruktive* Opposition).

- *Wissensbarrieren* betreffen das Verständnis für das Anliegen insgesamt, aber vor allem auch die konkreten Probleme bei der Entwicklung spezifischer E-Learning-Lösungen für die eigene Lehre und das Überwinden von Schwierigkeiten bei der Anwendung. Diese Barrieren werden auch als Fähigkeitsbarrieren bezeichnet (Witte, 1973) und erklären sich dadurch, dass Innovationen für alle Beteiligten etwas Unbekanntes sind. Barrieren des Nicht-Wissens können durch Informationen, Aufklärung und Qualifizierungsmaßnahmen überwunden werden. Vorbehalte gegen den Einsatz von E-Learning werden ziel-orientiert geäußert, um Unterstützungsmassnahmen zu fördern (*Konstruktive* Opposition).

Während die *destruktive* Opposition die Innovation verhindert, wird bei der *konstruktiven* Opposition offen argumentiert und man will das Ergebnis verändern, was als sehr nützlich beurteilt werden kann.

Der vorliegende Beitrag ist diesem Gestaltungsfeld – E-Learning-spezifisches Innovations- und Change-Management – gewidmet. Im *zweiten* Kapitel wird zunächst auf bekannte Phasenmodelle und Aktivitäten zur Begleitung von E-Learning-Innovationsprojekten eingegangen. Das *dritte* Kapitel fokussiert Akteure und Rollen bei diesen Prozessen, wobei insbesondere auf das Promotorenmodell von Witte und auf das Concerns-Based Adoption Model von Hall und Hord eingegangen wird. Promotoren oder sog. „Change-Agents" können dabei helfen, die skizzierten Barrieren zu überwinden und damit die Erfolgsaussichten für Innovationen und andere Änderungen verbessern. Das *vierte* Kapitel fasst die wichtigsten Erkenntnisse für die Unterstützung von Reformstrategien in der Hochschullehre zusammen.

2. Innovationsprojekte begleiten

2.1 Phasenmodelle der Veränderung

Während die Innovation nach einer qualitativen Verbesserung innerhalb und außerhalb der Organisation strebt, beschreibt der Begriff Veränderung nur einen Wandel, ohne diesen normativ als besser oder schlechter zu werten. Bei der Einführung einer Innovation sind Regelstrukturen und Handlungsmuster zu beachten, denn sie prägen das kollektive Verhalten in einer Organisation (Müller-Stewens, 2001, 388). Neben dem inhaltlichen Intervenieren bietet sich damit ein alternatives Gestaltungsfeld an, das sich auf die Veränderungen der organisatorischen Rahmenbedingungen und auf das Verhalten der Betroffenen ausrichtet. Dies setzt aber die Bereitschaft des Experimentierens auf diesem Gebiet voraus, da die Wirkungen von Veränderungen kaum vorhersehbar sind, sondern erprobt werden müssen.

Einen Ansatz zur Bewältigung des organisatorischen Wandels stellt das Change-Management dar, das dieses Gestaltungsfeld der begleitenden Veränderungsprozesse in den Mittelpunkt stellt. Aufgrund des prozeduralen Charakters einer Innovation sind zahlreiche Veränderungsmodelle entstanden, welche den Innovationsprozess als eine Sequenz von Phasen darstellt, die in einem Wandelprojekt mit hoher Regelmäßigkeit abläuft. Die bekanntesten Konzepte basieren auf den Arbeiten von Lewin (1963). Danach folgen erfolgreiche Wandelprozesse einer verallgemeinerbaren Verlaufsform, einer Art Wandelzyklus, die es bei der Gestaltung von Wandel zu beachten gilt. Das von Lewin entwickelte 3-Phasen-Modell stellt dabei die Grundlage für die meisten späteren Modelle des organisatorischen Wandels dar (Müller-Stewens & Lechner 2001, 407). Im Kern besagt das Modell, dass jede Organisation, die auf Dauer überleben will, für ein Gleichgewicht zwischen *retardierenden* Kräften, welche die bestehende Struktur stabilisieren, und *akzelierenden* Kräften, die auf Veränderung drängen, Sorge tragen muss. Soll ein bestehender Gleichgewichtszustand in einen neuen transformiert werden, dann muss der Status Quo zuerst „aufgetaut" werden. Diese Wandelsequenzen können parallel zu den Phasen des Innovationsmanagements verlaufen, wie nachfolgende Abbildung veranschaulicht:

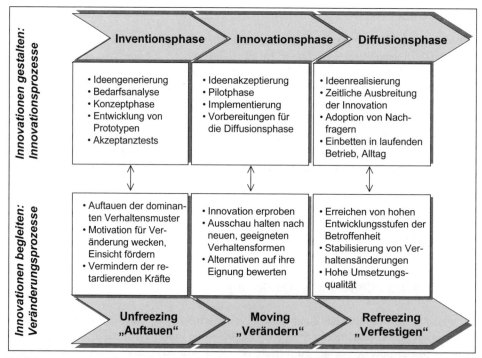

Abbildung 1: Veränderungsmodell als Ergänzung zum Innovationsphasen-Modell[1]

---

[1] Zu den Phasen des Innovationsprozesses vgl. ausführlich Michel, 1987, S. 11; Thom, 1992, S. 9; Widmer, 1986, S. 17 und Witte, 1973, S. 2.

Lewin (1963) beschreibt die drei grundlegenden Phasen der Veränderungsprozesse einer Innovation wie folgt:

- *„Auftauen" („unfreezing") der dominanten Verhaltensmuster*, um Innovationen zu initiieren. Lewin ist der Auffassung, dass zunächst die Möglichkeiten abgeklärt und die schlummernden Energien im Sinne der Lösungsidee mobilisiert werden müssen, um die Motivation für Veränderungen zu wecken. Die Einstellungen passen nicht mehr und müssen deshalb durch neue Muster abgelöst werden. Zu dieser Einsicht müssen die, die sich ändern müssen, allerdings selbst kommen. Reine Push-Strategien werden nicht funktionieren. Wichtiger Ansatzpunkt ist vor allem das Vermindern der retardierenden Kräfte und der Abbau massiver Widerstände. Dies bedeutet, dass vor allem die Betroffenen für das Problem sensibilisiert, informiert und für die Idee gewonnen werden müssen.

- *Veränderung („moving") zu einem neuen Gleichgewicht*, um Innovationen zu erproben – häufig in Form von E-Learning-Pilotprojekten – und zu implementieren: In dieser Phase geht es darum, nach neuen, geeigneten Verhaltensformen Ausschau zu halten. Dazu werden auch Experimente mit zur Verfügung stehenden Alternativen durchgeführt und bezüglich ihrer Eignung bewertet, wie beispielsweise durch die Umsetzung sog. „Leuchtturmprojekte". Bestehende Energiefelder müssen neu auf das Innovationsprogramm gelenkt werden. Alle Schritte und Aktionen, um den Gebrauch der Innovation zu lernen, sind bei der Implementation zu unterstützen, beispielsweise durch Maßnahmen der Kompetenzentwicklung. Die dezentral ablaufenden Implementationsaktivitäten müssen mitverfolgt und auftretende Widerstände und Konflikte konstruktiv im Sinne der Innovation und der Beteiligten bearbeitet werden.

- *Fixierung, Verfestigung („refreezing") auf neuem Niveau*: die Organisation fixiert sich auf neuem Niveau, um Innovationen zu institutionalisieren und ihre langfristige Wirkung sicher zu stellen. In dieser Phase sind begleitende Maßnahmen aufzugreifen, um das Neue in die Alltagssituation zu integrieren, die implementierten Neuerungen für den täglichen Arbeitsablauf zu optimieren und innerhalb des Systems eine Konsolidierung der Kräfte zu erreichen. Läuft das Programm, müssen Rückschläge und Programme aufgefangen werden. Aber auch positive Entwicklungen, die den neu gewählten Weg bestätigen, müssen möglichst schnell allen zugänglich gemacht werden. Dies erscheint wichtig, damit die u.U. entstandenen negativen Emotionen wie Ängste und Unsicherheiten beruhigt werden und die gesamte Energie wieder in das System fließen kann.

Hall & Hord (2001, 5) sehen primär bei Wandelprozessen das Wissen, die Einstellungen und Verhaltensweisen der von der Innovation betroffenen Personen als zentrale Erfolgsfaktoren an. Ob sich E-Learning nachhaltig in der Hochschullehre durchsetzen wird, hängt vor allem von den Einzelpersonen (Dozierende, Studierende) ab, E-Learning auch im angestrebten Sinne umzusetzen. Dabei durchlaufen die Beteiligten einen Prozess, der auch durch emotionale Aspekte geprägt ist, was ein E-Learning-spezifisches Change-Management sensibilisiert aufnehmen sollte. Insbesondere in ihrer zweiten Hauptphase, der eigentlichen Implementation (Move) ist das individuelle Lernen durch die Einzelperson wichtig. Erst wenn die meisten Betroffenen die Innovation richtig gelernt haben und handhaben, kann eine sinnvolle Ausbreitung erfolgen. Müller-Stewens und Lechner (2001, 411) betonen in diesem Zusammenhang die Verbindung zum organisationalen Lernen. Da sie unter der Annahme, dass die

Lernfähigkeit einer Organisation als einen Teil des umfassenderen Konstrukts „Veränderungsfähigkeit" und Lernen als „Umstrukturierung der bestehenden Wissensbasis" verstanden werden kann, wird Lernen bzw. die Aneignung und organisatorische Verankerung von neuem Wissen zur Voraussetzung eines dauerhaft stattfindenden Wandels.

Dieses Ziel deckt sich mit dem Konzept der *potenzialorientierten Nachhaltigkeit* von E-Learning-Innovationen (Seufert & Euler, 2004, 10). Nur bei diesem Ansatz wird die Fähigkeit zur selbstgesteuerten Systemanpassung, die flexible Verhaltensänderungen bei der Zielgruppe bzw. den Innovationsbeteiligten voraussetzt, berücksichtigt. Diese Definition von Nachhaltigkeit schließt die Fähigkeit der Zielgruppe ein, auf veränderte Umweltbedingungen in der Zukunft flexibel zu reagieren. Dies bedeutet, dass Leistungen nicht einfach nur auf gleiche Weise reproduziert werden, sondern dass sich ein System an veränderte Umweltbedingungen adaptieren kann. Entscheidend ist demnach, ob es gelingt, die Organisationen und Akteure so zu qualifizieren, dass sie dauerhaft Innovations- und Diffusionsprozesse aus eigener Kraft in Gang setzen können.[2] Ein Nachhaltigkeitsansatz, der die Fähigkeit zur innovativen Systemanpassung einschließt, setzt entsprechende Kompetenzentwicklungsprozesse bei der Zielgruppe und den Mitgliedern des Kompetenzträgers voraus.

2.2 Identifikation kritischer Handlungssituationen im Innovationsprozess

Einen weiteren Ansatz stellt die Identifikation kritischer Ereignisse dar, die für den Verlauf des Innovationsprozesses von zentraler Bedeutung sind. Kritische Handlungssituationen lassen sich entlang der Innovations- und Veränderungsphasen erkennen, so dass dieser Ansatz durchaus komplementär zu übergeordneten Phasenmodellen, wie beispielsweise das Change-Management-Modell von Lewin, zu verstehen ist. Diese kritischen Ereignisse sind jedoch nicht notwendigerweise in einer Sequenz zu sehen, da sich einige Situationen durchaus nur auf eine Phase und andere auf den ganzen Innovationsprozess beziehen können. Der Auswahl an kritischen Ereignissen liegt die Annahme zugrunde, dass weniger die fachlichen Kompetenzen, sondern vielmehr die sozial-kommunikativ zu lösenden Probleme auf der zwischenmenschlichen Ebene Innovationen erschweren. Die im Folgenden skizzierten Handlungssituationen beziehen sich daher schwerpunktmäßig auf Kommunikationsereignisse bei der nachhaltigen Einführung von E-Learning (Seitz, Capaul & Krafczyk, 2003)[3]:

---

[2] Stockmann unterscheidet zwischen der Nachhaltigkeit von Innovationsprojekten und der Nachhaltigkeit der Wirkungen, die aus diesen Initiativen heraus entstehen. Bei der Bewertung der Nachhaltigkeit sollte eher danach bewertet werden, was in Gang gesetzt wurde, anstelle einer Bewertung, was rückblickend hinter einem liegt, vgl. Stockmann, 1996, S. 76.

[3] Diese kritischen Handlungssituationen basieren auf zentralen Arbeiten von Hauschildt (1997) und Reiss, von Rosenstiel & Lanz (1997), der jeweils häufige Fehlerquellen je Ereignis und Optionen zur konstruktiven Fehlerbehebung aufzeigen.

1. Problembewusstsein schaffen
   Die Schaffung eines Problembewusstseins bei den Betroffenen bildet die motivationale Bereitschaft zu Veränderungen. Dabei ist es von zentraler Bedeutung, alle Anspruchsgruppen einzubeziehen und anzusprechen. Die Mehrheit der Betroffenen sollte von der Notwendigkeit der Veränderung überzeugt sein, so dass auf dieser Basis Zielvereinbarungen und adäquate Lösungen entwickelt werden können.

2. Teams und Netzwerke aufbauen und pflegen
   Auch für die Einführung von E-Learning als Innovation in der Hochschule ist eine einzige Person als Verantwortungsträger überfordert. Vielmehr stützt sich eine erfolgreiche Implementation auf Teamarbeit. Die notwendigen Teams und (Promotoren-)Netzwerke bilden die tragende Basis, um das Innovationsprojekt innerhalb und außerhalb der Hochschule zu verankern.

3. Visionen entwerfen und Innovationsziele vereinbaren
   Fehlen klare Vorstellungen darüber, welche Zielvorstellungen mit der Einführung von E-Learning verknüpft sind, ist die Gefahr sehr groß, dass der Implementation von Anfang an eine Richtung fehlt. Gemeinsam getragene Ziele sind darüber hinaus wichtige Gradmesser für die Evaluation und ermutigen das Veränderungsteam in ihrem Wirken.

4. Über die Innovation laufend informieren
   Eine offene und aktive Kommunikationspolitik ist während des gesamten Innovationsprozesses eine zentrale Aufgabe, um Unterstützung und Zuspruch von allen Beteiligten zu erhalten. Darüber hinaus kann nach Möglichkeiten gesucht werden, Erfahrungen und Wissen einem weiteren Anwenderkreis zur Verfügung zu stellen.

5. Lösungsansätze und Vorgehensweisen gemeinsam entwickeln
   Durch die gemeinsame Zusammenarbeit bei der Umsetzung von E-Learning-Lösungen entsteht darüber hinaus Commitment und Verständnis. Die Entwicklung von E-Learning erfordert interdisziplinäre Kompetenzen, so dass das Arbeiten in Teams auch aufgrund der hohen Komplexität von E-Learning notwendig erscheint.

6. Den Innovationsprozess verfolgen
   Die Implementation von E-Learning kann als ein dynamischer Prozess verstanden werden, der einer fortlaufenden Evaluation bedarf. Daher sollte nicht nur der „materielle Verlauf" der Entwicklung der E-Learning-Lösungen, sondern auch die Befindlichkeiten und Reaktionen der Betroffenen verfolgt werden, um rechtzeitig geeignete, situationsangepasste Interventionen ergreifen zu können. So können beispielsweise Koalitionen aus Innovationsverweigerern entstehen, Umsetzungsprobleme verschärfen sich und führen zu zwischenmenschlichen Konflikten, die unter der Oberfläche schwelen und nicht geklärt werden.

7. Mit Widerständen umgehen
   Der maßvolle Umgang mit Widerständen und Konflikten ist eine für den Innovationserfolg entscheidende Aufgabe. Nicht jedem Widerstand sollte notgedrungen entgegen gewirkt werden, dies würde bereits aus Ressourcengründen das Innovationsprojekt gefährden. Entscheidend ist, die richtigen Prioritäten zu setzen, konstruktive Widerstände zu beheben und gewisse, destruktive Widerstände, die kaum veränderbar sind, zu neutralisieren.

8. Vertrauen und Sicherheit aufbauen
Für eine Vertrauensbildung ist es notwendig, das Innovationsprojekt E-Learning in den normalen Alltag der Hochschullehre zu integrieren. Die erreichten Ziele und das Engagement der Beteiligten sind entsprechend zu würdigen. Darüber hinaus ist es von zentraler Bedeutung, noch offene Fragen und Unsicherheiten aus dem Weg zu räumen, um eine sichere Vertrauensbasis für das Alltagsgeschäft herbeizuführen.

Im nachfolgenden Abschnitt wird auf die Akteure und Rollen im Innovationsprozess näher eingegangen, welche maßgeblich für die Gestaltung der skizzierten Change-Management-Aktivitäten verantwortlich sein können.

3. Akteure und Rollen im Innovationsprozess

3.1 Promotorenmodell von Witte

3.1.1 Beschreibung des Promotorenmodells: Rollen im Promotorenmodell

Der Erfolg einer Innovation ist immer an das Engagement individueller Akteure (Hochschuldozierende, Studierende, Hochschulleitung, Support-Mitarbeiter etc.) gebunden, da sie die Innovation akzeptieren und ihr Handeln ändern müssen. Promotoren können dabei helfen, Wissens- und Willensbarrieren gegenüber E-Learning zu überwinden und damit die Erfolgsaussichten für E-Learning-Innovationen und damit einhergehenden Änderungen zu verbessern. Dabei hat sich gezeigt, dass die Tätigkeit mehrerer Promotoren mit unterschiedlichen Funktionen, die sich gemeinsam engagieren, die Erfolgsaussichten wesentlich fördert. Das wurde zunächst von Witte (1973) aufgrund von empirischen Untersuchungen über die Einführung der EDV herausgearbeitet. Inzwischen ist das Promotorenmodell weitgehend anerkannt, wenn auch mittlerweile erweiterte Interpretationen vorliegen.

Grundsätzlich hält Witte ein mechanistisches Organisationsprinzip für innovationshemmend und schlägt das Promotorenmodell zur Problemlösung vor. Hauschildt (1999) untersuchte den Widerstand gegen Innovationen und bestätigte das Promotorenmodell von Witte. Folglich scheint der Einsatz engagierter Promotoren geeignet zu sein, Oppositionen zu überwinden. Im Originalmodell unterschied Witte in Fach- und Machtpromotoren, mittlerweile stehen noch zwei weitere Arten von Promotoren zur Diskussion:

- Der *Fachpromotor* zeichnet sich durch hohe fachliche Kompetenz, d.h. E-Learning-Expertise, aus. Mit diesem Wissen argumentiert er gegenüber Anhängern und Gegnern seines Projektes.

- Der *Machtpromotor* ist ein Förderer des Projektes und hat eine hohe hierarchische Stellung (Universitätsleitung, Prorektor Lehre etc.). Die Basis ist zwar in der Lage, einen Innovationsprozess in Gang zu setzen, ohne die aktive Unterstützung durch eine innovationsfördernde Hochschulleitung ist die Gefahr jedoch sehr groß, dass die Anstrengungen nach einer gewissen Zeit versiegen. Soll eine Innovation auf Dauer in ein System einziehen, so muss sie von der Zusatzbelastung zur alltäglichen Anforderung werden. Diese Integration in den Arbeitsalltag kann nur über die Verfestigung des Wandels in der Struktur und Kultur der Hochschule geschehen. Eine zielorientierte Strukturveränderung ist jedoch in der Regel auf die Unterstützung durch innovationsfördernde Leitungspersonen angewiesen.

- Der *Prozesspromotor* (zu interpretieren als Projektleiter) stellt die aktive und intensive Vermittlung zwischen den Repräsentanten hierarchischen Potenzials und objektspezifischen Fachwissens sicher.

- Das Promotorenkonzept kann zudem um einen „*Beziehungspromotor*" erweitert werden, um Widerstände in der zwischenbetrieblichen Kooperation zu überwinden (Gemünden und Walter, 1995). Beziehungspromotoren sind wichtige Schlüsselpersonen, die interorganisationale Innovationsprozesse fördern, wie beispielsweise die Kooperation mit anderen Hochschulen bei der Entwicklung von E-Learning.

Diese Promotoren nehmen nach den Theoremen Wittes unterschiedliche Rollen im Innovationsprozess wahr (Witte, 1973):

- *Korrespondenztheorem*: Dieses Theorem besagt, dass die (innerbetrieblichen) Widerstände gegen eine Innovation durch den Einsatz spezifischer Energie überwunden werden können. Der Fachpromotor trägt mit seinem fachlichen Wissen zur Überwindung der Nicht-Wissens-Barriere, der Machtpromotor mit seiner hierarchischen Macht zur Überwindung der Nicht-Wollens-Barriere bei. Der Prozesspromotor überwindet organisatorische Widerstände durch Systemkenntnis und Kommunikationsfähigkeit.

- *Theorem der Arbeitsteilung:* Bei der Überwindung der besagten Hemmnisse agieren die Promotoren in den Bereichen, in denen sie ihre spezifischen Stärken ausspielen können (objektbezogenes Wissen, hierarchisches Potenzial).

- *Interaktionstheorem*: Dieses Theorem bezieht sich auf das Zusammenarbeiten der Promotoren. Der Erfolg der Durchsetzungsbemühungen ist letztendlich von der Koordination der Promotoren abhängig. Sie bilden eine Koalition, deren Grundlage das gemeinsame Interesse an der Durchführung des Objekts ist.

Empirische Untersuchungen bestätigen die Wirksamkeit dieses Modells von Witte auf die erfolgreiche Durchführung von Innovationen. Sie tragen zusätzlich zu der Erkenntnis bei, dass Promotoren nicht nur als Einzelpersonen auftreten sollten, sondern häufig mehrere Personen in dieser Rolle fungieren. Teilweise nehmen ganze Organisationseinheiten die Stellung eines Promotors ein. Die Drei-Promotoren-Konstellation tritt nicht nur häufiger auf als die Zwei-Promotoren-Struktur und als der Einzelpromotor, sie erscheint aufgrund empirischer Studien den höchsten wirtschaftlichen Erfolg im Innovationsmanagement zu besitzen[4].

---

4 Nach Hauschildt weist die Drei-Promotoren-Konstellation den höchsten Anteil der als überdurchschnittlich und den geringsten Anteil der als unterdurchschnittlich beurteilten Lösungen auf, vgl. Hauschildt, 1999. Das Konzept des „Beziehungspromotors" nach Gemünden und Walter (1995) ist vermutlich noch zu neu, um empirische Belege für eine „Vier-Promotoren-Konstellation" auffinden zu können.

3.1.2 Bedeutung und Einsatzmöglichkeiten des Promotorenmodells für Reformstrategien in der Hochschullehre

Das Promotorenmodell ist ein analytisches Modell, das den Einfluss von Promotoren zu erklären versucht, unter welchen Voraussetzungen Veränderungsprozesse größere Aussicht auf Erfolg haben. Das Promotorenmodell ist abzugrenzen von der Projektorganisation. Beide Gestaltungsfelder betreffen Vorhaben, die sich von Routineaufgaben abgrenzen lassen und insofern „Projektcharakter" haben. Bei einer großen Anzahl von Beteiligten und hoher Komplexität für die Einführung von E-Learning an der Hochschule kann die Gestaltung formaler Projektstrukturen durchaus für notwendig erachtet werden.

In der Anfangsphase erscheint eine gewisse Institutionalisierung der Innovation als förmliches „Projekt" eine notwendige Voraussetzung für den Projekterfolg zu sein. Wenn sich auch diese proaktive Formalisierung nicht direkt positiv auf den Innovationserfolg auswirkt, so gibt es aber einen indirekten Erfolg. Die Formalisierung des Projektes begünstigt die Entstehung von effizienzfördernden Promotorenstrukturen.

Für die Wirkungseffekte der Promotoren ist auf die Erhebung von Ernst (2003) hinzuweisen, der die Korrelation zwischen Promotoren-Rolle und Innovationserfolg etwas einschränkt und folgendermaßen modifiziert. Darüber hinaus soll auf die spezifischen Besonderheiten von E-Learning als Innovationsprojekt an Hochschulen eingegangen werden:

- *Machtpromotor*: der Einfluss der Leitungsebene (zu interpretieren als Machtpromotor) ist keineswegs grenzenlos linear. Mit zunehmendem Einfluss steigt der Innovationserfolg zunächst an, fällt aber bei besonders hohem Engagement der Leitungsebene wieder ab. Dies ist dann der Fall, wenn die Hochschulleitungen zu lange an erfolglosen Lieblingsideen festhalten. Jedoch scheinen für die nachhaltige Implementation von E-Learning Machtpromotoren, d.h. die Hochschulleitung, unverzichtbar zu sein, die hinter dem Vorhaben stehen und dafür sorgen, dass die Fachpromotoren arbeiten können und bei Bedarf die erforderlichen Entscheidungen getroffen werden.

- *Fachpromotor*: Für die Implementation von E-Learning ist der Fachpromotor, der das notwendige Wissen über den Nutzen und die Umsetzung von E-Learning hat, ebenfalls unverzichtbar. Die Fachpromotoren sollten ebenfalls eine möglichst hohe hierarchische Stellung, wie beispielsweise Lehrstuhlinhaber, Institutsleiter, innehaben, um eine hohe Akzeptanz im Kollegium zu fördern. Fachpromotoren sollten dabei die seltene Mischung aus „Visionär und tatkräftiger Implementierer" mitbringen.

- *Prozessmotor*: Einfluss des Projektleiters (zu interpretieren als Prozesspromotor) korreliert nicht nur linear positiv mit dem Innovationserfolg. Schwache Projektleiter werden häufig durch „starke" Projektteams kompensiert. Starke Projektleiter finden sich erwartungsgemäß in den erfolgreichen Programmen. Weniger effizient sind folglich Projektleiter mit mittlerer Einflussstärke. Als Prozesspromotoren kommen vor allem Personen aus Querschnittsfunktionen (Kompetenzzentren E-Learning, Hochschuldidaktische Zentren) in Betracht, die über den organisatorischen Überblick verfügen.

- Auch der *Beziehungspromotor*, der eine besondere Sozialkompetenz zum Aufbau von Beziehungen besitzen sollte, kann eine wertvolle Unterstützung sein. Dazu ist es notwendig, ein offenes und vertrauensvolles Klima zu fördern, das es potentiellen Promotoren erleichtert, die Aufgabe der Beziehungspflege unbehindert aktiv zu gestalten und Spielraum für informelle Kontakte zu schaffen.

Mit der Beschreibung der einzelnen Promotoren und den Voraussetzungen einer Promotoren-Rolle werden gleichermaßen die Grenzen des Promotorenmodells aufgezeigt. Die Ansprüche an die Promotoren sind sehr hoch und es ist fraglich, ob entsprechende Personen verfügbar sind, die über die erforderlichen Kenntnisse und Fähigkeiten verfügen und zusätzlich bereit sind, sich über das normale Maß hinaus zu engagieren. Das schränkt die Möglichkeiten ein, dieses Promotorenmodell als ein „schematisches" Managementinstrument einzusetzen, seine Verwendbarkeit hängt vielmehr von der bestehenden Konstellation an Personen ab. Dennoch sensibilisiert das Modell für die Voraussetzungen des Innovationserfolges von E-Learning und sollte dazu beitragen, nach der geeigneten Reformstrategie zu suchen.

Des Weiteren wird das höchst komplexe Problem der richtigen Mischung und der richtigen Dosierung des Einsatzes von Rollenkonzepten erkennbar. Zwar ist die Troika-Konstellation häufig vorzufinden, aber es müssen nicht zwingend dieselben Personen sein. Es kommt vielmehr zu vielfältigen Bewegungen: Rollenwechsel, Rollenausweitung sowie auch Rolleneinschränkung. Zudem variiert die Wichtigkeit der Promotoren im Innovationsprozess (Hausschildt, 1997, 171). In der ersten Phase ist eher der Machtpromotor wichtig, Prozesspromotoren v.a. in der Prozessmitte, Fachpromotoren werden demgegenüber in allen Phasen des Prozesses gebraucht.

3.2 Concerns-Based Adoption Model (CBAM) von Hall und Hord

3.2.1 Beschreibung des Concerns-Based Adoption Model: Rollen im CBAM

Einen weiteren Ansatz, Akteure und Rollen im Innovationsprozess zu definieren und deren Erfolg auf die Innovation zu analysieren, liefert das von Hall und Hord entwickelte „Concerns-Based Adoption Model (CBAM)" (Hall & Hord, 2001; Seitz, Capaul & Krafczyk, 2003). Im Mittelpunkt des Modells stehen die beteiligten Personen mit ihren Anliegen, Interessen, Verhaltensweisen und Handlungen während des Innovationsprozesses. Die zentrale Schnittstelle dabei bildet das „Change-Facilitator-Team", d.h. „Innovationsförderer", die Projektleitung bzw. die Steuergruppe. Diese „Change-Facilitators" können in etwa mit der Rolle des Prozesspromotors im Rahmen des Promotorenmodells verglichen werden, da sie zuständig für die Implementierung von E-Learning sind.

Dem Ansatz liegt die Annahme zugrunde, dass Beteiligte zu Betroffenen oder Anwendern der Innovation werden, indem sie geeignete Unterstützung durch das Change-Facilitator-Team erhalten. Dieses verfügt in der Regel über die entsprechenden Informations- und Kommunikationswege sowie über die Kompetenz, Mittel zu beschaffen sowie sachliche und personelle Ressourcen zuzuteilen, um Innovationsprozesse in Gang zu setzen und erfolgreich zum Abschluss zu bringen.

In diesem Zusammenhang hat sich gezeigt – ähnlich wie empirische Untersuchungen des Promotorenmodells belegen, dass der Erfolg oder die Wirkung eines Innovationsvorhabens stark mit dem Innovationsförderungsstil der Leitungspersonen zusammenhängt (Seitz,

Capaul & Krafczyk, 2003). Drei typische Verhaltensmuster, Profile oder Stile von innovationsfördernden Personen scheinen empirische Studien zu belegen:

a) Initiator, „Visionär":
Dieses Profil charakterisiert Personen, die Innovationen zielorientiert anstreben, die Initiative dafür ergreifen und den Anstoß geben. Initiatoren haben eine klare und stetig verfolgte Vision bzw. eine langfristige Perspektive, welche Potenziale E-Learning für die Hochschullehre besitzt. Als Visionäre zeigen sie unermüdliche Begeisterung und Energie und treiben die Entwicklung in die gewünschte Richtung voran. Diese Rolle könnte sehr gut verknüpft sein mit der Rolle des Machtpromotors von Witte, um auch machtpolitische Zielvereinbarungsprozesse steuern zu können.

b) Effiziente Implementierer:
Ein weiteres Verhaltensmuster typisiert Personen, die möglichst effizient Innovationsprozesse steuern wollen. Sie sorgen dafür, dass alles gut organisiert ist und möglichst reibungslos umgesetzt werden kann. Sie müssen nicht die gleiche Begeisterung und Energie wie ein Initiator haben, vielmehr sorgen sie für eine effiziente Umsetzung. Wenn E-Learning-Vorhaben umgesetzt werden, sollen diese reibungslos und mit für die Beteiligten annehmbaren Bedingungen und Anforderungen vorangetrieben werden.

c) Kritische Stimme, „Responder":
Charakteristisch sind zudem Personen, die Innovationen reaktiv entstehen und geschehen lassen. Sie greifen weniger in das Innovationsgeschehen ein als Initiatoren oder Implementierer. Personen in der Rolle des Reagierenden interessieren sich wohl für Anliegen der Beteiligten und versuchen in unverbindlicher Form festzustellen, wie sich die Personen bei den gestellten Problemen fühlen, tragen aber wenig zur Erleichterung des Wandels bei, da sie die Problemstellungen nie mit Entschlossenheit angehen. Als Responder sind sie aber sehr gut dafür geeignet, sich in die unterschiedlichen Arten von Widerständen hineinzufühlen.

Die Zusammensetzung des Change-Facilitator-Teams scheint einen wesentlichen Einfluss auf den Erfolg und die Diffusion einer Innovation zu haben. Nach empirischen Studien von Hall und Hord (2001, 136) kann die Schlussfolgerung gezogen werden, dass der Initiator bei der Umsetzung von Innovationen den größten Erfolg oder die beste Wirkung erzielt. Bei der Zusammensetzung eines Change-Facilitator-Teams ist daher unbedingt darauf zu achten, dass von einem Innovationsförderer diese Rolle tatsächlich wahrgenommen wird.

3.2.2 Bedeutung und Einsatzmöglichkeiten des CBAMs für Reformstrategien in der Hochschullehre

Wie in den vorhergehenden Abschnitten hervorgehoben wurde, macht die Komplexität einer dauerhaften Implementierung von E-Learning es erforderlich, dass unterschiedlichste Mitglieder des Systems ihre Kräfte bündeln, um die gesteckten Ziele zu erreichen. Die Implementation von Innovationen ist daher immer eine Teamaufgabe. Die Komplexität zeigt sich vor allem auch in der Vielfalt der Aufgaben und Probleme, die dargestellt anhand der kritischen Handlungssituationen (vgl. Abschnitt 2.2) zu bewältigen sind. Alle diese Aufgaben nur einer Person zu übertragen, würde sie vermutlich nicht nur zeitlich überfordern. Die Lösung ist vielmehr im Team zu suchen.

Das Change-Facilitator-Team sollte bei der Implementierung von E-Learning sowohl eine Diagnose- als auch eine aktive Interventionsfunktion übernehmen (Seitz, Capaul & Krafczyk, 2003):

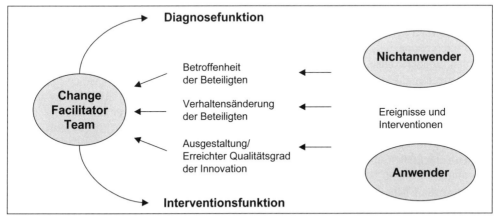

Abbildung 2: Aufgaben des Change-Facilitator-Teams (Seitz, Capaul & Krafczyk, 2003, 13, in Anlehnung an das Innovationsmodell von Hall & Hord, 2001)

1. Diagnosefunktion:

Nach dem CBAM sollen Change-Facilitatoren eine kontinuierliche Diagnose erstellen und die Beteiligten sowie den Status Quo des Einsatzes von E-Learning erkunden. Danach sind folgende drei Dimensionen in einem Innovationsprozess zu analysieren:

- Change-Facilitator-Teams erfassen die *Betroffenheit der Beteiligten*. Langjährige empirische Studien von Hall und Hord (2001) haben gezeigt, dass sich bei einem Innovationsvorhaben die emotionale Betroffenheit der Beteiligten im Verlaufe der Zeit verändert und sich graduell in einer bestimmten Richtung weiterentwickelt. Anfangs fühlen sich Mitarbeiter von einer Innovation oft nicht betroffen. Mit der Zeit werden die Beteiligten emotional unbefangener und können sich deshalb mit der eigentlichen Innovation sachlich auseinandersetzen. Um geeignete Interventionen frühzeitig treffen zu können, ist es daher notwendig, den Status quo zu bestimmen.

- Change-Facilitator-Teams sollten den Grad der *Verhaltensänderung* der Beteiligten feststellen. Dabei kann ebenfalls eine idealtypische Entwicklung bei den Beteiligten, vom Nichtanwender zum aufgabenorientierten bzw. bis zum wirkungsorientierten Anwender, herangezogen werden. Bei den Nichtanwendern kann es sich um Personen handeln, die gegenüber E-Learning offen sind, und solche, die dem ablehnend gegenüber stehen, d.h. die sich grundsätzlich nicht auf E-Learning einlassen und den Innovationsprozess in verschiedenen Formen verzögern oder sogar Widerstand leisten. Dies ist analog zu sehen mit der Unterscheidung in konstruktiven und destruktiven Widerstand gegenüber E-Learning.

- Als Letztes sollte der bisher erreichte *Qualitätsgrad* bei der Umsetzung von E-Learning kritisch beurteilt werden. Zu prüfen ist, ob die Anwender E-Learning im ursprünglichen Sinne übernehmen oder diese an situative Gegebenheiten oder eigene Vorstellungen anpassen, was die Umsetzungsqualität und damit auch die Wirksamkeit der gemeinsamen Idee (wie beispielsweise die Förderung von selbstgesteuerten Lernformen in Teams) gefährden kann.

Die Ergebnisse der Diagnose liefern dem Change-Facilitator-Team notwendige Hinweise, geeignete Interventionen zu treffen. Daneben werden mit großer Wahrscheinlichkeit jedoch auch Interventionen in Gang gesetzt werden, die nicht vom Change-Facilitator-Team initiiert wurden, sondern eher auf den Interpretationen der Geschehnisse im Innovationsprozess durch die Beteiligten selbst entstehen. Dies erschwert die Arbeit des Change-Facilitator-Teams, denn dieses „Eigenleben" ist weniger steuer- und kontrollierbar als die selbst initiierten Interventionen. Diese nicht-intendierten Interventionen (z.B. Verbreitung von Gerüchten) sollten möglichst frühzeitig erkannt und aktiv aufgegriffen werden. Zudem müssen die Change-Facilitatoren mit Rückschlägen rechnen, d.h. die Beteiligten auch wieder auf tiefere Stufen zurückfallen, wenn beispielsweise negative Neuigkeiten Unsicherheiten auslösen oder Ressourcen gekürzt werden. Diese Individualität und Dynamik erschweren die laufende Diagnose der Change-Facilitatoren.

2. Interventionsfunktion:

Damit der Innovationsprozess überhaupt in Gang kommt bzw. am Laufen bleibt, braucht er antreibende Impulse und Energien. Hall und Hord (2001) stellen in ihrem Innovationsmodell die Change-Facilitatoren, Innovationsförderer, als Schlüsselpersonen ins Zentrum. Je nachdem, wie sie den Prozess steuern, ist die Innovation mehr oder weniger erfolgreich. Innovationsförderer, die Neuerungen in einer Organisation implementieren wollen, stehen grundsätzlich zwei Hebel für Veränderungen zur Verfügung (Müller-Stewens, 2001, 385), welche auch für die Implementierung von E-Learning an der Hochschule Gültigkeit besitzen:

- Über *inhaltliche Interventionen,* um zusätzliche Variationsangebote in das System einzubringen und auf deren Akzeptanz zu hoffen. Die maßgebliche Frage ist dabei: „was soll sich ändern?" Interventionen erscheinen dabei in verschiedenen Größen (strategisch, operativ) und Formen (schriftlich, mündlich). Interventionen können z.B. die Kommunikation des Innovationsziels, Abbau innovationshemmender Faktoren und Barrieren, laufende Überprüfung des Prozessfortschritts sein.

- Über *Veränderungen in den Rahmenbedingungen* der Prozesse, wie beispielsweise Ressourcenzuweisungen für konkrete E-Learning-Projekte, Zeitvorgaben, Autonomiegewährung, so dass Variationen günstigere Voraussetzungen erhalten, sich durchzusetzen. Fokussiert wird die Fragestellung: „wie können die Bedingungen verbessert werden, dass sich etwas verändert?" Dieser Hebel stellt somit auch die Verbindung zu strukturell-formalistischen Organisationstheorien dar, welche sich auf das Gestaltungsfeld innovationsförderlicher Rahmenbedingungen konzentrieren.

Die Ansprüche an die Innovationsförderer unterscheiden sich in der Phase der Entwicklung und in der Phase der Implementation wesentlich. Durchaus kann auch ein Spannungsfeld zwischen Entwicklung und Umsetzung vorherrschen (Seitz, Capaul & Krafczyk, 2003).

Danach fließen zu häufig finanzielle, zeitliche und personelle Ressourcen, die in Innovationsprojekte investiert werden, primär in die konzeptionelle Entwicklung von Innovationen. Dabei wird jedoch außer Acht gelassen, dass für eine wirksame Veränderung im System, die fortlaufende Implementation der Innovation ebenso wichtig und aufwändig ist. Dies begründet teilweise, warum viele E-Learning-Pilotprojekte nach kurzer Zeit schnell wieder im Sande verlaufen.

Wie bereits beim Promotorenmodell von Witte kritisch angemerkt, sind auch bei diesem Ansatz die Grenzen in der personalen Verfügbarkeit der „richtigen" Innovationsförderer zu sehen. Die Eigenschaften und Verhaltensweisen, die Change-Facilitators auszeichnen, werden kaum im Rahmen von Ausbildungsprogrammen vermittelt und können auch nicht „verordnet" werden.

4. Zusammenfassung

Die Implementierung von E-Learning in der Hochschule findet – wie alle Innovationsvorhaben – nicht nur Zustimmung der Betroffenen, vor allem bei den Dozierenden und Studierenden, sondern ist vielfach Auslöser von massiven Widerständen. Der vorliegende Beitrag zeigt einige Konzepte aus dem Innovations- und Change-Management auf, die auch für E-Learning-Innovationsvorhaben geeignet zu sein scheinen.

Das bekannte Phasenmodell von Lewin sowie der Ansatz, kritische Handlungssituationen zu definieren, bestimmen die prozessorientierte Sichtweise. Auf Rollen im Innovationsprozess gehen insbesondere das Promotorenmodell von Witte sowie das Concerns-Based Adoption Model (CBAM) von Hall und Hord ein. Während das CBAM von Hall und Hord einen starken Fokus auf das Change-Facilitator-Team und deren Führungsstile bzw. -profile legt, betont Hauschildt (1997) die Aufgaben der Promotoren während des Innovationsprozesses. Dennoch können beide Modelle komplementär betrachtet werden. Die Hochschulleitung kann beispielsweise gleichzeitig als Initiator und zugleich Machtpromotor die Innovation initiieren und sich danach vor allem auf die machtorientierte Durchsetzung von kritischen Punkten konzentrieren. Zudem müssen nicht alle Rollen intern besetzt werden. So kann beispielsweise das interne Change-Facilitator-Team durch externe Fachpromotoren unterstützt werden. Die Integration beider Theorien kann dabei helfen, sich einerseits analytisch mit Personen und ihren Rollen im Veränderungsprozess auseinanderzusetzen und andererseits im Vorfeld systematisch über zu beteiligende Personen und Rollen nachzudenken.

Grenzen der Einsatzmöglichkeiten der Modelle sind dadurch gegeben, dass die Anforderungen der Kompetenzprofile (beispielsweise hinsichtlich notwendiger Sozialkompetenzen oder dem Vorhandensein gewisser Frustrationstoleranzgrenzen) der verschiedenen Rollen sehr hoch sind und weniger die Anwendung der Konzepte, sondern vielmehr die Ausfüllung der Rollen mit geeigneten Personen entscheidend ist. Die Rekrutierung geeigneter Personen dürfte sich in vielen Fällen schwierig gestalten, zumal entsprechende Anerkennungssysteme für gute Leistungen und hohes Engagements in der Hochschule häufig nicht gegeben sind.

Abschließend soll auf eine wesentliche Aufgabe aufmerksam gemacht werden, um Veränderungsprozesse durch E-Learning zu begleiten: die bewusste Förderung der konstruktiven Opposition. Konflikte und Meinungsverschiedenheiten sind nicht grundsätzlich negativ zu sehen, sondern können durchaus dabei unterstützen, Potenziale für Verbesserungen und für kreative Ideen des Einsatzes von E-Learning auszuschöpfen. In diesem Zusammenhang formuliert Hauschildt (1999): „Es kommt somit darauf an, die Stoßrichtung der Opposition frühzeitig zu erkennen, um rechtzeitig die konstruktive Opposition einzubinden und die destruktive Opposition an ihrer Entfaltung zu hindern (15)."

Literatur

ERNST, H. (2003). Unternehmenskultur und Innovationserfolg – Eine empirische Analyse. *Zeitschrift für betriebswirtschaftliche Forschung*, 55, S. 23–44.

GEMÜNDEN, H. G. & WALTER, A. (1995). Der Beziehungspromotor. Schlüsselperson für inter-organisationale Innovationsprozesse. *Zeitschrift für Betriebswirtschaft*, 65 (9), S. 971–986.

HALL, G. & HORD, S. (2001). *Implementing Change. Patterns, Principles and Patholes*. Boston: Allyn and Bacon.

HAUSCHILDT, J. (1997). *Innovationsmanagement*. 2. überarb. und erw. Aufl. München: Vahlen.

HAUSCHILDT, J. (1999). Widerstand gegen Innovationen – destruktiv oder konstruktiv? *Zeitschrift für Betriebswirtschaft*, 2 (Ergänzungsheft), S. 1–21.

LEWIN, K. (1963). *Feldtheorie in der Sozialwissenschaft*. Bern, Stuttgart: Huber.

MICHEL, K. (1987). *Technologie im strategischen Management*. Berlin et al.: Springer.

MÜLLER-STEWENS, G. & LECHNER, C. (2001). *Strategisches Management. Wie strategische Initiativen zum Wandel führen*. Stuttgart: Schäffer-Poeschel.

REISS, M., VON ROSENSTIEL, L. & LANZ, A. (1997). *Change Management: Programme, Projekte und Prozesse*. Stuttgart: Schäffer-Poeschel.

ROGERS, E. M. (1995). *Diffusion of Innovations*. 4th ed. FreePress, New York, London.

SEITZ, H., CAPAUL, R. & KRAFCZYK, T. (2003). *Leadership-/Führungssituationen: Innovationen begleiten. Skript zum Kontextstudium der Bachelor-Stufe an der Universität St. Gallen*. St. Gallen: Institut für Wirtschaftspädagogik.

SEUFERT, S. & EULER, D. (2004). *Nachhaltigkeit von eLearning-Innovationen. Ergebnisse einer Delphi-Studie.* SCIL-Arbeitsbericht 2 des Swiss Centre for Innovations in Learning. St. Gallen: Institut für Wirtschaftspädagogik.

STOCKMANN, R. (1996). *Die Wirksamkeit der Entwicklungshilfe. Eine Evaluation der Nachhaltigkeit von Programmen und Projekten der Berufsbildung.* Opladen: Westdeutscher Verlag.

THOM, N. (1992). *Innovationsmanagement.* Die Orientierung, Nr. 100. Bern: Hanstein.

WIDMER, A. (1986). *Innovationsmanagement in Banken.* St. Gallen: Dissertation, Universität St. Gallen.

WITTE, E. (1973). *Organisation für Innovationsentscheidungen. Das Promotoren-Modell.* Göttingen: Schwartz.

Dieter Euler

Gestaltung der Implementierung von E-Learning-Innovationen:
Förderung der Innovationsbereitschaft von Lehrenden und Lernenden als zentrale Akteure der Implementierung

Abstract

Trotz der verfügbaren theoretischen Grundlagen und bestehenden Erfahrungen steckt die Implementierung von E-Learning-Innovationen noch in den Anfängen. Der Beitrag steht unter der Zielsetzung, ausgewählte theoretische Befunde aus der Implementierungs- und Innovationsforschung aufzunehmen und konzeptionell in einen Bezugsrahmen zu überführen, der die Gestaltung konkreter Implementierungsprozesse fundieren kann. Ein wichtiger Ansatzpunkt ist dabei, mit einem differenzierten Vorgehen die Akteure eines Implementierungsprozesses zu adressieren. Ausgehend von einer Typologie der Lehrenden und Lernenden als den zentralen Akteuren der Implementierung wird die Gestaltung auf drei Konkretisierungsebenen diskutiert: Ebene der grundsätzlichen *Gestaltungsprinzipien*, der *Maßnahmen* für differenzierte Aktionsschwerpunkte und der Entwicklung von *Instrumenten*.

Der Autor

Prof. Dr. Dieter Euler ist seit Oktober 2000 Inhaber des Lehrstuhls für „Wirtschaftspädagogik und Bildungsmanagement" und wissenschaftlicher Leiter des Swiss Centre for Innovations in Learning (SCIL) am Institut für Wirtschaftspädagogik an der Universität St. Gallen. Zuvor war er an der Universität Potsdam (1994–1995) und an der Universität Erlangen-Nürnberg (1995–2000) tätig. Neben dem „E-Learning" beschäftigt er sich u.a. innerhalb eines mehrjährigen Forschungsprogramms mit Fragen der „Förderung von Sozialkompetenzen". Er ist an der Universität St. Gallen verantwortlich für die Entwicklung eines eigenständigen Studienbereichs „Selbststudium", der mit einem Gesamtumfang von 25 % des Curriculums neue Formen des kooperativen Selbstlernens mit Unterstützung durch die Neuen Medien einführt.

Dieter Euler

Gestaltung der Implementierung von E-Learning-Innovationen:
Förderung der Innovationsbereitschaft von Lehrenden und Lernenden als zentrale Akteure der Implementierung

1.	Ausgangspunkte	564
2.	Theoretische Fundierungen	565
3.	Bezugsrahmen für die Gestaltung der Implementierung von E-Learning-Innovationen	570
	3.1 Voraussetzungen bei den Lehrenden	570
	3.2 Voraussetzungen bei den Lernenden	572
	3.3 Prinzipien für die Gestaltung der Implementierung von E-Learning-Innovationen	573
	3.4 Maßnahmen für die Gestaltung der Implementierung von E-Learning-Innovationen	577
	3.5 Instrumente für die Gestaltung der Implementierung von E-Learning-Innovationen	581
4.	Zusammenfassung	582
	Literatur	583

1. Ausgangspunkte

„Am Anfang waren alle begeistert, pumpten wahllos Geld hinein und bauten sich virtuelle Luftschlösser. Dann erfüllten sich viele Erwartungen nicht, Geld versandete, Träume zerplatzten. Jetzt werden die Scherben zusammengekehrt. Und dabei wird entdeckt, dass nicht alles, was nun am Boden liegt, auch wirklich missglückt ist. So ist es mit dem E-Business der New Economy – und auch mit dem E-Learning ..."[1] Drastische Worte, mit denen die Süddeutsche Zeitung die Ergebnisse eines Förderprogramms in Deutschland kommentiert, in dem die Bundesregierung einige 100 Millionen Euro zur Verbesserung der Lehre mit Hilfe von neuen Medien bereitstellte. Die Pointe des Beitrags ließe sich in die Sätze kleiden: Vieles wurde verändert – es hat sich aber nicht viel geändert! Viel Edu-Action – wenig Education!

Die Aussagen mögen journalistisch überzogen sein, in der Tendenz bringen sie jedoch eine verbreitete Stimmung zum Ausdruck. Eine attraktive, aber durch zu viel Marketingspeck häufig auch unscharfe Programmatik konnte bislang nicht hinreichend implementiert werden, viele E-Learning-Projekte drohen nach dem Auslaufen der Fördermittel zu versanden. COLLIS & VAN DER WENDE stellen als zentrales Ergebnis ihrer Befragung von 693 Verantwortlichen aus 174 Hochschulen in 7 Ländern fest, dass die Implementierung noch in den Anfängen steckt und die weitere Entwicklung weitgehend offen ist: „The general picture is that in most cases institutions are now transferring from a period of rich and mostly bottom-up experimentation to a phase in which institution-wide use of ICT is being encouraged. In many cases the first stage of institution-wide ICT implementation, i. e. the establishment of institution-wide technological infrastructure, is now in place. However, the second stage, i. e. *rich pedagogical use of this infrastructure, is in many cases still in development*. The third stage, which could be labelled as *strategic use* of ICT with a view to the different target groups of higher education, *has in most cases not been considered explicitly yet*."[2] Eine ähnliche Diktion findet sich in dem Bericht von LEPORI & SUCCI über die Situation an den schweizerischen Hochschulen. Sie sprechen von einer „wait-and-see"-Haltung und vermissen eine proaktive Strategiegestaltung.[3]

Diese Erfahrungen führen zu der Frage, wie der Prozess einer nachhaltigen Implementierung von E-Learning-Innovationen gestaltet werden kann. Welche zentralen Gestaltungsfaktoren sind zu beachten? Welche Theorien und Erfahrungen liegen vor, die eine Gestaltung des Implementierungsprozesses unterstützen können?

---

[1] Süddeutsche Zeitung vom 6. Oktober 2003, S. 8.

[2] Vgl. COLLIS & VAN DER WENDE, 2002, S. 8 (Hervorhebungen, D.E.).

[3] Vgl. LEPORI & SUCCI, 2003, S. 57.

Die Fragen sollen in folgenden Schritten aufgenommen und diskutiert werden:

- Zunächst sollen ausgewählte theoretische Fundierungen vorgestellt werden, die den aufgespannten Problemraum aufnehmen und erste Hinweise auf mögliche Antworten geben (2).
- Die Befunde werden in einem Bezugsrahmen zusammengeführt, erweitert und in einen Zusammenhang gestellt (3).
- Abschließend werden die zentralen Ergebnisse zusammengefasst (4).

2. Theoretische Fundierungen

Als wissenschaftliche Grundlage kann einerseits auf generelle Aussagen insbesondere aus der Innovations- und Implementationsforschung zurückgegriffen werden, andererseits liegen spezifische Erfahrungsberichte und Fallstudien über die Implementierung von E-Learning-Konzepten an einzelnen Universitäten vor.[4] Im Folgenden sollen einige als zentral erachtete Theorien ergebnisorientiert aufgenommen und in ihren Kernaussagen vorgestellt werden. Der Fundus an verfügbaren Theorien unterscheidet sich in solche, die Aussagen über die von der Innovation betroffenen *Personen* anstreben sowie solchen, die sich auf den *Prozess* der Innovation bzw. Implementierung konzentrieren.

Unter dem *personellen Fokus* wird zumeist die Typologie von ROGERS angeführt, die in ihrer „Innovation Adoption Curve" fünf Gruppen vorstellt, die sich im Hinblick auf die Geschwindigkeit in der Aufnahme einer Innovation unterscheiden[5]: Die Pioniere sind die „innovators" und die „early adopters", die unmittelbar bzw. sehr früh eine Innovation aufnehmen. Am anderen Ende der Skala gibt es die Innovationsresistenten („laggards"), die sich der Innovation längstmöglich verweigern. Dazwischen liegen die Gruppen der „early majority" und der „late majority", deren Gewinnung darüber entscheidet, ob sich eine Innovation in der Breite durchsetzen kann.

Unter dem *Prozessfokus* können zwei zentrale Aspekte betont werden:

- So wird darauf hingewiesen, dass die Implementierung von Innovationen zumeist längerfristig und mehrzyklisch verläuft. In diesem Sinne wäre eine erste Umsetzung als der notwendige Anfang eines *kontinuierlichen Veränderungsprozesses* zu denken („implement and improve"). Ein Grund liegt in dem so genannten „moving-target"-Phänomen, d. h. aufgrund der kontinuierlichen Veränderung der Rahmenfaktoren (z.B. der Einsatz von stetig sich ändernden technischen Grundlagen) müssen die Implementierungen im-

---

[4] Vgl. exemplarisch BAETS & VAN DER LINDEN (2000) über die niederländische Universität Nyenrode; EULER & WILBERS (2003) über die Universität St. Gallen sowie ZAWACKI-RICHTER (in diesem Band) über die Universität Pretoria.

[5] Vgl. ROGERS, 1995.

mer wieder auf neue Bedingungen angepasst werden. Insofern gibt es auch keine 08-15-Rezeptur für die Implementierung; vielmehr ist sie das Ergebnis eines unterstützten und gesteuerten Veränderungsprozesses in einer Organisation.

- Komplexe Innovationen wie die Einführung bzw. Weiterentwicklung von E-Learning erfordern einen *systemischen Zugang* bzw. eine mehrdimensionale Gestaltung. Die Implementierung von E-Learning ist nicht reduzierbar auf Fragen der Auswahl von Hard- und Software, sondern sie schließt mehrere Veränderungsdimensionen ein. Neben der Didaktik können die Technik, Ökonomie, Organisation und Kultur als Gegenstand einer nachhaltigen Gestaltung von E-Learning-Innovationen hervorgehoben werden.[6] Dabei ist davon auszugehen, dass diese fünf Dimensionen im Hinblick auf ihre Veränderungsgeschwindigkeit mit unterschiedlichen Zeithorizonten verbunden sind. Eine markante Diskrepanz kann beispielsweise zwischen den Dimensionen Technik und Kultur angenommen werden. Während die Technik einer enormen Innovationsrasanz unterliegt, verlaufen kulturelle Veränderungen verzögert und vergleichsweise schwerfällig.

Insbesondere die „träge" kulturelle Dimension erscheint für die nachhaltige Implementierung von E-Learning-Innovationen von zentraler Bedeutung. Die Umsetzung von E-Learning-gestützten Lernumgebungen erfordert wesentliche Veränderungen sowohl der Lehr- als auch der Lernkultur. Autonome Lehrpersonen sollen sich auf etwas einlassen, das häufig Unsicherheit bei ihnen auslöst und wozu sie nicht verpflichtet sind. Sie sind gefordert, ihre Lehrgewohnheiten zu verändern (von einem dozierenden zu einem unterstützenden Lehrstil) und neue Prüfungsformen einzusetzen. Lehrveranstaltungen müssen längerfristig und aufgrund der technischen Abstützung in Kooperation mit externen Stellen vorbereitet werden, wenn die Lernressourcen über eine Lernplattform bereitgestellt werden. Zugleich wird das Handeln der Lehrenden gegenüber Außenstehenden transparenter.

Aber auch viele Lernende sind gefordert, ihre Gewohnheiten zu relativieren: So ist anstelle eines rezeptiven Lernens die Eigeninitiative und Selbstorganisation in einem höheren Maße gefordert, wenn Formen des selbstgesteuerten und teamorientierten Lernens eingeführt werden.[7] Dies kollidiert bei vielen Lernenden mit der Bevorzugung solcher Lernformen, die sich nach den Kriterien der prüfungsorientierten Stoffbewältigung im Verlauf der bisherigen Lernbiographie entwickelt und bewährt haben und deshalb Sicherheit vermitteln.[8]

Dazu kommt, dass sich eine solche Kultur des selbstorganisierten und teamorientierten Lernens nur begrenzt im Rahmen der bestehenden baulichen und technischen Infrastrukturen entfalten kann. Anstelle von fix montierten Raumausstattungen wären flexibel arrangierbare Lernumwelten angemessen. In dieser neuen Lernökologie können sich die Lernenden in kleine Lernecken mit ihren Gruppen zurückziehen, auf flexiblen Tafeln ihre Ideen entwi-

---

[6] Vgl. SEUFERT & EULER, 2004.

[7] Vgl. EULER & WILBERS, 2002.

[8] Vgl. DREES, 2003, S. 36.

ckeln und dokumentieren und über eine kabellose Technologie auf die Lernressourcen im Internet zurückgreifen.[9]

Vor diesem Hintergrund ist das Ergebnis der Untersuchungen von COLLIS & VAN DER WENDE naheliegend, nach dem die Veränderungen in den Universitäten nicht radikal, sondern langsam erfolgen. Das Bestehende hat weiterhin Bestand, es wird jedoch hier und da (zumeist ohne systematische Planung oder strategische Ausrichtung) gestreckt, angereichert und mit einigen neuen Elementen verbunden („stretching the mould").[10]

Die Betrachtung der kulturellen Dimension kann über die Lehr-Lernkultur hinaus um einen Faktor erweitert werden, der in gewissem Sinne selbstreferentiell ist. In dieser Perspektive geht es um die Beschaffenheit der *Veränderungskultur in einer Organisation*: Wie ist die Bereitschaft in einer Organisation ausgeprägt, sich auf Veränderungen (u.a. im Hinblick auf die Veränderung bestehender Lehr- und Lernkulturen) einzulassen? Es ist davon auszugehen, dass sich Organisationen in dieser Hinsicht unterscheiden. Die Operationalisierung von Innovationsbereitschaft bzw. -resistenz könnte u.a. die Faktoren aufnehmen, die häufig im Zusammenhang mit Konzepten des organisationalen Lernens vorgeschlagen werden:[11]

- Offenheit und Vertrauen in der Kommunikation zwischen den Organisationsmitgliedern (u.a. konstruktiver Umgang mit Fehlern, Feedbackkultur, Akzeptanz von Andersartigkeit).

- Grad der Kooperation zwischen den Organisationsmitgliedern (z.B. gegenseitige Information; abgestimmtes Handeln; intensives Zusammenwirken).

- Bereitschaft zum Austausch von Erfahrungen („belief that when you share, you learn"; „willingness to reciprocate").

- Gelegenheit zum Erfahrungsaustausch (d.h. angemessene zeitliche Ressourcen und räumliche Rahmenbedingungen).

- Unterstützung und Ermutigung von Kooperation und Erfahrungsaustausch durch die Leitung.

- Kompetenzen und Wissen, die (selbstbewusst) in eine Kooperation eingebracht werden können.

- Interesse und Neugier der Organisationsmitglieder an der Weiterentwicklung des Bestehenden.

---

[9] „If we are truly to embrace the concept of anywhere-anytime learning, we will need to make sure that all facilities can accomodate modern technologies or, at the very least, that they do not present a barrier to them. This means that the institution will need to develop a transition strategy that moves from a focus on physical space to a concept of learning that occurs in a distributed environment, that is, anytime, anywhere, and anyhow. ... Instead of assuming, ‚If we build it, they will come,' ... we should be designing and building infrastructures such that we can say, ‚If we create the right learning environment, they will want to be part of it'" (INGERMAN, 2001, S. 85, 91).

[10] Vgl. COLLIS & VAN DER WENDE, 2002, S. 23 ff.

[11] Vgl. COLLINSON & COOK, 2003.

Die Punkte spannen sich über die beiden zentralen Kategorien „Können" und „Wollen" auf, wobei diese zum einen auf die Organisation, zum anderen auf die Organisationsmitglieder bezogen werden können. Im Hinblick auf die Implementierung von Innovationen ist zudem die Verbindung zwischen den beiden Kategorien von Bedeutung – schließlich finden viele Innovationen eine prinzipielle Zustimmung, werden dann aber im konkreten Alltag nicht umgesetzt. *Motivationstheoretische Untersuchungen* bieten hier Hinweise zur Beantwortung der Frage, wie der Weg vom Wollen zum Können, von der Handlungsabsicht zur Handlungsrealisierung verläuft.

Demnach ist die Bereitschaft (zur aktiven Implementierung) zunächst an die Beantwortung von drei Fragen gebunden:[12]

- Kann ich das angestrebte Ergebnis (z.B. die Entwicklung einer neuen Lernumgebung) durch eigenes Handeln hinreichend beeinflussen?
- Sind mir die möglichen Folgen des Ergebnisses (z.B. ein verändertes Verhalten bzw. Kompetenzen der Studierenden) wichtig genug?
- Zieht das Ergebnis auch die gewünschten Folgen nach sich (d.h. führen die neuen Lernumgebungen auch zu gewünschten Lernergebnissen)?

Werden diese drei Fragen in der Tendenz negativ beantwortet, so ist eine aktive Beteiligung an der Implementierung gefährdet. Eine Erweiterung findet diese Theorie über die Bildung einer Handlungsabsicht in dem so genannten „OTIUM-Check": Demnach werden die fünf Kriterien „opportunity, time, importance, urgency and means" geprüft.[13] Entsprechend wird die Implementierung einer Innovation von der Klärung der Frage beeinflusst, ob sich die Gelegenheit für die Zielrealisierung bieten wird, ob genügend Zeit sowie die nötigen Mittel verfügbar sind und ob das Ziel als hinreichend wichtig und dringlich eingeschätzt wird.

KUHL beschäftigt sich in seinen Forschungen zudem mit dem Phänomen, dass sich Motivationen häufig im Rahmen von verschiedenen, sich möglicherweise widerstrebenden Handlungstendenzen bilden. Insbesondere im Fortgang von aufgenommenen Handlungen droht die Gefahr, dass bestehende Handlungstendenzen durch neue Absichten relativiert werden und so an Stärke verlieren.[14] Bezogen auf die hier interessierende Implementationsproblematik bedeutete dies, dass im Verlauf des Implementationsprozesses die Gefahr besteht, dass das Engagement nachlässt und die Implementation im Extrem versandet. Motivationstheoretisch kann daraus die Konsequenz gezogen werden, dass neben einer Ausgangsmotivation, die das Zustandekommen einer Handlungstendenz begründen, auch eine Verlaufs- oder Realisationsmotivation entwickelt werden muss, die für die Stabilität der Handlungen sorgt. KUHL konkretisiert die Realisationsmotivation über so genannte Kontrollstrategien, deren

---

[12] Vgl. HECKHAUSEN & RHEINBERG, 1980, S. 19.

[13] HECKHAUSEN & KUHL, 1985, S. 136 f.

[14] Vgl. KUHL, 1983.

Aufbau die Aufrechterhaltung der Handlungstendenzen (z.B. im Rahmen von Implementierungsprozessen) fördern kann. Im Einzelnen identifiziert er die folgenden Strategien:[15]

- Selektive Aufmerksamkeit, d.h. die Aufmerksamkeit wird immer wieder auf jene Sachverhalte gelenkt, die eine Umsetzung der Ziele begünstigen.
- Emotionskontrolle, d.h. im Verlauf der Umsetzung werden emotionale Zustände gefördert, die eine Umsetzung der Ziele tragen (z.B. Aufrechterhaltung von Freude und Begeisterung). Umgekehrt erfolgt eine Abschirmung gegenüber gefährdenden Emotionen (z.B. Niedergeschlagenheit aufgrund von Rückschlägen).
- Motivationskontrolle, d.h. durch die Betonung der positiven Folgen bzw. angenehmen Konsequenzen beim Erreichen der Handlungsabsicht wird die bestehende Motivationstendenz erhalten oder sogar verstärkt.
- Umweltkontrolle, d.h. es wird darauf geachtet, die Rahmenbedingungen für die Umsetzung möglichst günstig zu gestalten.
- Begrenzung der Informationsverarbeitung, d.h. es werden Stopp-Regeln für die Verarbeitung von entscheidungsrelevanten Informationen eingesetzt. Diese Strategie zielt darauf ab, die prinzipiell endlos mögliche Abwägung zwischen Handlungsalternativen rechtzeitig abzubrechen, bevor eine Gefährdung der ursprünglichen Handlungsabsicht erfolgt.
- Bewältigung von Misserfolgen, d.h. Rückschläge und Misserfolge werden zwar im Hinblick auf mögliche Gründe analysiert, aber es erfolgt rechtzeitig eine vorausschauende Formulierung von Konsequenzen für das weitere Handeln und die Zuwendung zur Weiterführung der Umsetzung.

Im Hinblick auf die Implementierung von Innovationen ist die Unterscheidung von KUHL in handlungs- und lageorientierte Menschen relevant.[16] Während handlungsorientierte Menschen auf eine kraftvolle Umsetzung und Realisierung der Ziele drängen, sind lageorientierte Menschen stärker auf das Gegebene, Zurückliegende und Aufzugebende fixiert und haben Schwierigkeiten, sich davon zu lösen. Sie haben die Neigung, sich übermäßig lange mit dem Abwägen von Handlungsalternativen zu beschäftigen und unterliegen der Gefahr, ihr Denken so lange im Kreis zu bewegen, bis das Projekt gescheitert ist. Zudem kann die Lageorientierung dazu führen, auch im Verlauf eines Veränderungsprozesses beharrlich an den einmal gebildeten und initiierten Intentionen festzuhalten, auch wenn die Ausführung nicht mehr sinnvoll erscheint.

---

[15] Vgl. KUHL, 1983, S. 305.

[16] Vgl. KUHL, 1983, S. 108.

3. Bezugsrahmen für die Gestaltung der Implementierung von E-Learning-Innovationen

Grundlegend für die Gestaltung der Implementierung von E-Learning-Innovationen erscheint die Prämisse, dass sich jeglicher Einsatz von Methoden an den Voraussetzungen der betroffenen Personen ausrichten muss. Insbesondere die Lernenden sind die „letzte Instanz", an denen die Sinnhaftigkeit einer Innovation zu begründen ist. Insofern wird nunmehr ein Bezugsrahmen vorgeschlagen, der auf der einen Seite die beiden wesentlichen Personengruppen der Lehrenden und Lernenden erfasst, zum anderen die verfügbaren Maßnahmen, Prinzipien und Instrumente der Implementation strukturiert. Der Bezugsrahmen wird mit zwei Funktionen unterlegt:

- Aus Gestaltungsperspektive bietet er die Bausteine, die in dem konkreten Kontext einer Organisation aufgenommen, reflektiert und ggf. zu einem Konzept zusammengefügt werden können.

- Aus Forschungsperspektive bietet er einen Ordnungsrahmen, in dem die verfügbaren Befunde systematisiert und in einen Zusammenhang gestellt werden können. Darüber hinaus kann er eine heuristische Funktion übernehmen und die Formulierung neuer Forschungsfragen anleiten bzw. auslösen.

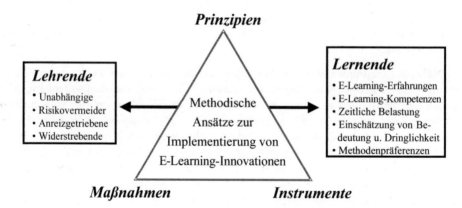

Abbildung 1: Bezugsrahmen für die Implementierung von E-Learning-Innovationen

Im Folgenden werden nunmehr die einzelnen Kategorien des Bezugsrahmens aufgenommen und ausdifferenziert.

3.1 Voraussetzungen bei den Lehrenden

Die referierten innovations- und motivationstheoretischen Befunde nähren die These, dass die Voraussetzungen im Hinblick auf den Umgang mit Innovationen in der Lehre auch bei den Lehrenden einer Universität sehr unterschiedlich ausgeprägt sind. Eine instruktive Typologie bieten HAGNER & SCHNEEBECK mit ihrer empirisch gestützten Unterscheidung der folgenden Gruppen:[17]

- Die Unabhängigen („the Entrepreneurs"):
  Es sind die „innovators" bzw. „early adopters" aus der Theorie von ROGERS, BATES nennt sie die „lone rangers"[18]. Sie sind primär intrinsisch motiviert und verfolgen ein ausgeprägtes Interesse an der Verbesserung von Lernen und Lehren. Zudem sind sie vertraut mit den technologischen Potenzialen. Sie suchen nicht ausdrücklich nach externen Belohnungen, gleichwohl sind sie an Rückmeldungen und Anregungen zu ihrer Arbeit interessiert. Es wäre verfehlt, ihr Engagement und ihre Innovationsintensität zum allgemeinen Maßstab für eine Veränderung in der Universität zu machen.

- Die Risikovermeider („the Risk Aversives"):
  Auch sie suchen nach Wegen zu einer Verbesserung von Lernen und Lehren, sind aber (noch) vorsichtig bei einem Engagement. In der Begrifflichkeit von Kuhl könnten sie als stärker „lageorientiert" bezeichnet werden. Sie besitzen häufig noch nicht hinreichend die (didaktischen und technischen) Kompetenzen, um die Veränderung sicher und kontrolliert abschätzen und gestalten zu können. Sie befürchten, dass ein Wechsel zu neuen Lehrkonzepten die bestehende und in vielen Punkten auch akzeptable Praxis zunächst gefährden könnte. Sie benötigen vielfältige Unterstützungen, bevor sie sich auf die Innovationen einlassen. Sie wollen möglichst konkret erfahren, dass das Neue auch das Bessere ist und „funktioniert". Zudem möchten sie sich nicht unbedingt vertieft mit technologischen Fragen auseinandersetzen müssen, die sie von der fachlichen und didaktischen Anwendung abhalten.

- Die Anreizgetriebenen („the Reward Seekers"):
  Ihr Handeln wird bestimmt durch die Überlegung, inwieweit ein Engagement die Erreichung ihrer Karriereziele fördert. Insofern ist ihre Motivationsstruktur hochgradig an die Belohnungsstrukturen des Universitätssystems gebunden. Wird beispielsweise die Qualität der Lehre im Vergleich zur Forschung nicht positiv bewertet, so werden sie Lehrverpflichtungen als ein notwendiges Übel betrachten und ihre Kraft möglichst uneingeschränkt der Forschung widmen. Umgekehrt werden sie sich dann um Fragen der Qualitätsverbesserung in der Lehre kümmern, wenn diese eine entsprechende Hochschätzung in der Wertskala der Universität besitzt.

- Die Widerstrebenden („the Reluctants"):
  Sie besitzen eine ausgeprägte Ablehnung gegenüber E-Learning-Innovationen und glauben, dass die bestehenden Modelle des Lernens und Lehrens überlegen und bevorzugenswert sind. Zumeist sind sie nicht sehr vertraut mit den neuen Potenzialen, ihre Abneigung ist insofern nicht erfahrungsgestützt. Es erscheint nicht oder nur mit einem enormen Aufwand möglich, diese Einstellungen aufzubrechen. Zumeist werden sie sich

---

[17] Vgl. HAGNER & SCHNEEBECK, 2001.

[18] Vgl. BATES, 2000.

erst dann den neuen Entwicklungen zuwenden, wenn die verbreitete Praxis in ihrem Umfeld dies unausweichlich macht.

3.2 Voraussetzungen bei den Lernenden

Auch bei den Lernenden kann von einer heterogenen Motivlage im Hinblick auf ihre Bereitschaft zu einem Einlassen auf veränderte Lehr-Lernumgebungen ausgegangen werden. So ist davon auszugehen, dass ein Übergang von eher fremd- zu selbstgesteuerten Lernformen bei den Studierenden ein geteiltes Echo auslöst. Während die einen sich durch Formen des selbstgesteuerten Lernens herausgefordert fühlen und entsprechende Lernumgebungen befürworten, können diese insbesondere bei prüfungsorientierten Studierenden Unsicherheit auslösen und als mühsam, anstrengend und unangenehm empfunden werden. Dazwischen gibt es viele Übergänge zwischen Befürwortung und Ablehnung, wobei als intervenierende Variablen die oben genannten motivationstheoretischen Kriterien des „OTIUM-Check" Verwendung finden können:

- Opportunity: Konnten die Studierenden die neuen Lernumgebungen durch eigene Erfahrung kennenlernen? Dies setzt u.a. voraus, dass sie möglichst umfassend die Potentiale der E-Learning-unterstützten Lernumgebungen erleben und nicht auf kolportierte Meinungen o.Ä. angewiesen sind.

- Time: Haben die Studierenden die Zeit, die Potentiale der neuen Lernumgebungen auszuschöpfen? Der hohe Freiheitsgrad, der konstitutiv für ein selbstgesteuertes Lernen ist, birgt Gefahren. Bei einer hohen zeitlichen Gesamtbelastung im Studium wird das Selbststudium aufgeschoben und damit häufig oft auch aufgehoben. Studierende sehen sich gefordert, den jeweils nächsten Terminen gerecht zu werden und arbeiten nach Prüfungsprioritäten. Eine kontinuierliche Auseinandersetzung mit Aufgabenstellungen während des Semesters findet vor diesem Hintergrund nur bei wenigen Studierenden statt. Lernumgebungen mit einem hohen Grad an Selbststeuerung, die von den Dozierenden intensiv vorbereitet und didaktisch gut begründet werden, erfahren bei vielen Studierenden dann nur eine begrenzte Resonanz. Sie beschränken sich beispielsweise auf das Ausdrucken der bereitgestellten Materialien und ein passives Verfolgen von Diskussionsforen. Bei den Lehrenden kann dies die Neigung erhöhen, zu einem höheren Grad an Fremdsteuerung zurückzukehren, wieder zu dozieren, enge Termine zu setzen, die Kontrolle zu verstärken – und damit die Intentionen des selbstgesteuerten Lernens zu konterkarieren.

- Means: Haben die Studierenden neben den zeitlichen auch die individuellen sowie technischen Mittel, die Potentiale der neuen Lernumgebungen auszuschöpfen? Auch wenn die notwendigen Kompetenzen zur Bedienung der technischen Infrastruktur (z.B. Internet, Navigation in dem Learning-Management-System) zumeist nicht sehr anspruchsvoll sind, so ist deren Sicherstellung zu beachten. Sofern die Nutzung der Lernumgebungen an spezifische technische Voraussetzungen gebunden ist (z.B. Netzbandbreite), so sind diese ebenfalls zu gewährleisten.

- Importance/Urgency: Ist ein Einlassen auf die neuen Lernformen notwendig bzw. unverzichtbar, um die Studienziele zu erreichen? Wenn E-Learning-gestützte Lernformen nur eine verzichtbare Ergänzung darstellen, so werden sie wahrscheinlich nur von einer kleinen Minderheit erprobt. So ist beispielsweise die Einsicht in die Notwendigkeit und die Möglichkeiten von Diskussionsforen bzw. Formen der synchronen Kommunikation für viele Studierende nicht vorhanden, wenn zugleich die Möglichkeit von face-to-face-Kommunikation besteht oder eine Kontaktaufnahme mit konventioneller Technik wie dem Telefon möglich ist.

Das Gleiche gilt im Hinblick auf die Einschätzung der Dringlichkeit in der Verfolgung der Studienziele. So kann beispielsweise das Ziel der Förderung von Selbstlernkompetenzen prinzipiell durchaus befürwortet werden, sofern seine Verfolgung aber nicht essentiell für das Bestehen der anstehenden Prüfungen ist, besitzt es eine nachgeordnete Priorität und wird tendenziell vernachlässigt.

Dazu kommt, dass die Studierenden unterschiedliche Präferenzen im Hinblick auf die Wahl von Lernmethoden besitzen. Ein Teil von ihnen sucht primär den Experten, der sich engagiert und seine Sache vertritt, der greifbar ist, an dem man sich reiben kann, der sich Ungeordnetes anhört und kommentiert, der Orientierung und Überblick bietet. Selbstorganisierte Lernformen haben häufig wenig Reibungsfläche, sie bieten wenig Widerstand und führen schnell zum Abbruch, wenn Motivation oder Disziplin nachlassen. Vielleicht wird auch ein wenig die Autorität geschätzt, die Sicherheit gibt und zu der man aufschauen kann.

Im Ergebnis entstehen unterschiedliche Voraussetzungen im Wollen und Können, sich auf die E-Learning-Innovationen einzulassen. Das Spektrum an Anwendertypen könnte über unterschiedliche Skalen erfasst werden, so z.B.:

- E-Learning-Erfahrungen;
- E-Learning-Kompetenzen;
- Zeitliche Belastung;
- Einschätzung von Bedeutung und Dringlichkeit der Innovation;
- Präferenzen für unterschiedliche Lernmethoden.

3.3 Prinzipien für die Gestaltung der Implementierung von E-Learning-Innovationen

Die Heterogenität der Innovationsträger erfordert es, kontextbezogene bzw. situationsabhängige Maßnahmen für die Implementierung zu formulieren. Vor diesem Hintergrund erscheint es angemessen, die methodische Gestaltung als Möglichkeitsraum einzurichten, in dem eine Vielzahl von denkbaren Ansätzen und Anregungen verfügbar sind, die dann für die konkrete Gestaltung reflektiert und arrangiert werden müssen. Dabei soll zwischen Prinzipien, Maßnahmen und Instrumenten unterschieden werden. Die nachfolgenden Darstellungen erheben nicht den Anspruch, alle denkbaren Ansätze ausführlich darzustellen. Vielmehr sollen exemplarisch Denk- und Gestaltungsmöglichkeiten aufgezeigt und illustriert werden.

Prinzipien bieten einerseits eine Orientierung und Maximen für das Handeln, andererseits lassen sie aufgrund ihrer Offenheit Raum für situative Flexibilität und kurzfristige Revisionen. Sie weisen die Richtung, ohne den Weg im Detail vorzugeben. Ihre Bestimmung kann sich sowohl auf theoretische Grundlagen als auch auf praktische Erfahrungen stützen. Die als zentral erachteten Prinzipien werden in der Literatur gelegentlich in prägnanter Form strukturiert, so beispielsweise die „Twelve Campus Conditions for Transformation"[19].

Folgende Prinzipien werden für die Implementierung einer E-Learning-Innovation als bedeutsam erachtet:

- Leadership: Die Steuerung der Implementierung von E-Learning-Innovationen sollte in einem Team aus Macht- und Fachpromotoren unter der Leitung von Fakultätsmitgliedern der höchsten Rangstufe erfolgen. Dadurch ist zum einen gewährleistet, dass das Thema in den Beratungs- und Entscheidungsgremien der Universität präsent ist, zum anderen wird über die hohe Repräsentanz auch die Wertschätzung in den Gremien dokumentiert.

- Community: Es sollte gelingen, die Implementierung seitens der Lehrenden auf eine Zahl von Communities abzustützen, die entweder durch fachliche oder durch übergreifende Themen begründet werden. Strenggenommen wäre dies die konsequente Entsprechung einer teamorientierten Lernkultur, in die die Lernenden integriert werden. Auch wenn der Aufbau von „communities of experts" häufig ein eher mittelfristiges Ziel darstellt, so sollte in jedem Fall darauf geachtet werden, dass der Implementierungsprozess sich nicht auf eine kleine Expertengruppe begrenzt, sondern möglichst weite Teile der Fachbereiche erfasst.

- „Ansteckende Vorbilder": Innovationen haben dann eine große Überzeugungskraft, wenn sie nicht nur propagiert, sondern auch von denen gelebt werden, die sie propagieren. Bezogen auf E-Learning bedeutet dies, dass die Initiatoren als „ansteckende Vorbilder" fungieren, die selbst das repräsentieren, was sie von anderen erwarten. Praktizieren also die Promotoren der Innovation selbst das, was sie von den Adressaten ihrer Aktivitäten erwarten? Haben Sie selbst das Feuer, das sie bei anderen entfachen wollen? Bringen Sie die Begeisterung oder zumindest die Überzeugung zum Ausdruck, dass die Innovationen eine erstrebenswerte Entwicklung darstellen?

- Kommunikation: Die Innovationen benötigen nicht nur in der Entwicklungsphase, sondern auch im Prozess ihrer Implementierung eine intensive Kommunikationsarbeit. Kommunikationspolitisch sollte sowohl eine kontinuierliche Information in den zentralen Gremien der Universität erfolgen, als auch die Kommunikationskanäle für die Anspruchsgruppen in der Universität genutzt werden (z.B. interne und externe Pressearbeit; Anlässe zur Information von Studierenden, Assistierenden, Alumni).

- Curriculum: Die neuen Lernformen sollten sich in der Struktur der Curricula niederschlagen und auf diese Weise eine Verbindlichkeit erhalten. Unverbindliche Zusatz-

---

[19] Vgl. BARONE, 2001. Die Bedingungen können in Handlungsprinzipien übersetzt werden, sie beginnen alle mit dem Buchstaben „C": Choices; Commitment; Courage; Communication; Cooperation; Community; Curriculum; Consistency; Capacity and competency; Complexity and confusion; Culture and context; Creativity.

oder Doppelangebote werden demgegenüber nicht ernstgenommen und sind zudem auf Dauer nur schwer finanzierbar.

- Konsultation: Auch wenn dies hinsichtlich der Intensität an Grenzen stößt, sollten die Studierenden in den Implementierungsprozess einbezogen werden. Die Intensität wird je nach Zeitpunkt und Gelegenheit variieren. Formen der Konsultation (z.B. kritische Diskussionen mit Fokusgruppen) wechseln mit solchen der Information, um eine Atmosphäre der Offenheit und des Vertrauens zu schaffen. So ist es u.a. wichtig, den Studierenden die Ziele und das Konzept der neuen Lernumgebungen überzeugend darzulegen. Dabei ist insbesondere zu begründen, inwieweit neue bzw. auch überfachliche Ziele angestrebt werden (z.B. Förderung von Selbstlernkompetenzen). Sie sollen erkennen, welchen Zusatznutzen E-Learning für sie beinhaltet. Dies kann sich insbesondere bei „prüfungsorientierten" Studenten als schwierig erweisen, die über die vergleichsweise offenen Lernprozesse verunsichert oder gar verängstigt werden. Die Einstellung der Studierenden gegenüber der neuen Lernkultur wird teilweise durch die Gruppenmeinung beeinflusst.

- Implementationsgeschwindigkeit: Die Veränderungen müssen sowohl für die Lehrenden als auch für die Lernenden verkraftbar sein. Eine zu hohe Zusatzbelastung kann dazu führen, dass zu viele „Baustellen" offen bleiben und mit der Zeit Unzufriedenheit und Ablehnung auslösen.

- Akzeptanzförderliche Einführung: In Anlehnung an Rogers können einige Faktoren skizziert werden, die zur akzeptanzförderlichen Einführung einer Innovation beitragen:[20]
    - Ist die Innovation für den potenziellen Anwender verständlich?
    - Besitzt die Innovation eine angemessene Komplexität, so dass sie von dem Anwender bewältigt werden kann?
    - Ist die Innovation für den potenziellen Anwender konkret erfahr- und damit vorstellbar?
    - Erkennen die potenziellen Anwender für sich einen Nutzen aus der Anwendung der Innovation? Nähren bzw. begründen die Innovationen die Hoffnung, dass sie die bestehende Praxis so verbessern können, dass sich der Aufwand einer Veränderung subjektiv lohnt?
    - Sind die Innovationen vereinbar und verträglich mit den bestehenden Handlungsroutinen und Zielen der potenziellen Anwender? Lassen sie sich mit bestehendem Wissen vernetzen?
    - Gibt es Möglichkeiten für die potenziellen Anwender, die Innovation zu erproben und – ggf. in kleinen Schritten – für sich zu erschließen?

Übergreifend zu diesen Prinzipien ist die Frage nach einer geeigneten *Gesamtstrategie für die Implementierung* von E-Learning-Innovationen von Bedeutung. Dabei können Implementationsstrategien prinzipiell stärker im Sinne von Top-Down- oder von Bottom-Up-

---

[20] Vgl. die Ausdifferenzierung dieser Faktoren im Hinblick auf die Implementierung von E-Learning in SEUFERT & EULER, 2004, S. 42.

Ansätzen angelegt sein. Die Wahl der geeigneten Grundausrichtung erfordert erneut die Berücksichtigung des Kontexts, in diesem Fall die vorherrschende Organisationskultur.

Der Top-Down-Ansatz wird versuchen, eine Innovation von oben einzuführen. Im Extrem folgt er dem Anweisungsprinzip („command-and-control"). Die Implementierung würde sich als Steuerung aufgrund vorgegebener Konzepte und Standards verstehen, im Wesentlichen erfolgte eine strategiebezogene Kanalisierung der Ressourcen in die Entwicklung jener Bereiche, die verändert werden sollen. So würde eine Universität beispielsweise in den Aufbau von informationstechnischen Infrastrukturen, die Entwicklung von Online-Studiengängen oder die Einrichtung neuer Studienschwerpunkte investieren. Demgegenüber folgt der Bottom-Up-Ansatz dem Ermöglichungsprinzip. Die Implementierung konzentrierte sich auf die Bereitstellung von Ressourcen, über deren Abruf und Verwendung aber die einzelnen Organisationseinheiten weitgehend autonom entscheiden. Es wird darauf vertraut, dass die Betroffenen am besten wissen, welche Entwicklungen in ihrem Kontext den größten Nutzen stiften. Doppelentwicklungen und ungenutzte Synergien werden in Kauf genommen.

Die Vor- und Nachteile der beiden Prinzipien liegen auf der Hand. Top-Down-Ansätze erlauben zumeist die Verfolgung einer kohärenten Gesamtstrategie und einen ökonomischen Ressourceneinsatz. Andererseits besteht die Gefahr, dass aufgrund der zentralistischen Ausrichtung sowohl die Kreativität als auch das Engagement der Betroffenen leidet.

Unabhängig davon ist zu fragen, welche Organisationskulturen mit welchem Ansatz vereinbar sind. MCNAY entwickelte eine Typologie, nach der Universitäten über die zwei Variablen Führung und Regelvorgaben charakterisiert werden:[21]

Organisations-kultur	*Führung*		*Regeln / Vorschriften*	
	locker	straff	weit (Prinzipien)	eng (Operational)
Bürokratisch	x			x
Kollegial	x		x	
Korporativ		x		x
Unternehmerisch		x	x	

Tabelle 1: Charakterisierung der Regelvorgaben bei Universitäten nach McNay

In diesem Rahmen ließen sich zwei eindeutige Zuordnungen vornehmen: In einer kollegialen Kultur mit einem hohen Autonomieanspruch der Individuen würde eine Top-Down-Strategie auf massive Widerstände stoßen. Ebenso ist eine korporative Kultur, für die fixierte Vereinbarungen und eine diese durchsetzende Führung gekennzeichnet ist, eng verbunden mit einer Top-Down-Strategie. Bürokratische und unternehmerische Kulturen sind demgegenüber

---

[21] Vgl. MCNAY, 1995.

nicht eindeutig festgelegt, sie haben Spielraum in beide Richtungen und sind offen für Mittelwege.

Einen solchen Mittelweg verfolgte beispielsweise die Universität St. Gallen bei der Einführung eines E-Learning-gestützten Selbststudiums. So wurde (als Ergebnis eines Diskussionsprozesses) die Entscheidung getroffen, dass im Rahmen einer Studienreform fortan 25% des Gesamtcurriculums in der neuen Lehrform eines E-Learning-gestützten Selbststudiums durchgeführt werden soll. Die Entscheidung betraf alle Studiengänge der Universität. Zum Zeitpunkt der Entscheidung gab es keinerlei Umsetzungserfahrungen mit der neuen Lehrform. Die Implementierung wurde nun so angesetzt, dass jeder Fachbereich zunächst selbst entscheiden sollte, welche Studienbereiche innerhalb der vertretenen Studiengänge in den konventionellen und welche in der neuen Lehrform angeboten werden sollen. Im Hinblick auf die Bereiche des Selbststudiums waren komplett neue Lehr-Lernkonzepte zu entwickeln. Hierzu wurden geeignete Supportstrukturen bereitgestellt und finanziert, die den Implementierungsprozess begleiten und beraten. Die Entwicklung selbst wurde nicht reglementiert, sondern den Verantwortlichen in den Studienbereichen überlassen. Der Prozess folgt in der Tendenz einer unternehmerischen Kultur, auch wenn die Führung durchgehend an die Zustimmung der universitären Entscheidungsgremien gebunden ist und daher bestenfalls durch ihre Durchsetzungs- und Überzeugungskraft eine zentralistische Komponente stärkt. Pointiert ließe sich von einem „partizipativen Zentralismus" in der Strategiebildung und von einem „gelenkten Dezentralismus" in der Implementierung sprechen.

3.4 Maßnahmen für die Gestaltung der Implementierung von E-Learning-Innovationen

Bereits bei der Differenzierung der Voraussetzungen der Lehrenden wurde darauf hingewiesen, dass aufgrund der verschiedenen Motivlagen unterschiedliche Maßnahmen erforderlich sind. Vor diesem Hintergrund sollen die vier Idealtypen aufgenommen und mit zielgruppenspezifischen Ansätzen verbunden werden. Anschließend wird vertieft die Frage nach dem geeigneten Aufbau von Unterstützungsstrukturen als Infrastruktur für die Gestaltung des Implementierungsprozesses aufgenommen.[22]

Die *Unabhängigen* können insbesondere durch Maßnahmen unterstützt werden, die sich auf die Ermöglichung von Erfahrungs- und Wissensaustausch richten.[23] Dies kann in unterschiedlicher Intensität erfolgen, angefangen von gelegentlichen Foren, auf denen Erfahrungen, Anwendungsbeispiele bzw. „good practices" vorgestellt und diskutiert werden, bis hin

---

[22] Die Ausführungen werden verstanden als „Einstieg" in ein umfassendes Forschungsfeld. Dabei steht die Frage im Vordergrund, für welche Typen von Lehrenden welche Art von Maßnahmen geeignet ist, um die Potentiale von E-Learning für die Gestaltung von E-Learning-unterstützten Lernumgebungen zu nutzen.

[23] Dieser Maßnahmenbereich kann u. a. auf die Konzepte und Erfahrungen im Zusammenhang mit dem Wissensmanagement zurückgreifen. Vgl. als Zusammenfassung und Operationalisierung einzelner Ansätze WILBERS, 2004, S. 110 ff.

zu Plattformen, über die Entwicklungen (z.B. Konzepte, Tools, Lernressourcen) bereitgestellt und im Rahmen eines peer reviews evaluiert werden.[24] Umgekehrt sind Anlässe zu schaffen, an denen die Kreativität, Innovationskraft und Kompetenzen dieser Pioniere ausstrahlen können und zur Motivierung der „early" oder „late majority" genutzt werden kann.

Die *Risikovermeider* benötigen demgegenüber Unterstützungsstrukturen, die ihnen durch die Bereitstellung von Beratung, Begleitung und Befähigung Sicherheit in der Umsetzung geben bzw. Serviceaufgaben übernehmen, die sich außerhalb ihres „Kerngeschäfts" befinden. Damit ist auch die Bereitstellung eigener Budgets für die Entwicklung neuer Lernumgebungen verbunden (z.B. in Form von Zeitdeputaten, Mitarbeiterstellen, materiellen Zuwendungen), wobei diese Entwicklungen strategiebezogen und professionell erfolgen sollten. Weiter unten wird detaillierter auf den möglichen Aufbau solcher Unterstützungsstrukturen eingegangen.

Die *Anreizgetriebenen* werden sich erst bei veränderten Rahmenbedingungen für die Implementierung engagieren. Vor diesem Hintergrund ist die Vereinbarkeit spezifischer Innovationen mit der Gesamtstrategie der Universität zu überprüfen. An diesem Punkt existiert eine markante Schwachstelle in den Universitätssystemen vieler Staaten: Insbesondere der so genannte „Mittelbau", also die Assistierenden und Nachwuchswissenschaftler, besitzt in der Regel den höchsten Grad an Expertise im Umgang mit den neuen Technologien. Zugleich befindet sich diese Gruppe am intensivsten in der Phase der Karriereentwicklung, die primär über Forschungs- und nur begrenzt über Lehrleistungen evaluiert wird. Dies führt dazu, dass die für die Weiterentwicklung von E-Learning-Innovationen qualifizierteste Gruppe zugleich in einem Wertekontext handelt, der ihr Engagement in eine andere Richtung lenkt. Letztlich wird für diese Gruppe der Anreizgetriebenen nur eine Neuakzentuierung und Veränderung der Berufungs- und Rekrutierungskriterien zu nachdrücklichen Wirkungen führen.

Hinsichtlich der *Widerstrebenden* werden unmittelbare Einwirkungen trotz des hohen Aufwands vergleichsweise wirkungslos bleiben. Insofern wäre im Interesse eines optimalen Ressourceneinsatzes zu überlegen, ob für diese Zielgruppe überhaupt dedizierte Maßnahmen geplant werden sollen.

Im Hinblick auf den *Aufbau von Unterstützungsstrukturen* stellen sich zwei miteinander verbundene Fragen:

- Wie sollen sie wirkungsvoll in den Aufbau der Universität integriert werden?
- Welche Aufgaben sollen sie im Einzelnen erfüllen?

Die *Frage nach der aufbauorganisatorischen Integration* ist sicherlich nicht im Sinne einer „one-best-Lösung" zu beantworten. Wesentlich ist zunächst, dass die Implementierung der E-Learning-Innovationen (im doppelten Sinne des Wortes) ein Gesicht bekommt. Unabhängig davon, mit welchem Begriff die Einrichtung überschrieben wird (z.B. Medien-, Kompetenz-, Support-, hochschuldidaktisches Zentrum), bedeutsam ist eine Adresse, an die sich die Lehrenden wenden können, wenn sie sich aus dem Handgemenge des Tagesgeschäfts lösen und mit der Entwicklung von E-Learning-Innovationen beschäftigen möchten. In der Praxis

---

[24] Vgl. beispielsweise die Ansätze im Rahmen des MERLOT-Projekts (www.merlot.org).

ist häufig zu beobachten, dass in der Universität bereits bestehende Einrichtungen zusätzlich mit den neuen Aufgaben betraut werden. Dies verursacht zwar einen begrenzten Organisationsaufwand, birgt aber auch Gefahren in sich. So werden die Aufgaben beispielsweise dem Universitätsrechenzentrum, dem bestehenden Medien- oder dem hochschuldidaktischen Zentrum übertragen. Damit wird aus dem systemischen Ganzen eine Einzeldomäne (z.B. Technologie, Didaktik) bestimmt, von der aus die Gesamtentwicklung aufgebaut und gesteuert werden soll. Gelingt es in der Einrichtung nun nicht, aus der Standortgebundenheit des eigenen Schwerpunkts herauszutreten und die anderen Kompetenzschwerpunkte konstruktiv zu integrieren, dann können auch die Implementierungsprozesse eine Verkürzung und Verengung erfahren. Implementierung wird dann möglicherweise (nur) als technologisches oder (nur) als didaktisches Problem verstanden.

Gelegentlich werden auch mehrere Stellen geschaffen, die je für sich (und nur zufällig koordiniert) bestimmte Schwerpunkte aufnehmen. So gibt es beispielsweise an einigen amerikanischen Universitäten unterschiedliche Stellen, die sich aus verschiedenen Perspektiven mit der Implementierung von E-Learning-Innovationen beschäftigen. Exemplarisch kann die Situation an der Stanford University skizziert werden:

- In dem „Center for Teaching and Learning (CTL)" steht die didaktische Kompetenzentwicklung der Lehrenden im Vordergrund; ein Teil davon ist auf das „instructional design" von E-Learning bezogen.

- In den Fachbereichen gibt es so genannte „Academic Technology Specialists". Sie sollen die Lehrenden – ausgehend von den Problemstellungen der Fachdisziplin – beraten, begleiten und darin unterstützen, die Technologien in ihre Lehre zu integrieren. Offiziell stehen sie zumeist für technologische Fragen zur Verfügung, im Fortgang der Beratung treten dann häufig verstärkt didaktische Fragen in den Vordergrund.

- Schließlich gibt es den Bereich des „Academic Computing", der mit der Entwicklung und Bereitstellung einer technologischen Infrastruktur betraut ist.

Unabhängig von den realisierten Strukturen soll als Postulat bzw. Anforderung an eine Unterstützungseinrichtung formuliert werden, das Spektrum der verschiedenen Implementierungsdimensionen – Didaktik, Technik, Organisation, Ökonomie und Kultur – angemessen zu integrieren. Darüber hinaus erscheint wesentlich, dass die Leitung einer solchen Einrichtung im Idealfall von einem Professor der höchsten Hierarchiestufe wahrgenommen wird. Dieser sollte fachlich in einer Fakultät verankert sein und mit einem Teil seines Deputats die strategische Leitung der Unterstützungseinrichtung ausfüllen.

Eine weitergehende Überlegung beschäftigt sich mit der Frage, in welcher Form die Leistungen angeboten werden. Eine hochgradig nachfragegesteuerte Form stellt das so genannte „Boutique-Modell" dar, bei dem individuell die Problemsituation eines einzelnen oder einer kleinen Gruppe von Lehrenden aufgenommen wird und die Suche nach Problemlösungen anleitet.[25] Ein solches Modell ist zumeist in der Anfangsphase der Implementierung sinnvoll und möglich. Es stößt jedoch an seine Grenzen, wenn größere Gruppen (die „large majority")

---

[25] Vgl. HARTMAN & TRUMAN-DAVIS, 2001, S. 46.

"bedient" und unterstützt werden müssen. Mit zunehmender Anwenderzahl entfaltet das „Store-Modell" seine Vorzüge, indem ein organisiertes Angebot vorgehalten wird. In der Praxis erweist sich zumeist eine Verbindung von angebots- und nachfrageorientierten Formen als sinnvoll.

Jenseits des strukturellen Aufbaus ist die zweite der oben aufgeworfenen *Frage nach den relevanten Aufgaben* zu klären. Grundlegend für die Aufgabenbestimmung ist das angestrebte Profil der Unterstützungseinrichtung. Im Kern sind drei Aufgabenbereiche unterscheid- und denkbar:

- Unterstützung der Projektentwicklungen.
- Unterstützung der Infrastrukturentwicklungen.
- Unterstützung des Regelbetriebs.

Es wird dafür plädiert, den dritten Bereich der Unterstützung des Regelbetriebs nicht aufzunehmen, sondern die Unterstützungseinrichtung als Entwicklungszentrum zu profilieren. Zum einen kann eine solche Profilierung die Reputation und damit Akzeptanz des Zentrums stärken, zum anderen würde eine Vermengung von Entwicklungs- und Regelbetrieb intern zu einer Hierarchisierung der Personalstellen mit Kreativ- und Routinebereichen führen und Prozesse der Abgrenzung, des Neids und der Positionssicherung fördern können. Insofern sollte die Unterstützung des Regelbetriebs (z.B. Bereitstellung, Wartung und Pflege der jeweils operativen Version der Lernplattform; Helpline für Lehrende und Lernende bei technischen Problemen; Kursverwaltung) in die Linienorganisation (z.B. in den Informatikbereich) integriert sein.

In diesem Sinne konzentriert sich die Unterstützungseinrichtung auf zwei Entwicklungsbereiche. In der *Projektentwicklung* stehen Aufgaben im Vordergrund wie die

- fachdidaktische Beratung und Begleitung in der Entwicklung und Erprobung neuer Medienprodukte („learningware"), Formen der virtuellen Kommunikation sowie umfassender Lernumgebungen (instructional design);
- technische Beratung und Umsetzung von digitalen Medien (Programmierung und Medienproduktion);
- Klärung von Copyright- und anderen Rechtsfragen im Zusammenhang mit der Verwendung von Inhalten;
- Evaluation neuer Lernumgebungen und Unterstützung bei der kontinuierlichen Qualitätsentwicklung dieser Lernumgebungen.

In der Infrastrukturentwicklung dominieren demgegenüber die folgenden Aufgabenschwerpunkte:

- Didaktische Kompetenzentwicklung bei den Lehrenden im Hinblick auf die didaktische Gestaltung von digitalen Medien, Formen der virtuellen Kommunikation mit den Lernenden sowie umfassenden Lernumgebungen.

- Einführung der Lernenden in die technischen Funktionalitäten einer Lernplattform (z.B. Nutzbarmachung von Chats, Diskussionsforen oder virtuellen Klassenzimmern mit Hilfe einer groupware).
- Schaffung von Foren zur Förderung des Erfahrungsaustauschs bzw. Wissensmanagements zwischen den Projekten und Entwicklungsfeldern („community-building").
- Bereitstellung von „good practices" und „showcases" zur Impulsierung von Motivation und Kreativität.
- Monitoring der Strategieimplementation sowie Anlaufstelle für die Aufnahme und konstruktive Verarbeitung von Implementationsschwierigkeiten.
- (Partizipative) Entwicklung und Kommunikation von Leitlinien für die projektbezogene Qualitätsentwicklung.
- Proaktive Gestaltung einer implementationsförderlichen Kommunikationspolitik; ggf. Durchführung von Wettbewerben, Vergabe von Awards.
- Strategiebezogener Einsatz von Entwicklungsressourcen (z.B. Deputate, finanzielle Mittel, personelle Unterstützung, Technologie).
- Zusammenführung und Koordination von Fach- und Machtpromotoren zur Unterstützung des Implementationsprozesses. Dazu zählt auch die Integration der Pioniere und die Absicherung der „advocacy of one or more champions"[26].

3.5 Instrumente für die Gestaltung der Implementierung von E-Learning-Innovationen

Letztlich können alle Prinzipien und Maßnahmen durch spezifische Instrumente operationalisiert und auf diese Weise in ihrer Anwendung konkretisiert werden. Dieser Anschlusspunkt für weitere Arbeiten erscheint plausibel, kann jedoch aufgrund der immanenten Komplexität hier nicht weiter verfolgt werden.

An dieser Stelle soll lediglich auf einen als dringlich erscheinenden Bereich hingewiesen werden. In vielen Bereichen des Bildungsmanagements besteht die Tendenz, Strukturen und Maßnahmen angebotsorientiert zu entwickeln. Viele Universitäten bauen beispielsweise Supportzentren auf, ohne zu wissen, wie groß die Gruppe der von dieser Maßnahme primär profitierenden Gruppe der Risikovermeider ist und welche Bedürfnisse diese genau hat. Gleiches gilt für die Lernenden, denen häufig neue Lernumgebungen präsentiert werden, ohne systematisch ihre Lernvoraussetzungen und Bedürfnisse zu erkunden. Vor diesem Hintergrund erscheint es erforderlich, prioritär Instrumente zur Erfassung der Bereitschaft von Lehrenden und Lernenden im Hinblick auf die Nutzung von E-Learning-Innovationen zu generieren. Es liegen einige Entwürfe und Ansätze zur Umsetzung dieses Postulats vor. So bietet beispielsweise Educause das so genannte „READiness InventorY (READY) tool" an,

---

[26] HARTMAN & TRUMAN-DAVIS, 2001, S. 49.

mit dessen Hilfe Hochschulen u.a. den Grad ihrer organisatorischen, kulturellen und finanziellen Bereitschaft erkunden können, Technologien zur Unterstützung ihrer pädagogischen und administrativen Ziele einzusetzen (www.educause.edu/ready). Einen interessanten Entwurf hat NASH von der Stanford University vorgelegt.[27]

4. Zusammenfassung

Der Beitrag steht unter der Zielsetzung, ausgewählte theoretische Befunde aus der Implementierungs- und Innovationsforschung aufzunehmen und konzeptionell in einen Bezugsrahmen zu überführen, der die Gestaltung konkreter Implementierungsprozesse fundieren kann. Die aufgenommenen theoretischen Befunde dokumentieren die Notwendigkeit einer differenzierten Erfassung der Akteure eines Implementierungsprozesses. Die klassische Unterscheidung von Personengruppen mit unterschiedlichen Geschwindigkeiten in der Adoption von Innovationen, wie sie von ROGERS eingeführt wurde, bietet einen Einstiegspunkt, der nachfolgend getrennt für die Gruppe der Lehrenden und Lernenden weiter ausdifferenziert wird. Darüber hinaus werden motivationstheoretische Befunde aufgenommen, die sich mit dem Geschehen zwischen der Handlungsabsicht und der Handlungsrealisation befassen.

Neben diesen personellen Foki werden theoretische Grundlegungen zu der Frage analysiert, durch welche Faktoren und Charakteristika der Prozess einer Implementierung bestimmt sein kann. Dabei wird herausgearbeitet, dass die Implementierung als ein kontinuierlicher Verbesserungsprozess in einem systemischen Kontext aus fünf Dimensionen gedacht werden kann. In diesem Prozess wirken zentrale Faktoren der Organisationskultur und beeinflussen dessen Verlauf.

Die allgemeinen Grundlagen bilden den Hintergrund für die Entwicklung eines Bezugsrahmens, der die Basis für die Gestaltung von Implementierungsprozessen dienen soll. Ausgehend von der aufgebauten Typologie der Lehrenden und Lernenden als den zentralen Akteuren der Implementierung wird die Gestaltung auf drei Konkretisierungsebenen diskutiert. Auf der Ebene der Prinzipien werden Orientierungen für die grundsätzliche Gestaltung des Implementierungsprozesses zur Diskussion gestellt. Auf der Ebene der Maßnahmen werden für unterschiedliche Typen von Lehrenden Aktionsschwerpunkte vorgestellt. Zudem wird vertieft auf die Organisations- und Aufgabenstruktur von Unterstützungseinrichtungen eingegangen. Schließlich wird auf der Ebene der Instrumente festgestellt, dass insbesondere die Entwicklung von Instrumenten zur Erfassung der Bedingungen und Bereitschaft von Lehrenden und Lernenden zu einer Nutzung von E-Learning-Innovationen erforderlich ist, um konkrete Maßnahmen möglichst passend einsetzen zu können.

Insgesamt stellt sich die Frage, warum – wie eingangs skizziert – trotz der verfügbaren theoretischen Grundlagen und bestehenden Erfahrungen die Implementierung von E-Learning-

---

[27] Vgl. NASH, 2003.

Innovationen noch in den Anfängen steckt. Offensichtlich gelingt es nur begrenzt, den Fundus an Erkenntnissen denjenigen verfügbar zu machen, die für die praktische Gestaltung verantwortlich sind. Denn sie tun nicht, was wir wissen ... – ein guter Ausgangspunkt für die weitere Zusammenarbeit von Wissenschaft und Machenschaft!

Literatur

BAETS, W.R.J. & VAN DER LINDEN, G. (2000*). The Hybrid Business School: Developing knowledge management through management learning.* Amsterdam: Prentice Hall.

BARONE, C.A. (2001). Conditions for Transformation: Infrastructure is Not the Issue. *Educause Review*, May-June, S. 41–47.

BATES, A.A. (2000). *Managing Technological Change.* San Francisco: Jossey-Bass.

COLLINSON, V. & COOK, T.F. (2003). *Learning to Share, Sharing to Learn: Fostering Organizational Learning Through Teachers' Dissemination of Knowledge.* Paper presented at the AERA, Chicago (unpublished).

COLLIS, B. & VAN DER WENDE, M. (2002). *Models of Technology and Change in Higher Education.* Report of the Center for Higher Education Policy Studies, Twente.

DREES, G. (2003). *Bilden an der Kohärenz.* Unveröffentlichte Habilitationsschrift, Universität Bielefeld.

EULER, D. & WILBERS, K. (2002). *Selbstlernen mit neuen Medien didaktisch gestalten.* Hochschuldidaktische Schriften Bd. 1. St. Gallen: Institut für Wirtschaftspädagogik.

EULER, D. & WILBERS, K. (2003). *E-Learning an Hochschulen: An Beispielen lernen.* Hochschuldidaktische Schriften Bd. 5. St. Gallen: Institut für Wirtschaftspädagogik.

HAGNER, P.R. & SCHNEEBECK, C.A. (2001). Engaging the Faculty. In: C.A. Barone & P.R. Hagner (ed.), *Technology-enhanced teaching and learning* (S. 1–12). San Francisco: Jossey-Bass.

HARTMAN, J.L. & TRUMAN-DAVIS, B. (2001). The Holy Grail: Developing Scalable and Sustainable Support Solutions. In: C.A. Barone & P.R. Hagner (ed.), *Technology-enhanced teaching and learning* (S. 45–56). San Francisco: Jossey-Bass.

HECKHAUSEN, H. & KUHL, J. (1985). From Wishes to Action: The Dead Ends and Short Cuts on the Long Way to Action. In: M. Frese & J. Sabini (ed.), *Goal Directed Behavior: The Concept of Action in Psychology* (S. 134–159). Hillsdale, NJ.

HECKHAUSEN, H. & RHEINBERG, F. (1980). Lernmotivation im Unterricht, erneut betrachtet. In: *Unterrichtswissenschaft*, 8, S. 7–47.

INGERMAN, B.L. (2001). Form Follows Function: Establishing the Necessary Infrastructure. In: C.A. Barone & P.R. Hagner (ed.), *Technology-enhanced teaching and learning* (S. 79–92). San Francisco: Jossey-Bass.

KUHL, J. (1983). *Motivation, Konflikt und Handlungskontrolle*. Heidelberg.

LEPORI, B. & SUCCI, C. (2003). *Elearning in Higher Education. 2nd report of the Educational Management in the Swiss Virtual Campus Mandate (EDUM)*, Lugano.

NASH, J.B. (2003). *Development and Validation of a Teaching, Learning and Technology Index for Post Secondary Institutions*. Unpublished Draft.

MCNAY, I. (1995). From Collegial Academy to Academic Enterprise: The Changing Cultures of University. In: T. Schuller (ed.), *The Changing University*. Society for Research into Higher Education. Open University Press.

ROGERS, E.M. (1995). *Diffusion of Innovations* (4th ed.). New York, London: Free Press.

SEUFERT, S. & EULER, D. (2003). *Nachhaltigkeit von eLearning-Innovationen*. SCIL-Arbeitsbericht 1 des Swiss Centre for Innovations in Learning, St. Gallen: Institut für Wirtschaftspädagogik.

SEUFERT, S. & EULER, D. (2004). *Nachhaltigkeit von eLearning-Innovationen*. SCIL-Arbeitsbericht 2 des Swiss Centre for Innovations in Learning, St. Gallen: Institut für Wirtschaftspädagogik.

WILBERS, K. (2004). *Soziale Netzwerke an berufsbildenden Schulen – Analyse, Potenziale, Gestaltungsansätze*. Habilitationsschrift, Universität St. Gallen.